余杭年鉴

YUHANG YEARBOOK

中共杭州市余杭区委党史研究室
（杭州市余杭区地方志编纂研究室）
编
中共杭州市临平区委党史研究室
（杭州市临平区地方志编纂研究室）

2021

图书在版编目（CIP）数据

余杭年鉴. 2021 / 中共杭州市余杭区委党史研究室（杭州市余杭区地方志编纂研究室）编. —北京：方志出版社，2021.11

ISBN 978-7-5144-4959-4

Ⅰ.①余… Ⅱ.①中… Ⅲ.①余杭区—2021—年鉴 Ⅳ.①Z525.54

中国版本图书馆 CIP 数据核字（2021）第 263985 号

余杭年鉴（2021）

编　　者：中共杭州市余杭区委党史研究室（杭州市余杭区地方志编纂研究室）
责任编辑：刘方圆

出 版 者：方志出版社
地址　北京市朝阳区潘家园东里9号（国家方志馆4层）
邮编　100021
网址　http://www.zgfzcb.cn
发　　行：方志出版社图书经销中心
电话（010）67110500
经　　销：各地新华书店
印　　刷：杭州余杭人民印刷有限公司

开　　本：889×1194　1/16
印　　张：27.5
插　　页：32
字　　数：843千字
版　　次：2021年11月第1版　2021年11月第1次印刷
印　　数：0001～2000册

ISBN 978-7-5144-4959-4　定价：268.00元

余杭年鉴2021

YUHANG YEARBOOK

编辑说明

一、《余杭年鉴（2021）》以马克思列宁主义、毛泽东思想、邓小平理论、“三个代表”重要思想、科学发展观、习近平新时代中国特色社会主义思想为指导，坚持辩证唯物主义和历史唯物主义的立场、观点和方法，记载余杭区经济、政治、文化、生态建设等方面情况。

二、《余杭年鉴（2021）》是连续编纂的第31本年鉴。本年鉴正文采用类目、分目、条目三级结构层次。全书设类目40个、分目212个，收入条目1390条。条目为主要信息载体和基本撰稿形式。根据条目内容穿插相关照片、表格。内容全面、资料翔实，为各级领导决策和区内外人士了解余杭提供可靠的参考资料。

三、《余杭年鉴（2021）》所采用的文字原稿和数据，均由区级机关各部门，各镇、街道和有关单位提供，文后署名，并经供稿单位审核。凡涉及余杭国民经济和社会发展全局性数据，以余杭区统计局提供的统计公报为准。资料一般为2020年情况，个别特殊事项适当上溯或下延。

四、《余杭年鉴（2021）》主体内容中，单位名称一般采用全称或规范简称。

五、《余杭年鉴（2021）》采用双重检索系统。书前有总目和详细目录，书后有索引。索引采用分析索引法。

2020年
余杭概览

YU HANG GAI LAN

全区总面积**1228**平方千米

全区户籍人口**121.90**万人

全区实现地区生产总值**3051.61**亿元

全区实现财政总收入**825.91**亿元，其中地方一般公共预算收入**441.06**亿元

全区固定资产投资同比增长**7.6%**

全区社会消费品零售总额**822.54**亿元

全区实现进出口总额**530.66**亿元

全区实现到账外资**15.78**亿美元

全区常住居民人均可支配收入：**70681**元（城市）、**44117**元（农村）

未来科技城夜景，拍摄于 2020 年 7 月 19 日

（未来科技城 供稿）

重大活动

2020 年 4 月 28 日，中国（杭州）直播电商产业基地发布会暨遥望直播电商产业园启动仪式举行　（王珏 摄）

2020 年 5 月 15 日，杭州未来科技城国际人才园开园仪式举行　（未来科技城 供稿）

2020 年 5 月 20 日，良渚新国货品牌直播节开播。淘宝直播综合体启用　（良渚新城 供稿）

2020 年 7 月 6 日，“杭州良渚日”暨首届杭州良渚文化周在良渚古城遗址启动

（王珏 摄）

重大活动

2020年8月20日，余杭区打造未来乡村实验区启动大会在黄湖镇青山村举行（黄湖镇 供稿）

2020年10月30日，余杭举行全面数字化转型推进大会。图为区委书记张振丰（图左）和浙江大学信息技术与经济社会系统研究中心主任刘渊（图右）为浙江数字化发展与治理研究中心余杭中心揭牌（陈书恒 摄）

2020年10月15日，余杭区“亲清在线”服务中心启用　　（区财政局 供稿）

2020年11月4日，2020中国世界文化遗产年会开幕式暨遗产城市市长论坛在余杭区良渚举行　　（盛淑彦 摄）

重大项目

2020 年 9 月 16 日，2020 阿里巴巴新制造发布会暨犀牛智造工厂揭幕仪式举行。“犀牛智造”正式对外公布。图为犀牛智造厂区（王珏 摄）

2020 年末，之江实验室一期项目主体工程竣工　　（倪明伟 摄）

2020 年 11 月 1 日，浙江大学医学院附属第一医院总部一期启用　　（未来科技城 供稿）

2020年12月22日，杭州绕城高速公路西复线通车。图为径山枢纽　　（王珏 摄）

杭州绕城高速公路西复线汪家埠枢纽
（区交通运输局 供稿）

潘板圩特大桥　　（区交通运输局 供稿）

特色小镇

2020 年 8 月 30 日，中国（杭州）数字·健康小镇开园　　（未来科技城 供稿）

2020 年，艺尚小镇文化街区二期建成　　（临平新城 供稿）

2020 年 10 月 23 日，梦栖小镇被浙江省人民政府命名为第四批省级特色小镇

（良渚新城 供稿）

2020 年 12 月 30 日，中国人工智能小镇被评为国家 AAA 级景区

（区文化和广电旅游体育局 供稿）

大美余杭

闲林水库千岛湖配水工程　　（闲林街道 供稿）

闲林老街　　（闲林街道 供稿）

黄湖镇俯瞰图　　（黄湖镇 供稿）

杉堤傲月（丰收湖）　　（张晓露 摄）

良渚俯瞰图（良渚街道 供稿）

美丽公路

径山潘双线　　（区交通运输局 供稿）

良渚美丽公路　　（良渚街道 供稿）

良渚石西线　　（区交通运输局 供稿）

靓城行动

2020年，北大街提升改造工程完成　　（张青青 摄）

2020年，运河街道开展五杭、博陆、亭趾集镇连片提升。图为五杭集镇风貌　　（冯寿鹏 摄）

2020年，临平街道开展老旧小区改造。图为改造后的梅堰小区　　（临平街道 供稿）

健身绿道

东湖绿道 （张青青 摄）

上塘河绿道 （林天立 摄）

双溪绿道 （区交通运输局 供稿）

党群服务中心

运河街道党群服务中心　　（宋昊炜 摄）

东湖街道党群服务中心（1）　　（林天立 摄）

东湖街道党群服务中心（2）　　（林天立 摄）

特色活动

2020 年 11 月，运河街道鱼羊美食节举行。图为节日期间火狮表演 （张青青 摄）

2020 年 5 月 11 日至 6 月 5 日，2020 · 中国杭州塘栖枇杷节举行。图为“镇长直播”带货

（塘栖镇 供稿）

2020 年 1 月 1 月，鸬鸟镇山沟沟年货节举行

（张海林 摄）

2020 年 6 月 13 日，杭州市“文化和自然遗产日”良渚主场活动举行 （盛淑彦 摄）

2020 年 10 月 31 日，杭州毅行大会余杭站举行 （区文化和广电旅游体育局 供稿）

2020 年 12 月 28 日，“余杭之夜”2020 新年音乐会在余杭大剧院举行 （区文化和广电旅游体育局 供稿）

疫情防控

2020年2月，高速路口检查过往车辆　（林天立 摄）

2020年2月，新冠肺炎疫情期间垃圾处置
（区城市管理局 供稿）

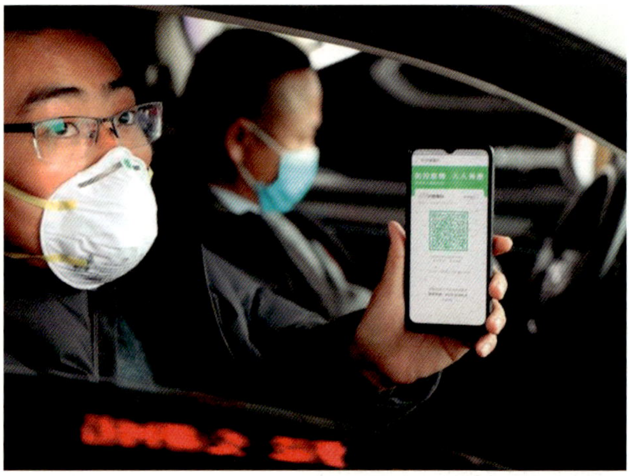

2020年2月7日，“余杭绿码”发布并上线运行。10日正式启用。审核通过并激活绿码后，居民过检查点时只需扫码并测温就可通行，全程无接触
（区数据资源管理局 供稿）

区疾病预防控制中心到企业开展发热病例现场流调、防控（区卫生健康局 供稿）

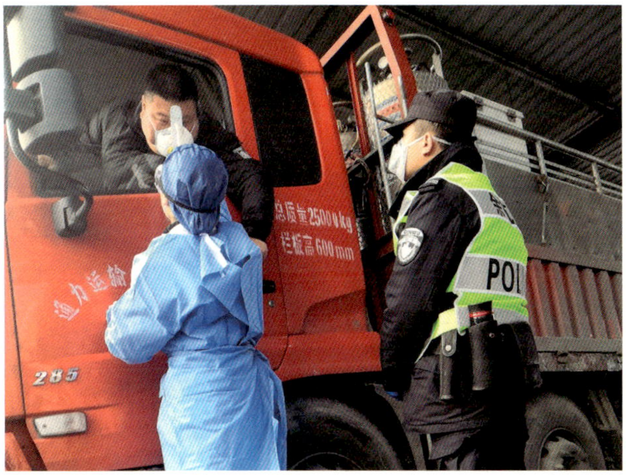

区三院良渚分院护士张雪红为大货车司机测温（区卫生健康局 供稿）

疾病防控和医疗救治组每日早中晚三次召开例会（区卫生健康局 供稿）

驰援武汉

2020 年 1 月 27 日，余杭区首位援鄂医疗队员、余杭区中医院重症监护室护士徐梦薇出征武汉

（周怡 摄）

出发前徐梦薇与同为医务人员的丈夫告别

（周怡 摄）

2020 年初，余杭区共派出 3 批 29 名医护人员驰援武汉。4 月 15 日，离家两个多月的医护人员回到余杭

（周怡 摄）

复工复产

2020 年 2 月 21 日，余杭区派出 11 辆“复工返岗包车”，载回余杭 100 多家企业的来自江苏泰兴、江西景德镇、安徽宿州的 261 名员工
（区人力资源和社会保障局 供稿）

2020 年 2 月 19 日，杭州嘉溢服装有限公司复工
（汤水根 摄）

2020 年 2 月 19 日，新冠肺炎疫情期间，浙江杭州未来科技城某企业食堂员工一人一桌就餐
（王珏 摄）

社会治理

社会治理综合服务中心（良渚街道 供稿）

“水务办事零跑跑”工作人员上门服务现场［杭州余杭环境（水务）控股集团有限公司 供稿］

智能安防机器人助推全域治理（南苑街道 供稿）

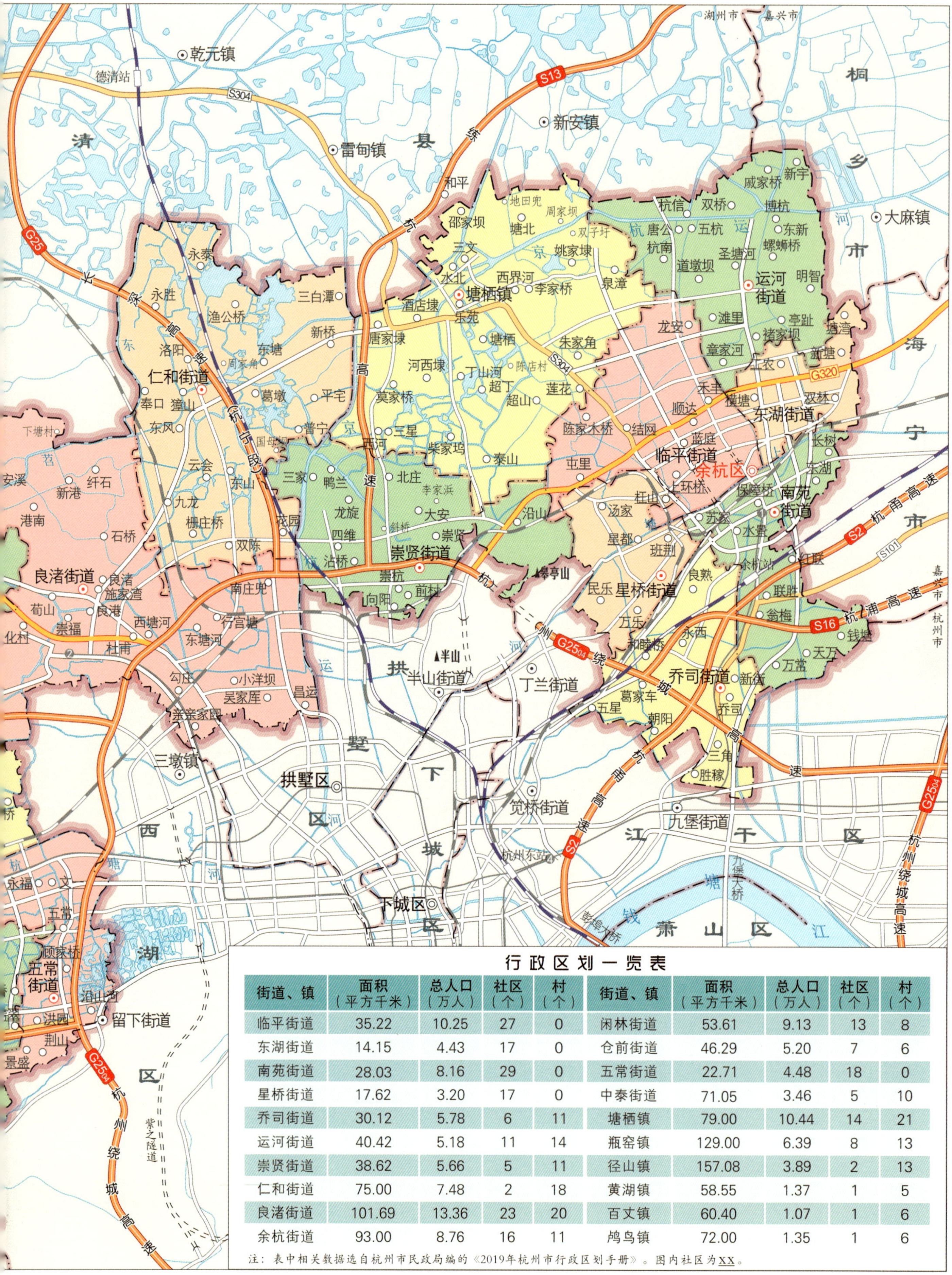

行政区划一览表

街道、镇	面积（平方千米）	总人口（万人）	社区（个）	村（个）	街道、镇	面积（平方千米）	总人口（万人）	社区（个）	村（个）
临平街道	35.22	10.25	27	0	闲林街道	53.61	9.13	13	8
东湖街道	14.15	4.43	17	0	仓前街道	46.29	5.20	7	6
南苑街道	28.03	8.16	29	0	五常街道	22.71	4.48	18	0
星桥街道	17.62	3.20	17	0	中泰街道	71.05	3.46	5	10
乔司街道	30.12	5.78	6	11	塘栖镇	79.00	10.44	14	21
运河街道	40.42	5.18	11	14	瓶窑镇	129.00	6.39	8	13
崇贤街道	38.62	5.66	5	11	径山镇	157.08	3.89	2	13
仁和街道	75.00	7.48	2	18	黄湖镇	58.55	1.37	1	5
良渚街道	101.69	13.36	23	20	百丈镇	60.40	1.07	1	6
余杭街道	93.00	8.76	16	11	鸬鸟镇	72.00	1.35	1	6

注：表中相关数据选自杭州市民政局编的《2019年杭州市行政区划手册》。图内社区为XX。

选自杭州市规划和自然资源局余杭分局编制的《余杭区政务地图册》　地图审核号：浙杭S（2020）024号

余杭区行政区划图

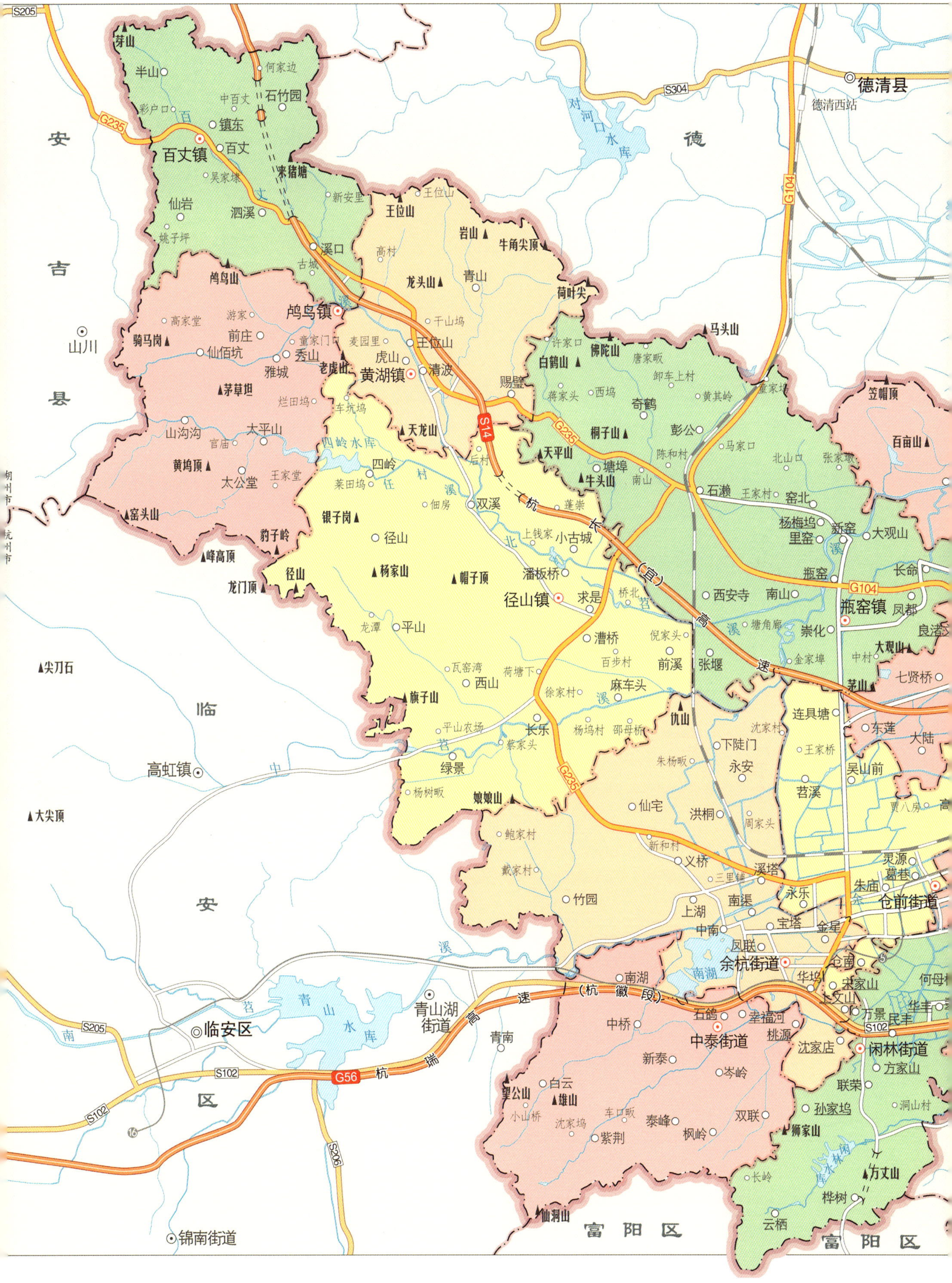

S205
芽山
半山
何家边
中百丈
石竹园
彩户口
镇东
百丈镇
百丈
安
吉
县
吴家埭
来猪塘
仙岩
泗溪
新安里
姚子坪
王位山
王位山
岩山
牛角尖顶
高村
溪口
古城
鸬鸟山
龙头山
青山
荷叶尖
高家堂
游家
鸬鸟镇
干山坞
马头山
山川
骑马岗
前庄
童家门口
麦园里
王位山
许家口
佛陀山
仙佰坑
秀山
虎山
白鹤山
唐家畈
雅城
老虎山
黄湖镇
清波
卸车上村
赐璧
茅草坦
烂田坞
蒋家头
西坞
黄其岭
童家坞
笠帽顶
车坑坞
奇鹤
山沟沟
太平山
天龙山
S14
桐子山
彭公
G235
官庙
四岭水库
后村
马家口
百亩山
黄坞顶
天平山
陈和村
四岭
塘埠
北山口
张家埭
太公堂
王家堂
莱田坞
任
村
牛头山
南山
窑头山
溪
石濑
王家村
窑北
佃房
双溪
杭
蓬崇
杨梅坞
新窑
银子岗
大观山
豹子岭
径山
上钱家
小古城
里窑
峰高顶
长
长命
北
瓶窑
杨家山
帽子顶
潘板桥
宜
龙门顶
径山
G104
尖刀石
西安寺
南山
瓶窑镇
径山镇
求是
桥北
凤都
苕
高
龙潭
平山
塘角廊
溪
崇化
良渚
漕桥
倪家头
中村
大观山
金家埠
百步村
前溪
张堰
瓦窑湾
速
七贤桥
荷塘下
西山
临
徐家村
麻车头
旗子山
溪
仇山
茅山
连具塘
平山农场
沈家村
东莲
长乐
杨坞村
邵母桥
下陡门
苕
大陆
蔡家头
王家桥
绿景
朱杨畈
永安
吴山前
高虹镇
中
G235
杨树畈
苕溪
娘娘山
仙宅
洪桐
贾八房
大尖顶
鲍家村
周家头
新和村
灵源
义桥
戴家村
溪塔
葛巷
安
三里铺
朱庙
竹园
永乐
仓前街道
上湖
南渠
宝塔
中南
金星
溪
凤联
仓南
余杭街道
南湖
南湖
华坞
何母桥
宋家山
(杭
徽
段)
上文山
苕
青
山
水
库
青山湖街道
速
石鸽
幸福河
万景
华丰
南
S205
临安区
中桥
中泰街道
S102
民丰
高
青南
桃源
沈家店
闲林街道
新泰
杭
瑞
S102
G56
岑岭
方家坞
区
白云
联荣
望公山
雄山
S102
小山桥
车口畈
双联
孙家坞
洞山村
沈家坞
泰峰
16
紫荆
枫岭
狮家山
S206
闲林水库
长岭
方丈山
仙洞山
榉树
云栖
富阳区
锦南街道
富阳区

总　目

Main Contents

目　录
CONTENTS

特　载

特　辑

大事纪要

余杭概览

纪检监察

·纪检监察工作·

·巡察工作·

民主党派和工商联

·民主党派·

·区工商联（总商会）·

群众团体

·杭州市余杭区总工会·

·共青团杭州市余杭区委员会·

·杭州市余杭区妇女联合会·

·杭州市余杭区科学技术协会·

·杭州市余杭区文学艺术界联合会·

·杭州市余杭区残疾人联合会·

·杭州市余杭区红十字会·

法　治

·政法工作及社会综合治理·

城乡建设与管理

自然资源管理·环境保护

邮政·电信

供电·供排水

数字化建设

农业·水利

·综　述·

·种植业·

·畜牧业·

·水产业·

建筑业·房地产业

商贸流通

旅游业

经济管理与监督

教　育

·综　述·

·学前教育·

·义务教育·

·高中教育·

·成人教育·

·教师队伍建设·

科学技术

·综　述·

·科技管理·

·科技成果·

文化·传媒

·综　述·

·群众文化·

·文艺创作·

·非物质文化遗产保护·

·文化市场管理·

·图书馆·

·电视广播·

·文物保护·

·档案工作·

·融媒体·

良渚遗址

·综　述·

·良渚古城遗址遗产保护·

·良渚遗址保护与研究·

·遗址公园建设与运营·

·良渚文化宣传与推广·

体　育

卫生健康

社会生活

镇·街道

产业平台

全区组织机构及负责人名录

人物·先进集体

附　录

·统计分析·

索　引

特　载

Specials

牢记嘱托　强化担当
全力争当全省建设“重要窗口”排头兵

——在中共杭州市余杭区委十四届十次全体（扩大）会议上的报告

张振丰

2020 年 7 月 20 日

这次会议的主要任务是：以习近平新时代中国特色社会主义思想为指导，深入学习贯彻习近平总书记考察浙江和杭州时的重要讲话精神，认真落实省委十四届七次全会和市委十二届九次全会决策部署，进一步动员全区党员干部坚定信心、铆足干劲、善作善成、奋勇争先，以更大格局更大担当更大贡献的责任感与使命感，在全省建设新时代全面展示中国特色社会主义制度优越性的重要窗口的征程中，全力争当排头兵。

今年半年度的区委全会具有特殊而重大的意义：首先，这次会议召开在学习贯彻习近平总书记考察浙江、杭州重要讲话和省、市委全会精神的持续热潮之中，是一次全面部署全力落实的大会。习近平总书记在统筹推进疫情防控和经济社会发展的特殊时期到浙江和杭州考察调研并发表了重要讲话，这是浙江和杭州改革发展史上具有里程碑意义的大事。省、市委在前期大学习、大调研、大抓落实的基础上，通过召开全会、作出决议和决定的形式，对学习贯彻习近平总书记重要讲话精神，进行了更加全面、更加深入、更加细致地再动员再部署，为我们区县一级抓学习贯彻提供了遵循和指引。其次，这次会议召开在疫情防控常态化条件下奋力实现全年经济社会发展目标任务的关键节点之上，是一次坚定“两战全胜”信心的大会。今年以来，面对突如其来的新冠肺炎疫情，全区上下按照中央和省、市委决策部署，全力打好疫情防控人民战争、总体战、阻击战。我们坚持立足于早、着眼于快，结合区情实际健全完善疫情防控顶层设计；我们坚持科技赋能、精密智控，率先研发启用“健康码”（余杭绿码），管控举措宽严相济、收放有序；我们坚持精准服务、共克时艰，创新数字治理系列“云平台”实现复工复产动员、惠企政策兑现第一时间直达企业和员工；我们坚持危中寻机、化危为机，发挥数字经济优势练好内功、抢抓“风口”加快经济发展动能恢复。上半年，全区 GDP 增长 2.8%，实现财政总收入 541.2 亿元、地方财政收入 291.8 亿元，分别增长 8.07%、7.65%，主要经济指标全部由负转正。同时，全力抓好城乡环境、民生保障、文化事业、社会治理、党的建设等各项工作，切实把统筹疫情防控和经济社会发展工作要求落到实处。在全省“争先创优”行动考核评价中连续两月位列全省90个区（县、市）第二；在全市“战疫情、促发展”“双引擎驱动、双招双引”比学赶超活动中连续两次位列第一；在这次梅汛防洪中，广大党员干部群众连续作战、风雨坚守，全力将损失降到最低。我们坚信，只要区四套班子团结一致，干部队伍齐心协力，全区人民上下同欲，就没有战胜不了的困难，没有攻克不了的难关，没有实现不了的目标。第三，这次会议召开在冲刺“十三五”收官、谋划“十四五”蓝图的承上启下之时，是一次群策群力共谋发展的大会。自区“十三五”规划启动实施以来，我们聚焦高水平全面建成小康社会目标，统筹推进“三城一区”战略规划布局落地，加快建设高品质大都市新区，综合实力再上台阶、创新创业更具活力、城乡发展更加协调、生态环境更加优美、人民生活更加幸福、治理体系更加完善。2020年是两个“五年计划”的衔接之年，面对国际秩序走向、世界经济发展、全球化前景等不确定性因素，以及中国发展承压前行、自主创新成为主要动力、数字经济带动产业变革等确定性趋势，我们要立足打基础、利长远，结合余杭实际，深入分析重大机遇和挑战，着眼今后五年的高质量可持续快发展，坚持问题导向、强化战略定力，开展“十四五”规划思路的大讨论、大调研，深入谋划一批牵一发动全身的重大改革、重大项目、重大平台、重大政策，为我区在全省高水平推进社会主义现代化建设中继续走前列、作示范走好第一步。我们在这样重要的时刻召开这次区委全会，就是要在全省努力建设“重要窗口”和全市奋力展现“重要窗口”的“头雁风采”的新征程中，找准历史方位、明确奋斗目标、汇聚全区力量，统筹抓好疫情防控、经济社会发展，以及收官“十三五”、谋划“十四五”等各项工作，确保中央和省、市委决策部署在余杭生根开花结果。下面，我代表区委常委会讲四个方面的意见。

一、深入学习贯彻习近平总书记考察浙江和杭州重要讲话精神，锚定争当建设“重要窗口”排头兵的奋斗目标

习近平总书记在这次考察期间，赋予了浙江“努力成为新时代全面展示中国特色社会主义制度优越性的重要窗口”的新目标新定位，同时要求杭州在智慧城市、宜居城市建设方面为全国创造经验，有关讲话精神立意高远、思想深邃、内容丰富，有着鲜明的指向、严密的逻辑、贯通的联系。就全省而言，习近平总书记赋予浙江的新目标新定位，就是要以“浙江之窗”展示中国特色社会主义制度优越性，以“浙江之答”回应“时代之问”和“历史之问”，为国际社会感知中国形象、中国精神、中国气派、中国力量提供一个“重要窗口”，这与习近平总书记在浙江工作期间作出的“八八战略”重大决策部署，与2015年考察浙江时赋予的“干在实处永无止境，走在前列要谋新篇”新使命，与2016年在G20杭州峰会期间提出的“秉持浙江精神，干在实处，走在前列，勇立潮头”新要求，与2018年就“八八战略”15周年提出的“干在实处永无止境，走在前列要谋新篇，勇立潮头方显担当”新期望，在目标上一致同向、一脉相承，在要求上一以贯之、一体多面。省委十四届七次全会报告和决议明确了建设“重要窗口”的10个方面内容，以及要加快形成的13项重大标志性成果，审议通过的《关于建设高素质强大人才队伍　打造高水平创新型省份的决定》明确把人才强省、创新强省作为首位战略，使之成为“两个高水平”和“重要窗口”建设的强大持久动力和鲜明标志。这一系列决策部署充分显示出省委高度的政治担当、发展担当和创新担当。对杭州来说，习近平总书记多次称赞杭州是“历史文化名城、创新活力之城、生态文明之都”，这次考察期间作出的重要指示，进一步把准了杭州经济社会发展的深层脉动，指明了杭州改革发展的前进方向。市委十二届九次全会要求全市上下锚定“头雁”标准，聚焦8个方面努力成为社会主义现代化大城市建设的实践范例，并作出了《关于做强做优城市大脑　打造全国新型智慧城市建设“重要窗口”的决定》，切实扛起“重要窗口”省会城市的使命担当。从余杭来看，在中央和省、市委的坚强领导下，我们一张蓝图绘到底、一届接着一届干，实现了从跟跑到并跑再到逐步领跑的历史跨越。2017年，我区实现财政总收入和地方财政收入总量全省双第一；2018年，GDP总量跃居全省首位；2019年，圆满完成良渚古城遗址申遗、全国“双创”活动周服务保障两大“国字号”任务，打响了“中华文明圣地、创新活力之区”城市品牌；平安考核连续两年进入全省前十，绿色发展指数位居全省第一，全市区（县、市）综合考评连续三年第一。回望走过之路，余杭抓住时代浪潮、实现精彩蝶变；站在新的起点，我们更应胸怀全局，做到接续奋斗。区委常委会认为面对新形势、新要求，我们要进一步明确奋斗目标，全力争当全省建设新时代全面展示中国特色社会主义制度优越性的重要窗口的排头兵。总的来看，建设“重要窗口”排头兵，我们具备条件、也有基础、更是使命。

这些年来，我们落实省委扛起“三个地”使命担当的要求，牢记嘱托、砥砺前行。“三个地”是建设“重要窗口”取之不尽的思想资源和理论财富。我们坚决贯彻省委要求，大力弘扬红船精神，不断深化改革开放，深切体悟习近平新时代中国特色社会主义思想在浙江的萌发历程和生动实践，特别是习近平总书记在浙江工作期间和到中央工作后，先后9次亲临余杭考察调研，其中有对良渚文化遗址保护利用和申遗的指示批示，有对统筹城乡经济社会发展、关注农村关心农民支持农业的具体指导，也有对我区基层民主政治建设有益探索的鼓励肯定，还有对基层法治建设工作的明确要求，2016年G20杭州峰会期间又高度评价“余杭好地方”，给了余杭广大干部群众莫大的肯定和鼓舞。这些年来，我们牢记嘱托、不负使命，实现良渚古城遗址申遗一举成功，为中华5000多年文明史在全世界树立了重要标识；我们统筹城乡发展，深化美丽乡村建设，落实乡村振兴战略，农村居民人均可支配收入跃居全省第一；我们强化基层民主，完善党建引领下的基层民主协商制度，源于小古城村的“众人的事情由众人商量”做法写入党的十九大报告；我们创新基层治理，健全三级社会矛盾纠纷调处化解暨综治中心建设体系，去年全省现场会在我区召开，我区入选浙江省社会治理十佳区县，等等。我们要以高度的思想自觉和行动自觉持续深入贯彻落实习近平总书记对余杭工作的系列重要指示批示要求，为全省更好展现“三个地”的使命担当贡献力量。

这些年来，我们不断强化争当排头兵的意识，比学赶超、积极进取。自区第十四次党代会提出余杭要努力成为“名副其实的全省榜样”目标以来，全区上下牢固树立争先意识，全力争先、全面争先。区委十四届三次全会进一步明确了要朝着“以‘五大余杭’为内涵的名副其实的全省榜样”目标奋勇前行；区委十四届四次全会贯彻党的十九大精神，作出了《关于加快建设“五大余杭”　全力争当新时代发展排头兵的决定》；之后召开的区委全会坚持“不提新口号、赋予新内涵”，始终锚定“干好一三五，争当排头兵”目标，特别是区委十四届六次全会拉高标杆、对标先进，提出创新学（深圳）南山、美丽学（成都）天府、治理学（上海）浦东，把“五大余杭”建设聚焦到“全域创新策源地、全域美丽大花园、全域治理现代化”上来，并且每年根据上级新决策和发展新任务，适当调整“五场硬仗”内容，以重点突破带动全面推进余杭高质量可持续快发展。我们这次全会确立建设“重要窗口”排头兵的新目标，为余杭发展注入了“百尺竿头、更进一步”的加压之力，要求我们全领域全方位全过程全面过硬；注入了“面向现代化、拥抱现代化”的驱动之力，要求我们在高水平推进社会主义现代化建设新征程中率先发力；注入了“以稳求进、以进固稳”的笃定之力，要求我们稳固基础、充实底气，义无反顾地前行、稳扎稳打地攀高；注入了“与时俱进、改革创新”的奋进之力，要求我们解放思想、开拓思路，实现由“适应”新变化向“引领”新发展转变。我们要更加主动服务省市发展大局，为“中国的明天”提供更多浙江经验、杭州经验贡献力量。

这些年来，我们坚持不懈推进跨越式的发展，创新驱动、全面发力。切实落实“发展是第一要务，人才是第一资源，创新是第一动力”理念，着眼全域梯次布局建设创新平台，构建“产业平台＋特色小镇＋孵化器”的创新发展“矩阵”；建强数字经济和制造业高质量发展“双引擎”，打造以数字经济为核心、新经济为引领、实体经济为着力点的现代产业体系；抓实全省全面创新改革试验区和“人才特区”试点，健全“产学研用金、才政介美云”十联动创新创业生态系统。“人才引领、创新驱动”助力余杭实现了由县域经济向都市经济成功转型并成为全省经济第一区的跨越式发展，同时也为我们争当建设“重要窗口”排头兵奠定了坚实的经济基础。我们要坚定不移走创新发展之路，着眼全球产业链的高端来布局产业，着眼全球创新链的高端来推进创新，着眼全球新经济策源地的高端来构筑支点，加快培育世界级的先进制造业集群，努力在杭州打造全球有影响力的“互联网＋”创新创业中心、国际软件名城和中国区块链之都、全国云计算之城、全国电商直播之城中走在前列，为打造高水平创新型省份贡献力量。

二、坚决扛起“更大格局更大担当更大贡献”的光荣使命，全面把握争当建设“重要窗口”排头兵的内涵要求

近年来，省、市委先后赋予了余杭“在‘四个强省’建设中展现更大格局更大担当更大贡献”和“当好综合型领头羊、排头兵”的光荣使命。当前，这些要求系统地融入到争当建设“重要窗口”排头兵的进程中来，对此，我们要理清内在的大逻辑、找准工作的着力点，切实把准、悟深、吃透争当建设“重要窗口”排头兵的内涵要求。

（一）正确认识历史方位，以更大格局来把握争当建设“重要窗口”排头兵的总体要求。站在“两个一百年”的历史交汇点上，我们要放眼中华民族伟大复兴的战略全局和世界百年未有之大变局“两个大局”，聚焦全省高水平全面建成小康社会和高水平推进社会主义现代化建设“两个高水平”转段，准确把握余杭发展的历史方位，深刻理解争当建设“重要窗口”排头兵的总体要求，就是要强化“窗口中的窗口、标杆中的标杆”的争先意识，干在实处、走在前列、勇立潮头，加快打造成为在国际上有影响力的“全域创新策源地”、生动展现“两山”理念的“全域美丽大花园”以及区县一级的“全域治理现代化”全国样板，努力率先高水平完成基本实现社会主义现代化目标。具体来说：首先是要成为“面向世界、引领未来”的排头兵。“世界发展”看中国，“中国之制”看浙江，“重要窗口”看杭州，“头雁风采”看余杭，我们要以世界的眼光审视余杭的发展，高效地利用两个市场、两种资源，以开放促改革、促创新、促发展，全面推动科技、产业、资本的引进来与走出去，营造法治化、国际化、便利化的一流营商环境，努力在“国内大循环为主体、国内国际双循环相互促进”新发展格局中取得先发优势。“今天的浙江”正在为“明天的中国”探路、闯关和破题，我们要以未来的眼光审视余杭的发展，主动顺应产业变革、城市建设、社会治理的大趋势，抢占未来发展制高点，探索更多可能性，为打造“浙江之窗”提供更多余杭素材、余杭样本、余杭经验。其次是要成为“全面展示、全面领跑”的排头兵。“全面展示”是建设“重要窗口”的内在要求，意味着要展示的不仅是物质性的成就，更是制度性的成果、气质性的提升。要推动物质文明、政治文明、精神文明、社会文明、生态文明协调发展，全景式展现从经济到政治、从科技到社会、从城市到农村、从物质到人、从治理体系到治理能力等的现代化，将余杭政通人和的政治生态、活力澎湃的“双创”生态、山清水秀的自然生态、心齐气顺的人文生态等全面呈现出来，并转化为全面发展的优势。“全面领跑”是争当排头兵的必然要求，意味着有一些局部领域走在前列是不够的，必须是推动各领域工作全面争先。要全面对标对表“四个强省”“四大”建设和“六大行动”“六新”建设等省市决策部署，提升城市创新能级、产业能级、开放能级、基础设施能级、公共服务能级和生态环境能级，不管是哪项工作，不干则已，要干就要创一流，不管是哪项考核，只要有排名，就要有争先进的意识和勇气。第三是要成为“公认度高、感受度强”的排头兵。排头兵不是轻轻松松、敲锣打鼓就能得来的，必须准备付出更为艰巨、更为艰苦的努力；排头兵也不是自封的，要看人民群众认不认可、看社会各界承不承认、看发展变化大不大，特别是人民群众的感受度、满意度和幸福感强不强，直接关系到排头兵的成色。要坚持以人民为中心的发展思想，着力保障和改善民生，谋民生之利、解民生之忧，确保建设“重要窗口”排头兵的成果真正体现为全区人民看得见、摸得着的实惠，用干部的“辛苦指数”换取群众的“幸福指数”。

（二）始终保持战略定力，以更大担当强化争当建设“重要窗口”排头兵的硬核保障。要清醒地认识到，对标建设“重要窗口”排头兵这一目标，我们还有不小差距、存在许多短板。比如，虽然开启了全域高质量发展的局面，但是区域之间、产业之间的发展仍不平衡；虽然进入了经济发展领跑者的方阵，但是前有标兵、后有追兵的态势没有改变；虽然加快了高品质都市新区的建设，但是城市能级、城乡统筹的水平有待提升；虽然开展了区域治理现代化的探索，但是平安建设、社会和谐的基础不够稳固；虽然加强了干部队伍的建设，但是本领恐慌、骄傲自满不同程度存在。对此，区委常委会高度重视、精准施策，特别是过去一年多来，通过全面推进“三个全域”建设，对一些客观存在的短板和问题正在着力推动解决之中。我们要强化辩证思维，坚持补短板、强弱项与固根基、扬优势相统一，强化战略定力，坚持守正创新，坚定不移推进“三个全域”建设，统领余杭发展、改革、稳定大局。要坚定实施“全域创新”战略。拓展“全域创新”的深度，增强大局意识，主动服务全市创建

综合性国家科学中心，鼓励区内科研院所、高等院校和重点企业研发机构攻坚前沿科技和“卡脖子”技术，提升基础研究能力，努力向科技创新“无人区”进军；延伸“全域创新”的广度，坚持有为政府和有效市场同时发力，尊重企业创新主体地位，完善专利资助和创新产品政府采购政策，促进创新产品研发和规模化应用，加快实现规上企业研发活动、研发机构、发明专利“三个全覆盖”；提升“全域创新”的热度，坚决破除制约创新发展的制度瓶颈，建立健全更加有利于创新创业的生态系统，加强干部队伍对新技术、新产业、新业态、新模式等前沿知识的学习，不断用新理念指导新实践，用新思路推动新发展。要坚定实施“全域美丽”战略。坚持“人民城市人民建，建好城市为人民”，在统筹推进“城靓村美”建设、文旅融合发展、生态环境提质等行动过程中，更加注重城乡均衡发展、更加彰显文化文明魅力、更加体现三生融合理念，进一步增强群众幸福感；围绕满足人民日益增长的美好生活需要，问情于民、问需于民、问计于民，切实解决好群众最急最难最忧最盼的紧迫问题，进一步增强群众获得感；整合余杭人文历史和创新发展优势，不断提升“中华文明圣地、创新活力之区”城市美誉度和影响力，倡导余杭人民共同价值观，构建美好精神家园，进一步增强群众自豪感。要坚定实施“全域治理”战略。在全面实施“区域五治”的基础上，突出数字赋能治理，充分运用大数据、云计算、区块链、人工智能等前沿技术，完善区域治理现代化数字系统解决方案，努力建设新型智慧化城区；突出民主协商治理，深化完善党建引领基层民主协商机制，推动大事商量着定、实事商量着办、难事商量着解，加快构建共建共治共享的社会治理格局；突出全面依法治理，提高运用法治思维和法治方式深化改革、推动发展、化解矛盾、维护稳定、应对风险的能力，加强党内法规工作，强化法治政府建设，不断构建严格执法、公正司法、全民守法的良好法治环境。

（三）努力绘就最美画卷，以更大贡献展现争当建设“重要窗口”排头兵的实践成果。建设“重要窗口”是一个纷繁复杂的系统性工程，我们要争当全省的排头兵，就要拿出画“工笔画”的功夫，做到心神稳、心气静、心劲足，聚焦重点、精雕细琢，努力描绘出“重要窗口”的最美余杭画卷，集中展示争当排头兵的丰富实践成果。一是集中展示创新策源能力建设的实践成果。全力支持之江实验室、良渚实验室、湖畔实验室等建设国家和省实验室，加快推进超重力离心模拟与实验装置等重大科技基础设施建设，建好南湖科学中心，积极对接杭州云城规划建设，努力将未来科技城打造成为城西科创大走廊，建设面向世界、引领未来、辐射全省创新策源地的核心区，推动城西科创大走廊辐射力向余杭中东部延伸，为“全域创新策源地”建设注入强劲动力。充分发挥名校名院名企创新资源集聚优势，共建公共技术平台，完善协同创新生态；提升发展特色小镇和5G创新园、区块链产业园等创新平台，深入实施“大孵化器”战略，打造国家新一代人工智能创新发展试验区核心区、全国数字经济先行区。二是集中展示“人才特区”建设的实践成果。在未来科技城试点基础上，全域推进国际化高端“人才特区”建设。抢抓人才加速流入的“窗口期”，全面释放“顶尖人才引育”“人才创业险”等黄金政策的黄金效应，不断完善国际社区、国际学校、国际医院等相关配套，依托海外“千里马驿站”、梦想小镇沪杭创新中心、合杭梦想小镇、国际人才园等“人才飞地”和“本土园区”，统筹开发利用好国内国际两种人才资源，努力打造全球高端人才“蓄水池”。尊重人才主体地位，完善人才培养、评价、激励机制，建好用好院士之家、诺贝尔奖工作站、浙江人才大厦等平台，强化创新载体、高等院校和龙头企业对人才的吸附效应；深化人才创新创业全生命周期“一件事”改革，着力打造“我负责阳光雨露、你负责茁壮成长”的“热带雨林式”人才创新创业生态系统，支持办好“梦溪论坛”等科学家峰会，不断提升“余您携手·杭向未来”人才活动品牌影响力，加快建设全国“双创”示范城引领区。三是集中展示打造高质量发展“双引擎”的实践成果。做优做强数字经济、生命健康、新材料等战略性新兴产业、未来产业，坚定不移实施好数字经济“一号工程”和“新制造业计划”。深入推进“三化融合”，在扩增量、优存量、提质量过程中加快实现产业基础高级化、产业链现代化。巩固数字产业化优势，依托阿里巴巴等龙头企业，持续做强电子商务、云计算、大数据等产业，抢抓在线新经济“风口”，发挥好未来科技城中国（杭州）直播电商基地、余杭经济技术开发区中国（余杭）品牌直播产业园、临平新城中国（杭州）数字时尚创新基地、良渚新城淘宝直播综合体等平台集聚优势，做优直播电商产业，打造全国直播经济第一区；提升产业数字化水平，大力发展精密制造、智能机器人、集成电路（芯片）等数字经济基础、核心产业，依托国家工业App创新中心、工信部服务型制造研究院、阿里supET工业互联网创新中心等平台，促进数字赋能制造业发展，鼓励企业建设无人车间、黑灯工厂；把握城市数字化机遇，聚焦“六新”建设，完善5G、大数据中心、工业互联网、超算中心等数字基建，不断创造新科技、新场景、新产品，加快形成经济新的增长点。四是集中展示全面深化改革的实践成果。深化“最多跑一次”改革，切实抓好政务办事、公共服务、社会治理三大领域的“一件事”集成改革。加快政府数字化转型，持续做优做强城市大脑·余杭平台，用好“亲清在线”等核心应用场景，打造线上线下办事大厅，倒逼行政流程再造，以数字赋能推进政务领域“机器换人”。坚持把“最多跑一次”改革和“亲清在线”的理念、方法和机制运用到统筹推进“三个全域”建设的各个方面，聚焦创新发展的关键议题、美丽建设的重点课题、区域治理的短板问题，创造更多实质性、突破性、系统性的改革成果。五是集中展示城乡统筹发展的实践成果。落实“多规合一”，优化全域空间布局，切实提升城乡规划建设品质；坚持城市国际化和城乡一体化良性互动，提升未来科技城、余杭经济技术开发区（未来智造城）、临平新城、良渚新城、钱江经济开发区等产业平台的城市能级和辐射带动能力，发挥小城市和中心镇连城接乡桥梁纽带作用，结合人口增长趋势和空间分布，推进教育、医疗、就业、养老、交通等基础设施、公共服务均衡化发展；积极发挥各镇街特色和优势，深入实施乡村振兴战略，建好国家现代农业产业园，大力发展特色农业，加快农村三次产业融合发展，促进农民持续增收，全力打造城乡融合发展样板区。六是集中展示践行“两山”理念的实践成果。加快构建现代环境治理体系，落实最严格生态环境保护制度，让绿色成为余杭发展最动人的色彩。持续实施蓝天、碧水、净土、清废四大行动，高标准打赢污染防治攻坚战；深入实施“千村示范、万村整治”工程，建好美丽城镇和美丽乡村，努力实现全域景区化连片提升；积极拓宽绿水青山向金山银山转化通道，做大做强美丽经济，把生态优势转变成发展优势，打造全省“大花园”建设样板地。七是集中展示文化文明建设的实践成果。坚守社会主义核心价值体系，大力发展以党的创新理论为引领的先进文化。统筹抓好良渚文化、运河文化、径山禅茶文化、超山金石和梅花文化以及区内非物质文化遗产的保护传承利用工作，精心守护实证中华5000多年文明史的良渚古城遗址，持续办好“杭州良渚日”，全力推进余杭段大运河文化带（大运河文化国家公园）建设，不断放大两大世界遗产综合带动效应。加快建设未来科技文化中心、良渚文化艺术走廊等标志性公共文化基础设施，全力建好农村文化礼堂、社区文化家园等文化阵地，切实推动文创文旅文博产业融合发展，全面提升市民道德素质和社会文明程度，努力打造文化事业更加繁荣、文化产业更加发达、文化形象更加鲜明、文化生活更加丰富的文化文明高地。八是集中展示区域治理现代化的实践成果。完善民生实事项目票决制、街道居民议事会议制度，用好政协“请你来协商”等平台载体，发挥统一战线独特作用，更好凝聚发展共识。深化三级社会矛盾纠纷调处化解暨综治中心建设，加快实现矛盾纠纷调处化解“最多跑一地”“解决在当地”；不断丰富“有事好商量，众人的事情由众人商量”实践形式，进一步健全自治、法治、德治“三治”融合的基层治理体系，凝聚群团组织、社会组织等各方力量打造社会治理共同体；落实决策风险评估机制，完善安全生产和社会治安防控体系，夯实社会平安稳定和谐基础。九是集中展示全面从严治党的实践成果。落实新时代党的建设总要求，推动全面从严治党向纵深发展、向基层延伸、向每个支部和单元覆盖。建立健全不忘初心、牢记使命长效机制，压实意识形态责任制，加强队伍思想淬炼、政治历练、专业训练和实践锻炼，推动广大党员干部增强“四个意识”、坚定“四个自信”、做到“两个维护”。深入实施“党建双强”工程，统筹抓好各领域党建，推动基层党建全面进步、全面过硬。持续强化正风肃纪，加大基层减负力度，深入纠治形式主义、官僚主义。始终保持反腐倡廉高压态势，着力培育廉洁文化，充分展现政治清明、政府清廉、干部清正、社会清朗的清廉余杭建设实效。

三、统筹推进疫情防控和经济社会发展工作，奋力夺取争当建设“重要窗口”排头兵的首战成果

下半年是高水平全面建成小康社会的最后冲刺期，也是“十三五”与“十四五”接续的关键时期。全区各级各部门要坚定统筹“双线作战”、确保“两战全胜”的信心，落实“六稳”“六保”，攻坚“五场硬仗”，奋力完成全年经济社会发展目标

任务，为争当建设“重要窗口”排头兵开好局、起好步。

（一）坚持慎终如始，加强疫情常态化防控。坚决克服麻痹思想、厌战情绪，精准发力抓实各项防控举措。一是要强化精密智控、守牢底线。坚持“外防输入、内防反弹”，科学分析研判形势，继续用好“精密智控＋网格管理”等管用方法，不断拓展“健康码”应用，切实增强防控措施的针对性、实效性。全面落实属地、部门、单位、个人的四方责任，着力构筑个人防护、主动检测、哨点监测、流调追踪、精准管控、有效救治的严密防控链条，牢牢守住来之不易的战“疫”成果。二是要坚持聚焦重点、抓住关键。紧盯重点人群、重点场所、入境人员和进口货物，最大限度降低疫情传播风险。对重点地区流入人员，要加强排查管控，严格落实隔离医学观察等相关措施；对杭州农副产品物流中心、农贸市场、大型商超等重点场所，要强化卫生整治、环境消杀和日常管理，严格落实“亮码＋测温＋戴口罩”和人员密度控制等举措；对重点疫区进口货物和冷链物流环节，要加大检验检疫检查力度，严把疫情输入安全关。三是要完善长效机制、补齐短板。坚持平战结合、长短结合、专兼结合，着眼疫情暴露出来的问题和不足，抓紧补短板、堵漏洞、强弱项，深入开展爱国卫生运动，健全公共卫生应急管理体系，完善疾病预防控制体系和重大疫情防控救治体系，强化应急物资保障，培养高素质应急队伍，不断提升应对突发重大公共卫生事件的能力。

（二）坚持比学赶超，奋力夺取经济高分报表。深入开展“三大比拼”活动，全力跑出高质量发展加速度。一是要全力推进项目建设。奋力攻坚重大产业、重大基础设施和重大民生项目，坚持开展季度重大项目集中开工活动，年内省、市重点项目开工率要达到95%以上。确保之江实验室园区一期工程年底竣工，vivo全球AI总部、OPPO全球终端总部、信达生物制药、优必选全球总部等7个“152”工程项目落地率达到80%以上；实施“交通强区”建设大会战，全力推进高铁西站枢纽、运河二通道、东西向快速路、地铁轨道交通、快速路网五大百亿交通项目；打好打赢重大民生项目建设硬仗，确保安置房项目开工100万平方米、单体竣工120万平方米，28个新建基础教育类学校项目年内全部开工，如期启动中法航空大学（暂名）校区项目建设，建成投用浙大一院总部一期、余杭三院迁建等医院项目。二是要持续狠抓“双招双引”。健全完善重大项目集中云签约长效机制，聚焦数字经济和先进制造业，全力招引标志性、示范性、带动性强的头部企业和“单打冠军”项目，力争全年引进100亿元以上项目2个、50亿元以上项目3个，不断建强高质量发展“双引擎”。继续用好云评审、云路演、云聘会等引才新方式，高效对接海内外创新创业人才和团队，确保新增高校毕业生3.5万名以上。对接“长三角校地合作联盟”特别是浙大“金矿”资源，加快建设数字·健康小镇（三名创新中心），依托入驻的高校科研机构引才聚才，探索“科研院所招引、全区统筹使用”的人才工作新模式。三是要不断强化服务保障。持续深化“三服务”活动，坚持企业视角、群众语言、基层立场，落实“亲清在线”政策在线兑付、诉求在线直达、事项在线许可、服务在线落地、绩效在线评价等五大功能，抓好浙政钉2.0试点工作，进一步改善“亲清”关系、干群关系、政务环境，不断提升社会满意度。政策供给要处理好大水漫灌与精准滴灌的关系，坚持抓两头促中间，落实减税降费和防疫惠企等政策，做到应减尽减、应享尽享、应兑尽兑，帮助企业解决困难、渡过难关；同时，充分发挥“亲橙办”“亲企办”“亲禾办”作用，加大对阿里巴巴等大企名企强企的支持力度，强化金融服务经济发展能力，鼓励企业通过股改上市做大做强，力争新增上市企业7家。深化“大孵化器”战略，力争新增物理空间250万平方米，实施企业“扎根计划”，确保好企业好项目引得进、落得下、留得住。

（三）坚持精益求精，持续改善城乡建设品质。对照宜居城市建设标准，统筹城乡发展，加快建设城市新中心。一是要擦亮环境底色。积极争创国家生态文明建设示范区，持续推进“美丽河湖”“污水零直排区”“无废城市”创建，加大扬尘治理力度，围绕“35166”目标高水平推进生活垃圾分类处置工作，支持循环经济发展，力争一半以上镇街生活垃圾回收利用率达到50%。加强对和睦水乡、北湖草荡、南湖、丁山湖等湿地资源的保护利用，全力打造“湿地水城”典范。深入实施“城市环境大整治、城市面貌大提升”行动，以“绣花”功夫抓好城市管理。二是要彰显区域特色。提升规划建设水平，精心勾勒城市轴线、城市天际线和建筑轮廓线。加快推进“靓城行动·东部崛起”126个年度项目，确保年内竣工一批标志性项目；实施好未来科技城“一湖一线三口五园”美丽工程，加快文一西路提升改造；抢抓大城北开发机遇，聚焦良渚新城“城市T台”重点区域，打造好华润万象城、树兰国际医学中心等地标项目。加快推进首批6个美丽城镇试点建设，全力争创省市样板。深入实施美丽乡村提升“1510”示范创建行动，基本完成“一核五线”一期项目建设，启动黄湖镇全国“未来乡村实验区”青山村试点。深化良渚文化遗址保护研究传承利用工作，实质性启动老虎岭遗址公园提升改造工程和良渚博物院二期前期工作。三是要提升发展成色。切实办好既有住宅加装电梯、老旧小区综合改造提升、养老助餐、无障碍环境建设等民生实事和“关键小事”。打好稳岗、拓岗、扩就业组合拳，确保城镇登记失业率控制在3.5%以内。促进公办民办教育协调发展，不断打响“学在余杭”教育品牌。深化医药卫生体制改革，做深做实医共体、医联体，持续提升“健康余杭”建设水平。加快构建社会救助共同体，强化困难群众兜底保障。助力台江、天柱、咸丰等地圆满收官脱贫攻坚战，携手迈进全面小康。

（四）坚持精准施策，深入推进平安余杭建设。锚定平安考核“保十争五”目标，聚焦关键处、找准着力点，推动平安建设取得更大成效，力争夺得“一星平安金鼎”。一是要狠抓矛盾化解。发挥三级社会矛盾纠纷调处化解暨综治中心“矛盾纠纷一站式接收、一揽子调处、全链条解决”的作用，落实领导接访下访和包案化解工作机制，着力化解各类信访案件和重大历史遗留问题。高度重视涉疫情矛盾纠纷的排查和防范化解工作，加强分析研究，积极协调解决，做到抓早抓小、应调尽调。二是要狠抓专项行动。坚持问题导向，深入开展道路交通安全、安全生产、命案防控、电信（网络）诈骗防范、消防安全、平安宣传等六大平安建设专项行动，全力消除各类安全隐患，严防重特大安全事故的发生。紧盯“打伞破网”“打财断血”，扎实开展“十大专项行动”，持续打击黑恶势力违法犯罪，奋力夺取扫黑除恶专项斗争全面胜利。三是要狠抓风险防控。打好重大风险防范化解硬仗，探索开发社会风险“五色图”，提升风险预测预警预防能力，切实推动风险防范关口前移。不断完善自然灾害、重大舆情等风险防控管理和应急处置机制，科学做好防汛防台和抢险救灾工作，维护人民群众生命财产安全。

（五）坚持依法有序，全力抓好村社组织换届。要充分准备、精心组织，确保圆满完成这一重大政治任务，选出忠诚担当的好头雁、堪当重任的好班子、风清气正的好生态、干群齐心的好局面。一是要确保全过程平稳。切实把党的领导贯穿村社换届始终，牢牢把握换届工作主动权、主导权。坚持试点先行，强化舆论引导，造浓换届选举氛围。严守换届纪律规矩，做好违纪违法案件查处、各类矛盾纠纷化解等工作，对换届中出现的苗头性、倾向性问题露头就打、坚决惩处，切实维护选举工作秩序。二是要紧扣“一肩挑”要求。从严把握资格条件，把牢年龄关、组织关、学历关、能力关、职数关；拓宽选人用人的视野和渠道，通过疫情防控表现、急难险重应对、群众满意度测评等多维度定性定量评价，真正把政治强、敢担当、能带富、善治理、口碑好的优秀人才选出来。突出抓好规模调整村社和软弱后进村社换届选举工作，分类指导、因村制宜、攻坚拔钉。三是要筑牢快发展基础。切实抓好新老班子交接、新班子培训、建章立制等换届选举后续工作，接续抓好村级集体经济、民生事务发展等工作，确保村社组织换届和推动发展两促进、两不误。完善“一肩挑”后的担当干事、监督管理、待遇保障、组织运行等制度建设，避免出现“一肩挑”变“一言堂”“一人担”进而影响发展的情况。

四、坚持以“排头兵”标准加强能力和作风建设，打造一支与建设“重要窗口”相匹配的干部队伍

目标明确以后，干部就是决定性因素。全区广大党员干部要树立“把余杭的事情做好，就是为全省全市担当；把自己的工作干好，就是为余杭发展担当”的理念，个个对标排头兵、人人争当排头兵，在“两战”中锻造排头兵的格局、气魄、素质、能力和作风，保持“赶考姿态”，通过“压力测试”，交出“高分答卷”，干出“重要窗口”排头兵应有的样子。

（一）排头兵，应该是视野宽阔的善成大事者。我们要争当的是全省的排头兵、全面的排头兵，每一名党员干部特别是领导干部必须胸怀大局、着眼大势，做到不因局势纷繁复杂而迷失方向，不以局部小有成绩而沾沾自喜。要跳出余杭看余杭、站在全局看余杭，把余杭发展的“小逻辑”放到全省建设“重要窗口”的“大逻辑”中去谋划、放到杭州

展现“重要窗口”的“头雁风采”的“大逻辑”中去思考，找到结合点，打开新天地，既为余杭争光，也为省市添彩。要善于谋大事、干大事、成大事，从省市区的空间转换中把余杭的定位想清楚、把自身的优势发挥好，从过去、现在和未来的时间转换中把存在的问题想明白、把应对的策略战术谋深入，从“十四五”甚至更长远的战略纵深中把发展的蓝图绘制好、把实现的路径找精准，主动作为、勇挑重担、把握机遇、铸就辉煌，努力在余杭的发展和个人的人生中留下浓墨重彩的一笔。

（二）排头兵，应该是永争第一的示范领跑者。一个能级有一个能级的坐标，一个领域有一个领域的标杆。这两年，余杭创造了一个又一个奇迹，拿下了一个又一个第一，站上了一个又一个C位，各级领导对余杭高看一眼，社会各界对我们充满期待，越是这样的态势，越是不能有“提名就是肯定”的自满，越是要强化“银牌就是失败”的压力，不能自我陶醉、安于现状，要切实增强紧迫感和危机感，通过自身的努力把“第一”变成一种常态、把“优秀”变成一种习惯。各条战线、各级干部要在更高标准、更广范围、更深层次上寻找参照系，工作领先的要快马加鞭让追兵望尘莫及，工作落后的要知耻后勇让标兵如芒在背，奋力在全省“争先创优”、全市“比学赶超”和全区“三大比拼”中争第一、创一流，以各项工作、各个指标的“领先”来支撑余杭整体发展的“领跑”。

（三）排头兵，应该是敢闯敢创的改革创新者。当前，区域之间的竞争，某种程度上就是改革的比拼、创新的较量，要继续在深化改革创新上出实招、出硬招、出新招，以改革强化制度供给、以创新永葆发展活力。广大党员干部要继续保持“第一个吃螃蟹”的勇气，解放思想、敢闯敢试，勇于“标新立异”，敢于“异想天开”，善于“无中生有”，要有更多全市首推、全省首个、全国首创、全球首发的改革创新举措，喝上更多“头口水”，争当改革“领头羊”。重视改革精神、创新文化的培育，完善党员干部容错免责机制，干部要为事业担当、组织要为干部担当，努力营造支持改革、鼓励创新、宽容失败的浓厚氛围，持续放大改革创新品牌效应，让越来越多的人感受到，余杭是一方“给点阳光就灿烂”的改革热土、“给点雨露就成长”的创新沃土。

（四）排头兵，应该是脚踏实地的奋斗实干者。高质量是实干出来的，排头兵是奋斗出来的。各级党员干部特别是领导干部，要以上率下、冲锋在前，盯住改革发展目标，愈是艰险愈向前，以“功成不必在我”的胸怀，带领“群雁”在推进高质量可持续快发展中大干一场。要继续保持在“战疫情、促发展”中展现出的敢打硬战、能打胜仗的铁军风骨，立说立行、雷厉风行的响应速度，及时研判、一贯到底的执行机制，努力把计划变成实际行动、把规划干成发展实效。要争当敢打敢拼、能谋善断的尖兵、战将，练就危中寻机、化危为机的过硬本领，准确识变、科学应变、主动求变，善于从表面的危机、眼前的困难中捕捉和创造机遇，在危机中育新机、于变局中开新局。

同志们，为者常成，行者常至。让我们更加紧密地团结在以习近平同志为核心的党中央周围，激发“踏平坎坷成大道”的斗争精神，锤炼“咬定青山不放松”的顽强意志，凝聚“万众一心加油干”的磅礴合力，锐意进取、砥砺前行，用奋斗成就事业，以实干托举担当，全力争当全省建设“重要窗口”排头兵！

高水平建设创新余杭品质之区文明圣地
争创社会主义现代化先行示范区

——在中共杭州市余杭区委十四届十二次全体（扩大）会议上的报告

张振丰

2020 年 12 月 18 日

这次会议的主要任务是：高举习近平新时代中国特色社会主义思想伟大旗帜，深入学习贯彻习近平总书记考察浙江和杭州时的重要讲话精神，全面落实党的十九届五中全会和省委十四届八次全会、市委十二届十一次全会精神，审议通过《关于制定余杭区国民经济和社会发展第十四个五年规划和二〇三五年远景目标的建议》，忠实践行“八八战略”，持续推进“干好一三五、争当排头兵”，进一步动员全区上下坚定信心、唯实惟先、善作善成，高水平建设创新余杭、品质之区、文明圣地，争创社会主义现代化先行示范区。

下面，我代表区委常委会向全会作报告。

一、决胜“十三五”收官，余杭经济社会实现大发展、大跨越

2020 年是极不平凡的一年，面对突如其来的新冠肺炎疫情，我们认真贯彻落实党中央和省、市委决策部署，强化“干好一三五、争当排头兵”的定力，统筹推进“战疫情、促发展”，做好“六稳”工作，落实“六保”任务，全力确保“十三五”规划圆满收官。

（一）强化党建统领，集中精力谋全局抓大事。始终把政治建设摆在首位，第一时间传达学习习近平总书记系列重要讲话、重要文章、重要批示精神。年中召开区委十四届十次全会专题研究部署贯彻习近平总书记考察浙江和杭州时的重要讲话精神，确立了争当全省建设“重要窗口”排头兵的目标。坚持开门问策、集思广益，开展“十四五”规划思路研究，高质量编制“十四五”规划和二〇三五年远景目标建议和纲要。全力打好三大攻坚战，网贷金融风险全部出清，3 个东西部扶贫协作对口帮扶县全部“脱贫摘帽”，认真做好中央环保督察迎检和反馈问题整改工作，获评全省“五水共治”（河长制）工作优秀区（县、市），再夺“大禹鼎”。打好扫黑除恶专项斗争收官之年攻坚战。积极做好中央巡视配合和省委巡视反馈问题整改落实工作。深入实施乡村振兴战略，实现粮食生产七连增，获得省粮食生产“河姆渡杯”金奖，成功创建国家现代农业产业园。贯彻上级部署和“一肩挑”要求，村社组织换届工作平稳有序推进。深刻认识数字化的变革力量，率先提出、及早部署全面数字化转型，谋划打造全国数字经济先行区、全国数字生活引领区、全国整体智治示范区。压实全面从严治党责任，统筹抓好纪检监察、组织、宣传、统战、意识形态、党管武装等各领域党的建设。充分发挥区委常委会班子作为全区各项事业的领导核心作用，支持保证人大、政府、政协、监委、法院、检察院等依法履职，切实加强对工青妇、党史、档案、党校、老干部、双拥、关心下一代等工作领导，营造良好政治生态。

（二）统筹双线作战，在危机中育新机抢先机。坚决贯彻党中央和省、市委关于统筹推进疫情防控和经济社会发展各项工作的决策部署，全力打好抗击疫情的人民战争、总体战、阻击战。第一时间落实全省重大突发公共卫生事件Ⅰ级响应要求，迅速完善疫情防控指挥体系顶层设计，在全市最早设置主要交通检查卡点、最早实行小区封闭管理、最早出台“十项从严”管控措施；坚持群防群控，建立 779 个临时党支部，5.6 万余名党员干部下沉一线，

带动67.6万余名群众参与疫情防控；强化数字赋能、精密智控，先研先试“余杭绿码”，为研发升级“健康码”提供“余杭实践”；派出三批医护人员驰援武汉，获评省抗疫先进集体1个、先进个人8名，市抗疫先进集体13个、先进个人29名。第一时间启动复工复产，一周内连续召开3次钉钉视频会议向企业传递党委政府支持复工复产的最强音，开通专列、包机组织员工返岗复工，用好全省首创的“惠企政策集中兑现办公室”和杭州“亲清在线”数字平台，截至目前“真金白银”兑付惠企资金102亿元，助力企业在最短时间内复工复产、达产增效；坚持危中寻机、抢占先机，发挥数字经济优势练好内功，抢抓在线新经济“风口”，建成四大直播电商基地，以余杭发展一天也等不起的紧迫感，疫情稍有缓解就几路出击，分赴北京、上海、深圳、南京、合肥、成都等地开展双招双引，促进经济发展动能加快恢复。

（三）坚定“干好一三五”，全力完成年度目标任务。锚定“高质量可持续快发展”这一总目标，将深化“三个全域”建设要求，细化为打好“五场硬仗”项目化工作。一是攻坚现代产业体系建设硬仗。围绕建强高质量发展“双引擎”，坚持开展“三大比拼”、季度“双集中”等活动，预计全年集中签约重大产业项目超200个、总投资超1000亿元，vivo全球AI总部、阿里达摩院、优必选全球总部（全国第二总部）、百联奥特莱斯、中法航空大学、信达生物、OPPO全球移动终端研发总部7个年度“152”工程项目全部落地开工。加快数字经济赋能制造业发展，阿里“犀牛工厂”新制造项目正式发布，被“达沃斯”世界经济论坛评为服装行业全球唯一“灯塔工厂”，并与老板电器、春风动力一起列入全省首批重点培育“未来工厂”。加快完善产业创新生态，之江实验室园区一期工程圆满竣工、年底交付使用，数字·健康小镇正式开园，梦栖小镇正式命名省级特色小镇，大孵化器战略新增物理空间251万平方米，新认定国家高新技术企业595家，累计达1773家，实现增量、总量全省双第一。落实“凤凰行动”计划，动态培育上市后备企业300家，新增上市公司7家，累计达到32家，增量位居全省各区（县、市）第一。二是攻坚城市发展能级提升硬仗。在持续推进靓城行动东部片区“1618”工程的基础上，全域推进中部片区“6路6靓点”和城西片区“一湖一线三口五园”等工程，北大街综合整治、临平山运动休闲公园、丰收湖公园等一批项目精彩亮相，城市颜值和百姓幸福指数获得双提升。组织实施交通建设大会战，加快推进高铁西站枢纽、运河二通道、东西向快速路、地铁轨道交通、快速路网“五大百亿”交通项目，新开通地铁轨道线路2条。成功举办2020全球人工智能技术大会、中国世界文化遗产年会暨市长论坛、中国工业互联网大赛、第四届中国服务型制造大会、首届“杭州良渚日”等活动，对外影响力美誉度持续提升。三是攻坚重大风险防范化解硬仗。落实重大不稳定因素区、镇街（部门）两级领导包案化解，乔司商城等涉众型风险得到有效处置；完善社会治理综合服务中心建设，开发“云上中心”，聚焦社会治安、安全生产、信访矛盾等领域，研发上线平安建设“五色图”，赋能线下道路交通、建筑施工、消防安全等专项整治行动，截至11月底道路交通事故死亡人数下降39.3%，安全生产事故起数、死亡人数分别下降50%、60%，火灾起数下降39.3%。积极应对梅汛影响，科学调度分洪泄洪，及时处置管涌险情，有效降低灾害损失。四是攻坚重大民生项目建设硬仗。切实办好老旧小区改造提升、城乡农贸市场建设、既有住宅加装电梯等民生实事和“关键小事”。教育服务扩面提质，竣工投用学校24所，高考成绩再创历史新高。扎实推进“双下沉、两提升”，签约落户浙大一院总部、一期项目正式运营，全年共有区三院等5个医院项目建成投用，获评省级推进县域医共体建设工作成效明显的区（县、市）。截至目前新增示范型居家养老服务照料中心26个、老年食堂（助餐服务机构）207个，养老服务能力大幅提升。目前已开工建设回迁安置房106万平方米，竣工120万平方米。不断完善文体基础设施，基本形成15分钟公共文化服务圈、健身圈，亚运场馆项目主体完工。深入推进全国生活垃圾分类示范区建设，生活垃圾进场处置量下降6.88%。五是攻坚打造一流营商环境硬仗。全面落实“营商环境60条”“全域创新66条”政策，1—11月新增市场主体5.06万户、增长35.1%，其中内资企业2.39万户、增长19.5%。持续深化“最多跑一次”改革，加快“移动办事之区”建设，推出水电气网“一件事”联动报装，探索长三角政务服务一体化“杭海通办”模式，实现跨区域异地事项“就地办理”。完善“热带雨林式”人才创新创业支持体系，出台“顶尖人才引育”新政，启用国际人才港、国际人才园等平台，新增高校毕业生4.5万人，累计引进海外高层次人才5700余名，其中国家级海外高层次人才169名，人才资源总量达45万人。今年以来，我们全力克服疫情不利影响，在全省“争先创优”行动3次月评价中获得1次第一、2次第二，在全市5次比学赶超活动中获得3次第一、1次第二、1次第三，主要经济指标“半年正、三季进”，完全有信心实现“全年红”。

2020年工作的较好完成，标志着“十三五”规划即将圆满收官。回顾过去五年，在党中央和省、市委的正确领导下，我们忠实践行“八八战略”，坚持一张蓝图绘到底，一任接着一任干、一年接着一年干，实现了综合实力的大幅提升。预计2020年地区生产总值增长6%左右，有望突破3000亿元大关，是2015年的2倍，年均增长10%；财政总收入和地方财政收入分别达815亿元、438.5亿元，分别增长12.2%、12%，分别是2015年的2.7倍、2.3倍，年均分别增长21.7%、18.5%；数字经济核心产业增加值达1800亿元，是2015年的2.9倍，年均增长22%。过去的五年，是余杭牢记总书记嘱托、强化定力狠抓落实的五年。我们始终坚持知行合一、真抓实干，做到“总书记有号令、上级有部署、余杭见行动”。坚决贯彻习近平总书记关于良渚遗址保护和申遗的批示指示要求，圆满完成良渚古城遗址申遗工作，以高度的政治责任感服务保障了一届超乎预期成功的全国“双创”活动周，打响了“中华文明圣地、创新活力之区”的城市品牌。全面落实长三角一体化发展国家战略，着力打造杭州接轨大上海融入长三角的“创新创业”桥头堡、“文化文明”桥头堡、“幸福美丽”桥头堡，建成梦想小镇沪杭创新中心、合杭梦想小镇，开展与南京溧水、合肥包河和嘉兴海宁等地的区域合作。过去的五年，是余杭改革创新开新局、发展活力充分激发的五年。坚持人才引领、创新驱动发展不动摇。开展“人才特区”试点，人才工作考核连续10年位居全市第一。五大产业平台加快高质量发展，全省首批4家省实验室中的之江、良渚、湖畔3家落户我区，成功引进中法航空大学、中国美院良渚校区、浙江理工大学余杭校区（时尚学院）3所大学以及浙大高端装备研究院和基础医学创新研究院、字节跳动华东中心、高通AI创新实验室、富士康工业互联网等一批高校、企业科技创新平台，建成了人工智能小镇、工业互联网小镇、5G创新园、区块链产业园等特色小镇和创新园区。入选全省全面创新改革试验区，人才全生命周期服务等5项改革经验获《浙里改（领跑者）》刊登推广，数量全省第一。过去的五年，是余杭城乡融合快发展、环境面貌焕然一新的五年。坚持点轴状布局、圈层式开发，统筹推进靓城行动和美丽乡村建设，加快实现东部崛起、中部兴盛、城西腾飞、西部富美。结合攻坚淘汰“低散乱”企业硬仗，全面完成小城镇环境综合整治任务，推进美丽城镇建设，获评全省小城镇环境综合整治工作优秀区（县、市）；践行“两山”理念，实施“六大西进”，村均集体经营性收入从2015年的224万元增加到2019年的402万元，获评全省新时代美丽乡村示范区（县、市）。持续打好“五水共治”“五气共治”“五废共治”“三改一拆”等组合拳，九峰环境能源项目、临平净水厂等环境基础设施建成投用，荣获美丽浙江建设工作考核优秀单位。过去的五年，是余杭民生改善增福祉、社会事业全面进步的五年。我们在做大“蛋糕”的同时分好“蛋糕”，坚持新增财力三分之二以上用于民生事业，不断完善就业、养老、医疗、住房、城乡低保、社会救助等保障体系；促进人民持续增收，城乡居民人均可支配收入分别从49273元、29159元预计增加到70200元、43800元；打赢平安护航G20大会战，率先建成三级社会治理综合服务中心，全省现场会在我区召开，连续两年平安考核进入全省前10位，夺得“平安金鼎”，群众获得感幸福感安全感不断增强。过去的五年，是余杭从严从实抓作风、党的建设不断加强的五年。认真开展“两学一做”学习教育、“不忘初心、牢记使命”主题教育，增强“四个意识”、坚定“四个自信”、做到“两个维护”。抓实宣传思想和意识形态工作，我区在全国理论网宣基层经验交流会上作“余杭好声音”创新做法典型发言。面向清华、北大等全国“双一流”高校和世界百强名校招聘党政储备人才、紧缺专业人才和政府高级雇员，打造高素质专业化干部队伍。不断夯实基层基础，深化党建引领基层民主协商工作，着力提升基层组织力。扎实开展“大学习大调研大抓落实”“三服务”“周三夜访夜学”等活动，切实为企业、群众和基层解决实际困难。驰而不息纠治“四风”，落实基层减负举措，完成监察体制改革，扎实推进政治巡察，保持惩治腐败高压态势，着力打造“清廉余杭”。

“十三五”期间这五年，我们用智慧和汗水创造了一个又一个辉煌业绩，用艰辛与付出干成了一件又一件大事要事，用苦干加实干绘就了一段又一段精彩历程，许许多多团结一致、齐心协力干事创业的场景以及干成事后的成功喜悦，都深深镌刻在大家脑海里！这些成绩的取得，得益于以习近平同志为核心的党中央和省、市委的坚强领导，凝聚着历届四套班子领导和广大干部群众的心血汗水，饱含着300多万新老余杭人的默默奉献。在此，我代表区委常委会，向大家致以崇高敬意和衷心感谢！

二、开启发展新征程，奋发有为全力争当领头雁、排头兵

“十四五”时期是开启全面建设社会主义现代化国家新征程、向第二个百年奋斗目标进军的第一个五年。党的十九届五中全会审议通过的《中共中央关于制定国民经济和社会发展第十四个五年规划和二〇三五年远景目标的建议》，是开启新征程的纲领性文件和行动指南。省委十四届八次全会、市委十二届十一次全会也分别审议通过了省、市委关于“十四五”规划和二〇三五年远景目标的《建议》。站在新的历史起点，我们学习好落实好党中央和省、市委全会及其审议通过的《建议》精神，必须以全局的站位、开放的胸怀、务实的举措，全面把握新发展阶段、坚定不移贯彻新发展理念、服务构建新发展格局，确保在全省“忠实践行‘八八战略’、奋力打造‘重要窗口’，争创社会主义现代化先行省”和全市“高水平打造‘数智杭州·宜居天堂’，加快建设社会主义现代化国际大都市”进程中，始终走前列作示范。

*我们要坚定信心，用发展的眼光看未来，处理好继承与创新的关系。*回顾过去五年，我们坚定不移走创新驱动和融入主城发展道路不动摇，牢牢把握长三角一体化发展、良渚古城遗址申遗、服务保障全国“双创”活动周、数字经济“一号工程”、特色小镇建设等重大机遇，余杭实现了跨越发展、精彩蝶变。展望未来五年，我们相信：“全域创新策源地”建设所激发的巨大创新发展红利，将助力余杭迈入创新引领高质量发展的加速期；“全域美丽大花园”建设所构建的自然生态与人文环境、现代都市与田园乡村、历史文化与现代文明相生相融发展模式，将助力余杭迈入城市品牌知名度提升的窗口期；“全域治理现代化”建设所开展的统筹治区、数字治区、人文治区、共商治区、源头治区“区域五治”探索，将助力余杭迈入高水平推进区域治理现代化的突破期。进入新发展阶段，我们要坚持守正创新，明确坐标系、找准新方位。在追求“高质量可持续快发展”的过程中，更加突出数字化、高端化、国际化、一体化、品质化“五化共促”要求；在坚定不移推进“三个全域”建设，坚持创新学深圳南山、美丽学成都天府、治理学上海浦东的基础上，增加硬核科技学合肥、文化保护学西安，更加注重全面高质量发展，努力争当全面展示、全面领跑的全省建设“重要窗口”排头兵。

*我们要坚定清醒，用辩证的思维谋发展，处理好优势与短板的关系。*从余杭新的阶段性特征看，我们有着明显的发展优势：一是数字经济总量领跑省市。电子商务、信息软件服务等行业竞争力强，云计算、大数据、区块链、人工智能、智能制造、工业互联网等领域基础好，省实验室和大科学装置等重大科研基础项目集聚度高，在以数字科技为核心的科技革命和产业变革竞赛中处于先发位置。二是良好“双创”生态广受青睐。落实国家“双创”战略，放大全国“双创”活动周效应，创新创业平台不断集聚，创新创业“新四军”持续壮大，未来科技城“双创示范基地”建设成效获国务院通报激励，省级命名特色小镇数量全省第一，人才总量、海外高层次人才总量位居省市前列，“我负责阳光雨露，你负责茁壮成长”理念成为享誉全国的金字招牌。三是历史悠久文化底蕴深厚。既有实证中华5000多年文明史圣地的历史厚重，又具2000多年运河文化融通南北连接八方的开放包容，两大世界文化遗产与区内西溪、径山、超山等文化交汇交融形成独特人文优势，是浙江和杭州全面真实立体展示古代中国与现代中国重要窗口之一。四是拥有诸多加快发展机遇。长三角一体化正加速向更高质量版本迭代，省市全力推动城西科创大走廊高起点打造面向世界、引领未来、服务全国、带动全省创新策源地，杭州大力实施亚运城市行动、加快创建国家新一代人工智能创新发展试验区、探索建设数字自由贸易试验区、积极争创综合性国家科学中心，等等，这些机遇都是我们育新机、开新局的直接重大利好。同时，我们也要清醒地认识到自身存在的短板：一是可持续发展的基础不够牢固。一方面，在逆全球化趋势加强、新冠肺炎疫情防控成为常态背景下，全球经济秩序、贸易秩序面临重构，宏观环境更加复杂，经济下行压力加大；另一方面，自身产业发展不平衡，相对于数字经济，制造业规模偏小，数字经济以模式创新、服务创新为主，缺少硬件领域具有产业链集聚整合、辐射带动能力的大

企业，加上数字经济核心企业增长回归常态，保持高基数基础上快增长面临挑战。二是城市发展拓展空间受限。城镇发展空间与耕地资源高度重叠，经济快速增长、城市化高速推进对建设用地需求持续保持高位的现状，与空间要素管控趋紧的矛盾日益突出，城乡建设、产业发展、社会民生等领域的用地需求难以得到充分满足，新增建设用地空间保障成为主要痛点。三是城市综合能级还需提升。人口快速流入对教育、医疗、养老等公共服务体系建设带来巨大压力，交通、水利和环境基础设施建设还有“欠账”，规模庞大的市场主体、多元社会的利益诉求，倒逼党委政府提升治理能力和治理水平。四是改革创新的攻坚意识有待增强。对照“数字赋能、改革破题、创新制胜”新的更高要求，我区承担国家和省市的重大改革试点较少，从无到有、先试先行、主动领跑的改革举措较少，综合集成改革、首创性改革的创新案例较少，特别是对牵一发而动全身的重大改革的谋划还不够深入，少数干部用好改革“关键一招”攻坚破难、加快发展的意识和能力相对薄弱。以上这些都表明，进入新发展阶段，我们要把握好优势与短板的辩证法，既正视面临的挑战、更要看到自身的优势和机遇，着力扬优势、补短板、强弱项，努力打牢高质量之基、激活竞争力之源、走好现代化之路。

我们要放大格局，用系统的观念抓落实，处理好战略与战术的关系。党中央和省、市委全会坚持“前瞻性思考、全局性谋划、战略性布局、整体性推进”，系统提出了“十四五”时期发展的指导思想、遵循原则、主要目标和重大任务举措。我们要自觉在大局下思考、在大局下行动，善于从全局视角和长远眼光思考处理问题，善于打开战略部署转化为战术举措的路径通道，做到唯实惟先、善作善成。要突出统筹兼顾。在贯彻落实党中央和省、市委全会精神以及“十四五”规划《建议》时，要善于运用运筹学、系统论，立足区情实际，统筹好局部与全局、当前与长远、现实与可能，科学定位发展目标、精准谋划落实举措，引导各方面把工作重点放在提高发展质量和效益上，更好体现发展的系统性、整体性、均衡性。要注重综合集成。加强顶层设计，确定“跳一跳、够得着”的指标要求，抓住主要矛盾和矛盾的主要方面，以重大项目、重大政策、重大平台、重大改革、重大工程来突破重点、带动整体；要落实闭环管理，完善指标体系、工作体系、政策体系、考核体系，明确“做什么”“谁来做”“怎么做”“怎样才算做好”，确保各项工作体系化推进。要激励担当作为。支持各级各部门和广大党员干部在尊重客观规律的基础上，多想新办法、多找新出路，创造新经验、开创新局面，结合实际创造性推动工作，切实把奋斗精神、担当精神贯彻到干事创业的全过程、落实到本职岗位之中，做到说一件、干一件、成一件，形成“滚雪球”效应，打造一批具有辨识度的工作品牌和重要标志性成果。

以上考虑是区委常委会对编制我区“十四五”规划和二〇三五年远景目标《建议》的主要思考和意见。在此基础上形成的建议稿，明确了我区到二〇三五年“基本实现高水平社会主义现代化，成为全省建设新时代全面展示中国特色社会主义制度优越性的重要窗口的排头兵”远景目标，“十四五”时期“高水平建设创新余杭、品质之区、文明圣地，争创社会主义现代化先行示范区”奋斗目标，以及十个方面的工作举措。现提交区委全会审议。

三、聚焦引领性工作，集中精力切实做到行动快、抓得紧

围绕“十四五”时期经济社会发展主要目标和二〇三五年远景目标，建议稿明确了主要任务和工作抓手。这里，着重强调当前必须抓紧抓实抓好“六大重点举措”：

（一）着力提升创新策源能力。坚定不移走人才引领、创新驱动发展之路，聚焦科学前沿、国家战略和发展需求，着眼全域布局创新引擎、完善创新生态，构建全球人才蓄水池，持续打造“全域创新策源地”。一要完善高能级创新平台体系。加快建设以国家级平台为龙头，以省级经济开发区、区级产业平台、特色小镇、产业园区、小微企业园、孵化器等为梯队的高质量创新平台体系。以五大产业平台为主阵地，对接城西科创大走廊、杭州云城、城东智造大走廊、G60科创大走廊等建设机遇，吸附汇聚高端要素，打造科技创新和产业创新高地。全力服务保障之江、良渚、湖畔三大省实验室建设，加快超重力大科学装置、中法航空大学、中国美院良渚校区、浙江理工大学余杭校区（时尚学院）等重大科技基础设施和高等院校建设，支持阿里巴巴等龙头企业牵头组建创新联合体和共性技术平台，率先突破一批“卡脖子”技术。聚焦打造“实验室—孵化器—加速器—专业园区”创新孵化

链条，整合高等院校、科研院所、头部企业、专业园区等资源，迭代升级大孵化器战略。二要强化“项目为王”的责任机制。持续用好“三大比拼”、季度“双集中”等行之有效的工作载体，坚持招商引资“一把手”工程，深化小分队招商、驻点招商、基金招商等方式，瞄准全球产业链高端，谋划引进一批标杆性的制造业大项目，实现“引进一个大项目、形成一个大产业、打造一个新的高端产业集群”的目标。完善项目建设责任制，以专班化、项目化运作，表格化、清单式加速推进重大项目落地，持续造浓“以项目促发展、以项目论英雄”的良好氛围。强化产业项目空间保障，加快“征迁清零”，特别是要开展工业全域治理，推进工业用地空间布局优化、工业空间形态有机更新，进一步盘活存量空间，提高集约利用水平，增加高端制造业发展物理空间。三要打造国际化高端“人才特区”。抢抓全球人才流动新机遇，充分发挥“顶尖人才引育”“人才创业险”等黄金政策的黄金效应，用好海外“人才飞地”、千里马驿站、校地合作联盟、科技成果创新创业大赛、梦溪论坛等载体引进一批全球顶尖人才和创新团队，同时注重引培“金蓝领”技能型人才和工匠人才。深化人才创新创业全生命周期“一件事”改革，全域布局人才创新创业服务综合体，加快浙江人才大厦建设，完善国际社区、国际学校、国际医院等公共配套，优化全要素人才服务供给。四要构建世界一流创新生态。优化创新投入机制和科技金融政策，加大公共技术服务平台建设力度，强化创新链和产业链、人才链、资金链、政策链对接，推动“产学研用金、才政介美云”高效协同联动。充分发挥“1+N”知识产权服务平台体系和杭州知识产权法庭（未来科技城）巡回审判庭等作用，切实强化知识产权保护。健全科技服务与成果转化机制，依托国家技术转移东部中心（余杭）分中心、浙江（杭州）知识产权创新产业园等平台，促进科技成果资本化产业化。

（二）全力推进全面数字化转型。坚持“发展出题目，改革做文章”，以数字化改革撬动生产方式、生活方式和治理方式变革，大力推进“数字余杭”高质量发展“十大攻坚行动”和“N大标志项目”，努力在数字化转型区域竞争中扩大先发优势。一要加快建设全国数字经济先行区。坚持把发展经济着力点放在实体经济上，深入实施好数字经济“一号工程”和“新制造业计划”，促进数字产业化和产业数字化融合发展，做优做强高端装备、生物医药、集成电路、新能源、新材料等战略性新兴产业和服装家纺等传统优势产业，超前布局5G生态、下一代人工智能、量子通信等未来产业，支持企业股改上市，大力培育“专精特新”“隐形冠军”“单项冠军”和头部企业。完善5G、大数据中心、工业互联网、超算中心等数字基建，打造国家新一代人工智能创新发展试验区核心区。发挥直播电商平台集聚优势，打造全国直播经济第一区。依托国家工业App创新中心、中国工业互联网研究院浙江分院、中国服务型制造研究院、阿里supET工业互联网创新中心等平台赋能制造业转型升级，鼓励企业建设无人车间、“未来工厂”，力争明年全区规上工业数字化改造覆盖率达100%。二要加快建设全国数字生活引领区。拓展数字化生活场景应用，进一步推动AI人工智能教育进学校，提升区属医院、社区卫生服务中心“互联网+医疗”服务水平，加快数字图书馆、数字文化馆、数字博物馆等数字文化场馆建设，充分利用数字化手段提供公共服务。积极消除“数字鸿沟”，探索“互联网+助餐服务”“互联网+护理服务”等模式，为老年人提供便捷高效数字生活服务。以临平新城鼎湖社区和城西科创大走廊余杭区域11个试点项目、黄湖青山村未来乡村试点为重点，打造一批差异化、人本化和数字化的未来社区、未来乡村标杆，推动数字技术与城乡生产生活生态全面融合。三要加快建设全国整体智治示范区。落实“整体智治、唯实惟先”要求，以数字化改革推动党政机构运行顺畅协调、协同高效，赋能治理能力提升。加强数据获取、数据共享、系统集成，打通整合党政机关各项职能，深化机关内部“最多跑一次”改革，用好“数字资源超市”，以党政数字化转型带动经济社会各领域数字化转型。深化“数字政府”建设，聚焦“一件事”“网上办”“掌上办”，依托“浙里办”App、“亲清在线”服务中心等优化政务服务流程，打造更高水平的“移动办事之区”“移动办公之区”。强化数据安全保障，切实保护政府、企业和个人的信息安全。

（三）全面融入新发展格局。深入贯彻一带一路、长江经济带、长三角一体化发展等国家战略部署，找准自身定位、发挥区位优势、增强枢纽功能，服务构建新发展格局。一要夯实扩大内需之基。大力培育消费新热点，发展免税经济、假日经济、夜间经济、流量经济、共享经济、创意经济、直播经济等“全域、全时、多元”新业态。打造多层次消费平台，科学合理布局一批高品质商贸综合体，提升商圈智慧化和国际化水平。创新投融资机制，激发民间投资活力，持续提高创新投资比重，全力推进“152”工程等省市区重大项目建设，积极拓展有效投资空间。二要敞开区域合作之门。全面接轨大上海、融入长三角。链接上海全球科创中心、合肥综合性国家科学中心，深化梦想小镇沪杭创新中心和合杭梦想小镇建设，积极对接宁杭生态经济带建设，努力成为撬动长三角城市群协同发展、共建共享的战略支点。依托建设长三角企业总部基地，积极引进研发型、投资型企业总部。积极承接中国国际进口博览会溢出效应，引进高端公共服务、高端金融、国际会议、知名品牌展览等要素资源。深度参与杭州大都市圈建设，共建杭嘉、杭湖一体化发展先行区和杭州大城西、大城北一体化发展示范区。三要走好对外开放之路。抢抓杭州数字自由贸易试验区创建等重大机遇，全力支持eWTP全球布局落地，积极参与沪杭甬跨境电商综试区合作，发挥浙江自贸区杭州片区联动创新区优势，谋划建设余杭国际物流中心（无水港），促进内外贸一体化发展。对标对表世界银行营商环境考评指标体系，深化资源要素市场化配置改革，努力营造法治化、市场化、国际化营商环境。

（四）打造现代化国际大都市新区。建设现代化国际大都市是杭州立足新发展阶段提出的战略目标，我们要服务全市大局，紧扣现代化、国际化，优化空间布局，提升城乡品质，增强综合能级，持续建设“全域美丽大花园”。一要以更高起点建设美丽城乡。抢抓“办好亚运会、提升国际化”机遇，融入公园城市、智慧城市、孪生城市、海绵城市、低碳城市等理念，持续推进靓城行动，加快未来科技城“一城三中心”、余杭经济技术开发区城市中心区、钱江经济开发区南部创新片区、临平新城核心区、良渚新城中央商务区等建设，有序推进余杭直街等城市有机更新项目。完善以“城市大脑”为核心的城市数字化治理体系，结合行政执法改革创新“互联网＋”综合执法模式，推进城市管理理念、手段和模式的深刻变革。统筹抓好乡村振兴和城乡融合发展，打通城市优质资源向农村延伸、绿水青山向金山银山转化“两大通道”，大力发展美丽经济，打造美丽城镇和美丽乡村建设升级版，将余杭农村建设成为宜居、宜业、宜游的“城市后花园”。高水平推进交通强区基础设施建设大会战，加大供水供电、地下综合管廊、净水厂、垃圾处置等重大市政基础设施建设力度，切实增强城市综合承载能力。二要以更高水平提供公共服务。围绕“幼有善育、学有优教、劳有厚得、病有良医、老有颐养、住有安居、弱有众扶”，提升公共服务供给水平。着力拓宽就业渠道，确保零就业家庭动态“清零”，努力增加居民收入，推动共同富裕。持续加强教育投入，科学合理布局教育资源，促进公办民办、学前普职、继续教育协调发展，推进名校集团化、教育国际化和学习终身化。深化“健康余杭”建设，放大医共体改革效应，持续推进优质医疗资源“双下沉、两提升”，完善公共卫生应急管理体系。积极应对人口老龄化，进一步完善以居家为基础、社区为依托、机构为补充、医养相结合的立体型养老服务体系。坚持“房住不炒”，加强住房保障体系建设，推广“实物＋货币”安置模式。健全完善社会保险、社会救助、社会福利、慈善事业、优抚安置等保障体系，牢牢守住民生底线。三要以更高标准保护生态环境。深入实施蓝天、碧水、净土、清废四大行动。以“清洁排放区”“清新空气示范区”建设为抓手，强化扬尘管控，着力提高空气质量优良天数占比。以苕溪、运河、上塘河三大流域为重点，统筹推进水污染治理、水生态修复和水资源保护，加强农业面源污染防治，持续深化“污水零直排区”创建。构建覆盖全区的土壤环境质量监测体系，实行土壤环境分类分级污染防治。迭代升级生活垃圾分类余杭模式，切实提高生活垃圾回收利用率，全力推进全域“无废城市”建设。实施“万顷湿地、万里碧水”工程，合理保护利用南湖、五常湿地、和睦水乡、北湖草荡、丁山湖等湿地资源，打造“最野趣”湿地公园群落。

（五）加快构筑文化文明高地。坚持以文铸魂、以文育德、以文兴业、以文惠民、以文塑韵，不断提升区域文化软实力。一要活化步步有历史的深厚底蕴。精心守护良渚古城遗址，高标准推进以国家版本馆杭州分馆、良渚博物院二期综合体项目为重点的良渚文化艺术走廊规划建设，加快实施良渚文化玉架山考古遗址公园项目，持续办好“杭州良渚日”，高水平规划建设良渚国家文化公园、大运河（余杭段）国家文化公园，不断放大两大世界遗产综合带动效应。举办好第五届径山禅宗祖庭文化论坛暨径山万寿禅寺重修落成活动。积极创建全省文化传承生态保护区，以现代科技赋能文化传承创新，突破历史文化古迹和现代文化载体的时空距离，深入实施“城市记忆工程”，推动传统与现代、文化与科技的融合展示、双向赋能。二要涵养人人讲文明的时代新风。积极培育和践行社会主义核心价值观，大力弘扬红船精神、浙江精神、伟大抗疫精神，创新打造理论宣讲、学习传播的重要阵地和发声平台，完善志愿服务体系，推进公民道德建设，构建覆盖区、镇街、村社的三级新时代文明实践体系。持续开展文明单位、文明村镇、文明校园、文明家庭等创建，深化“余杭好家风”、“最美”系列选树工作，推动城市新增人口文化融入、情感认同，让新老余杭人都成为文明代言人。三要厚植处处皆繁荣的文化沃土。深入实施文化惠民工程，高质量建设区博物馆新馆、美术馆等重大文化设施，建强用好农村文化礼堂、社区文化家园等文化矩阵，推动公共文化产品的高端创作、精准供给，不断点亮群众精神文化生活。把握杭州前亚运、余杭后申遗契机，构建文旅农商体科多元融合发展格局，传承良渚稻作文化，加强地方名特优农产品品牌保护，延续“鱼米之乡、丝绸之府、花果之地、文化之邦”美誉，深入推进全国文旅融合样板区建设。突出发展数字内容产业，不断壮大设计服务业、创意生活业和文化制造业，打造具有影响力的文化产业集群。

（六）持续深化平安法治建设。统筹发展和安全，牢固树立“大平安”理念，坚持底线思维、强化风险意识，深入实施“区域五治”，持续推进“全域治理现代化”。一要夯实社会平安稳定基础。建立健全重大决策风险评估机制，不断完善风险预警监测、及时处置、舆情应对等工作体系，牢牢掌握防范化解风险的主动权。全面落实安全生产责任制，切实抓好道路交通、建筑施工、消防、食药、危化品等重点领域的安全监管，提升应急管理数字化水平，保障人民生命财产安全。实施“县乡一体、条抓块统”改革，持续推进“一中心四平台一网格”区域社会治理体系建设，构建高效协同基层治理格局。深入开展领导接访下访和包案化解工作，着力化解各类信访案件和历史遗留问题。推进扫黑除恶长效常治，严厉打击黑恶势力、新型网络犯罪等。二要数字赋能基层社会治理。坚持“线上＋线下”深化三级社会治理综合服务中心建设，依托“云上中心”整合“三源治理”，确保矛盾纠纷调处化解“最多跑一地”“解决在当地”。推进“城市大脑”与“镇街小脑”“村社微脑”实时交互，加快打通智治“最后一公里”。提升平安建设精密智控水平，实现由“经验决策”向“大数据决策”转变，充分发挥区、镇街、村社、网格四级平安建设“五色图”作用，持续完善数据驱动、人机协同、跨界融合、共创共享的数字化社会治理模式。三要全面提升依法治理水平。认真学习贯彻习近平法治思想，加强党内法规执行工作，强化法治政府建设，促进党委依法执政、人大依法监督、政府依法行政、政协依法履职和司法机关公正司法。深化法律顾问体系建设，实施好“法律援助惠民工程”，加快建成覆盖城乡、便捷高效、均等普惠、智能精准的现代公共法律服务体系。持续加大“互联网＋普法”应用力度，加快形成“大普法”格局，促进全民守法，建设法治社会。

四、强化党建聚合力，确保未来五年工作起好步、开好局

高水平建设创新余杭、品质之区、文明圣地，争创社会主义现代化先行示范区，关键在党、关键在人，必须坚持党的全面领导，充分调动一切积极因素，广泛团结社会各界力量。

（一）进一步造浓团结奋斗干事创业的氛围。持续深入学习习近平新时代中国特色社会主义思想，并以此为根本遵循和强大动力，推进各项工作落实落地。广泛开展形式多样、丰富多彩的建党100周年系列庆祝活动，高质量开展党的十九届五中全会精神轮训，引导广大党员干部坚定理想信念，增强意识形态领域斗争意识，始终做坚定信仰者、忠实践行者、接续奋斗者。支持人大及其常委会依法行使职能，充分发挥政协作为协商民主重要渠道和专门机构作用，巩固和发展最广泛的爱国统一战线，始终把党管武装、群团建设等工作作为党的事业的重要组成部分，构建“亲”“清”政商关系提振企业家扎根余杭发展信心，最大限度地凝聚社会各界的共识和力量推进改革发展、维护和谐稳定。

（二）进一步锻造想为善为有为的干部队伍。围绕习近平总书记在2020年秋季学期中央党校中青年干部培训班上提出的“七种能力”，以及省委十四届八次全会提出的推进现代化建设的“五方面新能力”，不断提升干部能力素质，全面擦亮“守正创新、唯实争先、大气开放”的余杭干部品牌，着力打造一支适应社会主义现代化建设需要的干部队伍。认真做好区、镇两级领导班子换届工作。严

把干部选任关，把组织放心、群众满意、干部服气的好干部选出来、用起来。进一步优化干部队伍结构，拓宽选人用人渠道，加大年轻干部、专业型干部队伍培养选拔力度。坚持以实绩论英雄，树立鲜明的干事创业导向。进一步健全完善考核评价激励机制、容错免责机制和关心关爱机制，不断激发广大党员干部创造性张力、排头兵意识。

（三）进一步建优建强全面过硬的基层组织。深入开展村社带头人“红雁行动”，推进“一肩挑”后村社骨干队伍教育管理，探索建立相应的村社权力运行和监督机制，建设担当有为的基层“领头雁”队伍。打造“全域协商”党建引领基层民主实践品牌，大力推进组织体系深度融入社会治理体系。聚力党建引领乡村振兴，广泛建立产业党建联盟，探索乡村区域协同发展模式，抓好村级班子整固提升，不断增强村级“造血”功能。深耕党建引领社区治理，深化小区党建等工作，补齐基层治理短板。深入推进以整园建强、整楼推进、整线突破、全面提升为主要内容的“三整一全”建设工作，发挥全区数字经济综合党委牵头抓总作用，聚焦5G、直播电商等数字经济新领域，打造数字经济“党建矩阵”品牌，持续推进两新组织扩面提质。

（四）进一步锤炼为民务实勤俭的优良作风。坚持以持之以恒、久久为功的韧劲纠治“四风”，高标准落实中央八项规定及其实施细则精神，持续整饬“六大顽疾”。大兴调查研究之风，深化“三服务”活动，坚持问题导向、需求导向，扎实开展“周三夜访”、结对帮扶、联系重点企业和项目等活动。深化“三大比拼”，推动广大党员干部进一步坚定敢想敢闯、敢打敢拼、敢破敢立的信心和决心，确保全区各项工作继续走在省市前列。牢固树立“过紧日子”的思想，坚持厉行节约，严禁铺张浪费，把有限资金用在刀刃上。

（五）进一步打造风清气正的良好政治生态。巩固深化“清廉余杭”建设成果。持续加强党风廉政建设，不断完善党委主体责任、党委书记第一责任、班子成员“一岗双责”、纪委监督责任“四责协同”机制。坚持挺纪在前，精准有效运用监督执纪“四种形态”特别是第一种形态，做到监督常在、形成常态。进一步完善纪律监督、监察监督、派驻监督、巡察监督“四个全覆盖”监督格局，实现监督手段互补、信息互通、成果共享、效能提升。持续做好上级巡视、督察反馈问题整改。扎紧扎密制度笼子，坚决查处重点领域和群众身边腐败问题，形成有力震慑，一体推进不敢腐、不能腐、不想腐。

同志们，蓝图绘就风正劲，重任千钧再扬鞭。让我们更加紧密地团结在以习近平同志为核心的党中央周围，高举习近平新时代中国特色社会主义思想伟大旗帜，奋发向上、积极进取，昂首迈入“十四五”，全力争当排头兵，为“高水平建设创新余杭、品质之区、文明圣地，争创社会主义现代化先行示范区”不懈奋斗！

政府（筹）工作报告

——在杭州市余杭区第十六届人民代表大会第一次会议上

金承涛

2021年7月21日

现在，我代表区人民政府筹备组向大会报告工作，请予审议，并请区政协委员和其他列席人员提出意见。

工作回顾

区十五届人民代表大会一次会议以来，区政府在上级党委、政府和区委的正确领导下，始终高举习近平新时代中国特色社会主义思想伟大旗帜，全面贯彻新发展理念，忠实践行“八八战略”，紧扣“五大余杭”目标，推进“三个全域”建设，经济社会各项事业实现高质量跨越式发展。

这是区域经济高质量发展、综合能级大跃升的五年。财政总收入和地方财政收入自2017年以来、地区生产总值自2018年以来蝉联全省第一，一般公共预算收入于2020年首次位居全国县（市、区）第一。全力推进数字经济“一号工程”“新制造业计划”，三次产业结构由2.7∶26.7∶70.6优化为1.7∶22.2∶76.1，数字经济发展持续领跑全省。常态化开展季度“双集中”活动，成功招引vivo全球AI研发总部、OPPO全球移动终端研发总部、字节跳动杭州（余杭）研发中心等重点产业项目550余个，开工项目总投资超3700亿元。城乡居民人均可支配收入分别从53215元、31608元增至70681元、44117元，收入差距比持续缩小，居全省前列。这是创新要素高能级集聚、发展动能大转换的五年。良渚古城遗址成功申遗、全国“双创”活动周服务保障圆满成功，“创新活力之区、中华文明圣地”城市品牌一举打响。之江、湖畔、良渚三大实验室入选省实验室，创建梦想小镇、梦栖小镇等5个省级特色小镇，中国（杭州）区块链产业园、5G创新园等建成开园，孵化载体达167个、物理空间超800万平方米，获得省首批“科技创新鼎”。“人才特区”建设成果丰硕，引进国家级海外高层次人才176名，人才总量达45万人。这是全域美丽高标准建设、城乡面貌大蝶变的五年。基础设施不断完善，推进“五大百亿”工程，加快综合立体交通成网，千岛湖供水工程城北线等市政设施建成投用。创建省级小城镇环境综合整治样板15个、美丽城镇3个、美丽乡村示范乡镇6个、森林城镇7个，获评全国绿化模范区、省级新时代美丽城镇建设优秀区和美丽乡村示范区。“五水共治”“五气共治”“五废共治”扎实开展，三次夺得“大禹鼎”，首次达到国家空气质量二级标准，生活垃圾分类“余杭模式”获评省改革创新最佳实践案例。这是社会治理高水平推进、民生福祉大改善的五年。坚持新增一般公共预算财力三分之二以上用于民生事业，支出资金超1200亿元。建成交付安置房1816万平方米，回迁安置3.31万户。招引落户浙大一院总部，落地中法航空大学、中国美院良渚校区等优质高校，获评国家健康促进示范区、省教育基本现代化区。先研先试“余杭绿码”等创新举措，众志成城打好疫情防控阻击战。成功创建法治浙江（法治政府）建设示范区。深化“大平安”建设，平安考核进位至全省第二，夺得“平安金鼎”。

今年3月，经国务院批准调整余杭区行政区划，余杭由此翻开崭新篇章。面对行政区划优化调整和经济社会发展的双重任务，区政府筹备组坚决贯彻中央、省、市和区委决策部署，围绕“平稳有序、安全稳定、减少影响”工作目标，扎实推进各项工作，展现了“上级有要求、余杭见行动”的强烈政治担当。

*一是在统筹有序中划转拆分。*在区委统一部署下，统筹有序推进各项调整工作。建立余杭、临平两区联席会议机制，加强重大事项协商协调。推进财政收支、政府债务以及国有资产、权益划分工作，做好交通、金控等4家区直国有企业划转，完成主要经济指标统计测算和数据分解。做好政府运转保障工作，最短时间内完成67家行政事业单位整体搬迁，近3000名干部快速划转到岗、投入工作。落实区社会治理综合服务中心、公共卫生中心等迁建过渡，推进行政区域界线勘定、档案移交保管等工作。

*二是在规范平稳中衔接过渡。*保持产业扶持、人才引育等政策延续性，兑付惠企资金43.9亿元。推动审批服务调整衔接，1426个事项实现“两区通办”。推行商事登记、医保等134个便民服务事项下延，统筹安排就业管理、优抚救助、社会福利等民生工作，确保政务服务平稳顺畅。厘清跨区项目管理体系，确保东西向快速路、杭州中环（余杭段）等跨区重大项目协同实施。落实教育、文化、医疗卫生和水电气等公用事业移交衔接。树牢大安全理念，推进道路运输、消防、建设施工等九大领域“遏事故”攻坚，妥善落实馆藏文物和各级文保点运维，确保区划调整期间安全平稳。

*三是在创新谋划中接续发展。*抓住重大变革契机，对照省市赋予余杭的新定位，制定“十四五”规划和2035年远景目标，统筹推进数字经济、科技创新等39个专项规划和“两级三类”国土空间规划编制，促进行政区与功能区深度融合。召开全区创新发展等系列会议，激发全域、全员、全面创新发展的澎湃活力。开展二季度“双集中”活动，重大项目签约、开工80个，总投资632亿元。深化未来科技文化中心、中央公园、梦溪水乡等城市核心区块规划设计。强化与临平区的战略合作，推动规划共绘、民生共享、交通共建、产业共促、文化共兴、生态共保“六共促发展”。

*四是在高效运转中履职尽责。*坚持依法行政，深化法治政府建设，行政负责人出庭应诉率达到100%。推进数字政府综合应用建设，完善一体化智能化公共数据平台，上架78个应用组件，集成64亿条数据。持续深化“最多跑一次”改革、“内外跑双向循环”，拓展“内跑”事项385个，实现100%网上可办。深入开展“民呼我为”活动，推进办理群众关心的百件关键小事。贯彻落实中央八项规定精神及实施细则，深入纠治“四风”，深化“三服务”2.0版、“周三夜学夜访”等活动，完善廉政风险防范体系，提升审计监督效能。

在平稳顺利推进行政区划调整的同时，全区上下凝心聚力、砥砺前行，围绕“干好一三五、争当排头兵”这一主线，统筹抓好经济社会各项事业，实现今年上半年“高位开局、全面回升、稳步向好”局面，以优异成绩向建党百年献礼。

*一是发展动能不断蓄积。*完成地区生产总值1195.4亿元、增长14.5%；财政总收入489.19亿元、地方财政收入247.47亿元，分别增长15.1%、14.7%；社会消费品零售总额318.03亿元、增长33.1%；高新技术产业增加值89.16亿元、增长34.2%。创新设立“招才局”，成功举办全球人工智能技术大会、科技人才月等活动。杭州师范大学科技园入选国家大学科技园。强化“双引擎”驱动，实现数字经济核心产业增加值747.6亿元、继续领跑全省，规模工业增加值116.03亿元、增长26.9%，获评“中国产业区块链城市10强核心聚集区”、全省“加快传统制造业改造提升成效明显区”。

*二是城乡面貌明显改善。*优化城乡基本单元，8个镇街入选省级美丽城镇样板创建名单，葛巷社区、翡翠社区、良渚文化村社区列入省级未来社区创建名单。改善人居环境，完成老旧小区改造9.5万平方米，建成美丽乡村精品村87个。超额完成全省“百万亩国土绿化”行动任务，新增造林面积2150亩。启动“绿色风暴”行动，完成生态环境问题整改251个，环境质量持续改善。

*三是民生保障更加有力。*抓好常态化疫情防控，提前超额完成40%人口疫苗接种任务，总计接种86.3万剂次。扩大优质教育供给，新增义务教育学位4900余个，“入学早知道”项目入选全省数字社会“揭榜挂帅”应用场景。“米袋子”“菜篮子”稳产保供，夏粮丰收2.86万吨，生猪存栏量创新高。落实稳就业举措，新增城镇就业超2万人。加强文化遗产保护，发掘良渚文化北村遗址。良渚国家考古遗址公园当选全省首批大花园“耀眼明珠”，良渚博物院入选“全国爱国主义教育示范基地”。

*四是社会治理持续强化。*深化基层民主协商，创新开展城乡社区“微自治”项目12个。聚焦警源、安源、访源、诉源“四源治理”，推动矛盾纠纷一站受理、源头化解，调解纠纷1.13万余件，

化解重复访积案1594件。深化30日安全管理闭环工作法，全区生产安全事故数、死亡人数分别下降33.3%、22.2%。开展“平安护航建党百年”安全隐患大排查大整治专项行动，排查整治隐患2.8万余处。强化社会治安立体防控，治安警情下降14.2%，电信网络诈骗案件量下降5.9%。

筹备组工作的顺利开展和上半年各项成绩的取得，离不开上级党委政府和区委的正确领导，离不开区人大、区政协筹备组的监督支持，离不开广大干部群众的共同努力。在此，我谨代表区政府筹备组，向全体人大代表和政协委员，向各民主党派、工商联、人民团体，向解放军、武警驻余杭部队和驻余杭各直属单位，向所有关心支持余杭发展的各界人士，向全区人民，表示衷心的感谢并致以崇高的敬意！

在看到成绩的同时，我们也清醒地认识到，未来发展还面临不少的困难和挑战，主要是：科技原始创新能力和转化落地效率不足，制造业高质量发展有待提速，产业发展空间亟须拓展；城市承载能力和综合能级不够强劲，城乡融合协调发展仍需深化，资源要素瓶颈制约亟待破解；基层治理基础不够扎实，群众关心的教育、医疗、住房、交通等方面仍有短板，安全生产、公共卫生、应急管理等方面仍需加强。对此，我们将以“越是挑战越向前”的昂扬斗志，直面问题、绝不回避，采取切实有效举措，认真加以改进和解决。

未来五年工作

迈步从头越，启航新征程。未来五年，是我国开启全面建设社会主义现代化国家新征程的第一个五年。我们要深刻认识新发展阶段的特征和要求，把握裂变机遇，增强争先意识，厚植高能新区、战略高地、发展热土的综合优势，加快实现“城西腾飞、东部兴盛、西部富美”，努力践行成为杭州“一核九星”市域发展新格局中“最闪亮、最耀眼之星”的光荣使命，推动余杭在新起点上再创新辉煌。

未来五年，区政府工作的指导思想是：**高举习近平新时代中国特色社会主义思想伟大旗帜，深入贯彻党的十九大和十九届二中、三中、四中、五中全会精神以及习近平总书记在庆祝中国共产党成立100周年大会上的重要讲话和在浙江、杭州考察时的重要讲话精神，立足新发展阶段，贯彻新发展理念，构建新发展格局，忠实践行“八八战略”，以高质量可持续快发展为主题，以数字化、高端化、国际化、一体化、品质化“五化共促”为路径，聚焦打造面向世界、引领未来、服务全国、辐射全省的未来城市样板地、未来科技策源地、未来产业引领地，构建“一廊一轴、一心三片”空间新格局，持续深化“三个全域”建设，全力创建“综合性国家科学中心核心区、全国共同富裕示范先行区、全面数字化改革引领区”，高水平建设创新余杭、品质之区、文明圣地，奋力展现建设“重要窗口”和“数智杭州·宜居天堂”的排头兵、领头雁风采。**

“十四五”时期我区经济社会发展主要目标是：全区生产总值年均增长6.5%以上，力争突破3100亿元；财政总收入达900亿元；数字经济核心产业增加值年均增长8%；服务业增加值年均增长7.5%；规上工业增加值年均增长6%以上；研究与试验发展经费占生产总值比重达到4.5%；人才总量达到50万人；居民人均可支配收入与经济增长同步，城乡居民收入倍差缩小到1.58；人均预期寿命达到85岁；常住人口城镇化率达到80%。

完成以上目标，要着重抓好十个方面工作：

（一）*打造全球科创要素引力场。*坚持人才引领、创新驱动发展战略，依托杭州城西科创、城东智造、G60科创“三条大走廊”，发挥科研重器、高校院所和龙头企业汇聚的科创集群优势，完善“政产学研企”合力攻关体制，建设重大科技基础设施和高能级创新平台，增强硬核创新和原始创新能力。完善科技金融服务体系，促进科技成果资本化产业化。迭代升级“大孵化器”战略。实施高新技术企业和科技型中小企业“双倍增”计划，推动规上企业研发活动、研发机构和发明专利全覆盖。面向海内外高水平构筑人才蓄水池，大力招引顶尖人才、领军人才、青年人才、高技能人才，营造“热带雨林”式双创生态，全域打造国际化高端“人才特区”。

（二）*创建共同富裕示范先行区。*落实《余杭高质量发展建设共同富裕示范先行区实施方案（2021—2025年）》，率先展现共同富裕美好社会的基本图景，为全市全省乃至全国贡献示范样板。推动新型城镇化和乡村振兴全面对接，建设未来社区、乡村新社区等共同富裕现代化基本单元，加快形成城乡统筹协调、区域均衡协同发展格局。坚持

“做大蛋糕”“分好蛋糕”相结合，提升经济发展质效，拓展城乡居民创新创业、创收创富渠道，发挥慈善等第三次分配作用，完善低收入群体、困难群众兜底保障标准动态调整机制，着力缩小地区、城乡和收入差距，率先形成以中等收入群体为主体的橄榄型社会结构。

（三）建设全面数字化改革高地。以数字化改革撬动各领域各方面改革，全面建设全国数字经济先行区、全国数字生活引领区、全国整体智治示范区。落实全省数字化改革“152”工作体系，按照“规定动作接得住、自选动作走前列、揭榜挂帅有余杭”要求，着力探索多跨场景应用创新，确保区级应用与省市平台高效协同。实施数字赋能社会行动，积极发展数字村社、数字教育、数字医疗、数字养老、数字文旅等新业态新服务，推动城市物理信息化数据化，率先形成数字社会和数字城市。推进“互联网+政务”“互联网+办公”“互联网+监管”建设，全面建成移动办事之区、移动办公之区、移动监管之区。

（四）构筑高能级现代产业体系。推进产业基础高级化、产业链现代化，构建以数字经济为核心、新经济为引领、制造业为基石的现代产业体系，大力发展生命健康、新能源、新材料、航空航天等战略性新兴产业，打造“三高地一基地”。联动杭州云城，统筹未来科技城、良渚新城和钱江经济开发区产业平台布局优化和能级提升，推进镇街工业园区转型升级。强化招商引资统筹机制，靶向招引补链强链项目。加强资源要素适配实体经济发展，推动企业“小升规、规改股、股上市”。深入实施“上云用数赋智”行动，积极培育“未来工厂”“灯塔工厂”。

（五）发展高水平开放型经济。落实长三角一体化国家战略，深度参与杭州大都市圈发展，融入杭合创新带、杭宁生态经济带建设，共建杭湖一体化、杭州大城西一体化发展示范区。全面扩大开放合作，高标准建设中国（浙江）自由贸易试验区杭州联动创新区余杭片区，推进杭州跨境电商余杭园区建设，增强全球资源配置能力。服务保障2022年亚运会和亚残运会，推进亚运城市行动，提升城市国际化水平。持续改善营商环境，深化“信用余杭”建设，全力打造市场化、法治化、国际化的一流营商环境。扎实做好东西部协作、山海协作、对口合作、区县（市）协作、联乡结村等工作。

（六）建设世界一流中心城区。以世界一流标准，构建“一廊”辐射、“一轴”串联、“一心”引领、“三片”共兴的空间发展格局，聚焦约70平方公里的城市核心区，高水平规划建设城市门户、地标建筑、地下空间和生态廊道，打造未来科技文化中心等现代建筑群，着力补强城市核心功能，奋力向世界一流中心城区迈进。大力引进世界500强、行业龙头等企业总部，打造超级总部基地。完善区域内部及联杭接沪交通体系，助推杭州都市圈轨道交通“一小时通勤圈”建设，加快杭州中环（余杭段）建设，保障城西高铁枢纽、地铁项目实施，打通大动脉、畅通微循环，打造“以轨道交通为引领、快速路为骨架”内畅外联的综合交通立体网。

（七）擦亮中华文明圣地“金名片”。精心守护良渚遗址这一实证中华5000多年文明史的圣地，加快良渚国家文化公园规划建设，办好“杭州良渚日”等活动。高水平建设大运河国家文化公园，挖掘弘扬径山文化，统筹做好全区非物质文化遗产保护传承利用，展示中华文化独特魅力。实施文旅“1010”工程，创建全国文旅融合样板区。支持建设国家版本馆杭州分馆，规划打造“五馆一中心”等重大文化地标和公共文化设施集群，建成城区15分钟文化服务圈、乡村30分钟文化生活圈，实现公共文化服务高质量发展。深化文创文旅产业集群发展，构建现代文化产业体系。

（八）打造山水林田湖草生态共同体。高标准推进碳达峰碳中和工作，开展重点行业能效提升和产业园区循环改造，促进经济社会发展全面绿色转型。以“三线一单”为约束，健全生态环境分区管控体系，构筑生态安全屏障。落实“万顷湿地、万里碧水”工程，推进大运河（余杭段）、苕溪流域等生态保护，加强梦溪水乡、南湖、北湖、三白潭等湿地资源保护利用，打造世界级“湿地水城”典范。实施“绿化余杭”行动，落实最严格野生动植物保护制度。严格实行生活垃圾“三化四分”，实现生活垃圾零增长、零填埋。

（九）共建共享高品质美好生活。坚持教育优先发展战略，实施“教育高质量发展奋进计划”，实现“三年大变样、五年攀高峰”。依托浙大一院总部，推进优质医疗资源扩容和均衡布局，高质量建设健康余杭。强化多层次社会保障和救助体系，加快养老、托育服务供给扩大和质量提升，完善覆盖全人群、全周期的高品质公共服务。推进以人为本的现代化基础设施建设，统筹给排水、电气网、水利、能源等设施建设和智能化升级，加快5G基站、智能充电桩等“数字余杭”新基建。深入开展文明城市创建，全面提高社会文明程度和市民文明素质。

（十）推进政府治理能力现代化。始终把坚持和加强党的全面领导贯穿政府工作全过程，打造适应新时代的高素质专业化干部队伍。围绕现代政府建设要求，完善政府各项工作制度和运行机制，构建上下贯通的抓落实体系。推进多规融合，健全规划实施机制和保障体系。完善源头治理、风险防范、应急管理闭环管控体系，夯实基层社会治理，打造高水平“平安余杭”。健全行政权力运行制约和监督体系，自觉接受党内监督、人大监督、民主监督、司法监督，加强行政监督和审计监督，完善社会监督和舆论监督机制。着力打造法治政府、创新政府、廉洁政府，持之以恒加强政府系统党风廉政建设，提升行政效率和政府公信力。

在此基础上，我们接续奋斗，确保2026年地区生产总值达到3300亿元，数字经济核心产业增加值达到2600亿元，财政总收入达到970亿元，完成上级下达节能减排任务，以先行示范标准推动碳达峰迈出坚实步伐。

征途漫漫、唯有奋斗。各位代表，未来五年的发展愿景令人鼓舞，未来五年的奋斗目标催人奋进。只要我们坚定信心和决心，在区委的坚强领导下，埋头苦干，开拓创新，团结拼搏，就一定能把困难挑战变成余杭干部的成长磨砺，就一定能把发展目标变成余杭群众的民生福祉，就一定能把宏伟蓝图变成余杭大地的美好现实！

2021年发展目标和重点工作

2021年是建党100周年，是“十四五”开局之年，是余杭行政区划优化调整之年。做好今年工作，**必须认真贯彻中央、省、市和区委决策部署，特别是要落实好习近平总书记在庆祝中国共产党成立100周年大会上的重要讲话精神和省委十四届九次全会、市委十二届十二次全会、区十五次党代会和区委十五届二次全会重要精神，锚定高质量可持续快发展目标，践行“整体智治、唯实惟先”现代政府理念，坚持“五化共促”，深化“三个全域”，实施“五大计划”，建设“三高地一基地”，在打造“三地三区”、落实“六个走在前列”、构建“一廊一轴、一心三片”空间新格局中开好局、起好步。**

建议今年经济社会发展主要预期目标为：地区生产总值增长7.5%，财政总收入及地方财政收入均增长10%，固定资产投资增长7%，社会消费品零售总额增长8%，居民人均可支配收入增长与经济增长基本同步，完成上级下达节能减排任务。

开局就是决战，起步就是冲刺。为实现今年目标，我们将重点抓好六个方面工作：

一、落实重大改革，干出“重要窗口”头雁新气象

推动共同富裕示范先行。围绕“七个先行示范目标、七项争先举措”部署，精准把握“六个方面要求”，提升城市现代化水平，缩小城乡发展差距，奋力打造共同富裕示范先行区。构建“1+5”山城协作联合体，建立未来科技城与西部五镇的产业联动机制，激发产业发展活力。实现低收入农户人均可支配收入增长10%以上，城乡居民收入倍差缩小到1.6以内，农产品网络销售额突破10亿元，新时代美丽乡村覆盖率达到60%以上。建成省级未来社区3个、市级未来乡村4个，争创市级未来社区14个，打造黄湖“未来乡村实验区”省级标杆。

扩大数字化改革先发优势。实施“创景计划”，聚焦“四大任务”，抓好“三张清单”，以“大场景小切口”为抓手，创新谋划区级典型场景50个以上，建成重大多跨场景10个以上，入选省级揭榜挂帅项目数量位居全省前列，形成一批有余杭辨识度的硬核场景应用。迭代升级“数字资源超市”，争做省市区一体化智能化公共数据平台三级融合的先行示范。积极探索构建区级数字化改革整体理论体系和制度体系，形成数字化改革的余杭标准、余杭样板。支持推进省市产业大脑及十大标志性产业链数据中心建设，深化省“亩均论英雄”大数据平台3.0版和公共资源交易平台的区级特色模块应用。推动传统基础设施数字化管理，建成云计算数据中心，累计投用5G基站2400个。

加快推进重要改革落地。高水平推进“县乡一体、条抓块统”改革试点，梳理完善镇街、平台权责清单，建立健全可量化、可评估的行政资源配置机制，统筹推进基层治理、公共服务、机关内部三大领域“一件事”集成改革，打造基层“一网智治”2.0版本。深入推进“大综合一体化”行政执法改革，探索基层“一支队伍管执法”改革，推动

综合行政执法事项占整体执法事项比例达到20%以上。深入推进国企改革，加大资源整合力度，完善以“管资本”为主的国资监管制度，推进国有公司转型成为国有资产运营平台。推动重大政策措施落地见效，力争更多工作获得省政府督查激励。

二、激发主体活力，厚植创新驱动发展新优势

强化创新策源带动力。实施“翱翔计划”，依托“未来之星”“未来之光”“未来之源”“未来之力”，集聚人才队伍，优化资本生态圈，完善“实验室—孵化器—加速器—产业园区”创新孵化链条，撬动各类创新要素共同发力。服务之江实验室、良渚实验室、湖畔实验室、浙大超重力大科学装置等标志性创新载体建设，保障智能计算、多维超级感知、基因—细胞治疗与基因组医学等项目推进。支持阿里巴巴、中电海康等龙头企业牵头组建创新联合体，集中突破“卡脖子”关键技术。依托区内前沿技术企业，在量子计算、类脑智能、智能感知等领域，形成一批重大科研成果。

壮大创新创造主力军。实施“凤凰行动”，打造资本市场“余杭板块”，力争新增上市企业7家。开展新一轮科技企业“双倍增”行动，新增国家高新技术企业258家、科技型中小企业480家，实现国高企占规上工业企业比重提升5%以上。实施“雄鹰计划”“双百计划”，培育具有国际竞争力的大企业、专精特新“小巨人”企业和单项冠军、隐形冠军企业50家以上。发挥“顶尖人才10条”作用，设立创新创业“资金池”，安排不低于100亿元人才和企业扶持专项资金。全年新增顶尖人才20名、领军人才200名、全球名校毕业生等青年人才2000名、各类高校毕业生5万名以上，人才资源总量达到30万人。

建优创新发展生态圈。以梦想小镇沪杭创新中心、合杭梦想小镇串联长三角创新资源。启动大孵化器战略迭代升级三年行动计划，新增物理空间不少于150万平方米。加快推进浙江大学校友企业总部经济园二期、菜鸟总部经济园和菜鸟智慧产业园建设。强化企业创新主体地位，新增省级企业研究院、企业研发中心等研发机构20家。鼓励发展天使投资、创业投资、产业基金，新引进合作顶尖投资机构5家以上，新增政府产业基金注册资本20亿元以上。加强特色小镇梯度培育，打造特色小镇2.0版。

三、强化多元支撑，培育现代产业体系新动能

构筑重点产业矩阵。聚焦“三高地一基地”建设，抢占产业高质量发展先机。**打造全球数字经济创新高地，**聚焦新一代人工智能、5G物联网等关键产业，实现数字经济核心产业增加值增长8.5%以上。实施“新制造业”计划，培育数字化车间20个，实施工业互联网试点项目100个。**打造全球生物医药研发高地，**引进培育一批创新药物成药性评价、智能诊疗设备创新中心等公共服务平台，科学布局生物医药、医疗器械产业园，推动创新成果产业化落地，实现生物医药制造业产值增长16%。**打造全球未来新兴产业发展高地，**聚焦前沿新材料、车（飞）联网、区块链等新兴产业，实施未来产业孵化与加速计划，推进中国（杭州）航空科技小镇建设，创建人工智能创新发展区、全省未来产业先导区。**打造全球科技企业和顶尖人才创新研发总部基地，**坚持招商引资“一把手”工程，深化驻点招商、小分队招商、敲门招商等招引方式创新，聚焦“链主型”企业，落实“链长制”招引，大力引进一批“双引擎”、总部型优质项目，引导总部经济集聚发展。设立不少于10亿元的顶尖人才团队创新创业资金池，发挥重点城市招商中心、人才驿站作用，大力招引带优质项目的院士专家、省“鲲鹏计划”人才。

蓄积经济发展动能。以“数智城生金、文平总衣服”十个字为抓手，招引一批产业链头部企业。实施区级政府投资项目303个，总投资1200亿、年度投资230亿元以上。开工钉钉总部、同花顺科技软件等6个“152”项目。实施“3655”梧桐计划，分类分批推进10个工业园区有机更新，完成工业用地出让850亩、投资50亿元以上。推动内外贸一体化，建立“一键直达海外仓”数智供需平台，完善外贸综合服务体系，引进外资7.9亿美元，进出口额增长5%。推进商贸经济与文化旅游、夜间经济深度融合，培育直播电商、数字娱乐等消费新热点，网络零售额增长10%以上。推进军民融合产业转化，创建省级军民融合创新示范区。

发挥平台集聚效应。未来科技城要围绕打造“创新策源地”核心区建设目标，扩大数字经济产业优势，加快布局量子信息等战略性新兴产业，服务保障阿里全球总部、绿汀路三站换乘综合体等重大项目推进，完成固定资产投资300亿元以上。良渚新城要围绕打造产城融合城北新中心目标，坚持数字文化、生命健康和总部经济“2+1”产业定位，加快良渚生命科技小镇、中国（杭州）数字文化小镇、中央商务区核心区建设，实现文化产业增

加值增长 8.5%。钱江经济开发区要围绕打造智能制造示范区目标，实施“南联东进”战略，坚持“一智三新”新型产业发展定位，壮大新材料、智能制造等七大产业链，推进润丰能源、南方中金等重点项目，培育“未来工厂”“智能工厂”5 家、工厂物联网 10 家。

四、提升功能品质，打造精彩闪亮城市新中心

高水平推进城市建设。完善国土空间规划三线划定方案，启动核心区块城市设计。服务保障杭州云城（余杭片区）重点项目建设。实施靓城行动“1466”计划，开展“交通大发展、环境大提升、配套大完善、空间大优化”四大攻坚行动，建设科技文化中心地下空间综合开发等项目 464 个。提升土地利用绩效，盘活批而未供土地 4390 亩、供而未用土地 3650 亩、低效用地 3500 亩。持续巩固“无违建创建”成效，拆除违法建筑 75 万平方米。打造交通强国示范区，推进交通“四大百亿”工程 17 个，保障湖杭铁路、高铁西站枢纽及地铁 3、4、10 号线和机场快线等重大项目推进，加快文一西路提升改造、莫干山快速路建设，开工文一西路西延、杭徽高速余杭互通接线改建工程，确保东西向快速路高架建成通车。完成 6 个美丽城镇建设，创建省级样板 1 个、市级样板 3 个。新增城市绿化面积 100 万平方米。加快推进西险大塘达标加固工程。实施 220 千伏科创变输变电等项目，完善电动汽车充电桩布局，建成综合供能服务站 2 个。

高质量推动乡村振兴。实施西部富美“1355”计划，开展“环境提升、产业发展、民生改善”三大攻坚行动，推进“产业富美、生活乐美、生态秀美、数字智美、精神和美”五大类项目。落实“强村富农”新政，实现农业增加值增长 2%、村级集体经济经营性收入增长 8%以上。推广应用“浙农码”，实现农产品赋码运行。基本消除集体经济营收 100 万以下相对薄弱村，农村居民人均可支配收入达到 4.8 万元。创建省级特色农业强镇 1 个，新招聘农村职业经理人 8 名。改善农村人居环境，扩面提升美丽乡村 85 个，创建农文旅融合发展示范村 8 个。实施新一轮“四好农村路”三年行动，争创“四好农村路”全国示范县。

高标准开展生态治理。建立健全碳达峰数智管理体系，分步推进能源、工业、建筑、交通、农业、居民生活等领域达峰行动，全面实施减污降碳协同治理。推进“五气共治”，空气质量优良率达到 75.7%以上。深化“五水共治”，创建市级“污水零直排”镇街 2 个、工业园区 4 个，国控断面水质达到Ⅲ类及以上，集中式饮用水源地水质达标率 100%。编制湿地保护利用规划和湿地水城三年行动计划，启动梦溪水乡重点区域规划建设，彰显世界级“湿地水城”典范形象。创建省级美丽河湖 2 条、水美乡镇 1 个、森林城镇 2 个。落实“林长制”改革，完成千万亩森林质量精准提升 2400 亩。创建垃圾分类省级示范小区 21 个，实现生活垃圾日均回收利用率达 50%以上。

五、增进民生福祉，绘就幸福美好生活新画卷

优化公共服务供给。实施教育高质量发展奋进计划，开展“打造标杆学校、锻造教师队伍”等八大行动。推进学校建设三年行动计划，实施名校集团化战略，启用良渚高级中学、未来科技城第三初级中学、第四小学等 19 所学校，引培名优教师 50 名。支持和规范民办教育，推动校外培训机构健康发展。保障浙大一院总部二期建设，加快区公共卫生中心项目前期，推进良渚医院及 3 家社区卫生服务中心建设，招引医疗卫生中高级人才 50 人。实施社区空间布局专项规划，推动小区、社区、片区三级民生服务综合体建设，建成居民驿站 7 家。

完善社会保障体系。建设高质量就业城区，城镇新增就业 2 万人以上，培训高技能人才 2000 人次，全年城镇登记失业率控制在 3.5%以内。实现养老保险参保率 95%以上、户籍人口基本医疗保险参保率 99.5%以上、社会保险全民参保率 100%。力争开工建设公租房 12.5 万平方米，交付公租房 800 套、人才房 500 套。深入开展“民呼我为”专题实践活动，加强“一老一小”照护服务体系建设，推进全省养老助餐服务试点，建成区域性养老服务综合体 5 个。启动第二轮全国“示范型”、省市“枫桥式”退役军人服务中心创建。落实保障农民工工资支付制度，实现欠薪案件动态清零。

推动文化繁荣兴盛。高标准做好“三大文化”保护传承利用文章，推进良渚博物院二期，建成径山禅茶文化中心，启动创建大径山省级旅游度假区、省级大运河文化传承生态保护区。推动省文旅产业融合试点区、消费试点区建设，打造非遗创新空间站和传统工艺振兴工作站。高水平规划“五馆一中心”，推动项目开工建设。启动市级千年古城复兴试点项目。加快文化产业发展，引进数字文化重点企业 10 家以上，确保中国良渚影视创新中心开园。举办“杭州良渚日”系列活动、中国国际网络文化博览会、第五届径山禅宗祖庭文化论坛。

办好民生实事项目。各位代表，我们始终坚持用心用情干好民生关键小事，在经过前期广泛征集、仔细遴选、充分论证的基础上，确定了13项民生实事候选项目，现提交大会审议。1. 住房保障项目。开工建设安置房60万平方米，竣工安置房50万平方米，回迁安置1200户。2. 居住改善项目。完成老旧小区综合改造提升15万平方米，符合条件的既有住宅加装电梯实现"愿装尽装"。3. 教育惠民项目。开工建设学校17所，新增班数282个，提供学位10940个；启用学校项目19个，新增班数528个，新增学位22380个。4. 健康惠民项目。新建、改造绿道17公里，新改扩建体育公园等基层群众体育设施12处；对50~74周岁户籍居民开展结直肠癌筛查5万人以上；在人流密集公共场所配备自动体外除颤仪(AED)500台，实现重点区域全覆盖；组织应急救护培训360场次以上，受训人数不少于2.4万人。5. 养老服务项目。新增15家示范型居家养老服务照料中心，实施生活困难老年人家庭适老化改造260户。6. 无障碍环境建设项目。实施无障碍设施改造2200处、6500平方米以上，规范提升星级"残疾人之家"5家。7. 食品安全项目。建设学校食堂"阳光厨房"258家，完成学校"阳光厨房"全覆盖，建设智能"阳光厨房"176家；新建农村家宴中心"放心厨房"7家，建成农村家宴"阳光厨房"12家；创建省级放心农贸市场7家。8. 交通改善项目。按照"四好农村路"建设要求，提升改造乡村道路25公里；实施联网路工程，开工"断头路"5条，打通"断头路"4条；新增公共停车泊位600个；新增、优化公交线路14条。9. 文化惠民项目。新建杭州书房1家，开展杭州书房活动20场次，完成文化惠民活动100场次。10. 婴幼儿童照护服务项目。新增示范型儿童之家12家，新增婴幼儿照护服务社区成长驿站11家，新增婴幼儿照护服务托位180个以上，组织婴幼儿家长养育技能提升专业培训70场次。11. 全民反诈项目。通过集中治理电信网络诈骗案件，确保全年发案量较2020年同比下降，百万元以上诈骗案件破案率达到60%。12. 水利设施建设项目。实施水库安全鉴定23座、堤防安全鉴定40公里，完成山塘整治3座，新建及改造水文测站20座。13. "污水零直排区"建设项目。完成"污水零直排区"生活小区创建23个，"污水零直排区"工业园区创建4个。

六、提升治理效能，谱写"平安余杭"建设新篇章

夯实基层治理基础。迭代升级"一中心四平台一网格"社会治理体系，加快形成集数据归集、事件处置、研判分析于一体的基层治理平台，实现90%以上事件直接指挥处置。着眼矛盾纠纷源头预防化解，以多跨场景应用为抓手，完善"四治融合"，加强"四源治理"。完善三级社会治理综合服务中心运行机制，强化镇街村社中心功能，形成矛盾纠纷化解"136"格局。推进区房产（物业）行业纠纷调解委员会实体化运作。

守住公共安全底线。落实疫情常态化精准防控，完成上级下达的疫苗接种目标任务，构建公共卫生与应急服务新体系。启用城市安全运行"CT"项目，加强应急物资储备管理，实施"防抗救"一体化自然灾害防控能力提升工程。全面落实安全生产责任制，健全"安委会+专委会"体系，深化"图码指数"精密智控和"同心守安"红色联盟机制，加强道路交通、消防安全、建筑工地、城市运行、危化品等九大重点领域事故防控，实现安全生产事故数、亡人数"负增长"。

维护社会和谐稳定。加快公安大数据智能化平台、"雪亮工程"二期建设，完善社会治安立体防控体系，持续净化社会治安环境。巩固常态化扫黑除恶工作机制，防范打击电信网络诈骗等涉网新型犯罪。强化金融风险防范，持续做好网贷风险处置工作。严格落实领导下访接访约访制度，排查调处重大不稳定因素，实行区镇村三级包案，推动信访积案全面清零。

站在新征程的起点上，我们将坚持"说了就算、定了就干、干就干好、干必干成"，以更高站位、更实举措、更优效能、更严作风，不断推动政府治理体系和治理能力现代化，加快建设服务型政府。

一是持续解放思想，永葆干事创业激情。深学笃用习近平新时代中国特色社会主义思想，把增强"四个意识"、坚定"四个自信"、做到"两个维护"贯彻落实到政府工作的全过程各方面。扎实开展党史学习教育，突出学党史、悟思想、办实事、开新局。抢抓区划调整重大机遇，应时而动、顺势而为，不断提高把握新发展阶段、贯彻新发展理念、构建新发展格局的政治能力、战略眼光和专业水平。

二是树立法治理念，增强依法行政本领。深入贯彻习近平法治思想，加快法治政府建设。依法全

面履行政府职能，切实规范行政决策行为，严格履行法定程序，促进规范公正文明执法。深化行政复议体制改革，完善“云复议”大厅功能。自觉接受人大、政协、监察、司法、审计等监督，坚持重大事项向人大报告、向政协通报，高质量办理建议提案。

三是加快改革进程，营造更优营商环境。落实“整体智治、唯实惟先”要求，推动政府施政理念、体制机制、工具手段全方位变革。纵深推进“放管服”改革，全面推行告知承诺制，打造国际一流营商环境，建设人民满意的服务型政府。深入开展“三服务”活动，积极构建亲清政商关系，依法依规促进平台经济、民营经济健康发展。

四是深化作风建设，打造廉洁高效政府。坚决扛起全面从严治党主体责任，认真落实中央八项规定及其实施细则，持续纠治形式主义、官僚主义，积极落实基层减负要求。坚持政府过“紧日子”，严控“三公”经费和一般性支出，切实提高财政资金使用绩效。突出重点领域、重要部门、关键岗位廉政风险防控，营造风清气正的干事创业氛围。

各位代表，百业正兴当下有为，百事正举未来可期。裂变而来的余杭，经历空间大重构、资源大调整、发展大提速的转换，经历交通设施大建设、教育医疗大提升、城乡面貌大改善的重塑，必将迎来更加辉煌美好、更加充满希望的未来！

各位代表，心中有信仰，脚下有力量。辉煌历程照亮新征程，同心筑梦奋斗新时代。站在新起点的余杭，正以奋发状态谱写崭新历史篇章。让我们更加紧密地团结在以习近平同志为核心的党中央周围，在区委的坚强领导下，凝心聚力、砥砺前行，扛起新使命、展现新气象、创造新业绩，全力创建共同富裕示范先行区，为高水平建设创新余杭、品质之区、文明圣地而不懈奋斗！

名词解释

梦溪水乡：包括五常湿地、未来科技文化中心、和睦水乡，东至绕城高速，南至绿汀路、02省道，西至万金路、上和路，北至文二西路，总面积约11.71平方千米。

“绿色风暴”行动：围绕“全域美丽大花园”建设，在全区层面开展生态环境治理专项攻坚行动，持续全面排查空气、水、固体废物和土壤、自然生态保护等领域突出的生态环境问题，做到问题有效发现、有力整改、有序销号，全面提升全区生态环境质量。

一廊一轴、一心三片：“一廊”即以东西向的城西科创大走廊为主，以未来科技城为核心区，辐射带动良渚新城、钱江经济开发区和周边地区，构建产学研紧密协同、产城人高度融合的创新发展“金腰带”。“一轴”即串联良渚古城遗址、中国（杭州）航空科技小镇、云城核心区域、未来科技城中央公园的南北向“千年发展轴”。“一心”即规划研究中的余杭区城市核心区，联动未来科技城和云城核心区域，范围约70平方千米。“三片”即未来科技城、云城余杭区块以及余杭、闲林、仓前、中泰、五常5个街道组成的城西片；良渚遗址管理区、良渚新城、钱江经济开发区以及良渚、仁和2个街道和瓶窑镇部分区域组成的东部片；径山、黄湖、鸬鸟、百丈4个镇以及余杭街道、瓶窑镇部分区域组成的西部片。

文旅“1010”工程：围绕打造“全国文旅融合样板区”目标，挖掘余杭三大文化历史底蕴，放大“双世遗”品牌效应，重点打造良渚文化艺术长廊等10个重大文旅项目、径山禅修酒店等10个酒店类项目。

五馆一中心：科技馆、图书馆、美术馆、文化馆、博物馆和青少年活动中心，定位城市级文化设施，位于杭州未来科技文化中心南北中轴南端。

三线一单：生态保护红线、环境质量底线、资源利用上线和生态环境准入清单。

教育高质量发展奋进计划：未来5年，聚焦“建设投用100个以上学校项目”等8项重点指标，开展“打造标杆学校、锻造教师队伍”等8项行动，创建全国学前教育普及普惠区、全国义务教育优质均衡区、浙江省教育现代化区，努力实现余杭教育“三年大变样、五年攀高峰”。

七个示范先行目标、七项争先举措：《余杭高质量发展建设共同富裕示范先行区实施方案（2021—2025年）》明确的工作目标和举措。七个示范先行目标，即推进共同富裕的体制机制和工作体系基本建立，努力在改革探索中示范先行；创新驱动高质量发展模式基本确立，努力在经济高质量发展中示范先行；中等收入群体为主的橄榄型社会结构基本形成，努力在优化收入分配上示范先行；优质均衡的公共服务体系基本建成，努力在共建共享品质之区上示范先行；中华文明圣地魅力更加彰显，努力在物质精神共富上示范先行；美丽余杭生态底色更加靓丽，努力在全域美丽大花园建设上示范先行；共建共治共享的社会治理体系更加完善，努力在全域治理现代化上示范先行。七项争先举措，即提升创新策源能级，推动经济高质量发展争先；全面落实收入双倍增计划，推进收入分配制度改革争先；坚持以人为本，推进公共服务优质共享争先；实施"西部富美""靓城行动"，推进城乡区域协调发展争先；全面打造文化文明高地，推进先进文化发展争先；建设全域美丽大花园，推动生态文明建设争先；坚持和发展新时代"枫桥经验"，推进社会治理争先。

创景计划：深化数字化改革，通过建立健全"需求分析、孵化培育、评估激励、持续迭代、揭榜挂帅"的应用场景"全生命周期"管理机制，创造形成一批有余杭辨识度的硬核场景，力争在2021年底前，创新谋划区级典型场景50个以上，建成重大多跨场景10个以上，入选省级揭榜挂帅项目数量位居全省前列。

数字资源超市：以"共享开放、共创共用、集约整合"为理念，归集上架包括基础设施、云资源、数据资源、应用组件、应用系统等各类数字化资源，是余杭区智慧城市数字"新基建"，是面向信息化项目管理者和建设者的数字标准零部件"超市"。

"县乡一体、条抓块统"改革：浙江聚焦"处理好县乡、条块关系"推出的一项改革举措，着力构建明晰化县乡权责体系、模块化乡镇（街道）职能体系、集成化事项运行体系、数字化平台支撑体系、制度化利益协调体系，推动"条""块"间权责更加统一、分工更加合理、执行更加有力，进一步提升基层治理现代化水平。

"一网智治"2.0版本：围绕"一网智治"数字法治目标，完善政法一体化办案、综合行政执法、风险闭环管控大平安3个体系，协同建设政法一体化办案、综合行政执法、社会矛盾纠纷调处化解3个集成应用和"云上公安"、大数据监察监督系统、法院智能化办案等8个基础应用，提升"非接触性"执法、舆情检测系统等升级应用。

翱翔计划：由"未来之星""未来之光""未来之源""未来之力"四大模块共同组成，涵盖人才引育、金融服务、产业扶持、大孵化器建设等服务创新发展各方面内容。

"数智城生金、文平总衣服"十个字：市政府提出的未来产业发展导向性工作抓手："数"指数字经济，"智"包括人工智能、智能装备、智能家居、智能汽车、智能穿戴、智慧城市、机器人等，"城"包括规划、建筑业、房地产业、物业等，"生"包括生物医药、大健康、中医药、医疗等，"金"指金融业，"文"指文化产业，"平"指平台经济，"总"指总部经济，"衣"指纺织服装、时尚产业，"服"指生产性服务业。

"3655"梧桐计划：力争未来3年内有机更新工业用地400公顷，新建产业空间500万平方米，力争2023年园区内亩均税收5万元以下低效企业基本出清。

靓城行动"1466"计划："1"即围绕"高水平建设创新余杭、品质之区、文明圣地"一个总目标；"4"即实施"交通大发展、环境大提升、配套大完善、空间大优化"四大攻坚行动；第一个"6"即聚焦"八镇街四平台"总面积约605平方千米的范围；第二个"6"即"美化、序化、亮化、功能化、显文化、数字化"六化要求。

西部富美"1355"计划："1"即围绕打造"乡村振兴样板典范、共同富裕示范窗口"一个总体目标；"3"即实施"环境提升、产业发展、民生改善"三大攻坚行动；第一个"5"即惠及西部五镇（径山镇、黄湖镇、鸬鸟镇、百丈镇和瓶窑镇苕溪以北区域），兼顾其他农村地区；第二个"5"即在原有政策基础上三年新增区财政投入不少于50亿元。

矛盾纠纷化解"136"格局：在矛盾纠纷化解上，推动60%以上在村（社区）级矛调中心化解，30%以上在镇（街道）级矛调中心化解，确保到区级矛调中心化解的矛盾纠纷不超过10%，有效实现"小事不出村（社区）、大事不出镇（街道）、矛盾不上交"。

特 辑

Special Reports

·新型冠状病毒感染的肺炎疫情余杭区2020年防控工作·

【概况】 2020年1月23日，全区报告首例新型冠状病毒感染的肺炎（下称“新冠肺炎”）病例。2020年1月，余杭区迅速落实浙江省重大突发公共卫生事件一级响应要求，完善新冠肺炎疫情防控指挥体系顶层设计，在全市最早设置主要交通检查卡点、最早实行小区封闭管理、最早出台“十项从严”管控措施。坚持群防群控，党员干部下沉一线，带动群众参与疫情防控。强化数字赋能、精密智控，研发并上线“余杭绿码”，为“健康码”的研发升级提供经验。派出3批29名医护人员驰援武汉。成立境外疫情输入防控工作组，严防外来疫情输入。常态化疫情防控期间，严格落实“外防输入、内防反弹”各项措施，落实精准防控措施。

围绕“两战全胜”目标，统筹疫情防控和经济发展。2月7日，余杭区研究部署复工复产工作。先后出台复工复产、人才招引、农产品维稳保供等方面政策。开通专列、包机组织员工返岗复工。设立区“亲清在线”服务中心暨区惠企政策集中兑现服务中心，线上线下运营杭州余杭区“亲清在线”数字平台。疫情期间，开展“云招聘”“云洽会”“云发布会”，大力发展直播经济、宅经济等新业态活动。2020年，全区实现生产总值3051.61亿元，比上年增长5.3%。地区生产总值、第三产业增加值、数字经济核心产业增加值、财政总收入、地方一般公共预算收入、农村常住居民人均可支配收入等指标总量居全省县（市、区）首位。

【防控指挥体系建立及运转】 2020年1月22日，余杭区建立由区委书记任组长的疫情防控工作领导小组以及由区长任总指挥的疫情防控指挥部，下设“一办八组”。1月25日，省、市视频会议后，对指挥部升格扩面，将“一办八组”调整为“一办十一组”，每个专项组均由区党政领导班子成员担任组长。1月25日起，指挥部进驻区社会治理综合服务中心，实行24小时实体化集中办公，实行每日一会商、每日一连线，确保政令畅通。组建疫情防控专项法律顾问团，对防控措施落实“一策一审”、即查即审工作机制，确保快速决策与依法行政相统一。

【疫情防控期间社会“智治”】 2020年初，新冠肺炎疫情防控期间，余杭区在全市率先设置主要交通检查卡点，覆盖所有高速公路、国道、省道、县道、水路、高铁。在全市最早实行小区封闭管理，设置镇（街道）、村（社区）卡口。2月3日，在全市率先暂停区内全部公交线路、机场专线、出租车和网约车运营，率先推出“十项从严”管控措施，减少人员流动。2月7日，“余杭绿码”发布，后逐步升级为全市、全省、全国推广的“健康码”。2月20日，生成全省首张精确到网格的动态疫情“五色图”，对网格、建筑等最小单元实行精密型管控。依托杭州城市大脑·余杭平台，开发疫情防控智能指挥“驾驶舱”，一舱归集疫情相关数据，下设“一个码”“一幅图”“一张网”“一机制”四个子系统，实施分级别应对、分区域施策的“精密智控”模式。

2月17日起，开始恢复全区城乡公共交通运营。2月19日，全区所有高速、国省县道及水路入杭通道防控检测点全部撤除。2月底，完善企业复工“负面清单”管理机制，支持复工复产复市、畅通人流物流车流。4月中旬起，余杭学校分年级逐渐复课。

【复工复产复市】 2020年2月8日起，余杭区抽调12个涉及经济部门人员组建企业复工工作专班，分级设置复工专班，各平台、镇（街道）审批权限。依托杭州企业复工申报平台实现一网受理，提高审批效率。依托“员工健康码”实施“白名单”“灰名单”分类管控、分批返岗制度。2月16日起，简化复工手续。组建72人的企业复工指导员队伍和445人的防疫指导员队伍，主动上门指导企业复工准备工作。开展“深化‘三服务’、助企开复工”活动，区领导带头包干联系服务企业，向企业（项目）派驻亲清服务员（驻企服务员）。建立完善企业复工问题闭环解决机制。组织安排包车、专列、专机，接回返岗人员。推出“春风行动云招聘季”“余您携手　杭向未来”两大招聘品牌。出台政策“防疫惠企28条”，成立集中兑现办公室，依托杭州市“亲清在线”系统，实现惠企政策线下集中和线上即时兑付。联动金融机构，缓解企业资金压力。以“云签约”的形式开展重大项目集中签约活动。

【“余杭绿码”研发及运用】 2020年2月4日，余杭区启动无接触式电子通行凭证——“余杭绿码”研发工作。与阿里巴巴集团旗下钉钉团队合作，2月5日凌晨生成第一个“绿码”。经过测试完善，2月7日上线，实现交通卡口、居民小区、工作单位之间凭“绿码”快速通行。为疫情精准防控、保障复工复产复学提供智控手段。2月11日，全省新冠肺炎疫情防控工作新闻发布会肯定“余杭绿码”经验，明确要加快建设全省统一的“健康码”共享平台。“余杭绿码”逐步升级为全市、全省、全国推广的“健康码”，成为疫情期间群众通行的智能化电子凭证。杭州“健康码”推出后，余杭区将“余杭绿码”用户数据信息纳入“健康码”统一管理、并轨使用。

常态化疫情防控期间，余杭区推出并使用平安建设“五色图”“企业安全码”“食安码”“农安码”“老兵码”等应用，推动“图码指数”向公共服务、市场监管等领域延伸。

【惠企政策兑现】 截至2020年3月21日，余杭区兑现扶持资金13.68亿元，惠及企业37297户、104508人。其中：“全域创新66条”相关产业政策兑现或预拨扶持资金12.20亿元，惠及企业1901户、5571人；市、区防疫惠企政策兑现扶持资金1.48亿元，惠及企业35396户、98937人。截至年末，兑付惠企资金102亿元。

2020年3月24日，余杭首趟湖北复工专列抵达杭州东站

（王怡曦　摄）

【党员参与疫情防控】 2020年初新冠肺炎疫情防控期间，余杭区在各村（社区）卡点、交通卡口、隔离观察点、住宅小区等建立779个临时党支部，迅速发动全区5.6万余名党员干部下沉基层防控一线，协助做好人员排查、执勤巡逻、入户宣传等工作，带动67.6万名群众参与群防群控。

【流行病学调查处置】 2020年，余杭区建立由区疾病预防控制中心和各医共体分院组成流行病学调查队伍134人，村（社区）流行病学调查协查人员754人，开展全区技能比武和应急演练。区疾病预防控制中心组建流调组、消杀组、采样组和检测组4个防控业务工作组，应急人员24小时在岗值守。对疑似和确诊新冠肺炎病例进行个案调查，相关疫点终末消毒。流调组出动219次、633人次，撰写流调报告326份；消杀组出动119次、325人次，消杀疫点954处。

【隔离医学观察】 2020年1月24日，余杭区设置第一批疫情防控集中隔离医学观察点2处。对居家隔离医学观察的人员，由医共体分院医务人员上门进行体温测量、健康宣教以及隔离告知。

【发热病人闭环管理系统】 2020年2月22日，突入其来的新冠肺炎疫情发生后，余杭区依托健康余杭智慧云平台，上线发热病人闭环管理网。通过实时汇总公立医院、民营医疗机构、药店等来源的发热病人数据，进入管理网可实现数据比对。如有就诊记录及核酸检测结果，则闭环管理完成；如无就诊记录或无核酸检测结果，将下发排查名单至相关镇（街道），进行健康情况追踪，通过督促发热病人就诊或上门核酸采样，确保核酸检测阴性，完成闭环管理。

【新冠肺炎疫苗接种】 2020年9月，余杭区启动新冠肺炎疫苗紧急接种工作，全年开展新冠疫苗接种27227针次，其中，完成第一剂18512针次，完成两剂次8715针次。

【新冠肺炎患者医疗救治】 2020年，余杭区按照“集中患者、集中专家、集中资源、集中救治”原则，确定余杭区第一人民医院为区定点救治医院，开展中西医结合治疗。2月6日至5月30日，推出发热病人“120免费接送+发热门诊免费诊疗”服务，发热病人就医40044人，减免诊疗费用1014.33万元。完成6家二级以上公立医院发热门诊规范化改造，确定余杭区第三人民医院为后备定点医院，推进余杭区第一人民医院传染楼改建工程，改造感染病床位最大收治量42张。全区20家社区卫生服务中心均设置传染病诊室，全区各医疗机构均设置预检分诊点。

【复学复查防疫指导】 2020年，余杭区抽调医共体及分院的477人，组建企业健康指导员队伍，指导企业20283家次；组建123名技术骨干组成的健康指导队伍，派驻207名医务人员进驻未配备校医的学校（幼儿园），对辖区410家学校（幼儿园）进行复学健康指导。其间，出动卫生监督员3547人次，检查医疗机构1923家次，公共场所3369家次，消毒剂生产企业25家次，集中消毒餐饮具企业5家次，职业卫生企业17家次，集中医学观察隔离点57家次；指导复工企业和沿街商铺219家；开展学校复学复课指导和验收，检查学校152家次，检查托幼机构258家次。发现并督促整改问题1861个，立案处罚276件。

【新冠肺炎健康教育与宣传】 2020年，中央广播电视总台《新闻联播》、《人民日报》、新华社、央视网、学习强国全国平台以及《健康报》多次刊登余杭区优秀医护人员抗疫事迹以及惠民便民举措。省级及以上媒体宣传165篇次，市级210篇次，区级345篇次。“健康余杭”微信公众号发送信息490次，阅读总量近190.5万次，头条最高阅读量7.4万次，影响力较上年提升。

【心理健康服务】 2020年，余杭区启动突发事件

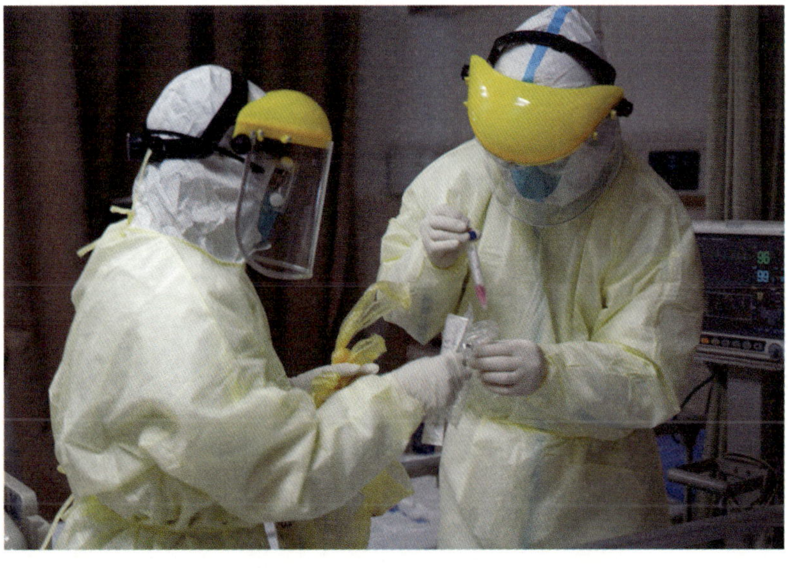

2020年2月，余杭区医护人员在隔离病房内采样
（区卫生健康局　供稿）

心理危机干预应急预案一级响应，出台《余杭区新型冠状病毒感染的肺炎疫情心理危机干预实施意见》和《余杭区新冠肺炎疫情心理干预工作进社区的实施方案》。通过“余杭发布”和“健康余杭”微信公众号发布疫情心理援助热线（0571-86252668），安排8名心理咨询师24小时接听，接到咨询631人次。组织25名专业心理咨询师入驻在线咨询平台“壹点灵”，以公益服务形式，24小时实时在线接单，提供抗疫情公益心理援助，浏览量2711次，服务54人次。向公安干部、医务人员、复工企业员工、病人和隔离人员等提供心理支持。组织心理咨询师对隔离病房和医学观察病房的医务人员开展团体心理辅导，提高医务人员心理韧性。推出线上智能大众版心理机器人Psybot和复工版心理机器人，利用人工智能提供心理疏导。截至年末，上线余杭区民众59879人，心理评估6190人次，民众反馈智能干预有效性65.9%。

【新冠肺炎疫情期间妇幼健康服务】 2020年突如其来的疫情期间，余杭区通过母子健康手册、“健康余杭”门户、微信、电话、视频等开展孕产妇和儿童健康管理。落实首诊负责制，对有就诊需求的孕产妇、儿童及家属进行严格预检。医学隔离观察期间的225名孕产妇，由属地医共体分院妇保医生重点管理，医学观察期间内孕产妇需要到院就医的，由妇保医生根据就诊流程负责落实点对点转运对接。疫情期间，11名出现临产症状的孕产妇均得到有效医疗保障并顺利分娩。

【新冠肺炎疫情期间特殊人群关爱】 2020年疫情期间，余杭区结合家庭医生签约服务工作为独居、孤寡、空巢等老年人及残疾人、困境儿童提供健康医疗咨询服务5981人次，开具长处方3407人次，提供及时转诊服务280人次、预约挂号150人次、预约检查52人次、预约住院3人次。扩大慢性病长处方受益面，不限于签约对象和16种慢性疾病，对诊断明确、病情稳定、需要长期服用治疗性药物的人员开具不超过12周的药品。家庭医生利用“健康余杭”门户“家庭医生”模块、短信发送、微信互通、电话沟通等方式，为签约居民提供上门代配药和健康咨询服务。

（区疫情防控指挥部、区卫生健康局）

·新型冠状病毒感染的肺炎疫情余杭区2020年防控工作大事记·

1月21日　余杭区举行新冠肺炎疫情防控工作领导小组会议和相关工作会议，部署全区疫情防控工作。

1月22日　区新型冠状病毒感染的肺炎疫情防控工作领导小组由区委书记张振丰担任组长，区新型冠状病毒感染的肺炎疫情防控工作领导小组指挥部由区长陈如根任总指挥，下设“一办八组”，实行实体化运作，全面领导区疫情防控各项工作。

1月22日　余杭区面向社会公布发热门诊、预检分诊点一览表及区疾控中心24小时值班电话。

1月23日　浙江省政府启动重大公共突发卫生事件一级响应。随后，余杭区举行全区视频会议，贯彻落实省市会议精神，部署落实全区疫情防控工作。

是日　余杭区新冠肺炎疫情防控指挥部举行第一次工作会议。会议明确集中隔离医学观察点、公共场所集会、人员排查及防护物资等问题。

1月24日　余杭区设置疫情防控集中隔离医学观察点，要求每个镇（街道）在辖区范围内设置至少50个房间的集中隔离医学观察点。

1月25日　区新冠肺炎疫情防控指挥部（下称“指挥部”），设立“一办十组”，全面统筹余杭区疫情防控工作。

1月27日　余杭区中医院医护人员徐梦薇参加浙江省首批医护人员组成的浙江省抗击新冠肺炎紧急医疗队重症监护组，驰援武汉。

1月28日　余杭区新冠肺炎疫情防控领导小组指挥部举行“一办十组”第一次工作例会。

是日　区政府规定全区内各类企业不早于2月9日24时前复工，涉及保障城市运行、疫情防控、群众生活必需的水电气、医疗器械、药品用品、食品保障等相关企业除外；各级各类学校不早于2月17日前开学；全区各级机关2月3日正常上班。

是日　公安、交通、卫生健康等职能部门组成工作小组，对全区高速公路、国道、省道、县道站点，高铁站、水上检查站统筹组织入杭通道防疫检查工作。

1月29日　余杭区公布“86212345”为疫情防控工作24小时监督电话，同时公布24小时心理援助热线“86252668”。

是日　经省级有关部门批准，余杭区卫生检验检测中心启动新冠肺炎病毒PCR检测。

是日　新冠肺炎疫情防控工作领导小组指挥部对提前复工的企业、建设工地卫生防疫工作提出落实企业主体责任，明确卫生专管员，落实测温、戴口罩、消毒、供餐、垃圾处理等指导意见；对经过车辆必须全部测温。

1月30日　省长袁家军到杭甬高速余杭出口、余杭高铁站检查指导余杭区疫情防控工作。

是日　区委组织部动员选派200名机关干部到区内各交通要道卡点开展执勤。

1月31日　省委常委、常务副省长冯飞一行到杭州农副产品物流中心督查市场保供情况。

2月1日　利用阿里巴巴达摩院研发的AI算法，浙江省疾病预防控制中心上线自动化的全基因组检测分析平台，将疑似病例基因分析缩短至半小时。

2月3日　全区城乡公交、出租车、网约车及客运包车、班车、机场专线等公共交通全部暂停运营。

是日　明确由区红十字会、区慈善总会负责全区抗击新冠肺炎捐赠资金物资管理使用，结合工作实际，制定捐赠款物管理、使用、调拨、监督的具体操作流程。

2月4日　余杭区对疫情防控所需的标本送检、医疗急救、防疫物资、人员运输、指挥调度等车辆以及涉及运输国计民生物资的车辆制定专用通行证，保障疫情防控相关物资、人员应急运输顺畅。

2月5日　余杭区中医院护士徐梦薇在武汉抗击新冠肺炎疫情的工作事迹被《新闻联播》报道。

2月6日　区新冠肺炎疫情防控工作领导小组会议举行，专题研究疫情防控智慧管理相关事宜，要求抓紧落实“余杭绿码”智慧管理（电子健康通行证）。

是日　即日起余杭区为居住在余杭区的居民提供发热病人“‘120’救护车免费接送＋门诊免费诊疗”服务。

2月7日　“余杭绿码”上线。2月10日0时起，全区各检查点实施扫码通行。

2月8日 在企业排查管控组基础上建立企业复工工作专班。

是日 余杭区G56杭瑞高速老余杭收费站、G2501杭州绕城高速乔司东收费站、S14杭长高速黄湖收费站被列为浙江省第一批恢复通行的高速公路收费站出入口。

是日 指挥部对全区符合复工条件的企业（不含建筑施工企业、建设工地）实行分类分片分时段严格审批，有序复工。

2月9日 余杭区第二批由余杭区第一人民医院院、区第二人民医院、区第三人民医院、区中医院、区第五人民医院和区妇幼保健院选派的24名医护人员组成的医疗队支援武汉，全区累计25名医护人员支援武汉。

2月10日 余杭区对全区符合复工条件的企业实行分类分片分时段申报，严格审批、有序复工。

是日 余杭区各中小学开设各具特色的线上“开学第一课”，18万名学生参与，开始“停课不停学”线上教学活动。

是日 余杭区恢复区内38条公交线路。

是日 中央广播电视总台《新闻联播》播放大数据精准助力企业有序复工的余杭案例。

2月11日 区委常委会会议审议通过《关于严格做好疫情防控帮助企业复工复产的若干政策》，从攻坚抗疫难关、加大金融支持、减轻企业负担、保障企业生产经营、加大外贸支持力度等五大方面提出28条针对性措施，助力区内企业复工复产，保证余杭区经济平稳运行。

2月12日 余杭区成立惠企政策集中兑现工作领导小组，统筹疫情期间加快产业扶持政策兑现事宜。

2月14日 余杭区派出第三批驰援武汉医务人员，其中余杭区第一人民医院2人、区中医院2人，累计29名医务人员支援武汉。

2月16日 余杭区部署近期组织亲清服务员（驻企服务员）开展“千干进万企”、深化“三服务”活动。

2月17日 余杭区全区城乡公交、出租车、网约车及客运包车、班车、机场专线等公共交通恢复运营。余杭区复工企业返工人员包车运输保障政策出台。第二批抵达杭州东站的复工专列，其中328人是余杭多家企业的员工。

2月18日 余杭区临时下调疫情防控期间全区企业用气用水用电价格。

2月19日 余杭区疫情风险等级由“较高风险”下调至“中风险”。

是日 余杭区1198家规模工业企业全部复工。

2月20日 省督查组到余杭区督查。

是日 余杭区新冠肺炎防控民宿（农家乐）有序开放工作指南发布，支持并指导低风险和较低风险的镇（街道）做好辖区内民宿（农家乐）疫情防控和有序开放工作。

2月21日 余杭发布《关于加强新冠肺炎疫情防控期间人才招引的若干意见》，出台“招才十条”助力企业复工复产。

是日 余杭区首趟外省返工人员政府指定包车，搭载116名区内返岗员工从江苏泰兴始发到达临平。

2月22日 余杭区的新冠肺炎疫情风险等级从“中风险”下调至“较低风险”。

2月24日 余杭首趟复工专列G3105抵达杭州东站，为余杭企业载回910名返岗职工。余杭相继开通复工专列、专车满足外省职工返程需求。

2月25日 余杭区“与您携手　杭向未来”第一期云聘会举行，阿里巴巴集团控股有限公司、之江实验室等283家企业推出850个岗位。

是日 余杭区撤除省际防疫检查站，恢复公共交通运营，保障货物优先运输。

2月26日 余杭区新冠肺炎疫情等级由“较低风险”降为“低风险”。

2月26日 余杭区应急物资供销平台上线。

是日 余杭区推出《关于积极应对新冠肺炎疫情加快恢复农业生产切实抓好农产品稳产保供的若干意见》（简称“惠农十条”）。

2月29日 余杭区通过钉钉视频会议系统举办“资本赋能·创新余杭”产融云洽会，吸引包括云锋基金管理有限公司在内的超100家基金股权投资机构和近500家创新创业主体“云上”参会。现场发布“产融云洽会”平台。

是日 国际航班疫情防控工作组成立，进一步做好国际航班落地人员疫情防控工作。

3月1日 余杭区委文明办、区卫生健康局、区市场监督管理局、区文化和广电旅游体育局共同发出《余杭区“文明公筷”行动倡议书》，开展“文明公筷”行动。

3月6日 指挥部成立余杭区境外疫情输入防控工作组。

3月8日 余杭在“亲清在线”平台上线首条区县惠企政策，即“对全区工业中小微企业2月、3月缴交两部制电费中的基本电费给予20%的补助”。

3月10日 余杭区以钉钉直播的形式举行“2020年余杭土地云发布会”，现场发布余杭“读地云”平台、2020年余杭区供地计划，相关平台、单位作板块重点出让地块推介，吸引100余家房地产企业参与。

3月16日 余杭区200个在建重点项目实现全复工，员工返岗率为110%。

3月19日 首趟余杭区就业扶贫直通车抵达临平汽车北站，3辆大巴车共搭载余杭区51家企业，71名湖北恩施咸丰籍返岗人员，这是突如其来的疫情发生后，余杭区载回的首批湖北籍返岗职工。

3月21日 全区各类企事业单位、楼宇、景区、宾馆、商场、地铁、公交、出租车等公共场所和交通工具，取消“测温＋亮码”等管控措施。图书馆、文化馆、美术馆、博物馆等公共和经营场所即日起可恢复开放。

3月22日 余杭区首位驰援武汉医务人员、区中医院重症医学科护士徐梦薇，在武汉抗击新冠肺炎工作56天后返回余杭。

3月23日 浙江疫情防控应急响应调整为三级，根据省、市部署，余杭对所有入境人员均采取14天集中隔离医学观察，费用自理。

3月24日 《关于疫情防控期间支持旅游行业共渡难关的补充意见》出台，即日起至2020年12月31日，支持积极参与防疫工作的旅游企业。

是日 余杭复工专列D2248次抵达杭州东站，搭载1291名湖北籍从湖北返杭的余杭区企业职工。这是湖北省复工以来，首个由区（县、市）组织开设的湖北复工高铁专列。

3月28日 余杭创新重大项目采用集中签约方式，举行2020年一季度重大项目集中开工暨云签约活动。

3月31日 余杭区召开企业上市工作推进会议，全面贯彻落实中央和省、市会议精神，围绕全省“凤凰行动”计划，部署下一步推进全区企业上市重点工作。

是日 余杭28名驰援武汉医护人员完成任务返回杭州。

4月1日 2020年区委全面深化改革委员会第一次会议举行，围绕“战疫情、促发展”主题，研究谋划全年全区全面深化改革思路，布置全年工作任务。

是日 防范化解涉疫情公民信息泄露风险隐患工作专班成立，加强疫情防控工作中公民个人隐私信息保护工作。

4月9日 余杭区开展“企业用工余缺调剂”工作，通过政府指引，支持缺工企业与劳动力闲置企业之间实现“共享用工”。

4月13日 余杭高三、初三学生开学。

4月16日 区委书记张振丰慰问援鄂医疗队员并举行座谈，向平安返余的余杭医护人员致以慰问和敬意，并为其颁发纪念奖杯。

是日 为期3天的2020杭州国际布艺时尚（春季）云展会开幕式暨余杭家纺全产业链复工启动仪式在余杭举行，余杭家纺全产业链复工。

4月20日 余杭区高一、高二年级，初一、初二年级以及小学四、五、六年级复学。

4月26日 小学一、二、三年级和培智学校各年级学生开学。

是日 省委召开县（市、区）委书记工作交流会。区委书记张振丰以“统筹双线作战　确保两战全胜　全力争当‘重要窗口’建设排头兵”为主题，交流余杭区统筹疫情防控和经济社会发展的经验做法。

5月1—5日 全区接待游客总数51.22万人次，实现旅游直接收入2100万元，游客人数恢复至上年同期游客量的81.5%。

5月11日 余杭区举行庆祝“5·12”国际护士节暨“名护”“最美护士”表彰大会，表彰20名余杭区首届“名护”和40名“最美护士”。

5月19日 余杭区6家医疗机构和2家第三方检测机构提供自愿自费新冠病毒核酸和抗体检测，并建立动态重点地区来余杭人员免费检测服务机制。

6月1日 余杭区取消发热患者到区定点医院免费诊疗和区急救分中心免费送诊的政策，恢复常规诊疗秩序。

7月14日 余杭区举行重点企业、银行座谈会，研究金融运行态势，商讨如何破解企业发展难题。

7月20日 根据国家电影局通知，余杭12家影院恢复营业。

8月19日 余杭区举行第三个中国医师节庆

2020年9月1日，余杭区开学第一课主题班会举行

（区融媒体中心　供稿）

祝大会，揭晓"2020年余杭区名医"，激励在疫情防控中驰援武汉及在余杭本地坚守岗位的医务工作者。

9月1日　以"做健康阳光好少年"为主题的余杭区"开学第一课"主题班会，邀请驰援武汉的余杭区第一人民医院医生吴云龙分享疫情期间自我保护知识，全区24.5万名学生观看直播。

9月16日　余杭区印发相应通知，进一步强化新冠肺炎疫情常态化防控措施，应对秋冬季可能出现的新冠肺炎疫情。

10月15日　余杭在全市率先实体化运作"亲清在线"服务中心，杭州市余杭区"亲清在线"服务中心（杭州市余杭区惠企政策集中兑现服务中心）揭牌启用。

11月13日　余杭区举行表彰仪式，为在余杭分会场参会的7名浙江省抗击新冠肺炎疫情先进个人和1家省级抗击新冠肺炎疫情先进集体代表颁奖。

11月20日　区委召开党的十九届五中全会、省委十四届八次全会精神专题学习会。会议强调，要持续抓好疫情防控工作。

12月1日　区领导为在杭州市抗击新冠肺炎疫情总结表彰大会余杭分会场参会的市级抗击新冠肺炎疫情先进个人和先进集体代表颁奖。

12月9日　区疫情防控冷链食品物防实体化运作专班和应急处置机动队组建，推进进口冷链食品"全受控、无遗漏"闭环管理工作。

12月28日　余杭区要求进一步加强入境人员"14+7+7"健康管理措施。

（王昵）

大事纪要

Chronicle of Major Events

2020 年余杭区十件大事

一、余杭区统筹做好疫情防控和经济社会发展工作

2020 年 1 月，余杭区迅速落实浙江省重大突发公共卫生事件Ⅰ级响应要求，完善新冠肺炎疫情防控指挥体系的顶层设计，在全市最早设置主要交通检查卡点、最早实行小区封闭管理、最早出台“十项从严”管控措施。坚持群防群控，建立 779 个临时党支部，5.6 万余名党员干部下沉一线，带动 67.6 万余名群众参与突如其来的疫情防控。强化数字赋能、精密智控，研发并上线“余杭绿码”，为“健康码”的研发升级提供经验。派出三批医护人员驰援武汉，被评为省抗疫先进集体 1 个、先进个人 8 人，市抗疫先进集体 13 个、先进个人 29 人。2 月 7 日，余杭区研究部署复工复产工作。先后发布《关于严格做好疫情防控帮助企业复工复产的若干政策》《关于加强新冠肺炎疫情防控期间人才招引的若干意见》《关于积极应对新冠肺炎疫情加快恢复农业生产切实抓好农产品稳产保供的若干意见》等政策，促进企业复产复工。开通专列、包机组织员工返岗复工。设立区惠企政策集中兑现中心，助力企业复工复产、达产增效。截至 2020 年末，兑付惠企资金 102 亿元。

2020 年，余杭区持续开展“三大比拼”、季度“双集中”等活动，实施数字经济“一号工程”和“新制造业计划”，加快布局 5G、大数据中心等新基建项目，推进“三化融合”。应对出口形势变化，帮助外贸企业拓展内需市场，抢抓在线新经济“风口”，建设未来科技城中国（杭州）直播电商基地、余杭经济技术开发区中国（余杭）品牌直播产业园、临平新城中国（杭州）数字时尚创新基地、良渚新城淘宝直播综合体等平台。支持之江实验室、良渚实验室、湖畔实验室等国家和省实验室建设，完善产业创新生态，深化“大孵化器”战略，提升发展特色小镇和 5G 创新园、区块链产业园等创新平台。落实“凤凰行动”计划，鼓励企业通过股改上市做大做强，截至 2020 年末，全区上市企业 32 家（其中境外 8 家），新增上市企业 7 家，新增数量位列全省县（市、区）第一。

二、余杭区帮扶的 3 个协作对口帮扶县全部“脱贫摘帽”

2020 年 3 月，贵州省黔东南州台江县、天柱县退出贫困县序列。4 月，湖北省恩施州咸丰县实现整村脱贫，标志余杭对口帮扶的台江县、天柱县和咸丰县全部实现“脱贫摘帽”。2013 年起，作为东部发达地区的余杭响应国家号召，参与扶贫协作工作。2018 年 4 月，余杭区派出干部和专技人才前往三县开展对口帮扶，实施精准扶贫。在帮扶过程中，余杭区聚力产业合作、民生改善、结对交流，聚焦重点领域、优化帮扶目标、创新帮扶内容、完善帮扶机制，实行项目化、清单式、销号式管理，做到帮扶任务具体化、帮扶工作项目化。

三、余杭区位列《小康》杂志“2020 中国县域智慧城市百强榜”榜首

2020 年 6 月 1 日，《小康》杂志发布“2020 中国县域智慧城市百强榜”，余杭区以总评分 95.53 分位

列榜单首位。智慧城市是运用物联网、云计算、大数据、空间地理信息集成等新一代信息技术，促进城市规划、建设、管理和服务智慧化的新理念和新模式。《小康》杂志介绍了余杭在疫情期间先行先试推出“余杭绿码”(“健康码”)，在全市率先上线“亲清在线”数字平台，助力企业复工复产、达产增效及杭州城市大脑·余杭平台社会治理智慧平台等余杭区运用信息技术打造智慧城市的经验和成绩。

四、余杭区“三路一环”望梅路互通工程通车

2020年6月24日，余杭区“三路一环”望梅路互通工程建成通车，临平副城快速路网实现互联互通。望梅路互通工程包含望梅高架路主线和4条互通匝道，即望梅高架路由南向西转留石高架方向、望梅路高架自北向西转留石高架方向、留石高架自西向北转秋石高架方向、留石高架自西向南转东湖高架方向。秋石高架路—留石高架路北延—东湖高架路—望梅高架路至此串联成线，成为临平副城联系杭州主城区最快捷的免费通道。

五、余杭—上海首趟始发列车开通

2020年7月1日，高铁余杭站到上海虹桥站G7556次首趟始发列车启程。该趟列车每天7点1分发车，经停桐乡站、嘉兴南站、松江南车站，行驶时间1小时2分钟，8点3分到达上海虹桥站。同时，新增上海虹桥至余杭G7555次列车，上海虹桥站回余杭的高铁末班车从原先19点21分发车，推迟至21点5分。首趟始发列车的开通是余杭打造接轨大上海融入长三角桥头堡的又一举措，满足了余杭、上海两地城际通勤的需求，优化了余杭的营商环境。

六、首个“杭州良渚日”暨首届杭州良渚文化周在良渚古城遗址公园启动

2020年7月6日，由杭州市委、市政府主办的“杭州良渚日”暨首届杭州良渚文化周在良渚古城遗址公园启动。活动现场发布了杭州三大世界遗产精品旅游路线，签订长三角杭州三大世界遗产旅游市场推广联盟合作备忘录。良渚遗址管理区管理委员会与北京大学、浙江大学、复旦大学等全国十余所高校、浙江省委党校进行合作共建签约。良渚古城遗址主题雕塑、良渚文化发现人施昕更铜像揭幕。

文化周期间开展“彩笔绘良渚　盛世颂华章”百名中外著名画家走进良渚古城油画作品展、世界遗产（良渚古城遗址）金银币发行仪式、良渚文化志愿者总队成立暨“志愿者服务周”启动等8项线下活动以及两场线上直播。

自良渚古城遗址申遗成功以来，余杭区探索建立大遗址保护“特区”模式，最大程度保持遗址的完整性、真实性，建设良渚古城遗址公园，构建“场馆展示＋现场展示”的综合展示体系；以数字化赋能保护管理，在114平方千米遗产区和缓冲区开展“日常巡查＋科技预警”，建设遗产保护管理“数字驾驶舱”。

七、余杭区全面落实“未来村居、未来村业、未来村文、未来村治、未来村民”乡村振兴战略总要求，启动“未来乡村实验区”建设

2020年8月9日，余杭区出台《余杭区“未来乡村实验区”改革实施方案》和《“未来乡村实验区”改革二十八条》，为探索更好服务乡村人民生活的新型村庄发展形态，推进生态保护补偿机制创新，建立政府引导、市场化运作、新老村民参与的未来乡村发展模式。8月20日，余杭区打造“未来乡村实验区”启动大会在黄湖镇青山村融设计图书馆举行。余杭区提出，将围绕“未来村居、未来村业、未来村文、未来村治、未来村民”5个场景，构建有舒适感、获得感、归属感、安全感和未来感的新型乡村功能单元，力争打造成为在全省乃至全国都有普遍推广意义的“未来乡村实验区”。

2015年以来，青山村引入北京大自然保护协会，联合阿里巴巴公益基金会、万向信托创建了国内首个水基金信托——善水基金1号，建设全国第一个小水源保护试点地，构建集环保、公益、商业、金融为一体的开放性协作平台，以小于100万元的公益金投资撬动近3亿元社会资本参与生态经济的保护和发展。2019年，青山村建成青山大自然学校，引进全国第一家研究和传承国内传统材料的融设计图书馆。成立杭州市首个村级新的社会阶层人士联谊会青山分会（青山同心荟），集结一批志愿者、海归设计师、企业高管，集聚社会公益组织、文创企业等经营主体30多家，建立“新老村民”协商议事机制，引导“新村民”融入乡村、改变乡村。

八、余杭区入选“2020中国社会治理百强县（市）区”前十名

2020年12月31日，浙江大学社会治理研究

院举行“2020 中国社会治理百强县（市）区暨 2020 浙江省社会治理十佳县（市）区”发布会。余杭区入选“2020 年中国社会治理百强县（市）区”前十名，还被评为 2020 年浙江省社会治理十佳县（市）区。

2020 年，余杭区围绕推进杭州市创建全国市域社会治理现代化标杆城市的总目标，以防范化解全区社会治理中的重大风险为着力点，以增强人民群众获得感、幸福感、安全感为落脚点，推进“党建领和、政府主和、社会协和、智慧促和、法治守和、文化育和”的“六和工程”。

九、余杭区 2020 年地区生产总值等多项指标总量位列全省县（市、区）第一

2020 年，面对突如其来的新冠肺炎疫情和复杂多变的国内外形势，余杭区上下围绕“干好一三五，争当排头兵”主线，紧盯“两战”全胜目标，统筹推进“战疫情、促发展”，持续聚焦数字经济、制造业“双引擎”驱动，经济运行呈现“二季正、三季进、全年红”态势。

2020 年，余杭区实现地区生产总值 3051.61 亿元，比上年增长 5.3%。其中：第一产业实现增加值 52.62 亿元；第二产业实现增加值 676.93 亿元，增长 6.5%；第三产业实现增加值 2322.06 亿元，增长 5.0%。三次产业比重由 2019 年的 1.9：23.1：75.0 调整为 1.7：22.2：76.1。地区生产总值、第三产业增加值、数字经济核心产业增加值、财政总收入、地方一般公共预算收入、农村常住居民人均可支配收入等指标总量位列全省县（市、区）第一。

十、余杭区 2020 年人才总量突破 45 万人

2020 年，余杭区坚持“人才引领、创新驱动”理念与实践，打造长三角国际化高端“人才特区”，构建“热带雨林式”人才生态体系。开展人才蓄水池、创新策源地、生态最优区建设。

2020 年，余杭新增高校毕业生 6.19 万人，新认定“高级人才”（E 类）以上人才 4704 人，比上年分别增长 83.68%和 701.4%，全区人才总量超 45 万人。

疫情防控期间，余杭区发布《关于加强新冠肺炎疫情防控期间人才招引的若干意见》（简称“招才十条”）、《关于在疫情防控期间加强人才关心关爱的通知》（简称“温情十条”）等政策，助力企业复工复产。余杭国际人才园、余杭国际人才港两个人才创新创业枢纽启用，全区有 6 个人才创新创业综合体，总量居全市首位。开展“科技人才月”和“国际人才月”系列活动。发布余杭区“顶尖人才十条新政”，设立不少于 10 亿元的顶尖人才创新创业资金池，对顶尖人才实行“一事一议”，综合评定通过后对顶尖人才给予最高 1 亿元支持。创新引才用才方式，建立健全能充分调动顶尖人才积极性的体制机制，优化人才生态，激发人才创新创业的活力。

2020 年余杭区大事记

1 月

2 日 浙江省百万亩国土绿化行动在余杭长乐林场启动。

5 日 长三角区域（余杭）校地合作联盟成立暨长三角（杭州）高层次人才创新城启动仪式在临平新城举行。

6 日 副省长王文序一行到余杭区调研。

8 日 全国首家人才小额贷款公司——浙江人才小额贷款有限公司在未来科技城揭牌。

是日 余杭人靳毅、孙海波在第十五届杭州市道德模范（平民英雄）暨第七届“最美杭州人”颁奖活动分别被评为“杭州市道德模范”和“最美杭州人”，成文娟获得“最美杭州人”提名奖。

10 日 余杭区“不忘初心、牢记使命”主题教育总结大会举行。

是日 余杭区企业淘宝（中国）软件有限公司参与完成的“编码摄像关键技术及应用”项目、杭州康德权饲料有限公司参与完成的“猪健康养殖的饲用抗生素替代关键技术及应用”项目以及杭州新希望双峰乳业有限公司参与完成的“功能性乳酸菌靶向筛选及产业化应用关键技术”项目获得 2019 年度国家科学技术进步奖二等奖。

17—19 日 政协第十一届杭州市余杭区委员会第四次会议举行。

18—21 日 杭州市余杭区第十五届人民代表大会第四次会议举行。

20 日 康桥路至上塘路节点提升工程全线建成通车。

21 日 余杭区委、区政府召开余杭区新型冠

状病毒感染的肺炎疫情防控工作领导小组会议和相关工作会议，部署全区疫情防控工作。

22日 余杭区新型冠状病毒感染的肺炎疫情防控工作领导小组举行会议，研究部署全区疫情防控工作。

27日 区中医院重症监护科护士徐梦薇作为余杭区首位驰援武汉的医护人员，随浙江省抗击新型冠状病毒感染的肺炎紧急医疗队重症监护组前往武汉。

30日 市委领导到余杭区检查督导新冠肺炎疫情防控工作。

31日 省委常委、常务副省长冯飞到余杭区了解蔬菜、肉类等市场供应以及疫情防控措施落实情况。

2月

5日 余杭区首批3例新冠肺炎患者在浙江大学医学院附属第一医院之江院区病愈出院。

7日 余杭区新型冠状病毒感染的肺炎疫情防控工作领导小组召开专题会议，研究部署余杭区统筹推进疫情防控和经济社会发展、有序做好企业复工工作。

是日 “余杭绿码”发布并上线运行。10日全面启用。审核通过并激活绿码后，居民过检查点时只需扫码并测温就可通行，全程无接触。

9日 余杭区再派24名医护人员，随同杭州市支援武汉抗击新型冠状病毒感染的肺炎紧急医疗队增援武汉。

11日 余杭区委、区政府发布《关于严格做好疫情防控帮助企业复工复产的若干政策》，政策分为攻坚抗疫难关、加大金融支持、减轻企业负担、保障企业生产经营、加大外贸支持力度等5个方面共28条。

18日 省人大常委会党组书记、副主任梁黎明到余杭区调研疫情防控及复工复产情况。

20日 副省长高兴夫调研余杭区疫情防控工作和企业复工复产工作落实情况。

21日 省委常委、组织部部长黄建发一行到余杭区调研人才企业复工复产情况。

是日 余杭区发布《关于加强新冠肺炎疫情防控期间人才招引的若干意见》，围绕人才招聘、企业引才奖励、鼓励中介引才荐才、吸引大学生来余杭就业、保障大学生实习无忧、鼓励开展线上职业培训、开展人才项目云评审、开通人才认定“绿色通道”、加强人才住房保障、优化“人才一件事”服务，提出疫情防控期间人才招引10项举措。

25—26日 省人大常委会党组书记、副主任梁黎明到余杭区调研督查疫情防控、复工复产工作，开展“三服务”活动。

26日 副省长陈奕君到余杭区调研临平净水厂、杭州立佳环境服务有限公司、九峰垃圾焚烧厂。

是日 余杭区出台《关于积极应对新冠肺炎疫情加快恢复农业生产切实抓好农产品稳产保供的若干意见》（简称余杭“惠农十条”）。从减损失、保供应、复生产、建机制、防风险等5个方面，强化对全区农业经营主体和产供销体系的政策支撑力度。

27日 省委常委、统战部部长熊建平一行调研余杭区侨资企业复工复产情况。

28日 省政协副主席孙景淼率调研组就“更好发挥大数据在基层治理中的作用”到余杭区调研。

3月

9日 余杭区“垃圾革命的‘余杭模式’”被省委党校（浙江行政学院）、今日浙江杂志社、省改革研究和促进中心等单位被评为2019年浙江省改革创新十大最佳实践案例。

是日 余杭经济技术开发区被浙江省深化“亩均论英雄”改革工作领导小组评为2019年“浙江省国家级开发区亩均效益领跑者十强”。杭州老板电器股份有限公司、贝达药业股份有限公司分别入选浙江省制造业亩均效益领跑企业、“浙江省制造业亩均效益领跑企业综合20强”、“浙江省制造业亩均效益领跑企业生物医药20强”名单。

16日 十三届全国人大财政经济委员会主任委员徐绍史一行到余杭区调研杭州健康码、“亲清在线”新型政商关系数字平台，听取浙江天猫网络有限公司、杭州盒马网络科技有限公司等企业疫情防控及复工复产情况。

是日 在浙江省制造业高质量发展大会上，余杭企业贝达药业股份有限公司获得亩均效益领跑者称号，杭州华光焊接新材料股份有限公司和杭州微光电子股份有限公司获得制造业单项冠军企业称号。

18日 副省长高兴夫到余杭区调研重大综合交通项目开复工及建设进展情况。

20日 余杭区纪委十四届五次全体（扩大）

会议召开，回顾总结2019年余杭区纪检监察工作，部署2020年任务。

25日 省委常委、宣传部部长朱国贤一行到余杭区塘栖镇调研大运河（余杭段）国家文化公园建设 情况。

26日 省委书记车俊到余杭区考察调研重大交通项目建设。

是日 区总工会召开十二届六次全体（扩大）会议，会上替补选举产生区总工会十二届委员会副主席、常委、委员，经审会委员。

28日 梦想小镇举行成立五周年活动。当天“哔哩哔哩电竞”浙江总部落户梦想小镇。

30日 余杭区美丽城镇建设行动方案入选浙江省城乡环境整治工作领导小组美丽城镇建设办公室评选的优秀县域美丽城镇建设行动方案名单。

31日 浙江大学校长、中国科学院院士吴朝晖一行到余杭区考察调研，交流深化区校战略合作等事宜。

是日 中国（良渚）数字文化社区举办“云开园”，淘宝直播综合体项目、网易传媒（良渚）数娱创新基地、创梦天地华东总部项目、亚马逊msp项目等11个首批重点项目入驻签约。现场发布“数字文化良渚十条”，揭牌中国创新设计大数据杭州中心、浙江省设计智能与数字创意研究重点实验室。

4月

1日 余杭区被浙江省生活垃圾分类工作领导小组评为2019年度全省生活垃圾分类工作考核评估优秀单位。

4日 省委常委、常务副省长冯飞到鸬鸟镇，检查清明期间森林消防、祭扫工作开展情况。

10日 市长刘忻调研阿里巴巴集团控股有限公司。

14日 余杭在全省建设平安浙江工作会议上获“2019年度浙江省平安区”称号。

15日 省政协副主席陈小平一行到余杭区调研“完善乡村人才振兴的体制机制”。

是日 老板电器“5G+工业互联网”智能工厂启用，这是全省首个5G独立组网的工业互联网应用试点案例。

16日 余杭区—台江县东西部扶贫协作联席会议在余杭区举行。

是日 余杭区举行“浙政钉”2.0余杭试点工作动员会，余杭被列为“浙政钉”2.0省唯一试点县（市、区）。

是日 以“逆势破阵 全链创新”为主题的2020杭州国际布艺时尚（春季）“云展会”开幕式暨余杭家纺全产业链复工启动仪式在浙江省家纺产业创新服务综合体举行。

是日 余杭区9家众创空间被科学技术部评为2020年度国家备案众创空间，新增数量居全省第一。

18日 阿里巴巴“春雷计划2020”首个标杆区落地活动在艺尚小镇举行，标志余杭区在全省范围内率先启动“春雷计划2020”。余杭区与阿里巴巴集团联合推出“春雷计划·余杭十条”，支持全区中小企业发展。5月20日，“春雷计划·余杭十条”实施细则发布。

是日 “淘直播·购杭品”余杭畅购嘉年华活动在艺尚小镇国际秀场开幕。余杭区政府联手阿里巴巴集团“淘宝直播”，以“网红”直播带货形式，推广余杭制造品牌。

20日 余杭青年商会党支部书记邹华被中国共产主义青年团中央委员会、中华全国青年联合会授予2020年“全国向上向善好青年”称号。

21日 浙江（杭州）知识产权创新产业园在未来科技城开园并投入使用。当天，浙江省“4·26”知识产权宣传活动周主场活动在此举行。

23日 杭州市委、市政府通报2019年度综合考评结果，余杭考评总成绩位列全市第一，连续第3年获得全市综合考评第一。

是日 杭州地铁5号线后通段、16号线开通，中泰街道、余杭街道开通地铁。

28日 副省长陈奕君到余杭区调研生活垃圾治理工作。

是日 中国（杭州）直播电商产业基地发布会暨遥望直播电商产业园启动仪式在未来科技城举行。

29日 市长刘忻调研阿里巴巴达摩院等地。

30日 余杭区在深化城市大脑建设暨平安杭州工作推进大会上获得2019年度杭州市平安创建优秀奖，平安考核获全市第一。

5月

5日 市长刘忻调研余杭区企业。

7日 省人大常委会党组书记、副主任梁黎明一行到余杭区专题调研居民生活垃圾分类处置。

11日 江苏省南京市江宁区考察团到余杭区考察。

是日 以“云上卖枇杷·擦亮金名片”为主题的第22届杭州塘栖枇杷节开幕。6月，枇杷节闭幕。

13日 江西省南昌市党政代表团到余杭区考察。

14日 副省长王文序到余杭区调研退役军人服务站建设工作，了解退役军人服务保障体系建设情况。

15日 杭州未来科技城国际人才园以“云开园”的形式开园。

16日 市长刘忻调研余杭企业。

18日 省委书记车俊到未来科技城考察科技创新和人才工作。

是日 余杭区举行全面推行食用农产品“农安码”和电子合格证发布会，宣布上线运行“农安码”。余杭“农安码”是为每个农业生产主体配置的一个唯一性二维码，用于身份识别和数据信息的实时记录传递。

20日 省人大常委会副主任史济锡到仁和街道观摩水稻“藏粮于技”暨水稻轻简高效种植技术。

是日 “余您携手 杭向未来”2020年余杭区科技人才月暨中国科技成果创新创业大赛启动。活动持续至6月底，其间，举办了“1+12+N”科技人才月系列活动。[“12”指首届世界时尚科技线上峰会暨全球线上时尚周启动发布、“你创@我投”全国大学生创新创业论坛、第三届浙江省大学生乡村振兴创意大赛专项赛、浙江省青年数字经济“鸿鹄奖”启动仪式、2020工业互联网赋能产业创新论坛等12项重点活动；“N”是全区各部门、平台、镇（街道）、科创载体、高新技术企业、行业协会在活动月期间开展的一系列创新创业活动。]

是日 余杭区人民政府与中国纺织工业联合会、中国服装协会、中国服装设计师协会签订战略合作协议，共同推进艺尚小镇建设，构建世界级时尚小镇。

21日 区委书记张振丰到南京大学洽谈校地合作事宜。

21—23日 余杭区党政代表团到安徽省合肥市包河区，交流对接贯彻实施长三角一体化发展国家战略的相关工作。

25日 余杭区数字经济综合党委在未来科技城海创园成立。现场发布余杭区数字经济党建“四力提升”工程行动方案、余杭区首批数字经济党建和发展“双孵双创”导师团名单，区经济和信息化局与浙江省软件行业协会、浙江省数字经济联合会进行合作签约。

是日 余杭高级中学全面托管临平第二中学（原城东中学）签约仪式在临平第二中学举行。

27日 市长刘忻一行调研淘宝直播。

是日 山西省临汾市党政代表团到余杭区考察产业集聚区建设、招商引资、优化营商环境等工作。

28日 余杭区图书馆智慧城市分馆——临平图书馆举行“云开馆”仪式，向公众免费开放。

31日 阿里巴巴“魔豆妈妈”项目中国首个女性非遗手工艺创业孵化基地落成仪式在百丈镇溪口村举行。

6月

1日 在《小康》杂志上发布的“2020中国县域智慧城市百强榜”中，余杭以总评分95.53分位列榜单首位。

3日 江西省南昌市青山湖考察团行到余杭区考察。

4日 省委常委、组织部部长黄建发一行调研余杭区。

5日 副省长高兴夫到系统医学与精准诊治浙江省实验室调研。

是日 副省长彭佳学调研余杭区。

是日 辽宁省阜新市海州区考察团到梦想小镇、艺尚小镇调研。

10日 台州市党政代表团到余杭区考察。

是日 《亚洲文明（一）》良渚玉琮特种邮票首发仪式在良渚古城遗址举行。

11日 余杭区在浙江省生活垃圾治理攻坚大会上被评为2019年度全省生活垃圾分类工作优秀县（市、区）。

12日 余杭区与上海交通大学签署合作共建浙江上海交大海洋应用技术研究院备忘录，共建海洋应用技术研究院。

13日 余杭区与浙江大学医学院附属第一医院签署合作协议，共同建设浙江大学医学院附属第一医院总部项目。

是日 杭州市2020“文化和自然遗产日”主场活动在良渚古城遗址公园开幕。

是日 2020年浙江省青年数字经济“鸿鹄奖”启动仪式暨百个数字经济大创项目评选活动在中国（杭州）人工智能小镇举行。余杭区推出支持青年人才创新创业十大举措。

16日 副省长陈奕君调研余杭区医药产业科技创新事宜。

是日 杭州市拱墅区考察团到余杭区考察交流。

20日 中国杭州数字时尚创新基地发布会在临平新城艺尚小镇举行。

是日 以“让数据用起来”为主题的2020中国·数栖大会暨数字基建赋能新力量主题峰会在未来科技城举行。

21日 九三学社余杭区基层委员会选举产生新一届委员。

22日 余杭全域红色资源联盟启动仪式暨首期“红色书场”开讲活动举行。

22—24日 第11届中国曲艺牡丹奖全国曲艺大赛（余杭赛区）举行。

23日 省人大常委会副主任李卫宁一行到余杭区走访省人大代表。

23—25日 余杭区代表团到深圳考察项目、上门招商，加强与优质企业沟通对接。

24日 省长袁家军到余杭区调研防汛防台工作。

是日 “三路一环”最后一项工程——望梅路互通工程通车。

是日 余杭区被中国曲艺家协会授予“中国曲艺之乡”牌匾。

26日 亿邦国际控股公司在美国纳斯达克交易所挂牌上市，成为余杭区首家登陆纳斯达克的企业。

29日 杭州市千岛湖供水工程城北线建成通水，余杭区临平创业城全域和未来科技城、良渚文化城大部分区域的居民可以喝上来自千岛湖的自来水。

是日 阿里巴巴“传橙先锋”2019年度表彰大会暨阿里巴巴集团总部党委成立仪式举行。

30日 宁波市党政代表团到余杭区考察交流。

是日 2020梦想小镇法国日系列活动暨法国村开工典礼在未来科技城举行。

7月

1日 余杭区代表团到上海考察项目，对接优质企业，洽谈项目合作。

是日 高铁余杭站到上海虹桥站G7556次首趟始发列车启程。

是日 余杭区党群服务中心启用。

2—3日 区长陈如根到成都、昆明招商考察。

3日 浙江省人民政府印发《关于建设之江实验室等浙江省实验室的通知》，公布首批浙江省实验室建设名单，余杭区之江实验室、良渚实验室、湖畔实验室入榜，占全省新建数量的75%。

是日 余杭区首创的“孕产妇五色智控码”上线。

3—4日 中国服装协会七届三次会长会议在余杭区举行。3日，余杭区举行专场推介会。

6日 由市委、市政府主办的“杭州良渚日”暨首届杭州良渚文化周在良渚古城遗址公园启动。当天，良渚遗址管理区管理委员会与北京大学、复旦大学、浙江大学、南京大学等国内高校签约，共建实践教学基地。

7日 市长刘忻到余杭检查防汛工作。

8日 省人大常委会副主任姒健敏一行到余杭区调研养老服务体系建设工作。

8日 省政协副主席张泽熙一行到余杭区开展“《关于深化“最多跑一次”改革，充分发挥公共数据资源助力社会治理的建议》重点提案督办”调研。

是日 西安高新区党政考察团到余杭区考察交流。

9日 共青团余杭区第二十次代表大会举行。大会总结区第十九次团代会以来工作，研究谋划确定今后5年余杭共青团工作的目标和任务，选举产生共青团余杭区第二十届委员会。

11日 余杭区首届大观山蜜桃文化节暨第三届桃王赛举行。

15日 余杭区国际人才港（人才服务综合体）启用。

17日 余杭区在浙江省科学技术奖励大会上作为市县党政领导人才工作述职评议考核优秀单位上台领奖。省委书记车俊等省领导为首批浙江省实验室授牌。在首批四个实验室中，之江实验室、良渚实验室、湖畔实验室位于余杭区。

20日 中共十四届杭州市余杭区委十次全体（扩大）会议举行。

21日 余杭区市场监管局探索建立的“网络交易纠纷多元化解机制”入选浙江省县乡法治政府建设“最佳实践”项目。

22—24日 余杭区代表团到海南、深圳考察项目、上门招商，沟通对接优质企业。

25日 2020全球人工智能技术大会在余杭区开幕。

27日 余杭区获得浙江省2019年度“五水共治”（河长制）工作“大禹鼎”荣誉。

31日 市人大常委会主任于跃敏一行到余杭区开展社会矛盾纠纷调处化解“最多跑一地”改革视察。

8月

2日 市长刘忻到余杭区调研。

3日 苏州市工业园区党政代表团到余杭考察。

4—5日 区委书记张振丰带队到深圳招商考察。

5日 余杭区在以传媒力量推动文化和旅游高质量发展“复苏·引领·聚能”2019中国文化和旅游总评榜颁奖典礼上被评为2019中国有影响力的全域旅游示范区，良渚古城遗址公园获得“2019中国特色研学旅游目的地”称号。

7日 余杭区—咸丰县东西部扶贫协作联席 会议在余杭区举行，对接继续做好扶贫协作相关事宜。

是日 余杭“数字资源超市”上线运行。

12日 湖北省天柱县考察团到余杭区考察。

16日 生态环境部党组书记孙金龙一行到余杭区考察。

18—19日 区长陈如根到北京招商考察。

19日 杭州华光焊接新材料股份有限公司在上海证券交易所科创板上市，成为余杭区首家科创板上市企业。

20日 余杭区打造“未来乡村实验区”启动大会在黄湖镇青山村融设计图书馆举行

22日 市长刘忻一行到余杭区调研。

23—27日 余杭区党政代表团到湖北恩施州咸丰县及贵州黔东南州台江县、天柱县扶贫考察。

24日 省委组织部部长黄建发一行考察余 杭区。

26日 浙江大学考察团到余杭区考察调研，深化双方在农业农学发展等领域校地合作。

是日 河南省荥阳市党政考察团到余杭区考察。

30日 2020生命健康未来峰会暨中国（杭州）数字·健康小镇开园仪式在未来科技城举行。

9月

2日 省人大常委会副主任赵光君一行到余杭区开展社会矛盾纠纷调处化解“最多跑一地”改革和促进民营经济高质量发展专题调研。

2—3日 余杭党政代表团到衢州柯城区考察，余杭—柯城山海协作工作联席会议举行。

3日 市长刘忻到余杭区调研上市企业。

8日 余杭区在全国消费促进月活动浙江分会场——2020共筑幸福长三角、点亮“浙里”夜坐标暨首批省级夜间经济试点城市发布会上入选首批省级夜间经济试点（培育）城市名单。

8—9日 区委书记张振丰带队到上海、北京考察招商，加强与优质企业对接，洽谈项目合作。

10日 华立集团股份有限公司以274.72亿元的营收总额排名全国工商业联合会发布的“2020中国民营企业500强”榜单第341位，还入选“中国民营企业制造业500强”。

11日 区长陈如根带队到上海招商考察。

是日 致公党余杭区基层委成立大会举行。会议听取致公党余杭区总支部第一届委员会工作汇报，产生新一届基层委领导班子。

12日 区委书记张振丰带队到杭州湾新区考察。

15日 四川省党政代表团到余杭区考察。

是日 由余杭起草的全国首个商业秘密保护方面的省级地方标准——《商业秘密保护管理和服务规范》省级地方标准发布会在余杭区举行。

16日 全浸没式液冷数据中心、阿里巴巴集团在杭州的首座云计算数据中心——阿里巴巴浙江云计算仁和数据中心在余杭区落成揭幕。

是日 2020阿里巴巴新制造发布会暨犀牛工厂揭幕仪式活动在余杭经济技术开发区举行。阿里巴巴集团打造的新制造平台——犀牛智造亮相，犀牛智造工厂在余杭投产。

16—17日 省委书记袁家军调研杭州城西科创大走廊建设时到阿里巴巴达摩院调研。

21日 安徽省安庆市迎江区党政代表团到余杭区考察。

22日 安徽省合肥市包河区党政代表团到余杭区考察，两地就深化合作进行座谈交流。

24日 余杭区人民政府与中电海康集团有限公司签署战略合作协议。

25日 在全省质量大会上，杭州西奥电梯有限公司被授予2019年浙江省人民政府质量奖，贝达药业股份有限公司被授予2019年浙江省人民政府质量管理创新奖，这是余杭区企业首次获得省政府质量奖。

29日 省长郑栅洁到余杭区调研科技创新活动。

10月

11日 由余杭区人民政府、浙江大学校友总会科创企业校友分会联合主办的“融合创新 逐梦前行”——科创板与交叉创新产业发展高峰论坛暨中国（良渚）交叉创新产业孵化基地开园仪式在良渚新城举行。

12日 副省长王文序到余杭区调研犀牛智造发展事宜。

14日 余杭区平安建设“五色图”发布暨平安宣传攻坚月启动仪式在临平艺尚小镇举行。6月11日，平安建设“五色图”开始试运行，分为红色（高风险）、橙色（较高风险）、黄色（中风险）、蓝色（较低风险）、绿色（低风险）5个等级，汇集12项指标情况，评估全区各镇（街道）平安风险。

15日 余杭区“亲清在线”服务中心（惠企政策集中兑现服务中心）揭牌启用，通过线上线下相结合的方式，实体化运作“亲清在线”服务中心。

16日 余杭区企业杭州老板电器股份有限公司被工业和信息化部评为国家级绿色工厂。

18日 余杭区第三人民医院新院区启用。

19日 衢州市柯城区党政代表团到余杭区考察，交流两地山海协作工作。

20日 浙江省在沪人才联合会余杭联络站在院士专家“走进浙江·余杭”座谈会上揭牌。中国科学院院士戚正武、张永莲、林其谁、颜德岳、王恩多，法国医学科学院院士及药学科学院院士苏定冯等6名院士被聘为余杭院士之家“进家院士”。

22日 2020中国计算机大会杭州分会场开幕式活动在未来科技城举行。

23日 梦栖小镇被浙江省人民政府命名为第四批省级特色小镇，成为继梦想小镇、艺尚小镇后，余杭第三个通过命名验收的省级特色小镇。

24日 梦溪论坛专家研讨会暨签约仪式在余杭区举行。余杭区人民政府与梦溪论坛基金会签约，在余杭共建梦溪论坛。

25日 余杭区临平山运动休闲公园开园。

29日 农业农村部副部长刘焕鑫一行到余杭区调研。

30日 余杭举行全面数字化转型推进大会。

是日 “哔哩哔哩电竞”浙江总部启动仪式在梦想小镇举行。

是日 余杭区在“余您携手 杭向未来”余杭（上海）人力资源与人力资本服务业合作恳谈暨余杭区人力资源服务业新政发布会上发布首个人力资源服务业十条新政，其中首次提出“人才官”的理念。

是日 杭州青年运动史馆余杭分馆（余杭共青团历史纪念馆）开馆仪式在鸬鸟镇山沟沟村举行。

是月起 余杭区所有行政服务中心大厅统一预约入口，临平中心以及未来科技城、良渚、瓶窑、塘栖4个分中心，办事群众和企业通过一个入口即可预约办事。

11月

1日 浙江大学医学院附属第一医院总部一期启用。

3日 工业和信息化部副部长王江平、副省长高兴夫到余杭区调研。

是日 由工业和信息化部、浙江省人民政府主办的第四届中国服务型制造大会在余杭区举行。全国首个服务型制造研究院在余杭区揭牌。

4日 市长刘忻到余杭区调研企业。

是日 2020中国世界文化遗产年会暨遗产城市市长论坛在余杭区开幕。年会上，发布良渚古城遗址“遗产大脑”。

5日 市政协主席潘家玮到余杭区调研结网高层安置房。

6日 仙居县党政代表团到余杭区考察，两地就加强合作举行座谈。

是日 湖北省党政代表团到余杭区考察交流。

9日 “余您携手 杭向未来”2020杭州国际人才交流与项目合作大会余杭分会场暨“国际人才月”启动仪式在未来科技城举行。

10日 市人大常委会党组书记、主任于跃敏到余杭区督查调研省委、市委人大工作会议精神落实等情况。

11日 海宁市党政代表团到余杭区考察交流，两地就加强合作举行座谈。

12日 中国少年先锋队杭州市余杭区第十次

多彩临平山　　（张丽娟　摄）

代表大会在临平第一小学南枝校区举行。

是日　余杭区工商业联合会被中华全国工商业联合会、国务院扶贫开发领导小组办公室等四部门联合通报表彰为100个全国“万企帮万村”精准扶贫行动组织工作先进集体。

是日　临平山绿道被评为第四届“浙江最美绿道”。

13日　全省抗击新冠肺炎疫情总结表彰大会举行。余杭区徐梦薇、袁红、周华娟、干伟群、斯建刚、程芳、孙利军、计良庆8人被授予“浙江省抗击新冠肺炎疫情先进个人”称号，余杭区第一人民医院被授予“浙江省抗击新冠肺炎疫情先进集体”称号，程芳、胡昕获“浙江省优秀共产党员”称号。余杭区在分会场举行表彰仪式，为在余杭分会场参会的省级抗击新冠肺炎疫情先进个人和先进集体代表颁奖。

17日　深圳市南山区党政代表团到余杭区考察，两地就加强合作举行座谈。

是日　第三届全国基层残疾人机构旱地冰壶比赛总决赛在塘栖国家盲人门球训练基地开赛。来自北京、湖北、浙江等14个省（市、区）26支代表队参加。

是日　中国科学院大学附属肿瘤医院（浙江省肿瘤医院）余杭协作医院签约仪式在余杭区中医院举行。

19日　中央农村工作领导小组到余杭区督查。

是日　余杭区企业贝达药业股份有限公司自主研发的间变性淋巴瘤激酶抑制剂盐酸恩沙替尼胶囊（“贝美纳”）被中国国家药监局批准在中国上市。这是贝达药业继盐酸埃克替尼（“凯美纳”）之后，第二款上市的靶向创新药。12月15日，药品首单出库。

20日　中央精神文明建设指导委员会公布《关于表彰第六届全国文明城市、文明村镇、文明单位和第二届全国文明家庭、文明校园及新一届全国未成年人思想道德建设工作先进的决定》。塘栖镇河西埭村、华立集团股份有限公司、徐梦薇家庭、余杭区梦想驿站互联网文化服务中心分别入选全国文明村、全国文明单位、全国文明家庭、全国未成年人思想道德建设工作先进单位，其中梦想驿站是全国网信系统唯一入选单位。

23日　上海青浦区考察团到余杭区考察交流。

24日　余杭区杭州红通樱桃专业合作社理事长周海东在2020年全国劳动模范和先进工作者表彰大会上被授予“全国劳动模范”称号。

28日　余杭在2020全国县域数字农业农村发展交流活动上被评为全国县域数字农业农村发展先进县。

是日　浙江大学高端装备研究院在余杭经济技术开发区揭牌。

是日　中国新经济企业500强发布会在余杭区举行。会上，发布《2020中国新经济企业500强发展报告》及2020中国新经济企业500强榜单。余杭区企业阿里巴巴集团控股有限公司、浙江核新同花顺网络信息股份有限公司、贝达药业股份有限公司等企业入选。

29日　OPPO2020杭州梦想小镇半程马拉松在未来科技城开跑。

30日　南大街下穿铁路箱涵工程道路开通。

12月

1日　杭州市抗击新冠肺炎疫情总结表彰大会举行。余杭区有29人被评为杭州市抗击新冠肺炎疫情先进个人，13家单位被评为杭州市抗击新冠肺炎疫情先进集体、10人被评为杭州市优秀共产党员，4家单位被评为杭州市先进基层党组织，6人被评为杭州市担当作为好干部。

1—2日　第二届中国工业互联网大赛在余杭区举行。

2 日 区长陈如根到上海招商考察。

4 日 云南省党政代表团到余杭区考察交流。

11 日 区红十字会“生命爱相髓”造血干细胞志愿服务队队长靳毅在省文明办会同省民政厅组织开展的 2020 年度全省志愿服务最美（最佳）典型展示交流活动上获得 2020 年度浙江省最美志愿者称号。

15 日 余杭区入选浙江省数字经济发展领导小组办公室公布的首批省级数字经济创新发展试验区创建名单。

17 日 杭州市富阳区党政代表团到余杭区考察，了解余杭在 5G 研发应用、创新驱动、人工智能等方面经验做法。

是日 余杭区京杭大运河（塘栖段）、中苕溪、长命港（良渚—化湾斗门）3 条河道入选浙江省水利厅、省美丽浙江建设领导小组、“五水共治”（河长制）办公室公布的 2020 年“美丽河湖”名单，创建条数列杭州市第一。

18 日 中共杭州市余杭区委十四届十二次全体（扩大）会议召开，从战略和全局高度，为未来 5 年乃至 15 年的余杭发展明确奋斗目标。

是日 上海市奉贤区党政代表团到余杭区考察交流。

20 日 国家卫健委超声大数据创新应用中心揭牌仪式暨掌上超声创新发展研讨会在浙江（杭州）知识产权创新产业园举行。该中心是全国首个国家级医学影像数据库超声医学应用平台。

21 日 仓前、良渚、瓶窑、塘栖、运河、径山 6 个镇（街道）通过 2020 年度新时代美丽城镇创建，其中仓前、瓶窑、塘栖 3 个镇（街道）被评为省级样板。

21 日 工业和信息化部、中国经济联合会发布第五批制造业单项冠军及通过复核的第二批制造业单项冠军企业（产品）名单，余杭区企业浙江春风动力股份有限公司、杭州新坐标科技股份有限公司入选第五批制造业单项冠军企业名单。

22 日 科学技术部部长王志刚在浙江调研科技创新工作，考察走访余杭企业杭州申昊科技股份有限公司、杭州瑞普基因科技有限公司。

是日 余杭区被农业农村部评为全国第五批率先基本实现主要农作物生产全程机械化示范县（市、区）。

是日 国家发展和改革委员会、科学技术部、财政部、海关总署、税务总局等五部门联合发布 2020 年（第 27 批）新认定国家企业技术中心名单，贝达药业股份有限公司、浙江华正新材料股份有限公司入选国家企业技术中心。

23 日 浙江省首届“未来工厂”发布会在余杭区举行。会上，发布浙江省首批“未来工厂”及培育企业名单，余杭区的杭州老板厨房电器未来工厂、春风动力高端动力装备未来工厂和阿里巴巴迅犀服装未来工厂入选。

是日 余杭区被省文化和旅游厅确立为“浙江省文旅产业融合试验区”。

26 日 以“匠心初地　玉汝于成”为主题的第三届中国匠人大会在余杭区举行。

30 日 “亲清余杭”政商服务平台（“亲清在线—余杭分平台”）上线。

是日 杭州市民用无人驾驶航空试验区在中国（杭州）5G 创新园揭牌。该试验区是全国首批 13 个民用无人驾驶航空试验基地（试验区）之一，未来科技城是试验区核心区。

31 日 余杭区入选浙江大学发布的“2020 中国社会治理百强县（市）区”名单。

是日 迎宾大道北延隧道通车。

是日 余杭区高建芬家庭、沈小羊家庭、陶杏娟家庭被全国妇女联合会评为第 12 届全国五好家庭。

是月 余杭区现代农业产业园被农业农村部认定为第三批国家现代农业产业园。

是年 余杭区实现地区生产总值 3051.61 亿元，比上年增长 5.3%。其中：第一产业实现增加值 52.62 亿元；第二产业实现增加值 676.93 亿元，增长 6.5%；第三产业实现增加值 2322.06 亿元，增长 5.0%。地区生产总值、第三产业增加值、数字经济核心产业增加值、财政总收入、地方一般公共预算收入、农村常住居民人均可支配收入等指标总量位列全省县（市、区）第一名。

（区史志研究室）

编辑：范雅君

杭州市余杭区规模以上企业复工率达100%

返岗开专列 政府送服务（产经观察）

杭州市余杭区，浙江县域经济“领头羊”，全区48121家企业，用工人数近89万人。

突如其来的疫情期间，工人返岗不易，复工更不易。可截至2月23日，余杭区企业复工率超98.2%，其中规模以上企业复工率100%。

“从各种细节里，我们感受到余杭的温暖和活力。”从成都坐专列返岗的东华链条集团员工李世龙，说出不少人的心声。

接人：一趟涉及120多家企业的复工专列，一上午就落实了返岗员工名单

“员工怎么接？需要什么手续？”2月18日，天刚蒙蒙亮，入睡不足6小时的刘旭峰被电话吵醒，电话里传来陌生而焦急的声音。刘旭峰愣了两秒，马上客气回答：“请稍等，我确定后回电话！”

作为余杭区人力社保局就业管理服务处副主任，刘旭峰的这个春节几乎都在“战斗”。复工，先要有返岗的工人。可疫情防控期间，往往是“近在咫尺，远在天涯”，不少工人返岗困难。为了有序复工，余杭区里刘旭峰等256名干部，组成了24个区级专项督查小组，现场排摸，力求对企业用工需求和员工来源心中有底。

2月17日晚上临睡前，刘旭峰按惯例检查了一遍工作群，确认当日事当日毕。可谁想到，2月18日凌晨3点，工作群又发出新任务，“确定开通黄山专列，为企业接回当地员工，明天上午11点前上报余杭名单！”

原来，2月17日晚11点，杭州市与上海铁路局敲定了复工专列的开通细节，余杭区给各企业留下的联系人就是刘旭峰。

“一分钟进入战斗状态！”刘旭峰一边洗漱，一边落实任务：让企业逐一确定员工能买票、能出村，还得联系当地就业部门协助返工……从天亮到11点，刘旭峰的电话打得发烫。

上午11点，报名通道按时关闭。刘旭峰整理的名单上，120多家企业的职工信息、联系方式一目了然，“回访时才知道，余杭发动宣传的范围最广，企业报名最积极，回来的人也最多。”

2月19日20时51分，黄山北至杭州东的D5580次列车到站，余杭区120多家企业的160多名员工顺利抵达。下车的员工戴着口罩，看不清表情，但眉眼都是弯弯的。

不过刘旭峰顾不上开心。员工抵杭，只是“万里长征”第一步。返杭务工人员那么多，如何跟踪大家的身体健康情况？

不靠人工，靠二维码！2月10日起，余杭启动复工员工“扫码+测温”的身份查验。企业大门处，员工除了测量体温，还要扫描二维码。这个二维码，包含个人的身份证号、住址、健康等信息，便于企业实时了解员工的健康情况。

“用传统的纸质登记手段，一个街道的工作力量1天排查不了1万人。二维码上线后，24小时系统后台就收到注册用户33.6万户，完成信息完整录入数26.9万人。”二维码研发团队成员王锋炜说。

目前，余杭区已将全区1152家规上工业企业的13.76万名参保人员信息数据与健康码数据关联，为复工企业用工难问题提出针对性建议。同时，余杭人力社保微信、余杭区人才服务网等平台，也成了企业的用工需求反馈平台。目前已调查监测复工企业429家。

复工：一家企业复工，近十个政府部门帮忙

从为啥时能开工急得嘴角起泡，到不出正月就实现逾70%员工到岗，杭州微策生物技术有限公司董事长杨蓉说：“难题的解决都靠政府部门出手帮忙，真的很感谢！”

2月15日，作为余杭经济技术开发区第一家复工企业，微策生物全体员工吃了一天泡面。“我们复工早，园区食堂没开，大家也不能一直吃泡面啊！”杨蓉一急，直接跑到开发区求助。

开发区双创服务科副科长胡穹，也是点对点联系微策生物的驻企服务员。她排摸了附近企业复工

状况和需求，立即联系园区食堂，提出为几家复工企业同时送餐的方案，既给食堂降成本，又解了企业燃眉之急。

吃的问题解决了，人的问题又来了。微策生物员工多来自豫川皖乡村，一些乡村为了疫情防控往往封路，有些员工也有顾虑不愿按时复工。200 名员工，首批到岗的只有二十来人。

这回“接招”的是余杭经济技术开发区产业服务中心副主任陈□。塘栖花中人大酒店 60 多名员工过年没有回家，正在待岗。这不正好对接上吗？

陈□牵线，区人社局搭桥，双方很快达成协议。1 月 22 日，60 多名员工坐着微策生物包车来到厂区，经过一系列的岗前培训，很快上了生产线。“年前积累了 2000 多万元订单没交货。目前我们复工产量恢复到 70%以上，一条生产线开足马力没有问题！”杨蓉很欣慰。

杨蓉掰指头一数，今年各家企业复工困难真是不少，可总有政府部门来“雪中送炭”：回来早的员工进不了社区，派出所主动帮助协调；员工上下班不便，余杭公交公司专为企业复工定制专线公交；提供员工白名单，解决测体温进出门问题，靠街道协调；员工被房东拒租，政府部门联系了 20 家旅游饭店，提供过渡性住宿；就连口罩紧缺，也是开发区搭建平台，让企业可以顺利采购。

“患难见真情。这次复工，帮助我们的政府部门，数起来有近十个，没一个推托扯皮，我们衷心感谢！”杨蓉说，这两天余杭推出人才招聘 10 条新政策，自己还没来得及琢磨，宣传部门领导来企业调研时，就已经现场详解了全部条款。

纾困：三个月的融资周期，几天就到账了

遇到疫情，杭州迅敏康生物科技有限公司总经理李子钦又喜又忧。

喜的是，企业推出的新型冠状病毒检测试剂盒，整个春节都没断了研发和生产。

忧的是，钱紧了。初创企业，没有资金积累，春节还给员工发了 3 倍工资。年后金融机构服务推迟，原料供应商还要及时结账。这个难关，该怎么过？

“年前已经谈好一笔融资，因为要办工商变更和各种手续，还需要跟投资方签一系列文件，就打算过完年再签约。可这笔钱不知何时才能到位。”焦虑中的李子钦，找到了未来科技城创新发展服务中心主任沈芳明。

沈芳明当即表示：“有新政策，赶紧来申请！”

余杭有一大批处在成长期的创新企业，受疫情影响，资金吃紧。2 月 11 日，余杭出台《严防疫助复工二十八条》，分为攻坚抗疫难关、加大金融支持、减轻企业负担、保障企业生产经营、加大外贸支持力度等 5 方面。2 月 12 日，余杭区财政局又设立“惠企财政政策集中兑现办公室”，发改、科技、人力社保等十几个部门入驻。这些援企政策的背后，有一个共同的指向：加快资金拨付！

经过大数据查档，迅敏康申请研发补助的历史记录迅速被调出，区里很快给迅敏康发来表格，让李子钦填了承诺书。

2 月 19 日上午，沈芳明和工作人员带着公章，专程到迅敏康来办理预拨补助审核。从见面、填报再到签字、盖章，仅仅两分钟，预拨企业 5.9 万元房租补助、50 万元研发补助的手续就办完了。临走时，沈芳明还解释了一下，“上门服务是为了看看生产现场，考察企业是不是实实在在做事。虽然是快速拨付，但每一步把关都不能少。”

3 个工作日，钱到账了！“我简直反应不过来，感觉天上掉馅饼！”李子钦说，按正常流程，这样的补助资金每年有两次申报，拨付下来需要 3 个月左右。这次因为疫情对中小企业影响较大，几天就到账了。

资金到位，新一轮的生产运转起来。“余杭的复工率这么高，我并不惊讶。”李子钦感慨地说，驻企服务员小潘每天都会和他联系，让他第一时间了解对企业有用的政策信息。“政府部门心真的细，为企业解困像‘绣花’一样，把援企政策都想到困难前面了。我们还有什么理由不好好干？”

（《人民日报》2020 年 3 月 4 日　顾春）

余杭概览

A General Introduction of Yuhang

·自然地理·

【地理位置】 余杭，位于杭嘉湖平原南段，西倚天目山，南濒钱塘江，东苕溪和大运河贯通其中，是杭州通往沪、苏、皖的门户。区域面积1228平方千米。余杭区地理坐标为北纬30° 09′ ~30° 34′ 、东经119° 40′ ~120° 23′ ，东西长约63千米，南北宽约30千米。从东、北、西三面成弧形拱卫杭州中心城区，东面与海宁市接壤，东北与桐乡市交界，北面与德清县毗连，西北与安吉县相交，西面与临安区为邻，西南与富阳区相接。

【地形地貌】 余杭区跨越钱塘江和浙北杭嘉湖平原两个地层分区，宏观构造特征大体可分为西部山地丘陵区和东部平原区，地势由西北向东南倾斜。境内地貌分为山地、丘陵、平原、滩涂4种类型。区境西北与西南部属天目山东麓和千里岗山脉之余脉。海拔1000米以上山峰有窑头山（1095米）、红桃山（1026米）。因苕溪而成的河谷平原分布在苕溪谷口至东苕溪一带。东北部为水网平原，主要分布在京杭大运河流域，平畴一片，塘漾棋布，是闻名的杭嘉湖水乡平原。东南部为滩涂，地势略高亢平坦、土层深厚。

【自然资源】 余杭区境内有多种地貌类型分布，加之亚热带季风性气候调节，为各种植物生长和动物繁衍提供良好的自然环境。森林覆盖率为38.68%。自然植被有常绿阔叶林、常绿落叶阔叶混交林、针阔叶混交林、针叶林、竹林、灌草6个类型。境内有野生动植物2462种，其中，植物1146种，动物1316种。野生植物中属国家一级保护的有水杉、南方红豆杉，野生动物中属国家一级保护的有黑麂等。境内河流纵横、湖荡密布，河流流量丰富、水位季节变化大。

（统计局）

【气候特征】 2020年，余杭区总体天气气候特征为气温明显偏高，降水量偏多。全区各地年平均气温在13.2℃（径山镇径山寺）~18.5℃（崇贤街道向阳村）之间，其中临平城区为17.8℃，较常年（16.7℃）明显偏高。全区各地年降水量在1504.9毫米（良渚街道勾庄村）~1991.5毫米（百丈镇仙岩村），其中临平城区为1699.7毫米，较常年（1392毫米）偏多22.1%，雨日170天。临平城区日降水量≥50毫米的暴雨日数3天。

2020年余杭主要天气气候事件为：年初气温异常偏高，梅雨“超长待机”，梅雨量破历史纪录，8月持续晴热高温，年末寒潮影响气温偏低。

年初气温异常偏高。受异常大气环流影响，2019年末到2020年初影响余杭冷空气持续偏弱，天气呈现出气温异常偏高、降水异常偏多、日照偏少的特点。据统计，2019年12月1日至2020年2月28日临平城区平均气温8.2℃（较常年同期偏高2.2℃），临平城区降水量513.5毫米，较常年偏多95%，为有气象记录以来同期最多；降水日数达64天（占比63%）；日照时数175.3小时，较常年偏少54%。

梅雨“超长待机”，梅雨量破历史纪录。2020年余杭于5月29日入梅（常年6月13日），7月

18 日出梅（常年 7 月 7 日），梅雨日数 50 天（常年 26 天）。梅汛期内雨量异常偏多、暴雨过程频繁。全区面雨量 722.8 毫米，雨量分布不均，总体呈现出中西部雨量大，西南部雨量小的特点，其中最大瓶窑镇彭公村 851.1 毫米；临平城区为 737.4 毫米，较常年同期偏多 160.6%(常年 277.4 毫米)。

8 月持续晴热高温。受副热带高压控制，8 月余杭区出现持续晴热高温天气，临平城区月平均气温 30.9℃，较 2019 年（28.7℃）和常年（28.1℃）分别偏高 2.2℃和 2.8℃；8 月高温（≥35℃）日数有 23 天，其中≥38℃日数有 5 天，极端最高气温为 38.5℃（8 月 14 日）；余杭区气象台 8 月 12—21 日连续 10 天发布高温橙色预警信号。受持续高温影响，余杭区部分镇（街道）出现秧苗青枯、稻田褐飞虱等情况。

2020 年气象要素情况表（余杭国家气象站）

表 1

气候特征	气象要素	实况
气温（℃）	年平均气温	17.8℃
	极端最高气温 出现日期	38.5℃ 8 月 14 日
	极端最低气温 出现日期	-6.9℃ 12 月 31 日
	≥35℃高温天数	34 天
	≤0℃冰冻天数	6 天
降水	年降水量	1699.7 毫米
	雨日	170 天
	雪日	8 天
	暴雨日数	3 天
	日最大降水量 出现日期	72.1 毫米 7 月 18 日
梅雨	入梅日	5 月 29 日
	出梅日	7 月 18 日
	梅雨期	50 天
	梅雨量	737.4 毫米

说明：根据余杭国家气象站和区域气象自动站数据；历史同期数据为杭州国家气象站数据（余杭国家气象站 2014 年开始正式运行）

年末寒潮影响气温偏低。受寒潮影响，2019 年 12 月 29 日起余杭区出现明显偏北大风、降温和雨雪冰冻天气。中东部地区积雪深度 0 厘米～1 厘米，西部山区 2 厘米～6 厘米；过程最低气温，中东部地区零下 5℃～-9℃，临平城区最低气温 -6.9℃，西部山区 -10℃～-12℃，最低为百丈镇半山村 -11.8℃；余杭区大部出现 8～10 级偏北大风，最大为径山镇径山寺站 10 级（26.4 米/秒）。

（毛宇）

·历史文化·

【建置沿革】 余杭之名，春秋时已见诸史籍，属吴、越领地，战国中期属楚；南宋时期，余杭作为京畿之地，成为全国经济文化最发达的地区之一。余杭是文化古邑，是实证中华五千年文明史的圣地——良渚遗址的所在地。拥有 5000 年“良渚文化”，2000 年“运河文化”和 1000 年“径山禅茶文化”，是北宋大科学家沈括和近代民主革命先驱章太炎的故里，留下了唐代“茶圣”陆羽、北宋文学家苏东坡、近代金石书画大师吴昌硕等名家的踪迹。特别是 2007 年“中华第一城”——良渚古城的发现，将杭州建城史向前推了 3000 年。

秦王政二十五年（前 222 年），在今境内置钱唐（含杭州城区）、余杭两县，属会稽郡。

西汉时，余杭、钱唐两县仍属会稽郡，钱唐为会稽郡西部都尉治。平帝元始四年（4 年），改钱唐县为泉亭县。新莽始建国元年（9 年），改余杭县为进睦县。东汉建武元年（25 年），复名余杭、钱唐。

三国时，余杭、钱唐均入吴国版图，属吴郡，隶扬州，钱唐县为吴郡都尉治。

隋开皇九年（589 年），废钱唐郡，改置杭州，州治初设余杭，次年移钱唐。大业三年（607 年），又改杭州为余杭郡，钱唐、余杭仍为所属。

唐武德四年（621 年）复余杭郡为杭州，改钱唐为钱塘。五代后梁龙德二年（922 年），划钱塘、盐官两县地各半及富春县之两乡地置钱江县，与钱塘县同城设治。

北宋太平兴国四年（979 年），改钱江县为仁和县。南宋建炎三年（1129 年），升杭州为临安府，属两浙西路。绍兴八年（1138 年），正式定都临安。钱塘、仁和升为赤县，余杭升为畿县。

元至元十五年（1278年），改临安府为杭州路，钱塘、仁和、余杭属之。至正二十六年（1366年），朱元璋攻下杭州，改杭州路为杭州府。明清延之。

民国元年（1912年）2月，废杭州府，以原钱塘、仁和县地并置杭县，与余杭县同属钱塘道。1927年，废道制，实行省、县两级制，划杭县之城区、西湖、会堡、湖墅、皋塘、江干6个区建立杭州市。

1949年5月，两县解放，余杭、杭县建制未变。

1958年4月，杭县被撤销，属杭州市郊区，1960年1月，建立钱塘联社（县级）。余杭县亦于1958年10月撤销，并入临安县。1961年3月，从临安县析出原余杭县境与钱塘联社合并，4月，钱塘联社撤销，恢复县建制，定名余杭县，县治设在临平镇。1994年4月，撤销余杭县，设立余杭市。2001年3月，撤销余杭市，设立杭州市余杭区。

【名胜古迹】 余杭是美丽之洲，山水如画，钟灵毓秀，自然人文景观极为丰富。有国家AAAAA级景区西溪湿地公园、江南三大探梅胜地之一的超山、佛教圣地径山、日本茶道之源径山禅寺、“中国生物圈保护区”山沟沟风景名胜区、双溪竹海漂流、东明山森林公园、全国重点文物保护单位章太炎故居、于谦手植牡丹的普宁寺、大运河上唯一七孔石拱桥广济桥、良渚博物院、江南水乡博物馆、余杭方志馆、杨乃武与小白菜史迹陈列馆等风景名胜和人文景观。

【历代名人】 余杭文化积淀深厚，有“实证中华五千年文明的圣地”——良渚遗址，是近代民主革命家、思想家、国学大师章太炎的故乡。自古以来，名士辈出。有英勇善战、屡建战功，被孙权封为偏将军的三国名将凌统；有才智出众、笔端超绝、气概非凡、以七言诗见长的唐代文学家罗邺；有在天文、数学、历法、地理、物理、生物、医学乃至文学、音乐、美术等方面有很深造诣，写成科学巨著《梦溪笔谈》的宋代杰出政治家和科学家沈括；有精通数学，与秦九韶、李治、朱世杰同为“宋元四大数学家”的南宋数学家杨辉；有被奉为柔道鼻祖、被日本学术界誉为“介绍中国文化之功劳者”明末清初的陈元赟；有担任《四库全书》总纂，曾任两广总督、兵部尚书、四川总督、吏部尚书等要职的清代大学士孙士毅；有近代民主革命家、思想家和国学大师章太炎；有教育家马叙伦；有经济学家、著名爱国人士、中国民主建国会负责人孙晓村；当代还有法学家何思敬，数学家孙光远、孙钟秀父子，生物学家蔡堡，社会学家陈达，建筑学家董石麟，画家柳村，方志学家魏桥等。

余杭还产生一些著名家族，如洪氏家族，自南宋洪皓始由江西鄱阳迁居杭州开始，历经宋、明、清三代，几百年来人才辈出，有“宋朝父子公侯三宰相，明纪祖孙太保五尚书”之说。著名的《长生殿》就是洪氏家族洪升所著。晚年归隐于西溪湿地（五常街道）的明尚书洪钟，在当地修建洪园，作为休憩吟咏之所，以诗书礼家，传承优秀家族文化，为官清廉而传世。

（区史志研究室）

·区划及人口·

【行政区划】 2020年，余杭区辖乔司、运河、崇贤、仁和、良渚、闲林、余杭、仓前、中泰、临平、东湖、南苑、星桥、五常14个街道，塘栖、径山、瓶窑、黄湖、鸬鸟、百丈6个镇，区政府驻地临平街道。截至年末，全区共有建制村175个，社区199个。

【人口】 截至2020年末，全区户籍人口121.90万人，比上年末增加5.72万人。年末总户数36.33万户，比上年末增加2.62万户。2020年全年出生人口10924人，人口出生率9.18‰，人口自然增长率4.45‰，户籍出生婴儿性别比为102.54。

【交通区位】 余杭区交通便利，穿境而过的杭州地铁1号线、2号线、5号线、16号线，两条高铁（沪杭高铁、杭宁高铁），两条铁路（沪杭铁路、宣杭铁路），五条国道（G235、G104、G320、G525、G329），八条高速公路（沪杭高速、杭宁高速、杭徽高速、绕城高速、杭浦高速、申嘉湖杭高速、杭长高速、二绕西复线），两条主要河流（东苕溪、京杭大运河）和四条省道（S207、S102、S304、S101），把余杭和长江三角洲各大城市紧紧相连。

（杨振威）

·经济建设·

【助力企业复工复产】 2020年，区委全面落实党中央、国务院和省、市有关新冠肺炎疫情防控工作决策部署和系列惠企政策，坚持疫情防控和复工复产两手抓。结合余杭实际制定《关于严格做好疫情防控帮助企业复工复产的若干政策》，在全力攻坚抗疫难关、加大金融支持力度、切实减轻企业负担、保障企业生产经营、加大外贸支持力度等方面出台务实举措帮助企业复工复产。

【经济社会发展统筹推进】 2020年，余杭区开展“三大比拼”、季度“双集中”等活动，实施好数字经济“一号工程”和“新制造业计划”，加快布局5G、大数据中心等新基建项目，深入推进“三化融合”。应对出口形势变化，帮助外贸企业拓展内需市场，抢抓在线新经济“风口”，建设未来科技城中国（杭州）直播电商基地、余杭经济技术开发区中国（余杭）品牌直播产业园、临平新城中国（杭州）数字时尚创新基地、良渚新城淘宝直播综合体等平台，做优直播电商产业，打造全国直播经济第一区。支持之江实验室、良渚实验室、湖畔实验室等建设国家和省实验室，完善产业创新生态，深化“大孵化器”战略，提升发展特色小镇和5G创新园、区块链产业园等创新平台，落实“凤凰行动”计划，鼓励企业通过股改上市做大做强。

【“新制造业计划”】 2020年3月17日，余杭区出台《中共杭州市余杭区委 杭州市余杭区人民政府关于实施“新制造业计划”推动经济高质量可持续快发展的若干意见》，在聚焦制造业发展重点、优化制造业空间布局、加快制造业技术创新、鼓励制造业企业做优做强、打造一流营商环境等方面出台举措，提升制造业综合能级和核心竞争力。

【阿里“犀牛工厂”新制造项目发布】 2020年9月16日，2020阿里巴巴新制造发布会暨犀牛工厂揭幕仪式活动在余杭经济技术开发区举行。阿里巴巴集团打造的全球首个新制造平台——犀牛智造亮相，阿里新制造“一号工程”——犀牛智造工厂也在余杭正式投产。犀牛智造工厂是阿里巴巴集团探索新制造打造出的一个样板工厂，从服装产业切入新制造，实现定制服装批量化生产。在需求端，打通淘宝、天猫平台，为品牌商提供精准销售预测，首次让按需生产可规模化实施；在供给端，通过柔性制造系统，犀牛工厂可实现100件起订，7天交货。犀牛工厂可让中小服装商家，预测销售趋势、快速响应市场需求，不用提前生产很多货，解决困扰服装行业的“库存难”问题。

（区史志研究室）

·政治建设·

【全区“不忘初心、牢记使命”主题教育总结大会】 2020年1月10日举行。市委第一巡回指导组成员，区四套班子领导，区人民法院院长、区人民检察院检察长，良渚遗址管理区、余杭经济技术开发区、未来科技城（海创园）市管领导干部，其他市管干部等参加会议。会议贯彻中央和省、市会议精神，特别是中共中央总书记习近平重要讲话精神，回顾总结全区主题教育工作。区委书记、区委“不忘初心、牢记使命”主题教育领导小组组长张振丰在会上强调，要始终把不忘初心、牢记使命作为加强党的建设的永恒课题和全体党员干部的终身课题，全面落实中央和省、市“不忘初心、牢记使命”主题教育总结会议精神，进一步巩固拓展主题教育成果，不断增强“四个意识”、坚定“四个自信”、做到“两个维护”，全面落实新时代党的建设总要求，为余杭高水平推进区域治理现代化、实现高质量可持续快发展提供坚强保障。

【村（社区）组织换届完成】 2020年9月2日，运河街道作为市级试点，完成辖内村（社区）组织换届。10月13日，余杭区委召开全区村（社区）组织换届工作会议，全面总结换届试点工作，部署余杭区村（社区）组织换届工作。11月15日，全区173个村、209个社区全部完成换届选举工作。

【区委十四届十二次全体（扩大）会议】 2020年12月18日举行。会议审议通过《关于制定余杭区国民经济和社会发展第十四个五年规划和二〇三五年远景目标的建议》，从战略和全局高度，为未来五年乃至十五年的余杭发展，明确奋斗目标。全会

2020年9月，运河街道作为市级试点，完成村（社区）组织换届（区民政局　供稿）

由区委常委会主持，市委常委、区委书记张振丰代表区委常委会向全会作报告。区委副书记、区长陈如根作大会小结。

（区史志研究室）

·文化建设·

【“余杭好人”评选】　2020年，余杭区继续推进道德模范、“美丽余杭人”品牌建设。围绕“疫情防控”“诚信余杭人”等主题，发动镇（街道）、平台、村（社区）、企事业单位在新老余杭人中开展最美人物、身边好人等先进典型选树。全年评选“美丽余杭人”120人，第四届道德模范（含提名奖）20人，其中向达勇被评为第十六届杭州市道德模范（平民英雄），计良庆被评为第八届“最美杭州人”、“浙江好人”，计良庆、周银娣、廖小兰、汪建平、周大海、向达勇等6人被评为“杭州好人”。全区评选镇（街道）、村（社区）级“好家风家庭”“最美家庭”1200余户，区级“最美家庭”100户，其中徐梦薇家庭被评为全国文明家庭，丰晓莹家庭、陆卫锋家庭被评为省文明家庭，陆小英家庭等7户家庭被评为杭州市最美家庭。

【新时代文明实践中心建设】　2020年，余杭区建立“新时代文明实践志愿服务总队—分队—小队”三级志愿服务队伍和“10+N”志愿服务联盟，组织开展文明实践活动。坚持移动优先，在市民文明积分的基础上，在电脑端、钉钉端、支付宝端开发“一码一图一中枢”文明大脑平台，推广使用“文明帮帮码”“文明实践地图”“网络指挥中枢”等功能。依托“余杭文明大脑”平台，围绕文明餐桌、文明公筷、垃圾分类、文明出行、文明旅游等，开展新时代文明实践志愿服务活动。成立志愿服务队伍860余支，入驻志愿者13.7万余人，开展文明实践活动8500余场，各项指标均位居全市前列。开展2020年杭州市暨余杭区社会组织公益嘉年华活动，吸引百余家公益性社会组织参加。

【群众性文明创建系列活动】　2020年，余杭区启动新一轮文明村镇、文明单位、文明校园创建工作。2020年，余杭区全国文明村、全国文明单位、全国未成年人思想道德建设工作先进单位、全国文明家庭各创建一个，数量创历史新高并位居全省前列。11个单位被评为省文明村镇、文明单位、文明校园、文明家庭。在全市率先开展的“文明公筷”行动，以家庭为主体，以公共餐饮场所为重点，通过媒体矩阵全宣传、万户家庭全推广、大型餐饮全覆盖的“三全模式”，依托“说说我家的公筷故事”、“文明公筷”21天好习惯养成记、餐饮单位联合承诺等载体，提倡文明健康、绿色环保的生活方式，推广村（社区）300余个，推广覆盖家庭10万余户，2800余家餐饮单位积极响应。开展“光盘行动”，发布《关于“制止餐饮浪费　培养节约习惯”倡议书》，在餐饮单位、食堂内设置包括使用公筷、光盘行动在内的“文明餐桌”提示牌40余万张。通过“小份菜”“光盘赚积分”等方式，引导党员干部、市民群众带头践行“光盘行动”。该项工作被中央广播电视总台《朝闻天下》宣传报道。推行“我守规　我文明　我安全”文明交通专项行动、“行车讲文明，喇叭不乱明”行动，营造文明、安静、安全、有序、和谐的道路交通环境。

【疫情防控文明行动】　2020年，区委宣传部发布

《致全体余杭市民、各级文明单位和广大志愿者的倡议书》《关于进一步发挥文明单位在新冠肺炎疫情防控中作用的通知》，开展“疫情防控·文明单位在行动”主题行动，结合市民文明积分工作，组织600余家省、市、区文明单位和全区1万余名志愿者，开展文明实践活动，并面向援鄂医疗队员、防控一线医务人员及家属开展“八项关爱志愿服务专项行动”，其中全国文明镇塘栖镇疫情防控工作经验被《新闻联播》等媒体报道。推出“企业复工防护指南”系列公益宣传，以漫画形式倡导文明复工。组织全区文艺工作者，创作抗击疫情文学、书法、摄影、影视、歌曲等作品1600余个，其中，舞蹈《洗手操》、摄影《梦薇》、歌曲《承诺》、网络大电影《疫见自己》被新华社等媒体发布报道。开展防疫期间线上文化活动，在100余个村推进“云上礼堂”建设，打造“钉钉文化礼堂”。

【新型文化阵地集群建设】 截至2020年末，余杭区建成社区文化家园134个，被评为杭州市高星级社区文化家园43个，数量居全市第一。建成农村文化礼堂162个，其中，省级五星级农村文化礼堂9个，市级四星级农村文化礼堂25个，实现除全征全迁村外农村文化礼堂全覆盖。建成企业文化俱乐部63个。制定农村文化礼堂、社区文化家园、企业文化俱乐部评定管理办法，每年开展等级评定、复评工作。加快“一村一品”建设，16个农村文化礼堂“一村一品”视频被学习强国录用，其中，鸭兰村视频被全国平台录用，长乐村视频被省平台录用，此项工作在全市推广。全区建成文化礼堂结成片区、村村、特色联盟50余个，实行以“联盟结亲、文化走亲”为核心的文化礼堂走亲余杭模式。

（赵志博）

·社会建设·

【余杭区2020年人才总量突破45万人】 2020年，余杭区坚持“人才引领、创新驱动”理念与实践，打造长三角国际化高端“人才特区”，构建“热带雨林式”人才生态体系。加快人才蓄水池、创新策源地、生态最优区建设。2020年，余杭新增高校毕业生6.19万人，新认定市级E类以上人才4704人，分别比上年增长83.68%和701.4%，全区人才总量超45万人。

新冠肺炎疫情防控期间，余杭区发布“招才十条”“温情十条”等政策，助力企业复工复产。余杭国际人才园、余杭国际人才港两个人才创新创业枢纽启用，全区人才创新创业综合体数量共6个，总量居全市首位。开展“科技人才月”和“国际人才月”系列活动。发布“顶尖人才十条新政”，设立不少于10亿元的顶尖人才创新创业“资金池”，对顶尖人才实行“一事一议”，综合评定通过后对顶尖人才给予最高1亿元支持。

【靓城行动】 2020年，余杭区建设项目126个（包括计划新建项目82个、续建项目44个），其中余杭经济技术开发区老城有机更新、临平环线快速路北延、东湖快速路北延等开工项目108个（含44个续建项目），“三路一环”望梅路互通、北大街综合整治工程、临平山运动休闲公园、丰收湖公园等完工项目32个。

【“杭海通办”启用】 2020年9月15日，政务服务“杭海通办”签约暨杭海一体化专窗启动仪式在海宁市杭海新区政务服务中心举行。仪式上，余杭区行政服务中心杭海自助终端互赠揭幕，专窗启用揭幕，许村镇政府服务中心杭海自助终端互赠揭幕、专窗启用揭幕，举行“杭海通办”签约仪式，推出政务服务“杭海通办”。经过前期沟通对接，两地确定将高频办理的15项商事登记事项作为最先付诸实施的内容，依托全省统一的全程电子化平台，实现账号权限交换，窗口服务、证明材料、审批结果等效互认，形成“本地申报、数据流转、属地审核、本地发照”的跨区域通办模式。在材料齐全的情况下，通过“杭海通办”一体化专窗，跨区域办理营业执照只需半小时。除开设专窗外，升级了互设的自助服务终端，海宁市民可在当地办理543项杭州政务服务事项，余杭和钱塘新区的市民可在当地办理海宁市的653项政务服务事项及上海、江苏近180项长三角一网通办事项。

【平安建设“五色图”】 2020年10月14日，余杭平安建设“五色图”发布暨平安宣传攻坚月启动仪式在艺尚小镇举行。根据平安建设面临的实际形势，余杭区从平安建设政治安全、社会治安安全、生产安全、食品药品安全、生态环境安全“五位一体”角度，汇聚形成平安建设“五色图”和“12项指标情况”的分图数据，生成预测预警信息。根据12项指标（纠纷警情、交通安全、电信网络诈骗、命案防控、“两抢一盗”、涉黄、涉毒、涉赌、安全生产、消防安全、建筑工地监督、信访矛盾）数据高低，各镇（街道）将被评估为红色（平安高风险）、橙色（较高风险）、黄色（中风险）、蓝色（较低风险）、绿色（低风险）五个颜色，代表五个等级，达到对平安风险进行预警的目的。

【全面数字化转型推进大会】 2020年10月30日举行，会议以钉钉直播形式开到镇（街道）、社区，100家不同数字化领域企业负责人在主会场参加会议，超过3000家规上企业通过钉钉平台在线参会。会上，余杭区颁发“云聘书”，聘任中国工程院院士、阿里云创始人王坚，阿里云智能事业群总裁、阿里巴巴达摩院院长张建锋，浙江工商大学校长郁建兴，浙江大学信息技术与经济社会系统研究中心主任刘渊，每日互动股份有限公司董事长方毅为余杭区全面数字化转型高级顾问。区委书记张振丰和刘渊为浙江数字化发展与治理研究中心余杭中心揭牌。会上发布《关于推进全面数字化转型 推动“数字余杭”高质量发展的实施意见》，余杭区提出建设“全国数字经济先行区”“数字生活引领区”“整体智治示范区”三大目标，推进“数字高速公路”新基建、“数字资源超市”新中枢、“数字百科全书”新标准三大基础工程，实施数字赋能整体政府行动、数字赋能经济转型行动、数字赋能社会治理行动、数字赋能智慧城市行动、数字赋能乡村振兴行动、数字赋能“两山”实践行动、数字赋能文化强区行动、数字赋能民生服务行动、数字赋能人才特区行动、数字赋能大党建行动等十大攻坚行动，推出全面数字化转型N大标志项目。

【余杭亚运馆改建项目基本完工】 2020年12月30日，余杭亚运场馆改建项目基本完工。项目位于南苑街道，人民大道以南，东湖路以东。建设用地89414平方米，总建筑面积94934平方米。建设内容包括游泳馆改造、体育场改建、设备更新、旧体育馆拆除、余杭区体育馆新建（内含排球热身馆），综合训练馆、地下停车场及室外景观配套工程建设等。场馆建成后将承担全区举办高水平体育赛事的功能。赛后将成为全区全民健身活动的重要场所。

（区史志研究室）

·生态文明建设·

【2020年余杭区生态环境状况】 2020年，余杭区临平国控点细颗粒物（PM2.5）浓度为30.6微克/立方米，空气优良率为88.0%。可吸入颗粒物（PM10）平均浓度为66.9微克/立方米。全区20个镇（街道）PM2.5浓度算术均值为33微克/立方米，空气优良率算术均值为88.5%。

2020年，市控以上水质断面均达到Ⅲ类及以上水质。余杭区三大水系水质总体状况：苕溪出入境水质均为II类，运河出入境水质均为III类，上塘河入境水质为IV类、出境水质为III类。全区镇（街道）、平台交接断面涉及的78条河流中，达到或好于III类39条，占比50.0%。饮用水源地临平、瓶窑、径山、仁和水厂取水口水质及备用水源地喜庵港水质，均达到水功能区要求。

【3条河道创建为2020年浙江省“美丽河湖”】 2020年，中苕溪、京杭大运河（塘栖段）、长命港3条河道创建为2020年浙江省“美丽河湖”。2019年开始，径山镇结合美丽乡村建设和小城镇整治，推进截污纳管和雨污分流治理，共投资7000多万元。制定并落实农村生活污水治理设施运维管理办法、工业企业雨污合流治理方案、农业面源污染治理方案、“小微水体”长效管理机制、“三清三治”活动方案等五大举措，提升区域水环境。

塘栖镇疏浚古镇景区河道3.65千米，清淤总量近30万立方米，投资1600多万元。对河道进行微氧曝气，生物改造、水生植物种植等一系列水体修复治理，河道水体基本稳定在Ⅳ类以上。进行岸上水上同治，将千年运河文化融入百姓生活。先后实施塘栖镇塘栖水乡风韵线环境提升项目、2020年老旧小区综合改造提升项目等。

2013年开始，启动中小河流治理重点县综合整治及水系连通试点余杭区瓶窑镇长命港项目区工程，对长命港进行河道整治（岸坡整治工程）1810米，疏浚5074米。2015年全部竣工。通过河道疏浚、岸坡整治、水系沟通、生态修复等措施，实现长命港“河畅水清、功能健全、岸绿景美、人水和谐”的目标。

（区史志研究室）

编辑：张嫣

中共杭州市余杭区委员会

Hangzhou Yuhang District Committee of the Communist Party of China

·重要会议·

【全区“不忘初心、牢记使命”主题教育总结大会】 2020年1月10日召开。会议贯彻中央和全省、全市会议精神，特别是中共中央总书记习近平重要讲话精神，回顾总结全区主题教育工作，进一步巩固拓展主题教育成果，不断增强“四个意识”、坚定“四个自信”、做到“两个维护”，全面落实新时代党的建设总要求，为余杭高水平推进区域治理现代化、实现高质量可持续快发展提供坚强保障。

【区委农村工作会议】 2020年4月10日召开。会议学习领会中共中央总书记习近平考察浙江时对践行“两山”理念、实施乡村振兴战略等作出的重要讲话和指示精神，贯彻落实中央和省委、市委关于统筹推进疫情防控和经济社会发展一系列相关部署，贯彻落实中央和省委、市委农村工作会议精神，研究部署2020年“三农”重点工作，为“两手都要硬、两战都要赢”提供有力支撑。

【区委十四届十次全体（扩大）会议】 2020年7月20日召开。会议以习近平新时代中国特色社会主义思想为指导，深入学习贯彻中共中央总书记习近平考察浙江和杭州时的重要讲话精神，落实省委十四届七次全会和市委十二届九次全会决策部署，进一步动员全区党员干部坚定信心、铆足干劲、善作善成、奋勇争先，以更大格局更大担当更大贡献的责任感与使命感，在全省建设新时代全面展示中国特色社会主义制度优越性的重要窗口的征程中，全力争当排头兵。

【全面数字化转型推进大会】 2020年10月30日召开。会议贯彻落实党的十九大和十九届五中全会精神，以及中央、省、市关于数字化建设的决策部署，特别是中共中央总书记习近平考察浙江杭州时的重要讲话精神，围绕全力争当全省建设“重要窗口”排头兵的新目标新定位，以全面数字化转型撬动“三个全域”建设进入更高水平，推动全区域、全领域、全方位向数字化、网络化、智慧化迈进。

【区委十四届十二次全体（扩大）会议】 2020年12月18日召开。会议深入学习贯彻中共中央总书记习近平考察浙江和杭州时的重要讲话精神，全面落实党的十九届五中全会和省委十四届八次全会、市委十二届十一次全会精神，审议通过《关于制定余杭区国民经济和社会发展第十四个五年规划和二〇三五年远景目标的建议》，忠实践行“八八战略”，持续推进“干好一三五、争当排头兵”，进一步动员全区上下坚定信心、唯实惟先、善作善成，高水平建设创新余杭、品质之区、文明圣地，争创社会主义现代化先行示范区。

（赵冰川）

·重要决策和活动·

【“新制造业计划”实施】 2020年，余杭区制定出台《中共杭州市余杭区委 杭州市余杭区人民政府关于实施"新制造业计划"推动经济高质量可持续快发展的若干意见》，在聚焦制造业发展重点、优化制造业空间布局、加快制造业技术创新、鼓励制造业企业做优做强、打造一流营商环境等方面出台务实举措，不断提升制造业综合能级和核心竞争力，形成数字经济与制造业"双引擎"，将余杭区打造成为全市"双引擎"发展引领区、全省制造业高质量发展赋能区、全国智能制造标杆区。

【帮助企业复工复产】 2020年，区委全面落实党中央、国务院和省、市有关肺炎疫情防控工作决策部署和系列惠企政策，坚持疫情防控和复工复产两手抓。结合余杭实际制定《关于严格做好疫情防控帮助企业复工复产的若干政策》，在全力攻坚抗疫难关、加大金融支持力度、切实减轻企业负担、保障企业生产经营、加大外贸支持力度等方面出台务实举措，帮助企业复工复产。

【统筹推进经济社会发展】 2020年，区委全面贯彻党中央和省、市委关于统筹推进疫情防控和经济社会发展各项工作的决策部署，全力打好疫情防控的人民战争、总体战、阻击战，加快经济发展动能恢复。持续开展"三大比拼"、季度"双集中"等活动，实施好数字经济"一号工程"和"新制造业计划"，打造高质量发展"双引擎"，加快布局5G、大数据中心等新基建项目，深入推进"三化融合"。应对出口形势变化，帮助外贸企业拓展内需市场，抢抓在线新经济"风口"，建设未来科技城中国（杭州）直播电商基地、余杭经济技术开发区中国（余杭）品牌直播产业园、临平新城中国（杭州）数字时尚创新基地、良渚新城淘宝直播综合体等平台，做优直播电商产业，打造全国直播经济第一区。支持之江实验室、良渚实验室、湖畔实验室等建设国家和省实验室，不断完善产业创新生态，深化"大孵化器"战略，提升发展特色小镇和5G创新园、区块链产业园等创新平台，落实"凤凰行动"计划，鼓励企业通过股改上市做大做强，抓好"六稳"工作、落实"六保"任务，坚定统筹"双线作战"，确保"两战全胜"。

【全面数字化转型】 2020年，区委制定出台《关于推进全面数字化转型　推动"数字余杭"高质量发展的实施意见》，建设"'数字高速公路'新基建、'数字资源超市'新中枢、'数字百科全书'新标准"三大基础工程，实施数字赋能整体政府、数字赋能经济转型、数字赋能社会治理、数字赋能智慧城市、数字赋能乡村振兴、数字赋能"两山"实践、数字赋能文化强区、数字赋能民生服务、数字赋能人才特区、数字赋能大党建等十大攻坚行动，推进"城市大脑"最强平台、创新策源基础能力提升、"数字孪生城市"建设、"数字乡村"建设、人口数字化管理平台建设、"生态环境资源一张图"建设、"机遇之城"建设、"未来社区"建设、"云上办事服务大厅"建设、"智慧医疗"提升、"5G智慧校园"建设、"智慧民政"服务体系建设等12个标志项目，打造全国数字经济先行区、全国数字生活引领区、全国整体智治示范区。

（赵冰川）

·组织工作·

【基层组织概况】 截至2020年末，全区有基层组织4685个，其中，党委337个、党总支237个、党支部4111个。在基层党委中，含镇党委6个、村党委140个、社区党委72个、独立核算的企业党委39个、机关党委37个、独立核算的事业单位党委18个。区委派出的党工委20个，其中，机关党工委1个、街道党工委14个及未来科技城（海创园）党工委、杭州临平新城开发建设党工委、良渚新城党工委、杭州钱江经济开发区党工委、超山风景名胜区党工委。

全区有党员82204名。其中：正式党员80843名，预备党员1361名；女党员29349名，占党员

党员年龄、文化结构统计表

表2

年龄	人数（人）	占比（%）	学历	人数（人）	占比（%）
35岁及以下	26511	32.3	研究生	5876	7.1
36岁至45岁	16029	19.5	大学本科	27799	33.8
46岁至55岁	12483	15.2	大学专科	15731	19.1
56岁至60岁	6817	8.3	中专	2651	3.2
61岁及以上	20364	24.8	高中、中技	8579	10.4
—	—	—	初中及以下	21568	26.2

总数的35.7%；少数民族党员436名，占党员总数的0.53%。2020年，全区发展新党员961名。其中：女党员413名，占43%；35岁以下549名，占57.1%；高中及以上文化程度的党员907名，占总数的94.3%；工作在一线的767名，占79.8%。

【助力疫情防控、复工复产】 2020年，余杭区委组织部全面贯彻落实区委“两手都要硬、两战都要赢”的决策部署，在防疫第一线建立779个临时党支部，5.6万余名党员干部下沉基层一线，带动67.6万名群众参与疫情防控。开展防控一线识别干部，在防疫一线提拔领导干部8名，晋升职级调研员3名。下拨专项党费80万元用于支持疫情防控工作，58人火线入党或被吸收为入党积极分子，37人被评为省、市抗疫先进个人，9人被评为省、市优秀共产党员，14家单位被评为省、市抗疫先进集体。向3035家规上工业、限上服务业及重点项目选派驻企服务员1358名；出台关爱人才“温情十条”“招才十条”，引导人才助力复工复产。

【“三服务”活动】 2020年，余杭区深入开展“三服务”活动，搭建钉钉视频会、省“三服务”小管家、“三张问题清单”等问题收集渠道，破解企业用工难、物资采购难等六大难题，全年收集问题60832个，解决60795个，办结率99.94%。创新服务企业模式，挂牌成立区“亲清在线”服务中心，打造“亲清在线”余杭板块，推动线上线下服务一体化。用好“三服务”大比拼指挥棒，激励党员干部深入企业、群众、基层帮扶解困。

【干部队伍建设】 2020年，余杭区按照全区事业单位、综合行政执法队机构改革、西溪一体化等工作整体部署，完成涉改单位领导班子选配、干部调配、人员转隶等工作。坚持“好干部”标准和实绩导向选班子配干部，全年提任或转任重要岗位47人，晋升区管职务公务员149人。完善《杭州市余杭区区管领导班子和区管领导干部“四考合一”考核评价实施办法》，做好2019年度区管领导班子和领导干部年度考核工作，确定优秀等次262人、称职等次779人，对7名结果为“称职－”干部和1名考核不定等次干部进行谈话提醒。落实强制轮休政策，贯彻执行好干部定期谈心谈话、容错免责、信访澄清等关心关爱制度。开展“争做余杭铁军先锋、争当重要窗口排头兵”活动，围绕政治品德、文化认同、工作作风、改革创新四大主题，着力开展“十个一”系列主题活动，推动全体党员干部在“干好一三五、争当排头兵”中争创佳绩。开展余杭干部品牌讨论活动，形成“守正创新、唯实争先、大气开放”的余杭干部品牌。

【干部综合素质提升】 2020年，余杭区委组织部实施“宇航先锋”链式培养计划，在抓好“启航、菁航、远航、兴航、续航、领航、护航、导航”等计划基础上，增设党外干部“同航计划”、扶贫协作“协航计划”。探索线上线下相结合方式，做好区管领导干部党的十九届四中、五中全会精神集中轮训，全年举办主体班次45期，培训各层面干部5100余名。加大专业型干部培养精度力度，10人通过中（高）级经济师职称考试，42人实现英语等级进阶。出台《关于进一步加强和规范干部挂职工作的意见》，规范挂职干部管理。围绕东西部扶贫、山海协作和对口帮扶，服务保障阿里巴巴，“城市大脑”项目建设等中心工作、重大项目培养锻炼干部，全年选派到上级部门、区外挂职干部30名，到区内项目挂职干部91名。

【年轻干部成长】 2020年，余杭区委组织部落实《2019—2023年全国党政领导班子建设规划纲要》，建立完善“135”优秀干部库，持续开展政府雇员招聘，创新开展高层次紧缺专业人才引进工作，全年引进“双一流”高校紧缺专业毕业生58名、政府高级雇员6名。创新设置“菁航计划”主题沙龙，开展产业现代化、农文旅融合、人工智能等主题沙龙15期，推动“菁航学员”在展示自我、相互交流中提升专业能力和综合素养。参与全市年轻干部综合比选工作，择优选拔8名年轻副处级干部，其中引进体制外干部2名。组织开展全区中层干部跨单位竞岗交流工作，择优提拔17名中层正职、36名中层副职，交流科级干部9名。

【干部监督管理】 2020年，余杭区委组织部加强干部选任监督，对全年提任或转任重要岗位的47名区管领导干部进行“凡提四必”核查，形成“一人一档”标准干部选拔任用档案。加强重点对象监督，采取离任审计和任中审计相结合的方式，对27名党政“一把手”开展经济责任审计。做好区管领导干部个人有关事项报告填报，对被认定为瞒报的2名干部予以诫勉处理，对3名漏报干部进行提醒谈话。加强专项整治监督，持续开展干部工作不规范、领导干部个人事项填报不规范等专项整治。做好中央巡视迎检工作，梳理45项问题清单并逐一对照，挂图销号，确保迎检工作有序平稳完成。

【公务员管理】 2020年，余杭区完成42名新录用公务员、选调生以及438名公务员登记，81名公务员转任等工作。深化公务员职务与职级并行制度改革，推进公检法系统职务序列改革和“五大执法领域改革”等重点改革任务，完成全区200余名公务员职级晋升。开展公务员职业生涯全周期“一件事”和平时考核信息系统推广使用工作，实现公务员信息数字化、审批电子化、考核日常化。开展“最美公务员”“十佳公务员”等遴选推荐和先进事迹宣传工作。出台干部退休“十个一”服务举措，举办全区公务员集体荣退仪式。

【党建引领基层社会治理】 2020年，全区173个村、209个社区完成换届选举工作。区委组织部实施“党建引领社区治理十项行动”“党建联盟六共六制”专项行动，提高基层党建工作整体效应。坚持问题导向、分类施策，将全区社区分为2个大类7个小类，选择10个重点社区开展试点，形成小区党建典型案例22个，差异化探索党建引领社区治理新模式。推动治理重心向基层下移，加强和改进小区党建工作，开展百日攻坚行动，构建党建引领小区治理共同体，延伸服务基层触角。综合排摸20个后进村社党组织，形成“一村一策”整顿方案，落实“四个一”举措推动整转工作。强化基层党建带头人队伍建设，选聘7名优秀村社书记纳入事业编制，激发全区村（社区）干部队伍干事创业热情。

【党员教育管理】 2020年，余杭区委组织部推行发展党员“五集中”制度，完成961名年度发展指标，其中高级知识分子党员162名。丰富党员教育培训形式，探索利用5G、钉钉等直播技术，线上线下结合开展“云课堂”“云培训”83期，5.2万名党员在线参训。加强教学内容建设，拍摄“十严禁、十不准”等快板短视频3部，在7000多个电梯屏、公交站台屏轮播，选送的《我要当书记》《阿虎师傅》两部作品参加省级评比，分获二、三等奖。

【两新党建工作】 2020年，余杭区委组织部创新数字经济党建工作机制，成立全区数字经济综合党委，实施数字经济党建组织力、影响力、服务力、创新力“四力提升”工程，打造“双孵双创”导师团，举办“余您数说”两新课堂15期。实施“党建赋能数字经济行动”，通过宸星服务联盟、上市企业红盟引入30余项服务资源。协同打造全市数字经济党群服务中心，承办数字经济党建高峰论坛，成立阿里巴巴集团总部党委，通过“一企一会一中心”辐射带动，以点带面促进数字经济党建整体提升。出台《加强科创园区党建工作意见》，实现科创园区组织覆盖100%，以商会大厦党委为试点探索余杭楼宇党建模式。

【党群服务工作】 2020年，余杭区委组织部拓展阵地空间，启用区党群服务中心南中心，新建改建镇（街道）级党群服务中心5个，创办以环良渚遗址联盟“党建小院”为代表的党群服务驿站30个，打造形成“双枢纽”带动的“2+25+N”党群服务体系升级版。协调200余家机关企事业单位、社会组织、市场主体，引入1500种项目和内容，提供个性化服务。利用周末、月末、节日等时段，组织开展活动1.2万场次，服务党员群众48.5万人，塘栖镇、仓前街道党群服务中心被列入全市首批党群服务实践基地。

【人才引育】 2020年，余杭区委组织部探索创新引才工作新举措、新载体，依托重点人才平台推动人才招引集聚。首创“共享人才官”机制，聘请浙江大学、中法航空大学、之江实验室、湖畔实验室、良渚实验室等高校平台人力资源负责人担任首批区级“共享人才官”，联合专业人力资源管理队伍招引顶尖人才。设立区级“创新研究院”，与良渚实验室签订用编合作框架协议，破解引才用编难题。创新开展杭州未来智造工程师协同创新中心省级试点建设，以全职引进、柔性合作、共享共用等方式，集聚和吸引工程师6000余名。推动“三名”工程建设，打造中国（杭州）数字·健康小镇，小镇首批落户项目24个。全年新增顶尖人才21名、国家级海外高层次人才27名、省级海外高层次人才43名。

【人才服务】 2020年，余杭区启用国际人才港、国际人才园等人才创新创业综合体，通过“专窗+专员+专网”的方式，提供网络人才创新创业全生命周期“一件事”服务。线下设立“一件事”服务专窗，实现人才服务“一件事”集成办理，事项材料平均精简1/3以上，时间压缩约30%，打造人才创新创业全生命周期“一件事”余杭样板。线上打造余杭“全生命周期e件事”办理平台，从高层次人才认定、外籍人才服务、就业、创业、生活等5条主线，创新推出“e车”服务，为23类人才量身定制特色化服务清单。创新建设“亲清人才直通车”数据管理服务平台，作为唯一一个人才类项目入选全省多业务协同应用最高荣誉“观星台”数据平台。推出“顶尖人才政策十条”，设立10亿元资金池支持顶尖人才创新创业。制定出台“直播电商12条”，针对海外高层次人才制定“海外八条”，面向全区512名海外高层次人才发放人才保险券，推出人才创新创业全周期金融服务“伴飞计划”。成立人力资源服务联盟，制定出台《关于加快发展余杭区人力资源服务业的实施意见（试行）》，到上海等地开展专项招引，重点打造人力资源产业，强化市场引才聚才。与杭州海邦投资管理有限公司、浙江财通资本投资有限公司等风险投资机构建立“金融举荐人才委员会”，携手社会资本遴选人才。

【“余您携手　杭向未来”品牌活动】　2020年，余杭区委组织部在国内外提升“余您携手　杭向未来”人才活动品牌知名度。围绕长三角一体化发展战略，推动在沪院士专家“走进浙江—余杭”行，得到省委主要领导批示肯定。创新“云评审”模式，实现海内外高层次人才项目申报工作“不见面受理、不集中答辩、市场化认定”，吸引来自美英日澳等国家470个项目参加评审，新引进842名海外高层次人才到余杭创新创业，比上年增长48.8%。结合科技人才月、国际人才月等活动，推出“线上云聘会”，开展“云联天下”“智汇余杭”等人才云面试、云对接活动，全区人才总量突破45万人。

（孔海东）

·宣传思想工作·

【概况】　2020年，余杭区宣传思想战线紧扣中心、主动作为，各项工作呈现出新亮点。在2020年度全市意识形态工作年度考核中，位列第一；全省基层公共文化服务绩效考核连续第七年年名列全省（不含宁波地区）第一位，全省非遗保护发展指数考核第四次获得全省县（市、区）第一名。宣传思想工作获省、市相关领导批示肯定24件（次），在全国、省、市各项工作会议上作典型发言10余次。

【疫情防控宣传】　2020年，区融媒体中心各端口发布新冠肺炎疫情重要工作举措等信息3.2万余条，阅读量超2.5亿次，发布阅读量“10万+”微信59条，“余杭发布”微信粉丝数量超50万人。“看余杭”客户端正式上线，创作《影像24小时》HTML5网页特效产品等融媒产品280余个，点击量超6000万次，在《人民日报》、新华社等省级以上主流媒体刊发报道1.5万余条（次）。推出《区一院隔离病区的战“疫”日记》《奔走多家医院送护目镜的女孩》等防疫一线故事。

【理论宣讲】　2020年，余杭区推进党的创新理论宣讲工作，常态化开展全区四大联盟理论宣讲走亲活动，整合建立宣讲分团33支，实现行业领域地域年龄段全覆盖。截至2020年末，全区共有网络宣讲员近500名，受众人群超过300万人。全年举办“余杭好声音”网络宣讲活动近2000场，观看量800余万人次。12月11日，余杭区作为四个地区代表之一，在全国理论网宣基层经验交流会上作题为《唱响互联网高地宣讲好声音　浙江杭州余杭区探索网络宣讲新模式》的经验交流。

【青年理论宣讲】　2020年，余杭区举办“我最喜爱的习总书记的一句话”——青年理论微宣讲大赛，决赛网络直播总观看量63万余次，原创首发“余杭好声音”宣讲团团歌《青春宣言》，并在人民日报客户端、浙江新闻客户端、浙江在线、学习强国等平台发布。组织余杭青年参与线上线下宣传宣讲工作，获中央网信办肯定并列入案例，《“余杭好声音”让理论宣讲更有青春味》信息在中宣部《宣传工作》刊登。先后在全省新时代青年宣讲工作现场会和全市新时代理论工作会议上作经验交流。

【首个“杭州良渚日”暨首届“杭州良渚文化周”】　2020年7月6日，首个“杭州良渚日”暨首届“杭州良渚文化周”启动，500余家海外主流媒体聚焦报道良渚古城遗址保护、利用模式。文化周包括百名画家走进良渚古城油画作品展、世界遗产（良渚古城遗址）金银币发行仪式、“邮票上的世界遗产”主题展览、学术研讨会、主题体验活动等活动。举办2020年中国世界文化遗产年会暨遗产城市市长论坛，联合发布《良渚宣言》。启动“良渚讲堂”计划，邀请故宫博物院原院长单霁翔、阿里巴巴集团副总裁肖利华、国际古迹遗址理事会（ICOMOS）执委姜波作专题讲座。

【文艺精品创作】 2020年，中国曲艺牡丹奖分赛区比赛落户余杭，余杭区与中国曲艺家协会共同举办的第11届比赛中，杭摊《淑英救弟》获最高奖节目奖。电视剧《梦想城》《天下长河》入围国家广播电视总局“百年百部”，《在远方》《大明风华》《大海小雨》分别获中国电视金鹰奖、第26届上海白玉兰奖、第16届中美电影节一等奖，《一呼百应》《辛弃疾1162》《哪吒降妖记》等10余部影视作品在湖南卫视、上海卫视、爱奇艺、腾讯视频平台首播。电视剧《梦想城》《梦想天堂》，油画《良渚文化》，杭摊《淑英救弟》入选浙江省2019年文艺发展基金项目；电视剧《梦想城》《天下长河》、长篇小说《良渚》、电影《柳浪闻莺》、美术《二十四节气之杭州寻梦》入选杭州市2020年文艺精品工程。《良渚奇缘》等4部原创动漫作品参与“原动力”中国原创动漫出版扶持计划评选、第16届“金猴奖”综合漫画奖终评、第17届金龙奖获等评选。歌曲《在一起》获浙江省第11届音乐舞蹈节声乐类金奖；《大陆花灯》《小村新事》等9个作品在2020年度浙江省农村文化礼堂建设成果展演等5项示范性群文活动中获最高奖。区文化馆入选中宣部评选的第8届全国服务农民、服务基层文化建设先进集体。

【数字文创产业发展】 2020年，余杭区招引哔哩哔哩电竞浙江总部落户未来科技城。11月，组织举办第三场国创动画发布会。举办长三角青年动漫创新创业大赛·杭州赛区复赛。3月底，中国（良渚）数字文化社区先导区开园，引进淘宝直播综合体、创梦天地华东总部等11个重点项目。中国（杭州）直播电商产业基地落户遥望直播电商产业园，打造直播间超200个，引进MCN机构、品牌公司、供应链公司等30家；接待意向合作机构超500家，对接品牌200余个。

【“浙学论坛2020”】 2020年8月1日，“浙学论坛2020：浙学及其周边·区域学术与共同价值研讨会”在余杭区举行。来自复旦大学、浙江大学、南京大学、华东师范大学等高校、科研单位及《学术界》《江海学刊》《福建论坛》等学术期刊的专家学者100余人参加。论坛聚焦“浙学与中国学术话语体系建构”“浙学的价值追求和精神实质”“浙学与徽学、蜀学、闽学等地域学术的互动”“学术期刊与地域文化研究品牌的打造”等议题展开讨论。浙江省文物考古研究所所长刘斌就“良渚文化与中华五千年文明”主题作主旨发言。与会人员到良渚博物院、良渚古城遗址公园等地参观考察。新华社、浙江日报等10余家中央和省、市主流媒体对活动进行宣传报道。

【“扫黄打非”进基层示范点创建】 2020年，余杭区继续推进“扫黄打非”基层站点规范化标准化建设，配合全国“扫黄打非”工作小组办公室督导考察、中宣部反非法反违禁局“扫黄打非”基层站点信息化与综治系统建设考察调研，先后接待省、市各级“扫黄打非”工作领导小组办公室调研10余次。创设具有余杭特色的“扫黄打非”管理新模式，增强“扫黄打非”进基层工作实效。年内，区“扫黄打非”办被评为全省成绩突出单位，运河街道被评为全国“扫黄打非”进基层示范标兵、全国“扫黄打非”进基层示范点等称号，余杭街道创建为省级“扫黄打非”进基层示范点，五常街道、乔司街道五星村、星桥街道星都社区参与创建全市“扫黄打非”双优选树工作。

【网络环境营造】 2020年，余杭区实施“智慧治网”建设，先后在全省、全市网信工作会议上作经验交流发言。成立互联网行业党委，开展网络安全周、第四届网络文化节等活动。区委互联网信息办公室被评为浙江省网信工作成绩突出集体。梦想驿站互联网文化服务中心被评为全国未成年人思想道德建设工作先进单位，是全国网信系统唯一一家入选单位。启动“余杭生活家”发现计划，推出短视频挑战赛等系列活动，其中，短视频《良渚24小时》获浙江新闻奖一等奖，《好兵舒萍》获浙江省丹桂奖优秀奖等。

（赵志博）

·统一战线工作·

【概况】 截至2020年末，余杭区有民主党派基层委员会6个、总支部1个，民主党派成员共592

人；累计认定无党派人士 89 人。担任区政府实职的党外干部 2 人，担任区政府部门实职的党外干部 11 人。区内少数民族成份 52 个，共 17417 人；宗教团体 4 个，宗教教职人员 116 人，登记宗教场所 110 处，编号民间信仰场所 147 处。

2020 年，区委统战部围绕主责主业，组织各民主党派参与同心抗疫；牵头召开 2020 年度首批“亲清直通员”挂职选派动员会议，选派区中青年知识分子联谊会（下称“区知联会”）、区新英会 7 名会员到区发展和改革局、经济和信息化局、未来科技城等区级部门、平台挂职锻炼；参与承办全市“港澳大学生线上实习活动”推进会；联合众创同心荟、新英会、AI 同心荟、e 侠同心荟共同发起“让正能量更有价值”网络人士作品征集活动，分 3 期在“余杭统一战线”公众号选登征集到的优秀作品。

【区政协十一届四次会议人事安排】 2020 年 1 月 17 日会议开幕，安排政协委员 298 人。其中：中共党员 119 人，占比 39.93%；非中共委员 179 人，占比 60.07%，包括政治面貌为民主党派的委员 97 人，占比 32.55%。政协委员平均年龄 46 岁，46 岁及以下的 146 人，占比 48.99%；大学及以上学历 292 人，占比 97.99%；妇女委员 93 人，占比 31.21%；少数民族和宗教界人士 12 人，占比 4.03%。

【同心抗疫】 2020 年 2 月突如其来的新冠肺炎疫情发生后，30 余名医卫界民主党派人士连续 54 天坚守隔离病区。统战各领域捐款捐物折合人民币 7143 万元。新阶层人士为防疫抗疫提供科技支撑，开发 AI 病毒传播筛查、无接触电梯语音梯控装置、测温机器人等系统设备。党外知识分子发起“以读攻毒，声援抗疫”活动，网络点击量超过 150 万人次，触及用户 500 万人。选树 54 名优秀战疫统战人，激发统战成员的工作热情。3 月，落实“精密智控”部署，做好浙江省入境人员信息预申报平台录入工作。开通 24 小时电话咨询服务，宣传涉侨境外疫情输入防控政策。全区张贴海报 27415 份，发放温馨提示 30946 张，发送短信 17209 条，入企宣传 8828 家，楼宇宣传 3153 幢，覆盖 936140 人。

【2020 年知联会理事会】 2020 年 4 月 2 日，余杭区知联会召开 2020 年理事会议及会长会议，区知联会 18 位理事及塘栖、良渚、瓶窑、五常、闲林、余杭等分会代表参会。会议回顾总结 2019 年度知联会主要工作，通报表扬疫情期间涌现出的“美丽知联人”。

【同心论见·壹讯议政活动】 2020 年 4 月 29 日，“同心论见·壹讯议政”举行首场活动，分“同心论见”与“壹讯议政”两个部分。这是继 2017 年 1.0 版本“同心论坛”、2018 年 2.0 版本“同心论见”、2019 年 3.0 版本“同心汇·壹讯”之后的又一创新举措。

【统战干部培训班】 2020 年 5 月 28—29 日，全区镇（街道）统战干部培训班在临平举办，各镇（街道）统战干部和部机关干部 60 余人参加培训。组织学习中共中央总书记习近平关于加强和改进统一战线工作的重要思想，贯彻落实各级统战部长会议精神，进一步加强基层统战干部队伍建设，提升镇（街道）统战干部的理论素养和业务水平。

【杭嘉一体化毗邻统战结对合作】 2020 年 7 月 8 日，余杭区委统战部、海宁市委统战部在省级新的社会阶层人士实践创新基地龙渡学堂举行“同心杭海·聚力发展”杭嘉一体化毗邻统战结对合作活动。通过两地项目化合作，加深两地新阶层、欧美同学会和新生代间的联系，共同推进杭嘉一体化合作先行区建设。

【“同航计划”读书班】 2020 年 8 月 10 日，2020 年余杭区各民主党派负责人、党外代表人士“同航计划”读书班在浙江大学华家池校区开班，全区各民主党派负责人和知联会、新英会、海外留学青年联谊会（下称“留青会”）等统战团体的 55 名成员参加。培训围绕学习贯彻中共中央总书记习近平考察浙江重要讲话精神、统一战线与“重要窗口”建设、探索“一国两制”实践等内容开展。

【区留联会换届】 2020 年 8 月 18 日，余杭区出国留学人员和家属联谊会（下称“区留联会”）第四次会员代表大会召开。会议审议通过区留联会第三届理事会“凝侨心，聚侨力”的工作报告，选举产生新一届理事会成员 16 名，浙江宝典手机连锁有限公司董事长毛林伟当选会长。

【党外中青年骨干培训班】 2020 年 9 月 27 日，2020 年余杭区党外中青年骨干“同航计划·雏鹰”

培训班在区社会主义学院开班，全区各民主党派、知联会、新英会、留青会等统战团体的中青年人士、新成员代表41人参加。培训围绕学习新时代参政党建设与履职的整体态势与着力重点、非公经济领域统战工作和新型政商关系、治国理政新理念、新思路和新战略等内容展开。

【民间信仰场所“控量提质”】 2020年，余杭区以“三定”原则（定点位、定方案、定目标）实施民间信仰场所“控量提质”工程。完成东湖街道戴夏庙和五常街道五常社区示范点位提升，有效整合12处民间信仰场所，整合后占地5533.33平方米，共计节约用地3333.33平方米。

（戴燕萍）

·改革工作·

【概况】 2020年4月1日、12月30日，区委改革办先后两次召开区委全面深化改革委员会会议，学习贯彻中央和省委、市委全面深化改革会议精神，研究谋划改革工作发展思路，听取改革工作计划及推进情况17项。全年余杭区新增国家级档案工作服务农村基层社会治理试点、浙政钉2.0试点等省级及以上试点19项，承担省级及以上试点46项；打造“全生命周期”人才创业创新服务体系被评为2020年度浙江省改革创新优秀实践案例；多项改革成果获副省级以上领导肯定批示20次；基层治理的“一网智治”模式、“最多报一次”改革、行政复议体制改革等9项改革经验在全国、全省会议上作典型发言；改革攻坚比学赶超活动，被评为全市第一。

【改革工作机制建立健全】 2020年，区委改革办研究制定《关于进一步加强和改进改革试点工作的实施意见》，建立改革试点项目库，对试点推进情况跟踪管理，明确责任、挂账管理、到点验收，全流程落实问责。设立“改革体验官”制度，邀请市民群众作为余杭改革“体验官”参与城市治理、公共服务等各领域“微改革”，制定《余杭区“改革体验官”管理制度》，规范“改革体验官”日常选拔和长效管理机制。整合编印《余杭改革》，下设“先锋号”“领导决策参考”“专报”“晾晒台”4个栏目，全年编发《余杭改革·先锋号》13期、《余杭改革·专报》3期、《余杭改革·领导决策参考》50期、《余杭改革·晾晒台》1期。

【重点改革任务推进】 2020年，区委改革办抓好重大改革项目顶层设计，推进年度重点改革任务70项，其中区四套班子领导领衔重点改革任务4项、区级部门承担41项、镇（街道）及平台承担25项。制定《2020年余杭区深化“最多跑一次”改革推进“放管服”工作要点》及《区委全面深化改革委员会2020年工作要点》，推动“最多跑一次”改革向各领域全面延伸。截至年末，70项年度重点改革任务全部完成。

【“最多跑一次”改革】 2020年，余杭区推进行政服务中心标准化、政务服务“四级联动”平台建设，完成办事大厅不动产登记、商事登记和投资项目审批等板块的“综合受理、一窗通办”改革；以“一窗受理”平台为依托，深化人才服务“一件事”、不动产登记“一件事”“出生、收养、上学报名、婚姻、身后事”等“一件事”改革。打造长三角政务服务一体化“杭海通办”模式，653项省内异地事项、近180项跨省事项实现“就地办理”。加快“移动办事之区”建设，办事服务综合自助机在全市首先实现村（社区）全覆盖。优化投资项目审批服务，一般企业投资项目开工前审批“最多60天”实现率和新增工业用地“标准地”出让率均达100%；完成减证便民专项行动，精简证明材料2417项，精简率达80%。强化“亲清在线·余杭专区”建设，深化“政策兑付”板块功能，取得政策上线时间最早、兑付资金最多、覆盖范围最广、政策复杂程度最大等“四个最”的成绩。

【公共场所“最多跑一次”改革】 2020年，余杭区围绕旅游景区、商圈、农贸市场等九大领域公共场所服务，进行“五化”提升，研究制定九大领域的公共场所服务大提升行动方案。公共图书馆领域，临平图书馆围绕“家门口的智慧图书馆”定位，打造“城市书房”省级样板，入选全省公共场所服务大提升“月度十大亮点项目”。全区48家酒店实现刷脸入住，20个景区实现“20秒入园”，使用率位居全市第一。设立厕位“潮汐模式”，引入配置人脸识别厕纸机、声波报警呼叫、新风负压系统、满意度评价等多项功能和技术手段。区级医院挂号高峰排队平均时间从8分钟缩短到1.99分钟，门诊智慧结算率达90.19%。围绕市民出行需求建设响应式、定制化公交，推出“数达专线”公交服务系统，9月30日上线，截至年末推出3条定制专线。全区44所中小学体育场地对市民开放，日均健身人数超5000人。临平新城商圈归集49个停车场19462个车位信息，实现交通引导、车位查询、先离场后付费等智能交通服务功能。

【公共服务领域“最多跑一次”改革】 2020年，道路交通纠纷网上处理“余杭模式”获认可并在全国推广。在全国领先推出全流程覆盖、全人群普及“刷脸就医”服务；在全省率先打造社会矛盾纠纷化解“2.0版”，实现矛盾纠纷在手机端化解。健全重大疫情应急响应机制和救治体系，打造多部门数据共享的监测预警与应急指挥平台。探索“互联网＋教育”模式，加快布局AI人工智能和5G智慧教育建设，探索完善AI教育课程体系，试点推进10所“智慧校园”建设。落实全国残疾预防综合试验区创建要求，探索形成“互联网＋残疾报告”制度模式，落实残疾初筛、复筛、跟踪管理三阶段工作任务，提前一年完成试验区各项创建任务指标。

【机关内部“最多跑一次”改革】 2020年，余杭区聚焦政府行权履职的决策、执行、监督三大环节，以“一件事”为载体撬动政府运行的重要领域和关键环节集成改革，构建上下联动、内外协同、运行高效的全景式机关内部“一件事”集成改革体系。截至12月底，机关内部“最多跑一次”办事事项数367项，“一件事”应用场景28个，100%实现网上可办，累计办件14.7万件（次），网上办件率近80%。数字资源保障“一件事”改革在全省机关内跑改革工作推进会上作经验介绍。

【改革成果宣传】 2020年，区委改革办向《浙里改（领跑者）》《竞跑者》《杭州改革》等投稿65篇，其中“余杭绿码”助力智慧防疫、“一站式”楼宇服务管理机制2项改革经验被《浙里改（领跑者）》刊发，社会矛盾纠纷调处化解中心建设、企业上市服务保障机制、政务服务一体化“杭海通办”模式3项改革经验被《竞跑者》刊发，道交纠纷网上处理“余杭模式”、数字赋能公益慈善“一件事”2项改革经验被《浙里改（改革实验室）》刊发，2项改革经验被《杭州改革》录用。道交纠纷网上处理“余杭模式”在全国27个省（区、市）的1015家基层法院复制推广。

（周莹莹）

·机构编制工作·

【概况】 截至2020年末，余杭区设党委机构11个、人大机构1个、政府机构27个（其中市级垂直管理机构1个）、政协机构1个、群众团体机构6个、街道办事处14个、镇政府6个、政府派出机构6个。上级下达各类行政编制3008名；事业单位449家，上级核定事业编制20381名。

2020年，区委机构编制委员会办公室（下称“区委编办”）参与推进落实中央关于加强市场监管、生态环境保护、文化市场、交通运输、农业等5个领域综合执法改革工作；配合开展人才招录，推出58个党政机关储备人才岗位和6个雇员岗位。

【事业单位改革】 2020年，余杭区围绕“优化结构、理清职责、规范管理、提能增效”目标，采用“撤、并、转、调”等方式，严格执行“控制总量、只减不增”“单位定类与经费保障一致”等改革要求，坚持“大信息”“大后勤”的改革思路，于5月末完成全区事业单位改革。312家涉改事业单位精简整合为185家，精简比例达40.7%，收回事业编制272名，44家单位经费形式得到规范；审议印发各事业单位“三定”规定或机构编制规定。建立“事业编制周转池”，用以保障区委、区政府中心工作。

【镇（街道）编制调整】 2020年，区委编办按照“总量控制、适当调整，统筹兼顾、有增有减，尊重历史、总体平衡”的原则，设置六大类指标选项，重新制定镇（街道）分类标准，建立分类动态管理与机构编制调整联动机制，调整各镇（街道）行政事业编制数量，着力解决镇（街道）编制配备与基层社会治理不相适应的问题。

【重点领域体制改革】 2020年，区森林公安局调整至杭州市公安局余杭区分局直接领导，优化森林公安体制。在区林业水利局设立森林防火相关机构，提供行政事业编制保障。组建区社会治理综合服务中心（社会矛盾纠纷调处化解中心），完善区、镇（街道）、村（社区）三级联动机制，实现矛盾纠纷化解“最多跑一地”；深化“基层治理四平台”建设，加快基层审批、服务、执法等力量整合。推进塘栖镇综合行政执法体制改革试点工作，在塘栖镇综合信息指挥室增挂塘栖镇综合行政执法办公室、塘栖镇综合行政执法队牌子。设立区“亲清在线”服务中心，整合区发展和改革局、区经济和信息化局、区财政局等涉经部门职能，集中力量服务企业；设立区委区政府值守中心，保障人员编制，协助区委区政府总值班室做好急文要电和紧急信息处理，优化现行工作机制，解决区委区政府应急值守工作力量薄弱问题。

【部门职责管理】 2020年，区委编办厘清部门和镇（街道）责任边界，对首批列入清单的涉及17个部门和20个镇（街道）的78项事项，逐项调整事项职责表述和牵头部门。开展党政机构和事业单位改革“回头看”工作，对出台的“三定”和机构编制规定履行情况进行评估。重新梳理城市河道管理职责；理顺区基层应急管理体系，推进标准化管理，加强应急管理队伍建设。做好“两单”调整工作，确保权力清单和主体与机构改革后相关部门的职能配置情况相一致。截至年末，全区有各类行政权力6606项，其中，行政许可1271项、行政确认480项、行政征收92项、行政给付195项、其他行政权力3277项。

【机构编制和人员管理信息平台升级】 2020年，区委编办在“一个标准数据库、一个协同审批平台、一套云签章系统、X项业务功能模块”初步实现的基础上，迭代升级机构编制和人事管理系统，实现事业人员管理、编外用工管理相关业务全程线上办理。优化业务流程配置工具，完善综合查询模块，通过扩容业务流程、强化系统功能、增强数据分析，推进机关内部“最多跑一次”改革。2020年，线上流程共办结机构编制和人事管理业务8407件。

【控编减编】 2020年，区委编办按季度开展机关事业单位人员编制情况分析，研究分析人员编制情况现状，预测变动趋势，提出工作建议；加强机构编制动态管理，盘活全区机构编制资源；做好编制源头管控工作，压缩公开招聘规模；严格机构编制审批，核减部分职能弱化单位的事业编制。加强机构编制实名制管理，全面核查全区75家行政单位、455家事业单位共计2.6万余条人员信息。

【编外人员管理】 2020年，区委编办修订《杭州市余杭区编外用工（人员）管理办法》及相关配套文件，形成“1+5”政策体系，实现“一份文件”管编外的目标。利用实名制系统建立编外用工招用线上审批监管流程，实现全业务“零次跑”。加强与区人力资源和社会保障局、区财政局等部门的数据交互，通过联动制约方式在政治审查、工资发放等环节加强对编外人员实名制管理。

【事业单位法人监管】 2020年，区委编办持续加强业务指导，最大限度实现登记业务办理“最多跑一次”。全年完成事业单位设立登记63家、变更登记273家、证书补领登记8家；完成2019年度427家事业单位年度报告公示；对已设立登记事业单位加强事中事后监管，选取部分单位实地核查登记事项、年度报告等公示信息。

（杨琳）

·区级机关党的建设·

【概况】 截至2020年末，余杭区共有区级直属机关党组织73个，其中，机关党委18个，机关党总支32个，机关党支部23个；基层党组织293个，机关党员4530人。镇、街道、余杭经济技术开发区、良渚遗址管理区管理委员会机关党组织22个，其中，机关党委21个，机关党总支1个，基层党组织217个，机关党员3655人。

2020年，余杭区机关党建工作全面落实省委、市委、区委关于机关党建工作的部署要求，围绕中心、履职尽责、担当作为，先后在全市“助万企、帮万户”活动座谈会、省市机关党建工作座谈会、2020年全省机关党建理论研讨会上作典型发言。

【政治思想建设】 2020年，余杭区坚持把中共中央总书记习近平重要讲话和指示批示作为机关党组织理论学习、党课党日、述职评议的“第一议题”“第一课程”“第一内容”。“七一”前，73名部门党组（党委）书记围绕“强化政治机关意识、争创模范机关”作专题党课。继续用好“周三夜学”“周末讲堂”“机关干部大讲堂”“赠书·品书·荐书”等抓手载体，探索“云课堂”模式，全年举办“周末讲堂”27期、培训1万余人次，发放书籍5000余册。依托“西湖先锋”规范开展组织生活，指导各级机关党组织落实全年2次组织生活会。严格党员干部“八小时以外”监督管理，督促党员领导干部落实好双重组织生活制度。常态化开展“大学习大调研大抓落实”，形成党建工作法创新成果15项、优质调研报告16个，获省创新成果奖1个、省调研成果奖3个、市调研成果奖7个。年内，余杭区作为杭州唯一区（县、市）当选为第六届浙江省党建研究会理事。

【党员服务中心大局】 全区358个机关党支部、2600余名机关党员干部深入村（社区）一线，加入779个临时党支部参与突如其来的疫情防控，其中114名在“战疫情、促发展”中表现突出的机关优秀党员干部获通报表彰；开展“深化‘三服务’、助企开复工”“助万企、帮万户”等活动，选派1446名机关党员干部为驻企服务员，推动全区1198家规模工业企业实现100%复工。开展党建助力“三个全域”建设项目申创活动，审批立项党建项目73个，年底项目完成率100%，从中评选出优质项目10个、优秀项目10个，相关工作得到省级以上官方媒体宣传报道27次，获省领导及市委、区委主要领导批示12次，省、市系统部门领导批示19次，接待6个县（市）考察学习。开展“一村一社区一机关”“千名党员干部结对帮扶千户城乡困难家庭”活动，全年开展基层党建指导2185次，上党课1204次，帮扶困难家庭2761户、上门走访6478次，赠送慰问金及物品折合人民币420万余元，解决各类问题困难3000余件。开展“彩虹行动”，帮助困境儿童实现“微心愿”500个。组织“我为七一献热血”活动，350名机关党员无偿献血。

【基层组织建设】 2020年，余杭区调整完善工作机制，至5月底，30个区直党（工）委部门的机关党组织关系转隶到区委直属机关工委。制定《机关党建工作标准化流程》，明确四大类、17个事项的工作流程，指导30家机关党组织完成届满换届和届中补选工作，审批发展党员60人。制定《机关党组织专职副书记选拔任用管理办法》，选优配强14名机关党组织专职副书记。分级分类举办机关党组织书记、党务干部、纪检监察干部、普通党员、党员发展对象等培训8期，培训党员干部1500余人次。各机关党组织全年走访慰问困难党员、老党员152人。

【模范机关建设】 2020年，区委直属机关工委制定余杭区加强新时代机关党的建设意见，出台《关于在全区机关党组织开展“三比三强三提升”活动的实施意见》，细化模范机关创建内容，量化“党建领航、业务领跑”10个方面39条具体任务和指标，制定9类22项党建基础工作清单，通过“月度自查、季度督查”，发现并整改共性问题316个、个性问题87个。制定下发《关于开展关爱机关干部职工身心健康打造“高含氧量”活力机关三年行动计划的方案》，全年1.6万余人次参加日常文体锻炼，送“身心健康”进机关20场。举办第六届机关足球比赛、第二届政企体育文化交流活动（机关气排球比赛）、机关乒乓球比赛和“忠诚、奉献、清廉”主题诗词创作大赛、余杭区高层次人才交友联谊等活动。参加全省机关干部“信仰·忠诚·担当”主题诗词创作比赛，获奖8篇，区委直属机关党工委获优秀组织奖。加强对机关群团组织的领导，持续发挥桥梁纽带作用。

【党风廉政建设】 2020年，出台《中共杭州市余杭区委直属机关纪检监察工作委员会履职细则（试行）》及日常工作制度，强化区直机关纪检监察工委对区直单位机关纪检组织的统一领导。组织区直单位机关纪检干部专题业务培训班，全覆盖开展区直单位大走访活动。开展廉政微电影大赛、廉政微故事征集活动等。紧盯重要节点、重点领域，以随机抽查、交叉检查、不定期联合检查等方式做好日常监督检查，开展专项督查4次，发现并整改问题130余个，给予2人党纪政纪处分。加强对党内政治生活状况、选拔任用干部、廉洁自律等情况的监督检查，以查促改，不断深化“清廉机关”建设。

（苏军明）

·效能监督综合考评工作·

【概况】 2020年，区效能监督综合考评领导小组办公室（下称“区效能考评办”）围绕区委、区政府中心工作，坚持以群众满意为目标、社会效益为导向，不断优化综合考评办法，发挥考评“指挥棒”作用，引导全区各地各部门比学赶超、竞相发展，为保持余杭区高质量可持续快发展发挥评价激励作用。

【杭州市综合考评工作】 在杭州市2020年度县（市、区）综合考评中，余杭区获得95.148分，列全市第一，考评等次为优秀。其中，“15+7”重要经济指标考核列I类第一。地方一般公共预算收入增速等七项发展指标和能源“三控”等七项高质量发展指标和平安创建等五项工作目标位列全市第三，改革攻坚行动、民生福祉行动、文化兴盛行动和打造国际一流营商环境等四项重点工作获单项先进。国家慢性病综合防控示范区、全省实施乡村振兴战略优秀单位、创新推出“数字资源超市”平台等工作获市级综合考评国内影响加分。

【综合考评体系优化】 2020年度区级综合考评办法考“整体”也考“单项”，凸显硬核指标考核，优化量化差异化考核，完善加扣分内容，取消个性工作考核，对“三大比拼”活动、重大民生项目建设、平安建设（重大风险防范化解、公共安全防控）、全面深化改革（“最多跑一次”改革）、靓城行动、新制造业计划（数字经济）及“三化融合”、乡村振兴、征迁安置、生态环境提质、西部生态机制等10项重点工作实行专项工作考核。优化评分标准，采用“绝对抗值+增速”赋分法。排名赋分法考核主要经济指标及部分重点指标。强化过程管理，定期跟进“六大行动”“日常履职”“主要经济指标”等指标完成情况。完善社会评价考核方式，由年终测评调整为“年终测评+季度测评”模式，季度测评前三位、末三位以加扣分的形式计入年终综合考评。对考核项目进行精简归并，将智慧治理、有责安全事故、社会评价意见整改分别归并至机关制度建设、平安建设、目标管理考核；法治余杭、落实行政执法责任制合并考核；将“河长制”纳入“生态环境提质”专项工作考核，调整后共性工作考核指标较原来减少6项。新增疫情防控短板问题整改考核和打造国际一流营商环境考核。重构分档比例，在保持优胜单位占比不变的基础上，缩减先进单位占比，达标单位占比达到40%。

【社会评价工作】 2020年，区效能考评办以群众满意为导向，完善社会评价工作，拓展评价主体范围，调整评价方式，做到简便、高效、智能、环保。对83个区直单位围绕“服务质量和工作效率、办事公正和廉洁自律、工作实绩和社会影响”等方面，20个镇（街道）围绕“物质生活、义务教育、医疗服务、养老服务、公共文化、创业就业、污染防治（生态环境）、平安创建、政务公开（依法行政）、“战疫情、促发展”、从严治党”等17个方面开展社会评价。面向“两代表一委员”、基层干部、企业及社会各界代表、群众代表发出网上评价邀约短信19675条，对城乡居民办事服务对象开展随机抽样调查，向老干部代表发放调查表。总体满意度区直单位为94.27%，镇（街道）为97.24%。共征集意见建议138条，主要涉及政府治理、城市管理、民生保障等方面。

【社会评价意见整改】 2020年，区效能考评办对2019年社会评价意见进行整改，纳入2020年度意见整改目标413条，其中，市级205条、区级208条［包括区直单位110条、镇（街道）98条］，分别选取8条、116条［区直单位、镇（街道）各42条、74条］作为年度重点整改目标，对整改目标和完成情况予以公示，并进行满意度测评。民生实事项目完成情况同步进行满意度调查，两项满意度测评结果均计入综合考评。

【督查作用发挥】 2020年，区大督查办把项目建设、回迁安置、征迁清零、民生实事、“污水零直排”、城市大脑应用场景建设等近40项重点工作及运河二通道、东西快速路、绕城西复线等重大项目作为督查重点，采取通报、专报、“三单”交办、预警等方式。全年下发交办单43张、催办单11张。编发通报84期、专报17期，获区主要领导批示67次。

附：2020 年度余杭区综合考评结果

一、区直单位综合考评结果

（一）优胜单位（满意单位）

1. 窗口单位 15 个

区发改局（金融办、对口支援和区域合作局）、市公安局余杭分局、区经信局、区商务局（粮食和物资储备局、招商局）、区财政局（国资办）、区市场监管局（知识产权局）、区卫生健康局、区应急管理局、区住建局（人防办）、区数据资源管理局、区城管局（综合行政执法局）、区文化和广电旅游体育局、区农业农村局、区交通运输局、区人力社保局。

2. 非窗口单位 13 个

区委办公室（保密局、机要局、档案局、区委台办、区委改革办）、区政府办公室（外事办、区政府研究室）、区人大办公室及各工委、区纪委（监委）、区政协办公室及各专委会、区检察院、区法院。

区委组织部（直属机关工作委员会、新经济和新社会组织工作委员会、区公务员局）、区委宣传部（区新闻办、区精神文明建设委员会、区新闻出版局）、区委政法委、区委统战部（民族宗教事务局、侨办）、区工商联、市委党校余杭区分校。

3. 评议单位 4 个

区交通集团、区环境（水务）控股集团、国网杭州市余杭区供电公司、区旅游集团。

（二）先进单位

1. 窗口单位 11 个

区司法局（行政复议局）、区教育局、区科技局、区民政局、区信访局、区行政审批服务中心、国家税务总局杭州余杭区税务局、区统计局、公积金中心余杭分中心、市规划和自然资源局余杭分局、区林水局。

2. 非窗口单位 8 个

区审计局、区总工会、区委编办、区委老干部局、区妇联、团区委、区残联、区党史办（区委党史研究室、区政府地方志办公室）。

（三）达标单位

1. 窗口单位 12 个

区退役军人事务局、市消防救援支队余杭区大队、区融媒体中心（区广播电视台）、国家统计局余杭调查队、区红十字会、市生态环境局余杭分局、超山风景名胜区管委会、余杭邮政管理局、海关余杭办事处、国家税务总局杭州市税务局第二稽查局、市医疗保障局余杭分局、区气象局。

2. 非窗口单位 2 个

区科协、区文联。

3. 评议单位 12 个

银保监会余杭监管组、人民银行余杭支行、区农林集团、区供销联社、杭州华数传媒电视网络有限公司、浙江移动通信余杭分公司、余杭金控集团、浙江电信余杭分公司、中国邮政集团公司余杭区分公司、浙江联通余杭分公司、区盐务局、区烟草局。

（四）进步显著单位

区数据资源管理局、区司法局（行政复议局）、区住建局（人防办）、区经信局、区应急管理局、区林水局。

二、镇、街道综合考评结果

（一）优胜单位

1. 平台保障型 3 个

仓前街道、余杭街道、五常街道。

2. 综合发展型 2 个

瓶窑镇、运河街道。

3. 生态保护型 1 个

径山镇。

（二）合格单位

1. 平台保障型 7 个

乔司街道、东湖街道、闲林街道、南苑街道、中泰街道、星桥街道、仁和街道。

2. 综合发展型 4 个

临平街道、塘栖镇、良渚街道、崇贤街道。

3. 生态保护型 3 个

百丈镇、黄湖镇、鸬鸟镇。

（三）进步显著单位

乔司街道。

三、平台综合考评结果

（一）优胜单位 2 个

杭州未来科技城（海创园）、杭州余杭经济技术开发区。

（二）合格单位 4 个

杭州良渚遗址管理区、杭州临平新城、杭州良渚新城、杭州钱江经济开发区。

（方军、邵王斌、胡莉婷）

表 3

2020 年度镇（街道）、平台专项工作考核结果汇总表

指标 / 得分（分） / 单位	三大比拼								重大项目建设		平安创建（重大风险防范化解）		重大风险防范化解及公共安全防控	
	双招双引				项目推进		三服务							
	招商引资(分)	得分率	招才引智(分)	得分率	考核得分(分)	得分率	考核得分(分)	得分率	考核得分(分)	得分率	考核得分(分)	得分率	考核得分(分)	得分率
运河街道	101	101.00%	89.17	81.06%	98.024	98.02%	100.35	95.57%	87.000	96.67%	1090.825	97.40%	98.30	98.30%
乔司街道	111	111.00%	94.33	85.76%	98.683	98.68%	100.77	95.97%	84.975	94.42%	1093.6125	97.64%	95.70	95.70%
塘栖镇	127	127.00%	93.54	85.04%	98.760	98.76%	100.14	95.37%	96.000	96.00%	1096.6	97.91%	98.00	98.00%
崇贤街道	120	120.00%	91.88	83.52%	97.714	97.71%	100.47	95.69%	78.975	87.75%	1076.125	96.08%	99.60	99.60%
临平街道	99	99.00%	92.87	84.43%	97.404	97.40%	100.38	95.60%	76.950	85.50%	1096.8375	97.93%	98.00	98.00%
东湖街道	169	169.00%	101.75	92.50%	98.024	98.02%	100.42	95.64%	—	—	1092.545	97.55%	98.70	98.70%
南苑街道	117	117.00%	95.12	86.48%	98.760	98.76%	100.14	95.37%	78.165	86.85%	1091.05	97.42%	98.60	98.60%
星桥街道	108	108.00%	90.54	82.31%	98.102	98.10%	99.47	94.73%	85.000	94.44%	1092.2	97.52%	97.30	97.30%
余杭街道	130	130.00%	98.13	89.21%	99.070	99.07%	101.1	96.27%	88.500	88.50%	1093.0125	97.59%	98.30	98.30%
闲林街道	108	108.00%	95.54	86.86%	99.496	99.50%	100.25	95.48%	91.100	91.10%	1094.375	97.71%	95.60	95.60%
仓前街道	130	130.00%	97.75	88.86%	100.000	100.00%	100.84	96.04%	89.100	89.10%	1099.2	98.14%	96.10	96.10%
中泰街道	110	110.00%	90.46	82.23%	98.024	98.02%	100.03	95.27%	88.350	88.35%	1090.12	97.33%	99.00	99.00%
五常街道	122	122.00%	96.54	87.77%	99.574	99.57%	99.67	94.92%	82.294	86.63%	1086.415	97.00%	90.90	90.90%
良渚街道	125	125.00%	97.33	88.48%	97.404	97.40%	98.52	93.83%	81.000	90.00%	1093	97.59%	93.60	93.60%
仁和街道	111	111.00%	91.92	83.56%	96.784	96.78%	99.52	94.78%	81.000	90.00%	1091.735	97.48%	95.10	95.10%
瓶窑镇	127	127.00%	96.21	87.46%	98.373	98.37%	100.63	95.84%	87.300	87.30%	1096.9925	97.95%	96.30	96.30%
径山镇	113	113.00%	91.50	83.18%	98.024	98.02%	100.28	95.51%	87.000	96.67%	1093.455	97.63%	98.50	98.50%
黄湖镇	109	109.00%	90.92	82.65%	98.063	98.06%	98.48	93.79%	78.950	87.72%	1086.035	96.97%	97.60	97.60%
鸬鸟镇	103	103.00%	90.58	82.35%	96.552	96.55%	100.3	95.52%	87.000	96.67%	1090.6175	97.38%	98.00	98.00%
百丈镇	101	101.00%	91.33	83.03%	96.707	96.71%	100.28	95.51%	76.950	85.50%	1090.365	97.35%	100.00	100.00%
杭州余杭经济技术开发区	169	169.00%	101.75	92.50%	99.654	99.65%	100.47	95.69%	97.625	97.63%	80	100.00%	100.00	100.00%
未来科技城	164	164.00%	104.42	94.93%	100.000	100.00%	100.01	95.25%	91.500	96.32%	80	100.00%	100.00	100.00%
临平新城	137	137.00%	100.92	91.74%	98.097	98.10%	99.84	95.09%	89.250	89.25%	80	100.00%	99.00	99.00%
良渚新城	137	137.00%	97.33	88.48%	98.270	98.27%	99.5	94.76%	94.313	94.31%	80	100.00%	98.00	98.00%
钱江经济开发区	125	125.00%	94.71	86.10%	97.059	97.06%	99.11	94.39%	81.000	90.00%	80	100.00%	100.00	100.00%
良渚遗址管理区	—	—	—	—	92.000	92.00%	95.4	90.86%	—	—	80	100.00%	60.00	100.0%

续表3

指标 得分（分） 单位	全面深化改革（“最多跑一次”改革）		靓城行动（东部崛起）		新制造业计划（数字经济）及“三化融合”		乡村振兴		征迁安置工作		生态环境提质		西部生态保护机制	
	考核得分(分)	得分率	考核得分(分)	得分率	考核得分(分)	得分率	考核得分(分)	得分率	考核得分(分)	得分率	考核得分(分)	得分率	考核得分(分)	得分率
运河街道	86.29	86.29%	84.64	84.64%	85.038	85.04%	72.85	99.80%	46.992	78.32%	96.950	96.95%	—	—
乔司街道	85	85.00%	89.49	89.49%	98.095	98.10%	61.5	96.09%	58.428	97.38%	96.294	96.29%	—	—
塘栖镇	84.09	84.09%	90.29	90.29%	87.791	87.79%	83.35	101.65%	88.836	88.84%	96.355	96.36%	—	—
崇贤街道	82.53	82.53%	80.02	80.02%	96.605	96.60%	67.85	91.69%	88.668	88.67%	95.837	95.84%	—	—
临平街道	87.63	87.63%	82.56	82.56%	83.323	83.32%	52.5	93.75%	32.900	82.25%	95.961	95.96%	—	—
东湖街道	83.52	83.52%	84.79	84.79%	98.000	98.00%	63.1	97.08%	92.624	92.62%	96.530	96.53%	—	—
南苑街道	85.84	85.84%	80.26	80.26%	98.333	98.33%	54.25	86.11%	92.795	92.79%	96.405	96.41%	—	—
星桥街道	87.18	87.18%	80.90	80.90%	95.000	95.00%	48.8	85.61%	57.292	95.49%	95.307	95.31%	—	—
余杭街道	84.94	84.94%	—	—	100.000	100.00%	86.75	102.06%	88.331	88.33%	95.823	95.82%	—	—
闲林街道	85.18	85.18%	—	—	100.000	100.00%	67.2	94.65%	94.224	94.22%	96.394	96.39%	—	—
仓前街道	88.32	88.32%	—	—	99.167	99.17%	70.7	95.54%	97.340	97.34%	96.571	96.57%	—	—
中泰街道	83.51	83.51%	—	—	63.352	63.35%	72.15	94.93%	89.620	89.62%	96.089	96.09%	—	—
五常街道	86.28	86.28%	—	—	79.352	79.35%	41.3	82.60%	93.865	93.87%	96.126	96.13%	—	—
良渚街道	84.37	84.37%	—	—	94.286	94.29%	73.45	95.39%	88.878	88.88%	96.133	96.13%	—	—
仁和街道	84.02	84.02%	—	—	81.733	81.73%	84.75	102.11%	88.181	88.18%	96.910	96.91%	—	—
瓶窑镇	84.41	84.41%	—	—	83.263	83.26%	85.25	96.88%	57.988	96.65%	97.722	97.72%	90.645	90.65%
径山镇	85.52	85.52%	—	—	87.619	87.62%	84.45	101.75%	66.632	83.29%	97.660	97.66%	92.230	92.23%
黄湖镇	86.86	86.86%	—	—	99.048	99.05%	77.41	99.24%	31.900	79.75%	96.995	97.00%	90.319	90.32%
鸬鸟镇	86.36	86.36%	—	—	96.667	96.67%	72.25	95.07%	24.400	61.00%	97.340	97.34%	89.498	89.50%
百丈镇	85.32	85.32%	—	—	95.000	95.00%	65.99	97.04%	28.776	71.94%	97.055	97.06%	90.456	90.46%
杭州余杭经济技术开发区	90.8	90.80%	87.41	87.41%	98.000	98.00%	—	—	97.444	97.44%	96.120	96.120%	—	—
未来科技城	90.8	90.80%	—	—	98.000	98.00%	—	—	86.936	86.94%	80.000	100.000%	—	—
临平新城	86.4	86.40%	86.82	86.82%	95.000	95.00%	—	—	96.235	96.24%	79.880	99.850%	—	—
良渚新城	87.37	87.37%	—	—	95.000	95.00%	—	—	91.030	91.03%	79.960	99.950%	—	—
钱江经济开发区	83.27	83.27%	—	—	95.000	95.00%	—	—	88.520	88.52%	95.650	95.650%	—	—
良渚遗址管理区	—	—	—	—	—	—	—	—	38.500	96.25%	—	—	—	—

表 4

2020 年度区直单位专项工作考核结果汇总表

指标 / 单位 / 得分（分）	三大比拼								重大民生项目建设		平安创建		重大风险防范化解及公共安全防控		全面深化改革（“最多跑一次”改革）		靓城行动（东部崛起）		新制造业计划（数字经济）及“三化融合”		乡村振兴		征迁安置工作		生态环境提质	
	双招双引				项目推进		三服务																			
	招商引资	得分率（%）	招才引智	得分率（%）	考核得分	得分率（%）	考核得分	得分率（%）	考核得分	得分率（%）	考核得分	得分率（%）	考核得分	得分率（%）	考核得分	得分率（%）	考核得分	得分率（%）	考核得分	得分率（%）	考核得分	得分率（%）	考核得分	得分率（%）	考核得分	得分率（%）
区纪委（监委）	—	—	—	—	—	—	102.1	97.24	—	—	100	100.00	60.00	100.00	87.8	87.80	—	—	—	—	70.00	100.00	100	100.00	40	100.0
区法院	—	—	—	—	—	—	99.5	94.76	—	—	100	100.00	80.00	100.00	87.16	87.16	—	—	—	—	—	—	100	100.00	—	—
区检察院	—	—	—	—	—	—	99.5	94.76	—	—	100	100.00	80.00	100.00	86.68	86.68	—	—	—	—	—	—	—	—	—	—
区委办公室（保密局、机要局、区委台办、区委改革办）	—	—	—	—	—	—	—	—	72.00	90.00	100	100.00	60.00	100.00	90.00	90.00	—	—	98.00	98.00	70.00	100.00	100	100.00	60	100.00
区人大办公室及各工委	—	—	—	—	—	—	—	—	72.00	90.00	100	100.00	—	—	—	—	—	—	—	—	—	—	—	—	—	—
区政府办公室（外事办、区政府研究室）	—	—	—	—	—	—	—	—	72.00	90.00	100	100.00	60.00	100.00	—	—	90.00	90.00	98.00	98.00	70.00	100.00	100	100.00	60	100.00
区政协办公室及各专委会	—	—	—	—	—	—	—	—	72.00	90.00	100	100.00	—	—	—	—	—	—	—	—	—	—	—	—	—	—
区委组织部（直属机关工作委员会、新经济和新社会组织工作委员会、区公务员局）	128.00	128.00	—	—	—	—	—	—	—	—	100	100.00	60.00	100.00	91.52	91.52	—	—	68.00	97.00	70.00	100.00	100	100.00	40	100.0
区委宣传部（区新闻办、区精神文明建设委员会、区新闻出版局）	128.00	128.00	97.31	88.47	—	—	102.9	98.00	—	—	100	100.00	100.00	100.00	86.04	86.04	—	—	68.00	97.00	69.60	99.43	—	—	40	100.00
区委统战部（民族宗教事务局、侨办）	—	—	—	—	—	—	95.4	90.86	—	—	100	100.00	60.00	100.00	85.40	85.40	—	—	—	—	66.00	94.29	—	—	—	—
区委政法委	—	—	—	—	—	—	100.7	95.91	72.00	90.00	100	100.00	100.00	100.00	91.68	91.68	82.00	82.00	68.00	97.00	70.00	100.00	100	100.00	40	100.00
区委编办	—	—	—	—	—	—	92.5	88.10	—	—	100	100.00	—	—	—	—	—	—	—	—	—	—	—	—	—	—
区信访局	—	—	—	—	—	—	95.85	91.29	—	—	100	100.00	100.00	100.00	84.04	84.04	—	—	—	—	—	—	—	—	—	—
区委老干部局	—	—	—	—	—	—	89.6	85.33	—	—	100	100.00	—	—	—	—	—	—	—	—	—	—	—	—	—	—
区党史办（区委党史研究室、区政府地方志办公室）	—	—	—	—	—	—	89.63	85.36	—	—	100	100.00	—	—	—	—	—	—	—	—	—	—	—	—	—	—
市委党校余杭区分校	—	—	—	—	—	—	92.2	87.81	—	—	100	100.00	—	—	—	—	—	—	—	—	—	—	—	—	—	—
区委巡察办	—	—	—	—	—	—	98.4	93.71	—	—	—	—	—	—	—	—	—	—	—	—	—	—	—	—	—	—
区人武部	—	—	—	—	—	—	—	—	—	—	100	100.00	—	—	—	—	—	—	—	—	—	—	—	—	—	—
区发改局（金融办、对口支援和区域合作局）	123.00	123.00	92.38	83.98	—	—	100.23	95.46	93.00	93.00	100	100.00	80.00	100.00	91.48	91.48	—	—	68.00	97.00	34.85	87.13	100	100.00	60	100.00

续表4

指标 / 得分(分) / 单位	三大比拼								重大民生项目建设		平安创建		重大风险防范化解及公共安全防控		全面深化改革（“最多跑一次”改革）		靓城行动（东部崛起）		新制造业计划（数字经济）及“三化融合”		乡村振兴		征迁安置工作		生态环境提质	
	双招双引				项目推进		三服务																			
	招商引资	得分率(%)	招才引智	得分率(%)	考核得分	得分率(%)	考核得分	得分率(%)	考核得分	得分率(%)	考核得分	得分率(%)	考核得分	得分率(%)	考核得分	得分率(%)	考核得分	得分率(%)	考核得分	得分率(%)	考核得分	得分率(%)	考核得分	得分率(%)	考核得分	得分率(%)
区经信局	118.00	118.00	95.69	86.99	106.10	106.10	99.65	94.91	—	—	100	100.00	60.00	100.00	87.24	87.24	—	—	98.00	98.00	34.60	86.50	—	—	60	100.00
区教育局	—	—	98.63	89.66	90.50	90.50	100.98	96.17	87.19	87.19	100	100.00	80.00	100.00	84.8	84.80	86.50	86.50	68.00	97.00	35.00	87.50	—	—	40	100.0
区科技局	117.00	117.00	95.19	86.53	108.00	108.00	93.9	89.43	—	—	100	100.00	60.00	100.00	82.56	82.56	—	—	68.00	97.00	95.00	95.00	—	—	40	100.0
市公安局余杭分局	—	—	—	—	—	—	100.7	95.91	—	—	100	100.00	100.00	100.00	90.66	90.66	84.50	84.50	68.00	97.00	—	—	95	95.00	60	100.00
区民政局	—	—	—	—	—	—	99.9	95.14	81.00	90.00	100	100.00	80.00	100.00	87.28	87.28	—	—	—	—	35.50	88.75	—	—	40	100.0
区司法局（行政复议局）	—	—	—	—	—	—	95	90.48	—	—	100	100.00	80.00	100.00	87.2	87.20	—	—	—	—	35.00	87.50	100	100.00	40	100.0
区财政局（国资办）	118.00	118.00	—	—	96.00	96.00	99.63	94.89	72.00	90.00	100	100.00	60.00	100.00	89.98	89.98	—	—	68.00	97.00	40.00	100.00	100	100.00	60	100.00
区人力社保局	117.00	117.00	102.50	93.18	—	—	102.08	97.22	—	—	100	100.00	80.00	100.00	84.98	84.98	—	—	—	—	35.00	87.50	100	100.00	40	100.0
区住建局（人防办）	107.00	107.00	95.75	87.05	92.55	92.55	99.9	95.14	90.00	90.00	100	100.00	80.00	100.00	84.48	84.48	93.00	93.00	68.00	97.00	95.50	95.50	100	100.00	60	100.00
区交通运输局	—	—	—	—	111.75	111.75	99.35	94.62	—	—	100	100.00	80.00	100.00	—	—	84.50	84.50	—	—	65.50	93.57	39.44	98.60	60	100.00
区农业农村局	127.00	127.00	96.94	88.13	—	—	101.78	96.93	72.00	90.00	100	100.00	60.00	100.00	88.24	88.24	83.00	83.00	60.00	86.00	100.00	100.00	—	—	62	103.33
区林水局	105.00	105.00	—	—	86.80	86.80	93.75	89.29	72.00	90.00	95	95.00	60.00	100.00	—	—	83.00	83.00	—	—	95.10	95.10	95	95.00	61	101.67
区商务局（粮食和物资储备局、招商局）	—	—	98.44	89.49	—	—	99.55	94.81	72.00	90.00	100	100.00	60.00	100.00	86.7	86.70	82.00	82.00	68.00	97.00	95.50	95.50	—	—	40	100.0
区文化和广电旅游体育局	127.00	127.00	94.38	85.80	—	—	99.45	94.71	—	—	100	100.00	60.00	100.00	90.86	90.86	—	—	68.00	97.00	70.00	100.00	—	—	40	100.0
区卫生健康局	—	—	98.94	89.94	92.50	92.50	99.93	95.17	85.23	89.71	100	100.00	80.00	100.00	83.88	83.88	—	—	68.00	97.00	67.75	96.79	—	—	40	100.0
区退役军人事务局	—	—	—	—	—	—	91.7	87.33	—	—	100	100.00	80.00	100.00	—	—	—	—	—	—	—	—	—	—	—	—
区应急管理局	—	—	—	—	—	—	96.41	91.82	—	—	100	100.00	80.00	100.00	87.9	87.90	—	—	—	—	35.00	87.50	—	—	60	100.0
市消防救援支队余杭区大队	—	—	—	—	—	—	—	—	—	—	99.5	99.50	60.00	100.00	—	—	—	—	—	—	—	—	—	—	—	—
区审计局	—	—	—	—	—	—	92.73	88.31	72.00	90.00	100	100.00	60.00	100.00	—	—	—	—	—	—	69.00	98.57	100	100.00	40	100.0
区市场监管局（知识产权局）	107.00	107.00	96.88	88.07	—	—	98.87	94.16	—	—	100	100.00	80.00	100.00	86.44	86.44	—	—	—	—	95.25	95.25	95	95.00	60	100.00
区统计局	—	—	—	—	95.00	95.00	94.3	89.81	72.00	90.00	100	100.00	60.00	100.00	87.92	87.92	—	—	68.00	97.00	—	—	—	—	40	100.0
区城管局（综合行政执法局）	—	—	—	—	94.00	94.00	99.64	94.90	—	—	100	100.00	60.00	100.00	87.32	87.32	91.50	91.50	68.00	97.00	66.00	94.29	97.5	97.50	61	101.67

续表4

指标 / 得分（分） / 单位	三大比拼								重大民生项目建设		平安创建		重大风险防范化解及公共安全防控		全面深化改革（“最多跑一次”改革）		靓城行动（东部崛起）		新制造业计划（数字经济）及“三化融合”		乡村振兴		征迁安置工作		生态环境提质	
	双招双引				项目推进		三服务																			
	招商引资	得分率（%）	招才引智	得分率（%）	考核得分	得分率（%）	考核得分	得分率（%）	考核得分	得分率（%）	考核得分	得分率（%）	考核得分	得分率（%）	考核得分	得分率（%）	考核得分	得分率（%）	考核得分	得分率（%）	考核得分	得分率（%）	考核得分	得分率（%）	考核得分	得分率（%）
区数据资源管理局	—	—	—	—	—	—	96.9	92.29	—	—	100	100.00	60.00	100.00	90.78	90.78	—	—	98.00	98.00	—	—	—	—	—	—
市规划和自然资源局余杭分局	107.00	107.00	—	—	96.00	96.00	97.73	93.08	72.00	90.00	100	100.00	80.00	100.00	88.16	88.16	89.00	89.00	—	—	66.75	95.36	100	100.00	60	100.0
市医疗保障局余杭分局	—	—	—	—	—	—	91.35	87.00	—	—	100	100.00	—	—	—	—	—	—	—	—	35.00	87.50	—	—	—	—
市生态环境局余杭分局	79.00	79.00	—	—	87.60	87.60	94.6	90.10	72.00	90.00	98	98.00	60.00	100.00	85.48	85.48	—	—	—	—	37.50	93.75	94.5	94.50	102	102.0
区总工会	—	—	94.31	85.74	—	—	94.8	90.29	—	—	100	100.00	60.00	100.00	85.52	85.52	—	—	—	—	—	—	—	—	—	—
团区委	—	—	—	—	—	—	91.8	87.43	—	—	100	100.00	60.00	100.00	86.94	86.94	—	—	—	—	35.00	87.50	—	—	—	—
区妇联	—	—	—	—	—	—	93.5	89.05	—	—	100	100.00	60.00	100.00	—	—	—	—	—	—	—	—	—	—	—	—
区科协	—	—	94.38	85.80	—	—	94.25	89.76	—	—	100	100.00	60.00	100.00	—	—	—	—	—	—	—	—	—	—	—	—
区工商联	—	—	—	—	—	—	92.2	87.81	—	—	100	100.00	60.00	100.00	—	—	—	—	—	—	—	—	—	—	—	—
区文联	—	—	92.25	83.86	—	—	87.9	83.71	—	—	100	100.00	—	—	—	—	—	—	—	—	—	—	—	—	—	—
区残联	—	—	—	—	—	—	96.15	91.57	—	—	100	100.00	60.00	100.00	85.02	85.02	—	—	—	—	35.00	87.50	—	—	—	—
区红十字会	—	—	—	—	—	—	—	—	—	—	100	100.00	—	—	—	—	—	—	—	—	—	—	—	—	—	—
区档案馆	—	—	—	—	—	—	91.17	86.83	—	—	100	100.00	—	—	87.6	87.60	—	—	—	—	—	—	—	—	—	—
公积金中心余杭分中心	—	—	—	—	—	—	92.58	88.17	—	—	100	100.00	—	—	—	—	84.00	84.00	68.00	97.00	—	—	47.5	95.00	—	—
余杭邮政管理局	—	—	—	—	—	—	—	—	—	—	100	100.00	60.00	100.00	—	—	—	—	—	—	35.00	87.50	—	—	—	—
区税务局	101.00	101.00	—	—	—	—	92	87.62	—	—	95	95.00	60.00	100.00	—	—	—	—	—	—	—	—	45	90.00	—	—
区气象局	—	—	—	—	—	—	86.75	82.62	—	—	99.94	99.94	60.00	100.00	—	—	—	—	—	—	35.00	87.50	—	—	40	100.0
区盐务局	—	—	—	—	—	—	—	—	—	—	—	—	—	—	—	—	—	—	—	—	—	—	—	—	—	—
区烟草局	—	—	—	—	—	—	—	—	—	—	99.76	99.76	—	—	—	—	—	—	—	—	—	—	—	—	—	—
区行政审批服务中心	112.00	112.00	—	—	95.00	95.00	99.25	94.52	72.00	90.00	100	100.00	—	—	87.94	87.94	—	—	—	—	—	—	97.5	97.50	40	100.0
区机关事务服务中心	—	—	—	—	—	—	92.9	88.48	—	—	100	100.00	—	—	—	—	—	—	—	—	—	—	—	—	—	—
海关余杭办事处	—	—	—	—	—	—	—	—	—	—	100	100.00	—	—	—	—	—	—	—	—	—	—	—	—	—	—

续表4

单位 \ 指标 得分（分）	三大比拼								重大民生项目建设		平安创建		重大风险防范化解及公共安全防控		全面深化改革（“最多跑一次”改革）		靓城行动（东部崛起）		新制造业计划（数字经济）及“三化融合”		乡村振兴		征迁安置工作		生态环境提质	
	双招双引				项目推进		三服务																			
	招商引资	得分率（%）	招才引智	得分率（%）	考核得分	得分率（%）	考核得分	得分率（%）	考核得分	得分率（%）	考核得分	得分率（%）	考核得分	得分率（%）	考核得分	得分率（%）	考核得分	得分率（%）	考核得分	得分率（%）	考核得分	得分率（%）	考核得分	得分率（%）	考核得分	得分率（%）
区供销联社	—	—	—	—	—	—	91.47	87.11	—	—	100	100.00	60.00	100.00	—	—	82.00	82.00	—	—	65.00	92.86	48.5	97.00	—	—
超山风景名胜区管委会	—	—	—	—	—	—	93.9	89.43	—	—	100	100.00	60.00	100.00	—	—	—	—	—	—	35.60	89.00	—	—	40	100.0
西溪湿地管委会	—	—	—	—	—	—	92	87.62	—	—	100	100.00	—	—	—	—	—	—	—	—	—	—	—	—	—	—
区融媒体中心（区广播电视台）	—	—	—	—	—	—	93.75	89.29	—	—	100	100.00	60.00	100.00	—	—	—	—	—	—	—	—	—	—	40	100.0
区“五水共治”办	—	—	—	—	—	—	—	—	—	—	—	—	—	—	—	—	84.00	84.00	—	—	—		—	—	101	101.0
区“无违建”创建办	—	—	—	—	—	—	—	—	—	—	—	—	—	—	—	—	82.00	82.00	—	—	—	—	—	—	—	—
余杭金控集团	101.00	101.00	—	—	—	—	91.9	87.52	—	—	100	100.00	60.00	100.00	—	—	—	—	—	—	—	—	—	—	—	—
区农林集团	106.00	106.00	—	—	90.00	90.00	92.3	87.91	76.95	85.50	100	100.00	60.00	100.00	—	—	—	—	—	—	35.00	87.50	97.5	97.50	—	—
区交通集团	97.00	97.00	—	—	94.00	94.00	94.5	90.00	96.71	96.71	100	100.00	60.00	100.00	—	—	87.00	87.00	—	—	—	—	90.682	90.68	—	—
区旅游集团	95.00	95.00	—	—	94.00	94.00	91.6	87.24	—	—	100	100.00	60.00	100.00	—	—	82.60	82.60	—	—	—	—	40.000	100.00	—	—
区环境（水务）控股集团	101.00	101.00	—	—	90.50	90.50	93.58	89.12	—	—	100	100.00	60.00	100.00	—	—	85.00	85.00	—	—	—	—	33.600	84.00	60	100.0
之江实验室暨南湖小镇开发建设指挥部	—	—	—	—	98.15	98.15	—	—	—	—	—	—	—	—	—	—	—	—	—	—	—	—	—	—	—	—
人民银行余杭支行	—	—	—	—	—	—	—	—	—	—	100	100.00	60.00	100.00	—	—	—	—	—	—	34.60	86.50	—	—	—	—
余杭农商行	—	—	—	—	—	—	—	—	—	—	—	—	—	—	—	—	—	—	—	—	35.00	87.50	—	—	—	—
国网杭州市余杭区供电公司	76.00	76.00	—	—	—	—	81.28	77.41	—	—	99.93	99.93	—	—	—	—	—	—	—	—	—	—	95	95.00	—	—
中国邮政集团公司余杭分公司	—	—	—	—	—	—	—	—	—	—	100	100.00	—	—	—	—	—	—	—	—	—	—	—	—	—	—
浙江移动通信余杭分公司	—	—	—	—	—	—	—	—	—	—	99.05	99.05	—	—	—	—	—	—	—	—	—	—	—	—	—	—
浙江电信余杭分公司	—	—	—	—	—	—	—	—	—	—	99.83	99.83	—	—	—	—	—	—	—	—	—	—	—	—	—	—
浙江联通余杭分公司	—	—	—	—	—	—	—	—	—	—	99.75	99.75	—	—	—	—	—	—	—	—	—	—	—	—	—	—
杭州华数传媒电视网络有限公司	—	—	—	—	—	—	85.5	81.43	—	—	99.97	99.97	—	—	—	—	—	—	—	—	—	—	—	—	—	—
铁塔杭州分公司余杭办事处	—	—	—	—	—	—	—	—	—	—	—	—	—	—	—	—	81.00	81.00	—	—	—	—	—	—	—	—
银保监会余杭监管组	—	—	—	—	—	—	—	—	—	—	100	100.00	—	—	—	—	—	—	—	—	—	—	—	—	—	—

·信访工作·

【概况】 2020年，全区共受理信访电网662830件664945人次，件次、人次同比分别增长16.3%、16.7%。其中，来信940件次，发生到区及以上部门走访570批2685人次，来电624970件，网上来信36350件。收到信访事项复查复核申请58件。余杭区在2020年度杭州市信访工作年度考核、县级社会矛盾纠纷调处化解中心（信访超市）专项考核、县级接访工作比武中，均位列第一。

【信访工作责任强化】 2020年，余杭区继续坚持领导阅批来信、下访约访、会商研判等工作制度。区领导接待群众184批1123人次，党委、政府主要领导阅批群众来信86件；召开信访联席会议6次，牵头协调重大信访事项13次，建立信访部门挂牌督办、整治工作机制，开展信访工作责任制落实情况专项检查，访源治理过程性指标考核、媒体按月公布网络单位效能指数。编辑每日访情305期、每周访情39期、访源治理情况通报9期，向18家单位发送信访工作建议函。

【访源治理大比拼】 2020年，区信访局以开展十大专项行动、实施访源治理大比拼为载体，全面推进三级信访代办、镇长（主任）公开电话及镇（街道）领导公开接待群众工作，全年代办信访事项10931件，接待群众7356批17851人次，接听来电25000余件，联调联处化解信访事项1937件；启动信访云超市——“12345”智能应用建设项目，运用信访“五色图”预警研判，发放信访预警单66件。

【信访积案化解百日攻坚活动】 2020年，区信访局制定出台重要信访事项办理规则、信访人信用管理工作机制，将信访积案分层级纳入区、镇（街道）、部门进行领导包案化解，定期交流信访突出问题化解情况。2020年，中央、浙江省交（督）办27件，全部完成化解；历史积案136件，化解130件；新增积案率比上年下降50.7%。

【攻坚重点领域突出问题】 2020年，区信访局牵头针对房产管理、物业管理、商业预付卡、油烟噪音扰民、规划管理五大重点领域开展突出问题专项治理行动，发送预警单54件，督查督办疑难问题311件，五大重点领域突出问题受理量同比均呈下降趋势。攻坚重复信访集中治理，对涉及余杭1817件重复信访件逐件明确包案区领导、责任单位及责任人，“一案双交”部门、镇（街道），上报汇报办理672件，审核化解548件；梳理分析农村建房类信访积案70件，实现全部化解。

（翟毅琳）

·党史、地方志工作·

【概况】 2020年，区委党史研究室（区人民政府地方志办公室）（下称“区党史办”）重点聚焦党史“一突出，两跟进”、地方志“十业并举”主责主业，开展“史志大研学、大走访、大推广，比学风、比本领、比奉献”活动。以落实“三服务”、推进“红色1+1+1”全域治理党建项目工作为抓手，帮助鸭兰村党委解决村道监控加装、餐饮店营业执照办理、支部旧址陈列馆修漏等重难点问题，向困难家庭捐款1.2万元。

【《中国共产党余杭历史（1978—2002）》编纂】 2020年，区党史办建立每周一日一对一动态审稿反馈制度，把关文稿体例规范、文字表述、资料审核等方面内容。12月底形成评审初稿，约60万字。

【“当代余杭研究丛书”出版】 2020年11月出版。区党史办以项目校地合作的方式，与华东师范大学历史学系“当代余杭”丛书项目组合作编纂《守望文明圣地：良渚遗址保护纪事》《从区域到世界：当代余杭开放之路》《技术、体制、结构：创新余杭的当代实践》《安而康、富而美：和谐发展的余杭之治》等书籍，回顾余杭经济社会发展的足迹，以史志的视野梳理和研究总结余杭经验。

【《余杭年鉴（2020）》出版】 2020年12月出版，为余杭连续出版的第30本年鉴。全书设类目43个、分目220余个，收入条目1550余条，全面记载2019年余杭区经济、政治、文化、社会、生态建设等方面情况，是各级领导决策和区内外人士了解余杭的可靠参考资料。

【史志资源走访】 2020年，区党史办下发《关于开展2020年度（含2019年未竣工）红色资源点修缮保护工作调查摸底的通知》，对全区红色资源修缮保护工作进行摸底，向7处红色资源点下拨专项修缮资金68.5万元。向上级党史部门为"五九"批示纪念馆、中共西镇区委旧址申请专项保护经费70万元。先后走访鸬鸟镇、百丈镇、乔司街道、五常街道等10余个镇（街道），了解全区红色资源保护现状及需求。

【史志成果推广】 2020年，区党史办制定《关于进一步加强区史志办宣传工作的意见》，成立红色故事和历史文化研学、讲解、宣传推广普及队伍，其中红色故事讲习队进镇（街道）党群服务中心宣讲23次。实施"五进"行动，走进机关、社区、农村、学校、企业开展送书送课活动，赠送党史、地方志书籍500余册。优化"一号一刊两馆"宣传矩阵，"余杭史志"微信号全年推送微信48期154条。《余杭史志》全年编印4期，宣传史、志、鉴相关内容及动态。两馆以"循初心、找乡愁"为主线，组织开展史情区情"第二课堂"、文化大讲堂、"红色书场"等系列活动。

【全域红色资源联盟智慧导览学习系统建设】 2020年，区党史办对全区60余处重要红色资源点、重点党建示范点和党风廉政教育基地进行数字化采集、制作，建设包含电子地图、实时解说和VR全景在内的电子智慧导览系统，成为推广党史教育、国史教育、红色教育、主题教育的重要学习交流平台。该项工作获中央党史和文献研究院肯定。

【中共余杭历史馆工作】 2020年，中共余杭历史馆被杭州市委党史研究室授予首个"杭州红色博物馆联盟示范点"称号。全年接待参观团队151批（次）、人数4115人（次），接待市民群众近5000人（次）。组建余杭全域红色联盟，形成"一核多点"的红盟矩阵布局。围绕"循初心"开展"红色故事我来讲""红色故事我来写""红色故事我来拍"等"循·初心"六个一传承红色基因主题系列活动，成立一支36人的"红色故事"讲习队，参与"百场红色党史进党群服务中心"活动，组织讲解员走进12个镇（街道）党群服务中心宣讲红色故事23人次，举办讲解业务专题培训，提升讲解员业务水平。开设"红色书场"8期，讲述《信仰的味道是甜的》《西镇农民暴动》等红色故事。举办"小小红色传承人"活动，深化青少年"四史"教育。

【余杭方志馆工作】 2020年，余杭方志馆年接待史志同行4批17人，领导团队49批651人，游客21073人次。举办塘栖古桥展、"韫玉良缘——良渚文化玉器专题展"，展示余杭桥文化和良渚玉器文化。举办"赏塘栖古桥 品水乡古韵""余杭自是山水窟——探寻唐宋诗词中的余杭山水"讲座，邀请浙江传媒学院文学院教授郑小军等人到馆讲课。以"找乡愁"为主线，开展线上"祭先烈 忆往昔"——邀您云上"循初心 找乡愁"活动，应用VR技术实现线上游览余杭境内18处红色遗址旧迹和特色场馆；举办"浓浓端午情，悠悠荷包香"手工香囊制作活动，传承端午民俗文化。继续与塘栖三小、塘栖高中合作，举办"史志文化传承人"培训活动12次。

（刘雪萍）

·党校教育·

【概况】 2020年，市委党校余杭区分校（区行政学校、区社会主义学院、余杭中华文化学院）（下称"党校"）全面学习党的十九大及历次全会精神，发挥"三主一新"职能优势，聚焦区委中心工作和党校主责主业，发挥党校在余杭打造重要窗口排头兵中的作用。探索镇（街道）党校"一校一中心"试点工作，推动镇（街道）党校和镇（街道）党群服务中心资源整合，镇（街道）党校建设逐步从规范化向系统化迈进。

【干部培训】 2020年，党校以习近平新时代中国特色社会主义思想为指导，学习贯彻党的十九届四中、五中全会精神，按照《杭州市余杭区2020年度干部培训工作实施意见》相关要求，探索干部教育培训新方式，依托云培训推动党员干部培训工作。全年共组织实施主体班线45期，培训15176人；组织实施"美丽洲大讲堂"（含机关干部大讲堂"导航专场"）9期，培训2000余人次；开设"远程课堂"13期。

【科研工作】 2020年，党校科研工作获得省市区各类立项课题29项次，各类理论研讨会征文10余篇次，其中全省党校（行政学院）系统“‘八八战略’与高水平全面建成小康社会”理论研讨会获得二等奖2项、三等奖1项，获浙江省党校（行院）系统优秀决策咨询成果一等奖1项、二等奖1项；出版《新时代浙江省全面深化改革开放的县域发展与实践研究》；组织校级重点课题研究28项（含专报课题20项），其中《“五治并举”推进村级应急体系与应急能力现代化——以余杭区运河街道费庄村为例》《聚焦新基建赋能培育新经济动能为打造建设“重要窗口”排头兵聚能》等6项课题获得省领导和区委主要领导批示肯定；编发咨政刊物《战略观察》4期、《智库联盟》2期，参加浙江省县级党校智库研究中心第四次理事会议暨2020年年会，组织开展第三期浙江省县级党校智库联盟专才培训班，在《党政视野》发表文章1篇，撰写的《推进镇街党校规范化建设》在《学习时报》发表。

【党员云培训示范班】 两期，分别于2020年3月25日、4月8日举办。依托云培训推动党员干部培训工作。第一期邀请区疾病预防控制中心孟祥杰、杭州市委党校教授郎晓波、区第一人民医院张晓强分别讲授“现阶段新冠肺炎疫情防控形势”“疫情防控下的基层社会治理”“战疫故事分享”。第二期邀请市委党校余杭区分校常务副校长占张明、区农业农村局郑浩、区第五人民医院徐梦薇分别讲授“坚持和完善中国特色社会主义制度的若干重大问题——十九届四中全会《决定》学习体会”“乡村振兴和党员先行”“战疫故事分享”等内容。共计1万余名党员参加线上学习。

【区管干部党的十九届四中全会精神轮训班】 2020年6月29日举办，区委书记张振丰作“以排头兵的姿态和担当为建设‘重要窗口’贡献余杭力量”专题党课。专题党课采用视频方式举行，陈如根、张俊杰、祝振伟、李忠誉等区四套班子领导、区直各单位区管正职领导干部在主会场参加，区直单位区管副职领导干部、区直单位区管职级公务员、“菁航计划”培训班学员、“远航计划”培训班学员在党校分会场参加，各镇（街道）、平台区管干部及各村（社区）书记、主任参加所在单位或所在镇（街道）分会场视频会。

【年轻区管干部“领航计划”培训班】 2020年7月26—31日，在上海交通大学举办，50名学员参加。培训班围绕“全域治理”相关主题，邀请上海交通大学国际与公共事务学院教授彭勃，徐汇区政协副主席王萍、上海交通大学中国公益发展研究院院长徐家良等讲授“区块链优化基层社会治理新格局”“如何推进‘三社联动’创新基层社会治理”“社会组织建设创新社会治理”等内容。

【新聘用事业人员“启航计划”培训班】 2020年8月3—12日举办，120余名学员参加军训，学习国防知识、社会主义核心价值观，领会党的十九届四中全会精神、习近平新时代中国特色社会主义思想，重温党史，了解余杭的发展战略，认识数字经济新时代的意义以及工作中基本礼仪和公文写作实践技能等内容。

【台江县、天柱县党政干部“协航计划”培训班】 2020年8月10—14日举办，台江县党政干部60人、天柱县党务干部70人参加培训。受邀老师围绕政治经济宏观形势分析、乡村振兴国家战略、基层党建、农村商务、社会治理、淘宝直播等内容讲授。

【区管领导干部“导航计划”培训班】 2020年8月31日至9月4日在复旦大学举办，45名区管正职领导参加培训。培训班采用专题讲座、结构研讨、现场参观等形式，学习“上海党建引领创新社会治理”“互联网、大数据、人工智能与社会治理方式深度融合创新”“社会稳定与社会矛盾处理机制”“全球超大城市精细化管理”“上海互联网企业党建创新”“高水平社会治理促进高质量发展”“新媒体时代突发事件的舆论引导和执政能力建设”“上海城市网格化管理”“长三角一体化建设”等内容。

【2020年度余杭区“启航”培训班】 2020年11月30日至12月9日举办，全区2020年新录用的公务员、高层次紧缺专业人才、政府高级雇员93人参加培训。培训班开设始业教育、军事训练、政治学习、区情区况、区域发展、基层实务、工作方法、职业操守等课程。

【2020年度余杭区高层次人才党的十九届五中全会精神培训班】 2020年12月19—20日举办。国家级、省级海外高层次人才代表，余杭区D类以上高

层次人才代表及部分青商会代表共120人参加培训。培训班邀请浙江大学经济学院教授王维安、浙江工商大学杭州商学院副院长楼迎军、浙江省委党校社会学文化学教研部（浙江省舆情研究中心）主任李涛分别讲授“宏观经济形势下企业投资战略与策略”“学习贯彻十九届五中全会精神——准确把握疫情下宏观经济形势与供给侧结构改革”“学习党的十九届五中全会精神，实现国家和平统一”等课程。

【2020年度余杭区干部教育培训工作者政治理论培训班】 2020年12月24—29日在中央党校举办。全国党校（行政学院）教师进修学院院长、书记戴小明出席开班仪式并讲话。全区干部教育培训工作联席会部分成员单位、区委讲师团、区宣讲团、部分镇（街道）党校有关人员47人参加培训。

【社会培训】 2020年，党校重点围绕余杭区经济社会发展形势分析、特色小镇建设、全域治理现代化建设等开展教学，先后举办嘉善县年轻干部培训班、富阳区年轻干部高新产业发展专题进修班、2020年度乔司街道村社干部培训第二季度网格支部书记工作交流暨党员轮训、富阳区山海协作人才工作者培训班、余杭区城管局党务工作者培训班、中共越城区委党校年轻干部赴余杭培训班、浙江省社院临海党外人士培训班等省内培训班9期，培训500余人。

（单凯）

2020年主体班一览表

表5

序号	班次名称	培训时间	培训人数（人）	整体满意率	备注
1	第一期、第二期党员云培训示范班	3月25日、4月8日	10000	100%	线上+线下“临距离”党群服务驿站
2	“宇航先锋”计划第一期云培训、第二期、第三期云培训	4月17日、5月9日、6月3日	832	100%	线上+线下
3	“余您数说”“两新”课堂暨全区“两新”党务人才培训班	5月20日、27日，6月10日	448	100%	线上+线下“临距离”党群服务驿站
4	镇（街道）统战干部培训班	5月28—29日	100	98%	线下
5	英语专业提升班	6月5日、7月14日、8月11日、9月8日、10月22日、11月3日、11月19日、12月1日、12月21日	50	97%	线上+线下
6	对口合作地区挂职干部培训班	6月28—29日	96	100%	线下
7	“菁航计划”第二期培训班学员到淳安开展党性教育	6月28—30日、7月16日（参与区社科联理论宣讲和课题研究培训会）	51	100%	外出班
8	党的十九届四中全会精神轮训班（区管干部）	6月29日至8月底	580	98%	线上+线下
9	余杭区纪检监察干部业务能力提升班	6月30日至7月2日	223	95%	线下
10	中青年骨干“兴航计划”培训班	7月6日至8月21日	40	100%	线下
11	社科理论骨干培训班	7月15—16日	84	100%	线下
12	镇（街道）党校师资培训班	7月15—16日	35	100%	线下

续表 5

序号	班次名称	培训时间	培训人数（人）	整体满意率	备注
13	年轻科级干部“远航计划”培训班	7 月 15—21 日、9 月 25—26 日	100	97%	线下
14	全区村（社区）书记、主任集中轮训班	7 月 16—18 日	20	94.5%	线上＋线下
15	余杭区政协委员履职能力提升主体班	7 月 20—24 日	65	100%	外出班（工商大学桐庐校区）
16	年轻区管干部“领航计划”培训班	7 月 26—31 日	50	100%	外出班
17	基层理论宣讲骨干培训班	7 月 30—31 日	62	97%	线下
18	党政经济人才专业能力提升培训班	8 月 3—14 日、10 月 10 日、10 月 16—17 日	52	99%	外出班（浙江大学华家池校区）
19	新聘用事业人员“启航计划”培训班	8 月 3—12 日	122	96%	线下
20	社会工作培训班	8 月 4—7 日	40	93%	外出班（浙大紫金港校区）
21	人才工作者培训班（人才工作例会）	8 月 6 日(例会)、9 月 17—19 日	153	95%	线下
22	组织系统半年度工作会议	8 月 7 日	270	96%	线下
23	台江县党政干部“协航计划”培训班	8 月 10—14 日	60	100%	线下
24	天柱县党务干部“协航计划”培训班	8 月 10—14 日	70	100%	线下
25	各民主党派负责人、党外代表人士“同航计划”读书班	8 月 10—13 日	57	100%	外出班（浙大华家池校区）
26	人大干部综合能力提升研修班	8 月 17—21 日	57	96%	外出班（西湖区）
27	区两新组织党务人才第九批资质认证班	8 月 20—21 日	42	97%	外出班（西湖区）
28	区管领导干部“导航计划”培训班	8 月 30 日至 9 月 4 日	45	96%	外出班（复旦大学）
29	直属团组织负责人“争当共青团助力‘重要窗口’建设排头兵”专题培训班	9 月 2—4 日	57	95%	外出班（浙江省团校）
30	区管副职“护航计划”全域治理专题研修班	9 月 6—11 日	40	98%	外出班（省委党校老校区）
31	咸丰县中青年干部培训班	9 月 6—11 日	65	100%	线下
32	新任基层工会主席培训班	9 月 8—9 日	99	95%	线下
33	宣传干部读书会（新闻发言人）培训班	9 月 20—21 日	133	94%	线下
34	机关党组织书记培训班	9 月 23—24 日	93	94%	线下
35	党外中青年骨干“同航计划·雏鹰”培训班	9 月 27—29 日	41	93%	线下
36	2020 年度新发展党员培训班	9 月 29 日	100	95%	线下
37	2020 年度新任党务工作人员培训班	10 月 21—23 日	90	95%	线下
38	2020 年度妇联干部培训班	10 月 22—23 日	62	96%	线下

续表 5

序号	班次名称	培训时间	培训人数（人）	整体满意率	备注
39	2020 年度发展对象集中培训班	10 月 27—29 日	122	97%	线下
40	2020 年度余杭区“启航”培训班	11 月 20 日至 12 月 9 日	93	99%	线下
41	2020 年度余杭区军转干部区情实训班	11 月 30 日至 12 月 3 日	43	98%	线下
42	全省组织系统“数字工匠”培训班	12 月 7—10 日	51		委托办班，线下
43	2020 年度余杭区基层一线党代表培训班	12 月 15 日	136	98%	线下
44	2020 年度余杭区高层次人才党的十九届五中全会精神培训班	12 月 19—20 日	100	98%	线下
45	2020 年度余杭区干部教育培训工作者政治理论培训班	12 月 24—29 日	47	100%	线下（到中央党校北区）

2020 年美丽洲干部大讲堂一览表

表 6

序号	专题	主讲人	时间	参训人数（人）	备注
1	技术资本动力引擎——杭州创新驱动引擎计划	远望智库执行合伙人、技术资本实验室杨川	1 月 15 日	300	美丽洲大讲堂
2	深入优化营商环境——推动高质量发展	远望智库执行合伙人、技术资本实验室杨川，上海市宏观经济学会会长王思政	5 月 20 日	300	美丽洲大讲堂
3	2020 年全国两会精神解读	市委党校教研部主任、教授朱晓明	6 月 19 日	300	机关干部大讲堂
4	推进“三社联动”创新基层社会治理	徐汇区政协副主席王萍	8 月 29 日	200	机关干部周末大讲堂“导航专场”
5	《习近平谈治国理政第三卷》学习辅导	红船干部学院教授肖纯柏	9 月 23 日	300	第三季度机关干部周末大讲堂
6	量子科技的现状与未来	浙江大学物理系教授万歆	10 月 31 日	200	机关干部周末大讲堂“导航专场”
7	开启全面建设社会主义现代化国家新征程——学习党的十九届五中全会精神	浙江省委党校副校长陈立旭	11 月 27 日	300	机关干部大讲堂
8	学习贯彻党的十九届五中全会精神专题读书会	中国改革报社副社长、中央电视台特约评论员杨禹	11 月 27 日	200	美丽洲大讲堂
9	党的十九届五中全会精神市委宣讲团报告会	市委宣讲团成员、市委政策研究室副主任沈金华	12 月 1 日	300	美丽洲大讲堂

2020年“远程课堂”培训一览表

表7

序号	专题	主讲人	时间
1	稳定经济运行事关全局——聚焦2020年全国两会	中国财政科学研究院研究员张鹏	6月12日
2	2020年政府工作报告：非常时期的决胜蓝图	中央党校（国家行政学院）经济学部教授王小广	6月19日
3	化“疫”为“翼”推动中国经济健康向好	中共中央党校（国家行政学院）经济学部副主任许正中	6月26日
4	学习习近平总书记关于党的建设和组织工作的重要思想 推进党的建设向纵深发展	中国社会科学院马克思主义研究院研究员戴立兴	7月10日
5	加强党建工作 实现伟大梦想——做好新时代党建工作	中央财经大学教授莫林虎	7月17日
6	深入学习贯彻《党委（党组）落实全面从严治党主体责任规定》	国家行政学院法学部教授任进	7月24日
7	中国共产党为什么“能”	中共中央党校教授谢春涛	7月31日
8	党对中国社会主义建设道路的探索	中共中央党校教授李庆刚	9月18日
9	党的十八大以来的历史性成就和历史性变革	中央党校教授沈传亮	9月25日
10	“十四五”时期中国经济发展趋势及新发展格局	中央党校（国家行政学院）经济学部副主任、教授王小广	10月23日
11	经济高质量发展面临的新形势、新使命、新要求	中国人民大学重阳金融研究院助理院长贾晋京	10月30日
12	全面建成小康社会 胜利在望——学习党的十九届五中全会精神	中国社科院马克思主义研究院党委书记、博士生导师辛向阳	11月20日
13	“十四五”规划与“两步走”法治发展的目标与战略——学习党的十九届五中全会精神	中国社会科学院国际法研究所所长莫纪宏	11月27日

·老干部工作·

【概况】 截至2020年12月31日，余杭区共有离退休人员8816人。其中，离休干部92人（本区级74人、杭州市托管8人、垂直管理6人、军队离退休干部休养所2人、易地安置2人），退休干部（含行政、事业职工）8724人。在离退休干部中，属市委管理的享受地专级两项待遇1人，区（县）级正职领导职务6人，区（县）级副职领导职务33人；本区区委管理的正、副局级职务685人。

2020年，区委老干部局参与“三服务三助力”“三大比拼”“双争十个一”“三比三强三提升”等活动，组织召开“强化政治机关意识”专题党课、“用心读好书、奋斗新时代”读书会等，组织开展政治体检、余杭干部品牌讨论、体验工作角色互换等活动，推进区委政治巡察整改工作。全年“余杭老干部”微信公众号编发131条，累计阅读量12万人次，其中区委组织部（“余杭先锋”微信公众号）录用4条，区委办录用6条（书记批示一篇）、区级媒体录用2条、市局录用38条，省局录用10条。

【老干部思想政治工作】 2020年，区委老干部局组织老干部学习贯彻全国、全省离退休干部“双先”表彰大会精神，组织开展全区副处级以上离退休干部形势通报会2期，开展主题党日“一读三谈”活动560余次，参加网上学习2600余人次。联合区委组织部举行全区临近退休公务员集体退休仪式，推出干部退休“十个一”服务举措。

【老干部党建工作】 2020年，全区离退休干部党支部总数114个。区委老干部局制定《关于推进离退休干部党支部规范化建设的指导意见》，组织开展支部书记培训班暨经验交流会1期，推进离退休支部规范化建设。全区开展规范化建设支部20个，上报市级规范化支部11个。探索在村（社区）、党群服务中心、老党员驿站、银耀工作室等建立功能性党支部，强化党支部在“三服务”、社会治理、民主协商等工作中的引领作用。全年共建立乔司街道“新三地”老干部科技服务等功能性党支部13个，建立星桥香榭社区等金秋驿站4个，组织老同志参与基层矛盾纠纷化解，发挥“银炬力”品牌效应。

【老干部作用发挥】 2020年，区委老干部局组织老干部助力新冠肺炎疫情防控攻坚战，创作诗词书画作品560余件，举办抗疫作品展6期，全区老干部捐款38.2万元。组织开展“点赞我的国，建言现代化”主题征文、优秀文化作品展、金点子征集等活动，收集征文98篇、诗词书画摄影作品344件、金点子118个，编印形成“银耀有我”系列征文集、诗书画影集、微故事集。开展“银耀有我·两助力、两建设、两选树、一征集”活动，强化离退休功能性党组织、银耀团队、银耀工作室等“银字号”工作力量，推动全区老干部助力社会治理。全年新增区人民检察院综治中心矛调化解银耀工作室29个，黄湖镇何金校银耀团队29支，选树最美团队40支、最美个人55人，征集微故事70个，参与“社会治理·银耀有我”活动银雁返乡288人、银雁进社区938人，化解矛盾纠纷357起，参与垃圾分类2150人，服务次数2320次，服务总人次6186人次。

【老干部服务管理】 2020年，区委老干部局走访慰问离休干部180人次，组织开展纪念抗日战争胜利75周年抗战老兵走访慰问活动，走访离休干部7名。配合做好抗美援朝出国作战70周年纪念章发放和走访慰问工作，走访慰问志愿军离休干部3名。推进离休干部居家养老工作，采用政府购买服务形式为老干部提供家政服务、生活照料服务，发放居家养老服务券92份。

【关心下一代工作】 2020年，区委老干部局开展抗疫故事、法治宣讲、科普等主题教育宣讲450余场。发挥关心下一代基金会作用，资助困难学生123名，发放助学金22.1万元。发挥“五老”志愿者作用，帮教不良行为未成年人35名。开展法治宣传教育，编印《法治宣传手册》，向全区各中小学校赠送。开办假日学校，全区各级关工委举办“假日学校”90余所，参与青少年2600余名，依托党群服务中心、文化礼堂等开展活动452场。

【老年大学建设】 2020年，区委老干部局深化“最多跑一次”改革，实现网上报名教学，开展线上学习。推进“家门口老年大学”建设，完成区老年大学瓶窑教学点建设，利用镇（街道）、社区党群服务中心，在临平、乔司、良渚、仁和等地开办“家门口老年大学”6所，开设时政综合、书法、绘画等课程，招收学员200余名。区老干部艺术团开展文化走亲活动8场。

（盛哲明）

·保密工作·

【概况】 2020年，区委办（区国家保密局）坚持以习近平新时代中国特色社会主义思想为指导，深入贯彻中共中央总书记习近平关于保密工作的重要指示批示和中央、省委、市委保密委会议精神，科学谋划，夯实基础，为加快建设“五大余杭”、打造全省“两个高水平”建设先行区，构筑保密防线。

【保密宣传教育】 2020年，区委办（区国家保密局）结合保密工作新形势、新任务，在新进公务员、高层次紧缺人才、政府高级雇员、军转干部培训班中设置保密课程，提高新进公务员和干部队伍的保密观念和保密意识。举办保密工作专题讲座及保密业务培训，提高保密工作分管领导和保密管理员的责任意识和业务技能水平。组织开展《保密工作》杂志征订。以全区深入推进“两学一做”学习教育常态化制度化为契机，将保密知识纳入“送业务知识进夜学活动”内容，全年开展送保密课进机关活动12次，培训领导干部和涉密人员1000余人次。

【保密防范体系完善】 2020年，区委办（区国家保密局）加强网络保密管理，完成全国保密综合信息系统余杭子系统和网络保密监管平台余杭子系统“056系统”建设。推进涉密领域国产化替代工程，完成全区涉密计算机国产化替代。加强保密监督检查，利用非涉密计算机入网保密审查系统和数据库保密检查系统，做好全区非涉密计算机违规行为的日常监控和检查。建立涉密人员管理信息化动态管理系统，对全区涉密人员入岗入职、在岗在职、因公（私）出国（境）、离岗离职进行全程保密管理。

【保密行政管理】 2020年，区委办（区国家保密局）做好涉密项目、涉密信息系统的审查备案，强化保密审查人员责任，全年审查备案涉密项目5个。做好高考、中考保密检查，会同区教育局、市公安局余杭区分局等单位做好高考、中考保密检查，确保高考、中考保密工作“条件达标、培训到岗、措施到位、责任到人”。开展全区保密自查自评工作，根据工作目标、内容、要求、时间等制定工作方案。

【秘密事项管理】 2020年，区委办（区国家保密局）做好重大涉密会议和重要涉密活动期间的服务保障工作，确保涉密会议信号屏蔽符合相关保密要求。做好地铁9号线一期工程临邱区间西洋桥拆复建专用通信管线改线回迁相关工作。做好涉密载体集中回收销毁，全年组织8次涉密载体集中回收销毁活动，共回收涉密载体70余千克。

（董斌）

编辑：刘雪萍

杭州市余杭区人民代表大会及其常务委员会

People's Congress and the Standing Committee of Yuhang District

·重要会议·

【区十五届人大四次会议】 2020 年 1 月 18—21 日在临平举行。出席会议应到代表 300 名，会议开幕式实到代表 290 名。1 月 17 日下午举行大会预备会议，选举产生由 37 人组成的大会主席团，选举李敏华兼任大会秘书长。区十五届人大四次会议共举行 4 次全体会议，5 次主席团会议。

会议听取和审查区人民政府区长陈如根所作的政府工作报告，审查批准区发展和改革局受区人民政府委托所提出的关于杭州市余杭区 2019 年国民经济和社会发展计划执行情况与 2020 年国民经济和社会发展计划，审查批准区财政局受区人民政府委托所提出的关于杭州市余杭区 2019 年财政预算执行情况和 2020 年财政预算，听取和审查区人大常委会主任阮文静受区人大常委会委托所作的关于杭州市余杭区人民代表大会常务委员会工作报告，听取和审查区人民法院院长罗鑫所作的杭州市余杭区人民法院工作报告，听取和审查区人民检察院检察长陈娟所作的杭州市余杭区人民检察院工作报告。

会议审查和票决 2020 年杭州市余杭区人民政府民生实事项目，从 12 个候选项目中票决出住房保障、老旧小区住房改善、农贸市场、交通改善、文化惠民、食品安全、就业促进、养老服务、教育惠民、健康惠民等 10 个项目，列为 2020 年杭州市余杭区人民政府民生实事项目。会议上对 2019 年杭州市余杭区人民政府民生实事项目进行满意度测评。

会议期间，组织专题审议小组对政府部门预算、专项资金进行专题审议。

至大会议案接收截止时间，代表议案审查委员会共收到代表建议 272 件，经代表议案审查委员会审查并经大会主席团讨论，决定全部予以受理。

本次会议提交的 272 件代表建议中，涉及基础

2020 年 1 月 18—21 日，区十五届人大四次会议举行

（区人大常委会办公室　供稿）

设施建设、城建城管、交通、规划和自然资源等方面的有132件，占总数的48.5%；涉及文旅、教育、卫生健康、社会保障等方面的有59件，占总数的21.7%；涉及发展改革、经济、财政、金融等方面的有31件，占总数的11.4%；涉及美丽乡村建设的有29件，占总数的10.7%；涉及民主法制、社会稳定、公共安全等方面的有11件，占总数的4.0%；涉及生态建设和环境保护等方面的有9件，占总数的3.3%；其他方面的有1件，占总数的0.4%。代表反映比较集中的建议主要有4个方面：一是加快交通路网建设，主要涉及交通道路新改扩建、公交线路优化、地铁规划建设等；二是提升城乡宜居水平，主要涉及深化“五水共治”、美丽乡村建设、垃圾分类处置等；三是完善公共服务优质化、均等化，主要涉及教育卫生项目建设、养老服务等；四是加快现代产业发展，主要涉及优化营商环境、文旅融合、加大人才引进力度等。

【历次常委会会议】 2020年，区第十五届人大常委会共举行9次会议（第二十六次至第三十四次），审议议题65项，依法作出重大事项决议决定10项。

区第十五届人大常委会第二十六次会议于1月8日在临平举行。会议审议区十五届人大四次会议有关会议材料（草案）、《杭州市余杭区人民代表大会常务委员会工作报告（讨论稿）》《杭州市余杭区人大常委会2020年工作要点（草案）》，听取和初审区人民政府《关于杭州市余杭区2019年国民经济和社会发展计划执行情况及2020年国民经济和社会发展计划（草案）的报告》《关于杭州市余杭区2019年政府重大投资项目计划执行情况与2020年政府重大投资项目计划（草案）的报告》《关于杭州市余杭区2019年财政预算执行情况及2020年财政预算（草案）的报告》《关于2020年民生实事候选项目形成情况的报告》《2020年度区政府民生实事项目投票表决办法（草案）》《2019年度区政府民生实事项目满意度测评办法（草案）》，听取和审议区人民政府《关于2019年度环境状况和环境保护目标完成情况的报告》，书面审议《关于2019年度杭州市余杭区人大常委会规范性文件备案审查情况的报告》《杭州市余杭区人民代表大会法制（内务司法）委员会工作报告》《杭州市余杭区人民代表大会财政经济委员会工作报告》《杭州市余杭区人民代表大会社会建设委员会工作报告》《关于2019年度代表小组、代表履职、代表建议考核及最美人大代表联络站认定情况的报告》《2019年区政府民生实事项目监督报告》，书面初审《区第十五届人民代表大会法制（内务司法）委员会更名的决定（草案）》《区第十五届人民代表大会专门委员会组成人员人选办法（草案）》《关于区十五届人大四次会议选举产生或表决通过的国家工作人员宪法宣誓仪式方案（草案）》。

区第十五届人大常委会第二十七次会议于1月10日在临平举行。会议听取和审议《关于区十五届人大代表资格的审查报告（草案）》《关于提请审议通过区十五届人大四次会议有关事项的说明》。

区第十五届人大常委会第二十八次会议于3月31日在临平举行。会议听取区人民政府《关于新型冠状病毒肺炎疫情防控暨贯彻执行省市人大常委会〈关于依法全力做好当前新型冠状病毒肺炎疫情防控工作的决定〉情况的报告》。

区第十五届人大常委会第二十九次会议于5月29日在临平举行。会议审议并表决《关于审议通过〈杭州市余杭区人民代表大会常务委员会关于政府重大投资项目监督办法（修改草案）〉的决定》和《关于审议通过〈杭州市余杭区预算审查监督办法（修订草案）〉的决定》。

区第十五届人大常委会第三十次会议于6月11日在临平举行。会议审议并表决人事任免事项。

区第十五届人大常委会第三十一次会议于7月30日在临平举行。会议听取和审议区人民法院《关于民商事（知识产权）审判工作情况的报告》并对部分法官开展履职监督；听取和审议区人民政府《关于2019年区本级决算草案和2020年上半年预算执行情况的报告》，审查批准2019年区本级决算；听取和审议区人民政府提出的审计机关《关于2019年度区本级预算执行和其他财政收支情况的审计工作报告》；听取和审议区人民政府《关于2018年度区本级预算执行和其他财政收支审计工作报告指出问题的纠正情况和处理结果的报告》《关于2020年上半年国民经济和社会发展计划执行情况的报告》《关于2020年上半年政府重大投资项目计划执行及部分变更情况的报告》。

区第十五届人大常委会第三十二次会议于9月27日在临平举行。会议听取和审议区人民政府《关于城市社区治理“一法两条例”贯彻执行情况的报告》《关于行政事业单位国有资产管理情况的报告》《关于科学规划学校布局、优化教育资源配置情况的报告》《关于我区实施乡村振兴战略推进产业兴旺工作情况的报告》《关于被征地人员社会保障及就业工作情况的报告》。

区第十五届人大常委会第三十三次会议于11月11日在临平举行。会议研究有关专项工作。

区第十五届人大常委会第三十四次会议于11月30日在临平举行。会议听取和审议区人民政府《关于办理代表建议、批评和意见工作情况的报告》，进行代表建议办理情况绩效评估；听取和审议区人民政府《关于要求余杭区东西大道运河大桥改建工程增补列入政府重大投资项目计划的报告》《关于我区“新制造业计划”推进情况的报告》《关于我区“靓城行动——推动东部崛起”推进情况的报告》，审议并表决《关于要求部分变更余杭区2020年财政收支预算情况的议案》。

（梁锋）

·职权行使·

【决议决定】 2020年1月21日，区第十五届人民代表大会第四次会议作出《杭州市余杭区第十五届人民代表大会第四次会议关于政府工作报告的决议》《杭州市余杭区第十五届人民代表大会第四次会议关于杭州市余杭区2019年国民经济和社会发展计划执行情况与2020年国民经济和社会发展计划的决议》《杭州市余杭区第十五届人民代表大会第四次会议关于杭州市余杭区2019年财政预算执行情况与2020年财政预算的决议》《杭州市余杭区第十五届人民代表大会第四次会议关于杭州市余杭区人民代表大会常务委员会工作报告的决议》《杭州市余杭区第十五届人民代表大会第四次会议关于杭州市余杭区人民法院工作报告的决议》《杭州市余杭区第十五届人民代表大会第四次会议关于杭州市余杭区人民检察院工作报告的决议》。

3月31日，区第十五届人大常委会第二十八次会议作出《关于对区人大常委会各街道工作委员会工作报告的决议》。

5月29日，区第十五届人大常委会第二十九次会议作出《关于审议通过杭州市余杭区预算审查监督办法（修订草案）的决定》《杭州市余杭区人民代表大会常务委员会关于政府重大投资项目监督办法（修改草案）的决定》。

7月30日，区第十五届人大常委会第三十一次会议作出《杭州市余杭区人民代表大会常务委员会关于批准杭州市余杭区2019年区本级财政决算的决议》。

【人大助力疫情防控、复工复产】 2020年，区人大常委会贯彻落实省、市人大常委会关于依法全力做好新冠肺炎疫情防控工作的决定，听取和审议区政府关于疫情防控和防疫财政资金使用情况报告。发出倡议，号召各级代表投身疫情防控，发掘、宣传代表先进事迹，在“余杭人大”微信公众号发布代表战“疫”系列报道53期。常委会领导带队到镇（街道）开展督查，走访村（社区）159个、居民小区103个、卡点203处，督促整改问题83个。开展服务复工复学专项活动，将员工包车、在线办证等服务和“防疫惠企28条”政策送上门，走访企业217家、中小学25所，帮助解决问题115个。

【围绕全区中心工作监督履职】 2020年，区人大常委会开展执法检查、工作评议、专项视察等活动28次，提出意见建议函15件，任免国家机关工作人员85人次，并组织开展集中宪法宣誓。向区委请示报告重要事项4次，区委常委会研究人大议题4次，区委主要领导作出批示12次。全程参与区“十四五”规划编制，提前介入、深入调研相关重大问题，征集各级代表400余人次所提意见198条，梳理形成29个方面建议。2020年，区人大常委会听取和审议国民经济和社会发展计划执行、预算编制执行、政府重大投资项目执行及变更等重大事项。修订预算审查监督办法和政府重大投资项目监督办法，提出“五不列入”原则，引入第三方助审机制。推动相关部门出台全省首个重大投资项目事前绩效评估实施办法，评审项目19个，核减资金近亿元。实施国有资产管理情况报告制度，听取和审议区政府关于2019年度行政事业性国有资产管理情况专项报告、国有资产管理情况综合报告。听取区环境（水务）控股集团有限公司资金运行情况、人才和科技专项资金使用情况报告。集体调研未来科技城、良渚新城、钱江经济开发区等产业平台，听取整体工作和重点区块规划建设情况汇报。宣传贯彻落实《浙江省民营企业发展促进条例》，跟踪监督存量土地盘活和工业园区提升改造。依托预算联网监督系统，对教育、民政、商务、城管、农业等部门和仓前街道开展预算草案“三审”制工作。听取和审议区政府关于数字经济发展情况报告，专项视察“新制造业计划”推进情况。专题调研全区应急管理体系建设并听取区政府相关工作情况报告。专项视察道路交通安全设施使用情况。持续九年关注良渚古城遗址申遗和保护传承利用，配合市人大做好设立“杭州良渚日”的前期工作，组织参与系列纪念宣传活动，联动开展世界文化遗产保护相关条例执法检查。专项视察运河二通道建设、文旅融合项目建设情况。专题调研国家现代农业产业园创建、杭州余杭农林资产经营集团有限公司国有资产开发利用等工作。专项视察乡村振兴——产业兴旺工作情况。与镇（街道）人大联动开展“推进‘三个全域’建设、人大代表在行动——聚焦城市社区治理”主题活动和城市社区治理“一法两条例”执法检查。指导镇人大、街道人大工作委员会探索建立专题议事机制，开展专题议事66场。《街道专题议事制度在余杭基层治理中的运用和思考》被评为省人大工作研究会优秀论文三等奖。推动区人民政府出台向社会力量购买人民调解服务相关政策。推进省、市基层立法联系点规范化建设，向上级人大反馈法律法规修改建议28条。听取和审议区人民法院关于民商事（知识产权）审判工作情况报告，并对3名法官开展评议。健全规范性文件备案审查会商和协同审查机制，审查备案19件。连续第三年跟踪监督行政负责人出庭应诉情况，行政负责人出庭率从72.8%提升至89.2%。

【民生实事监督】 2020年，区人大常委会监督推进老旧小区改善、农贸市场建设、公共场所AED机（自动体外除颤仪）配备、智慧停车等区级民生实事，提出建议93个，形成监督意见函8份。跟踪监督2015年以来正在实施的53个“票决”项目。专项视察“靓城行动——推动东部崛起”推进情况。开展居家养老服务工作专项视察，推动全区新增居家养老服务中心6家、居家养老服务照料中心26家、配送餐中心21家。专项视察无障碍环境建设情况，发动镇（街道）人大跟踪、监督、解决列入整改清单问题2290个。开展被征地人员社会保障和就业情况专项监督，督促政府部门清理“应办尽办”、转保等参保指标6.9万余个。专题调研科学规划学校布局、优化教育资源配置情况，听取和审议区人民政府相关工作报告。召开高水平推进交通强区建设座谈会，专项视察东西向快速路建设情况。与区总工会开展“维护职工合法权益、丰富职工文化生活”联合视察。听取和审议区人民政府关于年度环境状况和环境目标完成情况报告，落实第二轮中央生态环境保护督察工作部署。

2020年，区人大常委会专项视察“新制造业计划”推进情况
（区人大常委会办公室　供稿）

【服务人大代表】 2020年，人大代表联络总站提升改造，增添智慧化元素，实行专人驻点、定时接待。召开“比学亮风采、此处我最美”现场会，推进“一镇街一中心站”特色化规范化建设。培育平台站点，建成未来科技城代表联络站，打造“智囊型”联络站品牌。在东湖等5个镇（街道）中心站和径山联络站设立基层立法联系点工作站。开展年度“最美联络站”评比，评选出10家“最美联络站”。全年共有25名市、区领导干部人大代表、11人次区人大常委会领导、76人次政府部门负责人进站接待代表群众，各级联络站接待代表群众3410人次，协调解决问题768个。探索开展“云接待”“云交流”“云培训”，首设“代表畅享”学习会，开展直播培训8期，“代表畅享”学习会4期，参与学习培训代表人数4230人次。开展市、区两级代表述职，本届区人大代表全部完成述职。在“余杭发布”和“余杭人大”微信公众号推出“为最美人大代表”点赞活动，评出23名“最美人大代表”。注重

优化建议提出、交办、承办、督办、评估等机制，确保区十五届人大四次会议收到的272件建议在规定时间内首次答复完毕，满意率均超96%。推动闲置国有资产处置、玉架山遗址公园建设等建议落实落地。坚持常委会领导重点督办建议制度，推动20件领办建议落实。

【基层人大建设】 2020年，区人大常委会指导镇人大、街道人大工作委员会贯彻落实省乡镇、街道人大工作条例，制定并向14个街道人大工作委员会交办“工作清单”，明确23项具体工作。指导镇人大、街道人大工作委员会开好一年两次的镇人民代表大会和街道居民议事会。针对会议时长、会场布置、会议日程等细节向镇人大、街道人大工作委员会提出要求。优化完善考核体系，合理制定考核项目、赋分权重。提前谋划代表换届选举工作，到镇（街道）调研走访，就代表结构、资格联审、选民登记等听取建议。

【履职能力提升】 2020年，区人大常委会上线“智慧人大一键通”平台，推出代表履职积分、掌上联络站、满意度测评等功能模块。探索建立与长三角地区人大协作机制，与海宁人大常委会签署合作协议，首次联合视察跨行政区域综合环境整治工作，督促两地政府完善长效管控机制。接待外地人大代表学习考察120余批。

（梁锋）

编辑：郭贤松

杭州市余杭区人民政府

Yuhang District People's Government of Hangzhou Municipality

·重要会议·

【区政府常务会议】 2020年召开区政府常务会议21次，讨论和决定的事项41件。

1月4日，第四十五次区政府常务会议讨论和决定的事项：关于2020年政府工作报告，杭州市余杭区2019年国民经济和社会发展计划执行情况和2020年国民经济和社会发展计划（草案）报告、2020年余杭区政府投资重大项目计划（草案）报告，杭州市余杭区2019年财政预算执行情况和2020年财政预算（草案）报告。

2月11日，第四十六次区政府常务会议讨论和决定的事项：关于严格做好疫情防控帮助企业复工复产的若干政策。

3月16日，第四十七次区政府常务会议讨论和决定的事项：关于余杭区防治“新冠肺炎”疫情阶段性工作情况，传达学习中央一号文件和省委、市委农村工作会议精神。

4月2日，第四十八次区政府常务会议讨论和决定的事项：关于耕地保护督察反馈意见及历年土地例行督察“挂账”。

4月13日，第四十九次区政府常务会议讨论和决定的事项：学习《关于授权和委托用地审批权的决定》文件精神。

4月22日，第五十次区政府常务会议讨论和决定的事项：关于优化完善体制机制，提升未来科技城产业协同和城市发展能级的实施意见、湖杭铁路及高铁西站事宜、莫干山路提升改造工程（余杭段）等省、市、区重大项目。

5月7日，第五十一次区政府常务会议讨论和决定的事项：关于临平新城西安联盟区块项目开发建设实施方案、余杭区生态保护红线评估调整方案。

5月18日，第五十二次区政府常务会议讨论和决定的事项：关于调整余杭区征地区片综合地价问题。

5月25日，第五十三次区政府常务会议讨论和决定的事项：关于全区征迁安置政策调整。

6月2日，第五十四次区政府常务会议讨论和决定的事项：关于高水平推进交通强区建设有关事宜。

6月4日，第五十五次区政府常务会议讨论和决定的事项：关于余杭区农村住房建设管理办法。

7月21日，第五十六次区政府常务会议讨论和决定的事项：关于全区安全生产工作情况及第二轮安全生产综合治理三年行动计划、“十四五”规划编制工作等。

7月26日，第五十七次区政府常务会议讨论和决定的事项：关于2020年上半年国民经济和社会发展计划执行情况报告、2020年上半年政府重大投资项目计划执行及部分变更情况报告、2019年区本级财政决算草案和2020年上半年财政预算执行情况报告、2019年区本级预算执行和其他财政收支的审计情况、2018年区本级预算执行和其他财政收支审计工作报告指出问题的纠正情况和处理结果等。

9月14日，第五十八次区政府常务会议讨论和决定的事项：关于杭州市余杭区塘栖镇综合行政执法体制改革试点工作实施方案、杭州市余杭区人民政府2020年度重大行政决策事项目录、执行杭州市征地区片综合地价标准事宜等。

10月16日，第五十九次区政府常务会议讨论和决定的事项：关于第二轮中央生态环保督察信访问题整改落实工作情况、农村乱占耕地建房问题专项整治行动、余杭区突发事件总体应急预案等。

10月27日，第六十次区政府常务会议讨论和决定的事项：关于推进全面数字化转型推动“数字余杭”高质量发展、加强基层应急管理体系和能力建设的实施意见。

11月9日，第六十一次区政府常务会议讨论和决定的事项：关于东西大道运河大桥改建项目事宜、秋冬季新冠疫情防控工作情况。

11月11日，第六十二次区政府常务会议讨论和决定的事项：关于有关专项工作情况。

11月24日，第六十三次区政府常务会议讨论和决定的事项：关于促进和加强3岁以下婴幼儿照护服务发展、余杭区2020年财政收支预算调整情况、余杭区2020年“五水共治（河长制）”工作总结和2021年工作计划等。

12月16日，第六十四次区政府常务会议讨论和决定的事项：关于余杭区规范企业职工养老保险省级统筹工作实施方案、区政府及区政府办公室行政规范性文件清理工作情况等。

12月29日，第六十五次区政府常务会议讨论和决定的事项：关于传达学习省长郑栅洁在全省传统制造业改造提升2.0版现场推进会上的重要讲话精神，创建全国禁毒示范城市工作情况，余杭区抗雪防冻工作情况，杭徽高速老余杭互通接线改建项目等。

【区政府全体（扩大）会议】 2020年8月1日举行。会议高举习近平新时代中国特色社会主义思想伟大旗帜，深入贯彻党的十九大和十九届二中、三中、四中全会精神以及省委十四届七次全会、市委十二届九次全会和区委十四届十次全会精神，回顾总结上半年政府工作，研究部署下半年政府各项工作，动员全区各级各部门进一步提振精神，克难攻坚，狠抓落实，确保全年各项目标任务圆满完成。

（方兴飞）

【建议提案办理】 2020年3月18日，区人大常委会、区政府、区政协联合召开人大代表建议、政协委员提案交办会议。全年区政府领导领办代表建议19件、政协提案6件。各承办单位共领办人大代表建议272件、政协委员提案314件，均在3个月办理期限内完成办理。各单位围绕提高解决率，采纳和吸收代表委员的意见建议，建议提案解决率85.3%，推动出台有关乡村振兴、产业发展、社会治理、民生保障等方面的政策举措。

（徐晗玥）

·机关事务服务工作·

【概况】 2020年，余杭区机关事务服务中心围绕区委、区政府“三个全域”建设，一手抓疫情防控、一手抓业务深入，以构建“高效、开放、绿色、节约、温暖”大后勤管理模式为目标，运用标准化理念、信息化手段、创新性思维，定思路、谋发展，不断提升机关事务管理效能。

【后勤防疫工作】 2020年，区机关事务服务中心根据上级疫情防控通知要求，做好综合楼消毒杀菌、出入口测温、健康码查看等管理措施，先后启动8个区级疫情医学集中观察点的筹备工作，接收观察人员3270人。完成疫情防护物品长途采买和运输，协调中国邮政集团有限公司杭州市余杭区分公司开通寄送物资的绿色通道。慰问赴湖北及区级医院隔离病房一线医护人员及其家属，在重要卡点执勤的一线公安干警、机关干部志愿者，落实疫情防控指挥部工作人员的办公、用餐、用车和会务等工作。开启区政府大院、世纪大厦2个机关食堂，在春节期间为区“120”急救中心等工作人员提供用餐配送服务。

【后勤服务提升】 2020年，区机关事务服务中心在全区机关事业单位、平台及国有企业食堂建立统一的“一卡通”网络，服务党政机关部门及下属单位88个，互联互通机关干部1.2万余人。建设开发智慧后勤服务平台，功能包含餐饮服务、会场预订、公车预订、报修服务、设备巡检等。引入区内优秀企业的产品和服务以及湖北咸丰县，贵州台江县、天柱县等结对帮扶县特色农副产品，提供线下展销及线上订购供能。在区政府大院、华源综合楼、市民之家、世纪大厦4处综合楼宇试行物业管理及会务服务标准化，促进提升后勤事务管理、服务、保障效能。要求体量较大的综合楼围绕“绿色、低碳、节约”主题，挖掘特色亮点，开展“一楼一品牌”服务，提升后勤保障服务水平。

【机关食堂厉行节约】 2020年，为贯彻中央《党政机关厉行节约反对浪费条例》精神，区机关事务服务中心在所辖机关食堂开启“光盘主题日”活动，推出“小份菜”“半碗饭”，号召机关干部爱惜粮食，拒绝浪费。以重要接待分餐制、日常接待套餐制、工作会议快餐制，执行公务接待制度规定。

【房产基建管理】 2020年，区机关事务服务中心立项项目2个、续建项目2个，涉及总建筑面积2.01万平方米，总投资概算9368万元；完成办公用房维修审批申报42批次，核减金额96万元，平均核减率6%。完成区级机关事业单位房产租入（出）审批45批次，涉及建筑面积6388.58平方米。为11家单位调剂办公面积5487.79平方米；完成零星维修项目10个，涉及建筑面积2559.83平方米，总投资255.04万元。

【公务接待】 2020年，区机关事务服务中心将余杭特色融入接待流程和会议服务中，全年完成接待任务3509批次、52118人次，其中，区委、区政府接待中心接待国家领导人7批次，接待省、市主要领导调研、各地党政考察团318批次，接待保障大型活动87场，保障区领导外出考察12次。

【公务用车保障】 2020年，区机关事务服务中心通过《余杭区行政事业单位公务用车管理实施办法》及区公务用车、综合执法用车、租赁服务三大平台管理制度，形成“1+3”公车管理制度体系。结合公车控购系统、“全省一张网”系统、派车调度启程系统，通过“线上线下”联动，监督管理公务用车。逐步推广新能源汽车配备，坚持优先国产品牌采购，更新应急车辆30辆、行政执法专用车9辆。全年保障部门、重大会议（活动）用车3.26万余次，安全驾驶里程335.07万千米。

（姚立芸）

2020年，区机关事务服务中心在所辖机关食堂推出“小份菜”
（区机关事务服务中心 供稿）

·外事工作·

【概况】 2020年，余杭区接待来自英国、法国、芬兰、乌兹别克斯坦、巴基斯坦、泰国、克罗地亚、柬埔寨、缅甸、尼日利亚等国家和地区的境外来宾246批1687人次，洽谈内容涵盖经贸合作、招才引智、文化交流、旅游促销、教育合作等。全年受理外国人来华邀请核实单申请145批243人次。

【国外高层政府官员到访】 2020年10月22日，芬兰共和国驻上海总领事何朗明一行访问余杭区，考察梦想小镇。11月8日，联合国教科文组织驻华代表欧敏行访问余杭区，考察良渚博物院和良渚古城遗址公园。11月14日，泰国驻华大使阿塔育·习萨目、克罗地亚共和国驻华大使达里欧·米海林、乌拉圭东岸共和国驻华大使费尔南多·卢格里斯、缅甸联邦共和国驻华大使吴苗丹佩等驻华使领馆代表在参加“2020世界旅游联盟·湘湖对话”年会期间访问余杭区，考察良渚博物院和良渚古城遗址公园。

【国际会议及活动】 2020年6月30日，2020中国杭州梦想小镇法国村开工典礼暨法国日系列活动在余杭区举行，法国驻上海总领事馆领事顾问吉尔伯特·曼内特出席开幕式并致辞，中国法国工商会、法国格勒诺布尔大学以及法国知名企业代表参加活动。7月16—17日，“走进中华文明圣地——驻沪领事官员良渚行”活动在余杭区举行，尼日利亚、乌克兰、埃塞俄比亚、希腊、拉脱维亚等国驻华使领馆代表及部分在杭外籍友好人士共26人参加活动。9月29日，“彩笔绘良渚 盛世颂华章”百名中外画家走进良渚古城油画作品展在余杭区举行，乌兹别克斯坦驻上海总领事马苏托夫·阿济兹及乌兹别克斯坦国家艺术科学院代表出席开幕式。本次展览共展出160幅以“良渚”为主题的油画作品，包括8名乌兹别克斯坦画家的25幅作品。

【疫情防控涉外管理】 2020年，区人民政府外事办公室牵头成立余杭区疫情防控期间外语翻译储备库。储备库由全区党政机关、教育系统及重点外经外贸企业推荐的具备外语语言能力、涉外管理经验的111人组成，为余杭区涉境外航班接机、外籍人员集中隔离、流行性病学调查、涉外突发事件应急处置、外籍人员生活帮助等疫情防控工作提供线上、线下翻译服务。全年完成杭州萧山国际机场涉境外航班接机140批，协助镇（街道）处理涉外事件15起。

（徐露丹）

·侨务工作·

【涉侨境外疫情输入防控】 2020年3月，区委统战部（区侨联）落实“精密智控”部署，做好浙江省入境人员信息预申报平台录入。一封家书、一张海报、一组微信，开通24小时电话咨询服务，全面宣传涉侨境外疫情输入防控政策。全区张贴海报27415份，发放温馨提示30946张，发送短信17209条，入企宣传8828家、楼宇宣传3153幢，覆盖人群936140人。

【区侨商协会换届】 2020年8月18日，余杭区侨商协会第二届会员代表大会在临平举行。大会听取并审议区侨商会第一届理事会的工作报告，选举产生区侨商会第二届理事会理事19名，杭州余杭石油有限公司董事长、总经理俞海平任会长。

【全区侨务工作培训班】 2020年8月28日，余杭区侨务工作培训班在临平举行，各镇（街道）、平台统战干事和侨情数据智库系统操作人员共40余人参加。会议传达全省新乡贤工作推进会精神，明确侨务和新乡贤工作要求，开展全区侨情数据智库系统操作培训。

（戴燕萍）

·台湾事务·

【协助台企做好疫情防控和复工复产】 2020年，余杭区在台企中宣传落实疫情防控措施，开展“三服务”助力台企行动，协助企业解决困难和问题，确保台企同等享受各类帮扶纾困政策，推动复工复产。

【服务返岗台胞】 2020年，余杭区采用各小区张贴告知书等方式，全覆盖宣传、全方位排摸、全天候答疑，精准排摸和服务入境返岗台胞，做好台胞入境疫情防控工作。

【云上余台民宿产业发展论坛】 2020年9月22日，云上余台民宿产业发展论坛在杭州举行。余杭区、信义区两地民宿业主在线分享交流民宿投资、管理服务、市场推广等经验，探讨两地民宿发展过程中存在的问题以及民宿产业如何与现代乡村旅游相结合，助推乡村振兴，开辟更新更具潜力的发展路径。

【两岸未来乡村产业发展论坛】 2020年11月3日，两岸未来乡村产业发展论坛在塘栖镇举行。两地专家和学者以“聚两岸智慧，续三农新篇”为主题，探讨与展望未来两岸新经济新产业的合作和发展。11月4日，参加两岸未来乡村产业发展论坛的部分台湾青年，参观黄湖镇青山村融设计图书馆、青山自然学校和龙坞水库，了解未来乡村发展形态。

（陈娟芬）

编辑：张婷婷

政协杭州市余杭区委员会

Yuhang District Committee of the Chinese People's Political Consultative Conference

·重要会议·

【区政协十一届四次会议】 2020 年 1 月 17—19 日在临平举行。会议审议批准区政协主席沈昱所作的常委会工作报告、副主席吴立炜所作的提案工作报告，补选产生区十一届政协副主席 1 名、常务委员 5 名。会议认为，2019 年区政协常委会以习近平新时代中国特色社会主义思想为指导，坚决贯彻落实区委政协工作会议及其他重要会议精神，围绕中心、服务大局，充分发挥政协专门协商机构和重要渠道作用，坚持建言资政和凝聚共识双向发力，在探索协商民主上完善新机制，在履职尽责担当上展现新作为，在团结联谊合作上汇聚新动力，努力干出新时代政协工作新样子，为全面推进“三个全域”建设、奋力开创余杭高质量可持续快发展新局面、全力争当新时代发展排头兵做出了积极贡献。会议同意常委会提出的 2020 年工作总体要求和主要任务，要求常委会认真组织实施。委员列席区十五届人大四次会议，听取并讨论区长陈如根所作的政府工作报告及其他报告。全体委员围绕区委、区政府重要决策部署和余杭政协事业发展，通过审议报告、大会发言、分组讨论、撰写提案等形式，协商议政，建言献策。会议期间共提交发言材料 21 篇，其中有 12 名委员发言。会议共收到委员以提案形式递交的意见建议 399 件，初审通过 363 件。会议审议通过区政协十一届四次会议决议，听取提案初审报告。

（章海锋）

·主要工作·

【新冠肺炎疫情防控】 2020 年新冠肺炎疫情发生后，区政协第一时间成立疫情防控检查监督工作领导小组，下发通知。政协领导和机关干部检查指导小区、道路卡点、农贸市场、建筑工地等 289 处，帮助协调解决相关问题 74 个。各界别组委员捐款捐物近 520 万元。开展“深化‘三服务’，助企开复工”专项活动，区政协领导带队，深入基层调查研究，走访企业、建筑工地等 172 处，走访委员企业 20 余家，上报企业反映的问题，会同相关部门和镇（街道）、产业平台现场协调解决企业困难。发动委员收集疫情防控和企业复工的意见建议，向区委、区政府报送社情民意或者专报 40 多期 50 余篇，向上级政协报送社情民意 30 篇。

【提案办理项目化管理】 2020 年，区政协制定《关于提案办理项目化管理的实施意见（试行）》，围绕提案办理开展调研视察、专题协商。优化提案办理工作流程、成果转化、考评办法等制度设计。依托“请你来协商”平台和 49 个委员工作室，将 314 个提案分为 25 个专题项目。在三轮提案办理中，区政协主席、副主席分头带队，召开提案办理协商会 23 场次，委员参加人数 300 余人次。通过同类提案集中面商，推动承办单位找出深层次、结构性的问题，提出带有普遍性、宏观性的政策措施，发挥“解决一类、影响一片”效果，提高部门提案办理效率。区委书记张振丰和区长陈如根等领导办理"养老服务""小区物业管理"等相关提案项目，其他分管领导多次参加相关提案办理工作。在党政领导的推动下，承办部门把提案办理工作作为"一把手"工程，列入议事日程，形成"主要领导亲自抓、分管领导具体抓"的工作格局，增强提案办理效果。根据委员测评、专委会评估，A类提案（所提问题已经解决或基本解决）占全部提案的97%。提案办理作法被《人民政协报》《联谊报》《杭州日报》和杭州电视台等报道。

【改革创新发展建言献策】 2020年，区政协围绕"重大项目赋能高质量发展"开展专题协商活动，区级相关部门与会政协委员、基层单位代表围绕"之江实验室""中法航空大学"等重大项目，就如何赋能地方经济高质量发展、制造业重大项目如何赋能工业高质量发展、未来科技城如何利用重大项目提升引领力等问题，提出意见建议。围绕"十四五"规划编制，区政协主席会议召开专题协商会，听取编制情况介绍，提出意见建议完善规划。组织委员视察未来科技城、余杭经济技术开发区、临平新城、良渚新城和钱江经济开发区等产业平台，开展推进和规范直播电商产业发展、重大签约项目落地开工、打造一流金融服务环境、打造"热带雨林式"人才生态、新制造业发展等调研协商活动，为改革创新和产业发展建言献策。

【城市能级提升助力】 2020年，区政协围绕高质量发展，组织开展重大交通设施建设情况视察，实地调研东西向快速路项目施工现场，组织委员召开协商议政会。区政协主席会议集体听取杭徽高速老余杭出口改造提升方案，区政协城建委就提升改造方案进行调研，向区委、区政府提交要求"科学设置、统筹安排、道路通畅"的建议报告。就城市整体环境质量提升、垃圾分类、城市精细化管理、杭州地铁3号线项目、安置房建设情况等专题视察协商活动，开展"强化科技赋能，推进城市交通精细化"重点调研，助推城市品质能级提升。

【区域治理现代化助推】 2020年，区政协围绕高水平治理开展调查研究，协商建言，助推区域治理现代化。针对小区物业矛盾突出、信访量大的情况，以"请你来协商"为平台，邀请区长陈如根和相关部门、镇（街道）主要负责人，以"提升物业管理、共享美好生活"为主题开展专题协商，达成物业小区科学合理划分，业委会、业主代表的功能定位，物业服务企业的管理，公共部位管理，数字化赋能等8个方面共识，为加快小区物业治理提供解决思路。围绕"补齐短板，推进基层治理现代化"，区政协常委会召开专题协商会，在加强基层治理队伍、部门信息共享、提质增效减负、人文治理机制、社会组织公益人才管理等方面提出协商意见。开展公益诉讼、高层建筑消防安全综合治理、安全维稳工作等视察协商活动，助力基层治理现代化。

【民生事业发展助力】 2020年，区政协围绕人民对美好生活的向往，开展专题协商和视察调研。召开养老服务高质量发展协商会，区委书记张振丰召集相关部门、镇（街道）主要负责人，围绕提升养老服务主题，与委员专题协商，在协商中查摆问题、分析原因、研商对策，形成共识。区政协专题视察无障碍环境建设、0～3岁幼儿托育、老年食堂建设、5G赋能教育、文体设施建设等专题。

【合作共事机制优化】 2020年，区政协建立健全联动调研、联合监督、联谊联络等工作机制，为各民主党派、工商联和无党派人士在政协履职搭建平台、创造条件。以政协机关委员会客室为平台，主动加强与各党派团体、各界人士的沟通联络，定期组织党派委员和政协领导谈话，沟通情况。加强同党外知识分子、非公有制经济人士、新的社会阶层人士的团结联谊。密切与港澳台同胞、海外侨胞的联系，扩大政协对外交往渠道，帮助其解决工作、生活、学习上的困难。

【团结联谊】 2020年，区政协继续完善区政协领导走访委员和委员联系界别群众制度。做好"三服务"活动，帮助企业解决实际困难，促进经济发展。参加长三角十三县（市、区）政协工作研讨会第45次会议。为政协外围组织开展视察调研活动提供服务保障，区政协之友联谊会和企业家协会，开展调研、视察、学习活动。

【文史宣传】 2020年，区政协挖掘整理政协成立以来的文史资料，重新编辑出版《余杭政协文史精典》，其中《良渚遗址保护口述史》和《余杭丝绸轻纺业口述史》分别被评为十一届杭州市政协优秀文史图书一等奖、三等奖。支持书画院工作，建立政协瓶窑片委员工作之家和创作展示基地，开展系列书画创作展示活动。编发《余杭政协》杂志，依托余杭政协微信公众号、政协网站，发布政协调研、视察、座谈等履职信息，全年发布各类政协信息200余期。争取上级政协媒体、本级新闻传媒的支持，运用新媒介，传播政协工作信息，宣传委员履职事迹，扩大政协组织和委员的社会影响力。

【政协履职阵地拓展】 2020年，区政协推动履职平台建设向基层延伸、向界别延伸、向委员延伸，健全界别活动组、联络工委、派驻民主监督小组和委员工作室等履职机制，推动协商民主常态化。全年各界别活动组开展内履职活动，服务基层群众，帮助企业解决困难。各镇（街道）联络工委依托“请你来协商”平台，聚焦热点难点问题开展基层协商活动。民主监督小组通过明察暗访等形式，监督部门工作，形成10份民主监督建议书。新创建委员工作室12个，共49个，共组织活动116次，参加委员213人次。依托委员会客室，开展“民主党派谈心谈话”活动。举行瓶窑片委员之家暨书画基地启动仪式，为瓶窑片委员开展活动提供履职基地。

【政协功能型党支部建立】 2020年9月，区政协党组制定《中共政协杭州市余杭区委员会专门委员会功能型党支部工作办法（试行）》，以区政协专委会为基础，建立6个功能型党支部，将109名党员委员全部纳入管理，实现党的组织对党员委员的全覆盖、党的工作对政协委员的全覆盖。党员委员通过“钉钉”学习群、“i履职”学习小程序，交流学习心得体会。各党小组结合学习传达党的十九届五中全会精神，组织全体委员开展读书活动。

（章海锋）

编辑：郭贤松

纪检监察

Discipline Inspection and Supervision

·纪检监察工作·

【概况】 2020年，余杭区各级纪检监察组织坚持把严明政治纪律和政治规矩摆在首位，加强对贯彻落实党中央，省委、市委、区委重大决策部署情况的监督检查，切实增强“四个意识”、坚定“四个自信”、做到“两个维护”。开展服务保障“三个全域”“新五场硬仗”监督检查，督促“最多跑一次”改革、基层减负等落地见效。深入贯彻落实习近平在浙江调研时的重要讲话精神，开展公共资源中会所整治“回头看”，通过区级明察暗访20余次，发现问题14个，防止“会所中的歪风”反弹回潮。开展制止餐饮浪费行为专项监督检查206次，解决问题148个。加强对全面从严治党主体责任落实情况的监督，严格执行“一单两书”（党风廉政建设抄告单，意见书、建议书）制度，督促整改问题37个。加大“一案双查”力度，对41起履行“一岗双责”不到位的问题进行追责，问责处理48人。

【纪检监察体制改革】 2020年，区纪委（监委）持续深化纪律检查体制改革和国家监察体制改革，贯彻中国共产党纪律检查机关监督执纪工作规则和《监察机关监督执法工作规定》，修订问题线索处置流程，推动纪法贯通、法法衔接更加顺畅高效。健全监察对象数据平台，收集并录入纪检监察对象信息近11万条，实现与行政执法、刑事审判等数据的定期碰撞。完成派驻（出）机构六个“一体化”改革，制定完善履职细则、考核细则等制度，推动镇（街道）纪检监察组织规范履职。

【监督执纪“四种形态”】 2020年，区纪委（监委）严格执行新修订的《中国共产党纪律处分条例》，深化运用监督执纪“四种形态”，处理1004人（次），其中第一至第四种形态分别占69.9%、20.8%、4.3%和5.0%。严格执行提醒式谈话、警示式约谈、关心关爱式谈话制度，全区开展谈话提醒1.69万人次。严格执行日常监督与民主（组织）生活会说明情况关联机制，26名区管干部按要求在民主生活会上就受到警示约谈、问责、处分情况作出深刻检查。

【区委巡察】 2020年，余杭区持续深化政治巡察，推进巡察监督全覆盖。在区管党组织巡察中，按照“一托二”方式，完成16个区直单位的常规巡察，推动问题整改落实。推进村（社区）党组织巡察，通过对241个有股份经济合作社的村（社区）党组织巡察，发现并反馈问题，提出意见建议，推动问题全面整改落实。以问题整改情况评审督促和共性问题抄告跟踪督办等工作，推动巡察成果综合运用。

【作风效能建设】 2020年，余杭区继续坚持严格执行中央八项规定及其实施细则和省、市、区委有关规定，紧盯国庆、中秋等节日时间点，围绕公款吃喝、公车私用、违规收送礼金礼品、违规发放津补贴等内容，开展明察暗访340余次，发现问题128个，查处违反中央八项规定案件94起，处理

112人，其中，党政纪处分68人，通报典型案例2次。严肃处理信访、监督检查等环节发现的“三不”、形式主义和官僚主义问题，查处问题114起，问责177人，党纪政务处分6人。开展党员干部违规收送礼品礼金、违规借贷、违规享受集体土地征迁安置政策等问题专项整治。查处民生领域侵害群众利益问题15件，处理16人。构建事前清单备案、事中过程问责、事后澄清消融的全过程容错免责机制，营造干事创业的良好氛围。

余杭区清廉村居示范点——余杭街道仙宅村“家、村、国”文化走廊

［区纪委（监委） 供稿］

【惩治预防腐败】 2020年，全区纪检监察组织共受理检举控告件306件次，处置问题线索901条，立案293件，涉及县处级5件、乡科级31件，党纪处分263人，政务处分32人，留置14人，移送司法机关11人。查处杭州市医保局医保基金诈骗案等严重违法违纪案件，通过执纪审查和依法调查，为国家和集体挽回直接经济损失2466.14万元。推进扫黑除恶专项斗争，对涉黑涉恶腐败和“保护伞”问题立案22件，留置4人，党纪政务处分20人，组织处理及问责30人，移送司法机关5人。加强和改进信访举报工作，推进检举举报平台建设。督促发案单位开好专题民主生活会，推动以案促改、建章立制。开展庭审云直播等警示教育，推动警示教育常态化、全覆盖。联合中央纪委国家监委宣传部、中国纪检监察杂志社等单位，举办第二届“玉琮杯”清廉微电影大赛，提升余杭清廉文化的品牌影响力。

【清廉基层建设】 2020年，余杭区针对村（社区）组织换届“一肩挑”新形势，推行村级重大事项决策清单、村级重大事项决策监督记录本和意见建议征求记录本等制度，开展监察联络日活动，破解村级监督组织不想监督、不敢监督及不擅监督的难题。探索开发清廉余杭数智监察平台，实现对村级工程、大额存单、资产管理等风险易发多发地带的实时监管，推动监督关口前移。制定《村级限额以下小额工程建设项目交易管理办法》等制度文件，鼓励“土工匠”通过简易招标程序参与各类小额工程投标，破解小额工程成本虚高、转包分标、管理混乱等问题，全年共实施小额工匠项目352个，交易周期平均缩短60天，平均节约预算资金超过12%。开展基层党风廉政建设示范引领工程，按照文旅融合的理念打造15个清廉文化示范点。

【纪检监察队伍建设】 2020年，区纪委（监委）强化党建引领，组建公检法纪“红色廉盟”，构建区域化党建资源矩阵，通过业务联学、关爱联动、活动联办、文化联育打造区域化党建堡垒。开展全员培训，举办全区纪检监察干部培训班，搭建“清廉talk”、鉴思讲堂等学习培训平台，制定实施“双向挂职”锻炼、片组协作等实战锻炼制度，提升专业能力、斗争能力。落实“五张清单一张网”要求，制定出台《纪检监察干部监督工作办法》，开展以“严纪律，守规矩，强作风”为主题的警示教育月活动。严肃处置纪检监察干部问题线索，受理纪检监察干部信访件5件，对1件反映情况不实的信访件予以通报澄清。

（吴柯宁）

·巡察工作·

【概况】 2020年，区委巡察机构按照《中国共产党巡视工作条例》《关于市县党委建立巡察制度的意见》《市、县（市、区）党委巡察工作规程》等文件精神以及中央和省、市、区委关于巡视巡察工作要求，落实《中国共产党杭州市余杭区第十四届委员会巡察工作规划》，制定年度巡察工作计划和每轮巡察安排方案，深化政治巡察，不断提升巡察规范化、科学化水平，推进区委巡察工作高质量发展。

【区管党组织巡察】 2020年，区委巡察机构贯彻落实中央和省委、市委、区委关于深化政治巡察的决策部署，推进十四届区委任期内巡察工作全覆盖。围绕“三个聚焦”等重点内容开展巡察监督，采取“一托二”等方式推进对区管党组织的巡察。4个区委巡察组全年对16个区直部门完成常规巡察，发现并反馈问题，提出意见建议，推动问题整改落实。

【村（社区）党组织巡察】 2020年，区委巡察机构贯彻落实中央和省委、市委推动巡察工作向村（社区）党组织延伸、市县党委承担村（社区）巡察主体责任等部署精神，推进村（社区）党组织巡察全覆盖。2020年上半年，整合镇（街道）等力量，组建区委巡察组，集中对241个有股份经济合作社的村（社区）党组织开展巡察，发现并反馈村（社区）个性问题和镇（街道）共性问题，针对性提出意见建议，推动问题全面整改落实。

【巡察整改】 2020年，区委巡察机构贯彻落实中央和省委、市委巡视巡察整改工作部署要求，加强与纪检、组织、巡察协同联动，健全完善巡察整改制度机制，形成监督合力。健全巡察整改销号机制，梳理已巡察单位未整改销号问题，持续抓好跟踪督办，推动问题全面整改落实。召开整改评审会3次，对第九至十轮巡察反馈问题、第十一轮村（社区）巡察抄告镇（街道）共性问题整改情况进行集中评审，压实整改责任，督促并推动问题整改落实到位。注重巡察成果综合运用，对巡察中发现涉及全区面上的18个共性问题，向相关职能部门进行抄告。

（齐珩）

编辑：张婷婷

民主党派和工商联

The Democratic Parties & Federation of Industry cnd Commerce

·民主党派·

【中国国民党革命委员会余杭区基层委员会】 2020年，中国国民党革命委员会余杭区基层委员会（下称“民革余杭区基层委”）有党员67人。下设三个支部，其中，一支部22人、二支部25人、三支部20人。党员中有全国妇女代表1人，市政协委员1人，区人大代表1人、区政协委员14人（常委2人）。全年发展新党员4人，其他地区转入3人。一支部、二支部完成换届工作。分别由俞旭霞、吕航、张迪、李萍等10位成员担任新一届支委班子成员。

全年提交提案建议27件，其中，政协提案25件、人大建议2件。市政协十一届四次大会期间，郭青岭提交《关于打造“世界遗产群落”建设长三角“文化增长极”》的集体建议，被评为市政协2020年度优秀集体提案，相关社情信息被省政府录用。区政协十一届四次大会期间，高丽娟作《让老年食堂飘出香味、家味、幸福味》大会发言。民革余杭区基层委提交的《关于加快推进我区老年食堂建设的建议》、谢俊的《鼓励社会资本参与建设电动汽车充电基础设施的建议》被评为优秀提案。

全年撰写调研报告2篇，社情民意稿26篇，动态信息40余篇。其中：邵政镓的《台籍青年在大陆直播电商行业创就业需规范》被民革中央采纳，并报送全国政协和中央统战部，民革中央特此发来感谢函；邵政镓的《关于台胞在大陆（浙江）就诊费用结算报销的问题》被省政协录用；陈旭丹的《我省食用农产品农兽药超标问题需引起重视》被省政府录用；华遇春的《关于进一步加强我市基层人民调解员队伍建设的建议》获市委常委、秘书长许明批示。

突如其来的新冠肺炎疫情发生后，民革余杭区基层委开展抗击疫情工作。詹陈雷身在捷克，联合青田同学会从欧洲十六国募集抗疫物资送回国内，事迹被《人民日报》、民革中央专题报道。虞万骏联系在瑞典的亲属筹集医用口罩、防护服、手套等医疗物共计8万件资，空运至余杭隔离区使用。柯儒斌、钮施瀚、俞旭霞、高志朝、虞万骏、詹陈雷6名党员被评为省民革防控抗疫先进个人。

开展“同心·博爱”品牌社会义诊活动4次，受益人员200余人。持续资助台江学子，多次看望孤寡老人。开展法律咨询、法律知识讲座及普法活动，实施法律援助6次。服务走访党员企业家4次。引导党员利用自身人才优势参与社会服务活动。

邵政镓承办市级以上涉台较大影响力活动5场，参加大型涉台活动和论坛11场，完成涉台交流和经济相关工作47项，培训台湾籍同胞375人。在第三期海峡两岸青年发展论坛中代表浙江作主旨发言《一杯茶　两岸情　三座桥》，与国民党前主席洪秀柱交流。

民革余杭区基层委被评为民革全省宣传思想工作先进集体、祖统工作先进集体、示范五好民革党员之家；获民革市委会2019—2020年参政议政工作先进集体二等奖；三支部获第二批省级示范支部称号。郭青岭被评为“2020年度浙江民革骄傲人物”、民革浙江省组织工作先进个人、市政协2019—2020年度优秀履职者、民革市委会2019—2020年度参政议政优秀调研成果一等奖；邵政镓被评为民革浙江省2020年祖统工作先进个人；虞铭被评为全国“乡村和文化旅游能人”；刘德俊获得长三角“舞林大会首届江南舞蹈节”金奖及“排舞大赛”银奖、第十届市“风雅颂”民间舞蹈大赛银奖；洪燕琴被评为第五届“浙江戏剧奖·金桂表演奖”、市新剧目会演优秀表演奖；谈明毅获得第九届浙江省花鸟画展优秀作品奖。

【中国民主同盟余杭区基层委员会】 2020年，中国民主同盟余杭区基层委员会（下称“民盟余杭区基层委”）有盟员80人。下设4个支部，其中，教育文化支部18人、综合支部28人、海创园支部19人、离退休支部15人。盟员中有市人大代表2人、市政协委员1人，区人大代表2人、区政协委员11人（常委3人）。全年发展新盟员5人。成立海创园盟员之家，举办盟员活动5次。

全年提交提案建议20件，其中，政协提案18件（集体1件、个人17件），人大建议2件。市政协十一届四次大会期间，孙树荣提交《关于有效保护和合理利用世界文化遗产》的建议，并代表民盟界别组作《关于完善我市乡村治理体系的建议》的发言。区政协十一届四次大会期间，张丽莉代表基层委作《科创型小微企业融资难的现状及建议》大会发言。沈慧丽的《关于有效保护和合理利用世界文化遗产的建议》被评为优秀提案。

提交调研课题5篇，社情民意信息160篇。朱斌的课题《关于“亲清在线”平台创新实践的思考和为未来发展的建议》作为市政协十一届五次会议团体提案。俞珠花的《直播电商火爆亟待加强监管》、杨梅的《建议进一步整合开放国家标准电子化数据资源》被民盟中央采用；俞珠花的《建议要高度重视今年大学毕业生就业的严峻形势》专报国务院办公厅，《关于进一步优化消费券发放和使用的建议》《关于及时改进消费券发放使用有关举措的建议》被全国政协《每日社情》采用；俞珠花的《建议要高度重视今年大学毕业生就业的严峻形势》《警惕草地贪夜蛾虫害再次爆发伤及我国农业》《关于加强长江流域抗生素污染治理的建议》，茹莎莎的《建议对虚拟注册的市场主体加强监管》等上报全国两会。

2020年，民盟余杭区基层委被评为盟省委双十佳基层组织、盟市委先进基层委员会、新冠疫情防控工作先进组织，获得盟省委反映社情民意信息工作特等奖；海创园支部获得盟市委反映社情民意信息工作特等奖，综合支部和教育文化支部获得一等奖；教育文化支部、综合支部被评为盟市委五星级支部，海创园支部、离退休支部被评为盟市委三星级支部。俞珠花、范松平、茹莎莎被评为盟省委反映社情民意先进个人；俞珠花、茹莎莎被盟省委聘为新盟员培训班导师。

【中国民主建国会余杭区基层委员会】 2020年，中国民主建国会余杭区基层委员会（下称“民建余杭区基层委”）有会员147人。下设5个支部，其中，一支部33人、二支部32人、三支部32人、四支部32人、科创支部18人。会员中有省政协委员1人、市政协委员1人、区政协委员19人，市人大代表1人、区人大代表2人，国家“百千万人才工程”2人。全年发展新会员10人。

全年提交提案建议42件，其中，政协提案38件，人大建议4件，形成调研报告4篇。其中，许玲娣、汤明亮、陈树坤、郎振忠联合撰写的《关于基层治理数字化转型中的问题与建议》获省、市委员会参政议政优秀成果一等奖；黄继生的《新型政党制度视域下推进参政党体系建设研究》获市委会理论研究课题结项成果一等奖；王勇的《关于加快智慧停车场建设的建议》获市委会二等奖；赵玮的《以智能制造创新推动产业数字化升级的对策建议》《锚定新制造、融入长三角，以数字经济创新推动制造业高质量发展》分别获市委会参政议政成果二等奖、三等奖。全年报送社情民意信息100余篇，其中，民建中央录用3篇，省委会录用14篇，市政协录用2篇。崔剑的《关于农村地区“家门口防疫”要规避霸权行为、形式主义和外紧内松现象的建议》被民建中央采用；茹方军的《加强春节期间农村地区疫情重点管控的建议》《延长春节假期防控疫情亟须进一步明确延长假期的企业工资标准》被省、市委会采用；郎振忠的《关于建立企业水电气网联动报装机制的建议》直接推进余杭区水电气网联动报装改革。

新冠肺炎疫情发生后，民建余杭区基层委募集资金7.69万元，用于抗疫、慰问一线医务工作者。会员企业捐款50余万元，通过民建“思源”、市新联会等渠道多次捐款捐物；陆铜华捐助20余万元购买防护物资；匡明的企业负责武汉火神山医院信息管理系统安装工作，派出6名专业工程师到现场安装调试，提高火神山医院信息管理效率。复工复产期间，二支部调研乡村建设发展，三支部开展“夏季进工地送清凉”活动，慰问一线建筑工人，张宇到西藏开展脱贫工作。基层委报送抗疫及复工复产等信息26篇，其中14篇被上级录用。

民建余杭区基层委被评为省委会先进基层组织、市委会抗疫及参政议政先进集体；一、二、三、四支部获市级先进支部称号；科创支部获市委会社情民意信息工作先进集体。郎振忠被评为民建中央优秀会员；陈树坤被评为省委会优秀会员；崔剑获“民建全省抗击新冠肺炎疫情先进个人”称号；冯啸涛、匡明、张敏、陆铜华被评为市抗疫工作先进个人；孙威被评为市委会社情民意信息工作先进个人；陈树坤、吕宽、崔剑、汤明亮被评为积极分子。

【中国民主促进会余杭区基层委员会】 2020年，中国民主促进会余杭区基层委员会（下称“民进余杭区基层委”）有会员76人。下设4个支部，其中，一支部19人、二支部19人、三支部19人、四支部19人。会员中有市人大代表1人、市政协委员1人，区人大代表1人、区政协委员12人（常委3人）。全年发展新会员10人。

全年提交提案建议27件，其中，政协提案25件（集体1件，个人24件）、人大建议2件。沈利杨的《关于固化我区老年人每年一次免费体检的建议》、江小洪的《关于加强餐饮油烟污染全域治理回头看工作的建议》被评为优秀提案。

撰写调研课题3篇，提交社情民意信息96篇，其中市级以上部门录用47篇。张怡的《建议我市出台工伤职工停工留薪期的管理办法和分类目录》获得省领导批示；章雪梅、郑超的《防疫紧缺防护服建议调用农业储备应急》被民进中央录用；章雪梅的《疫情过后，农村三产如何化危为机》被省政协《联谊报》刊登；张宇挺针对基层疫情防控、复工复产中出现的问题和群众诉求，撰写社情民意信息20余篇；倪水友、李君、赵惠娟、郑超等撰写的多篇信息被市委统战部录用。

参加民进中央、省市专题论坛征文活动。李君的《试论精准扶贫的教育动力再生》获民进中央“2020年度学习习近平总书记关于扶贫工作的重要论述”征文活动二等奖、《民办幼儿园普惠性机制转型的解析及对策》获省委会开明教育论坛一等奖。

四支部与省直机关综合支部、市综合一支部及科创支部联合共建梦想芸台“开明嘉苑·民进之家”。开展联合调研、学习交流等活动5次，接待全国各地学习考察团12批次。二支部参与协办市委会第十届“迎亚运·西湖健康跑”活动，李飞玉获第一名。一、二、三支部分别在六一儿童节和高温期间，向民工子弟学校赠送300多册《余杭文学少年读本》，慰问35名一线城市环卫工人；到乔司街道乔司社区开展送教、送医、送文艺等活动。李君承担民进中央“同心·彩虹行动西部幼教帮扶”项目，建立西部幼教培训基地，为贵州省毕节、金沙，杭州三地幼儿园园长、教师、家长提供学习交流平台；陈海峰参加贵州省黔东南州对口扶贫活动和“筑垣·助学”公益服务工作；康燕到村（社区）开展健身舞蹈培训，举办排舞展演活动；金卫东参加民进省市组织的书画捐赠和送文化进村（社区）、医院、企业等活动，为抗疫英雄捐赠书画作品。

新冠肺炎疫情防控期间，56名会员捐款31816元，捐赠2吨消毒液送至市妇幼保健院和杭州市西溪医院。帮助鸬鸟、瓶窑、仁和等地农户销售蜜梨和水蜜桃1万余千克、大米2.5万余千克、蝴蝶兰近10万株。章雪梅募集近200万元资金，向武汉捐赠口罩6000个，向省、市、区31家医院捐赠防护服21080件，帮助5家企业购买消毒液等防护用品；李君募集善款、物资价值21.35万元；吴鸿洲的企业捐款10万元；陈海峰的企业捐款5.5万元，向区农业农村局、区住房和城乡建设局、星桥街道一线防疫和保供人员捐助雨衣3200件；赵春锋向南苑、余杭街道被隔离人员捐赠1350余千克蔬菜。

民进余杭区基层委被评为民进市委会参政议政工作先进集体，获得市红十字会“人道博爱奉献奖”；四支部被评为市委会先进支部。楼秀华、章雪梅、沈林峰被评为市委会“战疫情、促发展”先进会员；张怡、陈海峰被评为市委会优秀会员；章雪梅、陈强、赵惠娟等7人被评为市委会参政议政先进个人。

【中国农工民主党余杭区基层委员会】 2020年，中国农工民主党余杭区基层委员会（下称“农工党余杭区基层委”）有党员82人。下设3个支部，其中，一支部25人、二支部27人、三支部30人。党员中有市人大代表3人，区人大代表2人（常委1人）、区政协委员16人（常委3人）。全年发展新党员7人。

全年提交提案建议35件，其中，政协提案29件（集体6件、个人23件），人大建议6件。张炜的《将良渚古城申遗成功日——7月6日设立为“杭州良渚日”》在市十三届人代会常委会第二十八次会上获得通过。

完成调研报告3篇、社情民意60余篇，其中，全国政协录用2篇，省委统战部录用5篇，省委会录用11篇，市政协录用1篇，市委统战部录用2篇，市防指挥部录用3篇。于涛的《儿童口罩市场需求激增，亟须制定儿童口罩技术标准》《全面禁止非法野生动物交易落实过程中存在问题及建议》被全国政协录用；陈波的《在余杭做电商吃到“糖”了》在《人民日报》（海外版）头版头条刊登。全年社情民意录用总分在市委会12个区（县、市）中排名第一。

组织交流调研活动6次，基层委骨干党员到桐庐与兄弟党派进行交流学习；三支部组织参与市政协开展“杭州良渚日”设立暨城市遗址文化保护调研活动。

面对突如其来的新冠肺炎疫情，医卫界党员奋战防疫一线，各支部捐款捐物，支持武汉等地。复工复产中，开展“三服务”活动，助力开工复产。江筠带领区医保系统人员，确保医疗保障服务；施志杰带领区中医院第一时间投入战斗；徐武成、赵华、马强等医卫界党员坚守一线；周华娟凭借专业敏感性果断处置区内第一例新冠肺炎患者；丰国需带领故事团队，创作《祝你生日快乐》《等你回来》《梁小东三溜卡》等疫情故事，其中，《等你回来》被中国民间文艺家协会公众号发布，《捡口罩来捐口罩》被《民间文学》录用。

农工党余杭区基层委被评为省委会先进基层组织。丰国需获农工党中央先进个人与“年度中国好故事作家”称号；周华娟被评为省抗击新冠肺炎疫情先进个人、省委会抗疫先进个人；徐武成被评为省委会抗疫一线优秀党员、市委会新冠肺炎疫情防控先进个人；施志杰被评为市抗疫先进个人；徐永忠的《孙猴子与二憨子》被评为中国故事节第二批中国好故事，获中国年度好故事人气奖，《一个也不能落下》被评为省好故事奖，《讨债的村支书》被评为全国廉政故事第二批中国好故事，《爊鸭外传》被评为全国非遗故事第二批中国好故事，《家里来了只孔雀》获市网络故事二等奖；仲秀芳的《良渚自然之美》入选“彩笔绘良渚　盛世颂华章——百名中外画家走进良渚古城油画作品展”；费鑫萍获市新剧目会演优秀剧目奖、优秀演奏奖、优秀表演奖；沃美红被评为市优秀教师，获得市中小学和幼儿园教学研究评比二等奖；戴劲获市传统制造业改造提升工作成绩突出个人嘉奖。

【中国致公党余杭区基层委员会】　2020年，中国致公党余杭区基层委员会（下称“致公党余杭区基层委”）有党员51人。下设4个支部，其中，一支部12人、二支部13人、三支部15人、四支部11人。党员中有省政协委员1人，市人大代表1人、市政协委员3人，区人大代表3人（常委2人）、区政协委员9人（常委3人）。全年发展新党员5人。

7月，下设支部由3个调整为4个并完成换届，分别由阮森钎、王烨君、卢俊卿、杨佳威等12位党员担任新一届支委班子成员。9月，致公党余杭区总支部升格为致公党余杭区基层委并完成换届。由陈国建、胡水元、范芬梅、张国强、林丹琴、金果、杨佳威等7位党员组成第一届基层委员会，陈国建担任主委。

全年形成调研报告2篇，提交提案建议16件，其中，政协提案12件、人大建议4件。主要涉及社区食堂建设、生活垃圾分类、公共卫生风险防控等领域。报送动态信息、社情民意、“壹讯建言”等47篇，分别被致公党中央录用3篇，省委会录用8篇，市委会录用20篇。

省两会期间，郑攀作《破解外资利用新难点，打造外向型经济新高地》发言。海创园的委员会客厅获致公党中央副主席闫小培肯定。专题调研报告《民主党派基层组织如何在脱贫攻坚中发挥有效作用》《关于进一步加快现代交通体系建设的建议》等报送市委会。王玉坤在致公党中央脱贫攻坚理论研讨会上，作《乡村振兴战略背景下如何促进民族地区农文旅融合发展》交流发言。

依托“中非友好杭州致公驿站”开展活动。组织摩洛哥新春文旅活动、中非人才交流会，协办浙江（金华）中非文化合作交流周暨中非经贸论坛。王玉坤挂职贵州省台江县，利用专业特长助力当地产业探索生态友好型农业栽培模式、农文旅融合发展路径；楼寅挂职衢州市柯城区，推进山海协作。王玉坤、楼寅的事迹被致公党中央、团结网等媒体报道。基层委响应致公党中央“消费扶贫”号召，组织党员通过“酉好货”电商平台购买重庆酉阳农产品，消费超2万元。

新冠肺炎疫情发生后，党员捐赠物资价值57万元，牵头组织捐赠资金（物资）价值2400余万元。发挥党员海外资源优势抢购海外物资。联合企业上下游供应链，组织行业内企业走访与互动交流。刘波的企业泛鼎国际速递，助力中小微企业开展国际贸易。复工复产期间，各支部走访服务企业200余家，纾解企业复工资金3000余万元。

致公党余杭区基层委获市委会“抗击新冠肺炎疫情”“宣传思想工作”“组织工作”“对外联络工作”四项先进集体称号。张国强获省“抗击新冠肺炎疫情先进个人”称号，卢俊卿、刘波获市“抗击新冠肺炎疫情先进个人”称号；阮森钎被评为市委会宣传思想工作先进个人；杨佳威被评为市委会参政议政工作先进个人；范芬梅被评为市委会组织工作先进个人；刘漪被评为市委会社会服务工作先进个人；王烨君被评为市委会对外联络工作先进个人。

【九三学社余杭区基层委员会】 2020年，九三学社余杭区基层委员会（下称“九三学社余杭区基层委”）有社员95人。下设4个支社，其中，一支社24人、二支社24人、三支社22人、四支社25人。社员中有市人大代表1人、市政协委员2人，区人大代表1人、区政协委员17人（常委3人）。全年发展新社员11人。

完成基层委和支社的换届选举工作。罗建强、应健、王新龙、张洁、平永苍、宋宁、连剑飞等11人担任第三届基层委班子成员，罗建强担任主委，常青、方红梅、沈艳芬、官蓓蓓分别兼任一、二、三、四支社主委。

全年提交提案建议25件，其中，政协提案22件、人大建议3件。罗建强撰写《重大项目赋能引领 助推余杭发展再提速》入选区政协十一届四次大会发言材料。

全年完成调研课题4个、社情民意信息90余篇，其中，社中央采用1篇，社省委、中共杭州市委统战部采用7篇。王新龙的《地方专项债支持新基建建设需突破三大瓶颈》被九三学社中央录用。

前往余杭环境（水务）控股集团有限公司调研余杭污水处理及水务基础设施建设情况；调研建德梅城保护开发和临平地区历史古迹，提出临平历史古迹保护和开发相关建议。

新冠肺炎疫情发生后，九三学社余杭区基层委向区红十字会捐款25666元。全体医卫界社员，取消正常休假，参与疫情防控。何林海带领杭州良渚麟海蔬果专业合作社全体职工，保障杭州的蔬菜供应。张月龙、谢如栋、连剑飞、黄思英等带领企业捐款捐物。

九三学社余杭区基层委被评为社省委优秀基层组织，三支社被评为市委会四星级支社，一、二、四支社被评为市委会三星级支社。华先胜研究成果入围联合国世界卫生创新交流大会24强，宋宁、方晖、庞法松等社员在国际权威学术期刊、全国中文核心期刊等刊物发表论文数篇，何林海被评为农业农村部抗击新冠肺炎疫情先进个人、市科协抗疫先进个人，应健、王新龙被评为社省委优秀社员，张月龙、谢如栋、连剑飞被评为社省委新冠肺炎疫情防控工作先进个人，曹震宇的《渔家傲》入选全国中国画作品展、《万年欢》获省美术家协会美术作品展学术提名奖，庞法松获省农业丰收项目奖三等奖，陆森被评为社市委参政议政先进个人，吴佳盈被评为市征兵先进个人。

（莫斐）

·区工商联（总商会）·

【概况】 截至2020年末，余杭区建有23个镇（街道）、平台、直属、团体商会，10个异地商会，31个村级商会组成的商会网络体系，商会会员企业3764家。余杭区工商业联合会（下称“区工商联”）获2020年度全国“万企帮万村”精准扶贫行动组织工作先进集体、2020年度全国“抗击新冠肺炎疫情以来调查点工作先进基层工商联”，2020年度全省工商联系统先进单位、2019—2020年度浙江省“五优”县级工商联。区工商联“亲清直通车”工作机制被省工商联评为2020年度服务“两个健康”最佳案例，“商会微法庭”工作获省政协主席吴晶批示肯定。

【助力抗击新冠肺炎疫情】 2020年突如其来的新冠肺炎疫情发生期间，区工商联（总商会）组织16人分成3组，分别参与区新冠肺炎疫情防控指挥部企业组、驻企服务、志愿服务工作，其中企业组走访企业400余家次，梳理企业需求百余条，汇总上报并协调解决。全区商会系统发动会员企业捐款捐物共计6500余万元。开展政策宣传，向60余家基层商会、3000余家民营企业宣传防疫惠企政策，帮助135家商会企业513名外地员工返杭，为48家商会企业兑现扶持资金1.16亿元。

【民营经济人士理想信念教育】 2020年7月，区工商联（总商会）组织50余名企业家在淳安县委党校举办民营经济人士理想信念教育班，学习践行“绿水青山就是金山银山”理论、绿色协同发展理念。10月，组织40余名企业家在贵州省遵义市红花岗区委党校，开展“弘扬爱国奋斗精神，建功立业新时代”余杭区民营经济人士（企业家人才）理想信念教育培训。

【“走进企业”系列座谈交流】 2020年，区工商联（总商会）开展“走进企业”系列座谈交流活动。4月，在浙江春风动力股份有限公司举行“强信心、克时艰、谋发展”企业家座谈会暨2020年第一次主席（会长）会议；6月，在贝达药业股份有限公司举行余商学堂·全国两会精神和民企发展促进条例学习会；10月，在杭州金舟科技股份有限公司，承办第四届杭商大会专项“新制造业论坛”暨2020年第二次主席（会长）会议。

【组织民营经济人士参观学习】 2020年10月，组织14名余杭企业家参加“检察开放日”活动。11月，区工商联（总商会）举办为期2天的企业家经营能力提升班暨宸星党建活动，35名余杭企业家参加。是月，组织20余名余杭企业家到乌镇参观互联网大会；11月，组织20余名余杭企业家到上海参观进口博览会。

【引导商会和企业参与“扶贫消薄”】 2020年，区工商联（总商会）发动基层商会和民营企业参与做好贵州省天柱县、台江县，湖北省咸丰县，浙江省衢州市柯城区的“东西部结对扶贫”“山海协作”“千企结千村”等“扶贫消薄”相关工作。根据中华全国工商联“知名民企湖北行”活动安排，区工商联（总商会）落实帮扶资金50万元给湖北省恩施土家族苗族自治州。协助区扶贫办落实3家余杭区企业，共出资30万元，定向帮扶四川省大凉山州的3个深度贫困村。此外，10家基层商会定向捐助湖北省咸丰县贫困村共30万元，5家企业联合认购柯城区消薄卡10万元；10家基层商会定向捐助贵州省台江县教育科技局30万元。

【参政议政】 2020年，区政协工商联界别组积极参政议政、建言献策，先后开展学习交流、公益扶贫等活动10余次，撰写提案28件，6名委员被评为优秀委员，2件提案被评为优秀提案。余杭区政协工商联界别组被余杭区政协评为先进界别活动组、先进委员工作室、社情民意信息工作先进集体。

【商会和民营企业党建工作】 2020年11月，区工商联在区党群服务中心成立余杭区民营企业党建服务中心。是月，联合区委两新工委制定《关于加强新时代商会党建工作的指导意见》，分别成立余杭区商会综合党委、余杭商会大厦综合党委。至2020年末，成立基层商会党组织20个。

【亲清直通车·政企恳谈会】 2020年，区工商联（总商会）联合区发展和改革局、市生态环境局余杭分局、区数据资源管理局、区委组织部（人才办）等单位，举办4期“亲清直通车·政企恳谈会”，共收集问题40余个，在“三服务小管家”系统上线问题32个，涉及职能部门18个。系统内办结率、企业满意度均为100%。

【商会“微法庭”建设】 2020年，区工商联（总商会）探索涉企纠纷多元化解模式，与区人民法院联合建立基层商会涉企纠纷调解机制（商会“微法庭”）。商会“微法庭”覆盖全区所有镇（街道）、平台。“微法庭”全年受理调解涉企纠纷60余起，

2020年10月21日，第四届世界杭商大会余杭区活动——新制造业论坛在良渚梦栖小镇举行（区工商联 供稿）

调解成功率超过80%。另与区司法局联合开展“法治体检”活动，向企业发放体检表格，对企业开展法律风险评估；与区人民检察院联合开展“检察开放日”活动，通过白皮书发布、典型案例展示，增强企业法治意识。

【上海余杭商会成立】 2020年12月，上海市余杭商会在上海成立，为浙江省首家在沪独立注册的县级异地商会。上海市余杭商会设理事9人、监事1人，有会员企业36家，多为在上海从事城市建设投资、互联网、医疗以及投资经营服务业领域的余杭籍企业家和民营企业。

【第四届世界杭商大会】 2020年10月，由区工商联参与承办的第四届世界杭商大会余杭区活动——新制造业论坛在良渚梦栖小镇举行。论坛主题为“新格局·新机遇·新发展”，围绕如何加快发展余杭新制造业、打造新制造业强区进行探讨。中国电子商会、中国热处理行业协会负责人，区有关领导，市、区有关部门和镇（街道）、平台负责人，区工商联（总商会）主席、副主席（副会长）参加论坛。

【优秀企业家宣传】 2020年，区工商联（总商会）通过微信公众号“余杭区工商联”、《赢在余杭》期刊、《余杭晨报》等媒体，宣传60余名企业家创业创新事迹，讲好“余商故事”。推荐数名余杭企业家参加第四届世界杭商大会，余杭企业家张勇、丁列明获第四届世界杭商大会“功勋杭商”称号，周俊良、金李梅获第四届世界杭商大会“优秀杭商”称号。

（陈怡）

编辑：吴莹岗

群众团体

Mass Organizations

·杭州市余杭区总工会·

【概况】 2020年，全区有镇（街道）、平台总工会22家，区直机关各部门和有关单位直属工会38家。截至年末，全区有下属基层工会2776家，其中，单建工会2379家、联合工会397家。全区有基层工会的单位14413家、共有职工555010人，工会会员551272人。由区总工会推荐的千年舟新材科技集团有限公司被评为“全国厂务公开民主管理先进单位”。

【职工建功立业工程】 2020年，区总工会联合各有关单位，开展各种立功竞赛活动。联合余杭区亚运会场馆及设施建设推进领导小组办公室，以“工程质量好、安全生产好、项目进度好、工程效益好、科技创新好、清廉建设好”为标准，开展2020年度余杭亚运场馆改建项目建设立功竞赛活动；联合余杭区交通运输局，开展“建设一流品质工程 助力创新活力余杭”重点项目工程立功竞赛活动；联合余杭区“五水共治”工作指挥部办公室，开展“护河巡河我助力”立功竞赛；联合余杭区全域美丽建设领导小组办公室，在全区规模以上企业（园区）中开展“美丽工厂”立功竞赛活动，命名10家企业为2020年度“十佳美丽工厂”。全年开展各类立功竞赛107场。

【职工素质提升工程】 2020年，区总工会开展《中华人民共和国民法典》和关于企业安全生产、网络安全、劳模工匠精神等10期“新思想新担当”云宣讲活动，共有18万余名职工收看，收到留言2000余条；开展“新思想新担当”宣讲进企业活动90场，共有5600余名职工听讲。开展职工“双证制”（学历证书、技能证书）工程，2316名职工报名，其中参加本科培训1008人，专科培训1308人。举办在读学员技能培训8期，培训职工856人。举办公益培训100期，参加职工8000人。搭建线上“余工学堂”云课平台，放送云课6个系列130余门。

【职工技能竞赛】 2020年，区总工会技能竞赛活动采取“1＋10＋N”的形式开展，承办杭州市计算机网络管理员技能大赛1场；开展区级精英赛10场，包括代表余杭产业导向的数字尖兵技能大赛、代表特色产业的版师技能大赛、助力制造业发展的数字电工技能大赛等。结合各镇（街道）、平台产业特色，举办群英赛110场，涉及行业工种85个，参与职工10560人，产生技能状元10人、技术能手20人，晋级高级工人员865人。全年开展职工技术服务进企业44场。

【困难职工帮扶】 截至2020年末，全区有建档困难家庭45户。区总工会全年走访慰问困难职工（劳模）、外来创业（务工）人员802人次，发放慰问补助款63.71万元。继续开展“冬送温暖助解困”活动，春节期间慰问困难职工（劳模）109户，发放慰问款25.46万元；慰问困难病残职工35人，发放春风助医款8.75万元；慰问坚守工作岗位外来创业（务工）人员500人，发放价值10万元的慰问物资；为250名在职职工报销返乡车票，向留杭的外来务工人员赠送2350张免费快递关爱邮包卡。开展“春送岗位助就业”活动，区总工会联合区人力资源和社会保障局等单位，举办大型人力资源招聘会，提供就业岗位1500余个，达成初步就业意向261人次。开展“夏送清凉助健康”活动，区领导带领有关人员，慰问企业和重点工程项目39家，慰问一线职工3020余人。开展“秋送助学帮圆梦”活动，区总工会联合区教育局、杭州余杭农村商业银行股份有限公司等单位，为87名优秀外来务工子女和建档困难职工子女发放助学补助款15万元。

【职工医疗互助】 2020年，余杭区职工医疗互助参保人数37.44万余人，筹集资金1497.23万元，参保人数和筹集资金分别比上一年度增长16%、16.4%，截至2020年末，共帮助7901名职工申领到医疗互助补助金843.61万元。会同市总工会对5名意外伤害事故职工会员给付保障金共2.9万元。慰问其他患病职工31人，发放慰问款3.1万元。

【服务职工】 2020年，区总工会组织在抗击新冠肺炎疫情一线的村（社区）工会干部、工会志愿者和优秀职工共2500人在杭州本地免费休养。为返回余杭的29名援鄂医疗队队员及其家属安排一次免费疗休养。关注在余杭重点项目、重点工程、重点领域及特殊岗位工作的一线职工，区总工会出资500万元为1万名职工开展体检，配合市总工会完成1200名外来务工人员的免费体检。2020年，新建杭州国际牙科医院等10家妈咪暖心小屋，全区开办48个小候鸟班，惠及1858名到余杭务工人员子女，组织各镇（街道）因地制宜开展国学、绘画、舞蹈、跆拳道等特色课程，招募工会志愿者、大学生、专业老师等306人为授课老师（教练）。春节前夕，区总工会为坚守工作岗位的500名外来创业（务工）人员赠送价值10万元的慰问物资；组织镇街（平台）工会慰问困难职工394人次，赠送慰问款41.65万元，慰问坚守岗位的外来创业（务工）人员1222人，赠送价值27.81万元的慰问物资。

【服务企业】 2020年，区总工会组织举办安全讲座69场，开展平安巡逻活动700场，防范电信网络诈骗犯罪的主题（专场）活动23场，组织消防演练126场，悬挂“平安企业”创建横幅481条，507家企业LED大屏播放宣传标语和视频；发送“平安企业”宣传短信50.8万条，微信公众号共推送15条宣传信息。区总工会法律援助团队共为95家企业、115名职工提供法律咨询，办理法律援助案件70件，参与法律志愿者活动5次，涉及金额350余万元。开展体育用品进企业活动，向22家企业赠送价值17.6万元的体育器材。成立劳模工匠宣讲团，在学校、企业中开展宣讲。

【劳模评选】 2020年，经区总工会推荐，杭州红通樱桃专业合作社理事长周海东被评为“全国劳动模范”，余杭区农业农村局等5家单位获市五一劳动奖状，朱秀强、马龙等13名职工获市五一劳动奖章，杨波被评为第四届“杭州工匠”。

【余杭工匠工作】 2020年，区总工会开展第四届“余杭工匠”认定工作。经过评比，认定具有代表性的25名职工为“余杭工匠”。组织全区劳模工匠免费体检，慰问劳模、工匠119人次，赠送慰问款28.2万元。组织开展“工匠月”系列活动，协助省总工会举办长三角G60科创走廊城市暨浙江省职工网络安全攻防技能大赛，组织评选出2020年“最美技术工人”20名，成立由8名劳模（工匠）组成的余杭区劳模（工匠）精神宣讲团。由区总工会推选的贝达药业股份有限公司项目转化分析实验室被评为第十批省高技能人才（劳模）创新工作室，杭州东华链条集团有限公司徐长明钳工技能大师工作室被评为市级高技能人才（劳模工匠）示范创新工作室，杭州西奥电梯有限公司冯国林工匠工作室等5个工作室被评为区级2020年度劳模（工匠）示范创新工作室。

【工资集体协商工作】 2020年，区总工会完成单建工会、区域工会、行业工会100%开展工资集体协商的目标任务。签订单建工会工资集体协商合同1602份，区域性、行业性协商合同343份，涉及企业6467家。推进工资集体协商提质增效创建，通过质效评估验收，达到A级以上的企业510家，其中AA级企业39家。

【合理化建议月活动】 2020年，区总工会以“大众创业 万众创新”为主题，广泛开展“五小”（小发明、小创造、小革新、小设计、小建议）活动。在全区企业集中开展职工合理化建议月活动，参与企业1500余家、职工1526人，征集合理化建议1389条，促进企业解决技术难题，产生经济效益。

【和谐劳动关系建设】 2020年，余杭工会微信公众号定期发布政策法规27期，开展线上法律知识有奖问答4场，参与人数2.5万人。区总工会和各镇（街道）、局（平台）工会，通过分批组织，共有2771名工会干部和职工群众学习参观“五四宪法”历史资料陈列馆和杭州工运史资料陈列室。

各镇（街道）、平台工会对辖区内劳动关系群体性事件、涉及职工人身、财产安全的重大事件实行2小时快报制，其他欠薪和调解情况每月15日上报。全年接职工来信、访、电616件，其中涉及欠薪电、访件46起，均按时处理和反馈。

【职工文化阵地建设】 2020年，全区创建区级“三位一体”职工文化阵地10家，创建省市级职工书屋3家，职工健身俱乐部1家，新增活动网点10家。

【网上工会建设】 2020年，区总工会以实名会员管理为主，推进网上办公建设和“最多跑一次”改革，实现“零跑次”。通过网上办公平台实施高技能人才奖励、医疗互助、职工上大学等申报审核工作。至年末，全区共有实名会员334206人，App注册75903人；余杭工会微信公众号有粉丝9.5万余人，在“浙工之家”全省微信公众号排名前十位、在余杭政务发布自媒体排名前十位。

【基层工会组织建设】 2020年，全区新建基层工会419家，新发展会员33886人，新建基层工会和新发展会员数比上年分别增加87家、3210人，新建基层工会和新发展会员数位列全市各县（市、区）第一。浙江百能科技有限公司工会、浙江海外高层次人才创新园园区联合工会2家基层工会“职工之家”建设工作经验和典型案例，被市总工会列入“两基”工作经验和案例展示“示范职工之家专辑”；余杭经济技术开发区总工会、良渚街道总工会、闲林街道总工会、中泰街道竹笛行业工会、余杭区黄湖镇青山村联合工会、浙江正北物流市场工会联合会6家单位加强基层工会建设的工作案例被市总工会列入“两基”工作经验和案例展示“组建工作专辑”。由余杭区总工会推选的浙江博创机械有限公司工会零件部分工会被命名为全国模范职工小家，千年舟新材科技集团有限公司工会主席万春梅被评为全国优秀工会工作者。区总工会评比表彰未来科技城（海创园）总工会等70家区级先进职工之家和70名区级优秀工会工作者。确定杭州老板电器股份有限公司工会等6家单位为第一批企业工会职工之家对外展示点培育单位，制定印发《余杭区企业工会职工之家对外展示点验收标准》及经费补助办法，给予每家培育单位10万元经费补助。

【工会志愿者服务】 至2020年末，全区工会志愿者在册人数4052人，其中全区各镇（街道）志愿中队全年参与平安余杭、社会治理（五水共治、垃圾分类、抗击疫情）和参与立功竞赛、技能大赛等志愿服务活动共381场，参与活动8373人次。

【“最美系列”选树】 2020年，区总工会开展“最美系列”选树工作，选树余杭区“最美技术工人”20人、“最美职工党员”20人、“最美志愿者”10人、“最美劳动者”10人、“最美女职工”20人、“最美职工退伍军人”20人、“十佳美丽工厂”10家、“最美职工食堂10家”、“最美职工宿舍10家”，在“余杭工会”微信公众号和有关区级媒体上公布和宣传。

【工会改革】 2020年，区总工会继续推进工会改革，成立余杭区推进新时代产业工人队伍建设改革工作协调小组，制定《推进新时代余杭产业工人队伍建设改革工作协调小组工作规则》《推进新时代余杭产业工人队伍建设改革工作协调小组办公室工作细则》；印发《2020年推进新时代余杭产业工人队伍建设改革工作区级部门任务清单》《2020年推进新时代余杭产业工人队伍建设改革工作区总工会任务清单》，明确各部门任务。制定和落实《新时代余杭产业工人队伍建设改革实施方案》。至12月底，“产改”（新时代产业工人队伍建设改革）涉及全区1180余家规模以上企业，其中339家企业制定“产改”措施，“产改”工作在余杭企业全面展开。11月6日，杭州市“学习党的十九届五中全会精神，深化产业工人队伍建设改革比学赶超”推进会上，余杭区总工会作为典型代表发言。

【工会工作宣传】 2020年，区总工会围绕“五一”开展系列宣传活动。在余杭电视台“劳动者之歌”“晨报的工运”专栏上对有关劳动模范和全国五一劳动奖章获得者的先进事迹作典型宣传；组织拍摄职工、工会志愿者抗击疫情，劳模（先进）、百行百匠百赛之精英赛，余杭工匠等微视频，借助余杭电视台及工会网站、微信公众号和企业电子屏等宣传。全年在工会网上发布信息1080条，包括33个视频；发布防疫动态24期，发布工会每周动态、基层工会动态、长三角工会季报、工会简报等49期。在《浙江工运报》《杭州工运报》和《余杭晨报》等发布有关余杭工会工作的信息178条。“余杭工匠”认定发布会、新思想新担当云宣讲、女职工茶艺展示等信息被学习强国和浙江电视台《浙江新闻》及《杭州日报》《钱江晚报》录用和报道。

（施全燕）

·共青团杭州市余杭区委员会·

【概况】 2020年，全区有35周岁以下青年30.9万人，其中团员4.36万人。有团组织2610个。其中：基层团委110个、团工委23个；区级直属团组织57个。有团总支63个、团支部2347个，其中，学校团支部1120个、团员1.2万人，“两新”组织团支部564个、团员0.9万人，村（社区）团支部382个、团员1.6万人，机关事业单位团支部223个、团员0.6万人，国有企业团支部58个、团员0.06万人。共青团杭州市余杭区委员会完成浙江省共青团基层组织改革综合试点任务，制定《余杭区团员全过程管理规定》和《余杭区共青团推优入党工作实施办法（试行）》。整合全区266家社会组织服务资源，培育发展由共青团主导的青年组织20家。

【团干部队伍建设】 2020年，共青团杭州市余杭区委员会开展年轻团干部公开选拔工作，选举出镇（街道）团（工）委书记3名、副书记2名，兼职副书记2名，形成“专挂兼”相结合的团干部队伍。村（社区）共选出新一届村（社区）团组织班子1100人，全区所有村（社区）团组织书记由符合条件的“两委”班子成员兼任，其中382个村（社区）团组织书记为“三副”班子成员。深化“团银合作”和团教协作，全年选拔4名金融系统青年和少先队辅导员到团区委挂职锻炼。

【青少年思想道德建设】 2020年，共青团杭州市余杭区委员会组织全区青年开展“深入学习贯彻习近平总书记考察浙江重要讲话精神”“学习党的十九届五中全会精神”等学习活动，线下通过“青年宣讲团”等方式组织学习活动500余场，参与学习人数5万余人。组织开展“绽放战疫青春·坚定制度自信”主题团日活动，“五四”期间以线上直播形式举办“扬帆青年梦 我们正青春”青年防疫事迹云分享活动，在线参与直播互动5万人，留言点赞3万次。举办“青春在战疫中绽放”巡回宣讲走进余杭青山村宣讲会，1.54万人次通过网络直播同步观看。组织团员青年学习团中央“青年大学习”网上主题团课，平均每期参与学习人数17293人。10月，完成杭州青年运动史馆余杭分馆（余杭共青团历史纪念馆）展陈更新。命名青山自然学校等21家单位为第一批“余杭区青少年教育基地”，发挥青少年教育基地的宣传教育作用。

2020年11月12日，中国少年先锋队杭州市余杭区第十次代表大会在临平一小南枝校区举行 （共青团杭州市余杭区委员会 供稿）

【服务青年就业创业】 2020年，共青团杭州市余杭区委员会先后承办浙江青年数字经济“鸿鹄奖”系列主题活动，引进青年人才和优质项目；承办团中央“丰收节”

活动，创建省级青创农场2家；持续办好“青农学堂”“青创讲堂”培训班。做好数字经济领域青年人才培育，实施“余杭区青年创业创新训练营”暨数字经济青年创业培育计划。启动“十四五”青年发展规划编制工作（纳入余杭区“十四五”专项规划目录），实施《余杭区青年工作联席会议制度》，建立有效的青年发展政策体系和工作机制。深化与“双一流”（世界一流大学和一流学科）高校的校地合作机制，通过“空中双选会”发布1530个岗位，共吸引300余名“双一流”高校博士、硕士研究生到余杭开展暑期社会实践。建立余杭学子工作站暨金燕联盟北京分会、上海分会、浙江大学分会、江苏分会、安徽分会。与浙江大学团委签订青年人才发展合作协议，开展“菁英计划”暑期实践，接收64名浙江大学学生到区内党政机关和镇（街道）挂职锻炼。深化与北京大学的战略合作，将良渚遗址管理区、余杭经济技术开发区、未来科技城、临平新城设立为北京大学思政实践教育基地。

【志愿服务】　截至2020年末，余杭区有注册志愿者39.1万人，志愿服务组织1924个。共青团杭州市余杭区委员会组织全区志愿者开展多类型的志愿服务，开展地铁站、交通路口平安劝导志愿服务，动员团员青年和志愿者参与“平安余杭”建设。组建区“美丽洲”垃圾分类青年志愿服务队，指导全区直属团组织、青年社会组织、志愿服务组织建立89支垃圾分类志愿服务队伍，与阿里巴巴公益基金会、杭州盒马网络科技有限公司达成协作，组织盒马绿色盒区进社区活动，在未来科技城、临平新城等地和19个社区设置智能回塑机。

【未成年人保护和预防青少年违法犯罪】　2020年，共青团杭州市余杭区委员会开展青少年维权和预防犯罪工作，重点帮扶严重不良行为青少年、服刑在教人员未成年子女、1类2类残疾青少年等重点群体。联合区人民检察院建立运行未成年人司法社会服务中心，以“志愿＋帮扶”的方式司法帮助28名附条件不起诉重点青少年群体重新融入社会。引导杭州市余杭区滴水公益服务中心、杭州市余杭区阳光公益服务社等社会组织开展助学帮困、应急救援、助残助老等公益项目。持续开展“手拉手”助学项目，结对助学中小学困难学生。黄湖镇青少年事务管理委员会办公室被评为2016—2017年度国家级青少年维权岗。“12355”余杭青少年热线全年接听咨询电话2000余个，接待面询100余人，现场咨询200余人。开展进学校、进社区、进社会、进企业、进监所“六进”活动，举办各类心理健康讲座授课1500余场。

【网上共青团工作】　2020年，共青团杭州市余杭区委员会整合宣传教育资源，在“余之青春”微信公众号和抖音号上开设“余青心声”“基层团讯”等专栏。全年“余之青春”微信公众号、抖音号更新信息680余条，阅读量超29万人次，“余杭发布”“天天看余杭”等微信公众号转载25次；加强与中央、省市区级媒体的合作，《新闻联播》9月29日播出全国宣讲团走进余杭青山村宣讲活动的报道，学习强国、《中国青年报》分别报道余杭青年献血活动。全年市级及以上媒体共宣传报道有关余杭共青团工作（活动）60余篇（次）。

【少先队工作】　2020年4月，余杭区被列为少先队工作省级试点地区。共青团杭州市余杭区委员会先后制定印发《余杭区少先队改革试点工作实施方案（试行）》及《余杭区少先队分批入队试点工作方案》《余杭区少先队“红领巾奖章”实施办法》《余杭区少先队大队辅导员工作年度考核细则》《余杭区少先队辅导员（班主任）绩效工资核算办法》等配套文件；在全市范围内首个推出《少先队员手册》，作为记录少先队员“真善美”星级评价的主要载体；建立区级校外辅导员人才库，招募热心教育的近100名不同领域专业人士担任校外辅导员，成立校外辅导员讲师团。11月12日，中国少年先锋队杭州市余杭区第十次代表大会在临平第一小学南枝校区举行，来自全区各镇（街道）、机关、学校的200名代表参加，大会审议并通过了《中国少年先锋队杭州市余杭区第十次代表大会关于工作报告的决议》，选举产生了35名余杭区第十届少工委委员和新一届的主任、副主任。

【共青团杭州市余杭区第20次代表大会】　2020年7月9日，共青团杭州市余杭区第20次代表大会在临平举行，全区224名团员代表参加。大会审议通过《关于共青团杭州市余杭区第19届委员会工作报告的决议》，研究部署今后5年余杭共青团主要工作任务；选举产生共青团杭州市余杭区第20届委员会委员23名，张哲明为书记。

（范云卿）

·杭州市余杭区妇女联合会·

【概况】 2020年，杭州市余杭区妇女联合会认真做好服务中心、服务妇女群众的各项工作。年内，成立杭州县（市、区）首个巾帼联盟基地；举办“拥抱亚运 艺术先行”杭州市第三届女性艺术节优秀作品展演。余杭妇女儿童服务中心和伊智汇女创客服务中心入选阿里余杭志愿者服务基地；推进妇联基层组织建设，梦想小镇妇联被认定为浙江省示范新领域妇联组织。“暖心十招”精准做好女性创业人才服务工作获区委主要领导批示肯定。

【基层妇女组织改革】 2020年，全区村（社区）妇联换届选举工作完成，选举产生新一届执委2926人，村（社区）妇联主席均为“两委”委员，妇联队伍结构进一步优化。至2020年末，全区共有20个镇（街道）妇联，5个平台（良渚遗址管理区、余杭经济技术开发区、未来科技城、临平新城、杭州钱江经济开发区）妇联，34个区直单位妇联，3个区直单位妇女工作委员会，382个村（社区）妇联；4669个“两新”妇联组织。新领域基层妇女组织覆盖面扩大。

【妇女组织抗击疫情工作】 2020年新冠肺炎疫情期间，全区各级妇联第一时间组织发动3059名妇联执委、423个基层妇联、317支巾帼志愿者队伍到基层，做好上门摸排、卡口检查、后勤保障等疫情防控工作。区妇女联合会发动各级妇联组织、区女企业家协会和社会组织筹措抗疫物资或捐款捐物，捐款和捐物（折价）共150余万元。关爱余杭援鄂一线医护人员家庭，组建妇女服务队37支，为援鄂医护人员家庭提供必要的帮助。关爱29名余杭“援鄂天使”，开展心理关爱、家政服务等活动。

【妇女组织助力复工复产】 2020年新冠肺炎疫情期间，区妇女联合会建立女企业家服务微信群，提供复工政策等信息；联合区发展和改革局、区经济和信息化局、区财政局等部门的妇联组织选派专家，实时接收政策咨询。开展“爱心助农 共抗疫情”活动，帮助仁和花农销售蝴蝶兰2万余株，销售额40余万元；帮助运河果农销售草莓2000余千克，销售额7.6万元。走访区内女企业家会员单位（企业），了解和帮助解决复工复产存在的困难。

【美丽庭院创建和垃圾分类工作】 2020年，区妇女联合会开展“童心画语绘庭院，亲子携手美家园”少儿绘画比赛，征集优秀作品2000余幅；组织小余姐“巾帼宣讲团”1350名志愿者，开展美丽庭院、垃圾分类主题宣讲190余场。发动9.6万户家庭投身“全域美丽”环境整治集中攻坚行动。全区申报美丽庭院精品区块33个，美丽楼道32个，美丽阳台71户。评出区级“美丽庭院示范户”（暨绿色家庭）和区级垃圾分类时尚户各300户。建设区垃圾分类巾帼宣教基地10家。继续坚持每月第一个周六为“家庭总动员日”。

【女性人才工作】 2020年，区妇女联合会继续做好女性人才服务工作。年内，联合区人力资源和社会保障局举办2020年余杭区秋季人力资源招聘会暨创业项目展示会，111家企业共推出2500余个工作岗位、20个创业项目，260人次达成入职意向。组织50余名女企业家参加复旦大学综合素质提升培训班；组织区内女创客70余人，开展企业特色产品、农产品销售直播培训。组织区内41家民宿（农家乐）开展技能培训。开展家政技能培训，全年培训学员323人。实施区巾帼人才三年培育计划，全区新增女性人才1万人。实行“巾帼人才券”，构建“政府＋市场＋人才＋协会”的育才方式，2020年巾帼人才券受益面2100余人。女性人才工作专报《搭建平台 精准帮扶 柔性管理——余杭区“暖心十招”服务女性创业人才》在《浙江政务信息》刊发，相关做法被《中国妇女报》等多家媒体报道。

【女性创业创新工作】 2020年，区妇女联合会推进杭州市网红巾帼联盟余杭基地建设。年内，举办网红巾帼联盟公益直播，各级妇联举办巾帼带货200余场，成交额300余万元。服务女性创业，联合有关经济部门，到区内女企业家企业开展“三服务”活动。举办余杭区第五届女性“双创”大赛，来自医药生物、智能制造、数字经济等重点产业领域的67个项目参赛，评选优秀项目4个。实施“名师出高徒”一对一女创客帮扶项目，帮助区内3家女创客企业获得融资2亿余元。搭建区内机关单位与企业合作平台，为区统计部门聘用到杭州实在智能科技有限公司的“数字员工”2名；将浙江丹晖生物科技有限公司的微波消融诊疗技术引入区妇幼保健院，促成产学研合作，至年末，使用该项技术成愈甲状腺结节病例12例。2020年，全区创建省级巾帼文明岗6个，省巾帼建功先进集体1个，市级巾帼文明岗9个、市级巾帼建功标兵7个，区级巾帼文明岗40个、巾帼建功标兵20个。

【家庭建设工作】 2020年，区妇女联合会举办第八届家庭文化节暨“余杭好地方 家风润万家”家风家教主题宣传活动。建设余杭区家教家风实践基地5个。余杭街道妇女联合会依托区级家教家风实践基地——仙宅村家风馆，持续推出“好家风一旬一播”活动。开展《浙江省家庭教育促进条例》宣传活动22场。开设“智慧家长”课堂，分类推出初级、高级学习课程8期。开展“家有二宝·幸福满堂”育儿经验小视频征集活动，征集展播优秀作品40余件。常态化推进“最美家庭”评选。在区妇女联合会微信公众号推出聆听“家的声音”，品味“家的味道”，记录“家的影像”，展示“家的传承”等系列品牌16期，持续推动形成向上向善的家庭文明新风尚。

【新领域妇女组织建设】 2020年，区妇女联合会指导成立全市首个“物居业网”联合妇联——临平街道庙东社区清风小院妇联。至年末，全区建立物业小区妇联25个，打通联系和服务小区妇女群众的“最后一公里”。成立“她益汇”余杭区女性社会组织联盟及女性社会组织联盟党建工作室，吸收社会治理、爱心帮扶、志愿服务等类型成员48名，推动女性社会组织参与基层社会治理。

【“入户联企走亲”专项行动】 2020年，区妇女联合会在东湖街道开展“入户联企走亲”专项行动试点工作，制定《余杭区妇联“入户联企走亲”专项行动试点方案》，在全区推广。全区各村（社区）共2700余名执委参与行动，重点围绕“四必访”对象，随带“联系清单”“问题清单”“服务清单”走访妇女群众2.5万人次、企业1300余家，举办圆桌畅聊会1591场，建立家庭档案9000余份，收集意见建议493条，解决问题344个。

【妇女儿童家庭服务项目】 2020年，区妇女联合会发挥女性社会组织作用，确定区内单亲困难妇女姐妹爱心帮扶等妇儿家庭领域服务项目13个，拨付项目补助经费240余万元，全年开展困难帮扶、心理疏导、婚姻家庭培训等服务70余场，服务妇女儿童5.8万余人次。依托妇女儿童服务中心力量，向镇（街道）和村（社区）党群服务中心送茶艺、书法、烘焙、舞蹈、儿童写作阅读等公益课程506课时，受益群众5.6万余人次。

【妇女儿童权益维护】 2020年，区妇女联合会协调“十三五”妇女儿童发展规划重难点指标的实施和妇女权益重难点问题的化解，初步完成“十三五”妇女儿童发展规划终期评估。协调政法委、公安、司法等相关部门和镇（街道），建立和完善反家庭暴力“110”联动工作机制，分析关注家暴类报警案件，分级分类、走访跟踪、积极化解。联合区人民检察院制定《关于共同推动保护妇女儿童权益工作合作机制》。实施外来务工人员子女青春“心”启航培育项目，推广妇女儿童保护课程。举办区婚姻家事调解员培训班，提高婚姻家庭调解员队伍素质。指导创建成为杭州市级示范儿童之家4家。

（陈晓红）

·杭州市余杭区科学技术协会·

【概况】 2020年，杭州市余杭区科学技术协会是服务科技经济融合行动省级试点单位，年内，申报中国科协海智计划工作基地，创建全省首个“科技小院”；引进合作国家级学会9家、省级学会10家、海外人才基地2家。新建余杭经济技术开发区、良渚新城、钱江经济开发区、梦栖小镇、良渚国际生命科技小镇等5个基层科协组织。

【院士智力集聚工程】 2020年，区科学技术协会全面推进余杭“院士之家”建设，聘请“进家院士”28名，在余杭经济技术开发区、未来科技城、塘栖镇分别建立院士之家服务站。2020年新增浙江省院士专家工作站1家，杭州市专家工作站4家。开展首批14家余杭区院士专家指导站认定工作，新引进院士专家及团队成员95名，开展科技成果转化项目24个。

【“院士专家余杭行”活动】 2020年，区科学技术协会常态化开展“院士专家余杭行”活动活动22次，接待院士132名。10月，开展中国科学院分子细胞科学卓越创新中心、浙江省在沪人才联合会院士专家“走进浙江—余杭”活动，院士专家走访余杭区部分企业，开展座谈交流，为余杭经济建设发展建言献策，建立浙江省在沪人才联合会余杭联络站。该活动受省委、省政府主要领导批示肯定。

【百名专家进百企专项行动】 2020年，区科学技术协会实施“战疫情、促发展——百名专家进百企”服务企业专项行动。聘请中国自动化学会等10家国家级和省级学会作为首批支持单位，引入上级科学技术协会学会专家库人才资源，组织对接各级学会45家，专家135人次，服务企业168家，解决难题114个。

【科普宣传】 2020年，区科学技术协会继续开展中国科学院老科学家余杭行活动，在区内开展科普讲座34场。开展科协组织进当地党群服务中心活动，全年开展送科普进党群服务中心活动341场。年内，区科学技术协会组织研发、设计的电学、光学、力学等方面的流动展品100余件，科普课程200余项。

【学会协同创新载体搭建】 2020年，区科学技术协会推进“科协组织服务科技经济融合”省级试点工作，建设国家级学会协同创新载体，引进中国纺织工程学会科技服务团，建立余杭服务站；结合浙江大学高端装备研究院建设，引进中国机械工程学会、科技经济融合杭州服务站落户余杭；建立市数字经济联合会梦栖小镇服务基地。成立省数字经济学会余杭产业创新联盟、杭州余杭人工智能小镇医疗器械产业联合体等组织。

【余杭科技馆展教活动】 2020年，余杭科技馆接待观众4.3万人次，举办“仰望星空”“科学防疫科普展”等大型展览4场，科普宣传教育活动8场，流动科技馆活动18场，受益人数5.2万余人。

【参与疫情防控】 2020年1月，区科学技术协会发出《致全区科技工作者的倡议书》，号召全区科技工作者发挥科技支撑作用，参与新冠肺炎疫情防控工作。镇（街道）科学技术协会联动开展新冠肺炎应急科普，利用142个科普e站、科普宣传大屏、“余杭科协”微信公众号等平台，发布权威部门、科普中国、科学辟谣等疫情防控科普视频、图片、文章80余篇，转发量阅读量达12.63万次；向村、社区、学校、企业发放《科学防护 战“疫”必胜》宣传折页2.5万册，张贴疫情防控科普挂图250套，做到“疫情不解除，科普不掉线”。

【科技志愿服务活动】 2020年5月，区科学技术协会开展以“科技为民，奋斗有我”为主题的余杭区全国科技工作者日系列活动，组建由1200余名专业技术人员、技术能手等志愿者组成的30支科技志愿服务队，全年开展科技志愿服务活动80场，受益群众5万人次。12月，区科协开展科技志愿服务百丈行活动。

【海智基地建设】 2020年7月，中国科协海智计划浙江（临平新城）工作基地授牌，成为全市首个县（市、区）海智基地。区科学技术协会与中国科协-FCPAE欧洲（比利时）、欧洲生命科学（瑞士）两家海智创新创业基地开展“云签约”，建立合作

2020年7月，中国科协海智计划浙江（杭州临平新城）工作基地授牌

（区科学技术协会　供稿）

关系。促成中国海创联海外人才离岸创新创业基地落户临平新城。与澳大利亚浙江大学校友会签约共建海智基地工作站。对接美国浙江创新中心、日中科学技术文化中心等海外科技社团，深化国际科技交流合作。

【反邪教宣传】 2020 年 7 月，区反邪教协会举行第三次代表大会，选举产生新一届理事会。协会发动理事单位开展宣讲、比赛、文艺演出等形式的反邪教活动 413 场，受众 7.3 万余人。开展反邪教课题理论研究，区反邪教协会组织撰写论文 9 篇，参加省、市开展的“市域社会治理现代化与新时代反邪教工作”征文活动，1 篇获省二等奖、1 篇获市二等、2 篇获市优秀奖，余杭区反邪教协会获优秀组织奖。

【科技小院建设】 2020 年 8 月，乡村振兴暨科技小院联盟（浙江）推进会在余杭举行，余杭蜜梨科技小院建立，成为全省首家“科技小院”。有关院士和浙江大学、中国农业大学等高校科技团队，共选派博士后 1 名、博士生 4 名、硕士生 6 名进驻“科技小院”，开展调研，制定“富硒梨”可行性开发计划、翠冠梨机械桦技术应用研究等科研计划 10 余项。

【余杭区“全国科普日”科普宣传周】 2020 年 9 月，区科学技术协会开展以“决胜全面小康，践行科技为民”为主题 2020 年全国科普日暨余杭区第 34 届科普宣传周活动。活动期间，围绕民生热点，结合线上线下，共开展科普宣传活动 263 项，参与人数 10 万余人，区科学技术协会获中国科协“2020 年全国科普日活动优秀组织单位”称号。

（陆瑛）

·杭州市余杭区文学艺术界联合会·

【获奖和参展（入选）作品】 2020 年，杭州市余杭区文学艺术界联合会所属协（学）会及其会员创作的获奖或参展（入选）的作品：区摄影家协会会员应召平的《复工建设者》（组照）、钱银荣的《大坝护坡》（组照）分获第二十二届全国艺术摄影大赛纪实类银奖，许强的《丁山湖》（组照）、吴云水的《生命至上》（组照），骆红军的《智造已来》（组照）、钱银荣的《厉害的外卖小哥》（组照）、《再现五千年》（组照）入选浙江省第十八届摄影艺术展；区美术家协会会员谢水火的国画《深山不寂寞》入选第二届公望富春·中国山水画作品展，李渐明的国画《暗香横枝传春风》入选 2020“万年浦江”全国中国画（手卷）作品展，谢建民的国画《象山清音得自在》入选 2020 雨花满天——全国山水画作品展，谢建民的国画《家山情》和谢祝平的国画《悲鸿精神家山情》入选悲鸿精神——第四届全国中国画作品展，谢水火的国画《点玉麟》和李渐明的国画《香雪海》入选“写意·苏州”（花鸟篇）中国画双年展；区书法家协会会员作品：俞燕芬的《东坡题跋三则》，孙士祥的《论语节选》，金永强的《张孝祥词一首》《东坡词一首》，沈车的《快雨堂题跋二则》，李文的《赤壁赋节录》，张军的《山水诗五首》《古短文三则》，白洪森的《岳阳楼记》入选“浙里小康”浙江书法篆刻系列大展，其中俞燕芬的《东坡题跋三则》获优秀作品提名奖；区戏剧家协会、曲艺家协会、音乐家协会会员联合创作、表演的杭摊《淑英救弟》获第十一届中国曲艺牡丹奖节目奖；区戏剧家协会会员洪燕琴获第五届“浙江戏剧奖·金桂表演奖”；区舞蹈家协会会员张月获“全民健身，活力中国”首届全国广场舞个人赛一等奖；区民间文艺家协会会员孙晓云当选为第三届浙江省最美文化礼堂人。

【文艺题材扶持作品】 2020 年，区文艺题材创作扶持、招标领导小组明确 72 件作品为文艺题材创作扶持作品，分别是：长篇报告文学《越过山顶看到人声鼎沸》（作者：袁明华），报告文学集《余杭美丽乡村纪事》（作者：姚水林），长篇纪实文学《余杭纸伞》（作者：楼科敏）；长篇小说《脑控》（作者：郭羽、溢青）、《三家墩纪事》（作者：梁山）、《未来机器城》（作者：张健）、《娘娘庙》（作者：林桂新）、《春华秋实》（作者：洪方军），中篇小说《永远感谢你》（作者：曹雨田），中短篇小说集《赵钱之合》（作者：牧林铨），历史小说《运河造船记》（作者：苏娜），现实类抗疫小说《检验科医生》（作者：金志良），现实类长篇小说《超级社工》（作者：殷沈超）；文学传记《苏轼径山行》（作者：卓介庚），文史类传记《马宗汉传》（作者：胡畏），人物传记《临平四皓传》（作者：庞仁甫、祝明富、姜桂芳、唐立强）；散文集《食物记》（作者：胡建伟)、《塘栖古桥》(作者：吕伟刚)、《幸运梅》(作者：栗志)、《山溪清清》(作者：陈明松)、《不能忘记》(作者：庞仁甫)、《人间烟火气》(作者：王绍伟)，诗歌集《余杭，我诗行里的一个词》(作者：吕煊)、《父女诗选（二）》(作者：马根发、马铁女)、《又梦故乡》(作者：凌明焰)，民间文学集《村落遗韵第二卷》(作者：汤水根)、《凌统故事》(作者：徐永忠)，新故事作品集《岁月留香》(作者：梁易)，楹联集《联响小古城》(作者：陈宏、俞炳华等)，诗词集《雨铃雅韵》(作者：丁永建)、《塘栖诗抄》(作者：杨佳等塘栖诗社社员)；诗集《晚晴集萃》(作者：区老干部诗社)、《竹间吟榭集》(作者：徐行恭)，诗词曲赋集《六方世界（五）》(作者：潘友福)；中国画册《二十四节气之杭州寻梦》(作者：张靓亮)、《当代文人画集丛——周明雍卷》(作者：周明雍)；摄影集《美丽洲群像——党员百星》(作者：陈澍、邬俊、李盛韬、朱伟国)、《余杭制造手工书》(作者：骆红军)；歌曲《鲁飞飞都来点赞》(作者：任小伟)、《咱就去搭把手》(作者：泰笛、任小伟)、《舍家　宅家　为大家》(作者：许林壁)、《我在临平山等你》(作者：龚蓓等)、《手中的力量》(作者：翟立成)；说唱小调《歌颂白衣天使》(作者：郏尧娣)；对口相声《欢歌笑语》(作者：李滨)；电影剧本《好支书高德良》(作者：葛树法、朱润涛)；四集新闻纪录片脚本《余杭精神·郎氏中医》(作者：祝明富)；群舞《桑园春》(作者：罗倩萍)；群舞《俏娃娃》(作者：杨家玲、宋晨晖)、《筷乐家》(作者：李沈丹、宋晨晖)，古典舞《袖舞飞扬》(作者：周虹)，中国舞《山水忆江南》(作者：成蕊、宋晨晖)；舞蹈《朝阳是我亲爱的家》(作者：张月珍)、《苕溪芦花》(作者：翁素萍、邵群)、《田缘》(作者：王才炳)，健身操舞《咱们工人有力量》(作者：李暑萍)；紫砂雕塑《文明曙光——良渚》(作者：吴立君)，青瓷《良渚文化青瓷壁系列》(作者：刘国俊)，陶艺《良渚故事》(作者：罗洪文、沈佳俊、马兰英、吴建芳)；瓷板画《良渚的声音》(作者：沈佳俊、虞旭铖)，铁艺画《亚运会会徽、吉祥物》(作者：厉柏海)；风筝《百米巨龙》(作者：程迪申)；剪纸《国宝重生》(作者：沈忠花)；小品《得不偿失》(作者：钱有娣)、《误会大了》(作者：钱佳君)，故事《偷鱼的猫》(作者：金永法)、《把男人系在裤腰上》(作者：孙红梅)、《十间不雅房》(作者：魏安泉)、故事《搞台村晚不容易》(作者：何为)、《法根糕点》(作者：吴新华)、《谁是狮灯王》(作者：周诗聪)、《寡妇门前一条狗》(作者：徐永忠、孙惠华)。

【文艺赛事和文艺展览】 2020年，区文学艺术界联合会及所属协（学）会举办的文艺赛事和文艺展览有：“春满园——2020余杭区文联迎春联展”，中国诗歌春晚——“文明圣地　活力余杭”大型诗歌音乐会，“彩笔绘良渚　盛世颂华章”百名中外著名画家走进良渚古城油画作品展，“超山缶音”全国中国画/篆刻名家邀请展，“樵下问道——‘元四家’故里中国画作品邀请展”，“大美走基层　钱塘似锦绣”杭州画院建院三十五周年吴洪晖作品展，“大美走基层　钱塘似锦绣”杭州画院建院三十五周年汪文斌作品展，“青春逐梦”余杭区视觉艺术类青年艺术家作品联展，“余杭·陶”首届余杭文化陶瓷艺术展，“垄上行——余杭区书法村、社书法作品联展”，“美丽乡村　艺路同行”油画巡展，大美径山摄影比赛，百位名家拍运河摄影比赛，“运河河畔　小康人家”新故事征文及演讲大赛，“英雄武汉，中国加油”抗疫主题征文比赛。

【抗击新冠肺炎疫情主题文艺创作】 2020年突如其来的疫情发生期间，全区文艺工作者围绕抗击疫情主题创作现代诗、散文作品106篇，书法作品49件，美术

2020年12月18日，2020年余杭区文联最美文艺志愿服务活动暨最美文艺志愿者颁奖活动举行　　（区文学艺术界联合会　供稿）

作品90件，摄影作品230件，歌曲6首，舞蹈9个，戏曲2个，民间工艺品30件，新故事18个，旧体诗词1000余首，影视作品11个，陶艺作品16个，其中李沈丹的舞蹈作品《洗手舞》被新华社海外媒体*China Xinhua News*报道，周怡的摄影作品《梦薇》被新华社客户端录用。

【文艺志愿活动】 2020年，区文学艺术界联合会组织开展文艺志愿服务活动400余场，服务基层7万余人次，创作优秀作品3000余件。12月18日，区文学艺术界联合会在余杭大剧院举行余杭区文联最美文艺志愿服务活动暨最美文艺志愿者颁奖活动。表彰经区文学艺术界联合会组织评选出的最美文艺志愿服务活动和最美文艺志愿者。

【“中国作家走进未来乡村”采风活动】 2020年12月6—9日，区文学艺术界联合会联合《中国作家》杂志社邀请著名诗人舒婷等6人，举办“中国作家走进未来乡村”采风暨“诗意栖居”文化论坛，以文学形式展现未来乡村建设，中国新闻网、腾讯、新华社客户端浙江频道等作报道。

（沈一斌）

·杭州市余杭区残疾人联合会·

【概况】 2020年，全区共有持证残疾人29227人，其中，视力残疾2949人、听力残疾4678人、言语残疾322人、肢体残疾14573人、智力残疾2982人、精神残疾2537人、多重残疾1186人，其中二级以上重度残疾人8368人。2020年，新办理残疾人证1858本，等级或类别变更207人，办理迁入162人，上门鉴定318人，死亡注销856人。全区共有29272名残疾人的享受每人每月50元的津贴，发放津贴1672万元。

【残疾人按比例就业】 2020年，余杭区残疾人联合会为1188家在2019年度安置残疾人就业单位办理确认登记，核准就业人数2767人，残疾人按比例就业比上年增加68人，残疾人就业保障金入库2.4亿元。全区有216家企业超比例安置残疾人487人，共发放补贴和奖励资金785.9万元。

【残疾人社会保障】 2020年，全区有6277名生活困难残疾人享受困难残疾人生活补贴，发放生活补贴2401万元；有12314名重度残疾人符合重度残疾人护理补贴，发放补助资金2653万元。有453户“一户多残”困难家庭享受生活补助，发放补助金163万元。为残疾学生、残疾人困难家庭子女实施教育援助和助学补助536人，发放补助资金76万元。为356辆残疾人机动轮椅车提供服务保障工作，发放燃油补贴30万元。

【残疾人社会保险】 2020年，区残疾人联合会落实城乡居民养老、医疗保险补助6598人，补助金357.02万元；发放职工基本养老保险补助7217人，职工医疗保险补助6946人，补助金2821万元。实施残疾人意外伤害保险，全年受理意外伤害保险理赔328人，办结赔付275人，赔付金额130万元。

【“残疾人之家”建设】 “残疾人之家”规范化建设继续推进，截至2020年末，累计投入资金2241万元，完成18家“残疾人之家”星级提升改造，安置残疾人庇护性就业384人。

【无障碍建设】 2020年，区残疾人联合会继续开展社区无障碍创建工作，通过对社区道路以及公共场所坡道、盲道、扶手等无障碍设施改造，创建3个省级、10个区级无障碍社区。投入资金77.8万元，完成167户残疾人家庭无障碍改造，完成率为目标任务数的139%。

【残疾人康复服务】 2020年，全区残疾人精准康复服务率100%，基本康复服务率100%，残疾人辅助器具适配率100%。全年免费配发大额辅具1045件，其中，假肢48条、助听器358台、各类轮椅372辆、护理床74张、小额辅具195件。为246名残疾儿童发放基本康复服务补贴共482万元。

【“全国助残日”活动】 2020年5月17日“全国助残日”活动采取线上与线下相结合的形式开展。区残疾人联合会举办残疾人工作业务大比拼活动，初赛以网上答题形式，全区残疾人工作者360人参与，复赛与决赛在线下举行，分别有26支、10支队伍参加。开展“三问三送”大走访、最美残疾人志愿者选树、无障碍环境体验督查、残疾预防知识与残疾人法律法规宣传、康复服务进家庭、残疾人

"就业援助月"等系列活动。

【残疾人体育】 2020年，区残疾人联合会组队参加市残疾人中国象棋网络赛，获一等奖2人、二等奖3人、三等奖3人；发动152名残疾人参加杭州市第十届残疾人健身周线上打卡挑战赛，15人获奖。开展残疾人田径、游泳、柔力球、盲人太极拳、聋人滚灯集训，举办余杭区残疾人游泳比赛，选拔储备体育人才。选派残疾人运动员参加上级皮划艇、坐式排球、盲人门球等集训。推进第四届亚洲残疾人运动会筹备工作，协助做好亚残运会盲人门球赛事场馆建设有关工作；推进余杭区亚残运会残疾人事业展示窗口（点）建设，向第四届亚残运会组委会推荐的余杭益民农业合作社、浙江强脑科技有限公司、余杭区汀洲学校成为展示窗口。

【残疾人权益维护】 2020年，区残疾人联合会及时处理残疾人来信来访，做到件件有回音，件件有落实，维护残疾人的合法权益，残疾人信访总量比上年下降42%。利用全国助残日、法制宣传日等节日，开展《中华人民共和国残疾人保障法》《浙江省残疾人保障条例》等法律法规法治宣传，全年印发政策法治宣传资料、工作业务手册、扶残助残情景解说、助残政策摘编等资料2000余册。

（章炜明）

·杭州市余杭区红十字会·

【概况】 截至2020年末，余杭区镇（街道）、村（社区）、医疗卫生单位、学校、企业等建立基层红十字会组织497家。成人会员9441人，志愿者5799人。389个村（社区）中，成人会员20人以上村（社区）273个，建会率100%。区红十字会被评为2020年度浙江省红十字会工作先进单位、2020年度杭州市红十字会重点工作考评综合优秀单位。

【博爱帮困】 2020年，区红十会开展"新春博爱送温暖""红十字送医送药""中秋博爱行动"及"生育关怀""牵手星星的孩子"等"情暖余杭"系列博爱救助项目，全年救助慰问困难对象856户，发放救助金、慰问物122.56万元。在"杭红捐赠"平台、腾讯公益上线项目2个，开辟线上救助模式。开展贵州黔东南结对扶贫项目，支援贵州省台江县救助金、慰问物合计5万元。开展"携手咸丰　情暖童心"活动，为湖北恩施州咸丰县高乐山镇新城民族小学资助教育资金6.22万元，培训救护员80人。与区卫生健康局联合开展"情暖余杭　医路有爱"救助项目，拨付项目慰问款28.86万元。规范实施省红十字会"母婴平安""小桔灯"救助项目。捐赠信息公开化，在区红十字会网站和公众微信号及时公示每笔捐赠款物信息。

【落实省、市红十字会救助救援项目】 2020年，区红十字会落实省、市红十字会救助项目。省红十字会"母婴平安"第二周期项目实施期间，余杭区5家定点医院共救助省外贫困高危孕产妇15人，救助金额11.72万元。全年共救助省外贫困高危孕产妇8人，救助金额6.40万元。落实市红十字会"情暖杭州·红十字博爱送万家"项目，慰问区困难家庭40户。

【红十字博爱月活动】 2020年5月8日（世界红十字日），区红十字会在艺尚小镇国际秀场开展"我为'5·8'献热血"暨造血干细胞捐献登记、"红十字教你学救护"等活动。以"5·8"世界红十字日等主题活动为契机，开展"疫情下的急救"、救护培训"五进"活动等系列红十字品牌工作。区红十字博爱月（5月）期间，全区各级红十字会开展"情暖余杭　红十字送医送药"慰问、红十字"1+1"博爱行动、红十字校园博爱行动等志愿服务活动，区"红十字送医送药"活动走访慰问全区特困病残家庭200户。红十字"1+1"博爱行动中，组织会员、志愿者服务（慰问）汀洲学校学生、"麻风村"老人等弱势群体。加强应急队伍建设，联合区红十字海豚应急救援队在艺尚小镇国际秀场开展心肺复苏实操演练、AED（自动体外除颤仪）使用、分发宣传折页等应急救护知识宣传。

【世界急救日活动】 2020年9月12日（世界急救日），区红十字会在理想·银泰城等大型综合体开展救护技能宣传普及活动。组织区红十字海豚应急救援队的志愿者开展了红十字教你学救护"普及宣传，组织救护培训师和志愿者在宣传点现场演示心肺复苏、AED操作、气道异物梗阻、急救常识宣讲等。

【博爱美丽洲宣传月活动】 2020年9月，区红十字会开展“博爱美丽洲”宣传月系列活动。组织基层红十字会开展“情暖余杭 爱心回访”“世界急救日”“中秋博爱行动”“开学第一课”等宣传活动。回访造血干细胞捐献者和献血积极分子80余人。在“中秋博爱行动”中，慰问敬老院老人、麻风病疗养院老人和失独孤寡老人214人。

【救护培训】 2020年，区红十字会联合区委组织部、区教育局、区应急管理局、区总工会开展救护培训进机关事业单位、进企业、进学校、进村（社区）、进党群服务中心等“五进”活动。建立救护培训机制，通过进校园、进文化礼堂、固定学习日活动，引导群众参与应急救护培训、救护知识咨询、急救技能操作体验、红十字知识学习等。全年举办普及性救护培训613场，培训43135人次；救护员培训139场，7605人通过考核获红十字救护员证。8月，组队参加2020年杭州市红十字应急救护师资教学技能大赛，获团体二等奖。11月，联合区人力资源和社会保障局、区卫生健康局、区总工会举办2020年余杭区首届企业救护员应急救护技能大赛，20支街道代表队共60人参赛。11月，区红十字会、阿里巴巴本地生活服务、区红十字海豚应急救援队、“饿了么”—“骑手”等联合“饿了么”—“骑手”救护培训基地授牌签约暨开班仪式，利用“饿了么”—“骑手”便利工作平台，为遇到突发事件和意外伤害的人员开展自救和互救，增加一批流动救援人员。

【AED配置】 2020年，开展600场4万人应急救护培训被列为2020年区政府民生实事项目。年内，区红十字会分别对AED（自动体外除颤仪）投放点开展救护员培训和AED使用培训，共培训55场，培训3291人，2014人次通过考核获红十字救护员证；专题普及性培训1277人次。2020年新配AED机200台，至年末，全区共安置AED 386台，各镇（街道）均配有AED和红十字智慧一体机。在临平新城艺尚小镇、良渚古城遗址公园分别新建景区救护站，为突发应急救援提供保障。

【造血干细胞捐献】 2020年，区红十字会组织开展“5·8”“七一”无偿献血暨造血干细胞登记入库动员活动，发动基层红十字会开展献血活动30余场。余杭区造血干细胞捐献新入库登记造干志愿者285人，累计入库4711人。10人捐献造血干细胞，历年累计捐献48例，入库数和捐献数位于全省前列。建成全省首家造血干细胞主题文化公园。

【遗体器官捐献】 截至2020年末，全区累计有遗体捐献24例、器官捐献35例、角膜捐献54例。2020年，遗体器官角膜捐献志愿登记2117人。清明节，区红十字会开展“遗体器官捐献 生命之花永续”主题宣传和网上缅怀活动。9月，爱心回访器官、遗体（角膜）捐献者家庭，做好捐献服务工作。年内，完成捐献者家庭困难孩子助学帮扶项目。

【红十字志愿服务】 2020年，区红十字会构建区、镇（街道）、村（社区）三级红十字志愿服务阵地。博爱之家志愿者（会员）服务中心开展志愿者（会员）中心参观日、“捐献造血干细胞，你行我也行”宣传、应急救护知识学习日、红领巾学先锋等活动，共开展志愿服务232场次，参与1930人次，14支志愿服务队开展各类志愿服务120余场。8月21日，全区首家以捐献志愿者冠名的“黄钢锋志愿者服务工作室”在南苑街道康城社区成立。加强应急队伍建设，发挥红十字会区防灾减灾委成员作用。新冠肺炎疫情期间，红十字海豚应急救援队出勤333人次，志愿服务超3000小时，协助转运防疫物资近200吨；7月，区红十字海豚应急救援队志愿者在江西、安徽等地参与防疫和抗洪抢险救灾工作，事迹被中央广播电视总台央视等媒体报道。

【红十字宣传】 2020年，余杭区红十字工作信息被学习强国、新华社、《中国红十字报》等国家平台录用信息15篇；被省、市红会微信公众号、《浙江红十字》《杭州红十字报》等其他省市主流媒体录用信息67篇；在余杭电视台、余杭发布等区级主要媒体录用70余篇。区红十字会组织拍摄的以志愿者为主题的爱心公益宣传片《一群人，温暖一座城》等2部宣传片被学习强国录用。9月，区红十字会承办全省红十字系统志愿工作推进会。会上，区红十字会介绍余杭红十字工作的经验做法。区红十字会印发《情暖红会——余杭红会30年》纪念册1500册；联合区图书馆举办红会30年故事分享会。

【抗“疫”保障】 2020年，在抗击新冠肺炎疫情中，区红十字会动员社会各界开展爱心捐款，共收

2020年8月21日，黄钢锋志愿者服务工作室成立

（区红十字会　供稿）

爱心捐款1580万元，接收物资价值763万元；动员600余名红十字志愿者参与交通卡点、企业返工人员测温，助力企业复工复产。筹集专项资金开展“一人一帮扶”工作；组织慰问返回余杭的29名援鄂医疗队员及家属。

【余杭区红十字会第六次会员代表大会】　2020年6月22日，杭州市余杭区红十字会第六次会员代表大会在临平召开。来自理事单位、监事单位、镇（街道）、教育系统、卫生系统、志愿者代表等共160人参加。大会全面总结过去8年主要工作及成就，部署今后5年主要工作任务；选举产生新一届理事会理事40名，许玲娣当选会长；选举产生监事会监事5名，范海坚当选为监事长。会上还表彰了为红十字事业做出特殊贡献的先进集体、先进工作者、优秀志愿者和爱心捐赠企业。

（田芳）

编辑：李景苏

法　治

Rule of Law

·政法工作及社会综合治理·

【概况】　2020年，余杭区委政法委加强社会治理创新，推动“平安余杭”创建，加强政法事业及队伍建设，助力全区新冠肺炎疫情防控阻击战，为余杭区政治稳定、社会安定和经济建设创造良好和谐的社会环境。先研先试“余杭绿码”，为研发升级“健康码”提供“余杭实践”，开发以“一码一图一指数”为核心的余杭区疫情防控精密智控系统，被评为“2020全国政法智能化建设智慧治理十大创新案例”；余杭区位列中央级媒体《小康》杂志发布的“2020中国县域智慧城市百强榜”榜单首位，位列浙江大学社会治理研究院发布的2020年中国社会治理百强县（市）区第七名。

【基层治理体系完善】　2020年，区委政法委出台《关于完善“一中心四平台一网格”区域社会治理体系的实施方案》，升级基层治理综合信息平台，完善区域社会治理体系。重新梳理下沉部门职责，制定基层治理“四个平台”下沉力量（专业网格员）任务清单及考核办法，将下沉考核与部门平安考核挂钩，压实履职责任。发挥村（社区）中心辐射牵引作用，探索专业网格员再下沉一级至村（社区）的做法，由村（社区）中心直接统筹组织专业网格员开展联合执法，提高处置效率。调整网格任务和考核细则，探索激励保障机制，每年预留一定社工名额，定向从专职网格员中择优选拔，2020年共有30名网格员入职社工队伍。加强治安巡逻巡防，全年平安巡防队员共协助破获刑事案件801起，协查治安案件6942起，协助抓获违法犯罪嫌疑人3286人，发现报送风险隐患8260起。

【“六和”工程】　2020年，余杭区形成“1个工作方案+1个专班+6个工作组+58个项目（10个为余杭区特色项目）+N项工作机制”的“六和”工程推进模式。出台实施方案，明确区域治理方向、目标、任务等，建立项目化推进、工作例会、督查考核等机制。形成全区统筹、横向到边、纵向到底的运行体系，区、镇（街道）、村（社区）三级协同推进。通过任务项目化、项目清单化、清单责任化的方式，挂图作战、销号推进，及时总结、积累经验。余杭区全面开展党建引领社区治理十项行动，推进城乡社区“微自治”助推基层民主协商；智慧安监系统被列入浙江省安全生产精密智控试点项目；良渚街道良渚文化村社区、仓前街道太炎社区入选杭州市小区治理典型案例。

【社会治理综合服务中心建设】　2020年，余杭区制定《关于推进三级社会治理综合服务中心（社会矛盾纠纷调处化解中心）建设运行管理的实施方案》等文件，构建横向协作、纵向联动、协同高效的矛盾纠纷调处化解格局。依托各级中心，完善区、镇（镇街）、村（社区）三级社会心理服务平台，以购买服务的方式，按照镇（街道）、村（社区）需求，提供个性化定制，开展大众社会心理服务工作。中心建设及成效被新华社、《瞭望》等主流媒体报道，在《竞跑者》上刊登。

【“三源融合”治理】 2020年，余杭区将警源、诉源、访源“三源融合”治理工作作为抓好三级社会治理综合服务中心建设的基础工程和重要举措。建立警员与网格员、警情与民情联处的“网事警情”机制，推进村（社区）警务室、调解室、信访室、微法庭“四室”融合，实现警官、村干部、法官“三官”联动，妥善处置矛盾纠纷。坚持“线上+线下”，开展三级社会治理综合服务中心建设，承接浙江省矛盾纠纷协同平台建设试点工作，探索数字赋能警源、访源治理。余杭区在浙江省县级社会矛盾纠纷调处化解中心建设互学互比视频交流会、杭州市数字赋能矛盾纠纷化解现场会上作经验交流。2020年，余杭区有效报警、一审民商事案件，分别比上年下降2.09%、3.59%。

【智慧治理】 2020年，余杭区推进“统一地址库”和智慧安防小区建设，赋码室内地址192.8万余条，覆盖20个镇（街道）1520个网格，户外地址赋码2105条，为商事主体登记、民政新地址登记、水务开户、基层治理等4个应用场景服务，累计调用统一地址服务3424万余次，建成智慧安防小区195个。开展杭州城市大脑·余杭平台基层治理场景应用建设，探索以仓前街道城市治理和鸬鸟镇、黄湖镇乡村治理为试点的“镇街小脑”，以临平街道、闲林街道为试点的“社区微脑”建设。

【平安创建】 2020年，余杭区全年常态化推进道路交通、安全生产、命案防控、电信网络诈骗、消防安全、平安宣传等六大专项行动，每月开展平安主题月宣传活动。通过微信公众号、抖音等新媒体，电视、室内外大屏、公交站台、沿街店铺走字屏等形式营造平安宣传氛围，发动各镇（街道），组织群众参与消防演习、走村入户、平安巡逻等活动，参加群众超过300万人次。9月起，开展平安建设“百日攻坚”行动，余杭区各镇（街道）及网格员、区级职能部门开展检查27万余次，发现隐患10万余个，全部落实整改。发布包含5个维度、12项指标的余杭区平安建设“五色图”7期评估辖区平安风险。2020年，余杭全区道路交通全口径死亡人数比上年下降34.09%，安全生产事故死亡人数下降50%，火灾数下降38.72%，命案下降25%。

【政法一体化单轨制协同办案试点】 2020年，区委政法委推进全省政法一体化单轨制协同办案模式试点工作，建立单轨制案件流转中心，将公检法三条专线汇集至区委政法委，通过单轨制信息数据共享，在网上系统完成组卷、流转工作，全程电子化留痕，实现案件办理的实时监督，全年单轨制案件占比96.98%，相关经验在全市推广。

（郦舒婕）

·法治政府建设·

【概况】 2020年，余杭区总结贯彻实施《法治政府建设实施纲要（2015—2020年）》典型经验做法，组织推荐申报“最佳实践”优秀项目，其中“网络交易纠纷多元化解机制”被评为浙江省县乡法治政府建设“最佳实践”项目。

【镇（街道）合法性审查】 2020年，余杭区构建形成以司法所为主的镇（街道）合法性审查格局，提升镇（街道）法治政府建设水平，破解基层治理“最后一公里”难题。区司法局召开镇（街道）合法性审查工作座谈会，讲解审查业务、交流总结经验、听取意见建议、解答疑难问题；编印合法性审查指导手册“三色本”，区分重大行政决策、行政规范性文件、行政机关合同3个审查项目，分别按制度篇、实务篇编制，为镇（街道）了解合法性审查要求提供制度依据，为开展合法性审查提供项目清单、参考格式、操作流程，该项工作经验做法被《法治浙江简报》报道。

【重大行政决策规范化建设】 2020年，余杭区落实重大行政决策事项目录化管理制度，区本级通过事项征集、审核报批、集体审议等程序，确定年度重大行政决策事项3项，通过政府门户网站向社会公布；组织指导部门、镇（街道）开展重大行政决策事项目录编制与公布。开展重大行政决策合法性审查，发挥政府法律顾问在重大行政决策中的参谋作用，提升重大行政决策能力。

【行政规范性文件管理】 2020年，区司法局开展行政规范性文件合法性审核，加强对制发程序特别是落实公开征求社会公众意见程序履行情况的审查；加强对规范性文件实体内容审查，确保合法有效。全年审核区政府规范性文件23件，出具合法性审查意见书23份，提出意见建议90余条。向杭州市人民政府、余杭区人大常委会报送备案行政规范性文件19件，均获得通过。服务新冠肺炎疫情防控，对区新型冠状病毒感染的肺炎疫情防控指挥部70余份涉疫文件进行合法性审查，保障全区疫情防控、复工复产、民生保障措施的合法有效。抓好行政规范性文件备案审查，组织指导部门、镇（街道）统一使用“浙江省行政规范性文件管理系统”，履行备案审查职责，促进部门、镇（街道）行政规范性文件质量提升。组织开展妨碍统一市场和公平竞争、野生动物保护领域、涉及《中华人民共和国民法典》行政规范性文件等专项清理，废止和修订与上位法律法规不一致的规定，确保法制统一。

【行政机关合同管理】 2020年，余杭区出台《关于进一步规范区政府合同管理工作的意见》，明确合同管理流程、合同承办单位责任。印制《行政机关合同合法性审查工作指导手册》，指导合法性审查工作，促进合同质量提高，降低履约风险。全年区司法局审查行政机关合同42份，出具合法性审查意见书39份，提出审查意见建议100余条。

【行政执法行为规范化】 2020年，区司法局规范行政执法主体和行政执法证件的管理，统一清理全区27个行政机关及其下属单位、20个镇（街道）的3000余本行政执法证件，注销证件130本，全区有持证人员2947人。推行行政执法三项制度，开展落实情况专项检查及“回头看”，发现问题困难、提出对策建议。开展年度行政执法案卷评查，对全区各行政执法责任制单位100余件行政许可、行政处罚、行政强制案卷进行集中评查，从执法程序、法律适用、裁量基准、归档管理等方面提出意见建议100余条，督促责任单位落实整改。组建新一届余杭区特邀行政执法监督员队伍，通过公开聘任、资格审查、集体讨论等程序，确定12名分别从事法律、新闻媒体、社区工作等领域的工作者、志愿者担任余杭区特邀行政执法监督员。实行“开门监督”，组织监督员参与行政执法案卷评查、行政执法证件考试监考等执法监督活动。

【行政复议规范化建设】 2020年，余杭区建成全区统一受理、统一审查、统一审议、统一送达的“一站式”行政复议实体平台，推进行政复议审理中心、行政复议调解中心实质运行。推动行政复议数字化转型。完善《余杭区行政复议申请登记制度》等10项制度，成立余杭区行政案件沟通协调领导小组，建立区政府主要领导定期听取研究行政复议工作、行政复议局内部办案人员分案互审、业务科长统案跟进、分管领导逐案审查、局长每案必审的一体化办案机制，提升办案质量。2020年，全区行政复议案件发案量202件，比上年下降51.3%，复议纠错率11.35%，下降4%。余杭区作为唯一的县（市、区）代表在全省法治政府建设暨综合行政执法改革推进会上交流行政复议工作。

【行政应诉职责落实】 2020年，区司法局落实和推进行政机关负责人出庭应诉制度，加强应诉业务培训指导，压实应诉责任，提升应诉能力和效果。落实动态跟踪制，重点跟踪未经批准不出庭应诉或者连续多次请假的情况，进行督促提醒，提高行政机关负责人出庭率。2020年，全区行政诉讼案件发案量186件，比上年减少29.5%，行政机关负责人出庭率87.29%，上升5.79个百分点。

【行政争议调解机制完善】 2020年，余杭区出台《关于进一步完善行政争议预防和调解工作机制的若干意见》，就行政争议调解组织体系、调解机制、加强调解保障等提出明确要求。区政府建立行政争议调解联席会议制度，重点协调解决互相推诿、调解责任落实不力等调解难题；建立行政案件调解责任制，全区各部门、镇（街道）全部建立行政争议调解委员会，组建调解员队伍，定期对本单位行政争议进行分析研判、排查梳理、研究对策，促进行政争议实质解决。2020年，行政复议调撤率50.4%，比上年上升7.9个百分点，行政诉讼败诉率6.67%，下降10.13个百分点。

【法治政府建设评议考核】 2020年，余杭区提高重点工作在法治政府建设评议考核中的比重，继续推行行政败诉案件双重考核机制。注重考核结果运用，挖掘先进经验，发现工作短板，及时反馈，提出意见建议，限期整改落实，促进全区法治政府建设任务落实。

（徐佳璐）

·公　安·

【概况】　2020年，市公安局余杭区分局共接报警105.04万余起，接警量居杭州市第一；受理刑事案件1.12万起，受理治安案件4.26万起，刑事拘留2630人次，移送检察院起诉2295人次；破获命案3起，强奸、绑架、放火、爆炸、劫持五类严重刑事案件62起，重大恶性案件破案率100%。全区公共安全形势稳定，未发生重大安全生产事故和重大交通、消防安全事故。推动“坚持政治建警全面从严治警”教育整顿，推进队伍正规化、专业化、职业化，丰晓莹被评为全国抗疫巾帼先锋、全国三八红旗手，孙安东、夏盈被评为“最美浙警”，市公安局余杭区分局被评为全国政法新媒体宣传先进单位、全国无偿献血先进单位，蝉联浙江省公安机关执法质量优胜单位。

【公安部门疫情防控工作】　2020年，市公安局余杭区分局在杭州市最早启动入余杭通道查控。牵头全区44个隔离点位的安全防控工作，投入警力11.5万人次。协助国际航班入境人员隔离工作，接收入境航班33批次，隔离人员3125人。抓好“外防输入、内防反弹”，先后对8366名到余杭重点人员开展监测预警，发布核查指令2743条。

【经济领域犯罪打击】　2020年，市公安局余杭区分局通过立案打击、清退存量、严控增量、业务转型等措施，化解全区139家金融风险企业风险。加快网贷案件侦办进度，办结杭州信釜资产管理有限公司涉嫌非法吸收公众存款案、杭州铜米互联网金融服务有限公司涉嫌非法吸收公众存款案两起重大专案；推进网贷案件追赃挽损，围绕小额债券催收和大额资产处置，推动形成“党政主导、司法保障、专业推进”的“三位一体”追赃挽损机制，共追赃14.95亿元。

【扫黑除恶】　2020年，市公安局余杭区分局共办结各级线索1552条，确保涉黑涉恶线索应查尽查、重点线索清仓见底；建立“套路贷”“涉网新型犯罪”两个研判专班，依法刑事拘留组织、领导、参加黑社会性质组织罪，强迫交易罪，敲诈勒索罪，寻衅滋事罪，聚众斗殴罪，非法拘禁罪，故意毁坏财物罪，组织卖淫罪，强迫卖淫罪，开设赌场罪犯罪嫌疑人549人；破获恶势力犯罪集团案件2起25人，恶势力团伙9个78人；查封扣押冻结非法资产1.2亿余元。与区人民检察院、区人民法院合作，提高诉讼效能，市公安局余杭区分局侦办的4起涉黑案件全部判决，累计侦办的21起恶势力犯罪集团案件全部移送起诉。

【新型犯罪打击防范】　2020年，市公安局余杭区分局打击处理电信网络新型犯罪嫌疑人805人，破获案件1110起，比上年增长75.9%。推进“断卡”行动，侦办杭州市首起刑拘移动公司代理商案件，刑事打击处理非法开办贩卖电话卡、银行卡违法犯罪嫌疑人211人。以技术反制手段为核心强化案件防范，劝阻8700余人，涉及金额700余万元。在全区开展百日攻坚电信网络新型违法犯罪防范宣传专项行动“十大主题宣传活动”，指导镇（街道）组建防诈宣讲队416支。

【治安环境维护】　2020年，市公安局余杭区分局打击黄赌违法犯罪，移诉黄赌违法犯罪嫌疑人523人，全区涉黄警情比上年减少31.3%，涉赌警情减少24.6%。侦破跨境赌博案件45起，打掉跨境赌博团伙8个，打击处理违法犯罪嫌疑人139人，查证涉案资金流水221亿元，扣押冻结涉案资产3.4亿元，侦办浙江省首起旅行社明知境外赌场招徕赌客仍提供旅游出行服务的案件。移诉涉毒犯罪嫌疑人63人，查处吸毒人员261人次，破获部、省涉毒目标案件4起，打击绩效居杭州市首位，全链条破获5个涉嫌非法经营“笑气”的犯罪团伙。

【民生领域案件侦破】　2020年，市公安局余杭区分局侦破全市首例本地生产销售伪劣口罩案、首例用“电瓶水”浸泡红毛丹生产销售有毒有害食品案、首例非法经营新冠疫苗案，全年破获食品、药品和生态环境类案件54起，其中省督、部督案件5起，打处犯罪嫌疑人164人。

【交通安全保障】　2020年，市公安局余杭区分局优化调整交警大队责任区中队，将原有6支责任区中队增至9支。在杭州市首创研发交通管理“五色图”和工程车管理“四色码”，开展工程车、电动车重点车辆整治；连续打掉生产、销售超标电动车窝点2个。全年交通事故比上年减少5.4%，交通事故死亡人数降至87人，减少45人，降幅居全市首位，实现交通事故死亡人数连续第18年下降，创近10年新低。

【基层治理优化】 2020年，市公安局余杭区分局深化派出所“小脑+手脚”勤务机制建设，健全派出所综合勤务室“小脑”，灵活面上“手脚”，自主研发试点“智巡”系统，处置突发警情2675起，盘查人员27万余人次、车辆5万余辆次，抓获违法犯罪嫌疑人397人。依托区三级社会治理综合服务中心推动“网事警情”工作机制，镇（街道）矛盾纠纷警情接收率100%、到场率83.%、处结率97.3%、满意率96.6%。依托区保安协会组建全区保安联盟义警队，招募义警志愿者15.2万人，开展义警活动4400余次。表彰见义勇为行为129起236人，弘扬社会正能量。

【公安领域“最多跑一次”改革】 2020年，市公安局余杭区分局优化升级省政务服务2.0平台，通过公安和政务系统数据流转和互信互认，实现85个高频项业务在政务网和公安网流程相融、设备兼容。全区20个政务服务窗口实现“一窗通办”，受理通办业务1.2万余件。9月，杭州市公安机关深化“一窗通办”改革现场会在余杭区召开。

【智慧警务】 2020年，市公安局余杭区分局持续高水平推进“雪亮工程”建设，新增接入各类联网型监控1万余路。智慧警务云上开发项目4个，建设运用模型11个。拓展智慧警务场景，建成智慧安防小区523个，智慧安防校园、智慧安防银行、智慧安防医院等单位154家。研发人口精密智控数据驾驶舱平台，为掌握实有人口数据，开展基础管控提供支持。

【政法一体化单轨制协同办案试点】 2020年，市公安局余杭区分局启动政法一体化单轨制协同办案省级试点工作。在区委政法委推动设立浙江省首个单轨制案件流转中心，打通公检法系统壁垒和沟通障碍；会同检察机关和阿里云计算有限公司在支付宝上研发“云上取证”系统，实现新冠肺炎疫情防控期间办案取证“零接触”和基层刑事办案智能化、高效化。

【全区首起贩卖“笑气”案侦破】 2020年3月初，市公安局余杭区分局获取犯罪嫌疑人卢某某在微信上贩卖“笑气”(一氧化二氮)，通过网约车向整个杭州地区配送的线索。经专案侦查，分局从6月8日开始，出动抓捕警力80余人，组成15个工作组，在江苏省南通市、安徽省合肥市及杭州市余杭区、西湖区、钱塘新区等地对嫌疑对象波次收网，端掉位于江苏省南通市通州区农村的制气窝点2处，现场查获一氧化二氮气体6.8吨，制气设备7台，涉案车辆2辆，涉案资金10万余元，抓获非法制气窝点团伙人员马某、夏某等12人以及杭州本地分销商谢某某、梁某某等15人，其中涉及未成年违法犯罪嫌疑人2人。全案移送审查起诉27人，行政处罚20人，铲除了余杭区“笑气”流入源头。该案获得时任公安部党委委员、国家禁毒办主任刘跃进批示肯定。

【杭州市首起本地生产伪劣口罩案破获】 2020年3月20日，市公安局余杭区分局会同区市场监督管理局分别捣毁位于余杭经济技术开发区和海宁市许村镇的生产、销售伪劣口罩窝点2个，破获杭州市首起本地生产伪劣产品（口罩）案件，抓获犯罪嫌疑人陈某某等4人，现场查获伪劣口罩4.9万余只，点焊机6台。经查，陈某某等人在明知购入的口罩生产原料（熔喷布）明显不符合标准的情况下，仍在经营的公司内生产销售伪劣口罩，获利近30万元。陈某某等4人因涉嫌生产、销售伪劣商品罪被分局采取刑事强制措施。

【特大赌博案侦破】 2020年5月13日，市公安局余杭区分局组织90余名警力在余杭区及嘉兴、湖州等地同步出击，打掉以王某某为首的组织赌博犯罪团伙，抓获主要成员4人以及参赌人员16人，后续又抓获团伙成员4人。经查，该犯罪团伙自2013年以来，多次组织余杭区及嘉兴、湖州部分企业经营者到中国澳门、越南等地赌博，涉及资金流水6.5亿元，涉及参赌人员近百人，参赌场次近千次，非法获利巨大，造成资金大量外流。王某某等8人因涉嫌开设赌场罪被分局采取刑事强制措施。

【千亿级特大涉税案件破获】 2020年9月10日，在杭州市公安局的统一指挥下，市公安局余杭区分局牵头会同拱墅、江干、临安分局，抽调182名警力到河北、陕西、山西、辽宁等地，对国家税务总局杭州市税务局传递的线索开展集中收网，抓获涉嫌虚开增值税发票的犯罪嫌疑人45人，其中32人被依法采取刑事强制措施，铲除一条从上游暴力虚开，到中游过票洗票，再到下游受票获利的完整虚开增值税发票产业链，涉及价税总额3000余亿元，骗税金额400余亿元，为国家挽回巨额税款损失。

【杭州市首起非法经营新冠疫苗案破获】 2020年12月24日，市公安局余杭区分局抽调警力在五常街道某酒店内抓获犯罪嫌疑人金某，并查获大量注射新冠疫苗的书证。经查，2020年10—12月，金某利用杭州地区“本市籍企业员工因公出国可以接种新冠疫苗”的政策，以冒充其名下在杭公司员工的方式，通过犯罪嫌疑人陈某某等5人介绍，招徕421名外地籍人员到杭州地区相关医疗机构接种新冠疫苗，收取高额中介费用，从中获取暴利上百万元。金某等6人因涉嫌非法经营罪被分局依法刑事拘留。

（沈建明）

·检　　察·

【概况】 2020年，区人民检察院全年办理案件（含减刑、假释等案件）2.5万件，办案总量和人均办案量位居全省前列，17个集体和24人次受到市级以上表彰。连续第九年被评为全省先进基层检察院。

【刑事诉讼监督】 2020年，区人民检察院受理侦查机关提请批准逮捕案件962件1566人，经审查批准逮捕665件1047人；受理移送审查起诉案件1565件2394人，审查后提起公诉1123件1802人。提前介入重大复杂案件45件，出台加强和规范侦捕诉衔接办案机制，优化检方警方协同“大控方”工作格局。对应当立案而未立案的，督促侦查机关立案后，43人被追究刑事责任。对取证不规范、不到位等问题，发出纠正违法通知、检察建议等12件次，促进严格规范执法。强化对诉判不一致刑事裁判的审查，依法提出抗诉2件。

【刑事执行监督】 2020年，区人民检察院审查减刑、假释、暂予监外执行各阶段审查案件2.17万件，207件变更减刑幅度或不予减刑、假释、暂予监外执行的检察意见得到采纳。加强对罪犯岗位调整、计分考核等重点环节的监督，防止出现“带病”减刑假释。开展罪犯无劳动能力鉴别、死缓罪犯实际执行刑期等5项巡回检察，对发现的保外就医鉴定到期后重新鉴定不及时等问题，发出纠正违法意见4项，防止“纸面服刑”。办理的对罪犯束某某等20人假释不当监督案入选最高人民检察院典型案例。开展社区矫正检察，确保700余名社区矫正对象“低违法，零犯罪”。

【民事行政检察监督】 2020年，区人民检察院会同市公安局余杭区分局、区人民法院开展虚假诉讼专项整治，推进民事生效裁判监督，对48件虚假诉讼案件向区人民法院发出再审检察建议。践行“枫桥经验”，加大民事检察调解处理力度。在办理洪某某等与某小区业委会业主撤销权纠纷生效裁判监督案中，通过释法说理，达成和解协议。开展非诉执行监督专项活动，对非法占地、卫生行政管理、环保行政处罚等领域存在的问题，督促有关镇（街道）拆除违章建筑1.2万余平方米。将实质性化解延伸到行政复议环节，办理行政争议实质性化解案件9件。

【检察公益诉讼】 2020年，区人民检察院办理公益诉讼案件65件，其中2件案件入选浙江省检察机关典型案例。与行政机关合力，督促赔偿生态环境损害200余万元，索赔公共卫生安全损害赔偿款80余万元，挽回国有财产损失1900余万元，推动余杭区没收违法建（构）筑物处置办法修订。开展无障碍设施建设、高层公共建筑消防安全、道路设施安全（限高限宽设施）等公益诉讼专项监督活动，督查整改发现的问题。在办理某网络科技有限公司侵害公民个人信息民事公益诉讼案中，要求涉案企业删除用户信息1100余万条。

【涉疫检察工作】 2020年，区人民检察院依法办理涉疫违法犯罪嫌疑人46人，对借疫情非法牟利者严厉惩处。依法办理全国首例保护公共卫生安全领域民事公益诉讼，向销售“假口罩”者开出82万余元的惩罚性赔偿“罚单”，被评为全省典型案例。出台《疫情防控期间派驻检察工作指引》，利用智慧检务平台，开展“非接触”式派驻检察办案模式。

【检察工作服务“三大攻坚战”】 2020年，区人民检察院参与金融风险暨网络借贷风险处置，依法办理浙江草根网络科技有限公司涉嫌非法吸收公众存款案、杭州铜米互联网金融服务有限公司涉嫌非法吸收公众存款案、杭州信釜资产管理有限公司涉嫌非法吸收公众存款案等一批平台案件。参与司法环节追赃挽损，引导投资人合理表达诉求，维护社会面稳定。办理破坏环境资源犯罪26人，办理生态环境和资源保护领域公益诉讼案件19件，探索生态环境损害赔偿与检察公益诉讼衔接机制。将司法救助与精准扶贫相结合，办理司法救助案件30余件，发放司法救助款70余万元。办理的全省首例涉疫远程司法救助案，被评为浙江省检察机关“件件有回复”典型案例，并被《浙江日报》等媒体报道。

【扫黑除恶专项斗争】 2020年，区人民检察院共提起公诉涉黑涉恶案件15件84人，办理王某某等16人“套路贷”恶势力犯罪集团案等黑恶案件。定期与区扫黑除恶专项斗争领导小组办公室、市公安局余杭区分局、区监察委员会对接线索，核查情况，确保线索处置件件明确。协助市公安局余杭区分局区分财产性质，查封、扣押、冻结涉黑恶财产，主动对接区人民法院，核查涉黑恶财产执行情况。区人民检察院被评为浙江省扫黑除恶专项斗争先进集体。

【“六稳”“六保”服务保障】 2020年，区人民检察院出台服务保障“六稳”“六保”的实施意见。成立检察长带队的法律服务团，走访规上企业百余家，通过专题法治讲座等形式，为企业送上量身定制的法律服务。加大侵犯企业利益犯罪打击力度，2020年共办理侵犯知识产权、企业内部人员职务犯罪等涉企犯罪107人。开展涉民营企业刑事挂案及控告申诉案件清理专项行动，发布涉企十大典型案例。

【基层社会治理】 2020年，区人民检察院对轻微刑事犯罪，不批捕227人，不起诉501人。受理区监察委员会移送审查起诉案件11件11人，依法起诉民生领域职务犯罪案件。“12309”检察服务中心成建制整体入驻区社会治理综合服务中心（社会矛盾纠纷调处化解中心）。建立第三届涉法涉诉律师库，聘请10名律师作为第三方开展矛盾化解工作。对在办案中发现的道路交通、安全生产、毒品犯罪、网约车安全等问题制发社会治理类检察建议33件。开展寄递行业检察专项行动，联合多部门出台进一步加强预防和打击利用寄递行业实施违法犯罪活动方案，通过拍摄普法宣传微电影等形式，预防利用快递寄递毒品违法犯罪行为。

【民生领域检察保障】 2020年，区人民检察院依法办理危害食品药品安全犯罪81人，办理食品药品领域公益诉讼案件14件。惩处对用“电瓶水”浸泡红毛丹生产销售有毒有害食品等案。参与跨境网络赌博、“断卡行动”等专项行动，共办理网络犯罪案件100余件300余人。与市公安局余杭区分局等部门联合开展“9·19”全民反诈公益周活动，通过网络直播、现场宣讲等方式开展防诈骗宣传。推动“取快递女子被造谣出轨案”刑事自诉转公诉，依法保护公民人格权，维护网络社会秩序。该案入选2020年度全国十大法律监督案例，并被写入最高人民检察院工作报告。

【未成年人检察工作】 2020年，区人民检察院联合区教育局、区市场监督管理局等部门共同出台校园周边综合治理等机制。打击侵害未成年人权益案件，批捕21人，起诉29人。办理的吴军等人黑社会性质组织案被最高人民检察院评为保护未成年人合法权益典型案例，并入选最高人民检察院《未成年人检察工作白皮书（2014—2019）》。对情节严重的起诉23人，对情节轻微且有悔罪表现的，不起诉40人。针对办案中发现的通过网盘向未成年人贩卖淫秽物品，酒吧等经营场所容留未成年人进入等现象，向相关互联网企业和职能部门制发检察建议。通过线下宣讲进学校、线上普法微课堂等形式，开展普法宣传。

【检察工作效能提升】 2020年，区人民检察院开展执法司法规范化水平提升年活动，出台轻微盗窃案件快速侦查和审查起诉等意见。2020年，认罪认罚制度适用率超过85%，量刑建议采纳率超过99%。区人民检察院被评为全省检察机关检校合作创新实践基地。协同相关部门设立单轨制案件流转中心，推进数字卷宗单轨制协同办案，道路交通刑事案件单轨制比例达100%，其他案件比例逾90%。建设公益诉讼快速检测实验室，改造提升电子数据实验室等办案功能区，研发全省首个电子数据智能分析系统。拍摄普法短视频 40 余部，在各类报刊、电视、新媒体平台发表宣传稿件 150 余篇，区人民检察院被评为全国检察宣传工作先进单位。

【全省首例“事实孤儿”司法救助案】 2020 年，区人民检察院依法办理全省首例“事实孤儿”司法救助案。2019 年 10—12 月，通过走访区民政局、区社会福利中心等单位，确认“事实孤儿”身份，并依据《最高人民检察院关于全面加强未成年人国家司法救助工作的意见》和省民政厅等部门《关于进一步加强事实无人抚养儿童保障工作的实施意见》，启动司法救助。2020 年 1 月，拨付司法救助金 5 万元。与区民政局联合制定相关实施细则，对“事实孤儿”司法救助金的使用管理作出具体规定。

【全国首例“撞库打码”案入选最高检第 18 批指导性案例】 2020 年 4 月 8 日，最高人民检察院召开以“严厉打击网络犯罪，共同防控网络风险”为主题的新闻发布会，发布第 18 批指导性案例。区人民检察院办理的叶源星、张剑秋提供侵入计算机信息系统程序、谭房妹非法获取计算机信息系统数据案入选，系浙江省唯一入选的案例。

【联合打造长三角互联网区域保护检察联盟】 2020 年 6 月 18 日，区人民检察院与上海市长宁区人民检察院、南京市建邺区人民检察院签订互联网区域保护检察联盟合作协议书，成立长三角互联网区域保护检察联盟。该联盟通过建立案件协作办理、专家智慧共享、风险研判预警、互联网保护交流平台、专项课题调研、人才交流培养、新闻宣传协作等七大机制，加强三地检察机关交流协作，推动形成长三角检察机关网络犯罪打击、研判、预防、宣传一体化办案机制，打造专业化网络犯罪办案队伍，促进互联网法学理论发展，共同维护互联网生态安全。

【余杭区未成年人司法社会服务中心成立】 2020 年 9 月 28 日，余杭区党建引领共青团助力基层社会治理暨“青春社区”建设推进会举行。会上，区人民检察院联合共青团杭州市余杭区委员会成立余杭区未成年人司法社会服务中心，引入第三方杭州市余杭区滴水公益服务中心。该中心主要受理检察机关委托提供的相关社会司法服务，对涉罪未成年人开展必要的心理干预、成长辅导、个性化帮扶。

【护航民企发展检察开放日】 2020 年 10 月 29 日，区人民检察院联合区工商业联合会、共青团杭州市余杭区委员会开展服务“六稳”“六保”护航民企发展检察开放日活动，邀请知名企业家代表、青年商会青年企业家代表等 14 人参加。活动期间发布《护航民企发展白皮书》、涉企十类典型案例。

(褚美芳)

·法　　院·

【概况】 2020 年，余杭区人民法院受理案件 44667 件，办结案件 44569 件，收结案均居全省第一。一线法官人均结案数 572 件，高出全省平均数 224 件。区人民法院被杭州市中院评为全力保障“两手硬、两战赢”工作成绩突出集体。

【助力全域创新策源地打造】 2020 年，区人民法院做好“执行合同”“保护中小投资者”“办理破产”等工作，助力杭州三项牵头指标被评为全国标杆指标。组建专门审判团队，快立快审快执买卖合同纠纷，审理期限明显缩短。开展“三服务”走访调研，妥善审理涉企案件 15353 件，帮助企业渡困，保护中小投资者利益。审结破产案件 45 件，发布《企业破产审判状况白皮书（2014—2010）》及“中都系”19 家企业合并破产重整等十大典型案例，为优化市场资源配置提供决策参考。审理涉外商事案件 182 件。依法加大对知识产权侵权行为惩治力度，审结著作权、商标权、不正当竞争等知识产权案件 2232 件。对攀附“小米”品牌商标侵权案，判赔百万元，提高侵权违法成本。审结全国首例提供“洗稿”软件不正当竞争案。针对电商领域频发的恶意投诉现象，发出全省首例“反向行为保全”诉前禁令，入选浙江法院知识产权司法保护十大案例。强化运用刑事手段保护知识产权，侵犯“春风动力”商业秘密的被告人被判刑罚。

【保障全域美丽大花园建设】 2020 年，区人民法院严格落实司法服务保障“美丽余杭”建设 12 条实施意见，审理涉行政协议、城镇综合整治等案件 74 件，支持政府依法行政，推进城市有机更新。完善“裁执分离”工作机制，审结涉违法建筑、非法占地等非诉行政审查案件 41 件，督促组织实施单位依法履行行政裁定，助力靓城行动。发挥行政争议调解中心作用，化解“美丽余杭”建设中引发的行政争议，调解成功138件。实行建设工程质量司法鉴定前置机制，对合同确无履行可能的依法予以解除，对继续履行有利于项目推进的，调判结合，最大限度减少案件审理对工程建设的影响，避免工程烂尾。解决人格权、相邻关系、婚姻家庭等纠纷2295件。

【参与全域治理现代化】 2020年，区人民法院推进“平安余杭”建设，依法打击刑事犯罪，审结刑事案件1148件1877人。推进诉源治理，推动相关镇（街道）、部门探索采取政府购买服务等方式强化诉前纠纷化解，新收民事诉讼案件20073件，比上年减少3.7%。发挥镇（街道）、村（社区）“微法庭”就地解纷功能，化解纠纷7094件。联合区工商业联合会建立基层商会涉企纠纷调解机制，推动设立21家“商会微法庭”，在全省率先实现全覆盖。设立“金融微法庭”，推进金融纠纷多元快速化解。推动建立涉房类纠纷行业调解组织，牵头制定实施房产（物业）类纠纷源头治理暨行业性调解工作办法，首批一次性成功调解案件178件。推进民间借贷协同治理，区分正常借贷与“套路贷”界限，完善涉嫌犯罪行为移送机制，向公安机关移送犯罪线索19条，查处虚假诉讼行为，民间借贷案件减少20.6%。针对审判执行中发现的监管漏洞和社会治理薄弱环节，发送司法建议11份。

【疫情“两战两赢”统筹战】 2020年，区人民法院在全市率先出台为企业复工复产提供司法保障的12条意见。用时30天，司法拍卖余杭经济技术开发区13万平方米闲置土地，解决复工企业用地难题。关注涉及新冠肺炎疫情引发的劳动争议、房屋租赁、买卖合同纠纷等案件，加大化解力度，杭州某健身俱乐部案入选全国法院服务保障复工复产典型案例。审结涉疫犯罪案件18件，马某某诈骗案入选全国依法惩处妨害疫情防控犯罪典型案例。坚持善意文明执行，24小时内执行到位2242万元执行款事迹被《人民法院报》报道。推行“零接触”办案模式，网上立案27281件，网上调解561件，在线召开债权人会议11场。区人民法院被评为杭州法院全力保障“两手硬、两战赢”工作成绩突出集体。

【扫黑除恶工作】 2020年，区人民法院审结涉黑恶案件19件85人，重刑率41.2%，判处财产刑总额1.66亿元，完成“案件清结”任务。推进“打财断血”工作，黑恶案件财产刑执行到位1.6亿元，追缴、没收违法所得执行到位1508.3万元，追缴、没收违法财产执行率、财产刑执行率均高位达标。

【金融案件风险防控】 2020年，区人民法院成立金融风险防范及网络借贷风险处置工作领导小组，制定工作方案，主动提前介入，参与案件研判会商、追赃挽损等工作，审结涉P2P网贷平台非法集资案件18件40人。审结金融借款、票据、保险等金融纠纷案件890件，涉及标的2159.9万元，助力防范化解重大金融风险。

【行政诉讼“两高一低”提升】 2020年，区人民法院通过联席会议及信息通报机制，提前预警项目推进及执法过程中易发高发行政争议风险点60余个。依法及时驳回当事人不规范行使诉权、滥用诉权等案件53件。与司法行政机关配合，共同推进行政机关负责人出庭应诉。全年共受理行政诉讼案件148件，比上年下降25.6%；败诉率8.6%，下降3.5%；行政机关负责人出庭应诉率88.7%，上升

2020年5月14日，区人民法院联合人民银行余杭支行、浙江银保监局余杭监管组举行金融纠纷多元快速化解工作推进会

（区人民法院 供稿）

3.7 个百分点。

【执行难问题化解】 2020 年，区人民法院推动区委全面依法治区委员会出台《关于加强综合治理从源头切实解决执行难问题的实施意见》，完善综合治理执行难工作机制。建立执行前督促履行制度，对 1237 名被执行人进行执前督促，促使被执行人自动履行生效裁判确定的义务。试行信用修复激励机制，对 434 家企业、1239 名自然人进行信用修复，支持 18 家企业法人办理保全标的物置换、解封续贷申请。组织开展“鲲鹏风暴”等集中执行行动，强化罚款、拘留等强制措施应用，加大联合信用惩戒力度，将 9637 名拒不履行或拒不报告财产的被执行人，列入失信名单，执结案件 16402 件，执行到位标的额 16.3 亿元。

【法院工作改革】 2020 年，区人民法院作为全国法院民事诉讼程序繁简分流改革试点单位，平均审理天数比上年减少 9.8 天。优化司法确认程序，办理司法确认案件 6844 件，增长 31.9%，居全省首位。完善小额诉讼程序，建立合意适用约定前置机制，适用小额诉讼程序案件 1916 件，平均审理期限 38.6 天。完善简易程序规则，审结案件 13307 件，公告送达案件适用简易程序 1003 件，均居全省首位。扩大独任制适用范围，适用独任制普通程序审理案件 1431 件，上诉率减少 38.8%。健全电子诉讼规则，全面推广电子公告送达。在车贷担保追偿权纠纷中试行电子督促程序，立案 508 件，发出支付令 497 件。

【审判管理】 2020 年，区人民法院院长、庭长带头办结重大、疑难、复杂和典型案件。强化专业法官会议辅助办案决策，强化监督制约功能，加大类案和关联案件检索力度，统一法律适用。落实案件督查实施细则，随机抽查 890 件归档案件，重点督查 155 件上诉改判、发回重审案件，对发现的问题进行问责，确保办案质量。全院一审上诉维持率高出全省基层法院 5.6 个百分点；一审改判发回瑕疵率比上年减少 6.6 个百分点。

【智能审判】 2020 年，区人民法院完善道路交通事故纠纷“网上数据一体化处理”平台系统功能，在全国基层法院推广。运行“余法破产管理钉平台”，经验做法被最高法院《司法改革动态》报道，在全国推广。“破产管理可信操作”司法链应用试点获得全国三等奖。优化涉网知识产权纠纷一站式在线诉调平台，类案推送、信息智能分析功能，实现全流程在线调解，诉前调解成功 2529 件，成功率 36.0%。出台政法一体化单轨制协同操作规程，在线接收案件 1097 件，占同期收案数的 96.8%。

【诉讼便民护民】 2020 年，区人民法院建设一站式诉讼服务中心。审结涉食品、药品、环境和人身损害等民生类案件 8974 件。盘活东田·怡丰城烂尾楼盘，帮助 1200 余户购房业主实现安居。参与欠薪整治，审理执行欠薪案件 1820 件，为农民工追回欠薪 1185.6 万元。发放司法救助金 96.1 万元，减免缓交诉讼费 376 万元。规范诉讼费预缴、退还管理机制，依法及时退还胜诉当事人预缴诉讼费 2.2 亿元。

（庞楚楚）

·司法行政·

【概况】 2020 年，区司法局按照“一个统筹、四大职能”的工作布局，行政复议体制改革相关工作经验在全省法治政府建设暨行政综合体制改革推进会上作典型交流发言；余杭区法治建设经验第 12 次入载《中国法治蓝皮书》。

【法治保障中心工作】 2020 年，区司法局出台《关于为新冠肺炎疫情防控期间企业复工复产提供法治保障的意见》《余杭司法保障企业复工复产八大法治专项行动》，对涉疫及复工复产相关文件开展合法性审核 70 余件，保障疫情防控、复工复产。加大涉疫矛盾纠纷排查调处和化解力度，化解全省首例涉疫行政复议案件。落实矛盾纠纷排查调处、换届选举方案合法性审查、村规民约（社区公约）修订及联审工作。

【“法治余杭”建设】 2020 年，区司法局开展法治建设提升整改行动，清单化推进法治建设。牵头落实区委全面依法治区委员会办公室第二次会议，出台相关工作细则，明确将法治建设纳入党委巡察范围，组织 2 个镇（街道）、1 家单位专题述法。强化法治杭州考核落实，实行过程性考核，推行

2020年12月4日，“寻找宪法有缘人”活动举行
（区司法局　供稿）

“月例会、月排名、月通报”。研究起草法治余杭“十四五”规划，抓好任务分解。成立15人区级法治建设监督员队伍，对9家重点部门、2家镇（街道）开展实地法治督察。创建法治余杭信息专刊，2项法治建设经验被《法治浙江简报》刊载。

【法律服务】　2020年，区司法局办理法律服务3.89万件，转交或律师代办法律援助1271件。建设24小时法律服务站1个，串联村（社区）、园区、楼宇法律服务点，打造“一公里公共法律服务圈”。研发网上中心，试行法律援助申请无纸化。2020年，国家级试点基层司法服务标准化项目通过专家组验收，杭州市余杭区公共法律服务中心被司法部评为全国公共法律服务工作先进集体、司法行政部门进驻社会矛盾纠纷调处化解中心示范窗口。

【法治宣传教育】　2020年，区司法局开展“10+X”法治建设满意度提升专项行动。完成“七五”普法总结验收，组织召开浙江省“八五”普法规划编制调研座谈会杭州专场，启动“十四五”时期“八五”普法规划。落实“谁执法谁普法”普法责任制，提升法治建设知晓率、参与率、满意度。培育余杭本土社会普法公益组织、普法工作室，发挥法治带头人、法律明白人、遵纪守法示范户优势，推动普法宣传工作延伸至基层。深化“12·4”国家宪法日宣传，开展“宪法有缘人”“青少年宪法阵地学宪法”等特色活动。打造法治文化阵地全辐射项目，培育“法治带头人”373名，“法律明白人”1132名，“遵纪守法示范户”381名。规范化推进基层站所建设，仓前司法所被评为全省首批省级枫桥式司法所。余杭街道仙宅村等12个村（社区）被评为省级民主法治村（社区）。

【人民调解】　2020年，区司法局推进诉源、治源、警源“三源治理”常态化，推进矛盾纠纷“最多跑一地”。开展人民调解组织网格化、队伍社会化、保障市场化、模式科学化“四化”发展工作，推动政府购买人民调解服务，培育“橄榄枝”社会调解组织，相关做法入选市委政法委市域社会治理现代化孵化培育项目。推动杭州城市大脑余杭平台·调解在线建设，入选浙江省“城市大脑”应用优秀典型案例。全年各级人民调解组织受理矛盾纠纷1.95万件，调解处理成功1.94万件，成功率99.7%，涉重大疑难复杂纠纷490件。“网络交易纠纷多元调解机制”被评为浙江省县乡法治政府建设“最佳实践”项目。

杭州城市大脑余杭平台·调解在线　（区司法局　供稿）

【社区矫正】 2020年，区司法局依托省社区矫正综合管理平台，以数字卷宗单轨制省级标准试点为契机，深化“智慧司法”数字协同，推动智慧监管、智慧教育、智慧办公“三位一体”的智慧矫正模式发展。“社区矫正治安管理处罚提请卷”等5项立卷规范被纳入《浙江省刑事案件数字卷宗管理办法（试行）》，刑事通知类法律援助案件单轨流转率100%。落实区委改革重点项目“中途之家”建设，线上线下串联百余家基地，打造一体集成的“余矫e站”。加大社区矫正对象、归正人员管控，健全完善精准执法、监管、教育、帮扶机制，推进心理矫治体系品牌建设。全区接收社区矫正对象567人，解除503人，实现社区矫正对象“零感染、零脱管、零犯罪”工作目标。

【司法行政领域营商环境优化】 2020年，区司法局落实市场主体法律服务网格化全覆盖机制。成立余杭区企业复工复产公益律师服务团，组织开展“法雨春风”法律服务月、民营企业“法治体检”、“律师服务进企业　打造企业贴心法律顾问”等为企为民专项法律服务行动，全年走访企业2393家，解决法律问题196个，研发法律服务产品30种，开展企业法治宣传150余场，提供法律咨询1040余人次，调解处置矛盾纠纷47件。组织开展全区妨碍统一市场和公平竞争、涉及优化营商环境规范性文件专项清理、废止和修订。陈佳颖被省司法厅授予全省司法行政系统法治化营商环境优化专项行动个人嘉奖。

（韩瑞雪）

编辑：俞帅帅

军　事

Military

·综　述·

【概况】　2020年，余杭区人民武装部按照上级加强国防后备力量建设的部署要求，坚持以强军目标为统揽，认真贯彻落实上级党委扩大会议精神，抓好党管武装各项工作落实，全年执行命令坚决、任务完成出色、综合保障有力，促进区域经济建设与国防建设协调发展。

【年度征兵】　2020年，在杭州市征兵办和余杭区委、区政府的指导下，执行杭州市政府、警备区征兵命令，围绕新兵质量这一核心，强化组织领导，宣传发动筹划部署完成征集任务。

【民兵训练】　2020年，余杭区分别开展为期12天的民兵入队训练，专武干部、民兵骨干、拟任民兵教练员集训以及应急、专业、特殊三类队伍训练，并承担全市特种电力设备维修专业跨区联训。区人民武装部参加警备区第三届岗位练兵比武竞赛，取得综合排名第二、通信专业第一的成绩。

【国防教育宣传】　2020年，余杭区人民武装部推进国防教育"五进"活动。开展区管干部集训、新录用公务员岗前培训，通过国防教育，增强党政领导干部的国防意识和组织纪律观念。开展"军人为你骄傲"主题宣传活动，联合区妇女联合会评选表彰10名区级"最美军嫂（兵妈妈）"。举办"国防教育日暨世界反法西斯战争胜利75周年"系列展览。

【双拥共建】　2020年，区人民武装部会同区退役军人事务局等单位举行退役士兵返乡欢迎仪式暨就业推介会，面向退役军人和随军家属定向招聘专职社工30人。组建区军人军属法律援助工作站，维护和保障辖区内军人军属合法权益。

（朱珏嘉）

·部队建设·

【武装工作暨国防动员委员会全体会议】　2020年4月15日，余杭区召开区委武装工作暨国防动员委员会全体会议，区委书记张振丰，区委副书记、区长陈如根，区委常委、常务副区长陈夏林，区委常委、区人民武装部政委皇甫伟华，区人民武装部部长黎宪威，各镇（街道）党（工）委书记、区国动委各成员单位负责人，各镇（街道）人武部长，区内高校武装工作负责人参加会议。会议通报表彰2019年度武装工作先进单位和个人，总结2019年武装工作，部署2020年工作任务。

【区委议军会暨"军事日"活动】　2020年12月16日，余杭区举行区委常委议军会暨"军事日"活动，区四套班子领导参加。区人民武装部政委皇甫伟华传达省委议军会精神并汇报年度武装工作，区委书记张振丰对全区武装工作一年来取得的成绩给予肯定，对2021年武装工作提出意见。

（朱珏嘉）

·兵役工作·

【征兵宣传】 2020年5月，区人民武装部开展征兵宣传工作，设置征兵宣传咨询点及道路电子屏，利用微信公众号、短信、抖音号宣传，在区内高校发放手册。在黄金时段播放征兵宣传片，协调区委宣传部、区教育局、区融媒体中心和移动、联通、电信等部门，多种方式向适龄青年进行宣传教育。

【征兵体检】 2020年7月25日，余杭区征兵上站体检启动。常务副区长陈夏林检查调研，区人民武装部部长黎宪威、政委皇甫伟华陪同。区民兵训练基地的征兵，由卫生系统抽调的医务人员，采用网络体检系统，为全区适龄青年上站检查体格。

【役前教育训练】 2020年9月3日，余杭区召开2020年度预定新兵役前训练动员大会。9月3—9日，组织预定新兵进行队列训练、体能训练、专题教育、国防教育和参观见学等役前训练，为下一步定兵打下基础。

【定兵会议】 2020年9月，余杭区举行2020年度定兵工作会议，组织开展全区集中审批定兵，确定新兵去向。常务副区长、区征兵工作领导小组副组长陈夏林，区人民武装部部长黎宪威、政委皇甫伟华等参加会议。会议汇报2020年全区征兵情况，确定兵员名单及部队去向。会议要求，要加强对已定兵员的管理，按照新冠肺炎疫情防控要求组织新兵交接，深化廉洁征兵，做好征兵总结。

（朱珏嘉）

·民兵预备役·

【整组点验】 2020年10月20日，余杭区人民武装部对全区所有编组基干民兵的企业进行拉动集中点验。5月，按照民兵调整改革和整组工作要求，检查验收基层武装部民兵整组工作。区人民武装部部长黎宪威、各镇（街道）相关负责人参加点验。

【森林防火军地联合演练】 2020年4月4日，区人民武装部在鸬鸟镇组织森林防火军地联合演练。民兵应急分队和消防专业队参加演练，浙江省常务副省长冯飞等领导现场观摩并指导。

【应急连训练】 2020年6月1—5日，余杭区人民武装部组织民兵水上应急分队训练，全区水上应急分队携带冲锋舟参训。训练包括舟艇操作、编队航行、受困群众营救、落水人员搜救等科目。6月17日，区人民武装部在民兵训练基地组织民兵实弹射击训练。11月15日，区人民武装部组织区属民兵应急连开展卫生与救护、伪装与防护、抢险救灾等科目的专业集训。

（朱珏嘉）

·国防教育·

【国防教育宣传】 2020年9月19日，全国第20个全民国防教育宣传日，余杭区开展国防教育宣传活动。举办“国防教育日暨世界反法西斯战争胜利75周年”系列展览，开展爱国主义电影下乡展播活动，发放国防教育宣传用品，开展国防教育知识图板“五进”活动。在“余杭发布”微信公众号上发布专题微信，宣传国防知识。

【国防教育活动】 2020年7月29日，区人民武装部在中泰街道泰峰村开展“迎八一，颂军魂”主

2020年6月1—5日，民兵水上应急分队训练

（区人民武装部　供稿）

2020年7月6日，区人民武装部组织民兵参与防汛救灾
（区人民武装部　供稿）

武装部组织各镇（街道）开展慰问现役军人家庭活动。全年，会同区退役军人事务局，向立功受奖人员家庭送去立功喜报、鲜花和慰问金。

【参与地方工作】　2020年，区人民武装部组织民兵参与突如其来的新冠肺炎疫情防控、交通管控、巡逻警戒、物资搬运、信息登记等工作。5月31日，区人民武装部组织民兵参加“城市环境大整治，城市面貌大提升”百日集中攻坚行动。7月6日，区人民武装部调集民兵应急分队到径山镇参与防汛救灾行动。

题活动。邀请抗战老兵为青少年讲述军旅故事。

（朱珏嘉）

·双拥共建·

【慰问现役军人家庭】　2020年春节期间，区人民

【法律援助服务站】　2020年8月，为贯彻《国务院、中央军委关于进一步加强军人军属法律援助工作的意见》和司法部《军人军属法律援助工作实施办法》，区人民武装部联合区司法局、诺亚律师事务所成立军人军属法律援助服务站，向军人军属提供法律援助。

（朱珏嘉）

编辑：吕晓英

城乡建设与管理

Urban and Rural Construction and Management

·城乡规划·

【规划编制】 2020年，余杭区深化推进国土空间规划研究，对接市级总规编制。结合国家、省、市要求，做好生态保护红线优化调整、城镇开发边界优化研究和永久基本农田要素保障举证工作。深化控规编制，推进未来科技城、临平新城、良渚新城、余杭经济技术开发区、钱江经济开发区等重点产业平台重点区块控规编制工作。加快专项规划概念规划研究，完成《余杭区燃气专项规划》等专项规划。全年共编制规划41个，编制完成22个。

【规划审批】 2020年，余杭区加强对五大产业平台、自然资源所的规划指导，共审查183个地块的选址论证报告、238个项目的规划设计方案，出具81个规划技术指标。是年，余杭区实现建设用地规划许可证和建设项目用地预审与选址意见书“两证合一”，核发建设项目用地预审与选址意见书审批414项，用地面积1666.96公顷。

【规划监督】 2020年，余杭区按照“应减尽减、能并则并”原则，缩减流程，简化材料，继续提升建设工程竣工规划核实、土地核验的办事效率和服务质量。2020年，全区共完成竣工规划核实项目217个，总建筑面积1015.99万平方米；完成土地复核验收项目71个，验收土地面积212.26公顷，总建筑面积463.93万平方米。

（陈建君）

·城乡建设·

【全域美丽建设】 2020年，区住房和城乡建设局牵头召开全域美丽推进大会，编制“因城施策抓靓城、百路千里美乡村”方案及三年行动计划，全年梳理全域美丽项目659个，其中，开工518个，完工126个。建立全域美丽问题协调机制，协调解决征地拆迁、杆线迁改等问题31个。制定全域美丽工作考核细则，开展项目督查75次，发出整改单56份，编发督查通报7期。编发工作简报46期、专报10期，媒体宣传384篇，其中《余杭全域美丽又添新景　百姓家门口享“五星”公园景致》等报道在《人民日报》刊登。组织编制全域美丽故事及画册，举办全域美丽摄影大赛、绿道毅行等群众性活动。

截至年末，余杭区创建为国家级现代农业产业园、2020年度浙江省新时代美丽城镇建设优秀县（市、区）、浙江省文旅产业融合试点区、浙江省文化和旅游消费试点区。区内省级“美丽河湖”数量位列全市第一，新时代美丽城镇建设省级样板数量位列全省第一。杭州市深化“千万工程”建设新时代美丽乡村现场会、全市创建“四好农村路”国家级示范市（县）比学赶超现场会、杭州市绿道建设现场会等会议在余杭区召开。

【靓城行动】 2020年，区住房和城乡建设局牵头推进“靓城行动（东部崛起）”建设专项行动，建立完善“1618”工作体系（围绕一个总体目标，按照“美化、序化、洁化、亮化、功能化、显文化”六大行动，开展18项工程），明确2020年“靓城行动（东部崛起）”建设项目126个（包括计划新建项目82个、续建项目44个），其中，余杭经济技术开发区老城有机更新、临平环线快速路北延、东湖快速路北延等开工项目108个（含续建项目44个），“三路一环”望梅路互通、北大街综合整治工程、临平山运动休闲公园、丰收湖公园等完工项目32个。全年编发工作简报46期，发布官微推文77篇，在《杭州日报》等媒体发布专题报道28篇，其中“老城有机更新”报道被《人民日报》、“今日头条”等媒体全文转载。组织开展临平山运动休闲公园开园暨“靓城行动”市民体验日等活动，让更多人体验靓城成果。

综合整治后的北大街　　（应召平　摄）

【美丽城镇建设】 2020年，区住房和城乡建设局牵头推进美丽城镇建设，创建施行美丽城镇建设首席设计师、驻镇规划师、美丽城镇发展师“三师融合”制度，突出一镇一特色、一镇一规划，抓好“美丽＋功能”“美丽＋产业”“美丽＋文化”等具体实践。2020年首批6个创建镇（街道）（仓前、良渚、运河、瓶窑、塘栖、径山）涉及项目150个，年底前全部通过省级考核验收，共完成投资约152亿元，其中仓前街道、瓶窑镇、塘栖镇等3个镇（街道）被评为省级样板，余杭区被评为2020年度浙江省新时代美丽城镇建设优秀县（市、区）。

【“五水共治”专项行动】 2020年，余杭区新建、改造污水管网23.06千米，良渚污水处理厂四期、余杭污水处理厂四期建成投入运行，开工建设径山污水处理厂项目，城市污水处理率达到96.22%，再生水利用率达到17.37%。出台《2020—2021年余杭区生活小区类“污水零直排区”创建专项行动方案》，创建“污水零直排”生活小区345个；出台《余杭区非居民普通客户用水“零投资”实施方案》和《〈杭州市余杭区已建高层住宅二次供水改造管理实施意见〉补充意见》，完成已建高层二次供水设施改造27个；完成农村生活污水终端改造120个，落实农村生活污水处理站点标准化运营维护118个；完成屋顶集雨等雨水收集系统建设45处，一户一表改造100户，创建省级节水型小区18个，节水标杆小区2个。

【城区绿化建设】 2020年，余杭区新增绿地152万平方米，其中，公园绿地82万平方米，居住区、单位附属绿地面积70万平方米。年内完成绿道项目建设13个、63.9千米。全年办结新建项目绿化验收126件，确认绿地面积178万平方米。

【“三改一拆”（城中村改造）专项行动】 2020年，区住房和城乡建设局牵头做好“三改一拆”工作。全区共处置违法建筑7370宗，面积358.6万平方米；完成旧厂区改造17.1万平方米、旧住宅区改造47.2万平方米；城中村征迁完成农户住宅拆除1364户。开展拆后土地利用，加大拆后分类利用力度。拆除违法建筑腾出土地共65.36万平方米，拆后利用33.73万平方米，其中，复垦9.4万平方米，复绿0.58万平方米，按规划实施建设2.82万平方米，用作临时公共设施20.93万平方米。累计拆后土地利用率89.4%。

【老旧小区综合改造提升】 2020年，区住房和城乡建设局牵头全区老旧小区综合改造提升工作，按照“保笼全部拆除，电梯成片加装，基础设施完善，配套功能齐全”的要求，探索老旧小区改造工作的余杭模式、余杭标准，受到上级领导和部门的肯定。全年实施老旧小区改造50个，改造面积71.5万平方米，其中完成改造47.2万平方米。

【轨道交通建设】 2020年，区住房和城乡建设局协调推进杭州市轨道交通二期、三期及三期调整工程，湖杭铁路（含杭州西站）项目征迁、建设相关工作，完成杭州市轨道交通建设涉及余杭区的年度全部征迁工作及其他任务，完成湖杭铁路（含杭州西站）项目全部征迁工作及其他任务。杭州地铁5号线后通段及16号线于2020年4月23日开通试运营。3号线一期及北延、4号线二期、9号线一期、10号线一期、机场快线等其他线路和湖杭铁路（含杭州西站）项目施工正常推进。

【城市基础设施建设】 2020年，区住房和城乡建设局统筹推进全区快速路、主次干路等重大基础设施项目建设。其中："三路一环"望梅路互通高架道路竣工通车，崇贤至老余杭连接线（高架）和文一西路（荆长大道—东西大道）项目有序推进，临平环线快速路北延和东湖快速路北延项目开工建设，莫干山路快速路由杭州市城乡建设委员会统一实施（完成总工程量约20%）；储运路、昌达路项目开工，万和路、顺达路项目完工。

【地下空间及综合管廊】 2020年，区住房和城乡建设局统筹推进全区地下空间及综合管廊方案研究，组织调研督查良睦路和杭行路管廊建设情况。截至12月底，良睦路综合管廊工程全部完工，部分管线入廊使用；杭行路综合管廊工程基坑土方开挖总工程量34720立方米，累计完成23560立方米，占比68%；余杭区管线综合信息系统持续升级，累计录入区内各类管线数据11176千米。

【公共停车场及充电桩建设】 2020年，区住房和城乡建设局牵头完成城东中学迁建等5个学校操场下公共停车场项目，泊位数约1400个；开工华润地块公共停车场等项目2个，累计开工泊位数约750个；续建余杭高铁站北广场及地下空间工程、乔司中心小学改扩建学校操场下公共停车场等项目10个，累计续建停车泊位数约2800个。全年完成新能源充电设施建设项目备案69个，完成公用充电枪建设446个。

【海绵城市建设】 2020年，区住房和城乡建设局牵头做好全区海绵城市建设统筹推进工作，建设推进海绵城市重点工程开工项目7个、完工项目11个。在初步设计审批环节做好海绵城市设计把关，全年完成海绵技术审查项目517个，对老旧小区改造等非基本程序类项目海绵城市建设开展技术指导。

【民用建筑项目节能评估审查及房屋建筑工程施工图图审】 2020年，区住房和城乡建设局加强民用建筑项目节能审查和房屋建筑工程施工图图审备案，完成工程规划许可阶段节能审查项目161个，施工许可阶段民用建筑节能许可项目151个；受理联审项目计1699件次（含建筑工程二次装修），同步推进施工图联审政府购买服务工作。

【燃气行业管理】 2020年，区住房和城乡建设局牵头抓好燃气行业安全管理，制定《余杭区非居民普通客户用气"零投资"实施方案》，减轻企业用气报装负担。根据《浙江省管道燃气特许经营评估管理办法》，首次开展管道燃气特许经营评估，规范管道燃气企业特许经营行为。全年开展检查活动7次，下发检查意见书份70份，整改安全隐患186处；组织开展专项执法6次，查处违法窝点3个，钢瓶1191个，查扣非危险化学品运输车辆6辆；开展燃气安全教育活动3次，组织安全管理培训2次，参训从业人员400余人。

余杭望梅路互通 （区住房和城乡建设局 供稿）

【管道燃气改造】 2020年，区住房和城乡建设局实施老旧小区、农民拆迁安置小区管道燃气改造，全年完成改造2000户，历年累计完成改造4.9万户，基本实现建成区内居民住宅管道燃气全覆盖。扩大燃气管网覆盖面，全年新增天然气管线88余千米，累计2854

千米，全年管道天然气销售量约为 3.1 亿立方米，通气点火 49.8 万余户，新增约 4.5 万余户。工商业用户 2708 户，新增约 300 余户。全区瓶装燃气用户达 20 万户，钢瓶 44 万只，年供气量 4.5 万吨。天然气汽车加气站 6 座，年内新增 1 座，年供气量 4000 万立方米。

【住房领域“最多跑一次”改革】 2020 年，区住房和城乡建设局深化推进“最多跑一次”改革，围绕投资项目审批“最多 80 天”及工业用地项目“补短板、促发展”6 个月内开工等改革要求，落实施工许可图审后置及建设、消防、人防审批事项“多合一”改革，在全市率先出台工业项目联合竣工验收实施办法，提升竣工验收备案审批速度。推动住房保障政策上线“亲情在线”，实现“新就业大学毕业生、创业人员公租房补贴”全程网上办理。

【人民防空建设】 2020 年，区人民防空办公室健全区人民防空指挥部常态化运行机制，参加全市人民防空指挥、通信综合演练，参加长三角一体化人民防空通信指挥演练，组织开展“4·4”“5·12”“9·18”警报试鸣和人口疏散演练。规范人民防空项目行政审批服务。开展全区人民防空工程平时使用和维护管理大检查，随机抽查项目，开具整改通知单 20 份，落实问题整改。推进地下空间开发人防建设控制性详细规划编制工作，推进 2 个自建人防工程项目建设。

【征迁清零】 2020 年，区住房和城乡建设局根据新出台《浙江省常住户口登记管理规定》，完善余杭区征迁补偿、多（高）层公寓安置等政策文件。牵头推进全区征地安置协调工作，其中历史未签约任务涉及征迁农居户 3 户、企业 5 家，完成签约农居户 1 户、企业 2 家；2019 年结转及 2020 年征迁任务涉及征地 994.65 公顷，农居户 4364 户，企业 352 家，完成征地 908.547 公顷，签约农居户 3865 户，企业 239 家（剩余大部分为 9 月中期调整新增任务）。回迁安置在外过渡户 878 户，完成市级任务的 152%。

【消防管理】 2020 年，区住房和城乡建设局根据消防审核验收职责划转工作部署，做好建设工程消防审核验收职责承接，全年共受理消防审核验收项目 1363 个，其中，设计审核类项目 272 个，验收备案类项目 914 个（抽中 184 个），竣工验收类项目 177 个。完成现场竣工验收类（含抽中）项目 247 个。

【城建档案管理】 2020 年，区住房和城乡建设局根据市城建档案“最多跑一次”办事事项的“八统一”及投资在线平台 3.0（工程审批系统 2.0）等相关要求，采取“提前介入、容缺受理”服务模式，全年共出具预验收意见书 273 份，涉及建筑面积约 1274 万平方米，档案 4.2 万卷，其中土建项目 232 个。全年共接待档案查询利用人员 2452 人次，调档 21397 卷，复印文字及图纸资料 52458 页，刻录光盘 470 份。

【重点工程建设】 2020 年，区住建局牵头推进区内部分重点项目建设。其中：临平老城区有机更新一期临平山西侧运动休闲公园竣工并开放，临平老城区有机更新二期北大街综合整治工程竣工；临平老城区有机更新安置房项目主体结顶，二次结构完成；迎宾大道北延隧道工程隧道主线通车；“三路一环”望梅路互通工程高架及地面道路通车运行，南大街下穿铁路箱涵改扩建工程道路部分完成。

（周云）

·城市管理与综合执法·

【概况】 2020 年，区城市管理局围绕“全域美丽大花园”建设，推进生活垃圾治理、城市品质提升、民生实事工程、行政执法保障、智慧科技赋能等中心工作，实现全区城市管理事业高质量发展。

【生活垃圾治理】 2020 年，余杭区将垃圾分类逐级纳入行业监管、镇（街道）考核和村规民约，压实各类主体责任，生活垃圾回收利用总量 39.7 万吨，达到 1507 吨 / 日，回收利用率 42.7%，垃圾进场总量较 2019 年同期减少 6.67%。二维码溯源巡检覆盖 30 万户居民，在 582 个小区推行定时定点投放，建成沿街商户垃圾不落地音乐线 340 条，食堂饭店餐厨废弃物“统收统运专线”383 条，农贸市场、水果店“生鲜垃圾清运专线”149 条，易腐垃圾就地处置能力 604 吨 / 日。编制全区新建项目生活垃圾分类评审标准，审核居住区项目 65 个，通过现场验收32个，现场指导整改问题290余处。对照年度创建目标，区城市管理局牵头推进全区示范创建工作，创建区级示范小区261个，区级示范村129个，市级示范小区238个，市级示范村46个；开设余杭垃圾分类公众号，发动镇（街道）、部门加大宣传力度，刊发宣传资料998篇。余杭区在2019年全省考核评比中被评为全省生活垃圾分类工作优秀单位、垃圾革命“余杭方案”被评为浙江省改革创新最佳实践案例。

【城市品质提升】　2020年，区城市管理局推进“城市面貌大提升、城市环境大整治”全市重大专项行动，落实“监管指数”“靓城指数”等考核评比，压实主体责任，开展“全民清洁日”“万人大清扫”等活动，自查整改城市环境问题46万余个，核查市级综合督查问题115批次17021件，采集新问题340批次39051件。两次被评为市级环境整治“优秀单位”。推进工程渣土运输车辆和在建工地（渣土消纳场地、码头）扬尘专项整治，完成664个建筑工地及渣土消纳场地车辆冲洗设施提档升级，2183辆渣土车辆车身重新喷漆洁化（占比96%），渣土运输车辆污染问题发生率从7.18%降至0.89%，关于运输车辆污染路面的信访投诉量比上年下降75.6%。人民广场、临丁路、迎宾路分别被省住房和城乡建设厅评为2019年度浙江省“优质综合公园”“绿化美化示范路”“街容示范街”等。编制出台《余杭区城市照明分区规划》，打造层次分明、可观可赏的余杭夜景。建设区级统一运营维护的城市照明管理平台，采用“一把闸刀”管理，以“劳动谱赞歌”为主题的灯光小品秀，被省市主流媒体报道。

【民生实事工程】　2020年，区城市管理局围绕民生实事项目推进，新增泊位、盘活存量泊位，搭建智慧停车平台，打造“全区一个停车场”，全年新建汽车泊位3150个，接入停车场（库）680余个。推进“先离场后付费”，开通“先离后付”功能泊位10.6万个，接入率和使用率居全市第一，在2020年度民生实事项目民意调查中，区智慧停车管理平台和多渠道发布停车引导信息的满意度为66.3%，位居全市首位。建设装修垃圾处置体系，年处置能力42万吨。提升工程渣土处置能力，全年建成5个渣土码头13个泊位，实现年外运能力2000万立方米以上，消纳土方1800余万立方米，市域统筹任务共接收市域统筹调令242.63万立方米。

【行政执法保障】　2020年，余杭区出台《余杭区城管局常态化执法机制》，全面落实执法过程全记录，规范明确电子证据启用、保存、使用全流程登记要求，全年办理各类案件60507件，罚款4164万元，其中一般程序案件6453件，人均办案量24件。推进基层综合行政执法改革工作，制定《塘栖镇综合行政执法体制改革试点工作实施方案》，梳理明确下放事项16类543项。12月31日，塘栖镇综合行政执法队挂牌成立。

2020年，区城市管理局组织开展垃圾分类检查

（区城市管理局　供稿）

【智慧化城市管理】　2020年，区城管局自主研发基础信息采集系统、执法巡检系统、生活垃圾分类评价系统等9个核心模块。在全省率先实现简易程序（违法停车除外）当事人现场二维码扫码缴纳罚款，全年办理简易程序案件11165件，涉及罚款181975元，实现率100%。依托智慧环卫监管平台，优化余杭区易腐垃圾车载称重系统，实现对城市易腐垃圾收运的源头称重和计量监管，完善垃圾分类末端监控。全年完

区城市管理局执法人员检查工程渣土准运证等情况

（区城市管理局　供稿）

成 14 辆易腐垃圾运输车称重设备和 220 个小区、132 个非小区点位 RFID 芯片安装和数据接入。推进 AI 视频巡逻系统扩面，南苑、临平、黄湖等 8 个镇（街道）共 100 路监控开通 AI 识别功能。在 1600 余辆渣土运输车上加装空满载传感器，提升监管效率。上线运行执法巡检系统，对违法行为建立预警名单、待立案名单、未立案报警三张清单。系统运行以来至年末，下发日常检查任务 67 次、专项检查任务 2 个，发现城市管理问题 2298 个，整改问题 2178 个，整改率 94.8%。

（王雅峰）

编辑：范文良

自然资源管理·环境保护

Natural Resources Management and Environmental Protection

·自然资源管理·

【概况】 2020年，余杭区打造全省首个工业用地大数据应用管理平台，被《自然资源报》《杭州日报》等刊登报道。中国自然资源经济研究院到余杭区调研节约集约用地开发利用，浙江省生态“坡地村镇”建设研讨会在余杭召开。

【耕地保护】 2020年，余杭区为压实耕地保护责任，出台《余杭区镇级政府（街道办事处）耕地保护责任目标考核办法》，将耕地保护责任目标列为区人民政府对各镇人民政府（街道办事处）年度工作目标考核的重要内容，通过考核奖惩，加强和落实耕地保护目标责任制。2020年，拨付耕地保护补偿资金4148.61万元。全区全年验收垦造水田和“旱改水”项目20个139.03公顷，验收耕地质量提升项目8个369.54公顷，拨付土地整治工作资金3.67亿元。

【用地保障】 2020年，余杭区获得新增建设用地指标581公顷，与衢州市柯城区达成300公顷异地调剂补充耕地指标意向，落实永久基本农田补划任务268.8公顷。按照“不浪费一亩指标”的目标，通过“项目化实施＋专班式推进”方式，做好用地报批工作，全年完成农转用报批总面积954.48公顷。

【节约集约用地】 2020年，面对“增存挂钩”政策再升级，余杭区部署开展存量“三块地”降存控新行动，全年消化批而未供土地607.8公顷，利用供而未用土地1728.2公顷，完成低效用地再开发463.07公顷，完成存量土地盘活283.67公顷，完成2009—2017年批而未供土地清理299.6公顷，处置闲置土地12公顷。

【土地市场管理】 2020年，余杭区结合出让模式改革、经营性工业用地供地联动审批等新要求，把握供地节奏，经营性用地成交40宗、工业用地成交34宗、创新型用地成交8宗、协议出让成交5宗。

【违法用地整治】 2020年，余杭区查处违法用地案件64件，其中，违法用地58件，测绘违法1件，矿山盗挖5件。向区人民法院申请强制执行案件18件，移送区林业水利、农业农村等部门违法线索24件，移交财政47件，移送公安3件。

【土地征收】 2020年，余杭区财政局、余杭区人力资源和社会保障局、余杭区农业农村局、市规划和自然资源局余杭分局联合发文《关于执行杭州市征地区片综合地价标准有关事宜的通知》，明确区内征地区片范围、征地区片综合地价标准、职责分工。

【村级留用地管理】 2020年，余杭区出台《关于进一步规范我区村级留用地管理工作的实施意见》和《余杭区村级留用地安置清零三年行动计划》。2020年共核拨村级留用地额度57.13公顷。

【地质灾害防治】 2020年，余杭区制定《杭州市余杭区2020年度地质灾害防治方案》，全年发布预警短信 15 批次 6000 余条，出具应急调查报告 44 份，下发地质灾害防治告知函 19 份，排查隐患 50 批次 700 余人次，完成地质隐患点治理 23 个。

【矿政管理】 2020 年，余杭区研究制定《余杭区露天矿山综合整治方案》，成立以分管副区长为组长，区相关部门、属地镇（街道）分管领导为成员的区露天矿山综合整治工作领导小组，明确废弃矿山综合治理任务主体和目标，通过建立整治工作动态巡查月报制度和日常巡查制度，实现对矿山治理的动态监管，全年完成治理露天矿山治理 21 个。

【不动产登记服务】 2020 年，余杭区不动产登记服务中心通过推进不动产登记“一件事”部门联办套餐办理，实现个人单套类业务交易、税收、登记全流程网上可办，预告及抵押预告实现全面网办，推广运用电子证书（证明），存量房抵押、预告等网办登记业务基本采用电子证明方式出证；建立抵押“总对总”联办机制，业务涵盖银行作为抵押权人、企业或个人作为抵押人的首次、余值抵押登记（纯土地、在建工程除外）。全年办理业务 24 万余件。

（陈建君）

·生态建设·

【生态目标责任制】 2020 年，余杭区分解落实《杭州市 2020 年度区、县（市）生态文明（“美丽杭州”）建设目标责任书》及“美丽浙江”建设年度任务。制定出台《杭州市余杭区 2020 年度环境保护（生态文明建设）目标责任书及考核评分细则》，对区辖 20 个镇（街道）、19 个区级部门下达生态环保年度目标任务并进行考核。

【生态建设成果】 2020 年，余杭区创建省级“美丽河湖”4 条，分别是中苕溪、东苕溪（中苕溪—劳家斗门段）、京杭古运河（塘栖段）、长命港河道；创建环境教育基地区级 3 家、市级 4 家，绿色学校区级 15 家、省级 3 家。召开国家生态文明建设示范区创建动员会及工作推进会议 3 次，推进国家生态文明建设示范工程项目建设，34 项建设指标全部达标。8 月印发《余杭区“无废城市”建设工作方案》，明确到 2021 年打造成“无废余杭”。

【生态文明制度建设】 2020 年，余杭区出台《闲林水库生态补偿实施意见》，建立闲林水库水源保护生态补偿制度。区人民政府及所辖 20 个镇人民政府（街道办事处）向同级人大报告辖区生态环境状况和生态环境保护工作。

【自然生态保护】 2020 年，余杭区落实生态保护红线优化调整、自然保护地整合优化工作；开展野生动植物资源本底调查试点，启动 4 个自然保护地生物多样性调查；加强自然保护地监管，实施“绿盾 2020”专项行动。全区新增国土绿化面积 334.8 公顷，治理水土流失 3 平方千米。

（王木兰）

·环境保护·

【概况】 2020 年，余杭区临平国控点 PM2.5 浓度为 30.6 微克 / 立方米，空气优良率为 88.0%。全区 20 个镇（街道）PM2.5 浓度算术均值为 33 微克 / 立方米，空气优良率算术均值为 88.5%。

2020 年，市控以上水质断面均达到Ⅲ类及以上水质。余杭区三大水系水质总体状况为：苕溪出入境水质均为 II 类，运河出入境水质均为 III 类，上塘河入境水质为 IV 类、出境水质为 III 类。全区镇（街道）、平台交接断面涉及的 78 条河流中，达到或好于 III 类有 39 条，占比 50.0%。饮用水源地临平、瓶窑、径山、仁和水厂取水口水质及备用水源地喜庵港水质，均达到水功能区要求。余杭区第二次全国污染源普查档案治理工作通过市普查办验收，并受到国务院第二次全国污染源普查领导小组办公室的通报表扬。

【中央生态环境保护督察保障及问题整改】 2020 年 9 月 1 日至 10 月 5 日，第二轮中央生态环境保护督察进驻浙江。督察期间，余杭区接收信访件 151 件（其中重点件 5 件），比第一轮中央环保督察（209 件）下降 27.8%。余杭区成立由区委书记张振丰和区委副书记、区长陈如根任“双组长”的余杭区生态环境保护督察迎检暨整改工作领导小组，下设余杭区生态环境保护督察迎检工作协调联络组及 7 个专项工作组，负责联络保障工作的组织领导和统筹协调。

【“污水零直排区”创建】 2020年，余杭区完成黄湖、瓶窑、塘栖等6个镇（街道）工业园区“污水零直排区”创建；完成运河、临平、星桥等9个镇（街道）“污水零直排区”创建，204个生活小区整改。

【水污染防治】 2020年，余杭区对保留的8家印染企业实施提标改造，完成6家重点涉水企业整治提升。加大饮用水源保护，建立保护区统一矢量数据库，完善苕溪饮用水源地视频监控系统，落实跨饮用水源地交通穿越安全防护措施，完成四岭水库、馒头山水库“千吨万人”饮用水源保护区“划、立、治”工作。推进长江经济带问题整治，排摸城镇污水垃圾、农业面源污染、港口码头和船舶污染、侵占岸线、违规倾倒固体废物等方面问题，完成杭州市第一批长江经济带生态环境问题整改销号，完成长江经济带入河排污口规范化建设。

【大气污染防治】 2020年，余杭区治理“燃烧烟气”，建立全区工业锅（窑）炉清单，实施清洁化专项整治，全面完成130台燃用压缩成型生物质燃料锅炉淘汰改造、92台燃气锅炉（1吨/小时以上）低氮燃烧改造、21台工业炉窑治理。关停整治“低散乱”企业（作坊）1362家，完成19家重点企业挥发性有机物（VOCs）提升整治、10家恶臭异味企业治理，完成余杭经济技术开发区、钱江经济开发区2个重点工业园区大气污染治理。组建扬尘督查专班，开展扬尘污染防控十大攻坚行动，持续开展扬尘污染有奖举报，安装道路、工地扬尘监控监测设备406套，区住建、城管、交通运输等部门共查处扬尘污染案件203件。完成国Ⅲ柴油车提前淘汰治理，2018—2020年提前淘汰国Ⅲ柴油车5068辆，发放补助资金10366.4万元；完成非道路移动机械申报5167台，编码4817台，数量居全市首位；完成35家加油站油气回收在线监管系统建设。制订化解餐饮信访工作方案，建立联合执法机制，结合文明指数省级测评等载体开展餐饮油烟联合整治。强化社会治理大联动网格化管理，及时发现、制止露天焚烧垃圾、废弃物行为。

【土壤环境监管】 2020年，余杭区推进土壤污染调查，评审用途变更土壤调查报告146份，出具审核意见134份，规范全区4个疑似污染地块管理，组织开展116家重点监管企业基础信息核对工作，全面完成15个重点行业企业任务地块的土壤污染状况详查。做好农业面源污染防治，实施“肥药减量增效”工程，推广商品有机肥1.6万吨（4066.67公顷），化肥减量470吨、农药减量18.5吨，建成2个省级绿色防控示范区。深化农业废弃物资源化利用，全区回收处理废弃农药废弃包装物60.4吨，回收、处置率均达100%；新建2个秸秆综合利用项目，全区秸秆综合利用率达95.7%。

【固体废物监管】 2020年，余杭区与德清县签署环境互保战略合作框架协议，采取生态补偿模式，由德清县中能环境公司接收余杭区一般污泥，消除跨省转移环境风险隐患。消纳处置渣土和建筑垃圾，新增渣土临时中转码头4个、渣土消纳场所2处（可消纳量135万立方米），缓解杭州老城区及余杭区消纳压力；区供销合作社联合社、区农林资产经营集团有限公司2处建筑垃圾处置点设计年处置能力126万吨，可满足全区建筑垃圾处置需求。2020年，共消纳渣土1600余万立方米，处置建筑垃圾45万吨。

【辐射安全管理】 2020年，余杭区规范辐射类项目许可，共完成辐射项目环评审批19件、发放辐射安全许可证57份，完成辐射安全许可证初审、放射源备案等42件。核查国家核技术利用辐射安全监管系统中197家单位的信息，开展辐射环境安全监管检查。对全区73家动物诊疗机构开展全面排查及办证服务指导，规范动物诊疗机构射线装置使用行为。

【污染物总量控制】 2020年，余杭区完成年度污染减排目标，化学需氧量、氨氮比2019年分别下降3.7%、4.4%，二氧化硫和氮氧化物排放量零增长。对15个新改扩项目实施排污权交易，交易金额158.3万元；对9个项目实施排污权回购，涉及金额239.39万元。

【环保行政许可】 2020年，余杭区办理建设项目环境影响评价许可223项，其中，报告书7项、报告表216项，零地技改备案53项，报告表降级为登记表备案270项，登记表项目网上备案1693项。制定人工智能小镇、互联网小镇、好竹意小镇3个省级、市级特色小镇的改革实施方案，扩大“区域环评＋环境标准”改革实施范围。自2018年至

2020年末，有526家企业（项目）享受改革红利。是年，余杭区在全市率先完成10261家企业排污许可清理整顿和2020年发证登记工作任务，推出“环评审批＋排污许可”协同管理模式。

【环境监管执法】 2020年，余杭区开展各类环境专项执法行动，共出动37539人次，检查企业12513家次，查处行政违法案件170件，罚款金额1535余万元，刑事拘留案件1件，刑事拘留2人。

梳理并出台生态环境监督执法正面清单企业254家，分类推行非现场执法监管；实施环境违法失信企业信用修复政策，为符合条件的70条不良信息出具信用修复确认书；实施罚款分期缴纳政策，共批准13家经济困难企业分期或延期缴纳罚款，涉及金额247余万元。

【环境应急管理与信访处置】 2020年，余杭区共收到涉及生态环境的“110”报警应急联动受理电话127个，“8·25”S207彭余线柴油槽罐车泄漏事故1起突发环境事件。全年受理环境信访3024件，比2019年下降17.26%。落实重污染天气应急减排，实施PM2.5和臭氧“双控双减”方案，修订重污染天气应急减排企业清单395家，每家企业编制“一厂一策”并制作公示牌；加强各镇（街道）空气自动站日常管理，落实三级预警响应机制。

【生态环境保护宣传教育】 2020年6月5日，余杭区首次承办浙江省暨杭州市纪念“6·5”环境日主题活动，副省长陈奕君等省、市领导参加。是年，余杭区评选出最能展现余杭生态环境面貌和生态环保工作成效的20张余杭生态名片和20件余杭生态大事，编撰发布《研学生态余杭》读本。6月30日，余杭区举行纪念“6·30”浙江生态日活动，组织小学生在临平净水厂开展生态研学第一课。是年，余杭区成立余杭区“绿色联盟”，调整组建“环保青年说”宣讲团，开展宣讲20余次、受众2000余人。开放5家环保公共设施，举办公众开放活动100余次。报刊媒体共刊登新闻报道60余篇，其中学习强国6篇。“余杭生态环境”微信公众号在全省市、县（市、区）生态环境系统微信矩阵排行榜上排名前十。

【环保服务】 2020年，余杭区制定出台《“企业环境服务提升年”比拼活动三年行动计划（2020—2022年）》，重点围绕全区1396家生产型规上企业建设项目的审批、开工、建设、运行提供全程服务。截至年底，发放“一对一”联系卡658张，开展现场服务445家，收集问题186个，解决问题165个。

（王木兰）

编辑：范文良

交 通

Traffic

·综　述·

【概况】 2020年，余杭区实施交通项目182个，完成有效投资505亿元。全年共有续建、新建项目9个，配合省、市重点建设项目2个，完成年度投资额50.25亿元。东西间快速通道（高架）工程、东西向快速通道下穿杭徽高速段工程、东西向快速路配套电力廊道项目、京杭运河航道桥梁提升工程（一期）按年度计划实施推进。东西向快速通道（地面）工程、东西向快速通道文一西路互通工程、东西向快速通道良祥路互通工程、东西向高架桥花箱、景观亮化附属工程开工。二绕西复线余杭段土地征用、房屋征迁、企业拆除、电力迁改、弱电及各类管线迁改工作全部完成，于12月22日正式通车。京杭运河二通道余杭段基本实现无障碍全面施工。杭州地铁5号线（后通段）、16号线（杭临线）正式开通，公交线路配套同步实施。新增、优化调整公交线路43条，新增、更新公交车195辆，更新出租车33辆；建设完成彭公公交站，新建、改建公交候车亭10个。

2020年，建设地铁禹航路站和良渚北软路临时公交首末站2个。全区拥有客运公交企业5家，公交车1587辆，其他客运车辆92辆，公交从业人员3343人，其他客运从业人员183人。出租汽车企业8家，出租汽车823辆，从业人员3946人（其中在岗1432人），评选出出租车星级驾驶员82人。拥有机动车维修企业1039家，其中，一类维修企业30家，二类维修企业177家，快修236家，三类专项业户及摩托车维修596家，维修从业人员6800余人，完成年度产值18亿元；拥有机动车驾驶员培训机构17家，其中，二级机构8家，三级机构9家，教练车764辆，教练员863人，全年培训驾驶员14810人。区交通运输局办事窗口被评为杭州市巾帼文明岗。

（胡艳婷）

·交通运输·

【新冠肺炎疫情期间道路客运停运和复工复产工作】

2020年2月3日15时起，余杭区所有公交车辆、客运班线、客运包车停班，阻断疫情传播通道。根据复产复工需要，2月10日起，有限度恢复运营公交线路38条；2月15日起，恢复运营第二批公交线路27条（65路恢复，第一批65路区间停驶），共计65条。2月17日起，恢复余杭区公交线路。2月18日起，恢复县际班线、县际包车营运。2月19日起，恢复市际班线、市际包车运营。2月27日起，逐步恢复省际班线。

【疫情防控期间物流畅通保障】 2020年2月1日起，区交通运输局开始办理新冠肺炎疫情防控应急物资运输车辆高速免费通行证。截至2月10日，办理通行证105张，解答通行证办理咨询电话87个，保障各类防控应急物资及时送达省内外。为方便复工复产企业办理交通运输应急物资、民生物资运输车辆通行证，区交通运输局会同区发展和改革局、区经济和信息化局、区卫生健康局、区商务局、区农业农村局、区应急管理局等部门建立交通运输应急物资运输车辆通行证办理联络员制度，将通行证“浙里办”App流程、各部门通行证办理联络员名单、疫情应急物资运输保障联系单模板，通过镇（街道）、部门平台进行宣传，企业和车主在“浙里办”App上办理疫情防控应急物资运输车辆通行证395张。

【春运期间余杭区道路安全运输旅客量达429.81万余人次】 2020年春运40天，余杭区参加春运客运公交车辆共1552辆，客位9.62万个（含公交站位），日均每天发送班次3422.8个，运送旅客429.81万人次，其中，长途客运3.66万人次，公交客运426.15万人次，完成旅客周转量5873.9万人千米。受新冠肺炎疫情因素影响，市民响应尽量不出门，不探亲聚集的号召，总体客流量与上年同期相比大幅下降，长途客运运送人次下降49.45%，公交客运运送人次下降52.22%，旅客周转量下降52.29%。

【出租车“爱心助考”】 2020年6月30日，由区委文明办、区交通运输局、区教育局、市公安局余杭区分局主办，区道路运输协会、区红十字会、余杭晨报和杭州中禧文化发展有限公司承办的“与你同行 为你打CALL”第11届爱心助考公益活动启动。因突如其来的新冠肺炎疫情影响，2020年高考时间比往年延迟了一个月，考试时间也延长了2天，“爱心助考”活动时间也相应延长。出租车“爱心助考”活动自2010年启动以来，累计592辆次出租车为考生提供服务，服务考生1350余人次。

【4条城际高铁巴士专线启用】 2020年7月1日，余杭高铁站到上海虹桥站首发列车开通，为配合列车始发，公交路线也进行相应调整，余杭经济技术开发区及未来科技城区域内的4条城际高铁巴士专线启用。

【道路危险货物运输专项行动】 2020年，区交通运输局在杭州市范围内率先实施“两片两长四员”制，对道路危险货物运输企业实施网格化管理，分片包干；制订并落实道路危险货物运输企业“五统一”达标攻坚方案。8月7日，通过回购、注销等方式，所有挂靠车辆整改到位，成为全市最先完成“挂靠清零”的县（市、区），并成为浙江省交通运输厅公布危险货物道路运输第一批“无挂靠经营县（市、区）”。邀请专业第三方对全区危险货物运输企业开展安全风险评估，根据企业安全生产风险等级分为红、黄、蓝、绿四色，建立行业安全风险“四色图”，并实施分类监管，完善隐患排查整改体系。推广浙江省危险货物运输智控平台，使用驾驶员安全码、电子运单“一单四状态”、全路段精准限速监控等功能，加强对危险货物运输从业人员运输活动事前、事中精准管理，及时发现隐患，提升行业安全水平。

【768路延伸至德清禹越汽车站】 为进一步促进余杭区、德清禹越两地交流，便捷群众公共交通出行，2020年9月19日起，768路临平红丰桥公交站至五杭公交站延伸至禹越汽车站。

【国庆期间余杭区安全发送道路旅客141.38万人次】 2020年中秋、国庆“双节”叠加，“双节”8天长假期间，余杭区迎来出行高峰，全区投放客车1545辆，安全发送道路旅客141.38万人次，其中，长途客运5.29万人次，公交136.09万人次，日均发送道路旅客17.67万人次。“双节”假期的客流量相比前段时间出现反弹性增长，但受高铁和自驾等综合影响，客流与上年同期相比仍下降21.2%。全区客流高峰出现于10月2日，长途客运当日运送旅客8565人次，公交当日运送乘客22.3万人次。

（胡艳婷）

·交通建设·

【余杭区崇贤至老余杭连接线（高架）工程上跨杭长高速段预应力混凝土变截面连续箱梁合龙】 2020年10月19日22时，余杭区崇贤至老余杭连接线（高架）工程跨度最长的上跨杭长高速段预应力混凝土变截面连续箱梁合龙，这是本工程项目施工实现的一个重要性节点，为后续全线贯通奠定坚实基础。

【余杭区崇贤至老余杭连接线（高架）工程三线迁改全部完成】 2020年12月3日，制约建设的电力、水务、燃气、弱电通信等共计253处管线全部完成迁改，累计迁改铁塔71座，电力管道约4.5

千米，供水污水管道约10千米，燃气管道约13千米，弱电通信管道34千米。

【二绕西复线建成通车】 2020年12月22日，杭州绕城高速公路西复线（简称“二绕西复线”）正式通车。二绕西复线串联杭州、湖州、绍兴三市，连接德清、余杭、临安、富阳、诸暨等地区。二绕西复线余杭境内全长31.6千米，起点位于余杭与德清的分界处姜家山，从余杭中泰街道西南部山间地带进入富阳区。建成后的二绕西复线余杭区内有径山枢纽、汪家埠枢纽2处枢纽，瓶窑西互通、老余杭北互通、老余杭西互通3处互通。

【运河二通道余杭“新开挖”段】 2020年，运河二通道“新开挖”段完成全线所有土地交付、加油站征迁，前期征迁完成率98%，走村入户完成“路网三改”设计，完善原有路网村道近百条，新建路网村道43条，在下半年委托沿线的街道按计划启动实施，为项目全面推进无障碍施工打好基础。

（胡艳婷）

·公路养护与管理·

【“四好农村路”三年行动计划完成】 2020年是“四好农村路”三年行动计划的收官之年，余杭区“四好农村路”2020年项目于12月中旬全部完成，四好农村公路三年行动计划完成。3年以来，余杭区建设“四好农村路”672条共计840余千米。

【农村公路养护指导】 2020年，区交通运输局向各镇（街道）传达公路科学养护的基本要求，倡导各镇（街道）加强农村公路巡查力度，维护好在“四好农村公路”三年行动计划中取得的成果。以“以奖代补”形式。12月，下发2020年农村公路养护补助资金283万元。

【“十三五”全国干线公路养护管理评价】 2020年，区交通运输局通过完成G235国道大中修工程，开展路域环境整治，完善公路服务站设施，开展小修保养等专项行动，完成“十三五”全国干线公路养护管理评价工作。

【“美丽杭州”城市环境大整治、城市面貌大提升百日集中攻坚行动】 2020年行动期间，修复路面坑洞2万平方米、破损岛头79个、侧石566米、人行道板约3000平方米、窨井78个，更换轮廓示警桩556个，清理边沟120千米，更换百米桩128个，清洗护栏360千米，清理垃圾320吨，补植绿化约2.6万平方米，修剪绿化约300万平方米，清理小微水体约1万平方米。

【余杭区农村交通专项（县道）项目基本完工】 项目主要对乔笕线、临杭线、鸬鸟大道、彭余线、漕雅线、临余线等17条县道，共计25.55千米路面大中修；对彭余线、临博线等6处积水点整治；对乔笕线共和桥、泥桥，良塘线红眉山分离式立交桥等3座危桥进行维修加固。工程总投资7565万元，2020年9月26日开工建设，2020年12月26日基本完工。

【余杭区普通国道、省道公路养护大中修工程完工】 工程主要是对G104国道K1428+960～K1468+821段，计9.1千米实施修复养护；对G235国道K614 +048～K645+200段，计27.7千米实施修复养护；对收费公路G320国道K189+085～K193+178段，计1.4千米实施修复养护。工程总投资1.32亿元，2020年7月19日开工建设，2020年10月21日完工。

【423县道高泰线拼宽整治工程完工】 项目主要对高泰线K18+249～K21+970（徐家庄回头弯至石横线平面交叉）进行整治，实施全长3.72千米，按四级公路标准设计，设计速度20千米/小时，工程总投资2447万元，2020年1月10日开工建设，2020年12月24日完工。

【2020年余杭区交通道路重点隐患整治项目完工】 项目主要整治余杭区辖区内的省级、市级、区级挂牌治理道路安全隐患点，市级重要道路安全隐患点，提升存在事故隐患的道路斑马线，优化非机动车路权设施。工程总投资2883万元，2020年8月开工建设，于2020年12月28日完工。

（胡艳婷）

·港航管理·

【港航机构成立】 2020 年 7 月 3 日，杭州市港航行政执法队余杭执法大队揭牌成立。11 月 24 日，余杭区水上搜救中心成立。

【余杭辖区平稳度过黄金周】 2020 年中秋、国庆假期，杭州市港航行政执法队余杭执法大队做好各类安全监管工作，防范和坚决遏制安全事故发生。假期期间值班人员共 112 人次，检查船舶 1121 艘次（其中防污染检查 11 艘次），码头 30 家次，航道 28 次。

（胡艳婷）

·交通基础设施投资建设·

【概况】 截至 2020 年末，杭州余杭交通集团有限公司完成总投资 137.2 亿元，其中实施政府投资项目 55 个（新建 24 个、完工 14 个），产业项目 6 个，完成投资 88.4 亿元；征地 261.8 公顷，拆迁住宅 1055 户、企业 35 家，做地 24 宗 99 公顷，储备 16 宗 41 公顷，完成投资 32 亿元；资金承担项目 40 个，完成投资 16.8 亿元；出让土地 8 宗 31.27 公顷，实现出让金 38.2 亿元。集团总资产 433 亿元，年经营收入 42 亿元，利润 7.36 亿元。

【“智慧停车云平台”运营】 2020 年，杭州交通集团有限公司按照“统一规划，分类建设，统一管理”的原则推进“智慧停车”一期及二期项目，包括改造升级 35 个停车场（2738 个泊位）和 9600 个道路泊位。将全区 680 个停车场（库），10.65 万个停车泊位信息纳入“智慧停车云平台”，实现“管理一体化、停车智能化、建设标准化、服务规范化”，缓解停车难问题。

【瓶窑镇羊城路道路改造工程完工】 瓶窑镇羊城路道路改造工程西起苕溪南路，东至岭上路，起点桩号 K0＋000，终点桩号 K2＋897.035，道路全长 2.9 千米，道路等级为城市次干路，设计速度 40 千米 / 小时，道路宽度为 26 米，双向两车道布置。总投资 1.73 亿元，2020 年 5 月底完工。

【西溪源公交首末站完工】 项目位于闲林街道里东路 71 号，总用地面积 1.03 万平方米，总建筑面积 1.05 万平方米，总投资 7207 万元。规划 6 条始发公交线路，配车约 30 标台，设置 1 幢 5 层公交场站站务用房、地下停车库、绿化及其他配套设施。2020 年 11 月，西溪源（原闲林里项）公交首末站完工。

【望梅高架路二期开工建设】 2020 年 7 月，望梅高架路二期（项目名称：S304 小林至塘栖段改扩建工程）开工。项目起点位于 S304 省道与五洲路交叉口南侧，沿 S304 省道由南向北经过余杭经济技术开发区、塘栖镇，终点位于 S304 省道与运溪路交叉口，与规划杭州中环相接，全长 5.88 千米。项目高架顺接现状望梅高架路预留的平台，因中环方案未确定，本次高架终点设置在小白线北侧，主线预留高架平台并在两侧设置上下匝道，主线高架长 4.3 千米。

【东湖高架路二期开工建设】 2020 年 8 月，东湖高架路二期工程（项目名称：乔司至东湖连接线二期工程）开工。该项目是“三路一环”快速路中东湖高架路的延伸项目，起点位于世纪大道与临东路交叉口南侧，沿现状临东路与新丝路布置，终点位于新丝路与五洲路交叉口，全长 5.4 千米。该项目是杭州市规划的“四纵五横三连十一延”快速路网体系中的“十一延”之一，也是贯穿临平—乔司—九堡—萧山的南北大通道向北的重要延伸，也是临

余杭区智慧停车云平台　（杭州市余杭交通集团有限公司　供稿）

平“田字型”快速路网最东侧的一纵，是临平快速路成网成环的重要组成部分。

【320国道快速路二期工程开工】 2020年12月15日，320国道快速路二期工程（崇贤至东湖路连接线二期工程）开工。作为临平副城建成通车的“三路一环”中秋石高架路的延伸工程，项目总投资约51亿元，全长约7千米，全线为“高架+地面”的设计形式。项目起点位于临平大道星河路交叉口西侧，顺接已建成崇贤至东湖路连接线一期工程，东至新纺路以东，终点地面道路与运河二通道320国道大桥工程顺接，高架与规划海宁硖许快速路顺接。全线共设7对平行匝道、1处综合枢纽，分别为星河路互通2对、荷禹路互通2对、东湖路互通1对，新丝路枢纽1对、新天路互通1对以及与东湖快速路交叉处的新丝路枢纽。

【公共自行车一期、二期点位建成启用】 2020年，杭州余杭交通集团有限公司结合各镇（街道）建点需求，完善公共自行车服务点位的覆盖。2020年公共自行车一期、二期规划新建的55个服务点全部建成，全区公共自行车服务点共765个，所有点位均实施24小时服务，支持刷卡和手机扫码两种租车方式，接驳公交、地铁，解决百姓出行“最后一公里”难题。

【公交优化】 2020年，为满足市民日常出行需求，结合杭州地铁5号、16号线开通，余杭区公交新增2601路（天都城环线）、7003路（桃源社区北至地铁葛巷站）等线路12条，优化763路（高铁余杭站至禾丰）、346路（古荡至余杭西站）等线路30条。完成更新、新增新能源公交车193辆。

（谢芸）

编辑：俞帅帅

邮政·电信

Posts and Telecommunications

·邮政行业管理·

【概况】 2020年，全区邮政行业业务收入（不含邮政储蓄银行直接营业收入）完成75.66亿元，比上年增长327.25%；业务总量完成181.63亿元，增长199.91%；全区快递业务量完成3.8亿件，增长35.00%；业务收入完成72.44亿元，增长419.91%；快递服务民生投递量2.3亿件，增长33.61%。

【邮政行业新冠肺炎疫情防控】 2020年，区邮政管理局指导行业企业科学有序复工复产和自身防控，实现保障产业链、服务上下游、畅通微循环。全行业运送、寄递防疫物资、包裹逾900万件。行业企业申报各类补贴100余万元。落实疫情防控各项措施，未发生从业人员个体和群体性感染事件。

【邮政行业监管】 2020年，区邮政管理局核查快递企业许可证申领、换证31家次，核查分支、末端网点备案140家次，开展企业监督检查218家次，督促整改隐患312处，约谈警告10家次，行政处罚2家次。

【寄递行业三大攻坚战】 2020年，区邮政管理局打好防范和化解重大风险战，组织开展“寄递渠道安全生产、禁毒、反恐”等专项行动，未发生重大安全生产事故。打好助力乡村振兴和富农增收战，助力塘栖枇杷网销发单量近12万单，网销产值约5300余万元。打好污染防治攻坚战，“瘦身胶带”使用比例逾93%，电商快件不再二次包装率达88%，可循环中转袋使用率超94%，网点标准包装回收箱实现全覆盖。

【“快递进村”“快递进厂”“快递出海”工程】 2020年，区邮政管理局协同交通部门建设180个村级农村物流服务点，健全快递进村网络布局。加快推进快递进厂多元发展，推进形成嵌入式融合、入厂物流、仓配一体化、订单末端配送等进厂模式解决方案。支持快递企业参与总部航空快递、高铁快递、海外仓等建设，推动跨境寄递服务发展。

【邮政行业数字化智能化】 2020年，区邮政管理局推动智能收投终端建设，新增智能快递柜230组，投递格口27121个。推动社区快递驿站无人车派送、刷脸寄件、无人取件等智能服务应用。推动智能分拣建设，余杭区企业浙江立镖机器人公司研发的“小黄人”智能分拣系统在企业试点运营。

（龚芳芳）

·邮　　政·

【概况】 2020年，中国邮政集团有限公司杭州市余杭区分公司全年完成业务收入3.57亿元，业务规模位列全省邮政县（市、区）分公司第六位。企业在新冠肺炎疫情防控一、二级响应期间组织复工复产和生产经营自救，提供生活必需品等民生物资保障，做到不裁员少裁员，被省商务厅评为“浙江省防控新冠疫情市场保供贡献突出企业”。勇救落水者的良渚分局投递员向达勇入选“杭州好人榜”，被杭州市快递行业协会评为2020年度“最美快递员”，成为浙江省因获见义勇为先进个人荣誉而落户的第一人。

【疫情期间邮路畅通保障】 2020年，新冠肺炎疫情发生后，中国邮政集团有限公司杭州市余杭区分公司开辟防疫物资运输绿色通道，承运余杭发往武汉的医用口罩、医用手套、体温计等疫情防控物资，共发车6辆次。开展口罩、蔬菜、教材图书、医疗药品等便民配送服务，助力企业复工复产。履行“国家队”的使命要求，对投递工作实施动态排班，面对进口邮件量大的现状，开展党员、团员帮扶投递，重点保障防疫物资和重要政务类邮件的投递。余杭邮政蔬菜配送项目“战疫冲前锋 物流保后方”突击队获得余杭区“优秀青年突击队”荣誉称号。

【邮政服务地方经济】 2020年6月10日，《亚洲文明（一）》特种邮票在良渚遗址管理区首发，良渚玉琮作为长江流域文明的代表又一次作为邮票题材。与余杭区道路运输管理处签订村级物流服务点建设和运营协议，在全区建成农村物流点180个，对其中31个有条件的精品点布放智能快递柜。围绕解决农民合作社、示范合作社、家庭农场融资难、流通难问题，联合中国邮政储蓄银行股份有限公司杭州市余杭区支行对11家意向合作社、94家示范合作社和76家家庭农场进行全覆盖走访，与18家合作社达成中邮保险、电商分销、寄递和信贷等业务合作。“警医邮”项目助力“最多跑一次”改革，完成仓前、勾庄、星光网点的抵押解抵押业务功能的叠加。完成7个网点体检换证功能的叠加，实现15个警医邮网点体检换证全覆盖。8月，百丈所成为自办网点，为全省偏远山区网点转型示范点。

【邮政服务质量提升】 2020年，中国邮政集团有限公司杭州市余杭区分公司完成两个集包场地混合收寄流程改造，延长揽收有效时长。完成仓前、仁和机构中心局格口新增、场地分设及临平营业部场地搬迁。组开直达网运线路，加快网运时限，相关站点趟车到站时间提前1小时以上，赢得日均外部有效投递时间共80余小时。

（徐茂红）

·数字电视·

【概况】 2020年，杭州华数传媒电视网络有限公司营业收入3.45亿元。公司总资产31亿元，拥有数字电视加宽带用户逾62万户。杭州华数传媒电视网络有限公司设立的华数物联网创新基地在余杭区揭牌。开通临平山“5G+4K”视频回传应用试点。

【“美好余杭”板块应用】 2020年，杭州华数传媒电视网络有限公司创设“平安余杭”栏目，利用“防诈骗课堂”栏目，加强安全防范意识；上线“余杭文创”栏目，通过创意活动、创意空间等宣传余杭文化产业、余杭好物；增设“余杭住建”栏目，分享余杭城乡建设成果，发布住建系统工作和服务信息。

【“禹上田园”党建品牌项目运营】 2020年，杭州华数传媒电视网络有限公司通过“禹上田园”的官方抖音、微信公众号、小程序、电视TGO商城专区，线下业务部门进村（社区）现场服务等方式，全渠道在余杭区内打造品牌影响力，推广余杭农产品。

【“共享课堂”系统搭建】 2020年初受新冠肺炎疫情影响，全区各类学校暂停上课，杭州华数传媒电视网络有限公司开通“小学共享课堂”和“初中共享课堂”专属教育频道，12小时完成设备搭建、调试和播出。

【智能交通项目建设完成】 2020年，杭州华数传媒电视网络有限公司配合余杭区交警大队，实施智能交通设施升级改造项目。公司多部门联动开展方案讲解、点位勘察、网络搭建等工作，历时4个月完成项目建设。

【“智慧安防小区”增量覆面】 截至2020年末，公安系统通报上线的523个小区中，由杭州华数传媒电视网络有限公司建设225个，占比43%。通过已完成搭建的区、镇（街道）、社区、小区四级平台，实现小区数字化、智能化管理。

【安全播出保障任务完成】 2020年，杭州华数传媒电视网络有限公司规范机房管理，确保机房设备运行稳定，加强全区骨干网络巡检，优化环网传输结构，保证全区光纤线路运行稳定、畅通。全年，数字电视播出及传输网络方面整体稳定，无安全播出事故，完成2020年元旦、春节、全国两会等重要节点安全播出保障工作。

【7305户低保户享受有线数字电视减免政策】 2020年，杭州华数传媒电视网络有限公司继续对全区低保户实施“广电低保”工程，对有线数字电视的安装费用及基本收视费进行减免。全年，全区共有7305户广电低保户可享受优惠减免政策。

（沈瑜敏）

·通信业·

【中国电信股份有限公司杭州余杭区分公司】 2020年，余杭分公司承建良渚遗址安防项目，完成社会监控资源接入服务等项目，承接区长公开电话，开通“114”求职招聘服务热线。全年企业上云用户300家。新冠肺炎疫情发生后，为中小企业免费提供“云会议”“云办公”等服务。“余杭区争取疫情隔离点安装监控”项目团队被评为杭州电信“抗疫重保项目先锋团队”。开展骚扰电话整治，开展护网行动。2020年，5G基站累计807个，电联基站总数1412个，基本覆盖余杭区全域。

（董立新）

【中国移动通信集团浙江有限公司余杭分公司】 2020年，余杭分公司实现收入15.11亿元，比上年增长18.6%；通话用户规模持续增长，通话用户达168.0万户。新冠肺炎疫情发生后，全面保障区政府的抗疫指挥工作，视频会议保障工作实施24小时驻点值班工作制，视联网维护保障365天，24小时应急保障时长136天。免费为各镇（街道）工作人员开通疫情防控视频彩铃3000余户。利用移动大数据客流技术，对人员聚集实时更新、分钟级监控，将防疫要求发送给聚集人群，引导疫情期间人员减少流动，推广应用1万余人次。第一时间研发“神灯·疫扫”大数据智能人群检验工具，为120余家单位提供智能检测服务，日验证量近千次。免费开放云视讯App会议服务功能，面向社会提供单次300人同时在线不限时、不限次的视频会议服务，助力余杭企业复工复产。

5G网络建设在新冠肺炎疫情肆虐的情况下，完成“415大会战”“517攻坚任务”。打造世界文化遗址5G边缘计算项目，实现“5G专网”突破；使用“超级上行”技术的5G基站布局，实现5倍速率提升；规模化推进“5G小微站”在未来科技城建设，打造“5G阿里精品覆盖区”，推动F5G基础网建设，布局东西区汇聚独立承载组网。率先完成第三、四骨干机房落地。

探索5G＋工业互联网融合创新。4月，SA组网应用落地杭州老板电器股份有限公司，11月，SA商用场景落地浙江春风动力股份有限公司，12月，动态上行容量增强技术“超级上行”落地杭州老板电器股份有限公司；将良渚古城遗址公园打造成首批5G智慧文旅示范基地之一；签约5G智慧教育项目——余杭区教育局5G智慧校园。与杭州老板电器股份有限公司、浙江春风动力股份有限公司合作，以5G赋能生产数字化，两家企业入选省政府评定的第一批“未来工厂”；深度参与5G低空无人机实验基地建设，获得民航总局认定。

2020年度，公司获杭州市五一劳动奖状（全市唯一）。9例创新案例入选浙江移动优秀创新案例库。11个QC小组注册并开展活动；6例创新金点子获奖，8例优秀成果报送市公司年度优秀创新成果奖。

（方朝辉）

【中国联合网络通信有限公司杭州市余杭区分公司】 2020年，余杭分公司参与余杭区数字化转型及复工复产工作，主营业务收入比上年增长1.3%。

全年新建4G基站90个、5G基站408个，新国标接入11个，完成37个搬迁站的搬迁及回补工作，拆除电缆39个小区，完成光衰整治光缆16条，拆除合并10个固网机房。专项清理房租电费，增强审核环节。全年完成14项重大活动的通信保障工作。贯彻落实实名制管控治理，对余杭在网用户推送公益防诈骗提醒短信约65万条。在智慧住建、智安小区、智慧医疗、智慧人大、工业互联网等领域达成项目20余个，金额3400多万元。

（姜美玲）

编辑：张迎

供电·供排水
Electricity Supply and Water Supply

·供　　电·

【概况】 截至2020年末，余杭境内拥有35千伏及以上变电站57座，电网总容量849.4万千伏安。其中：220千伏变电站7座，主变17台，容量369万千伏安；110千伏变电站42座，主变92台，容量448万千伏安，110千伏输电线路共72条，线路长度624.96千米；35千伏变电站8座（含临时变1座），主变15台，容量32.4万千伏安，35千伏输电线路20条，线路长度166.92千米。10千伏公用线路共917条，其中，架空线路总长4073.69千米，电缆线路总长5043.17千米；10千伏公变共11719台，容量661.59万千伏安。

2020年，余杭电网最高负荷274.5万千瓦，比上年增长11.22%；全社会用电量121.81亿千瓦时，增长8.57%；售电量107.85亿千瓦时，增长4.65%；固定资产投资4.7559亿元；营业收入59.53亿元，下降1.16%；线损率6.24%；电费回收率100%；农网综合电压合格率99.99%；农网供电可靠性99.99%。至2020年末，国网浙江杭州市余杭区供电有限公司（下称“区供电公司”）实现安全生产日4869天。

2020年，区供电公司各项业绩指标保持稳健，省内同业对标全部达标，获示范领先单位称号，市公司绩效考核、党建综合考评均为第一；获第二届全国应急管理普法知识竞赛中央企业一等奖、2020年度全国电力行业党建品牌影响力企业、全国青年安全生产示范岗、全国五星级现场（中质协）、2020年浙江省AAA级“守合同重信用”企业、浙江省电力行业统计工作先进集体等荣誉。区供电公司获国网浙江省电力有限公司消防安全“四个能力”建设成果展示暨消防应急处置技能竞赛团体一等奖。区供电公司劳模创新工作室被杭州市总工会评为首批杭州市职工高技能人才和首批杭州市职工高技能人才示范性创新工作室。

2020年，区供电公司对全区44家重点单位实行24小时驻守保电，对新冠肺炎疫情防控物资生产企业全面实施“三零”（零上门、零审批、零收费）办电服务，落实客户欠费不停电措施。服务复

湖杭铁路电力迁改现场

（国网浙江杭州市余杭区供电有限公司　供稿）

工复产。贯彻国家降电价要求，全年减免电费 2.73 亿元。开展转供电不合理加价清理行动，清退电费 4126 万元，惠及终端用户 3.3 万家。发布“企业复工电力指数”32 期，支持政府精准决策。开展“走亲惠企、以电连心”三进三服务，上门解决用电难题。完成湖杭铁路、东西向快速路等电力迁改项目 195 个，停电割接电力线路 284 条。

【电网建设】 2020 年，余杭区新建、改建、扩建 220 千伏望梅变等 10 个站，新增容量 124.5 万千伏安。完成 53 条重载线路和 65 个重载台区整治，建成 2 条跨区域联络线路，配网自动化覆盖率达 75%。开展需求侧响应建设，实现秒级响应 3.5 万千瓦，分钟级响应 1.8 万千瓦。出台县域需求侧响应支持政策，开展削峰填谷响应 29 次，缓解部分区域供电紧张局势。国内可调容量最大的分布式潮流控制器示范工程在 220 千伏大陆变投产。建成首座 5G 基站蓄电池梯次利用改造试点工程。

【供电服务】 2020 年，区供电公司制定负面清单 30 项、任务清单 50 项。全市范围内率先发布延伸电气投资界面政策，完成延伸投资 6740 万元，推动政府出台土建延伸投资政策，实现企业办电红线外“零投资”。全面应用供电方案辅助决策系统，自动生成方案准确率 77.3%。配合区政府在全省范围内首推水电气网联动报装，推广查勘直接装表、高压竣工验收当天接电等举措。推出 10 千伏电力用户接入能力“五色图”，指导招商引资项目落点。与区招商局、区发展和改革局、市规划和自然资源局余杭分局建立项目信息交流机制，推动用户“无感办电”。促成国网浙江省电力有限公司杭州供电公司与阿里巴巴集团控股有限公司签订战略合作备忘录，建立核心事项专员服务机制。配合完成老旧小区电梯加装 57 台。

【供电安全管理】 2020 年，区供电公司修订全员安全责任清单，开展年度员工安全评价。统筹推进省市公司安全巡查“回头看”问题整改，常态化开展安全督查和专业稽查，问题隐患整改率 99%。组建安全管控中心，加大现场稽查力度。开展反违章“推演式”分析 200 余次，组织安全警示约谈 14 次。成立区级电力行政执法办公室。完善应急预案体系，开展跨区域应急拉练，完成迎峰度夏反事故实战演练。

【电力资产经营管理】 2020 年，区供电公司出台变电运检一体化、产业单位“大营销”、基层单位薪酬包干等一揽子举措。坚持开源节流，持续实施拆旧物资回收再利用，节省投资超 1000 万元，完成资产接收 3.1 亿元。拓展新兴产业，宜家家居（杭州商场）等 6 座充电站投入运营，全年充电量 2264 万千瓦时。共享电力铁塔资源，试点建成 2 座 5G 基站。

（程垚垚）

·供排水·

【概况】 2020 年，杭州余杭环境控股集团有限公司、杭州余杭水务控股集团有限公司［下称“区环境（水务）控股集团有限公司”］下属运河水厂、塘栖水厂、宏畔水厂、仁和水厂、瓶窑水厂、径山水厂、獐山水厂 7 座水厂合计制水能力 82 万吨 / 日。加上馒头山水厂、石门水厂 2 座山区小型水厂及杭州趸售供水 6.5 万吨 / 日、临安趸售供水 5.5 万吨 / 日，实际供水能力为 94.9 万吨 / 日。配套供水管网长度 9298 千米。

下属临平净水厂、良渚污水厂、余杭污水厂、崇贤污水厂、塘栖污水厂 4 座污水厂自有污水处理能力 48.5 万吨 / 日，输送至杭州城西污水处理厂 1.5 万吨 / 日，农村分散式污水处理能力 1 万吨 / 日，全区合计污水处理能力为 51 万吨 / 日。配套污水管网长度 1144 千米。

2020 年，区环境（水务）控股集团有限公司完成销售水量 2.07 亿吨，比上年增长 8.41%，全区全年最高日供水量为 85.38 万吨 / 日。污水处理量 1.36 亿吨，增长 6.56%。供水水费回收率 99.85%，污水水费回收率 100%。供水出厂水水质合格率和污水厂出水水质合格率均为 100%，省、市、区各级监管部门水质抽检合格率保持 100%。

【供排水规划】 按照城市国际化要求，区环境（水务）控股集团有限公司以建设符合余杭经济社会发展水平的供排水保障体系为目标，完成全区供水、污水、雨水专项规划的编制。按照新的规划，集团启动临平自来水厂、临平北污水厂、仁和污水厂（余杭污泥处置中心）、良渚自来水厂、余杭污水厂改建、瓶窑污水厂等 7 个重大环境基础设施项目的前期工作。2020 年 7 月，临平自来水厂项目开工建设。

【供排水基础设施建设】 2020 年，千岛湖供水工程城北线仁和支线、仁和水厂扩建工程投入运行，千岛湖水成为全区自来水水源。临平净水厂作为全省全地埋式污水厂建设的标杆，举办全省污水处理设施提质增效现场会。余杭污水处理厂四期通水试运行，良渚污水处理厂四期完成竣工验收。实施临平净水厂尾水利用工程，完成 3 座污水厂的清洁排放改造。推进全区供排水主干管网建设，增强管网系统安全性。

2020 年 8 月 14 日，余杭区农村污水处理终端改造高温工作现场

［区环境（水务）控股集团有限公司 供稿］

【供水民生实事工程】 2020 年，按照省、市、区民生实事工程的部署，区环境（水务）控股集团有限公司推进余杭西部山区农村饮用水保障工作，提前完成农村饮用水达标提标行动受益 1.3 万人的年度任务，完成石门水厂、馒头山水厂建设，按计划推进径山水厂改造提升、黄湖龙坞水库一体化厂站工程。加快高层住宅二次供水改造，改造小区 14 个。推进农村生活污水治理，完成镇（街道）委托实施的市级农村污水处理终端提升改造 100 个和市级任务农村污水处理终端的标准化运营维护 118个。

【水务办事“零跑跑”】 2020 年，区环境（水务）控股集团有限公司贯彻落实“最多跑一次”改革要求，开展水务办事“零跑跑”服务。新冠肺炎疫情期间以“零跑跑”“零手续”“零接触”模式服务村（社区）和企业，助力全区疫情防控和复工复产工作。2019 年 7 月至 2020 年末，以“零跑跑”模式服务用户 15879 次，服务满意率 99.81%。落实水电气网联动报装，主动上门对接企业用户，保证企业接水达到“102”报装标准，完成接水服务 28家。

【“污水零直排区”创建】 2020 年，区环境（水务）控股集团有限公司编制计划，实施“四河两区块”（河里河、西渠河、赭山港、上塘河，临平山北、未来科技城区块）重点区域以及“污水零直排区”改造一、二期工程。西渠河沿线市政雨污水设施改造项目完工，赭山港、上塘河市政雨污水改造项有序推进，禾丰港、赭山港水质得到提升。初步确定南苑街道赭山港区块等 6 个重点区块进行重点攻坚，编制完成赭山港流域重点整治方案。2020 年，接受镇（街道）委托的“三大单元”“污水零直排”项目 186 个，进场施工 136 个。

【水务精细化管理】 2020 年，区环境（水务）控股集团有限公司开展管网漏损率攻坚行动，从管网端、用户端着手，专门成立管网漏损控制和供排水用户排查两个指挥部，完成分区计量二级流量计安装。组建管网测漏队伍，强化管网运维考核，全年产销差率控制在 15%以内。推进供排水用户端的系统排查，按照排污性质、排水规模以及污染类型等落实分级分类管理和标签式网格化管理。加强智慧水务建设，结合山区供水和二次供水改造开展智慧化建设，确保与主体工程同步施工、同步运行。结合“污水零直排区”创建，开展智慧排水系统一期建设。开展一表一码小区试点，以实现表务全生命周期数字化管理。

（沈跃鹏）

编辑：俞帅帅

数字化建设

Digitatization Construction

·“城市大脑”建设·

【概况】 2020年，余杭区落实杭州城市大脑“双月攻坚”，在“6·30”“9·30”“12·30”等攻坚“赛马榜”排名中均位居全市第一。区数据资源管理局配合政法、公安、住房和城乡建设、文化旅游、卫生健康、城市管理等部门深化区级特色场景应用。协助临平、南苑、仓前、五常、良渚、黄湖、鸬鸟、东湖等8个镇（街道）完成数字驾驶舱建设，实现不同层级之间五级贯通，余杭区城市数字化考核排名全市第一。2020年，余杭“畅快出行”“便捷泊车”“智慧安监”“欠薪预警”“调解在线”“精密智控防疫”“亲清人才直通车”七大场景入围浙江省“城市大脑”应用优秀典型案例评选最终30强。

【畅快出行】 2020年，余杭42平方千米核心区域的道路全部应用“畅快出行”场景。在该场景下，“城市大脑”从区域、路段、路口3个维度，根据17个项目指标对城市道路进行实时监测，每5分钟把数据报告通过杭州城市大脑·余杭平台，反馈给交通、规划、城市管理等部门，有针对性地调整交通方案。对可变车道和信号灯进行调控，左转车辆是直行车辆数量的1.3倍时触发可变车道最佳时机，自动下发可变车道的实施，把数据推送给导航软件，提醒司机注意前方有可变车道，注意标志标线行驶。

【便捷泊车】 2020年，区数据资源管理局将余杭市民之家停车位全部接入杭州城市大脑·余杭平台，设置“便捷泊车”场景。在市民之家东南西北四个方向主要道路设置泊位引导屏，实时发布泊位信息；在“杭州办事”App、“便捷泊车”App、“余杭城管”微信公众号等嵌入泊位信息查询模块，方便办事群众提前安排出行。改造后的余杭市民之家平均每个车位每天多停3车次，免费停车时长从15分钟上升到1小时，免费停车比例从2%上升到57%，缓解了道路拥堵的情况。

【欠薪预警】 2020年，区数据资源管理局将与企业经营状况有关的可能会导致欠薪的因素纳入数据库，接入包括企业水费、失信黑名单、欠薪信访、企业用电、社保缴费等10类数据，利用城市大脑智能分析，建立欠薪预警算法模型，自动研判风

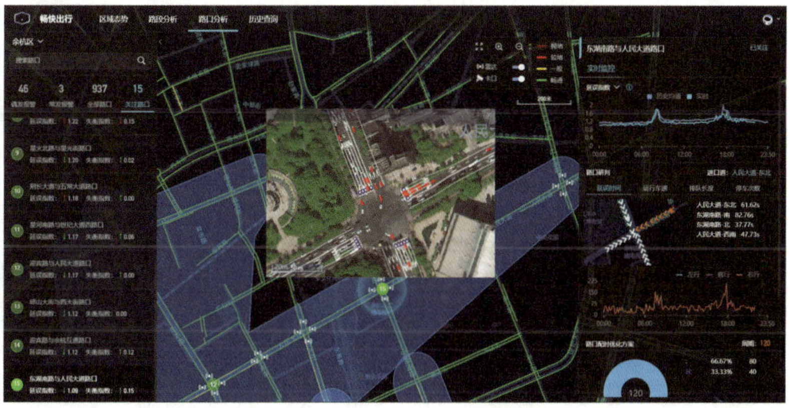

“畅快出行”场景

（区数据资源管理局 供稿）

险，产生预警信息。截至年末，欠薪预警平台发出预警总数4154件，全部完成交办，其中存在隐患3058件，重点预警18件，总体预警成功率为74.05%。

【调解在线】 2020年，为有效提升社会科学治理能力，区数据资源管理局研发“调解在线”模块，原本分散在各个部门的矛盾纠纷信息，利用数据分析研判功能，最大限度让数据跑起来，及时化解各类矛盾纠纷，实现纠纷化解“最多跑一地”，甚至一地也不用跑。

【精密智控防疫】 2020年，针对新冠肺炎疫情防控形势的变化，余杭区归集公安、卫生健康等部门的疫情相关数据，按照“1+1+1+N”的基层精密智控模式，打通已有相关平台，建设精密智控防疫系统。该系统围绕“一个码”(余杭绿码)、“一幅图”(疫情动态图)、“一张网”、“N个机制”，分级别应对、分区域施策，通过“五色图”精准防控于最小单元小区，形成闭环工作流程。系统在疫情还未完全结束情况下，实现对全区328万人口的精细管理，助力全区4.81万余家企业全部复工。

【“余杭绿码”上线】 2020年新冠肺炎疫情期间，区数据资源管理局基于杭州城市大脑·余杭平台，用时144小时完成系统构建、技术研发、上线应用，在全国率先开发启用“余杭绿码”。自2月5日凌晨第一版诞生后，“余杭绿码”以每半小时升级的速度迭代优化。2月10日，“余杭绿码”全面启用，用户访问资源总数2.01亿次，收到注册申请72.1万条，激活绿码账户47.2万人。区数据资源管理局对接公安、人力社保、卫生健康等部门，做好健康码专班工作，处理健康码申诉7.6万件，转码操作1.5万余次，在疫情防控中发挥大数据效能，实现人员受控赋码进出，精准施策保障畅通，推动企业复工复产。

【“亲清在线”平台】 2020年3月2日，杭州市“亲清在线”数字平台于正式上线，余杭区惠企政策集中兑现办公室以结构化大数据逻辑，多渠道“送码到家”，推广“亲清在线”平台，提高企业知晓度和二维码扫码率。梳理防疫惠企政策，以企业的视角完善原有兑现流程，依托“亲清在线”、杭州城市大脑·余杭平台、“浙江政务网”大数据后台支撑，简化审核流程，明确“亲清在线”平台上线兑现的政策清单和时间表。复工复产期间，推进“亲清在线”平台线上兑付，3月8日，余杭“基本电费补贴政策”上线，为全区工业中小微企业提供企业电费补助，成为在杭州“亲清在线”数字平台上线的第一个区（县、市）政策。

【“余杭食安”小程序上线】 2020年冬季以来，为防控新冠肺炎疫情，加强冷冻产品的流通管理，解决进口冷冻产品核酸检测异常等突发情况下的快速定位产品流向、精准定位最终消费者等问题，12月，区数据资源管理局联合区市场监督管理局、良渚街道、杭州市农副产品物流中心等单位，对接省市场监督管理局、市数据资源管理局、区委政法委、杭州市公安局余杭区分局交通警察大队等省、市、区单位数据，上线“余杭食安”小程序，实现进口冷冻品去向可查，即产品流通“最后一米”的问题。

【“入学早知道”教育应用平台上线】 2020年，区数据资源管理局根据部门业务需求，联合区教育局推出“入学早知道”教育应用平台。“入学早知道”基于杭州城市大脑平·余杭台数据资源基础，设于“看余杭”App中，设有市民端和政府端两大功能板块。其中市民端主要包含“看学校”“查政策”“搜匹配”三个模块，市民可以在系统上集中查看余杭教育文化资源信息及空间分布，幼儿园、小学、初中的服务范围或学区划分，招生公告及教育相关政策等方面信息和资讯；可了解未来三年特定范围（如学区）的入园入学人口预测信息，对应的学校招生预警情况；可搜索村（社区），获得村（社区）所对应的幼儿园、小学、初中，通过点击对口学校查询学校信息。在“搜匹配”中实现个性化查询功能，输入个人的基本信息情况，可一键搜索匹配结果。为家长“看学校”“查政策”，政府“建学校”“招老师”提供参考依据，引导余杭区人口有序发展与流动，缓解余杭区入学难问题。

【数达专线】 2020年，区数据资源管理局依托杭州城市大脑·余杭平台数据资源基础，结合出行大数据综合研判，在“看余杭”App上推出公共服务系统“数达专线”。“数达专线”提供已开通“数达专线”线路、站点以及车辆实时位置查看，提供包车和拼车服务，减轻上下班高峰期对全区道路压力。

【实有人口驾驶舱】 实有人口驾驶舱是一个以人口为主索引的政务数据资产管理平台。2020 年，围绕社会治理和服务的需求，区数据资源管理局在既有人口库基础上，建立统一的人口数据底座平台，建设完善“实有人口驾驶舱”，形成动态人口专题库，为“数达公交”“亲清人才”“智慧养老”等应用场景提供数据。

（叶琦）

·政府数字化转型·

【概况】 2020 年，余杭区推进政府数字化转型。根据省办件库数据统计，余杭区政务服务网办件量 44.8 万件，“浙里办”办件量 23 万件，网上办率 97.14%。政务服务事项 3679 件，即办率 80.96%，网办率 92.08%，掌办率 87.60%，一证通办率 13.43%。

2020 年，区数据资源管理局推进“互联网+政务服务”“互联网+监管”“互联网+协同办公”国考、省考任务攻坚，落实相关指标提升，对 29 家单位开展业务指导和培训。年末，余杭区在全市数字化转型考核中位列第一。完成“浙政钉 2.0”试点工作，完成 2.1 万用户和 17 个微应用的迁移。牵头开展余杭区全面数字化转型工作任务，开展“十大攻坚行动”和“N 大标志项目”。鼓励社会各方参与公共数据创新，推进社会数据与公共数据的开放应用，其中浙江杭州余杭农村商业银行股份有限公司依托政府开放数据，研发“全域小微科创企业智能授信”应用，获得全省数据开放创新应用大赛三等奖，为杭州地区唯一得奖应用。成立政府数字化转型联合实验室”联合阿里云计算有限公司、脉策（杭州）科技有限公司、杭州城市大数据运营有限公司等 10 余家成员单位，共同推进社会治理、普惠金融、交通出行等领域的应用场景建设。探索管理、运行分离的市场化运行模式，杭州余杭大数据经营有限公司成立并进入实质性运作。与浙江大学联合成立浙江数字化发展与治理研究中心余杭分中心，制定出台元数据描述规范、应用系统数据迁移规范等 16 个数据管理地方标准，建成统一的数据规范体系。

【“浙政钉”2.0 全省试点】 2020 年 3 月，余杭区启动“浙政钉 2.0”迭代升级工作，是全省唯一试点区（县、市）。区数据资源管理局在余杭区政府数字化转型工作领导小组的牵头推进下，成立试点工作专班，按时按量推进余杭用户和首批应用迁移，同步推动各地各部门依托“浙政钉 2.0”开发办公、监管、决策类微应用，推进跨部门政务协同业务通过“浙政钉”电脑端、移动端办理，融合“余政钉”“浙政钉”用户组织架构，以“双轨运行制”实现新用户体系在“浙政钉 2.0”政务协同平台的平稳运行，探索构建场景化多业务协同平台。5 月 12 日，提前全面完成省级试点任务。

【数字资源超市】 2020 年，余杭区在全省首创数字资源超市，构建信息化项目全流程管控平台，实现全区政务数字资源的全要素归集、标准化处理、循环式利用与开放式运营，解决信息资源壁垒及数字化项目用新废旧、重复建设等问题，两平台同时取得国家版权局计算机软件著作权登记证书。截至年末，数据资源超市集成上架 41 个部门合计 62.7 亿条数据、四大类云资源和 80 个公共应用组件，资源调用总量 6.8 亿次，获 2020 年“智慧中国年会”政务环境创新奖等荣誉。

【政务服务“最多跑一次”改革】 2020 年，区数据资源管理局继续开展“最多跑一次”改革，推进政务服务 2.0 平台建设，改造区级自建系统 5 套，涉及政务服务事项 2181 个。促进“一件事”改革系统集成，完成“公务员一件事”“水电气网联动报装平台”及“亲清人才直通车”上线运行，“水电气网联动报装”“亲清人才直通车”入选浙江省“观星台”优秀应用。

【政府投资信息化项目管理】 2020 年，区数据资源管理局建设完成余杭区信息化项目全流程管控平台，将信息化项目管理全过程涉及的各个业务环节都纳入线上业务流程，实现全区信息化项目的全领域、全流程、全生命周期管控。完成信息化项目档案整理及电子化，实现全区历年项目的统筹线上管理。实行项目重点绩效评价和专项审计。实行项目监理制度，保证项目建设进度及质量。开展全区信息化项目立项审核、评审、过程监管，2020 年度建设项目 149 个、总预算 7.9 亿元。完成全区 87 个部门单位、260 家学校和 7 家医院信息化基础设施的摸底调查和信息系统普查。

【电子政务基础设施建设】 2020年，区数据资源管理局管理运行区级政务云平台，原有服务器基本完成搬迁上云，新设600多个政务云资源服务器，累计1300多个，保障339套业务单位应用系统，为全区各类平台系统和政务应用提供保障。电子政务网络在覆盖全区党政机关和大部分国有企业基础上，下沉延伸，接入点位共1400余个，上网用户2.5万余人。上网出口完成万兆带宽升级，主要机关单位千兆网络接入，实现个人用户百兆接入，主干网络完成IPv6改造，更换、新增负载均衡、上网行为、防火墙等网络设施设备。

【基础数据库建设】 2020年，余杭区建设区级政务数据交换中心，初步完成各类资源归集和整合，形成城市级资源池。接入省、市数据接口179个，编制区级以上数据目录1056个，归集42个区级部门合计近64.8亿条数据，向区级业务系统提供共享服务接口272个，总调用数4057万次，全区实现赋码地址192万个，其中，人口328万人、企业26万家、事件143万家、感知设备16万余个、监控点位近2万个。

【余杭区"雪亮工程"总平台】 2020年，区级"雪亮工程"接入公安、交警、城管、政法委、邮政、应急、交通、住建等部门视频监控，月均使用约4000人次。开发建设完成视频数据驾驶舱和运维平台，实现全面掌握和全流程管理全区视频资源。

【区综合办公平台建设】 2020年，区数据资源管理局推进区综合办公平台功能迭代更新，上线新会议通知系统，完成公文系统升级，配套移动端建设，结合"浙政钉2.0"单轨试点，按"浙政钉2.0"标准上架移动端。截至年末，办公平台注册账号2.8万余个，平均每日登陆人数超1万人。

【政务数据安全管理】 2020年，区数据资源管理局制定《余杭区政务数据安全管理规范》，推动11项制度规范在余杭区试行，建设完成余杭区数据安全一体化管控平台，落实常态化数据安全监管，加强全区政务数据安全管理人才建设，形成全区联动的长效应急响应和安全保障机制。

【重大会议技术保障】 2020年，区数据资源管理局持续推进全区高清视频会议系统应用，完成区政府视频会议总调控室升级改造，支撑区委、区政府会议工作安全稳定高效运行。创新钉钉视频会议形式并推广至全区，保障新冠肺炎疫情防控和复工复产"两手抓、两手硬、两手赢"各类政策要求的上传下达。全年保障防汛应急响应、疫情防控等视频会议800余场。

【"杭州·余杭"门户网站建设】 2020年，区数据资源管理局继续开展"杭州·余杭"门户网站日常建设和维护，政府网站信息资源库数据向省集约化平台推送249389条。全年门户网站实现本地新闻类信息公开4840余条，实现全区政府信息公开1.2万余条，其中主动公开文件1650余份。建设专题专栏6个，开展民意调查15次，进行重要会议网络直播2次。结合国务院办公厅对政府网站建设的指引和国务院办公厅，省、市对政府网站的普查要求，开展政府网站普查。"杭州·余杭"门户网站在清华大学国家治理研究院发布的《2020年中国政府网站绩效报告》中，排名全国县（市、区）网站第八。

（叶琦）

编辑：蒋旭东

农业·水利

Agriculture and Water Conservancy

·综　　述·

【概况】　2020年，余杭区大力推进生态农业、高效农业、特色农业发展，农林牧渔呈齐头并进良好态势，全区实现农业增加值55亿元，比上年增长0.2%。其中：种植业45.13亿元，增长0.71%；林业9.01亿元，增长4.79%；畜牧业3.90亿元，减少29.08%；渔业19.98亿元，增长3.04%。全区粮食种植面积1.73万公顷，增长1.53%，粮食总产量11.25万吨，减少0.53%。余杭区现代农业产业园被评为国家现代农业产业园。

【农村（农民）收入增长】　2020年，余杭区农村常住居民人均可支配收入44117元，比上年增长6.7%，居全市四区三县（市）第一，农民收入绝对值居全省第一，城乡居民收入比为1.60∶1。其中：工资性收入保持平稳增长，全年农村常住居民人均工资性收入28985元，增长7.1%，绝对额占可支配收入的65.6%；家庭经营净收入增幅最小，全年农村常住居民人均家庭经营净收入7718元，增长4.9%；财产净收入小幅增长，全年农村常住居民人均财产净收入3325元，增长6.3%；转移净收入增速逆势回升，全年农村常住居民人均转移净收入4089元，增长7.9%，增速比上年回升2.3个百分点。2020年，村级集体经济可分配收入为18.59亿元，增长13.7%。

【"农安码"应用】　2020年，余杭区立足数字赋能，开发"农安码"，建立农产品质量安全智慧监管服务体系，实现监管主体全覆盖、质量追溯全过程、信息管理全链条，提升余杭区农产品质量安全整体水平。全区完成生产主体赋码登记27023家，其中628户规模主体完成赋码和出具合格证全覆盖；出具"农安码"合格证388955张；96家农资店实现实名制购买全覆盖；建立农产品快速定性检测室223家，开展快速定性检测97434批次。

【绿色品质农业发展】　2020年，余杭区推进国家农产品地理标志保护工程、浙江省精品绿色农产品基地等项目建设，以径山茶、塘栖枇杷为重点，带动全区生产主体开展绿色生产，提升农产品品质和市场竞争力，打造绿色品质农业。鸬鸟蜜梨获国家农产品地理标志荣誉，生产主体开展绿色食品认定申报87家，申报面积0.1万余公顷，举办绿色食品线下线上专题培训班5期，全区绿色优质农产品比例达61.65%。

【农田建设】　2020年，根据省、市下达年度建设任务，区农业农村局实施余杭街道永安村等4个高标准农田建设项目，总面积203公顷（其中同步实施高效节水灌溉20公顷），总投资预算970.06万元。实施径山镇前溪村等9个粮食生产功能区提标改造任务，总面积428公顷，总投资预算1369.33万元。

【化肥定额制试点】　2020年，区农业农村局制定《杭州市余杭区农业投入化肥定额制实施方案》，在仁和、良渚、瓶窑、余杭等4个镇（街道）建立4个化肥定额制试点，其中，省级试点1个，区级试点3个。涉及作物为水稻、小麦和蔬菜，水稻（小麦）采用“缓控释肥＋秸秆还田”和“商品有机肥＋缓控释肥＋秸秆还田”两种模式，蔬菜采用“商品有机肥＋水溶肥”模式。

【污染耕地安全利用】 2020年，全区完成受污染耕地安全利用总面积673公顷，涉及乔司、星桥、运河、余杭、仓前、中泰、闲林、黄湖和鸬鸟等9个镇（街道）29个村（社区），实现受污染耕地安全利用率98.40%。在鸬鸟镇建立了1个受污染耕地修复治理及安全利用试点，示范面积0.07公顷；在余杭街道开展受污染耕地安全利用试验1个。

【水肥一体化示范】 2020年，区农业农村局实施水肥一体化示范建设项目5个。实施省级沃土工程土壤综合培肥示范区建设项目，建立2个水肥一体化核心示范方，带动全区208公顷示范基地应用水溶性肥料70.5吨。

【测土配方施肥】 2020年，按照“一户一策”“一业一方”的要求，区农业农村局在全区范围内为规模基地和种植业大户提供免费的测土配方服务，采集土壤样品170个，土壤化验分析1160项次，发放施肥建议卡500份，发布配方肥数量4个，推广应用配方肥3100吨。在蔬菜和水果上开展肥效校正试验5个，在瓶窑镇建立水稻缓控释肥料应用示范方1个，示范面积18.7公顷。

【垦造耕地后续管护】 2020年，余杭区继续开展垦造耕地后续管护，对2016—2019年实施完成并通过验收的109个及2019年验收未通过的4个垦造耕地项目开展后续管护，管护面积（即开发总面积）737公顷，其中，新增耕地491公顷（水田418公顷、旱地73公顷），“旱改水”87公顷。

【绿色防控】 2020年，区农业农村局制定《余杭区农作物病虫草害绿色防控技术推广实施细则》。在杭州余杭农林资产经营集团有限公司瓶窑径山区块和中泰街道建设国家级绿色防控示范区，示范面积283公顷；在运河街道和南苑街道建设省级绿色防控示范区2个，示范面积75公顷；在塘栖、仁和、良渚、瓶窑、径山和余杭等地的粮食功能区示范推广种植蜜源植物，覆盖0.11万公顷稻田。全区综合示范面积0.17万公顷，推广面积1.44万公顷。

【植保社会化服务】 2020年，区农业农村局制定《余杭区农作物植保社会化服务管理办法》，扩展植保社会化服务补助范围并提高补助标准。全区6家植保社会化服务组织在17个镇（街道）和杭州余杭农林资产经营集团有限公司的119个村（社区）开展水稻植保社会化服务，服务面积0.74万公顷，有效应对稻飞虱大发生情况。全区水稻、小麦、茶叶等植保社会化服务面积1.17万公顷。

【肥药双控】 2020年，全区开展测土配方施肥4.5万公顷次，实施统防统治服务1.18万公顷，绿色防控示范区示范面积0.17万公顷，推广农作物病虫害绿色防控1.44万公顷次，推广蔬菜补贴农药0.06万公顷，推广配方肥3100吨，商品有机肥1.6万吨。在仁和街道建设66.7公顷部级粮食绿色高质高效创建项目肥药双减基地。通过“肥药双控”工程的实施，全区化肥、农药施用总量分别较上年减少780吨和18.5吨。

【农产品质量安全检测】 2020年7月，区农业农村局农产品质检站通过省农业农村厅组织的农产品质量安全检测机构能力验证。8月，余杭区代表杭州市参加全省农业职业技能大赛，获得农产品食品检验员（水产品质量安全检测）三等奖。10月，区农产品质量安全检验检测站举办农产品质量安全快速检测技术培训班，全区20个镇（街道）的农产品质量安全监管员及检测人员、有关农产品生产基地检测人员等150余人参加蔬菜水果中的农药残留快速检测技术培训。

【“三农”领域抗击新冠肺炎疫情】 2020年1—4月，余杭各产业线“三农”人才通过保供配送、捐款捐物、志愿服务、复产春耕等行动，共同抗击新冠肺炎疫情。2020年2月底至4月初，为助推复工、保障生产，由余杭区农业产业专家组成的水果、蔬菜、畜牧、茶叶等8支产业团队，抗疫同时在春耕备耕一线，提供专业技术指导服务。3月25日与9月23日，8支产业团队专家分农作和经作两个指导小组，到农业基地开展点对点农技服务。

【基层农技推广体系改革与建设】 2020年，余杭区连续第九年实施全国基层农技推广体系改革与建设项目，全年共示范推广101个主推品种、32项主推技术。以粮油、蔬菜、水果、茶叶和畜牧等五大产业为主线，遴选确定76名农业技术指导员和350户科技示范户；建设国家现代农业科技示范展示基地1个，省级高品质绿色科技示范基地5个，组织8个农业产业技术创新与推广服务团队，开展农业先进适用技术和品种的试验示范及推广应用。

2020年11月19日，区农业农村局组织29家农业经营主体到浙江农林大学开展校招 （金红华 摄）

【农村实用人才工作】 2020年，全区农村实用人才总量32147人，其中市级1637人，比上年新增3372人。新增区级高级人才（F类）以上高层次人才213人，其中，市级人才78人，区级人才135人。开展农民技术职称评审，新评农民高级技师13人、农民技师45人、农民助理技师44人、农民技术员10人。区农业农村局与省农业科学院、浙江农林大学等院校合作，举办农业技术人员能力提升等培训，组织29家农业经营主体到浙江农林大学、湖州职业技术学院开展校招，全年引进本科及以上学历毕业生69人。

【农业科技奖项荣誉】 2020年，区农业技术推广中心钱东参与的“蔬菜新优品种展示和品质优化技术推广应用”项目获2019年度浙江省农业丰收奖一等奖；区农业生态与植物保护管理总站李阿根参与的“农作物病虫害专业化统防统治与绿色防控融合示范推广”项目获2019年度浙江省农业丰收奖二等奖；区渔业渔政管理总站孟宪菊参与的“花鲈淡化养殖技术示范与推广”项目，区农技推广中心报送的“十万亩稻麦平衡高产栽培技术集成示范与推广”项目，获2019年度浙江省农业丰收奖三等奖；区农技推广中心方文英参与的《稻渔生态高效模式关键技术研究与集成示范》项目，区农业生态与植物保护管理总站楼玲参与的“杭州市镉污染农田安全利用综合技术研究与应用”项目获2019年度浙江省农业农村厅技术进步奖一等奖。

2020年8月30日，农村职业经理人招聘面试举行 （金红华 摄）

【农村职业经理人招聘】 2020年，区农业农村局出台《关于加强余杭区农村职业经理人培育工作的实施办法》，将经理人年薪从15万元/年提至18万元/年。经公告报名、资格初审、笔试面试和考察公示，为径山镇径山村等8个村招录8名农村职业经理人，并明确农村职业经理人薪酬与绩效考核等事项。

【“三农”人才推介宣传】 2020年，戚冬杰、张国顺等10名农村实用人才获2019年度“乡村振兴优秀人才”称号，周海东获全国劳模称号，何林海被农业农村部授予“抗击新冠肺炎疫情突出贡献农民”称号，马宽被评为省“优秀农民”学员，沈兴连入选享受市政府特殊津贴人才名单，刘俊、俞荣华被评为“余杭工匠”。发布乡村振兴领头雁报道12期。12月18日，《中国组织人事报》人才版面登载题为《浙江杭州余杭区培育“三农”人才助力乡村振兴》文章，介绍余杭“三农”人才工作举措与成果。

【农创客引育】 2020年，余杭区农创中心开展招商引智工作，落地农创项目15个。开展第二批区级农创客示范基地创建，全年认定6家示范基地，拨付补助资金60万元。9月14—18日，与浙江财经大学联合举办余杭区农业企业新生代管理能力提升高级研修班，51位农创客、“农二代”参加。

【农业绿色发展】 2020年，区农业农村局编制《2020—2021年余杭区农业绿色发展示范项目实施方案》，以“补绿色、补先行、补重点、补工程”为指导原则，重点实施“肥药两制”改革、生态拦截沟渠系统、渔业智慧监管、农作物秸秆综合利用、畜牧业绿色生态发展等内容。完成2个秸秆综合利用项目，2个氮磷生态拦截沟渠系统和5个绿色生态畜牧业发展项目等建设。2个区域被认定为2020年度农业绿色发展省级示范区。

【农民素质教育培训】 2020年，全年培训农民17256人，其中，实用人才培训4162人（高素质农民培训855人次），文明素质培训8176人，农业专业技能培训4918人，市级“1256”培训项目31个1450人次，获得茶艺师、评茶员、烹饪工等职业技能证294人，招收中专学历教育学员53人，大专本科学历教育学员30人。

【余杭区首届评茶员技能大赛】 2020年7月31日，余杭区首届评茶员技能大赛总决赛在径山镇举行，作为余杭区10场“百行百匠百赛”精英赛之一，来自9支镇（街道）代表队的108名选手参加比赛。82人进入决赛。来自径山镇的洪水杨获第一名。

【农业技术网络培训】 2020年，受新冠肺炎疫情影响，区农业农村局利用微视频、云端直播等网络手段，为农民提供技术保障，助力农业生产。结合农时农事、农民需求、特色文化拍摄“农民培训微课堂”系列视频13期，线上学习5409人次。开展钉钉线上直播课授课2期1183人次。

【农民学历提升】 2020年10—12月，区农业农村局与浙江农林大学合作，面向余杭区涉农从业人员开展教育培养，通过辅导教学、专业指导等，大专电子商务专业、本科农林经济管理专业共录取30人。

【全国基层农广校校长能力提升研修班】 2020年11月30日至12月3日，余杭区承办全国基层农广校校长能力提升研修班。来自广东、四川、新疆、吉林等省、自治区农业广播电视学校校长及部分优秀基层市县校长80多人参加。中央农业广播电视学校副校长齐国、张丹梅出席，余杭区在会上作典型发言。培训班组织开展现场实践教学，包含美丽乡村径山村、双桥村，农创客基地、农民实训基地现场经验介绍等。

【田间学校】 2020年，通过前期宣传、自主申报、镇（街道）推荐、现场勘察、专家评审，确定

2020年7月31日，余杭区首届评茶员技能大赛总决赛举行
（区农业农村局　供稿）

17 家实训基地（田间学校）与 8 个“土专家”师傅带徒项目。在田间学校进行实践课程 3000 余人次，内容涉及早竹林病虫害、养殖创业等专业课程。

【乡村产业技能人才培育】 2020 年，周海东等 7 人入选杭州市乡村产业技能大师，姚荣建植保防治技能大师工作室等 3 家单位入选市级乡村产业技能大师工作室，余杭区内新评定 8 名土专家。

【美丽乡村“1510”示范创建行动】 2020 年，余杭区全面推进美丽乡村“1510”示范创建行动，“一核五线”（大径山美丽乡村核心样板区，大运河文化带、西部访茶寻幽线、塘栖水乡风韵线、中泰慢谷风光线、良渚文化风情线）一期 10 个项目基本完工，二期 4 个项目开工建设，三期 3 个项目进入区发展和改革局立项；8 个示范村项目开工建设。塘栖水乡风韵风景线、余杭街道稻香小镇风景线被评为省级美丽乡村风景线，运河街道、塘栖镇被评为省级美丽乡村示范乡镇，余杭街道永安村被评为省级美丽乡村特色精品村。

【农文旅融合示范创建】 2020 年，余杭区在全省率先启动农文旅融合发展工作，打造一、二、三产业融合发展业态，探索村庄运营新模式。径山镇小古城村等 17 个村成立乡村运营公司；确定运河街道双桥村等 5 个示范村为 2019 年度创建村，塘栖镇塘栖村等 6 个示范村为 2020 年度创建村，认定 6 家农文旅产业融合发展示范园。截至年末，11 个创建村运营类项目全面推进，建设类项目有序推进。

【农村人居环境整治提升】 2020 年，余杭区完成农村人居环境整治提升三年行动工作任务。出台《2020 年余杭区高水平推进农村人居环境提升行动方案》，全域开展生态保护治理、基础设施建设、美丽乡村建设、农村文化保护传承、城乡环境融合发展。截至年末，完成各项年度工作任务。健全完善城乡环卫一体化、村级农村生活污水治理设施长效管护、农村垃圾分类管理、绿化养护、道路管养等农村长效管护体系，在全省率先推出村级公共服务设施长效管护机制。

【市级美丽乡村建设】 2020 年，余杭区推进市级美丽乡村精品村、精品示范线、风情小镇建设，运河街道双桥村等 8 个 2019 年度市级精品村和 2020 年度市级精品示范线余杭街道稻香小镇完工并通过市级考核验收；塘栖镇塘北村等 9 个 2020 年度市级精品村和 2020 年度市级风情小镇仁和街道“云会呼吸”开工建设。

【全市深化“千万工程”建设新时代美丽乡村现场会】 2020 年 12 月 24 日，2020 年度全市深化“千万工程”建设新时代美丽乡村现场会在余杭区举行。区委书记张振丰作典型交流发言。会前，与会人员参观考察了径山镇径山村、小古城村，塘栖镇塘栖村美丽乡村 建设。

【农业示范园区创建】 2020 年，余杭区创建培育 11 个 A 类农业示范园区，10 个 B 类农业规范园区。三年共创示范、规范园区 100 个，其中示范园区 43 个，完成“百园农业”三年行动计划的创建工作任务。

【余杭区被评为全国数字农业农村发展水平评价先进县】 2020 年，区农业农村局通过建设余杭农业农村大数据中心、可视化专题平台、农业应急指挥等系统，构建大数据平台数据标准与共享标准，打通数据壁垒，优化业务流程，提升管理效率。运用数据可视化与 GIS 技术，开展余杭乡村建设“一张图”建设及农业农村可视化专题分析，通过不同数据图层的展示与分析，实现数字化展示，提供科学决策依据。建成 4 个精品农业示范园区和 30 个数字农业监测点。余杭区被评为 2020 年度全国县域数字农业农村发展先进县。

【农业农村电商建设】 2020 年，全区镇（街道）农村电商项目申报资料归集 23 个，经第三方单位审计和区财政审核后，拨付奖补资金 217.86 万元。依托农村电商孵化中心和“三农”网红电商示范基地，为辖区涉农企业提供培训和网红电商服务。举办塘栖枇杷实操型电商直播人才、百丈农产品电商直播认知普及和黄湖新农人电商直播培训班，开展塘栖枇杷和百丈农产品网红直播推介会两场。塘栖枇杷线上销售快递单量突破 18 万单，销售额 7233 万元。良渚街道、乔司街道、塘栖镇入选省级电商镇（街道），41 个村入选省电子商务专业村。全年实现农产品网络销售额 12.2 亿元。

【农业农村信息化建设】 2020年，余杭区按照《余杭区智慧农村建设实施意见》，完成最后一批25个村“智慧窗口”建设任务，拨付补助资金75万元。与阿里巴巴集团控股有限公司协作共建余杭区互联网产权交易中心，村级集体资产通过区公共资源交易中心入驻“淘宝—拍卖—政府频道”进行公开竞拍交易。村级组织通过“余政钉”搭载审批模块开展网络审批，助推“最多跑一次”向基层延伸，加快村集体资产处置效率。

【“绿剑”秋季集中执法行动】 2020年，区农业农村局开展农兽药等农业投入品源头监管，对辖区内经营主体全面监督排查，打击制售假劣农资、网络销售假劣农（兽）药等违法行为。本次行动共出动执法人员540余人次，检查生产经营主体382家，对于重点区域、重点市场、重点单位、重点商品，共抽取饲料和饲料添加剂样品2个，农产品质量样品148个，其中，水产品74个，畜产品和种植类74个。

（洪雪敏、戴扬、张舟娜、王萍、朱燕、沈心宇、高素珍、孟进、蒋凤至、刘坚、肖依、高国军、钟增凯）

·种植业·

【概况】 2020年，余杭区获得浙江省第三届“河姆渡杯”粮食生产先进县（市、区）金奖。“鸬鸟蜜梨”获得农业农村部农产品地理标志。径山茶品牌价值达25.17亿元。

【粮食绿色高质高效示范县创建】 2020年，余杭区申报实施部级粮食绿色高质高效行动示范县创建项目，在全区创建绿色高质高效示范区0.67万公顷，建设优质稻产加工销售一体化加工中心、肥药双减示范基地、“水稻+”绿色高效模式基地等子项目，集成推广“全环节”绿色节本高效技术和绿色生产模式，构建“全过程”社会化服务体系，打造“全链条”产业融合模式，引领“全县域”绿色生产发展，实现提质增效、绿色可持续发展。10月12日，全省晚稻绿色生产技术模式现场观摩会在余杭举行，展现余杭区推进水稻生产绿色高产高效行动取得的成效。

【单季晚稻亩产创余杭区新高】 2020年，余杭区继续开展粮食高产创建活动，全区落实省、市、区各级高产创建项目20个，总实施面积693.33公顷。以项目实施为契机，以点带面，示范推广粮油作物新品种新技术，示范带动全区粮食生产能力提高。11月6日，经专家实割测产，由杭州及时雨植保防治服务专业合作社实施的市级水稻高产示范方，最高亩（1亩=0.067公顷）产961.75千克，打破2019年亩产953千克的余杭区水稻亩产最高纪录；11月13日，由杭州余杭益民农业生产服务专业合作社实施的市级水稻高产示范方，最高亩产979.61千克，再次刷新区水稻亩产最高纪录。

【余杭优质稻米品鉴】 2020年，余杭区继续示范推广软香2号、嘉丰优2号等优质稻品种，引进嘉禾香1号等新品种。2020年杭州市“十大好味稻”品鉴评比活动中，由杭州余杭益民农业生产服务专业合作社生产的“田畈儿”嘉禾香1号获金奖。12月31日，区农业农村局组织第三届余杭好稻米评比活动，评选出金奖6个。

【市级“菜篮子”基地（蔬菜类）建设项目】 余杭区2020年度杭州市“菜篮子”基地建设项目（蔬菜类）共立项7个，其中叶菜生产功能区4个，常年性蔬菜基地3个。

【种植业“五园”省级示范基地创建】 2018—2020年，余杭区创建种植业“五园”省级示范基地14个，其中，生态茶园5家（杭州市余杭区径山四岭名茶厂兰花坪茶园基地、杭州银泉茶业有限公司、杭州径山五峰茶业有限公司、杭州余杭区黄湖镇云顶农庄、杭州市余杭区径山绿神茶苑），放心菜园4家（杭州良渚麟海蔬果专业合作社、杭州湾里塘莲藕专业合作社、杭州满山红蔬果专业合作社、杭州宇航梦园农业科技有限公司），道地药园2家（杭州三叶青农业科技有限公司、浙江物产长乐创龄生物科技有限公司），精品果园3家（杭州余杭鸬鸟果农专业合作社、杭州仁义枇杷专业合作社、杭州余杭区瓶窑镇福山家庭农场）。

【救灾储备种子挽回损失】 2020年度余杭区救灾种子和安全生产储备用种52万千克，其中，救灾种子17万千克，安全生产经营用种35万千克。7月因雨水较多，部分农田受淹，紧急动用救灾储备种子1.65万千克，挽回受淹农田146.03公顷。

【径山茶云推介会】 2020年4月3日，余杭区组织召开2020年余杭区径山茶云推介会。余杭区副区长葛建伟和径山茶茶农、径山茶品鉴专家、径山茶茶艺师参与线上直播，直播同步推广至杭州网云平台。现场径山茶企业杭州银泉茶业有限公司、杭州余杭区径山四岭名茶厂分别和北京及江苏昆山客商“云签约”，共成交133.5万元。

【径山茶王赛暨茶王云拍卖会】 2020年4月11日，余杭区举办第八届径山茶王赛暨茶王云拍卖会。此次径山茶王赛评比采用密码审评法，以《茶叶感官审评方法》（GB/T23776-2009）为标准，经两轮专家品评，选出径山茶王5名，其中金茶王1名。本届获奖茶王产品通过杭州网进行限量云拍卖，“金茶王”拍卖价格以258880元/千克成交。

【大观山蜜桃文化节】 2020年7月11日，余杭区举办首届大观山蜜桃文化节暨第三届桃王赛，来自瓶窑镇、良渚街道、鸬鸟镇等7个镇（街道）35名桃农带来的40个样品角逐“金桃王”荣誉，经过省农业农村厅、浙江大学、浙江省农业科学院、浙江农林大学的专家评审，来自瓶窑镇福山家庭农场的桃果被评为“金桃王”，来自瓶窑、径山、仁和等地的五户种植户的桃果被评为“桃王”。

（方文英、朱徐燕、卢健、何娟、汪群、冯敏芳）

·畜牧业·

【概况】 2020年，全区生猪存栏6.99万头，比上年增加105.57%，出栏5.96万头，减少19.23%；家禽总存栏122.8万羽，增加7.52%，家禽总出栏266.19万羽，增加23.71%；羊存栏2.75万只，减少9.64%，羊出栏2.55万只，减少17.31%。全区9家屠宰企业。实施生猪定点屠宰24.77万头，增加56.87%；羊定点屠宰1.96万只，下降23.44%；家禽定点屠宰386.47万羽，增加59.86%。实施产地检疫生猪3.68万头、家禽61.67万羽、活羊386只、犬猫147只（犬62条）、马6匹。定点屠宰检疫生猪24.98万头、羊1.83万只、家禽409.64万羽。共受理外来动物备案报告5509批次，其中，从区境外调入生猪29.24万头、活羊1.98万只、家禽476.33万羽；备案报告动物产品12.16万批次，调入畜禽产品54.63万吨。

【生猪增产保供】 2020年，余杭区克服新冠肺炎疫情、“邻避效应”和超长梅雨季等不利影响，建成投产2个标准化万头猪场，统筹8家现有生猪养殖场补栏增产。截至年末，全区生猪存栏量达68961头，比上半年翻一番，超目标任务15%。

【余杭区获“中国枇杷蜜之乡”称号】 2020年，区农业农村局会同塘栖镇组织开展枇杷蜜之乡创建申报工作，推动以“塘栖枇杷”为源头的蜜蜂产业发展。11月25日，经现场考察、资料审查、答辩等评审程序，在上海召开的2020中国蜂业大会上，余杭区被授予“中国枇杷蜜之乡”称号。

【美丽生态牧场创建】 2020年，余杭创建省级美丽生态牧场3个，市级高水平美丽生态牧场1个；完成畜禽规模养殖场生态化改造提升6家，完成养殖场（户）生态化治理20家。

【畜禽废弃物资源化利用】 2020年，余杭区畜禽废弃物资源化利用率为99.56%。余杭模式被全国畜牧总站列入《畜禽粪污资源化利用——集中处理典型案例》。培育壮大粪肥配送服务组织4家，完成13家种植基地沼液储存设施建设，完善“养殖端—配送组织—消纳地”利用模式，促进农牧结合。

【马属动物监管】 2020年，余杭区将马流感、日本脑炎纳入政府强制免疫病种，全年共免疫马属动物151匹。对全区范围内马属动物、易感动物及相关区域的虫媒和野生动物开展监测，全年送检马抗凝血95份、马血清207份、马鼻拭子138份、易感动物血清80份、虫媒36份。

（颜妙玲、俞黎晓、沈富明、沈琴芳）

·水产业·

【概况】 2020年，余杭区水产品总产量6.31万吨，比上年增长2.25%，渔业总产出19.46亿元，增长2.01%。其中：主导品种中华鳖产量23984

吨，减少5%；青虾产量1972吨，增加3.63%；青、草、鲢、鳙等四大家鱼分别较2019年增长14.44%、4.01%、7.53%和7.69%，泥鳅、鳜鱼和加州鲈鱼等名特水产品分别较2019年增长19.57%、229.41%和17.89%。涉渔工业产出3435万元，增长1.57%；涉渔流通和服务业的产出6830万元，减少2.21%。2020年，余杭区被评为浙江省渔业健康养殖示范县。

【渔业资源增殖放流】 2020年，余杭区在京杭运河、苕溪和上塘河流域增殖放流各类鱼种856.98万尾，投入资金38万元，其中，放流冬片鱼种56.98万尾（2.59万千克），夏花鱼种800万尾。

【渔业生产设施项目建设】 2020年，余杭区实施市级水产“菜篮子”项目7个，区级水产养殖尾水处理设施建设项目5个，绿色渔业、数字渔业和水产种业项目各1个，投入资金2539.68万元。

（周波、徐瑞华、娄翰峰）

·林　　业·

【概况】 2020年，全区林地保有量4.94万公顷，森林保有量4.76万公顷，森林蓄积量157.00万立方米，活立木蓄积量170.70万立方米，森林覆盖率38.73%。全区林业总产值105亿元，余杭区林业水利局获得“森林浙江”建设工作突出贡献集体、全省森林生态保护突出贡献集体、全省林业产业先进集体等称号。

【林业项目建设】 2020年，余杭区共立项实施区级林业建设项目10类共113项，涉及绿化造林、产业发展、林道古道等总投资2.26亿元，下拨专项补助资金1.19亿元。

【生态廊道建设】 2020年，余杭区林业水利局启动实施百路千里美乡村林道网三年行动，建设老虎山骨干林道（径山段、黄湖段、鸬鸟段）、黄湖镇王位山高标准林道、百丈镇高塘林道、百丈镇郎荠骨干林道、鸬鸟后观线骨干林道、径山南骨干林道等8个高标准林道项目。西部生态廊道框架初具雏形。

【植树造林】 2020年，余杭区建成彩色森林300公顷，健康森林733公顷，采伐迹地更新4.6公顷。通过开展林木云认养、云种树等活动，全年义务植树35.4万人次，其中直接参与植树2.5万人次，建立义务植树基地42处14.5公顷，栽植树木9.6万余株。创建运河街道、仓前街道、百丈镇、鸬鸟镇等4个省级森林城镇，2个省级生态文化基地，新建省级一村万树示范村6个，推进村15个、森林人家5个、森林氧吧2个。

【“百万亩”国土绿化】 2020年，根据省政府要求，余杭区首次启动“新增百万亩国土绿化行动”，印发《关于开展新增万亩国土绿化暨建设“森林城市”的通知》，明确到2024年底完成新增森林面积900公顷以上，森林覆盖率超过39.6%，达到“国家森林城市（区）”评价指标。2020年新增国土绿化面积335公顷，完成省下达任务的135.7%。

【森林资源保护】 2020年，余杭区依法办理林地征占用审核审批145起，林木采伐审批95起，林地征占用面积103.02公顷，采伐蓄积量6971.22立方米。专题开展涉林违法检查，全年查处林业行政案件28起，协助属地公安破获非法猎捕野生动物案件1起，刑事拘留1人。

【公益林管理】 2020年，区林业水利局出台《余杭区护林员指导手册》，规范护林员队伍；启动并完成区级保护林矢量化落界工作。全年拨付公益林到户损失性补偿等生态效益补偿资金1794万元。

【森林火灾防控】 2020年，区林业水利局推进林业“天网”监控设施建设项目，全年14个点位投入使用。完成临平山70.33公顷森林消防重点区域火灾隐患整治并开展临平山森林联防工作。开展森林防火宣传，全年发放宣传资料1万余份，悬挂横幅450条，开展宣教活动5次。平安度过余杭区第34个防火期。推进夏季和秋冬森林消防安全工作，2020年全区未发生森林火灾。

【林业有害生物防治】 2020年，区林业水利局组织实施春秋两季松材线虫病普查2次，监测覆盖率100%。清理枯死松树约2546吨，松树打孔注药16万株。开展林业有害生物监测与防治工作，全年在浙江林业网林业有害生物防治专栏发布虫情预警1篇、马尾松毛虫虫情调查4篇、松材线虫病春秋疫情普查报告2篇，发放杀虫灯120台，开展苗木企业病虫害防治培训一期，受益林农200余人。

【古树名木保护】 2020年，余杭区在全省率先探索开展古树后备资源的调查与保护，研究出台《关于进一步加强古树名木保护工作的实施意见》，建立区级古树后备资源保护制度，新认定古树后备资源1800余株。完成“古树公园”五年建设规划及建设导则编制，全年开展古树名木工程性救护项目41个，累计建成古树公园19个。

【野生动物保护】 2020年，区林业水利局全面落实野生动物“双禁”工作，撤回以食用为目的的陆生野生动物经营利用行政许可法律文书8件。组织开展2020年“爱鸟周”、野生动物保护月宣传活动。监测鸟类总数量9.3万只。救助野生动物188起，其中，仙八色鸫等国家二级保护动物66只，省重点保护动物2只，省一般保护动物118只，外来物种2只。

（徐旻昱）

·农业机械·

【概况】 2020年，余杭区拥有农机总动力31.2万千瓦。其中：耕作机械2775台（套）、66289千瓦；种植机械321台（套）、3863千瓦；收获机械231台（套）、10597千瓦；植保机械1757台（套）、3506千瓦；排灌机械15372台（套）、66383千瓦；农产品初加工机械1032台（套）、12130千瓦。全年完成机耕作业面积2.29万公顷，粮食机械收获面积1.71万公顷，机械秸秆还田面积1.63万公顷，水稻机械化播种8567公顷，机械收获油菜326公顷。

【农机购置补贴】 2020年，余杭区使用各级农机购置补贴资金1387.791万元，其中，中央补贴675.68万元，省级补贴149.62万元，区级补贴（含省级配套）556.69万元，中央报废更新补贴5.8万元，补贴机具1088台（套），受益农户656户。

【农机作业环节补贴】 2020年，余杭区审核确认水稻机械化插秧面积3064公顷，精量穴直播面积333公顷，油菜机收面积187公顷，共补贴资金505.8万元。区农业农村局联合区粮食局核实确认2019年订单粮烘干量46279.95吨，发放补贴资金555.36万元。开展秸秆还田补贴审核，确认2019年下半年秸秆还田面积5821公顷，补贴348.64万元；2020年上半年秸秆还田面积6036公顷，补贴362.15万元。

【农机报废补贴】 2020年，区农业农村局共受理报废补贴申请112台，发放农机报废补贴资金36.40万元，其中，省级报废资金14.56万元，区配套21.84万元。

【新型农机设备引进】 2020年，余杭区在全省范围内率先引进智能收割机、气吸式水稻秧盘精准播种流水线、鸡舍空气质量控制设备等新型农机装备6台。

【农机政策保险】 2020年，区农业农村局投保机具135台，总保费12.44万元，总保额8236万元，补贴资金8.7万元，其中，市财政5.0万元，区财政3.7万元。

【项目与服务组织建设】 2020年，区农业农村局完成杭州市农业“机器换人”促进工程项目2个、区级农机化试验项目6个。杭州余杭益民农业生产服务专业合作社理事长沈兴连入选全国20佳农机合作社理事长。

【智慧农机建设】 2020年，余杭区利用北斗农机精细化管理系统开展重点补贴机具核查与作业补助审核，安装北斗农机420台，涉及作业补贴的秸秆还田与水稻机械栽植全部实现北斗智慧监管。智能化农机渗透耕作、种植、植保、施肥与收获等生产全过程，拥有植保无人飞机101台。

【余杭区被评为全国主要农作物生产全程机械化示范县（市、区）】 2020年，余杭区被评为全国主要农作物生产全程机械化示范县（市、区），水稻机耕、育秧、机插（穴直播）、植保、机收、烘干、秸秆还田等作业全程实现机械化。农机装备和综合服务能力持续提升，水稻耕种收综合机械化率为

85.23%，高效植保机械化能力100%，粮食烘干机械化能力89.27%，秸秆处理机械化率100%。具备全程机械化服务能力的农机组织14个。

【农机免费实地检验】 2020年，区农业农村局组织开展农业机械免费实地检验，培训检验人员48人，对危及人身安全的8类农业机械进行检查检验，检验农机1092台（套），其中，农田拖拉机72台，联合收割机71台，插秧机100台，烘干机135台，机动植保机635台，饲料粉碎机49台，铡草机30台。

【农机监理】 2020年，区农业农村局开展农机安全生产月、农机产品质量安全调查、春运期间农机安全生产专项检查等活动，排查检查监管对象82家，消除隐患点55个，解体报废拖拉机158台。举办拖拉机驾驶员培训班1次，办理相关业务306件次。

【上道路运输拖拉机提前淘汰清零】 2020年，区农业农村局继续推进全区上道路运输拖拉机专项整治，开展路面综合执法56次，出动执法人员120余人次，联合交警处罚拖拉机违法违规行为80余起，查扣拖拉机5辆，报废及公告注销上路运输拖拉机158台。截至6月底，2155台在册上道路运输拖拉机全部报废，全年未发生农机安全事故。

（王文松）

·农业产业化经营·

【政策性农业保险】 2020年，全区开办农业险种25个（其中地方特色险种9个），参保农户1万余户，保费收入6184.67万元（其中地方特色险种4799.52万元），为全区农户提供风险保障170余亿元，赔付金额2848.12万元。创新推出土地履约保证保险、民宿综合险等地方特色保险，推广茶叶险、枇杷险、农机综合险、水稻收益险、新型农业经营主体综合险等地方特色险种，推进农业保险服务助力农业增效、农民增收。

【乡村振兴投资基金设立】 2020年，余杭区制定《余杭区乡村振兴投资基金管理办法（试行）》，建立总规模3亿元的乡村振兴投资基金，鼓励和引导社会资本、金融资本投入乡村产业发展、美丽乡村建设、富民惠民等领域，打造引领性、标杆性农业农村项目，以点带面，发挥基金杠杆效应，促进全区“三农”高质量发展。

【“禹上金融”服务管理平台】 2020年，余杭区依托农业部“新农直报”系统，打造余杭特色“禹上金融”服务管理平台，为主体提供支农信贷、保险投保理赔等金融类服务。截至年末，有浙江杭州余杭农村商业银行股份有限公司等5家银行和3家保险公司入驻平台，上线新型农业经营主体综合险、枇杷、茶叶低温气象指数保险等余杭特色农险产品9个、“民宿险”等贷款产品15个，入驻农业经营主体181家，完成保险业务申请22笔，线上受理贷款业务11笔，发放贷款230万元。

【家庭农场培育】 2020年，区农业农村局验收通过第五批家庭农场建设项目35个，拨付补助资金1615.55万元。新培育省级示范性家庭农场18家，市级示范性家庭农场12家，区级示范性家庭农场12家。截至年末，全区有区级及以上示范性家庭农场105家，其中，省级48家，区级57家。

【村级集体经济】 2020年，区农业农村局通过加强政策指导、抓紧项目推进、强化三资管理，增强村集体经济发展潜力。全区村级集体经济总收入18.61亿元，增长13.9%；经营性收入12.66亿元，增长20.1%，村均突破483万元，全面消除经营性收入70万元以下村（社区）。

【农民专业合作社培育与提升】 2020年，杭州满山红果业专业合作社、杭州望收水稻专业合作社等9家农民专业合作社被评为市级示范性农民专业合作社；杭州余杭茂宏茶叶专业合作社、杭州山沟沟生态农业专业合作社等7家农民专业合作社被评为区级示范性农民专业合作社。

【农业企业建设】 2020年，杭州九味食品有限公司、杭州宇航梦园农业科技有限公司、浙江恒天粮食股份有限公司、杭州茗宝生物科技有限公司、杭州宏盛粮油贸易有限公司等5家新认定为省级骨干龙头企业。杭州姚哥食品有限公司新认定为市级农业龙头企业。截至年末，全区区级及以上农业龙头企业132家，其中，国家级1家，省级17家，市级65家，区级49家。

【“禹上田园”区域公用品牌建设】 2020年，余杭区编制“禹上田园”食用种植产品、养殖水产品、畜禽养殖产品、加工食品和民宿等5个品类涉及十大农业产业的产品准入标准和评价规则。启动将农业种植（养殖）企业、民宿（农家乐）、农业加工企业和农业园区等四大农业经营主体纳入“禹上田园”子品牌培育计划，梳理汇总全区农业经营主体，形成梯队培育目录，构建覆盖农业全产业链的母子品牌管理框架。出台《杭州市余杭区人民政府办公室关于印发〈余杭区“禹上田园”区域公用品牌营销体系建设实施方案〉的通知》，成立杭州禹上田园营销有限公司。发挥第三方平台推广引流优势，对接叮咚买菜、盒马鲜生、抖音、快手等互联网平台，扩大产品销售市场。10月29日，在农业农村部、浙江省人民政府共建乡村振兴示范省推进会上，余杭“禹上田园”品味“余杭味道”入围部省共建乡村振兴十大模式案例；11月16日，在全省乡村产业高质量发展推进会上作书面交流。

【休闲观光农业（农家乐）】 2020年，余杭区创建国家级美丽休闲乡村1个，建成省级休闲乡村1个，省级农家乐集聚村1个，径山村等5个村被列入2020年度省级项目创建名单。推动区级财政扶持项目落地，新增合格民宿（农家乐）164家，组织申报并评定新开办民宿、闲置房发展民宿、民宿等级评定等项目699个，评选示范民宿10家，建成“六统一”民宿示范村1个，推进民宿重点培育村6个，完成现代民宿专项扶持资金项目8个，累计拨付财政资金1300余万元。

（王佳诚、顾双燕、蒋凤至、胡淑媚）

·农村经营管理·

【“村账村做镇审”的会计委托代理模式】 2020年5月，余杭区部署实行“村账村做镇审”的会计委托代理模式。“村账村做镇审”模式提高了会计核算准确性和工作效率，强化镇（街道）对村级财务运行的监督职能，促进农村集体经济健康 发展。

【农村集体经济审计】 2020年，区农业农村局完成259个村（社区）的财务审计，落实审计整改措施1025条，清理收回资金13577.32元。指导各镇（街道）完成全区262个村（社区）的资产清产核资工作。

【村镇集体资产网络竞拍】 2020年，通过“余杭区互联网产权交易中心”村镇集体资产网络竞价平台上线农村集体资产标的355件，成交290件，成交率81.69%，平均溢价率25.59%，报名人数988人，竞买人数816人，竞价次数9282次，每个成交标的平均竞价次数为32次，总成交款8.84亿元。

【村经济合作社民主决策“掌上办”试点】 2020年12月13日，仓前街道朱庙股份经济合作社召开民主决策“掌上办”试点工作推进会，成为全区首个试点村经济合作社，标志村经济合作社民主决策“掌上办”试点启动。民主决策“掌上办”通过移动端数字赋能，以网络优势提升治理效能，打通基层民主决策的“最后一公里”，使民主决策更便捷、更到位、更高效。

【农村土地制度改革】 2020年，根据省、市有关文件精神，区农业农村局通过招投标方式确定空间信息产业发展股份有限公司作为余杭区农村土地承包经营权动态管理系统项目的实施方，初步建立土地承包经营权动态管理系统，为解决农户土地承包经营权变更登记的需求打下基础。区农业农村局印发《余杭区农村流转土地经营权登记实施细则》，依申请颁发农村流转土地经营权证。开展土地纠纷调解仲裁机制，依申请开展仲裁审理，《余杭区“三三三”工作法推动土地仲裁工作走上新台阶》入选浙江省农业农村厅简报、《杭州农业农村》杂志。

【省级善治示范村创建】 2020年，区农业农村局以“浙江省善治示范村”创建为抓手，与区级各部门协同，提升基层党建水平，抓实群众自治能力，强化民主法制建设，挖掘乡村道德规范，探索乡村“智治”模式，培育良好文明乡，落实民生实事工程，共同推进全区乡村治理工作。径山镇小古城村“众人事众人商量着办”入选《全国乡村治理示范村镇典型经验（浙江篇）》。

（黄颖琦、汪晓萍、顾双燕）

·农林资产经营·

【概况】 2020年，杭州余杭农林资产经营集团有限公司总资产89.7亿元，净资产67.6亿元，资产负债率24.6%。实现总收入3.4亿元，其中经营收入2.5亿元，比上年增加1.3亿元，实现净利润1.3亿元，增加0.9亿元。杭州余杭农林资产经营集团有限公司经营土地总面积约5567公顷，实际可集约利用的土地约2067公顷。

【环境治理产业】 2020年，镜子山循环利用中心项目总投资约8亿元，项目完成概算审定、环评批复、EPC开标，取得项目建筑工程施工许可证。截至年末，完成桩基础施工，污水池、事故雨水池主体结构等。闲林建筑垃圾临时处置点全年完成余杭区西部片区建筑垃圾处置量约26.4万吨。良渚建筑垃圾处置点完成选址并开始落实运营处置工作。截至年末，完成新渣处置约16.5万吨，处置陈渣9.2万吨；完成废金属再利用销售10703吨。杭州余杭农林资产经营集团有限公司服务余杭区6个镇（街道）、76个村（社区），4.5万户居民家庭，覆盖人口约50万人；日均收集易腐垃圾约50吨，累计分类处置超5万吨。

【农林项目建设】 2020年，杭州余杭农林资产经营集团有限公司实施重点项目20个，其中，续建项目6个，新建项目14个，纳入2020年度区级项目11个。开工20个，开工率为100%，累计完成投资额约3.3亿元。

【建筑物处置】 2020年，杭州余杭农林资产经营集团有限公司共承接23个建筑物处置项目，涉及12个镇（街道），拆除总面积约195万平方米；完成湖杭铁路沿线，浙大校友总部项目，临平西安、联盟社区旧城改造等5个重点征迁项目，拆除房屋面积约177万平方米；清运建筑垃圾约58万立方米，钢筋7000余吨，完成浙江钱潮控股集团股份有限公司仓前水泥厂、杭州余杭京泰制鞋有限公司及崇贤村光伏板等资产处置任务。

【国有资产上线交易】 2020年，杭州余杭农林资产经营集团有限公司通过阿里网络竞拍固定资产合同54份，网络竞拍率32.5%，其中自主完成辅拍工作标的项目25个，实现成交率100%。通过阿里网络竞拍生产性资产溢价率均超25%。

【生猪产业】 2020年，杭州余杭农林资产经营集团有限公司下属全资子公司杭州市种猪试验场生猪生产量为2.4万头，实现营业收入1.13亿元，利润6829万元，获得“全国种猪销售平台推荐优秀种猪企业”称号。是浙江省唯一一家国家级生猪核心育种场，是杭州市高水平美丽生态牧场、余杭区十佳美丽工厂。

【惠农担保】 2020年，杭州余杭农林资产经营集团有限公司下属农信融资担保公司为余杭区136家农业企业提供惠农贷款担保4.5亿元，比上年增长13%，其中新拓展担保63家1.6亿元，占比35%；期末担保责任余额4.3亿元，较年初增长22%；共取得总收入1190万元，实现利润总额552万元。

【种子产业】 2020年，杭州余杭农林资产经营集团有限公司下属科信种业公司完成区政府下达的救灾种子储备任务，调入早稻种子1万千克，销售生产用种子24万千克，实现经营收入523万元。收购余杭区2021年救灾储备种子16万千克，“7·6”梅汛洪水洪涝灾害后，动用救灾储备种子1.5万千克。水稻品种嘉科优11获“2020年余杭好稻米”称号。

（姚海芳）

·水　　利·

【概况】 2020年，余杭区水利建设投入资金7.46亿元，推进“五水共治”，开展新陡门闸站改建工程、西险大塘达标加固工程等重点项目前期工作，建设塘栖圩区防洪排涝一期工程、东苕溪美丽生态河道项目等重大水利工程，推进圩区整治、美丽河湖、山塘水库等面上水利工程建设。深化水利工程标准化管理，完成全区958条、1999.53千米河道的管理范围划界，《余杭区“十四五”水安全保障规划》基本编制完成。全年水利建设领域无重大事故发生。余杭区获得2020年度全省水利工作综合绩效考评优秀。

【水雨汛情】 2020年汛期，全区出现四轮强降雨过程，各河道水位普遍升高。7月6日强降雨过程中，苕溪流域瓶窑最高水位6.89米，超保证水位0.23米（保证水位6.66米），最大涨率达到0.18米/小时，中苕溪长乐最高水位9.21米，超保证水位1.21米（保证水位8.00米）。7月6日14时30分，瓶窑水位6.75米，北湖闸前水位7.81米；中苕溪长乐站水位9.17米，超保证（保证水位8.00米）1.17米，长乐集镇部分路段上水。7月7日8时，40分塘栖最高水位2.64米，超警戒水位（2.20米）0.44米；7月3日1时，上塘河流域临平（上）最高水位4.09米，超警戒水位（3.66米）0.43米；7月7日11时，禾丰港临平（下）最高水位2.61米，超警戒水位（2.20米）0.41米。

【防汛防台】 2020年汛期，全区平均降水量1147.9毫米，较多年均值偏多24.7%。共遭遇50天超长梅汛期，特别是“7·6”梅汛洪水，全区主要河道全部超警戒水位，东苕溪流域持续6天高水位，瓶窑、长乐站超保证水位，其中最高水位6.89米，超保证水位0.23米；全区25座小型水库全部溢流，四岭水库2次错峰泄洪，北湖滞洪区7月6日六孔分洪。经过九天九夜的奋战击退洪水，实现“零死人、零伤人、少损失”的目标。其间，共发送水情预报15期，预警信息5643条，出动巡塘1.5万人次，抢险39处。

【防洪排涝工程建设】 2020年，余杭区实施防洪排涝项目39个，完成闸站、机埠等提升改造工程13个，完成堤防加固工程、山塘水库除险加固工程和护坡提升等工程26个。

【河道综合整治及引配水】 2020年，余杭区实施河道综合整治、清淤及引配水项目32个，其中，平台、镇（街道）河道综合整治项目21个，河道引配水工程1个，河道清淤工程8个，河道护岸修复工程2个。创建省级美丽河湖3条，市级美丽河湖1条，区级美丽河湖10条。径山、塘栖、仓前被评为2020年度全市首批“乐水小镇”，15个村（社区）被评为“水美乡村”。

【保供水、抓节水】 2020年，余杭区完成瓶窑镇彭公村、奇鹤村、塘埠村，径山镇径山村，黄湖镇青山村、王位山村，鸬鸟镇山沟沟村、太公堂村，百丈镇百丈村、仙岩村，闲林街道云栖村、桦树村、西溪源村6个镇（街道）14个行政村农村饮用水安全饮水保障工作，受益人口13191人，完成余杭区农村饮用水三年行动计划任务，全区达标提标人口覆盖率100%。截至6月，全区核查登记灌区、农业养殖、企业、公共供水等144个，其中整改提升3个。全区农业水价综合改革通过市级验收，2020年度全省农业水价综合改革工作绩效评价优秀。区林业水利局联合区文化和广电旅游体育局开展全区古井水源普查，新增上报古井12处。

【水资源保护】 2020年，区林业水利局完成12家水平衡测试，2家小区、10家清洁生产审核，1家节水型水利行业机关等节水型社会建设任务。完成余杭区节水宣传教育基地二期建设，被评为省级节水宣传教育基地。深化东苕溪饮用水源地安全评估及重要饮用水源地安全保障达标建设。全区2020年水土流失治理面积3.01平方千米。生产建设项目卫星遥感监管活动中，水利部下发疑似图斑349个，浙江省下发疑似图斑42个，杭州市下发疑似图斑22个，均完成现场复核和未批先建项目查处。全区生产建设项目水土保持方案报告书审批77个，除1个涉密项目外，其余76个录入全国水土保持信息管理4.0系统。

【水利工程建设管理】 2020年，区建筑工程质量监督站监督新建工程项目40个，续建工程30个，累计监督在建工程70个。全年开展现场监督检查活动142人次，提出工程质量、安全整改事项404项。发出施工单位记分通知11份、监理单位记分通知14份。

【水利工程运行管理】 2020年，余杭区被评为浙江省小型水库管理体制改革示范县（省级）。完成石门水库、下陡门泵站的标准化创建，完成水利工程标准化72处，全面完成省级下达的标准化创建任务。开展小型水利工程（山塘、泵闸站）区级创建工作，推动水利工程设施安全化、工程外观靓丽化、工程管理数字化。

【涉水违法建筑巡查】 2020年，区林业水利局出动331人次，完成区级以上河道及镇（街道）级主要河道巡查3247.36千米。结合河湖“四乱”（乱占、乱采、乱堆、乱建）问题督查，现场查处并责令整改完成涉水案件5起。全年完成18条共计59.72千米“无违建”河道创建，拆除涉河违法建筑69820.24平方米。

【水文监测预报预警】 2020年，区林业水利局推进水文防汛“5+1”工程（预报双提升工程、通信双保障工程、站网优化工程、直属站示范工程、综合平台工程，水文短板工程）建设，按计划完成新建、改建水文测站任务，其中，新建雨量站2个，水位站3个，四增配4套，通信双保障北斗通信终端20套，增配水位计9套，视频监测1套。加强省市各级水文系统联动，与临安、德清通过上下游共享，接入水涛庄、青山水库、德清大闸报汛数据及导流港的实时流量数据，完成区气象局52个雨量站点的接入共享。完善余杭水雨情分析管理平台，推进东苕溪流域洪水预报调度一体化。

【水利审批】 2020年，水利审批线办理339项，其中，涉河设堤74项，水土保持报告书79项，水土保持报告表46项，水土保持登记表126项，取水许可申请14项。本年度水利审批系统实现从线下签章到网上签章，从区管系统到省管系统的转型，精简非必要材料事项，做到全流程网上办理、网上取件。对接亲清平台、省权力运行系统2.0，提出系统无缝要求，完善后台数据信息。

【水利信息化】 2020年，区林业水利局申报余杭区水管理平台系统搭建项目。集中统一管理水利视频监控等设施，统一将区林业水利局234个水利视频监控设备运维及光纤VPN租用纳入保障中心统一集中管理。配合省市水利部门、区数据资源管理局做好政府数字化转型、智慧林水一张图、数据归集、信息系统调查等工作，提高信息化管理水平。完成区林业水利局自建系统上“政务云”工作，局所属山洪灾害监测预警系统、水雨情分析管理平台、水利工程标准化管理平台等3个专业信息系统平台全部实现政务云端数据实时获取。

【水利宣传和水情教育】 2020年，余杭区水利工作在浙江水利网站发稿16篇；省级及以上媒体报道5篇，其中，浙江之声1篇，浙江在线1篇，浙江蓝新闻2篇，《青年时报》1篇。组织媒体记者采风1次，局领导接受媒体专访1次，参加媒体圆桌访谈1次。面向社会公众组织开展水情教育2次，包括开展节水宣传和公众参与答题抽奖活动以及开展低收入农户饮水安全保障宣传。组织全区水旱灾害防御业务培训1次；开展水利专业科目和水利行业公需科目继续教育，共7人参加水利行业继续教育8次。

（刘翔）

编辑：陈建益

工 业

Industry

·综　述·

【概况】 2020年，全区有规模以上工业企业1180家，增加值506.8亿元，比上年增长8.3%；出口交货值299.35亿元，下降0.08%；营业收入2170.50亿元，增长10.2%，利润总额181.26亿元，增长35.9%。完成工业投资122.6亿元，增长16.1%，完成总量占全市工业投资总量的19.2%，居全市第一。数字经济核心产业增加值总量1708.0亿元，增长5.6%；总量位居全市各区（县、市）首位，占全区GDP比重为56.0%，占比高于全市29.3个百分点。全区规模以上数字经济单位共实现主营业务收入（剔除重复）4877.98亿元，增长11.3%，总量位列全市各区（县、市）第一。全年工业用电量52.88亿千瓦时，增长5.8%，较上年同期提升9.8个百分点。余杭区入选浙江省制造业高质量发展示范县（市、区）创建名单。

产业发展。全区32个行业大类中，18个行业增加值正增长，增幅超过20%的行业5个，其中，铁路、船舶、航空航天和其他运输设备制造业增加值增幅为32.5%，电气机械和器材制造业增加值增幅为31.5%，专用设备制造业，医药制造业，计算机、通信和其他电子设备制造业增加值分别增长28%、26.2%、22.8%。高端装备制造业规模工业增加值126.68亿元，增长15.3%；环保制造业规模工业增加值126.54亿元，增长16%；数字经济制造业规模工业增加值61.66亿元，增长21.5%；健康制造业规模工业增加值40.39亿元，增长55.9%。信息软件、数字内容、电子商务等主导产业引领全区数字经济产业快速增长。其中：信息软件产业主营业务收入4624.87亿元，占全市比重46.8%；数字内容产业主营业务收入4575.68亿元，占全市比重55.0%；电子商务产业主营业务收入2274.65亿元，占全市比重65.3%。

数字经济生态建设。2020年，全区数字经济核心产业规模持续增长，增加值总量连续5年居全省首位，数字经济成为余杭区“第一经济”，软件和信息服务业连续4年产业规模居全省首位，基本形成信息软件、数字内容、电子商务、云计算与大数据等4个千亿级产业集群。截至2020年末，全区数字经济核心产业规上（限上）企业280家，其中，服务业158家，工业122家；培育百亿企业3家，十亿企业19家，亿元企业102家；数字经济领域上市企业19家。余杭区成为全省首批数字经济创新发展试验区。深入实施“大数据中心＋大数据应用”行动，加快推进5G网络布局与建设，全区累计建成5G基站3469个。钉钉科技有限公司的钉钉企业复工和学校复课项目入选工业和信息化部“支撑疫情防控和复工复产复课大数据产品和解决方案”（2020年）名单。杭州木链物联网科技有限公司的攻防演练平台工控仿真系统被工业和信息化部评为2020年网络安全技术应用试点示范项目。

工业投资。2020年，全区在库工业项目464个，计划总投资627.7亿元，在库项目数创余杭历年新高，其中，计划总投资5亿元以上的重大项目29个，5000万元至5亿元的重点项目145个。全年完成工业投资122.6亿元，增长16.1%，总量和增速为近5年最高。支持和鼓励企业开展“零土地”技改，全年实施技改项目387个，工业技改投资 76.25 亿元，增长 13%。全区实施“机器换人”项目 116 个，工业机器人推广应用 508 台。2020 年，开展 68 个工业投资（技改投资）财政资助项目、23 个机器人购置财政资助项目、1 个产业链配套项目的评审，共下达资助资金 6900 余万元。推荐 15 家企业申报杭州市制造业企业技术改造资金补助，争取到资助金额 1650 余万元；8 个项目被列入产业链协同创新、生产制造方式转型升级示范项目名单，获得资助资金 3200 万元。

制造业数字化改造。2020 年，余杭区深入推进制造业数字化转型，与工业和信息化部电子第五研究所合作共建的全国首个服务型制造研究院在余杭成立，推进先进制造业和现代服务业融合发展。全区累计实施数字化攻关项目 67 个，工厂物联网项目 376 个，上云企业 1.6 万余家。浙江春风动力股份有限公司、杭州老板电器股份有限公司、阿里巴巴迅犀（杭州）数字科技有限公司 3 家企业被评为浙江省首批“未来工厂”，浙江铁流离合器股份有限公司等 7 家企业被评为省级数字化车间、智能工厂，入选数量均列全省首位。加快推动“适应小批量”“快速反应”柔性供应链发展，促进产品制造向服务型制造延伸，带领制造业开启全新的数字化进程。

工业互联网发展。推进阿里 supET 工业互联网国家级平台建设，强化迈迪信息技术有限公司、上海秒优信息科技有限公司等一批区内外优质服务商与 supET 平台合作，建成纺织印染、注塑加工等 8 个行业级平台。重点支持行业龙头企业搭建行业级、产业链级、企业级平台，杭州老板电器股份有限公司、杭州西奥电梯有限公司入选省级工业互联网平台认定名单，浙江春风动力股份有限公司入选省级工业互联网创建名单。发挥头部企业强链护链作用，中电海康集团有限公司“5G 车路协同企业共同体”等 3 家龙头企业创建成为省级产业链上下游企业共同体，协同开展关键共性技术攻关，突破产业发展技术瓶颈，赋能产业链企业高质量发展。

工业企业效益评价。依托工业用地节约集约利用管理平台和多维度市场主体服务平台等载体，采用数字化手段，开展工业效益评价。累计参评的规模以上企业 1196 家，其中，A 类企业 246 家，B 类企业 691 家，C 类企业 244 家，D 类企业 15 家。参评工业用地 2409 宗，其中，A 类用地 651 宗，B 类用地 899 宗，C 类用地 593 宗，D 类用地 266 宗。强化评价结果运用，倒逼企业转型升级。完成亩均税收 1 万元以下低效企业改造提升 65 家，整治提升工业领域“低散乱”企业（作坊）点位 420 个。2020 年，余杭区被评为全省深化“亩均论英雄”改革工作有力、成效明显的县（市、区）。

园区提升改造。2020 年，区经济和信息化局对全区 4967 公顷的现有工业用地开展底数排查，利用市规划和自然资源局余杭分局“余杭工业用地节约集约利用管理平台”，集成关联全区 3520 宗工业用地、13024 家工业企业的坐落、面积、权属、利用现状、产出税收、污染能耗、就业人员等数据，实现精细管理。全区盘活低效利用工业用地 89.2 公顷，增加产业空间 72.3 万平方米，实施旧厂区改造 39.6 万平方米。全年共出让工业（创新型产业）用地 42 宗、112 公顷。新增省级小微企业园 20 家，累计 53 家，增量、总量均列全省第一。9 家小微企业园在市级绩效评价中被评定为 A 档，2 家园区被评为省级五星级小微企业园；3 家园区被评为 2020 年度省数字化示范小微企业园，6 家园区被认定为市级数字化示范培育园区。

企业培育。深入实施“雄鹰计划”“鲲鹏计划”“双百”“雏鹰计划”，分梯队建立“小升规”企业、“放水养鱼”企业、隐形冠军、专精特新“小巨人”、制造业单项冠军、“雄鹰企业”、“鲲鹏企业”的梯队培育体系，针对不同发展阶段的企业制定梯队扶持政策，形成龙头引领、中坚强大、充满活力的“雁阵式”企业梯队。2020 年，浙江菜鸟供应链管理有限公司入选第二轮“雄鹰计划”培育企业；108 家企业入选浙江省首批“放水养鱼”优质企业名单；杭州东华链条集团有限公司、杭州华光焊接新材料股份有限公司、杭州微光电子股份有限公司、杭州新坐标科技股份有限公司、浙江春风动力股份有限公司被工业和信息化部评为“单项冠军”示范企业；杭州申昊科技股份有限公司、杭州宝晶生物技术股份有限公司、中翰盛泰生物技术股份有限公司、浙江华是科技股份有限公司、杭州星华反光材料股份有限公司、浙江顺豪新材料有限公司被工业和信息化部评为专精特新“小巨人”企业；新增浙江省“隐形冠军”企业 2 家，“隐形冠军”培育企业 9 家，全区累计有浙江省隐形冠军企业 12 家、隐形冠军培育企业 55 家。

自主创新。2020 年，全区高新技术产业实现规模工业增加值 379.0 亿元，增长 15.1%，占规模工业的比重为 74.8%，比上年提高 6.6 个百分点。战略性新兴产业实现规模工业增加值 183.2 亿元，增长16.0%；新产品产值率50.2%，比上年提高1.6个百分点，高于全市平均11.4个百分点。贝达药业股份有限公司、浙江华正新材料股份有限公司成为国家企业技术中心；杭州西子智能停车股份有限公司、浙江达峰科技有限公司成为省级企业技术中心；通号万全信号设备有限公司等16家企业入选市级企业技术中心。全区新增认定“浙江制造精品”10项，入选首台（套）产品5项，首台（套）攻关项目3项，首台（套）清单引导标准认定产品1项。

企业服务。实行“一站式”便捷服务，落实惠企政策，创新启动“企业码”余杭专区，全区10万余家企业领码。健全政策性担保体系，推出总规模3亿元的政府转贷资金，扩大支持范围，简化审批手续，为中小微企业提供低成本转贷服务。全年服务企业3240家，转贷3260笔，转贷金额155.58亿元。采取“审核一批、公示一批、发放一批”的方式，通过网络申报和窗口受理两种途径落实企业社保费返还政策，24439家工业企业收到返还款3.28亿元。开设余杭区企业中青年干部领导力提升班，全年举办高级经营管理人才系列培训33场，培训1500余人。认定市级、区级高级经营管理人才19人、308人。审定100名工信企业人才享受四项待遇。2人入选第16届杭州市优秀企业家，3人被评为浙江省优秀职业经理人，1人被评为浙江省社会组织领军人才，2人被评为杭州市社会组织领军人才。

【浙江大学高端装备研究院落户余杭经济技术开发区】 2020年4月27日，余杭经济技术开发区举行共建浙江大学高端装备研究院签约仪式。浙江大学高端装备研究院总投资5亿元，依托浙江大学机械工程学院资源，计划建设智能工业机器人中心、高端机电系统及工业软件中心、航空发动机与燃气轮机中心、半导体装备中心、高端医疗装备中心等五大中心以及浙江大学高端装备创新产业园。

【12个项目入选省“四个百项”重点技改示范项目计划】 2020年6月，省经济和信息化厅公布2020年浙江省“四个百项”重点技术改造示范项目计划，余杭区有12个项目入选，分别是：杭州钱江制冷压缩机集团有限公司的年产1500万套高效、变频电机智能生产线项目，杭州民生药业股份有限公司的智能物流仓储中心建设项目，杭州西奥电梯有限公司的基于电梯智能制造新模式的智能电梯生产基地建设项目，浙江春风动力股份有限公司的数字化智能工厂建设项目，浙江铁流离合器股份有限公司的年产300万套离合器冲压车间智能化数字化建设项目，浙江南都鸿芯动力科技有限公司的年产2000毫瓦时高性能通信（5G）和动力锂离子电池建设项目，浙江普利药业有限公司的制剂小试、合成小试、分析实验室等技改项目，浙江日风电气股份有限公司的年产风电大功率变流器400台项目，杭州方圆布业有限公司的年产1000吨无纺布（熔喷布）智能制造生产线项目，杭州淑洁卫生用品有限公司的年产2.6亿片口罩的生产项目，杭州爱视界医疗器械有限公司的70万台红外额温枪项目，美丝黛（杭州）化妆品有限公司的年产口罩2.5亿片项目。

【4家企业入选“胡润中国民企500强”】 2020年11月，胡润研究院发布《2020胡润中国500强民营企业》。余杭区4家入选，分别是浙江核新同花顺网络信息股份有限公司、贝达药业股份有限公司、杭州老板电器股份有限公司和大搜车汽车产业互联网平台。

【5家企业成为2020年新经济企业500强】 2020年11月，中国企业评价协会在杭州发布2020中国新经济企业500强榜单，余杭区5家企业入选，其中阿里巴巴集团控股有限公司列第1位，浙江核新同花顺网络信息股份有限公司、贝达药业股份有限公司、杭州大搜车汽车服务有限公司、同盾科技有限公司分列第97、195、418、444位。

【3家企业成为省首批“未来工厂”】 2020年12月23日，浙江省首届“未来工厂”发布会在余杭区举行。会上发布浙江省首批“未来工厂”及培育企业名单和“未来工厂”建设导则。全省共12家企业成为浙江省首批“未来工厂”及培育企业，其中，余杭区的杭州老板电器股份有限公司、浙江春风动力股份有限公司和阿里巴巴迅犀（杭州）数字科技有限公司3家企业入选，另有7家企业项目入选2020年浙江省数字化车间/智能工厂名单。

【两企业技术中心获国家级认定】 2020年12月28日，国家发展改革委、科技部、财政部、海关总署、税务总局五部门联合发布2020年（第27批）新认定国家企业技术中心名单，余杭区企业贝达药业股份有限公司、浙江华正新材料股份有限公司入选国家企业技术中心。省经济和信息化厅和市经济和信息化局也相继公布省、市级企业技术中心名单。余杭区企业杭州西子智能停车股份有限公司、浙江达峰科技有限公司入选省级企业技术中心，通号万全信号设备有限公司等16家企业入选市级企业技术中心。

（李良邑、李景苏）

·装备制造业·

【概况】　装备制造业为余杭区工业第一大产业。2020年，余杭区装备制造业规模工业增加值297.53亿元，比上年增长17.5%，占全区规模工业增加值的58.7%，增幅高于全区规模企业平均9.2个百分点，其中高端装备制造业增加值总量126.68亿元，增长15.3%。涉及通用设备、专用设备、交通运输、电气机械及器材、电子及通信设备制造等行业，其中应用于海洋工程、航空航天、轨道交通和智能制造的高端装备产业具备产业优势，形成以余杭经济技术开发区、钱江经济开发区、浙江杭州未来科技城等产业平台为主，瓶窑、仁和、塘栖、余杭、闲林等镇（街道）工业园区为重点的装备制造业基地。有杭州老板电器股份有限公司、杭州西奥电梯有限公司、浙江运达风电股份有限公司、杭州比亚迪汽车有限公司、南方泵业股份有限公司、杭州钱江压缩机有限公司、浙江春风动力股份有限公司、杭州长江汽车有限公司、杭州南都动力科技有限公司、银都餐饮设备股份有限公司等优秀企业。浙江运达风电股份有限公司成为全区首家年产值破百亿元企业；杭州南都动力科技有限公司启动移动5G新基站项目；华立集团股份有限公司进入2020年中国制造业企业500强名单。

【杭州东华链条集团有限公司】　2020年9月16日，由中国机械工业联合会、中国汽车工业协会主办的第16届“中国机械工业百强、汽车工业整车20强、零部件30强企业信息发布会”在重庆铜梁召开。会上发布2019年中国机械工业百强企业名单，余杭区企业杭州东华链条集团有限公司入围中国机械工业百强名单，排名第51位，这是该企业连续第五年跻身中国机械工业百强，也是中国链传动行业唯一入围企业。12月18日，在浙江省企业联合会、浙江省企业家协会、浙江省工业经济联合会年会暨2020浙江省企业领袖峰会上，杭州东华链条集团有限公司获浙江省工业大奖金奖，是唯一一家获得金奖的余杭企业。企业开发的单项防弯重载型梯级链条和CL04DF变速箱机油泵链条获浙江省优秀工业新产品奖；“链条行业基于价值提升的全球自主品牌建设”获省企业管理现代化创新成果二等奖。

【杭州华光焊接新材料股份有限公司】　2020年8月19—21日，余杭区企业杭州华光焊接新材料股份有限公司参加在重庆举行的第31届国际制冷、空调、供暖通风及食品冷冻加工展览会，展示广泛应用于制冷领域的常规铜基、银钎料，真空应用行业的高银焊片，应用于5G滤波器、薄膜开关、触摸屏、电子元器件等行业的银浆系列产品等。

9月24日，杭州华光焊接新材料股份有限公司获第四届中国“冷暖智造”“芯智奖”。

11月，杭州华光焊接新材料股份有限公司参与的“异质材料钎焊、扩散焊关键技术及应用”项目获2020年度中国机械工业科学技术奖中的科技进步特等奖。

【3个项目入选省首台（套）装备工程化攻关项目】2020年11月，省经济和信息化厅确定2020年度浙江省首台（套）装备工程化攻关项目78项，余杭区有3个项目入选，分别是：中翰盛泰生物技术股份有限公司全自动流式荧光化学发光一体化分析系统及配套核心编码微球项目，浙江得玛斯科技有限公司（杭州德睿达电气有限公司）SDMZ型金属封闭直流开关设备项目，浙江铁流离合器股份有限公司商用车清洁能源水介质缓速器项目，其中中翰盛泰生物技术股份有限公司项目被列入重点项目，也是重点项目类别中唯一一个现代医疗装备与器械领域代表项目。

（李良邑、李景苏）

·数字经济产业·

【概况】　2020年，全区数字经济核心产业实现增加值1708.0亿元，比上年增长5.6%，总量居全市首位，占全市比重的39.8%；占全区GDP比重

56.0%。全区共有规模以上数字经济企业 280 家。其中，服务业 158 家，营业收入 4584.62 亿元，增长 10.7%，利润总额 1045.30 亿元，下降 4.7%；工业企业 122 家，营业收入 276.69 亿元，增长 22.6%，较上年提高 29.9 个百分点，利润总额 31.11 亿元，增长 127.9%，较上年提高 155.5 个百分点。信息软件、数字内容、电子商务、云计算与大数据等四大数字经济主导产业平稳运行，分别实现营业收入 4624.87 亿元、4575.68 亿元、2274.65 亿元、1114.87 亿元，分别增长 11.0%、10.7%、3.6%、2.7%；分别实现增加值 1655.54 亿元、1584.88 亿元、1489.01 亿元、503.12 亿元，分别增长 5.2%、5.5%、4.2%、1.2%。

【申昊科技在深圳证券交易所创业板上市】 2020 年 7 月 24 日，杭州申昊科技股份有限公司在深圳证券交易所创业板上市，首次公开发行新股数量为 2040.7 万股，每股发行价格为 30.41 元，募集资金净额 5.7 亿元，股票简称为“申昊科技”，股票代码“300853”。

【2020 全球人工智能技术大会在余杭区举行】 2020 年 7 月 25—26 日，由中国科学技术协会、中国科学院、中国工程院、浙江省人民政府、杭州市人民政府、浙江省人工智能发展专家委员会指导，中国人工智能学会、杭州市余杭区人民政府主办的 2020 全球人工智能技术大会在余杭举行。会议为期两天，有 6 场主旨报告、20 场专题论坛、3 场同期活动，内容包括脑科学、自然语言处理、模式识别、大数据等前沿技术以及智能制造、自动驾驶、智慧教育、智慧医疗、智能安防等行业应用，15 名中外院士、超百名学术界、业界专家参加。

【阿里巴巴浙江云计算仁和数据中心落成】 2020 年 9 月 16 日，全浸没式液冷数据中心、阿里巴巴集团控股有限公司在杭州的首座云计算数据中心——阿里巴巴浙江云计算仁和数据中心在余杭落成。阿里巴巴浙江云计算仁和数据中心是当前杭州地区已建成的规模最大、技术最先进的绿色数据中心，它的建成和投入运行将成为阿里巴巴集团控股有限公司以浙江为核心的长三角智能数据中心建设的起点和标志。数据中心是推动数字经济发展的算力基础设施和重要支撑，承担数据存储、数据流通的关键职能。

【第四届中国服务型制造大会在余杭区举行】 2020 年 11 月 3—4 日，由工业和信息化部、浙江省人民政府共同主办的第四届中国服务型制造大会在余杭区举行，会上展示中国国内服务型制造最新发展情况，发布服务型制造区域发展年度指数。其间，由工业和信息化部电子第五研究所与杭州市余杭区人民政府、余杭经济技术开发区三方合作创建的中国首个服务型制造研究院成立。

【10 余家企业被认定为浙江省电子信息产业百家重点企业】 2020 年 11 月，浙江省经济和信息化厅发布 2020 年浙江省电子信息产业百家重点企业名单，包括 2020 年浙江省电子信息制造业营业收入前 30 家企业、2020 年浙江省电子信息出口 20 家重点企业、2020 年浙江省软件业务收入前 30 家企业、2020 年浙江省电子信息 50 家成长性特色企业名单。入选软件业务收入前 30 家企业名单的余杭企业有浙江天猫技术有限公司、淘宝（中国）软件有限公司、浙江飞猪网络技术有限公司；入选电子信息 50 家成长性特色企业名单的余杭企业有浙江华正新材料股份有限公司、杭州遥望网络科技有限公司、浙江华是科技股份有限公司。

同时，浙江省企业联合会、省企业家协会、省工业经济联合会发布 2020 浙江省百强企业、2020 浙江省制造业百强企业、2020 浙江省服务业百强企业、2020 浙江省成长性最快百强企业名单。余杭区企业阿里巴巴集团控股有限公司、华立集团股份有限公司入选浙江省百强企业名单，华立集团股份有限公司入选浙江省制造业百强企业名单，阿里巴巴集团控股有限公司入选浙江省服务业百强企业名单，阿里巴巴集团控股有限公司、杭州民生药业有限公司入选浙江省成长性最快百强企业名单。

【第二届中国工业互联网大赛在余杭区举行】 2020 年 12 月 1—2 日，第二届中国工业互联网大赛在余杭区举行。中国工业互联网大赛是工业互联网领域的顶级赛事，2020 年大赛以“新基建、新动能、新经济”为主题，聚焦制造业数字化转型的需求和关键，旨在推动工业互联网产业快速发展。全国参赛项目有 1457 个，经项目征集、区域赛线上初选、区域赛复赛决赛、全国半决赛的层层筛选，20 个优秀工业互联网解决方案分获全国总决赛一、二、三等奖。

（李良邑、李景苏）

·时尚产业（家纺服装产业）·

【概况】　家纺服装产业是余杭区时尚产业的发展重点。2020年，规模工业中纺织业大类、纺织服装服饰业大类营业收入分别比上年下降3.7%、22.6%；纺织业大类利润总额增长40.2%、纺织服装服饰业大类利润总额下降88.3%。纺织品出口148.89亿元，下降2.93%，占全区出口总额的30.19%，其中家纺面料及成品、服装及服饰分别累计出口86.95亿元、42.09亿元，分别增长17.63%、8.53%。面对新冠肺炎疫情带来的冲击及家纺服装产业整体行业性转型升级的关键期，余杭区围绕产业链和产业体系建设，强化数字化赋能，加快推动从消费互联网到工业互联网的“研发设计—生产制作—销售服务”全链生态，持续推进“家纺服装产业创新综合体”“艺尚小镇”两个时尚产业重点项目建设。行业龙头企业有杭州诺邦无纺股份有限公司、杭州杭丝时装实业有限公司、众望布艺股份有限公司、杭州嘉溢制衣有限公司、浙江纳雅服饰有限公司、杭州杰丰服装有限公司、杭州琪瑶纺织有限公司、杭州旺盛服装有限公司、杭州润娴服饰有限公司、杭州盛泽服饰有限公司、浙江米居梦家纺股份有限公司等。

【余杭区与“国字号”联手共建世界级时尚小镇】
2020年5月20日，中国纺织工业联合会、中国服装协会、中国服装设计师协会与余杭区人民政府签署关于共同推进“杭州·艺尚小镇”构建世界级时尚小镇的战略合作协议，进一步深化战略合作，共同推进艺尚小镇的转型与发展，将艺尚小镇建设成为文化创意推动、科技创新聚集、可持续发展导向的数字时尚高地，推动艺尚小镇“中国时尚风向地”“中国奢侈品海淘地”“中国网红直播引领地”“中国潮流文化集聚地”“中国数字时尚融合地”“五地”建设，促进“布局国际化、内容数字化、活动多样化”等“三化”融合。

【杭州意丰歌（伊芙丽）建设产业链时尚数据智能服装新制造基地】　2020年6月29日，总投资5亿元的杭州意丰歌服饰新制造项目开工。项目总用地面积6.53公顷，总建筑面积16.6万平方米，地上建筑面积15万平方米，地下建筑面积1.6万平方米。建设服装企业生产、仓储空间、服装企业研发、办公空间及配套生活服务设施。

【2020中国国际儿童时尚周在艺尚小镇举行】
2020年8月21—24日，由中国服装协会、杭州市余杭区人民政府、上海时尚之都促进中心主办，杭州临平新城开发建设管委会、中联时尚科技股份有限公司承办，浙商总会时尚产业委员会、余杭区时尚产业联合会、杭州艺尚小镇运营发展有限公司协办的2020中国国际儿童时尚周在艺尚小镇举行。时尚周期间，32场国内外童装品牌及高定设计趋势发布，1500余名来自全国各地的童模展示童装作品；举办“协同共进　创享未来”——2020中国童装供应链大会暨童装产业时尚创新展，来自全国各产业集群、童装品牌、制造企业、面辅料企业以及童装设计师等1000余名行业专业人士参与，到场受众1万余人次。E.I亲子时装、德牌、巴拉巴拉、littlespace雅莹童装、男生女生、史努比、BOBDOG巴布豆、FolliFollie、HEYONWYE鑫贝尔、康衣儿CANYEER被评为2020中国十大童装品牌。

【杭州国际布艺时尚（秋季）展览会在余杭区举行】
2020年8月21—23日，由中国家用纺织品行业协会、余杭区人民政府主办的2020杭州国际布艺时尚（秋季）展览会暨首届长三角“新布艺”创业创新大赛，在位于余杭区的浙江省家纺产业创新服务综合体举行。同步举办长三角“新布艺”产业发展高峰论坛、首届长三角“新布艺”创新设计大赛复赛等活动，展示和宣传余杭家纺的新理念、新趋势、新技术、新工艺、新产品等。展会期间，通过腾讯、抖音、世界浙商网等平台参与线上直播和云逛展活动人数100万余人次，现场参展人数1.2万人次，线上线下成交额8000余万元。

【众望布艺在上海证券交易所主板上市】　2020年9月7日，众望布艺股份有限公司（股票简称“众望布艺”，股票代码605003）在上海证券交易所主板上市，为全国家纺布艺行业首家上市公司。“众望布艺”首次公开发行新股2200万股，每股发行价格25.75元，募集资金净额5.02亿元，将用于年产1500万米高档装饰面料、研发中心建设等项目。公司在美国拥有“Z-WOVENS”“sunbelievable”“neverfear”等多个品牌，为美国家具市场上沙发面料主要供应商之一。

2020年9月7日，众望布艺股份有限公司在上海证券交易所主板上市
（余杭区经济技术开发区　供稿）

【阿里新制造“一号工程”在余杭区投产】　2020年9月16日，2020阿里巴巴新制造发布会暨犀牛工厂揭幕仪式在余杭经济技术开发区举行。阿里巴巴建设的全球首个新制造平台——犀牛智造发布，阿里新制造“一号工程”犀牛智造工厂投产。新制造从“需求”到“供给”，通过消费洞察“按需生产”，以云计算、物联网、人工智能技术，实现柔性化、快速生产。阿里巴巴集团控股有限公司在全省首个智能制造示范基地——阿里迅犀（杭州）数字科技有限公司，从服装产业切入新制造，实现定制服装批量化生产。在需求端，犀牛智造打通淘宝、天猫，为品牌商提供精准销售预测，首次让按需生产可规模化实施；在供给端，通过柔性制造系统，犀牛工厂可实现100件起订，7天交货。高度数字化的犀牛工厂，能够承接更多个性化、小规模的订单，但又可以保持低成本和高效率。相较其他工厂，犀牛智造能够缩短75%的交货时间、降低30%的库存，减少50%的用水量。

（李良邑、李景苏）

·绿色能源产业·

【概况】　绿色能源产业主要包括新能源产业、节能环保产业。新能源产业主要涉及太阳能光伏、风电和核电设备、新型电池以及混合动力型发动机等，节能环保产业涉及高效节能、环保技术装备及产品生产、资源循环利用技术和产业化等。2020年，全区环保制造业完成规模工业增加值126.54亿元，比上年增长16%，总量占全市35.68%，增速高于全市制造业规模工业增加值增速7.2个百分点。全年完成余杭区资源节约、综合利用项目6个，审核验收清洁生产企业38家，完成水平衡测试企业17家，创建市级节水型企业12家。龙头企业有浙江运达风电股份有限公司、杭州南都动力科技有限公司、杭州微光电子股份有限公司、杭州福斯达深冷装备股份有限公司等。余杭经济技术开发区、钱江经济开发区为绿色能源产业的重要基地。

【晟视科技研制出叶克膜样机】　2020年4月，临平新城高科技企业杭州晟视科技有限公司研制出一台体外膜肺氧合（ECMO叶克膜）样机。ECMO在心肺手术时能为患者提供体外的呼吸与循环，能暂时替代患者心肺功能。在新冠肺炎重症患者的救治中，ECMO发挥积极作用。

【老板电器获“国家级绿色工厂”称号】　2020年11月，工业和信息化部公布第五批绿色制造名单，杭州老板电器股份有限公司获“国家级绿色工厂”称号。国家级绿色工厂评定是工业和信息化部为促进制造业高质量发展，持续打造绿色制造先进典型，引领相关领域工业绿色转型而开展的一项重要活动。在绿色制造体系中，工厂作为主体是体系建设的重要内容之一，要求满足基础设施、管理体系、能源与资源投入、产品设计制造、环境排放、环境绩效的综合评价。杭州老板电器股份有限公司还被评为国家级第二批产品绿色设计示范企业。

（李良邑、李景苏）

·生物医药产业·

【概况】　2020年，全区有生物医药企业40家，规模以上工业增加值44.20亿元，比上年增长32.3%，高于规模以上工业平均水平24.0个百分点；全区规模以上健康产业452家企业主营业务收入515.78亿元，增长11.6%。有贝达药业股份有限公司、杭州民生药业有限公司、浙江健拓医疗仪器科技有限公司等3家10亿元以上企业，杭州宝晶生物股份有限公司、中翰盛泰生物技术股份有限公司等生物医药企业是工业和信息化部专精特新“小巨人”企业，杭州博拓生物科技股份有限公司、杭州微策生物技术有限公司、杭州民生健康药业有限公司、杭州宝晶生物股份有限公司、杭州迪安生物技术有限公司、浙江龙德医药有限公司等生物医药企业是加速成长的创新型企业，优秀企业还有杭州胡庆余堂天然药物有限公司、杭州贝因美母婴营养品有限公司、浙江诺尔康神经电子科技股份有限公司等。生物医药领域高水平创新载体中有省级重点企业研究院6个，省级企业研究院5个，市级以上企业研发中心33个。中翰盛泰生物技术股份有限公司的肝素结合蛋白检测试剂盒（免疫荧光干式定量法）、浙江厚达智能科技股份有限公司的中药智能化煎制系统、杭州拜伦医疗科技有限公司的平衡功能检测分析仪（型号规格：FP-A-1）等省装备制造业重点领域首台（套）产品。

【医智捷公司被省商务厅认定为突出贡献企业】 2020年6月，位于余杭经济技术开发区的杭州医智捷供应链管理公司被浙江省商务厅认定为新冠肺炎疫情期间防疫和医疗物资进口突出贡献企业（杭州全市共5家）。该公司运营的浙江生物医药特殊物品出入境集中监管平台主要提供特殊物品、生物材料、医疗器械体外诊断试剂等产品的进出口服务。疫情期间，平台根据政府及市场的需求，及时拓展服务范围，协助各机构第一时间将物资运往疫情防控一线。

【良渚实验室成为浙江省实验室】 2020年7月17日，在浙江省科技奖励大会上，良渚实验室被评为浙江省实验室。良渚实验室（系统医学与精准诊治浙江省实验室）由浙江大学牵头建设，以系统与多组学研究和疾病精准诊治研发为主线，建设生命健康重大科创平台。重点推进疑难未诊断疾病、血液与免疫疾病、重大精神疾病等疾病方向的系统与多组学及精准诊治创新研究。

【中国数字·健康小镇开园】 2020年8月30日，2020生命健康未来峰会暨中国（杭州）数字·健康小镇在未来科技城开园。数字·健康小镇位于未来科技城核心区块，规划面积3.2平方千米。此次启动区块总建筑面积8.28万平方米，10栋建筑包含小镇客厅、“三名”研究院、企业研发总部、成果转化区、商业配套等。开园仪式上，涿溪实验室、之江实验室数字健康成果转化基地等项目揭牌；比利时鲁汶大学医疗技术创新中心中国中心、南京大学杭州未来技术研究院、同济大学—同济余杭产业发展协同中心、圣彼得堡彼得大帝理工大学科技创新中心、丹源医学科技（杭州）有限公司、杭州未来公共安全研究院等项目签约。

【贝达药业第二款靶向创新药“贝美纳”获准上市】 2020年11月19日，中国国家药监局（NMPA）公布，贝达药业股份有限公司自主研发的间变性淋巴瘤激酶抑制剂盐酸恩沙替尼胶囊（商品名为“贝美纳”）在中国获批上市。12月15日，贝达药业股份有限公司“贝美纳”首单2.1万余盒出库运往广州。“贝美纳”为国内首款自主研发的肺癌间变性淋巴瘤激酶抑制剂，是一种新型强效、高选择性的新一代间变性淋巴瘤激酶抑制剂，是由贝达药业股份有限公司和控股子公司美国Xcovery公司共同开发的，拥有完全自主知识产权的创新药，用于为接受过克唑替尼治疗后继续进展的或者对克唑替尼不耐受的非小细胞肺癌患者提供新治疗。使用“贝美纳”治疗克唑替尼耐药的患者，预计可平均延长10个月生存期。

（李良邑、李景苏）

2020年12月15日，“贝纳美”首单出库发车仪式举行

（区经济和信息化局　供稿）

2020年度获“品字标浙江制造”认证工业产品及其企业一览表

表8

序号	产品名称	企业名称	备注
1	塑料外壳式断路式	杭州施江银电气集团有限公司	新评
2	外骨骼机器人	杭州程天科技发展有限公司	新评
3	锂离子动力电池用铝合金箔 1100 H18	杭州五星铝业有限公司	新评
4	卧式油压千斤顶	杭州盈江机械制造有限公司	新评
5	风力发电用电缆固定头——大锁紧范围屏蔽金属电缆固定头、非金属（尼龙）电缆固定头、金属电缆固定头	倍仕得电气科技（杭州）股份有限公司	新评
6	蒸烤一体机	杭州老板电器股份有限公司	新评
7	净化用直流无刷外转子后向离心风机	杭州顿力电器有限公司	新评
8	油漆桌类家具	杭州达文伯艺家具有限公司	新评
9	免漆饰面板桌类家具	杭州达文伯艺家具有限公司	新评
10	汽车发动机气门弹簧	杭州弹簧有限公司	新评
11	学生公寓床	杭州恒丰家具有限公司	新评
12	课桌椅	杭州恒丰家具有限公司	新评
13	连体餐桌椅	杭州恒丰家具有限公司	新评
14	鼓风加热再生吸附式压缩空气干燥器	杭州山立净化设备股份有限公司	新评
15	免漆饰面板桌类家具	杭州海豪实业有限公司	新评
16	油漆桌类家具产品	杭州海豪实业有限公司	新评
17	免漆饰面板桌类家具	浙江天和典尚实业集团有限公司	新评
18	油漆桌类家具产品	浙江天和典尚实业集团有限公司	新评
19	免漆饰面板桌类家具	杭州港华家具有限公司	新评
20	学生公寓床	杭州港华家具有限公司	新评
21	户外景观照明用 LED 点光源	杭州勇电照明有限公司	新评
22	油漆桌类家具	浙江品冠家具制造有限公司	新评
23	免漆饰面板桌类家具	浙江品冠家具制造有限公司	新评
24	电机制造用银钎料（条状）（片状）（带状）	杭州华光焊接新材料股份有限公司	新评
25	罐式无负压叠压供水设备	南方中金环境股份有限公司	新评

（朱浙）

编辑：李景苏

建筑业·房地产业

Construction and Real Estate

·建筑业·

【概况】 2020年，余杭区建筑业企业完成产值661.80亿元，比上年增长25.46%，实现入库税收32.04亿元，增长64.20%。全年共核发施工许可证432件。其中：房屋土建项目344件，新增建筑面积2280.03万平方米；市政项目88件，合计造价91.18亿元。全年办理竣工验收备案308件。其中：房屋土建269项，建筑面积1247.60万平方米；市政39项。截至2020年末，全区共有在建工程696个。其中：房屋土建项目628个，建筑面积5040.00万平方米；市政工程68个，总投资105.31亿元。

【建筑企业资质管理】 区住房和城乡建设局加强建筑业企业资质管理，强调资质标准，督促整改落实，对不达标企业依法取消资质。2020年，全区由总承包二级升为一级企业1家，由区外迁进余杭区的总承包一级企业4家。截至2020年末，全区共有具备资质的建筑业企业707家（其中，特级企业1家，一级总承包企业27家），监理企业28家，企业数量比上年增长18%。

【建筑市场定期巡查】 2020年，区住房和城乡建设局加强建筑市场定期巡查，通过余杭区建筑市场信用网、招标网和公共资源交易网的数据对接，实现全区建设工程项目信息、企业（人员）信息、监督管理信息互联互通。全年开展建设工程现场常规检查944次，检查项目近4110个次，开展季度综合执法大检查4次，下发限期整改通知单3352份，停工通知单88份，约谈企业50家；给予主体信用扣分721分，个人信用扣分12分，对2148家（次）企业进行“两场联动”处理。

【农民工工资支付保障】 2020年，区住房和城乡建设局加强在建项目实名制管理落实，强化劳务用工管理，加强拖欠工程款和拖欠农民工工资日常巡查监管。截至年末，协调处理农民工工资投诉、纠纷31起，涉及上访民工人数572人，涉及金额3465万元，其中，政府投资项目3个，其他项目28个。

【建筑市场规范管理】 2020年，区住房和城乡建设局规范建筑市场管理，通过余杭区建筑市场信用网服务平台，应用大数据管理及“人脸识别”等技术，将工程现场管理人员纳入考勤管理，确保人员到岗尽责。截至2020年末，梳理新入库区内施工企业532家，区外施工企业1076家，入库区内监理企业28家，区外监理企业244家，入库同时配合人脸识别数据人员总计40877人，其中工程现场管理人员5017人，生成考勤点672个，正式启用人脸识别考勤项目561个。

【建筑行业行政处罚】 2020年，区住房和城乡建设局加大行政执法力度，结合信用扣分，增加建设主体违法成本，共对11个未批先建项目和4个违法转包挂靠项目立案处罚，涉及企业22家，处罚金额1190.21万元。

【建设工程质量与安全】 2020年，区住房和城乡建设局启用移动执法平台强化建筑工地安全监管，组织开展质量月、安全生产月、现场观摩会等系列活动，推进各类专项整治，重点加强保障性住房及商品住房的监管。全年办理建设工程质量监督注册登记 432 项，其中土建 343 项，建筑面积 2441.48 万平方米，出具工程质量监督报告 336 份。办理建设工程安全监督注册手续 367 项。其中：土建 330 项，建筑面积约 2138.73 万平方米；市政 68 项，总造价 105.31 亿元，出具工程安全评估报告 344份。

【绿色混凝土搅拌站建设】 2020 年，区住房和城乡建设局对区内 28 家预拌混凝土企业开展全覆盖检查 3 次，飞行检查 20 余次，开具整改单 63 份。联合第三方检测机构对 28 家混凝土企业商品砼原材料抽检 341 批次，包含水泥、石子、天然砂、机制砂、粉煤灰、矿粉以及外加剂等全部原材料，合格率 97%。随机对搅拌车中混凝土抽检做试块，共抽试块 41 组，28 天抗压强度合格率 85%，约谈不合格企业 7 家。

【工程质量检测管理】 2020 年，区住房和城乡建设局实行工程质量数据入库，检测报告附带二维码制度，杜绝检测数据弄虚作假。针对区内备案的 36 家检测机构完成 2 次覆盖检查，共签发责令整改通知单 30 份，对 6 家检测机构负责人进行约谈，对 3 家检测机构进行主体信用扣分。

【建筑工地标准化建设】 2020 年，区住房和城乡建设局结合“平安工地”“标化工地”“绿色工地”等创优评优活动，以点带面提升全区建设工程安全生产文明施工管理水平。全年共有 56 个项目被评为余杭区标准化样板工地。

【建筑工地起重机械安全监管】 2020 年，区住房和城乡建设局建立余杭区建筑起重机械网上备案平台，落实建筑起重机械特种作业人员刷脸考勤制度，加强建筑起重机械特种作业人员持证上岗管理。全年共办理建设工程起重设备产权登记 1131 项，其中，塔式起重机 375 项，施工升降机 241 项，物料提升机 93 项，吊篮 419 项，其他 3 项。办理安装告知 1972 项，其中，塔式起重机 838 项，施工升降机 729 项，物料提升机 405 项。截至 2020 年末，全区在用塔式起重机约 1105 台，施工升降机 726 台，物料提升机 266 台，在用各类起重设备数量均比上年增长。

【建设工程招投标管理】 2020 年，区住房和城乡建设局落实全市统一招投标管理制度，推行全流程电子招投标、远程异地评标及政府项目投标保证金保函制度。共办理直接发包项目审查备案 450 个，合同金额 395.44 亿元；完成招标项目 487 个，中标金额 278.24 亿元。查处招投标违法违规行为 15 起，对 68 家企业进行信用扣分，27 家企业暂停市场行为。

【建筑工业化】 2020 年，区住房和城乡建设局围绕供给侧结构性改革和新型城镇化发展要求，以绿色发展推动建筑工业化及住宅全装修。全年完成装配式项目建筑面积 280.86 万平方米（其中住宅和公共建筑项目建筑面积 273.91 万平方米，钢结构住宅 7.7 万平方米），新开工装配式建筑项目 21 个，新开工装配式住宅和公共建筑项目 18 个。

【工程建设项目审批制度改革】 2020 年，区住房和城乡建设局根据《杭州市工程建设项目审批制度改革试点实施方案》，建筑业综合受理窗口在建筑工程“安监＋质监＋施工许可”打包受理的基础上，根据省住房和城乡建设厅《关于实施建设、消防、人防审批事项“多合一”改革的指导意见》，多部门合并审批，全部审批手续由原先 35 项精简到 8 项，承诺办结时间从法定的 23 个工作日缩短至 4 个工作日，其中一般企业投资类项目审批时间压缩至 1 个工作日，通过“网上申报、邮寄送达”，实现“跑零次”。

（周云）

·房地产业·

【概况】 2020 年，余杭区批准预售新建商品房 441.7 万平方米，比上年增长 6.0%。其中：批准预售商品住宅 35564 套，增长 17.2%，面积 399.2 万平方米，增长 12.8%；批准预售非住宅 42.5 万平方米，下降 32.1%。全区新建商品房成交面积 418.3 万平方米，增长 6.5%，成交均价 26084 元 / 平方米，上涨 11.1%。其中：新建商品住宅成交 31575 套，增长 6.6%，成交面积 368.9 万平方米，增长 7.1%，成交均价 26859 元 / 平方米，增长 11.1%；非住宅成交 49.4 万平方米，增长 2.3%。截至年末，全区共有房产企业307家，其中，一级资质2家，二级资质8家，三级资质48家，暂定资质249家。网签开户的房地产经纪机构263家。

【房产交易管理】 2020年，余杭区共办理房产交易25.96万件，楼盘表确认932件，确认面积2026.91万平方米，购房落户业务828件。区住房和城乡建设局完成限购查档57416份，开具查档证明约10万份，协助区流动人口服务管理办公室核查“积分落户”中“住所”指标1.4万条，配合区民政局、住房保障办公室协查申请补贴人员34879人次，协查区级、市级拟提拔干部住房信息467批，共3621人次。推进“互联网+政务服务”，优化房产交易领域营商环境，优化升级房屋网签系统，实现房产交易“全程网办”，房产交易业务实现由“最多跑一次”到“零次跑”的转变。

【房地产市场监管】 2020年，区住房和城乡建设局落实购房公证摇号新政，整顿房地产市场乱象，重点打击投机炒房，虚假信息、虚假房源发布等行为，治理房地产开发企业、中介企业违法违规问题。2020年共检查房产企业183家、中介企业221家，约谈房产企业66家、中介企业14家，下发整改通知38家，行政处罚6家，共处罚罚金133万元。会同中国人民银行余杭支行开展商品房预售资金监管账户专项检查，核对商品房预售资金监管银行对账单4806份。余杭区二手房交易纳入杭州市二手房交易监管服务平台，从原先的管人、管事转向管平台、管数据、管信息。全年全区审核挂牌93830次，挂牌房屋25868套，涉及门店1689家。

【既有住宅加装电梯】 2020年，区住房和城乡建设局按照“愿改尽改”的思路，牵头推进既有住宅加装电梯工作。2020年加装电梯完工90处，历年累计完工144处，惠及全区42个小区3000余户居民。其中，超峰小区和铁铺埭小区成为全区首批加装电梯全覆盖的旧改小区和回迁安置小区。在全市首创“加梯贷”、加梯地图、AR实景等加装电梯服务，并逐步推广应用。

【城乡危旧住宅房屋治理改造】 2020年，区住房和城乡建设局牵头完成余杭危旧房治理改造两年行动（2019—2020年），落实属地镇（街道）日常巡查监管职责，组织第三方专业机构对危旧住房开展专业排查鉴定，组建应急专家组对出险房屋进行应急处置。每月到相关镇（街道）督查指导危旧房治理改造，掌握情况，定期通报。通过“腾、拆、修、控”等方式，全年完成城乡危旧房治理改造706幢，其中C、D级危旧房完成治理解危。加强历史建筑保护，对143处历史建筑开展测绘建档。

【物业行业管理】 截至2020年末，全区有物业小区775个，其中，实行物业管理的小区584个，实行准物业管理的小区171个，建筑面积8383.13万平方米。全区备案物业公司352家，物业领域从业人员3.86万余人。全年共受理物业类信访78件，归集物业专项维修资金4.08亿元，归集物业保修金2.49亿元，使用物业专项维修资金1070.76万元，使用物业保修金171.31万元。

【住宅小区综合治理】 2020年，余杭区推动落实住宅小区综合治理。推进物业党建示范点建设，健全物业管理系列规章制度，加强住宅小区环境整治管理工作，推进美好家园小区建设；做好物业企业信用等级评定工作，指导镇（街道）、社区的业务，建立“五位一体”住宅小区矛盾纠纷调解机制；实行物业“两金”就地便捷审批，对老旧住宅小区物业管理给予资金支持。

【白蚁防治】 2020年，区住房和城乡建设局签订新建房屋白蚁预防工程合同272份，完成预防施工面积1820万平方米，发放预防证明190张；完成预防质量监督施工交底178个，现场检查161个，基础验收388个；完成白蚁治理项目1223个，回访复查面积3255万平方米。

【非商品住宅类项目监管】 2020年，余杭区出台《余杭区非商品住宅类项目成效监管实施办法》，明确落实招商主体第一责任，发挥属地镇（街道）巡查处置、职能部门协调联动作用。是年，区住房和城乡建设局共检查房地产开发企业16家，约谈10家，立案查处浙江五迪科技有限公司违规预销售问题，对7家企业下发整改通知单。

（周云）

编辑：范文良

商贸流通

Commercial Circulation

·商贸管理·

【概况】 2020年，全区实现社会消费品零售总额822.5亿元，比上年增长8.5%。全区限额以上单位零售额519亿元，增长22.5%，占社会消费品零售总额的63%。亿元以上社会消费品零售企业66家，全年零售额457.93亿元，占全区社会消费品零售总额的55.7%，增长36.96%。列入区级重大商贸项目10个，其中，续建项目6个、新建项目4个，完成投资84.74亿元。

【消费促进工作】 2020年，区商务局在区内开展年味节、消费促进月、羊锅节、鱼羊节等主题活动和春节、“五一”、端午、国庆等节日促销活动。6月和9月，共发放汽车购车补贴5000万元，提振汽车消费市场，补贴活动期间售出汽车9014辆，销售收入16余亿元，全区汽车类零售额同比增长11%。12月，开展“2020畅购余杭·跨年嗨购（第二季）”活动，总人流量达350万人次，实现销售额近8亿元，同比增长300%。年内，区商务局组织相关企业到区外，参加第17届中国中华老字号精品博览会、2020年中国（宁波）食品博览会等国内大型会展活动。

【市场体系建设】 2020年，苏宁广场等重点项目开工。杭州奥克斯广场、杭州美瑭广场、EFC欧美金融城等建成开业。未来科技城区块的商业配套进一步完善。农贸市场建设稳定推进。2020年开工建设的有崇贤前村农贸市场、崇贤四维A4农贸市场、余杭经济技术开发区上环桥邻里中心农贸市场、星桥南星农贸市场、南苑苏家农贸市场、中泰南湖二期配套农贸市场等6家农贸市场项目。

（张思奇）

·对外经济贸易·

【概况】 2020年，全区实际利用外资15.78亿美元，完成市下达任务（8.4亿美元）的187.86%。货物贸易进出口总额530.66亿元，比上年增长10.72%。其中：进口37.48亿元，增长0.7%；出口493.18亿元，增长11.56%，高于杭州市7.6个百分点，高于浙江省2.46个百分点，高于全国7.6个百分点。出口占全国、省、市份额保持稳定。完成服务外包离岸执行额6.01亿美元，增长44.47%。新认定服务外包企业28家。

【利用外资】 2020年，全区实际利用外资15.78亿美元，重点引进信息传输、软件和信息技术服务业、科学研究和技术服务业等产业项目。新设外商投资企业116家（不含8家余杭经济技术开发区企业），其中投资总额3000万美元以上企业6个，投资总额49.14亿美元，占总数比重的95.86%。开展外商投资企业年度报告工作，参检企业850家，参检企业合格率为100%。

【外贸出口】 2020年，全区外资企业出口62.04亿元，比上年增长13.33%；自营生产型企业出口

314.37亿元，增长11.44%；外贸流通企业出口116.77亿元，增长10.93%。全年高新产品出口46.69亿元，增长7.81%；家纺服装出口148.89亿元，增长3.00%；医疗物资出口白名单企业累计出口37.97亿元，增长333.9%，带动全区出口增长5.5个百分点。全区对美国、欧盟等传统市场分别出口104.78亿元和143.33亿元，前者增长14.45%，后者增长12.79%；对金砖国家出口37.84亿元，下降0.16%；对"一带一路"沿线国家出口157.87亿元，增长6.93%。

【外贸公共服务】 2020年，区商务局组织企业申报国家进口贴息项目33个；组织30余家企业参与省、市两级出口名牌认定；组织杭州长江汽车有限公司、浙江春风动力股份有限公司等3家企业申报汽车、摩托车出口资质，获通过。4月，举办"淘直播·购杭品"余杭畅购嘉年华活动，以"线上直播+线下展销"新模式，助力外贸企业转内销拓市场；组织300余家企业参加线上广交会、2020浙江出口网上交易会等活动。11月，组织相关企业参加在上海举行的第三届中国国际进口博览会。区商务局连续第12年被评为浙江省、杭州市商务运行调查监测优秀单位。

【境外投资与服务外包】 2020年，全区办理境外项目备案（新设、变更、注销）78个，新增中方境外投资额1.51亿美元。完成服务外包离岸执行额6.01亿美元，增长44.47%。新认定服务外包企业28家。

【贸易促进工作】 2020年，中国贸易促进委员会杭州市余杭区支会为区内出口企业签发一般原产地证5076份，比上年下降29.42%；优惠区域类型原产地证2288份，下降10.45%。签订快递委托协议的企业148家，为76家企业免费寄送约2500份产地证，免费为40家企业送办商事证明书486份、领事认证文件68份。

（张思奇）

·国内经济合作·

【山海协作工程】 2020年，余杭区全面贯彻落实全省山海协作工作推进会精神，深化全面合作，打造山海协作升级版。支持衢州市柯城区"消薄飞地"建设，在未来科技城科创园划出3609.16平方米，投入资金3284万元，作为余杭—柯城"消薄飞地"。采取"消薄飞地"收益保底+税收分成方式实施，将柯城补助和扶贫资金量化股权给柯城区86个集体经济薄弱村。2020年，"消薄飞地"项目收益金到位1547.05万元。推进乡村振兴示范点，划拨330万元援建资金和330万元乡村振兴示范点建设资金给柯城区，作为山海协作援建村—石梁镇张西村试点建设项目资金，探索乡村振兴之路。2020年，余杭—柯城山海协作"智多张西"项目，营业收入50余万元，接待游客1万余人次，农家乐增收30余万元。

（朱志发）

【国内招商主要活动】 2020年，余杭区常态化开展4次季度集中"云签约"活动，签约项目247个，总投资超1000亿元。区商务局组织各平台、部门参加招商培训、雇员沙龙等活动8场，提升全区招商队伍专业化水平。2月，举办"资本赋能·创新余杭"产融云洽会，600余家投资机构和创新创业主体线上参会，现场发布"产融云洽会"平台；3月，举行2020年余杭土地云发布会，现场发布余杭"读地云"平台，100余家房企参加；6月和7月，区主要领导带队先后到深圳、上海考察项目、上门招商，加强与优质企业对接，在深圳举办杭州余杭·深圳创新促进恳谈会；8月，清华系企业浙江行走进余杭，浙江清华长三角研究院带领16家清华系企业考察余杭营商环境，并举行座谈会；9月，区商务局组织各平台招商小分队，参加2020厦门国际投资贸易洽谈会，推介余杭营商环境，开展"双招双引"工作；7月和9月，区商务局两次在阿里巴巴淘宝直播机构大会上推介余杭营商环境，并就余杭直播电商政策作解读；11月，2020中国新经济企业500强发布会在未来科技城举办，开展余杭营商环境推介。

（张思奇）

【对口帮扶】 2020年，余杭区推进产业合作、劳务协作、人才支援、资金支持以及教育医疗等重点领域帮扶，引导社会力量参与帮扶，协助贵州省台江县、天柱县和湖北省咸丰县（下称"三县"）攻坚精准脱贫。2020年，为三县拨付财政帮扶资金

1.1318亿元；推进帮扶项目31个，带动贫困人数1.7万余人。为三县选派短期、长期挂职、支医、支教、支农等党政干部和专技人才56人次；引导36家浙商、杭商企业在三县投资8.7亿余元；援建扶贫车间38个，吸纳贫困人员就业1119人。全年，余杭区组织45家企业到三县开展劳务协作大型专场招聘会5场，推出优质工作岗位3000余个，接收三县贫困劳动力到余杭区就业156人。引导社会力量为三县累计捐赠教育设施设备、生活用品、学习用品及资金等总价值4300万余元。

（朱志发）

·电子商务·

【概况】 2020年，余杭区电子商务营业收入2274.65亿元，比上年增长3.6%。全区网络零售额1778.9亿元，增长41.1%，分别高出省、市26.8个和21.4个百分点，增量位列全省第一，规模全省第二。共有各类活跃网络零售网店3.4万家，直接解决就业岗位9.48万个，间接带动就业岗位24.93万个。跨境电商交易额19.04亿美元，其中跨境出口13.92亿美元，增长20.03%。引进跨境电商、直播电商产业链企业各80余家。

【跨境电商产业集群】 2020年，余杭区继续深化家纺服装、休闲产品产业集群跨境电商综合发展试点建设，截至年末，“阿里巴巴·余杭产业带专区”累计入驻家纺服装企业超过200家，实现交易额超过6000万美元。两大产业集群累计实现销售额超过9亿美元，带动全区跨境电商逆势增长。

【电商产业发展】 2020年，余杭区先后举办“淘直播·购杭品”余杭畅购嘉年华、2020金麦奖颁奖盛典暨中国（余杭）数字经济峰会、第四届余杭电子商务产业发展大会等大型活动6场，参与人数3000余名，余杭区12家企业、人才在金麦奖盛典获奖。全年举办4场家纺服装产销对接活动，组织区内传统生产企业与全国电商卖家进行线下产品资源对接，参展企业255家。

【电子商务营商环境优化】 2020年，余杭区进一步创新完善电商政策，制定“春雷计划余杭十条”政策，支持企业应用阿里平台拓展数字营销；制定“直播电商12条”政策，支持直播电商高质量快发展。常态化开展跨境电商“线上＋线下”培训、沙龙。全年举办活动40余场，惠及企业近300家，2.7万人次。深化政校企合作，实施“全球速卖通7＋30千里马”项目，为高校培养300余名跨境电商实战人才，为区内跨境电商企业输送160名人才。截至年末，余杭区累计认定各类电商人才88人。

（张思奇）

·粮食流通·

【粮食订单与收购】 2020年，余杭区对小麦和稻谷的收购，继续实行国家最低收购价格政策，实行订单粮食价外补贴和奖励政策。小麦每50千克收购价格112元，对种粮大户，每交售50千克订单小麦，奖励30元；早稻每50千克收购价格为123元，对种粮大户，每交售50千克早稻谷，奖励30元；中晚籼稻每50千克收购价格129元，粳稻每50千克收购价格133元，对晚稻订单合同内的粮食，每交售50千克稻谷给予20元价外补贴和5元奖励。全年收购订单粮食6.931万吨、订单外粮食0.509万吨，落实各类粮食收购和补贴奖励共2.205亿元。做好种粮大户粮食预购定金发放，向

2020年4月18日，“春雷计划·余杭十条”发布

（区商务局 供稿）

72户种粮大户发放政府贴息粮食预购定金共310万元。开展为农烘干粮食服务，全年为农烘干粮食1.2万吨。

【储备粮油管理】 2020年，区级加强储备粮监管，落实储备粮管理各项工作制度。按照“一符（账实相符）、三专（专仓储存、专账记载、专人管理）、四落实（数量、质量、品种、地点）”的工作要求，落实措施，强化管理，储备轮换做到公正、公平、公开，常轮常新，质量良好。开展杭州市粮油仓储规范化管理评价，径山中心粮库、余杭区中心粮库获优秀等级。

【粮食流通监管】 2020年，区粮食和物资储备局先后在塘栖镇东小河社区、南苑街道河南埭社区和东湖街道乾元社区等地，举办放心粮油进社区活动。发放粮食法规宣传册1200余本，发放宣传粮食安全为内容的环保袋2500余个。加强粮食流通监管，开展粮食流通监督检查，在粮食收购季加强全区粮食收购秩序检查、收购资格核查，规范粮食收购秩序。

【企业安全生产管理】 2020年，区粮食和物资储备局制定安全生产工作计划，完善安全员管理网络，落实安全生产责任制。开展“安全生产月”活动，定期开展安全生产大检查，全年检查粮食仓库的安全设施、配电设备、管道线路、机械设备等重点部位和药剂库、出租用房等重点场所13次，排查隐患34条，完成督促整改。组织安全生产培训297余人次，开展安全演练13次。全年安全无事故。

【四无粮仓陈列馆】 2020年，余杭四无粮仓陈列馆开展第40个世界粮食日、全国爱粮节粮宣传周、社会科学普及宣传周等系列活动，发放粮食安全宣传资料3000余份。全年接待团队观众2万余人次。开展粮食安全宣教进社区、学校15次，参与活动人数8000余人次。

（张思奇）

·盐业专营·

【概况】 2020年，杭州市盐业有限公司余杭分公司（下称“分公司”），按照省、市公司战疫情、保供应的总体部署，主要承担杭州市盐业有限公司分配的杭州市部分主城区大型商场超市、流通渠道及余杭区的配送任务。主要产品有高端精品澳洲海盐、雪花盐、矿盐。2020年，分公司各类盐产品销售14231吨（包括销售到杭州主城区部分），较上年减少4530.32吨。

【小包装盐及高端精品盐销售】 2020年，分公司销售小包装食用盐7910吨（包括销售到杭州主城区部分），比上年减少3734.01吨，其中销售高端精品海盐1443.99吨，比上年减少1630.31吨。注重新品盐销售，公司选择人流量大的超市推广销售雪花盐，不定期回访，及时整理与完善盐品，保证新品盐的正常供应。

【疫情期间食盐供应】 2020年，分公司在省、市公司的指导下做好突如其来的新冠肺炎疫情防控工作。受疫情的影响，部分地区出现抢购食盐现象，其间超市需求量激增，一些高端盐品紧缺。针对市场需求，分公司及时组织调运，紧急情况下用自备车辆直接到厂家提货，缓解超市供应一度紧张的状况，确保有足够的食盐储备，正常供应市场。

（汪小露）

·烟草专卖·

【概况】 2020年，区烟草专卖局（分公司）销售卷烟7.87万箱，比上年增长1.52%。销售额40.28亿元，增长3.68%；毛利润11.45亿元，增长4.01%。单箱销售额5.12万元，比上年增加1065元，增幅为2.13%。实现税利12.23亿元，增长3.61%。销售重点品牌7.46万箱，销量占比95%，增长2.37%。

【烟草专卖网络建设】 2020年，区烟草专卖局（分公司）继续落实“互联网＋营销”模式。截至年末，余杭辖区有香溢合作店88户，现代终端以上客户1587户，占零售客户总数的24%。“香溢通”使用客户数2087户，占零售客户总数的31%；“香溢购”非烟交易大幅提量，进货户数1781户，有效订单14713笔，交易金额676万元；“香溢家”会员累计发展超31万个；成立“香溢坊”诚信互助小组417个，客户覆盖面超85%。

【卷烟打假】 2020年，区烟草专卖局（分公司）查获659起案件，比上年增长21%，查获违法卷烟1403件，增长6.5%，其中私假烟238件，增长19.3%。查获实体店案件609起，占总案件数的92.4%，其中实体店私假烟案件299起，查获实体店违法卷烟1334件。

2020年8月，余杭区烟草专卖局联合余杭区市场监督管理局集中销毁假冒伪劣卷烟、走私卷烟 （区烟草专卖局 供稿）

【烟草专卖行政许可】 2020年，区烟草专卖局（分公司）坚持“放管服”改革，提升行政许可便利化。全年办理许可证4807件，其中新办2783件，准予许可1821件，清理中小学校周边零售户15家，行政许可网上申办率99.56%。截至2020年末，余杭辖区共有零售户7783家，较上年同期增长10.4%。

（肖霏霏）

·供销合作商业·

【概况】 2020年，余杭区供销系统总经营收入90.65亿元，商品销售总额78.43亿元，利润3634万元，所有者权益63848万元，社会贡献总额7289万元。区供销合作社联合社全国百强县级社排名第25位。

【疫情期间口罩保障供应】 2020年2—6月，区供销合作社联合社根据余杭区新冠肺炎疫情防控指挥部要求，紧急搭建区应急物资供销平台“网上供销社”，保障全区平价口罩供应。共服务区内企业24822家次，服务个人320564人次，供应口罩1000万余只。口罩保障供应的做法被国家和省、市、区媒体宣传报道。疫情期间，全系统为租户减免各类租金900多万元。

【农业生产服务】 2020年，区供销合作社联合社继续深化生产、供销、信用“三位一体”农民合作经济组织联合会（下称“农合联”）改革，全区共建设完成10个镇（街道）农合联为农服务中心，瓶窑、仁和、塘栖3个镇（街道）成为省级现代农业综合服务中心。建设7个惠农服务点，全区惠农服务点总数27个。新建庄稼医院3家，全区总数18家。改造提升全区40%的农资连锁门店。完成5家村级综合服务社建设。依托塘栖供销合作社成立余杭区水产产业农合联。

【农产品销售】 2020年，径山茶产业农合联会员单位杭州余杭车坑坞茶厂生产的“车坑坞”牌红茶获全省“浙茶杯”金奖。塘栖枇杷产业农合联保价收购合作社社员滞销枇杷10万千克，销往国内外。成立杭州禹上田园营销有限公司，制定营销体系建设三年实施方案。该公司全年在杭州市范围及余杭区内举办农产品展销20余次，提供网上订购、周五直达配送等农产品销售服务。搭建“禹上田园”余杭土鲜电视购物平台，促进农产品销售。

【金融信用服务】 2020年3月，余杭区“三农”信贷风险池启动。截至年末，风险池白名单过会6批次45户，收到贷款担保申请13210万元，担保已审批过会10310万元。

【农资供应】 2020年，区供销合作社联合社共组织价值30万元的农资下乡。会同杭州市供销合作社联合社（农合联）启动为受灾会员送农资服务，为区受灾较重的13家农合联会员赠送化肥15吨。销售化肥35385吨，农药434.4吨，农膜228吨，保障全区全年农业生产。

【农贸市场建设】 2020年，中山路农贸市场改造提升完成。南苑农贸市场内部摊位、水电、消防等基础设施改造装修完成。农贸批发市场完成搬迁方案制定和搬迁准备。区供销合作社联合社开始承接余杭区大运河以东区域各农贸市场开发建设，并逐步接管该区域范围内已建成投入运作的农贸市场。

【村社共建】 2020年，余杭区相关基层供销社与运河街道双桥村、崇贤街道沾桥村、乔司街道朝阳村、瓶窑镇窑北村开展“村社共建”。区供销合作社联合社在双桥试点建设农文旅融合示范村。

【大田托管】 2020年，余杭区征而未用土地“大田托管”工作的托管面积、土地性质、种植内容均有增加。全年完成320余公顷征而未用土地托管；将运河二通道40余公顷土地、余杭经济技术开发区20余公顷土地、隆兴寺周边近10公顷土地列入托管；种植内容由以前的种植观赏植物，到大面积种植油菜，再转到种植荞麦和芍药。

【垃圾处置】 2020年，区供销合作社联合社下属杭州嘉润绿腾环保科技有限公司西大门建筑垃圾处理点，采用“拆运处”（拆除、运输、处置）工作方式，对余杭区东部地区建筑垃圾实行全封闭资源化处置，全年接收建筑垃圾50万吨，完成资源化处置30万吨。新承接装修垃圾处置任务，完成装修垃圾处置项目公司组建、处置临时厂区主体结构建设等工作。

（张家传）

编辑：李景苏

延伸阅读▶▶

在余杭做电商吃到“糖”了

浙江省杭州市余杭区有海外华侨华人1400多人、归侨侨眷3900多人。海外乡亲呈现“全球分布，地区集聚”的空间分布特点，主要集中在美国、加拿大、英国、澳大利亚、日本等多个国家和地区。

近年来，余杭凭借以良渚文化为代表的深厚文化底蕴和数字经济蓬勃发展带来的创新活力，延揽全球人才。累计有5500多名海外高层次人才在此创新创业，其中不乏有理想有抱负的青年华侨。

直播宣传、沟通客户、清点发货、内部会议……晚上8点，陈波才得以歇上一会儿。7月和8月是鸬鸟蜜梨的成熟期，余杭三水果业有限公司进入产销旺季，担任副总经理的海归新农人陈波忙个不停。从公司出来，回头望，余杭仍是一片灯火通明。

余杭，位于浙江省杭州市北部，这里是“中华文明曙光”良渚文化的发祥地，是丰子恺笔下的江南佳丽地，也是余秋雨眼里过日子的好地方。如今，更多人知道余杭，因为这儿还是阿里巴巴集团全球总部所在地，是电商创业的热土，是新侨聚集的地方。

从路边摆摊到电商“爆款”

陈波本是余杭人，大学期间作为交换生出国。在亲戚朋友眼中，陈波的人生轨迹本应是这样的：在加拿大拿到学位，进入金融机构工作几年，然后到国外定居。没想到，这条原本和家乡渐行渐远的人生路画了个弧线又回了原点。2015年，陈波回到家乡余杭区鸬鸟镇，和父母一起打理果业生意，用电商助推产业。

“我去过国内外许多城市，但最爱还是家乡。这里有江南特有的婉约，创业氛围厚积而薄发，余杭有风景、有情调、有故事，不仅宜居，还吸引了阿里巴巴这样的互联网大公司，很适合我们互联网创业者。”陈波说。

每年春分过后，鸬鸟便成了花的海洋。“千树万树梨花开”，诗中用来比喻的场景，却是陈波真切的童年记忆。鸬鸟镇位于余杭区西北部，境内海拔千米以上的山峰连绵不断，土壤肥沃、气候适宜、光照充足、雨水丰沛，为蜜梨生长提供了得天独厚的条件，这里也成了余杭区著名的“蜜梨之乡”。梨花雪白，惹人怜爱。如今，面对漫山梨花，陈波有了新的愿望：“为传统农企插上互联网的翅膀。”

海归回来做农业，看起来并不是那么“高大上”。此前，陈波也觉得，家乡的蜜梨虽有百年历史，但第一产业对他吸引力不大，父母打理就好。后来陈波发现，虽然鸬鸟蜜梨在省市各级农产品评比中拿到过金奖，但高品质的水果没能转化成高收益的“香饽饽”——广大果农仍以路边摆摊作为主要销售模式，零售价过于低廉。

陈波意识到，现代农业发展，不仅要产出高质量的农产品，还要有品牌意识和运营能力，要做“互联网+”模式。他决定将自己之前学到的知识运用到蜜梨产业中，打造鸬鸟蜜梨的品牌，将水果的高品质转化为乡亲们的高收入。于是，这位金融海归一头扎进家乡花果山，成了新农人。

通过浙乡有礼、淘宝网、联华鲸选等多个平台，陈波探索着鸬鸟蜜梨的电商之路，现在他又借助盒马鲜生等新零售渠道，让鸬鸟蜜梨更贴近目标人群。

“其实鸬鸟蜜梨的消费群以杭州本地的高品质消费群体为主，这个市场很成熟，消费者的消费意愿强，消费能力也高，这就体现出了我们在余杭创业的区位优势。鲜果不易保存运输，但我们产地离市场近，很多客户直接开车上门来提货，供不应求。”陈波说。

以前，鸬鸟蜜梨两三元一斤，还有的烂在果园无人要，现在卖到四五元一颗，在高端商超成了“爆款”。鸬鸟果农的生活也似水分充足、清甜可口的蜜梨一样，甜滋滋的。

千年古镇“长”出年轻品牌

在余杭做电商吃到糖的，不止陈波一人。

“我刚回来时，朋友比较少，加入余杭新生代企业家协会后，认识了一大批留学归来的‘创二代’，对接上企业订制这方面的茶叶业务，对公司发展是很大的帮助。”2016年从英国伦敦回国创业的“95后”、忆江南茶业执行副总裁张羽馨坦言，回来就是看中了杭州包括余杭良好的创业环境。

中国电商之都在杭州，而在杭州，电商企业又多聚集在余杭。眼下，余杭正全力打造全国数字经济先行区，全球各地的人才和资源纷至沓来。余杭区统战部侨务科科长华伟介绍，以前，出国留学的群体大多留在国外工作生活，而近年来有一个明显趋势：从余杭走出去的人多，回到余杭的人也多，从外地来余杭工作生活的人也多，尤其是来杭州的高层次人才，近一半来了余杭。

忆江南茶业创立于京杭大运河边具有璀璨明珠之称的千年古镇——塘栖镇。江南的小桥流水与制茶人的翻炒揉捻相得益彰，成了古镇别具一格的风景。如今，古镇也触网。通过创新产品和互联网营销，忆江南茶叶在电商平台开起旗舰店，受到年轻客户的喜爱。

“市门相向锁长虹，画舸奔云趁晚风。”新生的忆江南，无疑为塘栖这个颇有历史韵味的古镇续写了新的一章。不过，张羽馨透露，因为目前销售太好，公司准备搬到余杭经济开发区，包括工厂和办公楼，整体占地面积将由2亩增长到32亩，未来大有可为。

同样因为发展需要，最近将要迁新址的还有杭州以勒上云机器人科技有限公司。

“我们要从良渚搬到余杭经济开发区了！”温州籍意大利侨领、以勒上云总经理朱灵君说，政府帮他解决了用地问题，不仅面积变大了，租金也很划算。余杭经济开发区是国家级开发区，新经济新业态汇聚，配套设施完备，支持政策到位，又靠近阿里巴巴、蚂蚁金服等大型互联网企业。他相信，公司将有更好的发展。

新侨聚集续写余杭故事

网络上流传着这样一个段子，在余杭仓前梦想小镇的咖啡馆里，有1/3的人在讨论电商创业，不谈创业的，很可能就是电商“大佬”本人。走进余杭，朱灵君发现这个段子并不假。“一个市场的发展，主要看从事这个行业的人是否能创新、有活力，而我在这里接触到的人都理念新颖、思维活跃，余杭创新创业的氛围浓厚。”朱灵君说。

江南地区多雨水滋润，所以万物繁茂，创业公司的茁壮成长也离不开余杭生态大环境的滋润。

今年以来，疫情对许多企业造成影响，朱灵君告诉记者，根据余杭区政策，他的公司享受到了1个～6个月员工社保和电费的减免，还可以从银行拿到低利息贷款，这些惠企政策起了大作用，也让企业更无后顾之忧地投入到生产研发中。“我感觉政府是做实事的，区里的经信办、侨联等相关部门都会主动问我们有什么困难，他们是真正帮助企业把事情做起来。”

余杭不仅吸引了回国创业的侨商、留学生，也吸引了大批高学历的专家院士。兼任余杭区侨商会常委和余杭区青年联合会常委的陈波对此感受很强烈：“这一批新余杭人将会形成一支独特的队伍，带领并见证余杭新的发展与改变。”

“广大侨胞是非常紧密的群体，我们常常在交流中创新思路、互通有无。大家做的行业不一样，却都能得到灵感，然后进行孵化。”陈波说，“历史文化要传承下去，余杭的故事才能续写。留得住人，这正是余杭的价值体现。”

[《人民日报》（海外版）2020年9月11日 顾春、叶子]

旅游业

Tourism

·综　　述·

【概况】　2020年，余杭区接待游客2323.44万人次，实现旅游收入284.19亿元，其中，接待国内游客2322.24万人次，实现国内旅游收入283.96亿元。截至年末，全区有A级旅游景区14家，其中AAAA级以上旅游景区7家；星级旅游饭店5家，其中四星级以上旅游饭店4家；白金宿民宿1家，金宿民宿1家，银宿民宿9家；星级旅行社6家；省级旅游风情小镇3个；省A级景区村庄119个，其中省AAA级景区村庄25个；市社会资源国际旅游访问点7家；纳入市旅游咨询体系的咨询中心10家。全年未发生旅游安全责任事故。

2020年，余杭区被确定为省级文化和旅游消费试点城市，被评为2019中国有影响力的全域旅游示范区。良渚古城遗址被评为2019中国特色研学旅游目的地。径山镇小古城村、塘栖镇塘栖村被评为省级乡村旅游重点村。12个村被评为省AA级景区村庄。中国人工智能小镇被评为国家AAA级旅游景区，径山景区被评为国家AAAA级旅游景区，瓶窑镇被评为省AAAAA级景区镇（乡、街道）。良渚文化、大径山“陆羽与茶小僧”被列入省文化和旅游IP培育名单，并纳入省文化和旅游IP库。

【余杭区被命名为浙江省文旅产业融合试验区】　2020年，余杭区编制完成《余杭区文化和旅游融合发展规划》《余杭文化和旅游融合指数研究》和《良渚世界遗产IP建设和提升方案》。12月23日，经浙江省文化和旅游厅现场考核与评议，余杭区等25个县（市、区）被命名为浙江省文旅产业融合试验区。

【一镇一品】　2020年5月30日，区文化和广电旅游体育局制定《余杭区文旅融合一镇一品工作指南》。11月16日，编制完成《余杭区“一镇一品”文旅业态策划》，首批推出良渚、瓶窑、塘栖等9个镇（街道），构建“一镇一品”“九个一”（一个主题口号、一套品牌IP和吉祥物、一位形象代言人、一条特色产业链、一组精品线路、一个网红打卡点、一套特色文旅商品、一个智慧试点、一套运作体系）发展体系，将美丽城镇环境资源、产品资源转化为市场资源，催生多个网红打卡点。

【“诗画浙江·百县千碗”】　2020年8月31日，余杭区“百县千碗”工作领导小组成立，制定《余杭区关于做实做好“诗画浙江·百县千碗”工程的实施方案》，推出一张地图、一个视频、一本画册、一系列活动。12月1日，王元兴酒楼、临平大酒店、新庭记（缘庭园宴会中心）被评为“诗画浙江·百县千碗”特色美食旗舰店，杭州运河塘栖雷迪森庄园被评为“诗画浙江·百县千碗”特色美食示范店，百年汇昌被评为“诗画浙江·百县千碗”特色美食体验店。12月10日，区文化和广电旅游体育局在全省“诗画浙江·百县千碗”视频工作会议上作典型发言。12月23日，“诗画浙江·百县千碗”余杭至味美食之旅推介活动举行。12月28日，塘栖特色美食小镇被列入“诗画浙江·百县千碗”特色美食小镇培育名单。

【文旅“1010”工程】 2020年11月2日，余杭区成立区文旅“1010”项目领导小组，制定《余杭区推进文旅“1010”工程的实施方案》、任务分解表，形成“十大文旅综合体+十大高端酒店”项目库，即以良渚文化艺术走廊、余杭区大运河文化带建设（大运河综合保护）一期等10个大项目建设，推动景区精品化、综合体化；以径山禅茶文化交流中心（禅修酒店）、艺尚雷迪森广场酒店等10个高端酒店配套，推动住宿设施均衡分布。

（师晨）

·旅游市场开发·

【余杭文旅长三角云推介会】 2020年3月12日，为应对新冠肺炎疫情对文化和旅游业带来的重创，由区委、区政府主办，区文化和广电旅游体育局承办的“2020年余杭文旅长三角云推介会”以线上直播的方式举行。各镇（街道），区内主要景区、宾馆饭店、旅行社等旅游企业，长三角三省一市（江苏省、安徽省、浙江省、上海市）主要旅行社、投资商代表，长三角主流媒体、新媒体平台编辑等600余人在线上参加推介会。截至当日15时30分，上连线直播活动观看量168.2万人次。

【旅游市场复苏】 2020年3月14日至5月1日，余杭区符合疫情防控要求的国有5家A级旅游景区向境内外游客免费开放。其间，接待游客48.79万人次，其中良渚古城遗址公园接待游客17.08万人次。

【疫情期间旅游业政策扶持】 2020年3月24日，为应对突如其来的新冠肺炎疫情冲击，扶持旅游业发展，区文化和广电旅游体育局会同区财政局制定《余杭区关于疫情防控期间支持旅游行业共渡难关的补充意见》，推出鼓励旅游饭店提供降价优惠、鼓励A级景区实施免费开放等六大帮扶举措与优惠政策，支持旅游企业进行自主宣传推广，提高游客招徕奖励，促进旅游市场复苏。

【欢乐游杭州】 2020年，为推动余杭区旅游产业尽快复苏和持续发展，余杭区推出“欢乐游杭州”余杭区系列活动。活动主要安排在3—6月，部分活动持续到12月底。活动包括以精品旅游线路推广、我的家乡我代言为主题的云游余杭，以公益体验游、党员红色游、惠民品质游为主题的心游余杭，以欢乐自驾游、美好生活游、本地疗休养为主题的近游余杭。

【第19届中国茶圣节】 2020年4月18日，第19届中国茶圣节在径山举行。开幕式以“云直播”的形式呈现，运用5G直播技术向全网观众展现大径山全景风貌，并首次发布宣传片《陆羽带你游大径山》。

【“欢乐游杭州　家乡我代言”余杭文旅融合“一镇一品”发布会】 2020年4月23日，“欢乐游杭州　家乡我代言”余杭文旅融合“一镇一品”发布会在大径山旅游集散中心举行。现场发布余杭文旅IP卡通新形象“小余”与“杭宝”，并上线“一镇一品”文旅产品及精品线路。

【智慧文旅建设】 2020年，区文化和广电旅游体育局推进杭州城市大脑城市文旅系统重点场景工作。截至年末，30秒入住使用率88.92%、达标率116.6%，20秒入园使用率100%。上线余杭区107个A级景区村庄的智慧导览系统，展示各村庄风貌。

【浙江文化和旅游总评榜】 2020年5月16日，2019浙江文化和旅游总评榜仪式暨“后疫情时代文旅行业的危与机”分享会在良渚古城遗址公园举行。会上，余杭区被评为2019浙江文化和旅游产业融合发展十佳县区，良渚古城遗址申遗被评为2019浙江文化和旅游十大新闻事件，良渚古城遗址公园被评为浙江十佳研学旅游目的地，塘栖镇被评为2019浙江十佳韵味江南小镇。

【浙江省重点旅游乡镇资源开发培训班在余杭区举行】 2020年9月8—10日，由浙江省文化和旅游厅主办、区文化和广电旅游体育局承办的全省重点旅游乡镇资源开发培训班、等级民宿主人培训班在余杭区举行。培训期间，全体学员到首批省AAAA级景区镇瓶窑镇，AAA级景区村庄径山村、青山村，大径山旅游集散中心等地开展现场教学，余杭经验被全省推广。

【余杭文化旅游品牌发布活动暨招商投资环境推介会】 2020年9月21日，杭州余杭文化旅游品牌发布活动暨招商投资环境推介会在上海举行，2020余杭文化旅游（上海）推广周同时启动。上海大中型旅行社、知名客商、自驾户外机构及新闻媒体代表等150余人参加，为余杭和上海两地旅游企业对接提供契机。活动现场推介了5条余杭文化旅游特色线路和游客召集优惠政策。

【“48小时邂逅余杭”直播】 2020年9月27—29日，区文化和广电旅游体育局联合新浪浙江，共同打造“48小时邂逅余杭”项目。活动以48小时不间断直播形式，以“达人直播（动态直播）＋静态直播”推广余杭九大优质镇（街道）景区。截至10月14日，“48小时邂逅余杭”微博话题阅读量超4700万人次，直播观看量307万人次，国庆期间登上微博热搜榜第三位。

【虞铭被评为国家乡村文化和旅游能人】 2020年10月30日，经区文化和广电旅游体育局推荐，文化和旅游部资格审核、专家评议、公示等程序，余杭区“浙江老字号”杭州百年汇昌食品有限公司董事长虞铭被评为2020年度国家乡村文化和旅游能人。虞铭结合余杭非遗资源，将塘栖传统手工蜜饯制作技艺，整理申报为市级非物质文化遗产项目，编纂出版《塘栖蜜饯》，将塘栖蜜饯打造成为旅游商品。

【中国国际网络文化博览会通气会暨数字文化产业高质量发展研讨会】 2020年12月18日，由浙江省文化和旅游厅、中国动漫集团有限公司主办，杭州市文化广电旅游局、余杭区人民政府承办的中国国际网络文化博览会通气会暨数字文化产业高质量发展研讨会在良渚举办。活动现场推介“诗画浙江·百县千碗”余杭至味和余杭（良渚）数字文旅IP建设工作。

（师晨）

·旅游行业管理·

【酒店管理综合服务技能大赛】 2020年5月，区文化和广电旅游体育局、区委人才办、区总工会、区人力资源和社会保障局、区财政局等单位在浙商开元名都大酒店联合举办全区酒店管理综合服务技能大赛，18家旅游饭店的54名选手参赛，杭州王元兴餐饮有限公司获团体第一名。

【旅游人才培养】 2020年，在杭州市星级讲解员大赛中，4名选手被评定为五星级讲解员，8名选手被评定为四星级讲解员，12名选手被评定为三星级讲解员。3名导游被认定为杭州市E类人才，兑现区高层次人才旅游券资金76.25万元。

【旅游企业品牌建设】 2020年，经区文化和广电旅游体育局初评、市旅行社品质评定委员会终评，杭州美丽洲假日国际旅行社被评定为四星级品质旅行社。经区文化和广电旅游体育局指导、推荐，杭州西溪雷迪森大酒店通过省旅游饭店星级评定委员会考核，创建为绿色旅游饭店。

（师晨）

·旅游资源投资开发与管理·

【项目建设】 2020年6月，超山百联奥特莱斯项目、径山禅茶文化交流中心项目开工。10月，陆羽泉公园开园运营。年内中泰德式亲子庄园完成建设，超山风景区配套用房、溪上曼谷环境整治、径山花海景区提升、天井湾民宿、凌寒街延伸段、莲花港路等旅游基础设施配套项目推进中。

【旅游运营】 2020年，超山区块与阿里体育有限公司深化合作，共同推进体育场馆运营。中泰区块迷你青少年生产劳动与科学技术实践教育基地启动运营。径山花海景区进行提质升级改造，陆羽泉公园新增唐代煮茶体验活动。举办陆羽泉公园开园，径山花海动漫节、拾花节等活动。推出“陆羽带你游大径山”系列游线、大径山党建联盟配套线路等产品。完成大径山智慧旅游平台建设，杭州余杭旅游集团有限公司开展鸬鸟、百丈等大径山区域乡镇的全域旅游运营，参与径山、鸬鸟、百丈的AAAA级景区镇、省旅游风情小镇创建；策划并执行包括第19届中国茶圣节、余杭区杜鹃花节、余杭区蜜桃文化节、鸬鸟蜜梨节等在内的活动。

【文旅IP打造】 2020年，“陆羽与茶小僧”IP入选浙江省文化和旅游厅首批省级文旅IP，“陆羽带你游大径山”宣传片制作完成。三味径山茶、国礼大师李加林织锦联名丝巾、非遗技艺塘栖法根糕点联名茶小酥、G20供应商百丈双枪竹筷联名福箸等联名产品推出。

【旅游企业架构调整】 2020年，根据余杭区人民政府专题会议纪要有关精神，杭州余杭运河综合保护开发集团有限公司股权划拨至杭州余杭旅游集团有限公司，明确塘栖镇政府与杭州余杭运河综合保护开发集团有限公司的职责划分，杭州余杭运河综合保护开发集团有限公司调整后涉及的项目建设、征地拆迁、资金保障、旅游开发与管理等工作完成交接。

（韩齐生）

·超山风景名胜区·

【概况】 2020年，超山风景名胜区入园60.2万人次，景区经营收入540万元。是年，超山风景名胜区被评为“新时代·中国最具品质旅游景区”、省级“青年文明号”、杭州市文旅行业“党员先锋示范岗”。2020年，超山风景名胜区完成投资353.13万元，实施新一轮基础设施提升、白蚁防治（一期）、污水零直排（一期）、主题小品建设、木质亭廊维修养护等建设项目。

2020年10月17日，2020斯巴达勇士赛杭州站比赛在超山风景名胜区举行 （超山风景名胜区管委会 供稿）

【营销推广】 2020年，超山风景名胜区组织完成第12届超山梅花节、“超燃五月·奇趣童行”、超山天使造物节、超山RC（遥控车）嘉年华等活动。10月17日，连续第二年举办国际顶级障碍赛——2020斯巴达勇士赛杭州站，吸引4000余名中外选手参与。联合浙江广电新媒体打造《奔跑吧少年》，11月14日节目在“中国蓝电信电视超级少儿专区&中国蓝TV”首页及综艺专区首播。推出枇杷、杨梅、葡萄等采摘专线，同步在网上微店销售，组织游客开展采摘近万人次，助力农户增收300余万元。开展“杨梅采摘节”系列活动，举办多场超山杨梅网络直播活动，吸引5000余人观看。

【超山农业研学】 2020年，超山风景名胜区推进超山奇趣农业研学基地建设，推出自然探索类、智慧农业类、食物教育类等农耕文化体验产品。先后开展农业研学夏令营、“拒绝舌尖上的浪费”农耕体验等活动，与杭州橄榄树学校、余杭信达外国语学校等10余所学校建立长期合作关系，全年接待师生近万人次，被评为余杭首批青少年教育基地。

【第12届超山梅花节】 2020年1月8日至3月31日，第12届超山梅花节在超山风景名胜区举行，延续“香约梅海 悦动超山”主题。受新冠肺炎疫情影响，本届梅花节开创“云赏梅”网络宣传模式，景区先后与杭州电视台、余杭电视台开展网络直播合作。2月24日，“央视新闻长镜头直播——春天已在路上”栏目到超山风景名胜区拍摄，直播超山十里梅海。梅花节期间，景区接待游客4.3万人次。

【吴昌硕文化“三地四馆”联动】 2020年1月8日，在第12届超山梅花节开幕式上，超山风景名胜区联合杭州西泠印社、安吉吴昌硕纪念馆、上海吴昌硕纪念馆，启动吴昌硕文化“三地四馆”联动工作。在超山联合举办“一路梅花”中国当代名家画梅作品展，展览展出全国30余名画家以“梅花”为主题的画作。联合上海静安区北站街道，以“余杭先贤姚虞琴、海派大师吴昌硕”为主题，在上海静安区北站艺术中心举办“海上珍帚——姚虞琴、吴昌硕与超山书画珍品展”。在超山风景名胜区大明堂举办“香雪如故”梅花主题画面石展。11月29日，“三地四馆”举行联动共建签约仪式，开展吴昌硕逝世93周年系列纪念活动。

【超山风景名胜区疫情防控】 2020年，针对新冠肺炎疫情形势，超山风景名胜区成立疫情防控工作领导小组。1月24日至2月21日，景区暂停对外开放。开园后，景区采取实名购票、预约游览、无现金支付等方式，精准控制游客数量，有序推进景区复工。全年把“限量、预约、错峰”作为常态化、长效化防控原则，开展重大活动前制定防控预案，与公安、塘栖镇等相关部门做好对接；针对超山假日酒店集中隔离点，做好景区安全防护，主动为隔离人员提供服务，为出租物业争取优惠政策，保障隔离点工作。

【超山风景名胜区生态资源保护】 2020年6月30日，超山风景名胜区参加余杭区纪念第10个“6·30”浙江生态日活动暨研学生态余杭发布仪式，被评为“生态余杭2020”生态名片。开展野火火源专项治理，全年开展防灭火安全检查15次，组织森林防灭火宣传11次，处置森林防火隐患1起。历时1年，拍摄完成《自然旅行　生态超山》生物多样性纪实片。

【“党建+清风之旅”项目】 2020年11月29日，“超然正气　砥砺前行——党建+清风之旅”线路对外发布。通过带领游客游览中国戏剧梅花苑，走访党建廉政文化大道，鉴赏唐宋古梅，参观吴昌硕纪念园，体验“拓印、品茶、观片”等形式，以景说廉、寓教于游。是年，党建助推超山文旅精品线路被评为余杭区党建助力“三个全域”建设优质项目。

（杨莉）

编辑：陈素琴

财政·税务

Finance and Taxation

·财　　政·

【概况】　2020年，全区预算收支情况良好，财政收支平衡。全年财政总收入825.91亿元，比上年增长13.69%，其中一般公共预算收入441.06亿元，增长12.67%。一般公共预算支出413.64亿元，增长9.80%。区本级一般公共预算支出401.59亿元，增长9.65%。

【组织财政收入】　2020年，区财政局扎实做好“六稳”工作、全面落实“六保”任务，财政收入增幅控制在合理水平。全年全区一般公共预算收入中税收收入433.13亿元，占比98.20%。一般公共预算收入占财政总收入53.40%，占地区生产总值（GDP）的14.45%。全年完成非税收入675.48亿元，比上年增长64.90%，其中纳入一般公共预算收入管理的非税收入7.94亿元，下降55.12%。

【企业复工复产财政政策制定】　2020年，区财政局牵头制定“防疫惠企28条”，会同主管部门出台“新制造业计划”“引才新十条”“春雷计划”“外贸新五条”等惠企政策。集合多部门人员力量，牵头成立余杭区惠企财政政策集中兑现办公室，建立财政扶持资金预拨机制，预拨9.38亿元，兑现惠企政策。依托杭州市“亲清在线”数字平台，实现惠企政策线上即时兑付，全年全区上线政策42条，通过“亲清在线”平台兑付资金13.45亿元，惠及企业8.61万家次，个人17.45万人次。运用4亿元应急转贷周转资金政策，降低企业融资成本，惠及企业2847家、个人1157户，4019笔，转贷金额175.02亿元，节约融资成本4800余万元。落实企业阶段性社保费减免，全年减免企业社会保险费47.52亿元，涉及企业618985家次；办理缓缴涉及资金1.78亿元、企业3245家次；返还1个月社保收入3.28亿元，涉及企业24225家。

2020年2月12日，牵头成立余杭区惠企财政政策集中兑现办公室（区财政局　供稿）

【民生重点保障】 2020年，全区民生支出294.98亿元，比上年增加1.30亿元，占一般公共预算支出的71.31%。教育支出76.01亿元，主要用于中法航空大学建设，32家公办学校空调和新风系统加装，余杭高级中学、临平第一小学等10所学校智慧校园示范学校建设。卫生健康支出24.53亿元，主要用于支持新冠肺炎疫情防控，浙江大学医学院附属第一医院总部建设，公共场所AED机（自动体外除颤仪）配备，新改扩建社区卫生服务站36家，应急性救护培训。科技支出24.73亿元，主要用于科技创业投资（天使）引导基金，新引进本科以上毕业生生活安家补贴、重大科技项目政策兑现、国家重点支持领域高新技术企业补贴。社会保障支出39.33亿元，主要用于新增镇（街道）级居家养老服务中心6家，示范型居家养老服务照料中心26家，老年人集中配（送）餐中心21家，改造提升临平、余杭、塘栖就业服务中心，建成瓶窑、良渚、仁和就业服务中心。

【财政改革】 2020年，区财政局构建国资国企数字化管理平台，利用云计算、大数据、人工智能等技术，以杭州余杭交通集团有限公司和杭州余杭水务控股集团有限公司为试点，搭建“统一监管、高效运营、智能预警”的国资国企数字化管理平台。推进政府非税收入电子化改革，全区132家收缴单位纳入统一公共支付平台，在医疗、捐赠、公安、教育、社团等领域广泛应用，实现财政电子票据全领域全覆盖。实现财政补助资金“一卡通”发放，发放至个人的涉农补助和民生补贴全部纳入镇（街道）公共财政服务平台管理，实行市民卡“一卡通”发放。全年全区通过“一卡通”平台发放资金项目49个，发放资金5.37亿元，惠及民众16.59万人。

【财政监管】 2020年，区财政局完善预算绩效全过程管理机制，出台《余杭区项目支出绩效评价实施办法（试行）》等7个预算绩效管理文件。开展事前绩效评估，审核核减政府重大投资项目估算2.58亿元。规范绩效目标设置，核减6个重点评审项目预算7147万元；组织2335个区级项目设置绩效指标12341条，663个项目退回修改绩效指标1071条。开展项目运行监控，对20.3%的区级项目进行年中预警。开展绩效评价，评价重点项目绩效8个，涉及资金11.57亿元。清理盘活存量资产资金。全年清理区级72个部门、252家单位的基本户历年结余，上缴沉淀资金1.80亿元。统筹推进闲置国有资产处置，各镇（街道）、行政事业单位、区属国有企业处置闲置房产8580宗、274.86万平方米，处置闲置土地194宗、319.58万平方米。防范化解债务风险，按照省财政厅下达的5年政府隐性债务化解计划，逐步化解政府隐性债务，完成2020年计划的112.97%。

（章立洲）

·税　　务·

【概况】 2020年，区税务局组织各项税费收入949.73亿元，比上年增长8%。其中：税收收入799.67亿元，增长12.7%；社保基金收入131.18亿元，下降11.1%；非税收入14.29亿元，下降22.0%。增值税入库217.39亿元，增长4.3%；企业所得税入库301.82亿元，增长38.1%；个人所得税入库137.47亿元，减少14.2%。全年办理出口退税金额39.68亿元。

【服务“六保”“六稳”】 2020年，区税务局贯彻落实党中央、国务院和省、市、区关于减税降费系列政策，推进市场主体复工复产。借助平台解决纳税人需求，通过驻企联络员、征纳沟通平台、增值税发票平台等渠道收集企业复产需求，梳理上下游产业链及开票信息，确保复工企业有序生产。在线

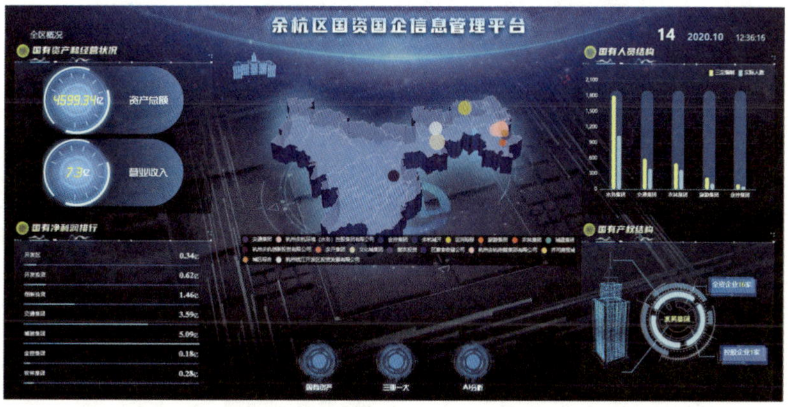

余杭区国资国企信息管理平台　　（区财政局　供稿）

讲解抗疫惠企政策，采用智能机器人“税小蜜”24小时自动为纳税人答疑。全年利用征纳沟通平台等税企交流渠道推送涉税提醒和优惠政策379条，推送1533.86万户。推行增值税电子发票，引导纳税人网上领用电子发票，为符合条件的纳税人开通电子发票领用权限。开放退税绿色通道，落实业务办理时限清单制，从申报到退库全流程无纸化，压缩办理时间，缓解企业资金压力。

【税务营商环境优化】 2020年，区税务局推进“非接触式”办税缴费常态化，拓展互联网税款缴纳渠道，推广银行手机App签订缴款协议和支付宝、微信扫码缴纳税款、社保等税费。全年电子税务局受理量1106.65万户次，综合网办率97.31%，列全市第三。简化办税流程，推广企业新办智能一网通平台，半小时内自动办理税（费）种认定、一般纳税人登记、票种核定、发票发放等业务。推行发票网上申请、邮寄配送，对接邮政配送，实现发票配送“半日达”；开放退税绿色通道，落实业务办理时限清单制，压缩环节的办理时间，实现退税申请、退税审核、退库办理业务全流程网上办理。简化申报程序，推进网上办税系统与企业财务软件对接，通过财税一体化系统自动采集数据转换为申报表，实现“一键报税”，减少纳税人准备时间和申报时间。

【税费治理】 2020年，区税务局推进税务基础事项网格化试点，将失联纳税人、漏征漏管户核实等涉税事项纳入基层网格管理体系，通过“基层治理”App实现征管数据入格上图，构建覆盖20个镇（街道）、1540个网格点的共治网络，核实失联纳税人34570户。网格管理推进个税汇缴完成，分辖区、行业建立汇缴网格，采取线上“云直播”、重点企业上门等提升辅导质效，与教育、卫生健康等部门联动对下辖单位开展扎口管理，完成个税汇缴31.5万人。探索新经济征管服务模式，调研网约车、直播经济等新经济的业务模式、核算机制，针对杭州滴滴汽车服务有限公司、浙江网商云谷园区运营管理有限公司等典型企业具体税务事项制定相应征管、纳服管理办法，促进新经济发展。

【依法治税】 2020年，区税务局建立完善税收风险应对审核制度和复核制度，补缴税款净入库1455.47万元，滞纳金净入库69.34万元。落实发票异地协查，全年接收并完成发票异地协查800余次。落实落细减税降费政策，对应享未享和违规享受企业开展风险排查104家。依托税收大数据，针对复工复产工作的需求，核查出口困难企业供应链，通过大数据平台查询提供复工复产信息1万余条。

（汪远）

编辑：陈素琴

金 融

Banking

·中国人民银行余杭支行·

【概况】 2020年末，余杭区金融机构实现融资余额4201.01亿元，较上年同期增加680.15亿元，增长19.3%。其中表内贷款余额3165.55亿元，较上年同期增加536.31亿元，增长20.4%，占比75.4%，比上年上升3.8个百分点；传统表外融资余额415.62亿元，较上年同期增加71.5亿元，增长20.8%，占比9.9%，比上年下降2.5个百分点；表表外融资余额187.04亿元，较上年同期下降14.46亿元，下降7.2%，占比4.5%，比上年下降3.6个百分点；银行间债券市场发债余额432.8亿元，较去年同期增加86.8亿元，增长25.1%，占比10.3%，比上年上升2.3个百分点。

2020年末，余杭区本外币存款余额4249.47亿元，较年初增加449.68亿元，同比少增241.04亿元，同比增长11.8%。全区住户存款余额1757.48亿元，较年初增加280.21亿元，同比多增41.42亿元，同比增长19%，高出总存款增速7.2个百分点。其中活期存款余额597.65亿元，较年初增加63.01亿元，同比少增16.8亿元，定期及其他存款余额1159.83亿元，较年初增加217.2亿元，同比多增58.22亿元。全区广义政府存款余额914.10亿元，较年初减少81.96亿元，同比少增249.87亿元，其中财政性存款余额160.39亿元，较年初减少63.15亿元，同比少增72.02亿元，机关团体存款余额753.70亿元，较年初减少18.82亿元，同比少增177.85亿元。全区非金融企业存款余额1543.10亿元，较年初增加228.31亿元，增幅17.4%，高出总存款增速5.6个百分点。其中活期存款余额659.08亿元，较年初增加34.26亿元，同比少增90.41亿元，定期及其他存款余额884.02亿元，较年初增加194.05亿元，同比多增40.16亿元。

2020年末，余杭区外汇贷款余额5216万美元，较年初下降12808万美元，同比少增20232万美元，同比下降71.1%。其中企业短期贷款余额3966万美元，较年初下降12781万美元，同比少增27792万美元，同比下降76.3%。全区外汇存款余额73947万美元，较年初增加25303万美元，同比多增23652万美元，同比增长52%。其中非金融企业存款余额61698万美元，较年初增加26213万美元，同比多增28335万美元，同比增长73.9%。

2020年，余杭区不良贷款余额12.32亿元，不良贷款率0.39%，远低于全省平均水平。从全区新增不良情况看，1—12月，全区银行机构共新增不良贷款13.14亿元，较上年减少2.02亿元。从全区不良处置情况看，1—12月，全区银行机构共处置不良贷款9.3亿元，较上年减少9.7亿元。

【央行窗口指导】 2020年，中国人民银行余杭支行贯彻落实稳健货币政策，印发《关于全力做好疫情防控期间货币信贷工作的通知》《关于全力做好全区银行机构"新型冠状病毒感染的肺炎"疫情防控金融服务保障工作的通知》《2020年货币信贷指导意见》等指导性文件，引导银行机构贯彻落实稳健货币政策和宏观审慎政策调控要求，综合运用政策工具，实施融资畅通工程，确保全区融资总量同比增加。

【金融政策工具落地惠企】 2020年，中国人民银行余杭支行帮助企业有效应对新冠肺炎疫情。全区向2439户企业发放符合1万亿元再贷款政策要求的贷款32.73亿元，加权平均利率5.15%。推进两项直达货币政策工具惠企利民，全区地方法人银行累计向1369户普惠小微企业实施阶段性延期还本付息政策，延期本金金额29.34亿元，延期率92.1%；向5859户普惠小微企业发放符合央行资金支持条件的信用贷款46.21亿元，信用贷款占比29.9%。

【普惠金融】 2020年，中国人民银行余杭支行针对民营和小微企业、制造业等融资问题，实施融资畅通工程。全年全区共发放小微企业首贷户贷款66.99亿元，新增小微企业首贷户2974户，占全区小微企业存量户数的25.1%。全区银行机构推进“百地千名行长助企业复工复产”“订单+清单”等专项银企融资对接活动，全区银行机构累计对接企业2465家，解决融资需求149.09亿元。

【金融风险监测分析】 2020年，中国人民银行余杭支行开展银行机构资产质量月度监测、债务融资工具风险季度监测，制定应急预案，应对潜在风险。加强法人银行非金融机构股东、经营状况和流动性状况监测，针对性开展大型民营企业和大型有问题企业风险监测，按时上报监测报告。派员驻点区政府协助做好P2P企业风险处置，开展追赃返款工作。

【金融消费权益】 2020年，中国人民银行余杭支行完成对中国工商银行股份有限公司杭州良渚支行、宁波通商银行股份有限公司杭州余杭支行、杭州银行股份有限公司海创园支行等3家一级支行的开业核验。开展辖区2019年度在营银行机构金融消费权益保护评估。处理金融消费者投诉事项，全年受理并处理金融消费者投诉件53件。牵头组织全区银行机构开展征信知识服务小微企业、“征信赋能，普惠小微”、征信知识宣传周等主题宣传活动，提高全社会信用意识。

【金融支付服务环境优化】 2020年，中国人民银行余杭支行强化支付服务对新冠肺炎疫情防控的支持，统筹协调全区银行机构支付结算力量。疫情期间，全区银行机构累计协助划转资金10.9亿元。围绕“移动支付便民工程”，先后制订应用示范区域创建方案、劳动技能竞赛方案等，推动辖区移动支付服务增量扩面。开展打击治理电信网络诈骗和跨境赌博专项行动。组织对辖内12家银行机构预售资金专用账户管理进行现场检查，参与区政府预付卡专项整治行动，防范化解支付风险。

【人民币流通服务环境净化】 2020年，中国人民银行余杭支行开展整治拒收人民币专项行动。开展打击整治假币违法犯罪和违规使用人民币图样专项行动。加强硬币自循环基础建设，搭建辖内银行机构硬币自循环互助平台，实施“大篷车”流动服务，构建辖区小面额供应等现金服务长效机制。联合公安部门组织开展“2020年涉毒洗钱风险排查专项行动”，会同区禁毒委员会办公室、区人民检察院等建立多部门反洗钱可疑线索协调沟通机制。

【国库履职】 2020年，中国人民银行余杭支行实施“三表”监管机制，加强国库资金异动监测，做好财政专户监测。围绕国债业务重点，指导辖内承销机构开展凭证式国债到期兑付提醒和到期约定转存业务。

【外汇服务】 2020年，中国人民银行余杭支行新冠肺炎疫情发生后开辟外汇政策绿色通道，指导辖内银行机构办理防疫物资收付汇业务55笔，金额1.29亿美元。开展“优化外汇金融服务，助推浙江外贸高质量发展”系列活动，指导银行机构主动提供汇率咨询、结售汇等业务。关注疫情之下市场主体动向，召开银行、企业间座谈会4场，组织进园入企活动8次，推行“一制度、一清单”模式（银行机构外汇政策专管员制度、500家重点涉外企业清单）。开展跨境金融区块链服务平台试点，全年辖内13家企业通过区块链平台办理融资业务55笔，总计0.17亿美元。

【外汇金融秩序维护】 2020年，中国人民银行余杭支行加大经常项下核查力度，优化完善真实性审核方法，推动银行机构由“单证表面真实性”审核向“交易实质真实性”审核转型。构建经常项目常态化监测体系，主动建立受跨境收支影响较大的企业名单，按月持续开展日常监测，分析研判跨境收支。提高资本项下监管能力，组织召开全辖外汇指定银行机构资本项目最新政策培训会，指导落实资本项目便利化政策。巩固完善事中事后监管机制，排摸资本项目重点领域和关键业务的风险。组织对2家银行机构开展外汇业务合规性检查，并对1家银行机构进行经常项目专项核查。

（朱楚禹）

·银行与保险业监管·

【金融行业助力抗击疫情】 2020年新冠肺炎疫情发生后，浙江银保监局余杭监管组带领辖内银行业、保险业建立疫情防控金融联动机制，推行“守护安全金融疫情宣导”，组织出台全国首个金融业营业网点标准化防疫工作规范，在全国银行业、保险业中推广。搭建“双对接双确保”金融惠企协同响应平台，在全国率先推出支持科技小微企业渡难关的科创“抗疫工资贷”服务，落地“保就业、保市场主体”应急融资贷款，组织推出的“人才贷＋人才险”金融服务科创模式，被写入省委打造高水平创新型省份决定文件。

2020年11月13日，在浙江省抗击新冠肺炎疫情表彰大会上，浙江银保监局余杭监管组被授予“浙江省抗击新冠肺炎疫情先进集体”称号，受到中共浙江省委、省政府联合表彰。

【金融领域“最多跑一次”改革】 2020年，浙江银保监局余杭监管组联合市规划和资源局余杭分局在全省率先试点不动产抵押登记线上办理，截至10月中旬，实现机构、业务全覆盖，抵押登记等待时间从原先5~8天缩短至5个小时。联合区经济和信息化局，结合“企业码”余杭专区建设，推动“企业码上融资”，截至年底，帮助2032家企业在线实现贷款申请，最快用时1天。联合区委组织部（区委人才办）、未来科技城和区科学技术局，推进人才创业险试点覆盖，推出高层次人才健康保险券。联合区住房和城乡建设局，实施保证金领域保函、保险运用，全年释放各类保证金36.9亿元。联合市医疗保障局余杭分局，推动商业保险深度参与大病医疗保障服务。联合区人民法院，推进金融纠纷多元化解探索。联合未来科技城和区市场监督管理局，在全省率先谋划知识产权融资质押线上办理，提升金融服务实体质效和便利化。

（周飞连）

·国有商业银行·

【中国工商银行股份有限公司杭州余杭支行】 截至2020年末，支行本外币各项存款日均余额203亿元，较上年新增32亿元；各项贷款日均余额87.3亿元，较上年增长3.7亿元；表外信贷资产6.44亿元；不良贷款余额456万元，不良率0.047%。截至2020年末，共服务对公结算客户5993户，公司信贷客户130户，个人信贷客户4336户，个人结算客户559662户。

新冠肺炎疫情发生后，累计发放防疫贷款5000余万元。2020年第四季度，发放首笔“双保”应急融资贷款300万元。2020年，银保监口径普惠贷款余额较年初净增4.5亿元。

（沈亚青）

【中国农业银行股份有限公司杭州余杭支行】 2020年，各项存款日均为224.12亿元，比上年日均增加25.43亿元，较年初时点增加6.95亿元。各项贷款余额154.38亿元，比年初增加36.06亿元，同比多增24.17亿元。不良贷款控制额、关注类贷款控制额全面完成市分行计划任务。至12月末，不良贷款1141万元，不良率0.07%，分别比年初增加147万元，下降0.01个百分点。

全行实现营业收入53735万元，比上年增加1377万元；实现中间业务收入8772万元，比上年增加410万元；实现拨备前利润46159万元，比上年增加811万元；实现拨备后利润43752万元，比上年增加527万元；实现净利润33136万元，比上年增加357万元。

（骆静）

【中国银行股份有限公司杭州余杭支行】 2020年，本外币存款时点余额223.03亿元，全年新增56.2亿元，增幅33.68%。四大行本外币时点存款市场占有率提升3.04个百分点。本外币贷款时点余额177.67亿元，全年新增52.5亿元，增幅41.94%。国际结算业务量25.19亿美元，增长39.04%。全行不良率0.08%。全年实现营业收入54151万元，比上年增长23.3%。实现拨备前利润44388万元，比上年增加9292万元；实现净利润

27614万元。在杭州市分行年度KPI考核在中排名第一，机构考核等级为A+，在浙江省分行“季季拼”劳动竞赛中获年度总冠军第二名，当年被评为余杭区外管局外汇业务合规与审慎经营评估得分第一和“A类银行”。

新开立工程监管类账户11户，监管资金超过65亿元。落地项目36个，储备项目9个；实现建筑工人代发项目落地30个，新增代发6000户；实现优享计划放款项目4户，新增投放1117万元；新增中高端客户1102户，新增金融资产10.83亿元。新增政府平台贷款10.92亿元；叙做科技型企业贷款63户，投放金额10.2亿元。

（王丽红）

【中国建设银行股份有限公司杭州余杭支行】 截至2020年末，支行口径本外币一般性存款时点余额250.50亿元，较年初新增30.14亿元；本外币各项贷款余额215.48亿元，较年初新增41.08亿元；不良贷款余额0.44亿元，比年初减少0.05亿元。

面向新冠肺炎疫情防控全产业链及受疫情影响的小微企业，推出“云义贷”专属信贷产品，截至年末，授信余额2400余万元。2020年，普惠个贷余额3.13亿元，较年初新增0.76亿元，其中文明助农贷合作村范围由省级文明村扩大至区级文明村及裕农通重点村，合作村数量由24个增加至33个，产品模式从线下单笔申报优化为线上批量授信，全年投放线下助农贷174户，金额2694万元；线上助农e贷授信39户，授信金额793万元。推出“民工惠”业务，累计投放近18亿元。

（宋碧佳）

·股份制银行·

【交通银行股份有限公司杭州余杭支行】 截至2020年末，支行本外币各项存款余额76.5亿元(人民银行口径)，比年初增加3.4亿元。人民币贷款余额60.37亿元，省分行本部贡献度6%，比年初增加17.18亿元，增幅40%；人民币各项贷款日均余额50.5亿元，省分行本部贡献度5.3%，比年初增加7.2亿元，增幅16.6%。其中对公贷款余额37.23亿元，较年初增加13.98亿元，对公日均贷款余额29.4亿元，较年初增加6.15亿元；个人贷款余额23.14亿元，较年初增加3.07亿元，个人日均贷款余额21.1亿元，较年初增加1.03亿元。实质性贷款投放增量位列省分行前列，对公贷款余额创历史新高。

支持企业复工复产，截至2020年末，两增口径小微余额4.9亿元，较年初增加1.5亿元。平均放款利率4.12%，较上年下降0.73%。为5家省政府疫情防控重点保障企业新增流动资金贷款4751万元，其中，浙江益海嘉里食品工业有限公司2451万元，杭州中博能源化工有限公司600万元。为杭州永和纺织品涂层有限公司、杭州双金机械有限公司等11家企业通过无还本续贷、展期等方式提供纾困金额1.03亿元。

与杭州余杭金控控股股份有限公司签订“双保”应急融资银担合作协议，为区内小微企业提供“双保”应急融资服务。10月，首笔双保贷款落地。

（包敏燕）

【中信银行股份有限公司杭州余杭支行】 截至2020年末，支行各项存款余额180.70亿元，新增1.22亿元，增幅0.68%，余额在区内股份制银行中排名第一。其中：对公一般性存款余额151.29亿元，比年初减少3.70亿元，对公余额列余杭区股份制银行第一、金融机构第三，市场占有率6.31%；个人存款余额29.41亿元，新增4.91亿元，增幅20.04%，个人存款余额在区股份制银行中位列第四。

截至年末，支行各项贷款余额161.34亿元，新增20.49亿元，增幅14.55%。其中一般性贷款余额153.74亿元，新增12.98亿元，增幅9.22%。对公一般性贷款余额102.05亿元，新增6.67亿元，增幅6.99%。零售贷款余额51.69亿元，新增6.31亿元，增幅13.9%。零售贷款项下个人住房贷款36.91亿元，新增3.28亿元，增幅8.48%；个人经营性贷款12.86亿元，新增4.41亿元，增幅52.23%。票据融资余额7.60亿元，新增7.51万元。年末对公表外、表表外资产余额181.80亿元（含发债131.45亿元），新增5.34亿元。年末贷款不良率0.07%，比年初下降0.37个百分点，为近6年来新低，整体资产质量风险可控。

面对突如其来的新冠肺炎疫情冲击，支行为企业提供减息优惠，为企业节省融资成本共3701.25万元，涉及客户79户，贷款余额316150.34万元。减费让利规模居全区金融机构第二位。为抗疫企业提供金融支持，发行余杭区首支疫情防控债 1.5 亿元；发放低息疫情专项资金 1.2 亿元。

（金云霄）

【浙江杭州余杭农村商业银行股份有限公司】 2020 年末，各项存款余额 1174.12 亿元，比年初增加 187.67 亿元，增幅 19.02%；各项贷款余额 762.8 亿元，比年初增加 132.28 亿元，增幅 20.98%。存贷款市场份额分别为 27.63% 和 24.10%。贷款总户数 104084 户，比年初增加 26299 户，其中个人贷款户数 96932 户，比年初增加 25168 户。全行五级不良贷款余额 6.44 亿元，五级不良率为 0.84%。实现各项收入 56.43 亿元，实现税前利润 12.34 亿元，上缴税收 6 亿元。主要定量监管指标符合“好银行”标准。

全年发放专项再贷款 2.62 亿元、支农支小再贷款 31.83 亿元，支持新冠肺炎疫情防控重点企业 16 家。全年为 6700 余家企业和 2000 余户农户减免利息 4500 万元，为 76 家企业提供贷款延期还本、延期还息支持。全年运作转贷资金 175.02 亿元，为企业节约转贷成本 5000 余万元。全年新增小微企业首贷户 1631 户，贷款余额 26.63 亿元，占当年新增企业贷款的 39.6%。全年对接企业 71 家，授信总额 28.4 亿元，累计发放贷款 12.1 亿元。

2020 年末，授信农户 165716 户，金额 426.78 亿元，覆盖率达到 100%。全年代理上线标的 145 笔，其中成交 107 笔，成交总金额 3971 万元。

2020 年新冠肺炎疫情期间，浙江杭州余杭农村商业银行股份有限公司落实惠企政策兑现工作

（浙江杭州余杭农村商业银行股份有限公司　供稿）

46 家营业网点可办理社保全口径五大类 47 项业务，在阿里巴巴集团控股有限公司园区开设丰收驿站，提供社保相关服务。开发上线“亲清在线”支付系统，推进惠企资金在线兑付。3 月 23 日上线至年末，代理发放补贴 165518 笔、金额 4.12 亿元。推进“乡镇公共财政服务平台＋一卡通”应用，60 余项财政补贴通过社保卡进行发放。落地抵押网办业务，上线企业网银自助挂单结汇功能，推广现金业务线上预约等功能。

是年，支行被授予中国银行业文明规范服务千佳单位、杭州市消薄增收特别贡献奖、余杭区“联乡结村”行动先进单位、余杭区创业创新服务联盟十佳服务之星等荣誉。

（胡奕）

【兴业银行股份有限公司杭州余杭支行】 截至 2020 年 12 月 31 日，支行本外币一般性存款余额为 75.19 亿元，比年初增长 6.56 亿元。其中：本外币公司存款余额 57.5 亿元，比年初增长 4299 万元；本外币储蓄存款余额 9.46 亿元，比年初新增 7958 万元。本外币存款日均余额 76.41 亿元，其中，本外币公司存款日均余额 67.45 亿元，储蓄存款日均余额 8.96 亿元。

截至 2020 年末，各项贷款余额 87.45 亿元，较年初新增 17.49 亿元，增幅 25%。其中：公司贷款余额 40.67 亿元，较年初新增 11.04 亿元；个人贷款余额 35.64 亿元，较年初新增 1.88 亿元。各项贷款日均 74.28 亿元，较年初新增 14.64 亿元。截至年末，不良贷款率为零。

新冠肺炎疫情发生后，为 35 家制造、批发零售和住宿餐饮行业及中小微企业减让贷款利息 3 个月，金额共计 333.98 万元。为参与雷神山、火神山建设的一线防疫企业及公共服务类企业开通绿色通道，提供信贷保障。2020 年，支行被为 2020 年度余杭区经济文化保卫工作先进集体；在人民银行移动支付便民工程建设技能竞赛中获得第三名；被上级行评为 2020 年度理财转型销售“十佳”网点、新闻宣传先进单位。

（何方平）

【招商银行股份有限公司杭州余杭支行】 截至2020年末，储蓄存款时点余额人民币7.27亿元，较年初增加0.68亿元；日均7.53亿元，较年初增加1.4亿元。人民币对公时点存款余额人民币52.10亿元，较年初增加2.01亿元；日均48.05亿元，较年初增加2.78亿元。对公授信敞口客户61户，敞口余额20.39亿元，其中，表内对公贷款14.04亿元、承兑融资敞口2.36亿元，保函敞口1.35亿元、信用证2.03亿元、商票敞口0.61亿元。2020年1—12月实现表内资产投放5.53亿元，其中疫情防控企业投放2.48亿元。

截至2020年末，零售贷款余额30.03亿元，较上年增加4.80亿元，其中房贷余额23.42亿元，较年初增加7.1亿元。经营贷余额6.61亿元，较上年减少1.51亿元（由于行内入账机构原因，实际经营性贷款较去年增长2.8亿元）。

截至2020年末，支行不良贷款余额1292.64万元，不良贷款率0.29%，较年初增长0.11%。累计收回对公不良资产2650万元。开展与上市及拟上市公司合作，支持地方龙头企业发展。做好区内上市及拟上市企业的金融服务。

（沈金华）

·保险公司·

【中国太平洋财产保险股份有限公司杭州市余杭支公司】 2020年，公司保费规模3.29亿元，其中，车险保费收入2.51亿元，非车险保费收入0.78亿元。车险拓展优质团车，继续承保余杭公交、长运等城市公交项目。非车险承保学平险、安责险、茶叶及枇杷低温气象指数保险等政府政策险种，中标人口普查两员保险、不动产登记责任险等地方标志性保险业务。茶叶低温气象指数保险承保面积超过2000公顷。新冠肺炎疫情期间，2个工作日内完成茶叶快速理赔。人才创业险持续成功签单，2020年5月，省委书记车俊在杭开展人才和科技创新工作专门听取人才创业险工作汇报。

（甘芬芳）

2020年突如其来的新冠肺炎疫情期间，中国太平洋财产保险股份有限公司杭州市余杭支公司在响应政府需求，完成茶叶快速理赔

（中国太平洋财产保险股份有限公司杭州市余杭支公司　供稿）

编辑：郭贤松

经济管理与监督

Economic Management

·经济体制改革·

【营商环境改革】 2020年，余杭区落实省市关于优化营商环境的决策部署，对标对表营商环境评价指标体系，推动简政放权、实施流程再造、提升服务效能、规范市场秩序。制定《2020年余杭区建设国际一流营商环境实施方案》，推进商事制度、工程建设项目审批等十二大领域，共32条改革举措。制定《2020年度余杭区营商环境部门工作任务清单》，细化落实74项任务并开展督导考核。完成各级营商环境评价，查找短板，补齐弱项。5月，在长三角地区营商环境专题论坛上，国脉研究院发布《第二届（2020）长三角地区营商环境发展水平评估报告》，在长三角27个城市的营商环境大比拼中，杭州市总分排名第一，余杭区在88个区（县）总分排名中，位列第一。

【小城市培育试点】 2020年，余杭区出台《余杭关于深入开展小城市培育试点的实施方案》，提出强化管理体制、资金扶持、用地倾斜、城乡统筹等方面的扶持政策，为瓶窑、塘栖小城市建设提供政策保障。编制瓶窑、塘栖《小城市培育试点三年（2020—2022年）行动计划》，明确其发展建设的总体思路、发展目标及重点任务。2019年省级小城市培育试点考核中，瓶窑镇以全省第一的成绩被评为考核优秀单位。

（张柔）

·计划管理·

【区级（含平台）政府投资项目】 2021年余杭区共安排462个，总投资2132.23亿元，年度计划投资455.67亿元。其中：新建项目149个，总投资477.43亿元，2021年计划投资89.02亿元；续建项目313个，总投资1654.8亿元，2021年计划投资366.64亿元。

新建项目中属于重大投资项目的32个，总投资395.9亿元，2021年计划投资53.39亿元，其中3亿元以上项目（不含安置房项目）18个，总投资291.27亿元，2021年计划投资40.73亿元。

【镇（街道）投资项目】 2021年余杭区安排380个，总投资380.27亿元，2021年计划投资124.04亿元。其中：新建项目156个，总投资72.42亿元，2021年计划投资39.33亿元；续建项目224个，总投资307.85亿元，2021年计划投资84.71亿元。

（谈琳琳）

·价格管理·

【降费政策制定】 2020年，余杭区价格工作以“防疫情、促发展、保民生”为主线，助力企业复产和刺激消费。2—12月，企业用气、用水到户价格按9折结算，企业用电按9.5折结算，共为全区企业减轻负担3亿元。11月1日起，将余杭山沟沟景区门票价格从98元/人次下调至90元/人次，彩虹谷景区门票价格从60元/人次下调至55元/人次。

【价费政策优化】 2020年，区发展和改革局联合区城市管理局，修订全区停车收费政策，从2021年1月起实行差别化收费政策，明确部门和属地职责，促进停车管理和收费工作有序推进。

（沈寅峰）

·行政服务·

【概况】 2020年，全区“五中心”（临平、塘栖、良渚、瓶窑、未来科技城）办事大厅共受理业务257.49万件，全区网办404.75万件，自助办72.95万件；区投资项目审批代办服务中心共推进项目285个，牵头服务联合竣工验收项目11个；公共资源交易中心余杭分中心共完成进场交易项目2397个，交易金额900.03亿元；全区共进行小额公共资源交易1758项，交易金额13.43亿元。

【政务服务体系优化】 2020年，区行政服务中心围绕“整体政府”和“去中心化”的改革目标，立足区中心、分中心、镇（街道）便民服务平台和村（社区）服务中心四级政务体系建设，打造集约型、智慧型、服务型“整体政府”。区中心、分中心以功能为导向设置导服区、收件区、审批区、出件区、自助办理区，实现窗口、人员压减50%目标；梳理明确便民服务类134个事项下延至镇（街道）便民服务平台办理，实现385个事项镇（街道）可办；探索基层审批资源横向整合，通过办事大厅合并进驻或窗口授权的方式，整合派出所及其他区级部门基层站所行政审批事项和水、电、气、数字电视等公共服务事项，实现便民事项“一站式”办理；提升村（社区）服务中心代办帮办水平，强化民政、卫生健康等8个部门62个事项代办服务，通过24小时办事服务综合自助机推进543个事项“家门口”自助办。

【水电气网联动报装模式】 2020年，余杭区通过打破部门壁垒，优化办理流程，压缩审批时间，精简审批材料，打造一体平台，实现报装需求“一单总揽”，现场踏勘“一次完成”，部门办理“一日办结”，现场施工“一体接入”。企业从原来线下跑9个单位、提交39份材料，变成线上一表申请“跑零次”。审批环节由8个压缩为2个，外线审批环节由12个压缩为3个，并且在1～5个工作日内审批完成。

【人才创新创业全生命周期“一件事”联办改革】 2020年，区行政服务中心按照“办事不出园区、线上线下结合、一件事集成服务”理念，线上搭建人才创新创业全生命周期“e件事”平台，并对接杭州办事服务综合自助服务机，实现93个人才服务事项一网总揽，5个大类23种人才身份一网覆盖，454个自助服务点位自助可查。线下设立人才办事“VIP服务专窗”，所有人才事项“一次性告知、一件事受理、一窗口办结”，实现区内主要产业平台“专窗＋专员＋专网”模式全覆盖。

自助服务区 （区行政服务中心 供稿）

【长三角政务服务跨区通办】 2020年9月15日，杭州余杭与嘉兴海宁举行政务服务“杭海通办”签约仪式，打破地域限制，改变属地受理的传统模式，实现政务服务“跨区通办”。对全程网办事项，依托浙江省政务服务网，实现账号权限交换，窗口服务、证明材料、审批结果等效互认，形成“本地申报、数据流转、属地审核、本地发照”的跨区通办模

余杭区政务服务数据驾驶舱　　（区行政服务中心　供稿）

式。在两地政务大厅开设“通办专窗”，第一批高频办理的15项商事登记事项实现跨区域办理，营业执照“半小时出证”。互设24小时办事服务综合自助终端，实现543项杭州政务服务事项、653项嘉兴政务服务事项及上海、江苏近180项长三角政务服务事项跨区通办。

【政务服务数据驾驶舱搭建】　2020年，区行政服务中心推出余杭区“政务服务数据驾驶舱”，在“五中心”及20个镇（街道）统一部署“四级联动”智慧平台及取叫号、评价、预约等子系统，打通六大领域8个应用子系统，有效归集超过205万条政务数据，实时动态展示6个模块25个场景，实时抓取、一口归集、筛选整合全区各服务点窗口开设、人员在岗、办件总量、等待时长、群众评价等关键数据，整合实体大厅窗口、综合自助终端及浙江政务服务网、“浙里办”App等政务服务数据，逐步实现实体端、电脑端、移动端、自助端“四级四端联动”。

【“移动办事之区”建设】　2020年余杭区部署杭州办事服务综合自助机479台，布局网点447个，实现村（社区）和人员密集场所全覆盖，2020年办件总量72.95万件，位居全市第一。设置网办辅导专员，通过浙江政务服务网、“亲清在线”、“杭州办事服务”App、“浙里办”等渠道，辅导群众、企业网上办理、手机办理。组织高频事项部门制作指导手册、视频，优化网上办理、手机

办理体验感，实现月均办件20万件以上。

【管家式项目服务深化】　2020年，区行政服务中心依托投资项目一站式审批服务中心，发挥部门协同作用，对项目单位开展联合上门服务，一次性解决所有问题。加强全区代办员统筹管理，每周向镇（街道）代办员通报新备案项目信息，指导和督促代办员做好属地项目服务工作，并以“三大比拼”、年度综合考评等考核办法为导向，强化过程监督，做好项目回访，提升服务质效。

【招投标“只进一扇门”改革】　2020年，区公共资源交易管理办公室创新“六个一”机制，打造公共资源交易领域“只进一扇门”改革余杭模式。成立全区招投标一站式服务中心，集中办理各类招投标审批业务。建立“收件窗口负责统一收件，流转至后台相应业务组审批，再交由窗口统一出件”的“一窗进出件”标准化运行机制。对接进驻部门，厘清53项进驻事项，根据交易类型、交易节点制作业务流程图、二维码，明确每个事项的审批时间、所需资料等要求。牵头开发“余杭区招投标一站式业务审批系统”，实现招投标相关事项线上审批、财政预算线上审核等功能。编制招标文件及合同范本，出台一批规范管理范本。依托联席会议机制，牵头组织相关部门制定《余杭区建设工程招标

招投标一站式服务中心　　（区行政服务中心　供稿）

代理企业考核管理办法（试行）》《余杭区建设工程无价材料和设备询价管理办法》等制度规范。

【小额工匠政策】 2020年，余杭区将30万元以下小额工程交由“农村小额工匠”实施，减少项目前期和交易环节所需的时间成本和费用支出，将村民自主监管覆盖到事前、事中、事后全流程，破解小型工程监管难题。该项改革获得省纪委首届“基层清廉建设十大创新经验”创新奖。

【公共资源交易项目服务保障】 2020年，余杭区与杭州市公共资源交易中心共同协作，开展远程异地评标，实现跨区域专家资源共享。将政府集中采购从线下转为线上，全面实现政府采购项目全流程电子化交易。完成余杭区首个公款竞争性存放项目进场交易，加强网上超市监管，规范网上超市供应商交易行为。2020年，公共资源交易中心余杭分中心共完成2397个进场交易项目开评标，交易金额901.56亿元。其中：建设工程交易项目965个，交易金额462.04亿元；政府采购项目485个，预算金额19.38亿元，采购金额17.85亿元，节资率7.9%；土地交易39个，交易金额398.48亿元；产权交易项目692个，其中线上交易692个，交易金额6.48亿元；其他交易项目216个，交易金额15.18亿元。注册供应商审核（包括供应商信息及区划变更）9651家，全省“一张网”网超协议审核1337家，商品上架审核20.7万个。

（康惠）

·审　　计·

【概况】 2020年，余杭区完成审计项目28个，查出违规金额713万元、管理不规范金额126.28亿元。出具审计报告和专项审计调查报告43篇；提出审计建议409条，被采纳397条；提交审计信息100篇，被批示、采用93篇。向社会公告审计结果12篇。3个项目被评为市级优秀审计项目，1个项目被评为省级优秀审计项目。区审计局被评为浙江省县级审计机关考核优秀单位。

【财政审计】 2020年，区审计局开展2019年度余杭区本级预算执行和决算草案情况审计，除历年审计内容外，新增上级同步开展的就业政策落实、三保（保工资、保运转、保基本民生）政策落实、政府债务化解以及部分疫情财政专项资金及企业贴息贷款等内容，并对区领导交办布置的重大会展项目情况设立专项进行审计。

【民生审计】 2020年，区审计局开展科技和人才专项资金使用绩效专项审计调查、杭州市余杭公共交通有限公司运营管理情况专项审计调查、杭州余杭环境（水务）控股集团有限公司运营管理情况审计调查和部分老旧小区综合改造提升项目预算执行情况专项审计调查。挖掘问题线索，反映审计发现的违规问题和不合理现象。推动区级层面出台《余杭区公共资源交易投标保证金管理办法》。

【投资审计】 2020年，区审计局对临平净水厂工程等38个投资项目进行跟踪审计，项目总投资568.39亿元。修订完善《杭州市余杭区审计局政府投资项目跟踪审计实施细则》，强化方案、报告、档案资料的审核把关和管理，实现对重大基础设施、民生工程有重点的审计监督全覆盖。组织完成职能划转后遗留的50个政府投资项目竣工结算审计，净核减造价3.07亿元。

【经济责任审计】 2020年，区审计局组织对10个单位27名领导干部实施经济责任审计，并对闲林街道同步开展自然资源资产责任审计。反映基层、部门和国有企业在管理、经营、发展中面临的体制机制性问题，推动杭州余杭水务控股集团有限公司加强自来水精细化管理，督促杭州市余杭公共交通有限公司完善内部考核和激励机制，协助镇（街道）梳理征地拆迁相关补偿政策的合理合规性。围绕新规，制定《2020年杭州市余杭区经济责任审计工作指导意见》，从制度层面推进经责审计成果转化运用。

【疫情防控资金及捐赠款物专项审计】 2020年，在新冠肺炎疫情期间，区审计局同步跟踪审计疫情防控资金的监管、使用以及余杭区社会捐赠款物的捐赠、公示及使用情况。协助各被审计单位边审边改。促进余杭区慈善总会出台《余杭区慈善总会捐赠物资管理办法》，促进余杭区机关事务服务中心设立政府公物仓。

【科技强审工程建设】 2020年，区审计局结合审计项目实施，完成工商、公共资源交易、采购等多个系统数据采集、数据资源编目等工作，实现审计数据全覆盖。探索运用大数据审计方式方法，按照“总体分析、发现疑点、分散核实、系统研究”的数字化审计思路，把大数据技术应用到审计中，在余杭区本级2019年度部门预算执行审计中进行审计署分析脚本模型运行试点，基本实现财政数据审计标准化处理。

【审计整改成果转化】 2020年，区审计局执行审计整改“立、销号制”“联席会议制”和“季度通报制”，推动审计问题整改。2020年，全区各被审计单位完成问题整改397条。加大审计整改成果转化和运用，推动有关单位把审计建议转化为可操作的制度办法，建章立制，清理、完善有关规章制度49项。全年共编发季度审计整改情况专报4期，17个审计项目15家单位的审计结果向社会公开公告。

（朱小芳）

·统计管理·

【概况】 2020年，区统计局助力企业复工复产，助推经济高质量发展，以第一名成绩被评为2020年全市统计系统综合考评先进单位，连续第三年获得第一。

【统计监督】 2020年，区统计局开展统计巡查、中期督查、信用评价工作以及各专业执法检查。完成4个街道、2个部门的统计巡查，18个镇（街道）、产业平台的统计信用建设中期督查。核查企业208家，办结统计违法案件17起，共处罚金7.43万元。约谈问题企业15家。

【统计分析】 2020年，区统计局针对突如其来的新冠肺炎疫情冲击，开展高频监测，报送各类防控信息2000余次，提供每日疫情和人员管控情况41篇，精密智控情况日报25篇，企业复工复产情况报告15篇，复工复产专题分析4篇，疫情和复工复产趋势分析30余篇。组织开展市民疫情防控、企业复工和生产情况等系列调查。撰写统计调研分析89篇。传达落实全省二季度工作动员部署会精神，分析研究经济运行月度评价指数（MEI指数），重点加强指数相关指标数据的监测预警。根据指数体系的新要求及新标准，拆解指标构成，研究测算办法，监测分析主要指标月度发展趋势，为各专班，牵头部门，区委、区政府的决策提供统计数据，为专班提供上门指导服务，讲解指标统计口径、范围、标准等。

【统计服务】 2020年，区统计局完成全区所有镇（街道）、村（社区）建筑物标绘和普查小区划分工作。与区商务局合作，对辖区内汽车销售企业跟踪调研，提出建议。推行购车补贴发放政策，推动惠民政策落地，拉动汽车销售额超10亿元。建立健全工业投资统计及部门例会制度、项目投资信息联动机制、房地产投资信息联动机制。对“四上”重点企业单位（项目）开展深化“三服务”暨“统计直通车 助力正增长”走访调研。开展“最多跑一次”改革企业获得感评估集中走访，深化“走亲连心三服务”，开展“驻万企、帮万户”活动。走访指导企业1473家，为企业解决问题357个，其中现场解决216个。对余杭区有代表性的行业开展行业数据及分企业极大极小值测算解读，分析行业运行情况，为企业发展提供行业信息咨询。

【统计法制】 2020年，余杭区人民政府印发《关于进一步加强统计调查工作的实施意见》，从强化统计调查工作管理、优化统计调查业务工作、深化统计调查队伍建设、实化统计法治建设、硬化监督举措等方面建立健全全区统计调查工作体系，为村（社区）统计工作开展提供资金保障，为企业争创诚信单位予以资金配套支持。印发《余杭区2020年统计法治建设（依法行政）实施计划》，制定年度统计信用建设实施计划。围绕“依法治统，依法管统”目标，开展统计普法，提高统计公信力。开展诚信统计承诺活动，全区2800多家“四上”单位、3000余名统计人员签订诚信统计承诺书。编印并发放《统计信用建设读本》，面向全区各村（社区）和“四上”单位发放3500余本。开展统计继续教育学法，全区统计人员3020人完成统计法课程，完成人数居全市首位。新冠肺炎疫情期间，运用“云技术”开展基层线上培训。不定期开展项目实地核查，了解项目开工以及投产经营活动情况，确认项目入库和行业归类。加大对工业项目的鉴定力度，上门指导有异议的工业项目，确保项目不重不漏和依法纳入统计。

【人口普查】 2020年，余杭区成立以分管副区长为组长，30个部门（单位）组成的余杭区第七次人口普查领导小组。各镇（街道）人口普查办公室、村（社区）人口普查工作小组完成机构组建。区统计局抽调3人负责日常工作。组织并承办浙江省第十一届“中国统计开放日”暨第七次全国人口普查宣传广场活动。区委组织部、区教育局发文向全区党员、学生家长发出倡议，支持配合人口普查工作。利用《余杭晨报》、余杭电视台、“余杭发布”、“相约周末”舞台等本地媒体和活动宣传，借助户外广告大屏、电梯视频广告、公交车、公共自行车亭、地铁站、高铁站等宣传载体进行推广，印制下发人口普查宣传折页、画报等资料进行普查宣传。组建业务讲师团，历时2周举办讲座113场，完成对全区20个镇（街道），1.5万余名普查指导员和普查员的全覆盖业务培训。培训小程序操作视频加载在市统计局微信公众号。完成标绘的建筑物175609栋，普查小区14510个。7月20—24日在瓶窑镇瓶窑社区完成第七次人口普查区级综合试点工作。10月8日起，开展普查清查摸底、短表、长表登记工作，3个普查小区接受国家人口普查办公室抽查组实地检查，检查结果符合国家要求。

【统计大数据平台建设】 2020年，区统计局整合优化大数据平台，启用“精密智控”模式，发布五大指标分镇（街道）“五色预警图”。梳理本级数据审批管理流程，多频次开展数据录入、上传、审核、共享等流程测试，提供宏观数据可视化展示，统计数据查询，统计问题在线咨询解答，镇（街道）、产业平台数据测算，产业数据测算，社情民意在线调查等相关服务，利用大数据平台处理统计调查数据，开展监测分析，为区委、区政府决策提供信息支撑。

【统计“最多报一次”试点改革】 2020年，区统计局理顺政府数据共享与开放管理体制，实现政府数据信息共享、资源互补，探索建立统一政府数据报送平台，推进政府数据“最多报一次”改革试点工作。清查梳理各部门现有报表种类、表式和内容，做好试点方案研究等前期准备工作。在省统计局“最多报一次”改革试点研讨会上作典型发言，并被列为“2020年新增省级以上改革试点项目”进行年终评审考核，报市委改革办报备。

【智能“数字员工”】 2020年，区统计局实施全省统计系统首个人工智能项目，将统计业务场景采用“AI＋RPA机器人自动化”替代执行，对数据密集度高、重复度高、出错率高的工作流程进行智能拆解及优化，提升流程性工作效率，优化统计人力配置，提升统计服务能级。该信息化项目完成系统开发。

（曹国利）

·安全生产监督管理·

【安全生产综合治理三年行动】 2020年，区安全生产委员会办公室定期召开三年行动工作例会，会商工作进展、协调难点堵点。突出重点领域，强化联合执法。深化“30日隐患曝光”工作法机制，综合运用考核巡查、通报约谈、警示曝光、约谈问责等“四种手段”，确保各项整治行动出实效。2020年，共召开隐患曝光会议9轮，交办督办单105份，曝光企业点位134家、整改隐患问题1000余处。

【“图码指数”精密智控】 2020年，区应急管理局构建安全生产监管“图码指数”精密智控模式。

余杭区安全生产风险分布图　　（区应急管理局　供稿）

余杭企业安全码　　　　（区应急管理局　供稿）

至2020年末，全区“安全码”赋码企业8000余家，以企业安全主体责任落实18项指标为支撑，全面实时监管企业安全生产状况和风险隐患。根据属地风险状况和安全治理情况，生成“1+1”模式区域安全状况图，建立起“7+1”安全发展指数体系，实行每月排名。发布月度安全发展指数，实现镇（街道）安全监管工作过程化考核、导航式治理。

【下沉式安全生产执法】　2020年，区应急管理局抽调执法业务骨干8名下沉镇（街道）“四个平台”；将全区划分为三个片区，以下沉执法的街道为中心，向周边辐射，确保全区镇（街道）执法全覆盖。实施下沉式执法以来，镇（街道）安全生产违法行为查处率提升至80%，违法行为查处周期从平均40天压缩到15天。依托“智慧安监”平台，开展派单执法，形成“派单—检查（执法）—处罚—整改”的监管闭环，2020年非事故类行政处罚立案945起，超过2016年至2019年总和。

【危险化学品专项整治】　2020年，余杭区巩固第一轮危险化学品专项整治三年行动成果，全面推进第二轮专项整治行动。结合三年行动计划，对危险化学品生产企业、重大危险源企业及重点化工工艺企业完成全覆盖检查。开展全区涉硝酸铵企业、涉有机硅企业及“小化工”专项整治行动。将专项整治与重点企业安全检查、“双随机”执法检查相结合。强化线上监管力度，依托省风险防控大数据平台，完善危险化学品相关企业信息录入工作，截至2020年末，危险化学品生产、储存经营企业信息全部录入省平台，危险化学品使用企业信息共录入962条，危险化学品生产、带储存经营和重点使用企业严格落实每日风险承诺制度。

（潘相如）

·市场监督管理·

【市场监管体制改革】　2020年，区市场监督管理局进一步深化机构改革，优化机构职能。5月，核定余杭区消费者权益保护委员会秘书处、余杭区创业创新推进中心、余杭区质量计量监测中心、余杭区食品药品监测中心4个事业单位，撤销余杭区市场监督管理局综合服务中心；6月，核定余杭区市场监督管理局注册分局、余杭区市场监督管理局信息管理办公室、余杭区市场监督管理局消费者权益保护分局（投诉举报处置中心）、余杭区市场监督管理局网络经营监督管理分局4个直属机构，撤销余杭区物价局物价监督检查分局；7月，局党委书记、局长任余杭区市场监管综合行政执法队队长，实行“局队合一”。

【物流领域抗击疫情工作】　2020年，区市场监督管理局主动承担杭州农副产品物流中心防疫保供工作，以农副物流中心市场监管所为核心成立杭州农副产品物流中心疫情防控工作组，建立党员先锋突击队、夜间巡查组、红盾巾帼岗，三班制24小时全天候驻场监管。对物流中心限制性开放、闭合式管理，严格执行“亮码+测温+戴口罩”管控措施，迅速设置保供车辆“绿色通道”、员工“通行证”和物流中心周边道路交通检查卡点。强化食品安全监管，区食品药品监测中心实行24小时蔬菜全检全测。为物流中心内市场申请政府补助，3月初市场经营户复产率达100%。《战疫情保民生　守“米袋”护“菜篮”——余杭区市场监督管理局农副物流中心市场监督管理所抗疫纪实》作为全省市场监管系统唯一典型案例，入选省委组织部选编的浙江干部学习培训教材《助力复工复产百佳案例（第一辑）》。

【统筹推进疫情防控】　2020年，区市场监督管理局在新冠肺炎疫情发生之初就对农贸市场、食品生产经营单位及药品、医疗器械生产经营单位开展排查，落实各项疫情防控举措，禁止活禽和野生动物交易，部署零售药店销售发热、咳嗽药品管控措施，保障防疫物资供给。开辟防疫保供物资生产经营企业绿色审批通道，动员企业加快研发新型冠状病毒核酸检测试剂及疫苗，帮助企业将紧缺防疫物资出口转内销，拓展防疫物资生产经营业务，其中指导杭州华安医疗保健用品有限公司办理杭州市首张应急审批红外耳温计计量器具型式批准证书，指导杭州豪悦卫生用品股份有限公司成为余杭区第一家成功转产口罩的卫生用品企业，指导浙江健拓医疗仪器科技有限公司获得浙江省首张通过绿色通道审批的红外额温计医疗器械注册证并创下浙江省二类医疗器械注册审批最快纪录，助力杭州微策生物技术有限公司出口杭州市首批防疫医疗物资。依托余杭区多维度市场主体服务平台研发“余杭区应急物资供销平台（口罩保供专用系统）”累计保供口罩 406 万只，服务企业、个体工商户 8800 余家，服务市民近 20 万人。开展防疫物资产品质量和市场秩序专项整治行动，组织民用防护口罩产品质量监督专项抽查和防疫用品领域认证活动专项整治，加强网络交易市场秩序监管，重点打击假冒伪劣、哄抬物价、以次充好、无证经营、虚假认证、网络违法等六大类违法行为。截至 6 月底，共检查、服务相关企业 3 万余家，抽检 36 家企业的 38 批次产品，开展网络销售防疫物资监测 32430 批次，查处案件 60 件，罚没款 120 余万元，其中杭州坦途商贸有限公司不正当竞争、销售侵权口罩案入选浙江省防疫物资产品质量和市场秩序专项整治行动典型案例。

【助推复工复产】 2020 年，区市场监督管理局统筹推进新冠肺炎疫情防控和经济社会发展工作。2 月，实施《疫情期间强服务稳经济促发展若干举措》，出台《余杭区个体工商户恢复经营实施方案》和《疫情期间市场主体轻微违法违规经营行为容错免责清单》，根据清单累计对 151 家市场主体的轻微违法行为容错免责。3 月，牵头制定余杭区《关于严格做好疫情防控支持个体工商户复工复产的若干意见》，协助余杭区首个疫情防控区级地方标准《疫情精密智控工作规范》发布。7 月，完成余杭区小微企业和个体工商户抒困工作，兑付“两直”（直达市县基层、直接惠企利民）资金 1.73 亿元，兑付总额居杭州市首位。10 月，牵头制定《余杭区“保市场主体”专项工作保障方案》。在此期间，向全区小微企业、个体户、专业市场中的“小个专”党员发出倡议，成立抗击疫情小个专先锋队，积极筹备复工开业；向杭州农副产品物流中心蔬菜批发交易市场等 60 家疫情防控期间开业农产品批发、农贸市场紧急下拨补助资金 250 万元，加快政府质量奖、知识产权、品牌、标准化等企业奖励资金兑现。出台《疫情防控期间余杭区食品生产企业复工指南》，指导浙江蓝海星盐制品有限公司获得全国首张食盐生产企业食品生产许可证；指导餐饮单位快速入驻网络订餐平台拓展外卖业务，推行“校园食堂健康码”，获浙江省新冠肺炎疫情防控指挥部肯定推广。向企业开放区质量计量监测中心的纺织品色牢度检测、纺织品 pH 甲醛检测等实验室，适当延长企业计量器具的强制检定周期，分类减免企业检验检测服务费用。组建红盾青年帮帮团，依托余杭区多维度市场主体服务平台研发余杭区企业复工复产指导平台，累计服务企业 2742 家、员工 6.7 万余人。

【商事登记领域“最多跑一次”改革】 2020 年，区市场监督管理局持续深化商事登记领域“最多跑一次”改革，通过全程网报、同城通办、专窗互设、政银合作推动政务服务“去中心化”。4 月 16 日，核发余杭区首张“长三角一网通办”营业执照，市场主体可选择在长三角“三省一市”的各行政服务中心“长三角一网通办”专窗，向区市场监督管理局提交申请材料。4 月 26 日，全面推行经营场所登记线上审批程序，实现经营场所证明审批“跑零次”，市场主体开办无纸化。牵头做好全区“证照分离”改革全覆盖试点工作，重点推进第四类“优化审批服务”事项改革为第三类“实行告知承诺”事项改革试点，9 月 1 日起，将广告发布登记、承担国家法定计量检定机构任务授权、医疗器械经营许可证开办、食品生产许可、药品零售企业许可等五项市场监管领域行政审批事项实行“告知承诺制”。9 月 15 日，开通商事登记服务“杭海通办”专窗，形成“本地申报、数据流转、属地审核、本地发照”的跨区域营业执照通办模式，实现余杭、海宁、钱塘新区三地商事登记事项办理“最多跑一次”。

【市场主体提升发展】 2020 年，余杭区新设市场主体 56220 家、注册资本 3325.73 亿元，比上年分别增长 33.15%、170.54%。其中，新设内资企业 26163 家、外商投资企业 164 家、个体工商户 29870 家、农民专业合作社 23 家。截至年末，全区市场主体总数29.53万家，增长13.48%，位列杭州市首位、浙江省第二。实施农贸市场改造提升工程，新增浙江省放心农贸市场3家、星级文明规范市场8家。截至年末，余杭区共有浙江省放心农贸市场21家、星级文明规范市场69家；拥有各类市场111家，其中，商品交易市场96家、生产要素市场4家、网上交易市场10家、服务市场1家。2020年，全区商品交易实体市场成交总额1009.3亿元，减少9.1%；网上交易市场成交额52.7亿元；在商品交易市场中，消费品市场成交额640.4亿元，生产资料市场成交额348.9亿元。继续开展“低散乱”企业（作坊）淘汰整治工作，全年整治“低散乱”企业（作坊）1362家，其中工业园区、出租厂房内154家，拆除违章建筑8.54万平方米，腾出工业空间18.3万平方米。

【小微企业成长】 2020年，是余杭区滚动实施第二轮“小微企业三年成长计划（2018—2020年）”的收官之年，新增小微企业22429家、八大万亿产业小微企业10564家、“个转企”708家，筛选3729家具有发展潜力、成长较好的小微企业进入全区培育库。余杭区被评为2020年度浙江省“小微企业三年成长计划”工作优秀区，成为第二轮全省“小微企业三年成长计划”工作中杭州市唯一连续三年获此荣誉的区（县、市）。杭州赛基生物科技有限公司被评为2018—2020年浙江省小微企业“成长之星”。5月，浙江省市场监管局发布《浙江省小微企业成长指数报告（2020年）》，余杭区小微企业成长指数以154.76点连续第三年居全省县（市、区）首位。

【服务创新创业】 2020年，区市场监督管理局滚动实施第二轮“双对接”（民营企业对接现代技术、现代金融）工作，发挥余杭区创业创新服务联盟在助推民营企业高质量发展方面的作用。联盟集结53家优质中介服务机构、良渚大学科技园等8个园区联络站，塘栖镇等5个镇（街道）、平台联络站力量，形成专业机构精准服务企业常态化机制。由联盟成员单位深圳优海科技技术有限公司、杭州浙理企业管理咨询有限公司等智能化技术改造机构，以及阿里云计算有限公司、浙江省技术创新服务中心、中国移动通信集团有限公司等单位组成“智囊团”，为企业开展智能化诊断，诊断费用的80%由区级财政补贴，最高每家1万元，不足部分由属地镇（街道）补贴。联合区发展和改革局、区经济和信息化局、区科学技术局、区商务局等部门，开展初创期创业辅导、成长期精准助百企、发展期精准“双对接”三大行动，建立隐形冠军培育库、高新技术培育库、品牌创新培育库等专业服务库，举办百家科创型企业精准对接人才招聘会、浙江吉利控股集团有限公司学习交流会等活动。2020年，区市场监督管理局共办理股权出质209家，出质股权85.6亿元，助企融资752.6亿元。通过扩大动产抵押登记激活企业存量资产，共办理抵押物登记261份，助企融资38.27亿元。

【质量强区战略】 2020年，区市场监督管理局推进质量提升行动，举办美丽洲质量大讲堂活动4期；加大质量人才培育力度，组织卓越绩效管理和企业首席质量官培训，全区新增首席质量官101名。挖掘企业质量管理创新典型案例，杭州西奥电梯有限公司“基于卓越绩效模式推行SCS战略竞争力改进与创新系统”质量管理方法入选“浙江省1十大先进质量管理方法”。8月31日，省、市、区三级联动在南方泵业股份有限公司举办“质量月”启动暨质量服务入企活动。9月29日，余杭区作为杭州市各区（县、市）中唯一代表，在杭州市首席质量官制度深化推进会上作典型发言，4篇首席质量官故事分别被评为评一、二、三等奖，2名企业质量高管被评为“杭州市首届优秀首席质量官”。12月3日，举办浙江省人民政府质量奖企业经验分享暨《2019年余杭区质量白皮书》发行活动及质量访谈活动，国家质量管理与发展领域相关专家为余杭区高质量发展建言献策。12月17日，联合杭州市市场监督管理局在浙江迪谱诊断技术有限公司举办杭州首席质量官联盟“聚力高质量发展”系列活动。

【政府质量奖】 2020年，余杭区在杭州市质量工作考核中总得分101.35分，连续第七年被评为A级。区市场监督管理局完成《余杭区人民政府质量奖评审管理办法》及实施细则的修订。杭州西奥电梯有限公司获得浙江省人民政府质量奖，贝达药业股份有限公司获得浙江省人民政府质量管理创新奖，余杭区实现省政府质量奖“零突破”；杭州胡庆余堂药业有限公司获杭州市人民政府质量奖提名奖；南方泵业股份有限公司、浙江益海嘉里食品工业有限公司、双枪科技股份有限公司、国网浙江杭州市余杭区供电有限公司、浙江天工装饰工程有限公司5家企业获余杭区政府质量奖。截至年末，余杭区共有1家企业获浙江省人民政府质量奖，1家企业获浙江省人民政府创新奖，5家企业获杭州市政府质量奖，5家企业获杭州市政府质量奖提名奖，39家企业获余杭区政府质量奖。

【品牌强区战略实施】 2020年，余杭区新增有效注册商标30926件，有效注册商标总量115447件，居浙江省第三位。五常街道、崇贤街道创建为浙江省商标品牌示范乡镇（街道）。开展商标质押登记，涉及商标企业5件，助企融资4.72亿元。在41家品牌企业中开展“品牌健康体检”活动，帮助企业提升知识产权保护能力。抓好“品字标浙江制造”相关工作，实施品牌竞争力提升工程，启动“品字标浙江制造”贴标亮标计划，做好新增“品字标浙江制造”企业培育工作，新增“品字标浙江制造”产品认证企业19家、产品27个、证书36张，企业、产品数量均排名杭州市第一。8月13日，浙江省品牌指导服务站工作现场会在杭州未来科技城（海创园）召开，区市场监督管理局以“构建‘1+N’指导服务矩阵　精耕品牌创新策源地”为主题介绍余杭区品牌指导服务站建设工作情况。

【专利创造与运用】 2020年，余杭区新增专利申请27643件、专利授权19127件，分别比上年增长29.69%、52.91%，其中，新增发明专利申请6796件、发明专利授权1434件，分别增长19.84%、46.03%；新增PCT（《专利合作条约》）国际专利申请208件，增长105.94%，创余杭历史新高。新增市级专利试点示范企业52家，位列全市第一。浙江杭消消防设备有限公司等6家企业获2020年“市长杯”杭州高价值知识产权智能产品创新创意大赛奖项；贝达药业股份有限公司入选市级高价值专利组合培育名单；普昂（杭州）医疗科技有限公司成为3家获得杭州市企业特色专利数据库项目资助的企业之一。

【标准强区战略实施】 2020年，余杭区完成标准化项目85项，其中，参与国际标准1项，主导国家标准3项、行业标准10项、省级地方标准2项、“品字标浙江制造”标准17项（修订1项）、全国性团体标准23项、地方性团体标29项，发布区级服务业标准2项、区级农业标准4项，完成农业标准化示范项目市级2项、区级4项，落实省、市标准化奖励资金225.3万元，兑现区级标准资助资金941万元。区司法局为主承担的国家级社会管理和公共服务综合标准化试点项目“基层司法所公共服务标准化试点”通过验收；区市场监督管理局先后主导和参与《疫情精密智控工作规范》区级标准、《快递专用电动三轮车技术要求》省级团体标准、《商业秘密保护管理与服务》省级地方标准；区数据资源管理局主导《信息化建设项目　大数据管理系统通用要求》及其他13项标准初稿基本形成；以浙江运达风电股份有限公司为代表的《风电场风资源、能量产出和现场适用性条件的评估》等11项国际标准被“国际电工委员会风力发电机组技术委员会(IEC/TC 88)”立项，建筑建材领域的9家企业完成16项省级团体立项。10月10日，全国首个区块链专业标准技术委员会——浙江省区块链标准化技术委员会成立并落户余杭区。

【非公有制企业党建】 2020年，区市场监督管理局聚焦网络电商党建工作，发布余杭区《关于实施“四E四航”党建工程助力网络电商加速度行动方案》，通过建立党员E家、服务E站、创业创新E平台、网络监管E网通，努力实现党组织在网络电商领域的有形覆盖和有效覆盖，构建党建领航、监管护航、服务续航、创新远航的网络综合治理体系。10月28日，区市场监督管理局牵头成立余杭区网络电商综合党委。余杭区网络电商综合党委按照“业务主管+电子商务产业园+网络平台”构建党委班子，下设党委办公室在区市场监督管理局网监分局，负责统筹淘宝小镇电子商务产业园等4个产业园内共6万余家网络电商的党建工作。

（郑曼沁）

·海关监管·

【概况】 2020年，钱江海关驻余杭办事处全力做好抗击新冠肺炎疫情和促进外贸稳增长工作。全年审核进出口报关单6382份，比上年下降7.37%；税收入库9950.23万元，下降33.92%；监管进出口货物总值2.74亿美元，增长3.36%；加工贸易合同备案3.0亿美元，增长11.01%；注册进出口企业新增930家，注册总数5396家，分别增长21.3%、

13.8%。受理法检进出口报检 11548 票，现场查检 614 票，取样送检批次 418 票，出具检验检疫证书 2245 份，签发原产地证书 15365 份。

【海关领域疫情防控】 2020 年，新冠肺炎疫情发生后，钱江海关驻余杭办事处设立进口疫情防控物资快速通关专用窗口，做好通关咨询服务，确保通关“零延时”。在疫情初期防疫物资急缺的情况下，4 次派员赴杭州萧山国际机场、上海浦东国际机场进行现场协调，保证紧急进口的防疫物资通关。及时为企业做好政策解读和技术指导，促成杭州市首批新冠肺炎检测试剂出口，培育支持辖区 8 家企业的新冠肺炎检测试剂出口 17 亿元。做好进口重点商品风险监测，开展实战演练，做好辖区进口冷链食品、进口高风险非冷链货物通关环节的疫情防控，严防货运渠道疫情输入。

【海关助力复工复产】 2020 年，钱江海关驻余杭办事处制定 5 个方面 15 项帮扶企业措施，创建复工复产微信群，向辖区第一批、第二批复工复产企业发布防疫规定和扶持政策，收集和反馈企业问题，在线解答企业咨询。办事处领导带队走访调研 48 次，了解企业困难与诉求，解决实际难题。发挥关企互动平台作用，协调解决复工复产迫切问题 20 余个。联合区商务局、区市场监督管理局等单位，到进出口企业开展政策宣传，共同帮扶企业。针对防疫产品出口企业开展 4 期海关业务“钉钉”线上培训，安排业务专家在线解答企业提问，辖区 150 余家企业共 350 多人参加培训。帮助企业开展原产地证自助打印工作，临时实施“信用签证”管理，16 家企业领取信用签证空白证书 2824 份。发挥海关统计职能，调查掌握企业面临的困境和需求，开展统计分析，报送海关要情专报 14 篇。

【进出口领域营商环境优化】 2020 年，钱江海关驻余杭办事处通过全面推行一体化通关，鼓励企业采用提前申报模式，落实报关单差错“容错机制”，巩固压缩整体通关时间成果。精简进出口环节监管证件及证明材料，企业进口申报环节免予提交合同、装箱单，出口申报环节免予提交合同等商业单证。推进“两步申报”试点，将海关监管关口前推后移，通过简化口岸环节申报手续，使企业能快速提取进口货物，缩短货物滞港时间，全年“两步申报”占比 20.6%。在杭州关区首家（唯一）试点高级认证企业税收免担保措施，申报进口报关单 132 票，免担保金额 585.8 万元；推广出口货物提前申报水水中转（乍浦口岸）通关模式，提高货物通关效率同时降低企业通关成本，每个集装箱压缩通关时间超过 0.5 个小时，成本下降 350 元～400 元。在监管中做好服务，针对特定要求，组织专家上门指导企业做好硬软件的改进和完善，通过许可考核或国外官方检查。

【进出口安全监管】 2020 年，钱江海关驻余杭办事处加强对辖区防疫物资出口生产企业的日常监管，对监管中发现的问题提出改进建议和整改要求，两次邀请关区专家到余杭进行业务调研和现场指导。开展安全生产专项整治，对辖区进出口危险货物、危险品包装生产和使用企业进行安全大排查。做好进口种虾、虾苗、肉类等动物和动物制品的检验检疫监管，指导和督促企业完善检疫隔离、入库前检测等防疫措施；严格进出口食品化妆品、进口医疗设备器具、进口旧机电、出口盆景苗木等高风险货物的检验检疫监管。按照海关总署布控指令和监管要求实施现场查验，对查检和风险监测中发现的 5 批安全项目不合格货物，依法予以退运或监督销毁处理。全年组织实施企业核查 63 次，对发现的不合格项均督促企业完成整改，对发现的 1 例涉税案件依规移交海关辑私部门处理。

（吴芬燕）

编辑：张迎

教　育

Education

·综　述·

【概况】　2020年，余杭区在省政府对县（市、区）级政府履行教育职责评价中被评为A级。做好校园疫情防控，对全区27.5万师生实行“一人一表”登记，管理1341名境外师生，开展心理健康教育“六个一”活动，落实校园疫情防控清单式管理。开展线上教育教学，依托钉钉平台和“空中精品课堂”开展远程教育教学，12815名教师开展线上授课，满足18万名中小学生居家学习需求。落实返校复学举措，采购体温快速监测机器人305台，开展返校复学“大走访、大检查”专项行动，确保24.5万名学生返校学习。

2020年，余杭区新开工良熟九年一贯制学校、崇贤石前幼儿园等项目30个；续建中泰中学迁建、超山九年一贯制学校等项目68个；投入使用塘栖中学迁建、运河小学等项目24个，新增学位15285个，确保7.6万名起始年级（特指每个学段的一年级）学生入学。开展城镇小区配套幼儿园治理工作，依据《余杭区城镇小区配套幼儿园回收方案》《余杭区普惠性民办学前教育机构认定和管理办法》，完成美好晨星幼儿园、北湖绿洲幼儿园等26所配套幼儿园治理。

建设老年学堂，落实完成省级民生实事项目。实施学校空调、新风系统加装工程，安装空调2641台、新风系统4728套。建成智能“阳光厨房”学校40家，配套实施食堂采购“竞价优选”模式，全国校园B级及以上食堂占比达100%。选取10所样板校搭建5G+VR智慧教室，制定5G智慧校园建设标准，打造5G智慧教育新模式。打造幼儿园、小学生学后托管“1+X”服务。搭建学前段、义务段招生入学无纸化报名系统，全年服务新生66409人。推进教育领域“最多跑一次”改革，实现教师资格审查“跑零次”，区级教育民生事项“就近办”。

2020年，区教育局打造“寻根良渚、琢玉成器”教育名片，开展“选树好家风、学习好家风、传颂好家风”活动，推进“树家风、传校魂、记乡

临平第五小学人工智能课程　　（区教育局　供稿）

愁”身边德育工程。加强新时代中小学劳动教育，开展第二课堂活动，创建劳动教育试点学校21所。推进素质教育，做好学校体育艺术“2+1”项目，举办区中小学生田径运动会、足球联赛等体育比赛8项。艺术类获得省级奖项22个，举办区第二十一届中小学生艺术节汇报演出暨颁奖典礼。开展AI人工智能教育进校园行动，建立标准校96个、示范基地2个。

推进131所“智安校园”建设，建立平安校园建设“三色预警”工作机制。推进“护校安园”专项行动，组织20个中心学校开展检查，排查出隐患786处。开展民办学校食堂安全联合检查、“护校安园”综合治理、学校紫外线灯使用管理自查抽查等专项行动。做好全区教育系统新冠肺炎疫情防控工作，落实“健康码”查验、测体温、系统错峰错时、班级固化管理、家校联动等校园防控措施，做好健康提示、健康管理和教室通风、消毒以及卫生整治等工作。

2020年，全区国家财政性教育经费760069万元，其中，教育事业费702720万元、教育费附加57349万元。教育经费总支出1012535万元。2020年共安排学校项目建设98个，其中新建学校项目30个、续建学校项目68个、竣工学校项目29个，新增土地面积589934.48平方米，新增建筑面积359234.41平方米，新增班级659个。

【中国少年先锋队杭州市余杭区第十次代表大会】 2020年11月12日，中国少年先锋队杭州市余杭区第十次代表大会举行，大会审议通过《中国少年先锋队杭州市余杭区第十次代表大会关于工作报告的决议》，选举产生35名余杭区第十届少工委委员和新一届的主任、副主任。

【邵泽城获得“全国青年岗位能手”和“浙江省技术能手”称号】 2020年11月，临平职业高级中学教师邵泽城在第十六届振兴杯全国青年职业技能竞赛中，获“全国青年岗位能手”和“浙江省技术能手”称号。

【6所学校创建为省义务教育标准化学校】 2020年12月，临平第二中学、星华实验学校、运河小学、良渚沈括小学、光华外国语学校、林苑学校6所学校通过标准化学校认定。全区义务教育标准化学校覆盖率达97.98%。

【10所学校创建为浙江省首批现代化学校】 2020年12月，余杭高级中学、临平职业高级中学、临平第一中学等10所学校创建为浙江省首批现代化学校。

【18所学校被评为杭州市文明校园】 2020年12月，乔司职业高级中学、文昌高级中学、塘栖镇第三小学等18所学校通过评估，被评为杭州市文明校园。

【9所学校创建为杭州市智慧教育示范校】 2020年12月，良渚职业高级中学、瓶窑中学、良渚古墩路小学等9所学校经过评审鉴定，入选2020年杭州市智慧教育示范校名单。

【廖小兰被评为杭州市抗击新冠肺炎疫情先进个人】

2020年12月，中共杭州市委、杭州市人民政府发布《关于表彰杭州市抗击新冠肺炎疫情先进个人和先进集体的决定》，余杭区塘栖二中教师廖小兰获评“杭州市抗击新冠肺炎疫情先进个人”。

（刘纯）

·学前教育·

【概况】 2020年，全区有幼儿园158所（园区284个），比上年新增14所，共有2618个班；全年招生27278人，较上年增长6123人，在园幼儿72841人，较上年增长8011人，3～5周岁幼儿入园率99.8%；幼儿园专任教师5899人，较上年增长634人；幼儿园占地面积1429553.61平方米，较上年增长190748.33平方米，生均占地面积19.63平方米；校舍建筑面积1089850.35平方米，较上年增加180951.24平方米，生均校舍建筑面积14.96平方米。

推进省等级幼儿园创建评估工作以及“一园一品”特色创建工作，全区新增省一级幼儿园6所、省二级幼儿园26所，增量居全市第一、全省前列。全区共有省一级幼儿园34家、省二级幼儿园167家，3～5周岁幼儿入园率和等级幼儿园在园幼儿覆盖率分别保持在99.8%与99.8%以上，公办园在园幼儿数占比为76%，优质学前教育覆盖率达97.24%，比上年增长2.04%。创建“水乡琴韵”“山野童趣”等特色品牌项目17个，全区所有镇（街道）均为市学前教育先进镇（街道）。新星幼儿园余高园区等26所幼儿园被评为浙江省二级幼儿园，增量居全市第一、全省前列。运河第二幼儿园（五杭园区）等6所幼儿园被评为浙江省一级幼儿园。

2020年12月，“余杭好幼师”风采展示活动决赛举行

（区教育局　供稿）

【临平城区8个新园（区）秋季投入使用】 2020年9月，新星幼儿园依山分园、临平第一幼儿园二高分园、南禾幼儿园总园、南禾幼儿园丰禾分园、美好慧承幼儿园、小黄山幼儿园、星桥中心幼儿园汤家分园（二期）、星运幼儿园星悦分园等8个新园（区）建成投入使用。

【“余杭好幼师”风采展示活动】 2020年11月，余杭区以临平、良渚、塘栖、瓶窑、余杭五大片区为单位开展活动初选。12月，“余杭好幼师”风采展示活动决赛在余杭高级中学举行，15名教师进入决赛，6名教师进入专家导师团队，取得专业教师指导资格，并获得参与后续师徒结对及名师工作室活动的机会。余杭区教育局在2020年杭州市幼儿园教师风采展示活动中获评最佳组织奖。

（刘纯）

·义务教育·

【概况】 2020年，全区共有小学59所，全年招生24288人，较上年增加1145人；在校学生123676人，较上年增长9200人；小学适龄儿童入学率为100%，女童入学率为100%；小学巩固率为100%，女童巩固率为100%；小学专任教师6753人，较上年增长447人；专任教师学历高标率为99.87%，较上年提高0.16%。

全区共有初中（含九年一贯制学校）40所，比上年新增3所；招生14921人，较上年增长947人；在校学生42254人，较上年增长1629人；初中阶段入学率为100%，初中巩固率为100%，初中毕业生升学率99.97%；初中专任教师3507人，较上年增长245人。

全区小学学校占地面积2047115.52平方米，较上年增长33973.91平方米，生均占地面积16.55平方米；校舍建筑面积1372048.86平方米，较上年增长36204.35平方米，生均校舍建筑面积11.09平方米。全区初中学校占地面积1988897.31平方米，较上年增长196262.87平方米，生均占地面积47.07平方米；校舍建筑面积1276931.59平方米，较上年增长125320.61平方米，生均校舍建筑面积30.22平方米。小学计算机拥有量为27010台，较上年增长1403台；初中计算机拥有量为16798台，比上年增长861台。

建立学校互助共同体32个，“互联网＋义务教育”结对帮扶学校24对。实施义务教育“公民同招”政策，25所民办中小学采用市级统一平台计划招生6625人，实际招生5183人，平均招录率为78%。落实“10＋X”惠民政策，资助余杭户籍持证困难家庭子女37095人次，较上年增加6794人，增幅22.4%；资助金额3312.05万元，较上年增加366.82万元，增幅12.4%。实施公办初中提质强校专项行动，召开全区初中校长业务培训暨初中提质强校行动启动大会，出台《余杭区初中提质强校行动实施方案》，6所初中被列入市公办初中提质强校行动首批试点学校名单。推进青少年近视攻坚行动，联合出台《余杭区关于加强综合防控儿童青少年近视的实施方案》，全区儿童近视率下降至

66.8%，降幅 1.2 个百分点。

【6 所学校入选杭州市公办初中提质强校行动首批试点学校】 2020 年 10 月，经市教育局评估认定，仓前中学、良渚第二中学、塘栖镇第三中学等 6 所学校入选公办初中提质强校行动首批试点学校名单。

【余杭区学子获省中小学艺术节比赛一等奖】 2020 年 12 月，在浙江省中小学艺术节上，塘栖三中《青春骊歌》等 6 所学校参赛作品获得舞蹈、戏剧、平面设计等 5 个项目、7 个一等奖，余杭区获评浙江省及杭州市中小学生艺术节优秀组织奖。

杭行路小学—百丈小学“互联网＋义务教育”同步课堂

（区教育局　供稿）

【4 所学校被评为市级艺术特色学校】 2020 年 12 月，杭州市艺术特色学校名单公布，我区仓前中心小学、星桥第二小学、育才实验小学和绿城育华亲亲学校 4 所学校入选。

【2 所学校被评为杭州市青少年校园足球特色学校】 2020 年 12 月，经评定，杭区维翰学校、蕙兰未来科技城学校 2 所学校被认定为杭州市青少年校园足球特色学校。

【5 所学校被评为市级体育特色学校】 2020 年 12 月，经市教育局审核，临平一中、乔司中学、塘栖三小等 5 所学校被评为市级体育特色学校。

（刘纯）

·高中教育·

【概况】 2020 年，全区共有普通高中（含完全中学及 12 年一贯制学校）17 所，比上年新增 2 所。全年招生 5732 人，较上年增长 558 人；在校学生 15803 人，较上年增长 1124 人；普通高中专任教师 1554 人，较上年增长 199 人；普通高中占地面积 1099521.37 平方米，较上年增长 169586.77 平方米，生均占地面积 69.58 平方米；校舍建筑面积 838675.96 平方米，较上年增长 146054.24 平方米，生均建筑面积 53.07 平方米；计算机拥有量为 7331 台。

全区有职业高中 5 所。全年招生 3842 人，较上年增长 81 人；在校学生 10805 人，较上年增长 272 人；毕业生 3488 人，较上年增长 2 人；职业高中专任教师 766 人，较上年增长 11 人；全区职业高中（班）占地面积为 326689.37 平方米，生均占地面积 30.24 平方米；校舍建筑面积为 260076.47 平方米，生均建筑面积 24.07 平方米；计算机拥有量为 5156 台。

普通高中启动发展攻坚计划，引进上海音乐学院教育资源，公办普高 100%完成省特色示范学校创建。全区高考成绩一段上线总人数为 2410 人，上线率 46.6%。职业教育新增航空服务等 11 个专业，探索中高职一体化办学。2020 年，升入高校总人数为 2230 人，本科上线人数为 276 人，位居全省各县（市、区）第一，其中临平职业高级中学连续第六年居全市第一，连续第二年居全省第一。各中等职业学校师生共获各类国家级奖项 15 项。

【余杭区普通高中高水平发展攻坚计划暨昆仑计划】 2020 年 5 月，制定发布《余杭区普通高中高水平发展攻坚计划暨昆仑计划（2020—2022 年）》，规划指导未来三年普通高中发展方向。

【21所学校入选区中小学劳动实践教育项目试点学校名单】 2020年7月，良渚职业高级中学、育才实验小学、临平第一中学、乾元中心小学等21所学校被认定为区中小学劳动实践教育项目试点学校。

【5所学校完成浙江省心理健康教育示范点建设】 2020年10月，浙江省中小学心理健康教育指导中心公布100个中小学心理健康教育示范点验收结果，塘栖中学、瓶窑镇第一中学、仓前中学等5所学校被评为浙江省心理健康教育示范点。

【市中职师生职业能力大赛余杭区获48个一等奖】 2020年12月，在2020年杭州市中等职校师生职业能力大赛中，余杭区获得金牌总数48枚、奖牌总数213枚，分别列各区县第一位。

【“寻根良渚　琢玉成器”德育品牌做经验推广】 2020年12月10—12日，第三届长三角地区中小学德育创新论坛在江苏省苏州市举行，余杭区良渚第三小学“寻根良渚　琢玉成器”德育品牌参与成果交流及经验推广。

（刘纯）

·成人教育·

【概况】 2020年，全区共有教育指导和社区教育中心学校17所，全年培训26.7万人次，其中，社区教育培训220284人次，职工教育培训30388人次，新型职业农民培训5486人次，进城务工人员培训10823人次。社区教育服务文化礼堂（家园）238个，开展活动1394次，参与人员151611人次。全年计划扫盲任务300人，实际脱盲337人，完成率达112.3%。成人高中“双证制”毕业367人。闲林街道被评为市示范镇街30分钟市民学习圈；区社区学院“家风家训”培训项目、临平成校“颐情香榭　乐享晚年”项目被评为市终身学习品牌项目；陈永珠、黄正浓被评为市百姓学习之星；“玉见手作”社团、百魅·竹韵旗袍队、大华西溪风情皮划艇队等5个社团被评为市社区示范性学习型社团。

【367名“双证制”教育学员毕业】 2020年，全区开展双证制教育，设临平街道成校、良渚街道成校两个教学点，毕业367人。

【闲林街道成校被评为2020年浙江省现代化成人学校】 2020年11月，浙江省教育厅办公室发文公布2020年浙江省“中职教育质量提升行动计划”有关项目建设名单，闲林街道成校被评为2020年浙江省现代化成人学校。

【余杭区全民终身学习活动周】 2020年11月24日，余杭区全民终身学习活动周启动仪式在余杭大剧院举行，本次活动周以“推进共学智学，助力‘双战双赢’”为主题，展示全年余杭区社区教育成果，表彰社区教育工作优秀个人、单位。

（刘纯）

·教师队伍建设·

【概况】 2020年，全区教育系统在职教职工26069人，其中，普通高中2128人、职业高中822人、初中4588人、小学6957人、幼儿园11287人、其他各类学校287人。全区普通高中专任教师1554人、职业高中专任教师766人、初中专任教师3507人、小学专任教师6753人、幼儿园专任教师5899人。

开展教师有偿补课专项整治，全年抽查中小学校、校外培训机构230余所。评选师德优秀教师等465人，被评为市级以上荣誉教师45人、正高级教师职称3人。

全年招聘新教师882人，其中全国重点建设高校或“双一流”高校学生149人。引进名优教师102人，其中奥赛金牌教练和省特级教师12人。全区有省特级教师45人、正高级教师11人，区级以上名优教师4542人，名优教师占比超30%。建立名师、名校长、特级教师培养人选人才库，评选区骨干教师250人；实施校长素质提升工程，举办中小学校长任职资格培训班、中青年后备干部培训班，选派20名副校（园）长到镇（街道）实践锻炼。开展师能建设“五个一”活动，推进落实分层分类培训机制，全年完成区级自选项目206个，指令性项目12个、新教师培训项目4个，共培训 27985 人次。深化“区管校聘”改革工作，全区 93 所中小学的 9236 名教师参加区管校聘。选派 37 名教师赴新疆、贵州、湖北等地支教。

仓前中心幼儿园教师吴燕飞到贵州省台江县支教

（区教育局　供稿）

【4 名教师到新疆参加教育对口帮扶】　2020 年 2 月，星桥第一小学方乐健、南苑中心小学沈锡敏、中泰中心幼儿园倪灵俊、余杭第二高级中学童洪雷 4 名老师到新疆阿克苏市支教。

【5 名教师获浙江省“春蚕奖”】　2020 年 8 月，浙江省人民教育基金会公布 2020 年省“春蚕奖”和省“绿叶奖”拟确定人选名单，瓶窑中学胡胜海、临平职业高级中学王方鸣、太炎中学何卫锋、天长世纪小学姜晓燕、乔司第三幼儿园张焕 5 名老师获得浙江省“春蚕奖”。

【先进教育工作者名单】

浙江省民族团结进步模范个人（1 名）

闫永吉　余杭区教育局

2020 年浙江省“春蚕奖”（5 名）

胡胜海　瓶窑中学
王方鸣　临平职业高级中学
何卫锋　太炎中学
姜晓燕　天长世纪小学
张　焕　乔司第三幼儿园

2020 年浙江省“绿叶奖”（1 名）

李晓琦　余杭区人民政府驻余杭街道办事处

2019—2020 年度浙江省“三育人”岗位建功先进集体（1 组）

余杭高级中学

2019—2020 年度浙江省“三育人”岗位建功先进个人（1 名）

夏　琴　仓前中心幼儿园

2020 年浙江省“三育人”岗位建功竞赛二等奖（1 名）

李发顺　余杭第二高级中学

2020 年度杭州市“最美教师”（1 名）

李发顺　余杭第二高级中学

杭州市优秀校长（6 名）

俞建中　余杭高级中学
张　禹　余杭第二高级中学
王方鸣　临平职业高级中学
庞仿英　杭州师范大学附属仓前实验中学
马莉萍　乔司第二幼儿园
张　弘　汀洲学校

杭州市优秀教育工作者（12 名）

方建胜　余杭实验中学
贺建谊　良渚职业高级中学
朱慧明　余杭区社区学院
柳　苗　临平第三中学
吴云伟　黄湖镇中学
方应连　临平第二中学
曹掌华　百丈镇中心小学
何云东　良渚第二小学
俞　李　余杭区实验小学
俞　昕　新星幼儿园
李士云　余杭街道中心学校
陆　园　苕溪幼儿园

杭州市优秀教师（31 名）

仰　虹　余杭高级中学
叶丽芳　余杭第二高级中学
朱旭颖　余杭文昌高级中学
金海英　瓶窑中学
吴　超　良渚职业高级中学
尚惠凡　临平职业高级中学
张小见　临平第一中学
金剑虹　临平第三中学

贾姣姣　瓶窑镇第一中学
翁奇明　塘栖镇第三中学
耿　雁　塘栖第二中学
章　平　运河中学
陈　伟　闲林中学
姚建良　仁和中学
吴建平　中泰中学
沈敏杰　临平第三小学
戚国琴　塘栖镇第一小学
朱歆丹　临平第一小学
徐　萍　南苑中心小学
陈俐芬　临平第二小学
朱晓伦　仓前中心小学
宋　琴　鸬鸟镇中心小学
梁　飞　良渚云华幼儿园
李　珏　新星幼儿园
费　菁　乔司第二幼儿园
沈未味　南湖幼儿园
倪苏燕　仁和第三幼儿园
毛水和　安吉路良渚实验学校
沃美红　杭州二中树兰实验学校
黄　佳　育海外国语学校
李　军　临平第五小学

2020 年杭州市中小学优秀班主任（12 名）

瞿小芳　余杭高级中学
侯延东　塘栖中学
王晨阳　余杭中学
徐驰音　临平职业高级中学
顾华燕　塘栖镇第三中学
包　欣　临平第二中学
雷　莉　仓前中学
李　霞　临平第一小学
翁雯雯　育才实验小学
裘香琴　良渚第二小学
王美亚　瓶窑镇第一小学
周满想　信达外国语学校

杭州市农村教师突出贡献者（3 名）

李明珠　百丈镇中心小学
谢琴琴　径山镇潘板中心小学
马晓辉　径山镇成人文化技术学校

（刘纯）

编辑：罗灵洁

科学技术

Science and Technology

·综　　述·

【概况】　2020年，余杭区新增国家重点支持领域高新技术企业595家，新增省科技型中小企业807家，新增数均列全省第一；新增市“雏鹰计划”企业199家，新增数位列全市第二。全区有国家重点支持领域高新技术企业1773家，省科技型中小企业2325家，市“雏鹰计划”企业948家。全年实现高新技术产业增加值379.01亿元，比上年增长15.1%，占规模工业增加值的74.8%，比上年提高6.6个百分点；新产品产值率50.2%，较上年提高0.9个百分点。之江实验室、湖畔实验室、良渚实验室三家机构入选首批省实验室建设名单；物联网先进技术产业创新服务综合体入选省级综合体建设名单，累计创建市级以上产业创新服务综合体5家，其中省级3家。全年新增省级企业研究院22家、省级研发中心77家、市级研发中心91家，新增数均列省、市第一。截至年末，全区拥有省级重点企业研究院18家、省级企业研究院94家、省级研发中心295家、市级研发中心462家。全年新增国家级众创空间9家、省级众创空间8家，新增数均列全省第一。截至年末，全区累计拥有市级以上众创空间36家，其中，国家级19家、省级12家、市级5家；市级以上科技企业孵化器29家，其中，国家级8家、省级6家、市级15家。新增孵化载体51个、物理空间251.1万平方米，引进培育科技型中小微企业1624家。全区累计创建孵化载体167家，孵化面积800.4万平方米，引进培育科技型中小微企业8689家。新增省“海外工程师”2人，市“115”引智计划项目47项，余杭千里马人才驿站6家。办理外国人来华工作许可1451件。认定区校企联合研究院5家，下达余杭区新冠肺炎防治技术研究项目21项、余杭区农业科技特派员项目10项、余杭区高校科技特派员项目20项。2020年，余杭区被评为2019年度区（县、市）创新发展专项考核优秀，入围杭州市人工智能创新发展区培育名单。

【科技创新项目】　2020年，全区申报实施市级以上各类科技计划项目3643项，其中，国家级1533项、省级1099项、市级1011项。获得市级以上立项2925项。其中：国家级1260项，包括国家科技进步奖二等奖2项、国家级众创空间9家、国家重点支持领域高新技术企业595家、国家级科技型中小企业650家；省级982项，包括省实验室3家、省级领军型创新创业团队4家、省“万人计划”3人、省海外工程师2人、省科学技术奖18项、省重点研发计划项目11项、省全创改革新型产学研合作项目8项、省级重点实验室2家、省产业创新服务综合体1家、省级星创天地1家、省级科技企业孵化器3家、省级众创空间8家、省级企业研究院22家、省级企业研发中心77家、中国创新创业大赛浙江赛区获奖企业12家、省科技型中小企业807家；市级683项。

【余杭区科技人才月暨2020年中国科技成果创新创业大赛启动仪式】　2020年5月20日，余杭区举办科技人才月暨2020年中国科技成果创新创业大赛启动仪式。全区各相关部门、高校院所、科研机

2020年5月20日，2020年余杭区科技人才月暨中国科技成果创新创业大赛举行 （区科学技术局 供稿）

构、科技企业、金融机构等代表参加活动，高层次人才、重点企业等近万人在线观看启动仪式。仪式上，余杭区授牌表彰院士专家工作站、高新技术企业、创新载体，余杭区人民政府分别与国家林业和草原局华东调查规划设计院、浙江省农业科学院、上海音乐学院进行战略合作签约。

（刘梦颖）

·科技管理·

【余杭区新冠肺炎防治技术研究项目】 2020年2月6日，余杭区启动新冠肺炎防治技术项目征集，鼓励区内有关单位组织专家针对新型冠状病毒感染的肺炎防控、治疗等关键技术开展研究，征集项目90余项。

【“抗疫情 助复产 云合作”余杭区产学研合作系列讲座活动】 2020年3月4—28日，区科学技术局联合浙江高校产学研余杭联盟东部中心，组织浙江工商大学、杭州电子科技大学、浙江理工大学等高校，开展“抗疫情 助复产 云合作”产学研系列活动，推出线上活动10余场，参与人员1000余人次。

【千里马驿站“双招双引”工作座谈会】 2020年6月2日，区科学技术局召开2020年余杭区千里马驿站“双招双引”工作座谈会，相关部门、平台及部分千里马驿站负责人参加。会上，来自瑞士、加拿大、德国等9个国家的千里马驿站负责人发言，总结回顾前期工作并分享下一步工作计划。

【科技活动周】 2020年8月22—30日，区科学技术局联合区委宣传部、区卫生健康局、区科学技术协会等单位共同举办2020年余杭区科技活动周系列活动。本次活动周以“科技战疫·创新强国”主题，开展战疫故事讲、科技创新成果展、网络文化节等活动。

【余杭科技金融服务圈发布会】 2020年12月23日，区科学技术局召开“金融赋能 共赢未来”2020余杭科技金融服务圈发布会，正式发布余杭科技金融服务圈，并与浙江余杭农村商业银行股份有限公司签署战略合作协议。区经济和信息化局、区发展和改革局（区金融办）、未来科技城管委会、杭州孚嘉科技有限公司、相关金融机构以及科技企业代表参与本次活动并开展交流。

（刘梦颖）

·科技成果·

【康德权、新希望乳业获国家科技进步二等奖】 2020年1月10日，中共中央、国务院在北京举行国家科学技术奖励大会，杭州康德权饲料有限公司承担的“猪健康养殖的饲用抗生素替代关键技术及应用”项目、杭州新希望双峰乳业有限公司承担的“功能性乳酸菌靶向筛选及产业化应用关键技术”项目获国家科技进步二等奖。

【新增省级高新技术企业研究开发中心77家】 2020年2月27日，省科学技术厅公布2019年新建省级高新技术企业研究开发中心名单，“顶峰检测技术省级高新技术企业研发中心”等77家余杭区企业研发中心入选，新增数连续第三年居全省各县（市、区）第一。

【新增省级企业研究院22家】 2020年3月2日，省科学技术厅、省发展和改革委员会、省经济和信息化厅联合公布2019年新认定省级企业研究院认定结果，浙江省华辰纺织涂层遮阳节能技术研究院等22家余杭区企业研究院通过认定，新增数居全省第一。

之江实验室 （区科学技术局 供稿）

【3家机构入围2019年度杭州市最具影响力新型研发机构名单】 2020年3月2日，杭州市召开全市“战疫情 促发展”工作推进会。会上公布2019年杭州市最具影响力新型研发机构名单，余杭区之江实验室、阿里巴巴达摩院（杭州）科技有限公司、中电海康研究院（中电海康集团有限公司）3家机构入选，数量居全市第一。

【新增国家级众创空间9家】 2020年4月16日，科学技术部公布2020年度国家备案众创空间名单，拎包客青年创业社区、新势力创业营、创梦空间等9家余杭区众创空间获批国家级众创空间，新增数量居全省第一。

【18个项目获省科学技术奖】 2020年7月17日，省科学技术奖励大会在省人民大会堂举行。会上公布2019年度浙江省科学技术奖获奖项目名单，之江实验室等余杭区企事业单位共获奖18项，获奖数量创余杭历年新高，并首次在自然科学奖、技术发明奖、科学技术进步奖三大奖项上均有斩获。

【何乐民获2020年杭州市“钱江友谊使者”称号】 2020年9月5日，余杭区杭州万豪行政公寓总经理何民乐（Javier Pascual Gimeno Breton）在第三届“杭州国际日”开幕式上，被杭州市政府授予2020年度杭州市外国专家“钱江友谊使者”称号。

【新增杭州市企业高新技术研究开发中心199家】 2020年9月18日，市科学技术局公布2020年杭州市企业高新技术研究开发中心认定结果，小电科技移动电源智能共享技术市级企业高新技术研究开发中心等91家余杭区企业高新技术研究开发中心入选，新增数位列全市第一。

【余杭区2019年度创新指数位列全省第四】 2020年10月，省统计局、省科学技术厅联合发布《2019年度浙江省县（市、区）科技进步统计监测报告》。报告显示，余杭区2019年度创新指数为198.4，位居全省第四，指数比上年进步12.3。

【新增省级众创空间8家】 2020年10月23日，省科学技术厅公布2020年度省级众创空间备案名单，杭州侨嘉投资管理有限公司的梦想E商新零售孵化器等8家余杭区众创空间入选，新增数列全省第一。

【余杭物联网先进技术产业创新服务综合体入选2020年省产业创新服务综合体】 2020年11月4日，余杭物联网先进技术产业创新服务综合体入选省科技领导小组办公室公布的2020年省产业创新综合体创建名单，成为余杭区第三家省级产业创新服务综合体。

【新增省级重点实验室2家】 2020年11月4日，省科学技术厅公布2021年度省级重点实验室认定和培育建设名单，余杭区阿里巴巴达摩院（杭州）科技有限公司承建的浙江省自动驾驶重点实验室、杭州睿笛生物科技有限公司承建的浙江省脉冲电场技术医学转化重点实验室入选省科学技术厅公布的2020年度省级重点实验室认定和培育建设名单。余杭区累计拥有省级重点实验室14家。

千年舟文化创意园 （区科学技术局 供稿）

【新增“雏鹰计划”企业199家】 2020年11月19日，中铝智能科技发展有限公司等199家余杭区企业通过2020年杭州市“雏鹰计划”企业认定结果认定，占杭州市总认定数的23.5%，新增数位列全市第二。

【11个项目获省重点研发计划项目立项支持】 2020年11月23日，省科学技术厅公布2021年度浙江省重点研发计划立项清单，余杭区贝达药业股份有限公司承担的“新靶标、新结构小分子药物的临床研究–BPI–28592治疗携带NTRK基因变异的晚期癌症患者的临床研究”、浙江开创环保科技股份有限公司承担的“资源环境科技关键技术、装备研发及应用示范—面向污水清洁排放的MBR膜材料与装备关键技术及工程示范”入选择“择优委托项目”，华立科技股份有限公司承担的“基于物联网多芯模组化用电管理系统研发及应用—基于物联网多芯模组化智能用电管理系统研发及应用”等9个项目被列入“竞争性项目”。

【新增省级科技企业孵化器3家】 2020年11月25日，杭州钱江经济开发区智能制造创新创业产业园、千年舟科技文化创意园、余杭国际人才创新创业中心等3家余杭区科技企业孵化器入选2020年度省级科技企业孵化器认定名单。

【新增省科技型中小企业807家】 2020年12月28日，省科学技术厅公布2020年度浙江省科技型中小企业备案名单，杭州新福华无纺布有限公司等807家余杭区企业入选，新增数位居全省第一。

（刘梦颖）

编辑：罗灵洁

文化·传媒

Culture and Mass Media

·综　　述·

【概况】 2020 年，区文化和广电旅游体育局创作文艺作品，组织开展文化活动，健全现代公共文化服务体系，推进文化旅游融合发展。承办第十一届中国曲艺牡丹奖全国曲艺大赛，余杭区文化馆被中央宣传部授予全国“双服务”先进集体，余杭区基层公共文化服务评估第七次位列全省第一，余杭区省级公共文化示范项目“文旅融合背景下公共文化精准扶持的‘余杭样本’”以第一名成绩通过验收，余杭区公共图书馆服务大提升启动，举办余杭区慰问抗疫工作者主题活动、“活力余杭”系列、新春系列、“相约”系列、“美丽洲”系列等品牌文化惠民活动。引进中国爱乐乐团、曲艺名家翁仁康团队、浙江交响乐团、浙江小百花越剧院等专业团体开展专场演出。到贵州省天柱县，湖南省张家界永定区、湘西苗族自治州等地开展跨区域文化交流活动。

【第 11 届中国曲艺牡丹奖全国曲艺大赛（余杭赛区）】 2020 年 6 月 21—24 日，第 11 届中国曲艺牡丹奖全国曲艺大赛（南方鼓曲唱曲赛区）在余杭区举行，来自全国各地的参赛人员 400 余人同台竞技。4 场比赛及评委会全程采用线上直播形式，观众 20 余万人次。中国曲艺牡丹奖办赛以来，在新冠肺炎疫情常态化防控背景下，首次实现“观演云上惠民共享、评赛机制两线互通”的办赛模式。中国曲艺家协会向余杭区发来感谢信，余杭区文化和广电旅游体育局被评为牡丹奖突出贡献单位。

【余杭区文化馆被授予全国“双服务”先进集体】 2020 年 12 月，中央宣传部公布第八届全国服务农民、服务基层文化建设先进集体名单，余杭区文化馆成为浙江省唯一入选的基层文化馆。2020 年，区文化馆举办各类文化活动 150 余场、培训辅导 280 余期，惠及群众 100 余万人。

2020 年 6 月 21—24 日，第十一届中国曲艺牡丹奖全国曲艺大赛（余杭赛区）举行。图为参赛人员合影

（区文化和广电旅游体育局　供稿）

【余杭区公共图书馆服务大提升启动】 2020年8月，余杭区公共图书馆服务大提升启动。临平图书馆服务大提升项目被评为改革在身边·浙江公共场所服务大提升新闻行动“9月份亮点项目”；临平图书馆、崇贤街道图书馆、塘栖镇水北分馆创建为“杭州书房”；“一路书香　阅行有你”汽车图书馆到全区20个镇（街道），共出车141次，图书借还2万余册，接待读者2万余人次。

（师晨）

·群众文化·

【概况】 2020年，区文化和广电旅游体育局组织开展“余杭之夜”2020新年音乐会、中国诗歌春晚余杭专场——“文明圣地·活力余杭”大型诗歌音乐晚会、新春慰问企业家系列活动、“福到万家”送福送春联等新春惠民文化活动20场次。与区委宣传部共同举办“活力余杭”系列文化赛事。举办余杭区慰问抗疫工作人员专场演出。先后引进中国爱乐乐团、曲艺名家翁仁康演出团队、浙江交响乐团、浙江音乐学院戏剧系、浙江艺术职业学院、浙江小百花越剧院、杭州越剧传习院等，举办专场文艺演出15场。举办“美丽洲”大舞台露天舞台演出25场，“美丽洲”故事会10场。开展“相约”系列文化活动，区文化馆、区小百花越剧艺术中心等团队开展“相约你我他·送文化进万家”文化下基层活动180场；区图书馆向农村文化礼堂、农家书屋、社区图书室赠送图书3.5万册；“与您相约·周末剧场”活动在临平剧院举办33场；“相约周末”文化夜市活动在全区范围内开展286场。

【“活力余杭”系列文化赛事】 2020年5—11月，区委宣传部、区文化和广电旅游体育局共同举办“活力余杭”系列文化赛事，包括全区短视频征集大赛、全区等级团队表演艺术大比武、全区书画摄影大赛、全区原创舞蹈和语言类节目大赛、全区原创歌曲大赛、全区优秀原创节目展演、“活力余杭·礼赞祖国”庆祝中华人民共和国成立71周年系列活动等21场活动。11月13日，2020“活力余杭”系列文化赛事颁奖仪式暨优秀节目汇报演出在余杭大剧院举行。

【余杭区慰问抗击疫情工作者主题活动】 2020年9月3日，由区委宣传部、区文化和广电旅游体育局主办的“世界因你们更美　用艺术致敬抗疫英雄”——余杭区慰问抗疫工作人员专场演出在余杭大剧院上演，为余杭区的援鄂医疗队员、医疗卫生单位一线医务人员、区“两手硬、两战赢”工作第一线表现突出的优秀共产党员，公安系统、交通运输系统和社区工作者等一线抗击新冠肺炎疫情代表举办专场慰问演出。故事以两个上海姑娘的大半生作为引子，聚焦一所房子两户人家跨越60年的命运。

【“美丽洲”系列文化活动】 2020年7—10月，区委宣传部和区文化和广电旅游体育局联合举办“美丽洲”系列文化活动，活动由“美丽洲”大舞台和“美丽洲”故事会组成。“美丽洲”大舞台在人民广场露天舞台演出25场，其中，省、市、区专业院团专场5场，省级文化强镇文艺精品专场8场，文化志愿者、文化走亲等演出12场。“美丽洲”故事会全年10场，包括“浙地风华少年说”余杭赛区故事比赛、江浙沪名人名家专场、抗击疫情故

“相约你我他·文化进万家”文艺下基层活动

（区文化和广电旅游体育局　供稿）

事专场等活动，并结合疫情防控推出线上“美丽洲”故事会，让更多的故事爱好者参与其中。

（师晨）

·文艺创作·

【概况】 2020年，区文化馆业务干部创作、辅导的作品在市级以上获奖、发表74件（次），其中国家级2件（次），省级32件（次），市级40件（次）。

【曲艺创作】 2020年8月，小戏《一张化验单》获得2020年浙江省新农村建设题材小戏会演金奖。10月，小品《小村新事》获浙江省第三十一届戏剧小品邀请赛金奖。10月，曲艺杭摊《淑英救弟》获第十一届中国曲艺牡丹奖节目奖。费凡获第十一届中国曲艺牡丹奖新人奖提名。

【故事小品创作】 2020年10月，周春美创作故事《村官巧断邻里事》获浙江省第14届新故事作品征文大赛二等奖。10月，小品《小村新事》获得纪念夏衍诞辰120周年暨2020“杭州有戏”戏剧大赛创作金奖、表演金奖，黎艳珠获得最佳编剧奖项。11月，余杭区塘栖故事沙龙故事作品《看一眼一百万》获浙江省农村文化礼堂建设成果展演暨“三团三社”成果展演展示文学奖。11月，汤水根创作的故事《王家河村里的百寿宴》，徐永革创作的故事《家里来了只孔雀》获第11届杭州市网络故事大赛二等奖，何德铭创作的故事《天高任鸟飞》，周诗聪创作的故事《偷鸡的老婆》，何为创作的故事《搞台村晚不容易》，魏安泉创作的故事《十间知青屋》获三等奖。12月，童瑜媛辅导的故事《上学惊魂记》《老鼠搬家》获2020杭州少儿故事演讲比赛金奖，童瑜媛获两项优秀辅导奖。12月，陈柳晨、赵君芳撰写的《马登丰：学古不泥古，出格不偏航》获浙江省“新时代风采”群文人物事迹征文比赛金奖；周春美撰写的《一生只为故事狂》，贺金彪撰写的《许晓明的星光之路》获银奖。

【声乐、舞蹈、器乐创作】 2020年11月，歌曲《鲁飞飞都来点赞》获2020浙江省第19届音乐新作演唱（演奏）大赛“三地一窗口”专场金奖。11月，歌曲《在一起》获得浙江省第11届音乐舞蹈节声乐类金奖。11月，群舞《滚灯人》获得2020年浙江省群众舞蹈大赛银奖；舞蹈《传承》获得杭州市第10届“风雅颂”民间舞蹈展演优秀表演奖，余杭区文化馆获组织奖；舞蹈《大陆花灯》获浙江省农村文化礼堂建设成果展演暨“三团三社”成果展演展示表演奖。临平第三小学葫芦丝合奏《文明的起源》获杭州市中小学艺术节一等奖。

【书法、摄影、美术创作】 2020年7月，马登丰、郑升、陈梅乾、张文等创作书法作品入展第二届群星书法小品展。8月，沈车书法作品获浙江省群星行草书法大展银奖，金永强书法作品获提名奖。9月，沈乐瑶书画作品《热闹的生日》、李明洋书画作品《避暑》获“笔墨中华·盛世中国梦”2020杭州市少儿书画优秀作品展三等奖；常乐姗书画作品《赏金猎人》、张馨冉书画作品《静物花卉》获得优秀奖。9月，沈忠花剪纸《祖国万岁》、厉柏海铁艺画《团团圆圆》、方森鑫竹刻《兰亭序扇面》、庄兴剪纸《宇宙之花》、梁以欣剪纸《美丽家园》获“春风桃

群舞《滚灯人》剧照 （区文化和广电旅游体育局 供稿）

李”2020杭州市民间美术作品展最佳展品奖。9月，何良亮油画作品《眺望反山》入展“彩笔绘良渚·盛世颂华章”百名中外画家走进良渚古城油画作品展。9月，瓶窑西溪书画学会入围浙江省农村文化礼堂建设成果展暨“三团三社”书画作品展全省十佳优秀书画团队。11月，陈培忠书法作品《韩非列传》、陈正军书法作品《欧阳修文》、楼欣儿书法作品《草书黄庭坚词》、王建祥书法作品《书法滕王阁序》、翁燕平书法作品《书法陶渊明诗》获浙江省农村文化礼堂建设成果展演暨“三团三社”成果展演展示书法类奖；马登丰书法作品《隶书对联》、沈车书法作品《李商隐诗》、郑昇书法作品《满江红·战疫》入展“群星璀璨 共谱时代华章”浙江省群众文化展演展示系列活动；马登丰书法作品参加“红色燎原迎百年、翰墨传情颂初心”长三角美术书法邀请展。

（师晨）

·非物质文化遗产保护·

【概况】 截至2020年末，余杭区拥有国家级名录项目5个，省级名录项目22个，杭州市级名录项目46个，余杭区级名录项目137个；现有中国民间文化艺术之乡1个，省级民间艺术之乡、非遗旅游景区、非遗生产性保护基地、传承基地、传承教学基地等15个；拥有国家级非遗项目代表性传承人2名，省级非遗传承人18名，市级传承人34名，区级传承人104名。

2020年，余杭区获2019年度浙江省非遗保护发展指数评估指标第一名。新增区级代表性非遗传承人35名。区文化广电和旅游体育局组织开展第十五个非遗保护月活动；开展2020年“服务传承人月”活动，走访慰问非遗传承人，为传承人协调解决传承活动场地，鼓励传承人带徒传艺等，发放传承人津贴35.2万元。余杭区传统茶食制作技艺获浙江省传统美食展评活动“薪传奖”，径山茶和余杭纸伞项目入选第二批浙江省优秀非遗旅游商品。余杭区“大运河文化传承生态保护区”入选浙江省省级文化传承生态保护区（创建）名单。杭缎织造技艺等4个项目入选第一批杭州市传统工艺振兴项目，百丈镇溪口村等4个村入选第三批杭州市非遗旅游景区（民俗文化村）名单。

【余杭区获2019年度浙江省非遗保护发展指数评估指标第一名】 2020年4月，省文化和旅游厅公布2019年度浙江省非物质文化遗产保护发展指数评估指标数据（Intangible Cultural Heritage Protection Index，简称IPI指数），自2015年至2020年，余杭区第四次位列全省县（市、区）第一。该指数包括名录体系、保存保护、传承传播、事业保障、队伍建设、工作创新等6个方面，利用无量纲化处理、采用功效系数法计算出来的统计数据，是一种用以衡量某地区非遗保护情况的综合性指标。

【余杭区第15个非遗保护月活动】 2020年6—7月，农历五月期间，余杭区开展2020年“文化和自然遗产日”暨余杭区第15个“非物质文化遗产保护月”系列活动。此次活动以“悦·多彩非遗 享·健康生活”为主题，从历史、技艺、人文、民生等角度展现非遗在人民大众健康生活中发挥的作用。通过举办“非遗购物节·浙江消费季”余杭专场暨“O+O”（online线上+offline线下）余杭非遗智慧生活馆”揭牌活动，建设浙江首个集线上购物

2020年6月9日，余杭区第15个非遗保护月活动启动仪式暨余杭非遗智慧生活馆揭牌活动举行 （区文化和广电旅游体育局 供稿）

与线下体验相结合的非遗衍生品宣传展示、自助售卖、培训研学等多功能非遗智慧生活馆，助力传统工艺振兴和文化消费提振。

（师晨）

·文化市场管理·

【概况】 2020年，区文化市场综合行政执法队出动执法人员6258人次，检查各类经营单位12444家次，查获并纠正违规经营行为19起，立案处罚24件，警告8家次，罚款36.6万元，停业整顿2家次，没收非法所得82157.99元，没收违法物品1个。更新完善余杭区文化广电旅游体育政务服务事项106项，合格率100%。国家事项监管库认领事项134项，主项覆盖率99.2%，检查实施清单编制完成率100%，浙江省权力事项库认领行政检查、行政处罚、行政强制事项357项。

【文旅市场常态化疫情防控】 2020年，区文化市场综合行政执法队结合新冠肺炎疫情变化形势和省市区疫情防控指挥部关于文旅市场防疫最新要求，及时传达通知网吧、娱乐场所等文化经营场所和景区等旅游场所，加大执法巡查力度，就防控责任意识、防控措施落实等方面进行全面检查，引导经营者继续强化警钟长鸣防控意识，抓好场所常态化疫情防控工作。

【工会疗休养旅游景区专项检查】 2020年相关企事业单位工会疗休养活动开展期间，区文化市场综合行政执法队对山沟沟景区、双溪漂流、塘栖古镇、超山景区等AAAAA、AAAA级景区及部分星级宾馆进行防疫措施、安全开放等实地检查，要求各景区高度重视安全开放工作，完善相关值班监控、巡逻自查等安全管理工作。

【文化市场“护校安园”专项行动】 2020年，围绕暑期和开学季等重点时段，区文化市场综合行政执法队对校园周边文化经营场所和出版物经营场所进行检查，检查相关场所1000余家次，严查网吧、娱乐场所接纳未成年人等违法违规行为，全年立案查处歌舞娱乐场所接纳未成年人2起。

（师晨）

·图书馆·

【概况】 2020年，余杭区图书馆全年购书经费300万元，新购图书6万余册、新增电子图书1.5万册，订购报刊1200余种。全年接待读者80余万人次，图书借阅65.6万余册次，开展读者活动319次，参与读者7.5万人次，新开通村（社区）图书室“一证通”点位39个，开展“最多跑一次”全区公共图书馆服务大提升工作，指导、完成建设杭州书房3家。余杭区图书馆选送的作品获得浙江省图书馆学会举办的“魅力声音·抗击疫情，我们在行动”全省少儿音频征集活动金星奖1名、银星奖4名、铜星奖12名，区图书馆被评为优秀组织单位。选送作品《妈妈怎么不爱我了》获“阅读TA力量青少年演讲大赛”小学组二等奖，《梦游天姥吟留别》获“天籁浙江印象诗路”朗诵大会决赛中成人组一等奖，《鸬鸟鳌鱼灯》《印象瓶窑》获“诗画浙江——行走阅读”短视频征集大赛三等奖。余杭区图书馆藏的明抄本《周礼补亡》入选第六批《国家珍贵古籍名录》。《景印文渊阁四库全书》入藏余杭区图书馆专题文献室。

【“4·23”世界读书日系列活动】 2020年4月，余杭区图书馆推出“书香余杭·云享阅读”“4·23”世界读书日系列活动，活动全部在余杭区图书馆微信公众号上开展。内容包括“我听·我读”第四届少儿读者主题朗诵作品征集活动、“浮光阅影”胶片摄影展、“美丽洲”云端故事会、太炎微讲堂、“心愿书单”征集及免费领取活动、“人间春暖”中华诗词答题活动、“与阅读久别重逢”许愿墙活动、“春之声”云朗读大赛、“阅读TA力量”青少年演讲大赛、“签·约世界”青少年书签设计活动、“活力余杭”系列文化赛事——全区短视频征集大赛等。

【“美丽洲”故事会】 2020年，“美丽洲”故事会活动举办10场，通过线上线下相结合的方式，举办“阅读TA力量——青少年演讲大赛”、抗疫故事专场、少儿故事专场、余杭民间故事专场等。结合2020年“抗疫”及“全面决胜小康”两大主题，融入余杭地方文化特色元素，开展“魅力声音·抗击疫情，我们在行动”少儿音频征集活动及“美丽洲”故事会——“老乡说小康”农民故事大赛活动。

余杭区图书馆智慧分馆——临平图书馆

（区文化和广电旅游体育局　供稿）

【临平图书馆开馆】　2020年5月28日，余杭区图书馆智慧城市分馆——临平图书馆正式开馆。现场通过VCR、云直播、短视频以及多家媒体平台共同参与的方式进行。图书馆位于临平邱山大街281号，文化艺术长廊北侧，建筑面积2800余平方米，馆藏8万册图书，拥有阅读坐席200余个。临平图书馆入选浙江公共场所服务大提升“9月亮点项目”，获得由上海市浦东新区宣传部（文体旅游局）主办的2020“美好生活”长三角公共文化空间创新设计大赛网络人气奖。

【汽车图书馆流动服务】　2020年，余杭区图书馆继续开展“一路书香，阅行有你”汽车图书馆流动服务。在疫情有所缓解之后，汽车图书馆于6月中旬重新发车，到全区20个镇（街道），为有阅读需求的村（社区）、企事业单位、学校等提供免费上门图书流通服务，全年出车141次，图书借还2万余册，接待读者2万余人次。

【“相约你我他·文化进万家”万册图书下基层活动】　2020年9月30日，2020年“相约你我他·文化进万家”万册图书下基层活动启动。2020年度购书经费为76万元，为全区20个镇街的农村文化礼堂（社区文化家园）及全区176个农家书屋送书3.5万余册。

【余杭区庆祝中华人民共和国成立71周年系列文化惠民活动】　2020年，为庆祝中华人民共和国成立71周年，余杭区图书馆举办“活力余杭·礼赞祖国”余杭区庆祝中华人民共和国成立71周年系列文化惠民活动。10月1日，曲艺表演艺术家翁仁康携省优秀故事家走进“美丽洲”故事会。10月7日，“书香国庆·读书追梦”好书分享会邀请浙江省公共图书馆优秀阅读推广人劳月在余杭区图书馆一楼展厅分享《八百壮士》。

【《余杭区公共图书馆服务大提升行动方案（2020—2022年）》印发】　2020年10月29日，为贯彻落实省市关于推进公共场所服务大提升工作的有关决策部署，根据《浙江省公共图书馆服务大提升行动方案（2020—2022年）》《杭州市公共图书馆服务大提升行动方案（2020—2022年）》有关要求，区委全面深化改革委员会办公室、区文化广电和旅游体育局联合印发《余杭区公共图书馆服务大提升行动方案（2020—2022年）》。

【“阅读悦享——你点书，我买单”惠民活动】　2020年11月，余杭区图书馆与余杭新华书店人民大道店、未来科技城店（创客之家）共同推出“阅读悦享——你点书，我买单”书店借书惠民活动。截至年底，共1000余名读者参与，借阅新书2000余册。

【“美丽洲”诵读系列活动】　2020年，余杭区图书馆联合浙江省朗诵协会余杭分会举办“美丽洲”诵读系列活动。11月3日，举办“美丽洲”诵读·“朗诵”是一件美好的事——浙江省朗诵协会余杭分会专场活动，邀请浙江省朗诵协会常务副会长王福生、浙江省朗诵协会余杭分会会长初苗等人带来朗诵节目。12月26日，举办“美丽洲”诵读——“最美的时光”新年诵读会。

（师晨）

·电视广播·

【概况】 2020年，广播电视节目制作经营单位135家，全年新增66家。开展“广电低保”惠民及农村应急广播体系运维工作，根据疫情防控需要，突击新建村（社区）应急广播音柱67个、隔离点应急广播音柱6个。2020年广播电视安全播出正常。全区135家广播电视节目制作经营单位通过国家广播电视总局“政务服务平台”完成年度业绩审核。其中，国有独资1家、民营134家。2020年新增66家。

【低保户有线电视基本收视维护费减免】 2020年，为5570户（不含集中供养的低保户）低保户减免基本收视维护费，为53户低保户减免了入网费。另有不予（需）办理和集中供养低保家庭1104户。

【广播电视安全播出保障机制建立】 2020年度，区文化广电和旅游体育局及运维单位对3个区级平台、16个镇（街道）平台、197个村级平台及471个点位开展巡查巡检1874次，出动4118人次，在中华人民共和国成立70周年安播重要保障期增派巡查力量1200人次。巡查中发现行政村平台故障6起、室外音柱故障15起，通过重新搭建网络链路和终端设备移位的方式，均全部修复。配合“全域美丽”建设，应急广播迁改80处，迁改光电缆超万米，迁改终端音柱60个，保证应急广播网络传输安全。每天定时开播新闻广播，确保常播常响。全年深化卫星电视传播秩序管理机制。9月27—28日，杭州市非法卫星电视接收设施整治工作现场推进会在余杭区召开。全年排摸拆除非法卫星电视接收设施3958座。全年安全播出无事故。

（师晨）

·文物保护·

【概况】 2020年，余杭区政府被杭州市评为2019年度文物工作最佳管理单位。余杭区文物局博物馆事业发展水平（2019年度）评估数据综合排名居全省第一。杭州市文物考古研究所余杭考古工作站设立。兰廷成被评为“杭州最美文物守望者”，方中华获得2020年度“余杭工匠”称号。开展“活化传承——让文物活起来”系列宣传，推荐12处文物申报市“十佳文物保护利用案例”，推出4条传统桥梁游学线路及文博场馆“云展览”。余杭博物馆在上海新征集到吴昌硕的《碧玉红珊瑚》《石鼓文扇片》和俞涤烦、褚德彝合作的成扇一把。编辑出版《塘栖研究集萃》；参加浙江省博物馆学会2020文旅融合与博物馆创新发展研讨会，发表《博物馆致力于文旅融合的实践和展望——以江南水乡博物馆为例》《余杭红色文化资源保护利用的实践与思考》等论文。

新四军随军被服厂旧址 （雷晓伟 摄）

【13处不可移动文物保护修缮项目完成】 2020年，区文化和广电旅游体育局完成市级文物保护单位鸬鸟镇新四军随军被服厂旧址、市级文物保护点良渚街道荀山庙等13处文物的修缮、养护、加固、整治工程，消除本体安全隐患，改善周边环境。指导镇（街道）开展市级文物保护单位中共鸭兰村支部旧址等不可移动文

物的日常保护管理利用工作，向镇（街道）及有关单位下发补助资金117万元。

【地下文物考古及科技保护】 2020年，余杭区继续开展土地出让前的考古，区文化和广电旅游体育局协同市园林文物局审核出具54宗总面积约150万平方米地块出让前无须考古意见，完成32宗地块、面积逾250万平方米的考古勘探发掘（含临平新城艺尚小镇、产业互联网小镇2个省级平台文物保护区域评估），清理古墓葬百余座，出土玉石、青铜、陶瓷等器物千余件（组）。3月31日，举办全区文物保护区域评估培训。开展全国重点文物保护单位小古城遗址考古发掘。9月，举办“仓前：千年往事——李家塘遗址考古发现展”。

【大运河遗产保护管理】 2020年，余杭区加强大运河遗产保护管理,《全国重点文物保护单位大运河之广济桥结构变形监测实施方案》获省、市文物部门批准，仁和街道马幼眉故居、流翠桥2处大运河沿线文物保护修缮工程竣工。加强沿线建设管控，协调处理各类建设项目13个。

【文博单位安全管理】 2020年，余杭区逐级签订文物保护责任书，落实属地管理责任，开展节假日、汛期安全检查巡查。5月，区文化和广电旅游体育局向各镇（街道）通报全国重点文物保护单位芙蓉村古建筑群之司马第大屋“5·4”火灾事故，发布《关于加强文物博物馆消防安全工作的通知》。结合重点工作开展各级文物保护单位（点）安全现状评估。6处文物安装智慧用电安全隐患监管服务系统。

【“韫玉良缘——良渚文化玉器精品展”在海宁展出】 2020年5月18日至6月30日，余杭博物馆与海宁市博物馆合作举办的“韫玉良缘——良渚文化玉器精品展”在海宁博物馆展出。展览分“文明曙光——良渚文化”“玉魂国魄——良渚玉器”“巧夺天工——加工工艺”三大板块，介绍良渚文化与当时社会复杂的关系。这是海宁首次大规模展出良渚文化玉器。

【余杭博物馆推出馆藏良渚文化玉器“云观展”】 2020年5月18日国际博物馆日期间，余杭博物馆依托手机网络平台，推出馆藏良渚文化玉器“云观展”，同时推出线下巡展，运用AR等技术，观众阅读图版时，可以通过手机扫码赏玩云平台上的3D文物，实现线上线下互动。巡展先后到星桥街道万乐社区、仁和街道普宁村举办。

【“玉润东方——良渚文化玉器精品展”在绍兴新昌展出】 2020年8月6日至10月25日，余杭博物馆和新昌博物馆共同举办的“玉润东方——良渚文化玉器精品展”在新昌博物馆展出。此次展览是余杭博物馆与新昌博物馆首次交流与合作。展览以良渚玉器所代表的玉文化及其显示的中华五千年文明为主题，分为古城风貌、生业形态、玉魂国魂、原始文字、良渚古城遗址考古发掘成果5个部分，展出文物116件（组），包括玉琮、玉璧、玉梳背、玉璜、玉镯、玉串饰等。通过玉器的集中展示，揭示良渚文化的内涵，展示中华文明的发展脉络。

【“疯与狂——章太炎与鲁迅的故事”在北京鲁迅博物馆展出】 2020年9月23日至10月25日，杭州市余杭博物馆、余杭区章太炎故居纪念馆、北京鲁迅博物馆联合举办的“疯与狂——章太炎与鲁迅的故事”在北京鲁迅博物馆展出，共展出藏品约100件（组），包括章太炎、鲁迅及他们的友人、学生的书法、手稿、信札、书籍等，展现章太炎与鲁迅的往事。

【余杭茅山独木舟修复保护项目通过验收】 2020年10月20—21日，余杭茅山独木舟修复保护项目通过验收。来自浙江省文物局、南京博物院、上海博物馆、上海视觉艺术学院、浙江大学、浙江农林大学、浙江省博物馆、浙江省文物考古研究所的专家一致认为：该项目按照省文物局批复的设计方案和招标文件要求实施，项目管理规范；经修复保护后的独木舟部分恢复了独木舟所有特有的物理性能，最大程度恢复了独木舟的完整性，外观比较自然，整体强度基本达到收藏展示要求，达到预定的修复保护目标。

【玉架山考古遗址公园（博物馆）进入实质性实施阶段】 2020年11月19日，余杭区良渚文化玉架山考古遗址公园（博物馆）开工，进入实质性实施阶段。该项目北至五洲路，南至绿洲路，东至星河路，西至兴中路，总面积超12万平方米。项目一期为遗址本体保护工程和遗址公园建设，二期为遗址博物馆建设，将打造成为集遗址保护、价值阐释，公众科普与展示、文化体验与休闲、公共活动为一体的开放式城市考古遗址文化公园。12月25日，玉架山考古遗址公园被列为第三批省级考古遗址公园。

【余杭博物馆新馆区建筑建设基本完工】 2020年，中国江南水乡文化博物馆（余杭博物馆）新馆区建筑外观建设基本完工，白墙黛瓦的外貌初现，新馆建筑风格取材于吴冠中江南水乡山水画，简约的点、线、面、色之间富有节奏和韵律的形式架构，具有水乡风情。新馆展陈大纲编制及展陈深化设计施工采购招标同时完成。

【余杭博物馆文创产品】 2020年，余杭博物馆文创产品参加第十五届中国义乌文化和旅游产品交易博览会和第三届长三角国际文化产业博览会的文创展示，选送的文创产品良渚玉琮黄金挂件和“良渚牌面”双层桑蚕丝口罩获得第十五届中国义乌文化和旅游产品交易博览会“工艺美术铜奖”。参加“忆江南——长三角文创博览展览”，“良渚牌面”双层桑蚕丝口罩获得长三角文创联盟“文澜杯”文创作品“入围创意奖”。

（师晨）

·档案工作·

【概况】 2020年，根据全区事业单位改革方案，区档案馆作为区委直属事业单位设置，下设事业单位档案与电子文件登记备份中心。截至2020年末，区档案馆馆藏档案共198个全宗，计447973卷（件）。全年接待利用者7507人次，提供档案11720卷（件）次，复印10200页。

【档案业务管理】 2020年，区档案局（馆）开展档案工作大调研，由局领导、馆领导班子牵头带队分别到区直单位、镇（街道）基层档案室，村（社区）、企业开展调研，通过实地考察、跟班听课、座谈交流等形式开展专题调研50余次，推动档案工作服务农村基层社会治理工作，形成《规范基层档案工作，助力“清廉村社”建设》等调研成果。开展“档案工作助力三服务”活动，针对档案收集不齐全、不完整，实体、数字档案安全，进馆档案整理不规范，档案公共服务水平有待提高等问题，走访基层档案室300余次，落实跟进服务指导。全年开展镇（街道）档案工作培训2次，指导镇（街道）一级带动二级村（社区）。建立档案工作人员交流群，发布政策信息、行业规范，开展在线指导。

【档案接收】 2020年，区档案馆依法开展到期档案接收，结合机构改革，开展应进馆档案及民生档案接收工作。全年接收8个全宗，131229卷（件），其中民生档案58598卷（件），新增图书90册，期刊152期，报纸75册，开放鉴定馆藏1986—1988年档案，完成29314卷18935件档案的初审，初审开放档案29499件，数据总量579.5千兆字节（GB）。

【档案利用】 2020年，区档案馆主动服务长三角一体化发展国家战略，推行“四省一市”、“异地查档便民服务”、共享查阅、预约查档等便民举措，向利用者提供便捷、规范、专业、精准、高效的服务。全年共计接待利用者7507人次，提供档案11720卷（件）次，复印10200页。其中实现馆室共享查阅3635人次，提供档案4356卷（件）次；长三角地区跨馆查询330次，涉及档案410卷（件）次。

【档案文化宣传】 2020年，区档案馆编撰出版《余杭美丽乡村纪事》。记录余杭区委“三个全域”战略实施，“美丽乡村”建设故事，总结美丽乡村建设和乡村治理的余杭路径和当代价值，展示乡村人才、土地、资金、产业汇聚融合而发生化学变化和乡村治理新鲜经验。全书共17.5万字，收录照片370余张。开展《余杭品牌记忆》编撰工作，梳理挖掘余杭区产业品牌，记录余杭经济社会发展过程，展示余杭原创意识和拼搏精神。结合“6·9”国际档案日，配合国家档案局、中国档案报开展“档案见证小康路、聚焦扶贫决胜期”主题征文活动。在《中国档案报》《浙江档案》《杭州档案》等刊物发表《积极作为推动余杭档案工作高质量发展》《档案文化建设的浙江实践与若干启示》《民国余杭地籍档案》《杭县志稿纂修始末》《打造税务档案管理新格局》等5篇文章。《口袋公园——处处文化处处景》《余杭古桥》《第二课堂让孩子们“走近档案”》3个视频及《票证时代》文章被学习强国录用。

【良渚遗址遗产档案项目】 2020年，区档案馆加大“后申遗时代”的遗址遗产档案服务指导力度，参与良渚遗址遗产课题项目申报、调研。立项国家档案局科技项目，整合市、区两级档案部门，良渚遗址管理委员会，中国文化遗产研究院，南京大学信息管理学院等单位专家资源，成立世界文化遗产档案管理标准化研究项目组，建立协作机制。组建申遗档案收集工作组，明确8个类别档案移交清单，良渚遗址遗产档案形成涵盖遗产考古、文物藏品、遗产研究等12个一级类目在内的档案近2万（卷）件，数字档案11万余件。建成现代化全控的良渚遗产档案系统，实现遗址遗产档案的智慧管理和数据资源的共建共享。建立良渚遗址遗产档案标准体系，形成操作指南，明确良渚遗址遗产档案管理标准化内容。

【疫情防控建档】 2020年，区档案馆牵头开展余杭区疫情防控档案工作，为全区80余家单位提供专项档案服务指导，下发《关于做好新型冠状病毒感染肺炎疫情防控工作归档有关事宜的通知》《关于做好新冠肺炎疫情防控档案移交工作的通知》，完成全区60余家单位的档案移交、接收、归档工作。建立疫情防控专题档案数据库，收集涵盖区内62家机关、镇（街道）疫情防控档案约9800件（卷），照片3800余张，影像档案115卷。

【档案工作服务农村基层社会治理国家级试点工作】 2020年，区档案局（馆）推进档案工作服务农村基层社会治理国家级试点工作。局领导、馆领导班子牵头带队到镇（街道）、村（社区）档案室，通过实地调研、座谈走访、跟班听课、分片检查等形式全年走访村（社区）140余次。完成试点项目申报，并召开全区动员部署会，对全区20个镇（街道）369个村（社区）开展点对点培训。与上级档案部门沟通，制定《余杭区档案工作服务农村基层社会治理国家级试点项目实施方案》《余杭区村务管理档案资源基本目录（清单）》《关于进一步规范村级档案工作标准化建设的实施意见（试行）》，做好创新课题和典型案例报送，配套做好档案系统平台开发建设工作。

【档案工作“最多跑一次”改革】 2020年，区档案馆运用云计算、大数据等技术，建设余杭区数字档案智慧管理平台，管理全区机关单位重要数字档案资源，补充和完善现有政府基础数据资源，保存和利用有价值的政府数据资产。建立村级档案在线管理系统，将建成的“余杭区数字档案管理系统”应用层级向村（社区）延伸。助力“最多跑一次”改革和“互联网＋政务服务”建设，推进电子档案归档，构建“一键归档、单套保存、一站查询”行政审批电子文件档案管理模式，全年接收16家单位235个行政事项，合计1136493件电子档案，行政事项电子化归档率达100%，电子档案接收数量位列全市第一。优化和调整权力库事项数据，做好浙江政务服务网端页面内容调整，提高“零次跑”可办率，压缩办事时间，100%实现网上办、掌上办。开展机关内部“最多跑一次”改革工作，梳理发布对外职能事项，提高政务工作效率。

（周军宽）

·融媒体·

【概况】 2020年是余杭区融媒体中心“三年行动计划”的第一年。2020年8月，中共杭州市余杭区委与杭州日报集团达成协议，余杭晨报社、余杭晨报传媒全权由融媒体中心经营管理。全年播出自办节目电视2373小时，广播7325小时，报纸出刊366期，承办各类活动200余场。围绕全面数字化转型、新冠肺炎疫情防控等区委、区政府中心工作，《余杭晨报》《余杭新闻》分别策划推出40余组重大主题报道。《共同关注》栏目播出102期，内容涉及消防安全、城市环境等问题，职能部门和镇（街道）属地有效处置率超过95%。电视在中央广播电视总台播出新闻49条，其中《新闻联播》播出15条；在浙江卫视播出772条。广播在中央广播电视总台中国之声播出新闻112条，其中《全国新闻联播》播出14条；在浙江之声播出652条。电视、广播、新媒体用稿数位列全省县级媒体第一。学习强国余杭供稿中心向全国、省、市三级平台推送稿件1485篇，其中，浙江省平台录用391篇，全国平台录用299篇。全年实现广告经营创收1.4亿元。实现39天重点安全播出期播出事故零报告。2020年，余杭区融媒体中心获浙江日报报业集团颁发的年度最高奖项——2020年度影响力传播大奖。广播、电视、新媒体均获2020年度浙江省新闻协作特等奖。“天天看余杭”微信公众号在全国县级媒体微信号百强榜中位列第三。短视频《良渚24小时》获浙江新闻奖一等奖；《老兵舒萍》获浙江省“丹桂奖”优秀短纪录片奖；《你要跳舞吗》获2020中国梦（浙江）网络视频大赛创新大V奖；《70秒，余杭会发生什么》《暖心的“寻蛙行动”》等10余件新媒体作品在省、市评优中获奖。

【区两会报道】 2020年1月，余杭区两会召开期间，区融媒体中心除广播电视传统媒体外，通过App、HTML5、VLOG、抖音、海报视频、图文直播等形式报道。“看余杭”App创建区“两会”专版，设置“两会要闻”“两会观察”“建言献策”“履职故事”“成就回眸”等版块，更新新闻200多条，视频30余个。

【新冠肺炎疫情防控宣传】 2020年1月23日，浙江省启动重大公共突发卫生事件一级响应，区融媒体中心同步启动疫情报道宣传计划。报纸、广播、电视、新媒体等平台开设“众志成城 打赢疫情防控阻击战”等专栏。创作《高山上的露天讲台》《暖心的“离别诗”》等作品讲述全区上下团结一心共抗疫情的动人场景和暖心故事。春节期间，发布疫情防控信息800多条，新闻报道3900多条，公益广告130多条，融媒体视频直播10期，点击量近5500万人次，被中央广播电视总台《新闻联播》、新华社、学习强国等媒体采用稿件70余篇。

【扶贫协作宣传】 2020年，区融媒体中心聚焦余杭东西部协作和对口支援工作，围绕“走向我们的小康生活”融媒体行动，开展扶贫协作相关宣传。3月16日起，在《余杭晨报》推出“‘余杭扶贫记’系列报道”30篇；新媒体在余杭新闻网、“看余杭”App开设同名专栏，发布相关报道54篇，推出《影像24小时》扶贫协作相关主题短视频5期。7月2日开始，在《余杭新闻》陆续推出主题报道“走向我们的小康生活·余杭扶贫志”，展现余杭区对口贵州省黔东南自治州台江县、天柱县，湖北省恩施州咸丰县在推进扶贫工作上取得的成果，内容涵盖产业、教育、“三农”等领域，共播出8篇。

【区融媒体中心首次大型融媒直播活动】 2020年7月30日，由浙江广电集团融媒体新闻中心（中国蓝新闻）主办，余杭区融媒体中心承办的融媒特别策划《小康村24小时》第七站——余杭青山村活动结束。这是余杭区融媒体中心在完成人员整合后，首次多部门联合完成的大型融媒直播活动。团队制作完成《24小时延时带你遇见“未来乡村”的模样》《主播带你游》《24小时慢直播》等融媒体产品。《浙江新闻联播》、“中国蓝”新闻客户端、“看余杭”客户端、“余杭发布”等微信公众号同步进行推送报道，全网浏览量达729万次。

【“看余杭”App上线】 2020年8月18日，区融媒体中心新闻客户端“看余杭”App上线。“看余杭”新闻客户端是全区权威新闻资讯平台。也是一站式服务平台，客户端“矩阵+”模块集成80多个部门账号，引入“找个说法”“数达专线”“入学早知道”等18个民生服务应用，打造智慧服务平台。客户端还联接浙江政务服务网个人审批办理等项目，方便群众掌上办事。

【余杭区委与杭报集团党委签订战略合作协议】 2020年8月18日，中共杭州市余杭区委与杭报集团党委就深化战略合作签订协议，共同推进媒体融

2020年10月13日，2020年县级融媒体中心东西协作交流公益项目启动，余杭区融媒体中心与甘肃临洮县融媒体中心签订结对共建协议

（区融媒体中心 供稿）

合发展。双方将在媒体融合发展、宣传合作、产业对接、活动举办、人才交流等方面展开合作。区委书记张振丰，杭报集团党委书记董悦出席签约仪式。

2020 年 11 月 9 日，2020 杭州国际人才交流与项目合作大会余杭分会场暨“国际人才月”启动仪式举行　　（区融媒体中心　供稿）

【《余杭晨报》改版】　2020 年 8 月 19 日，《余杭晨报》改版，在头版增设“报眼”，主要刊登中共中央总书记习近平的重要稿件以及中央重大会议，国家出台重大政策法规，贴近本地的重大主题（民生大事件）等稿件，使晨报更具党报特质。

【余杭区“开学第一课”主题班会】　2020 年 9 月 1 日，由区融媒体中心承办的“开学啦”余杭区“开学第一课”主题班会开讲，整场班会以“做健康阳光好少年”为主题，时长 35 分钟，邀请余杭区第一人民医院援鄂医生吴云龙、公羊救援队队长王斌、哔哩哔哩网站主播天鸿现场与学生分享经历和感悟。全区 24.5 万名中小学、幼儿园学生和老师同时观看班会直播。“看余杭”App 直播平台观看量超 10 万次。

【东西协作交流公益项目】　2020 年 10 月 13 日，2020 县级融媒体中心东西协作交流公益项目在山东省青州市融媒体中心启动，余杭分会场采用视频连线方式同步举行。东部和中西部 15 对县级融媒体中心以“现场＋云互动”签订“一对一”结对共建协议。余杭区融媒体中心与甘肃省临洮县融媒体中心签订结对共建协议，开展双向交流学习，包括云培训、驻场培训、嵌入式培训等合作，并探索内容生产、技术应用、传播平台、政商服务等多种合作模式，推动结对县级融媒体中心共同发展。

【2020 杭州“国际人才月”启动仪式】　2020 年 11 月 9 日，由区融媒体中心承办的“余您携手杭向未来”2020 杭州国际人才交流与项目合作大会余杭分会场暨“国际人才月”启动仪式在未来科技城学术交流中心举行。来自浙江大学、北京航空航天大学、之江实验室、湖畔实验室、良渚实验室的人才工作相关负责人受聘成为余杭首批“共享人才官”。余杭区与浙江省金融控股有限公司风投机构共同组建“金融举荐人才委员会”，举办余杭区首批“校企联合研究院”授牌仪式、余杭创新研究院与良渚实验室合作引才签约仪式以及杭州未来智造工程师协同创新中心全面协作签约仪式，启动浙江省“鸿鹄奖”青年数字经济人才“余杭论剑”，举办“智汇余杭”项目路演对接会和“云联天下”人才云端对接会。

【法治宣传教育】　2020 年，区融媒体中心围绕“十三五”法治余杭要点，依托广播、电视、报纸、新媒体等融媒体传播矩阵开展法治余杭宣传。《余杭新闻》栏目播出普法类新闻报道 24 条，《余杭晨报》刊发相关报道 36 条、8 个版面，《学法看法》栏目播出 6 期，“天天看余杭”微信公众号推出法治宣传微信 63 条，学习强国平台共报送并被录用法治宣传稿件 18 条。开展法治宣传活动 6 场，全程微信直播，宣传覆盖量超百万人次。

（张政委、朱虹）

编辑：陶贤德

良渚遗址

Liangzhu Site

·综　　述·

【概况】　2020年，杭州良渚遗址管理区管理委员会聚焦后申遗时代良渚国家文化公园规划建设，做好科学保护、系统研究、永续传承、活态利用，抓好本体保护、遗产展示、公园提升、环境整治等工作。推进《良渚遗址保护总体规划》修编，良渚古城遗址2019年度遗产监测年报被评为2019年度中国世界文化遗产优秀监测年度报告。加强114平方千米遗产区和缓冲区“日常巡查+科技预警”，建设遗产保护管理数字驾驶舱、“数字大脑”。启动良渚古城南城墙、外围水利系统老虎岭遗址保护工程。完成“大家论良渚”系列丛书、《良渚》融媒体出版物、《良良的古城世界》手绘本等著作、科普读物的出版；与南开大学合作开展的良渚土遗址保护研究课题在国际权威期刊发表。举办2020年中国世界文化遗产年会暨遗产城市市长论坛，达成《良渚共识》，发布《良渚宣言》。实现良渚古城遗址公园5G基础设施全覆盖，深化遗址公园智慧旅游体系建设。良渚古城遗址公园、良渚博物院接待国内外游客150余万人次。利用良渚文化IP资源，打造良渚文化衍生品产业链。联动西湖、运河推出杭州三大世界遗产精品旅游线路，开辟“良渚—南湖”红色线路。联动央视新闻、新华社、抖音等平台，推出良渚文化“云展览”“云春游”“云直播”“夜游博物院”等活动，吸引在线观众上亿人次。推进世界遗产（良渚古城遗址）金银币、“亚洲文明”系列邮票发行。举办“杭州良渚日”系列活动，成立良渚文化全国研学联盟。与北京大学、复旦大学、浙江大学等14所高校院所合作设立教学基地，常态化开展人才交流、课题研究等合作；实施“薪火传承”“良渚讲堂”计划，开展人才培养、文化宣讲、对话交流等工作。组建良渚文化保护研究基金会，成立良渚文化志愿者总队，集中社会各阶层力量保护研究良渚文化。

2020年7月6日，世界遗产（良渚古城遗址）金银纪念币发行仪式在良渚古城遗址举行。图为良渚古城遗址纪念币　　（盛淑彦　摄）

【“杭州良渚日”暨首届杭州良渚文化周】 2020年6月19日，杭州市十三届人大常委会第二十八次会议决定，自2020年起，将每年7月6日设立为“杭州良渚日”。7月6日，在良渚古城遗址申遗成功一周年之际，“杭州良渚日”暨杭州良渚文化周启动活动在良渚古城遗址公园举行。现场视频发布杭州三大世界遗产精品旅游线路和旅游市场推广合作备忘录签订情况，杭州良渚遗址管理区管理委员会与高校就合作共建进行电子签约。良渚古城遗址主题雕塑“良月流晖”和良渚文化发现人施昕更铜像揭幕。

【世界遗产（良渚古城遗址）金银纪念币发行】 2020年7月6日，世界遗产（良渚古城遗址）金银纪念币发行仪式在良渚古城遗址良渚国际研学中心举行。本次良渚古城遗址纪念币共发行3枚，其中，金币1枚、银币2枚，均为中华人民共和国法定货币。纪念币正面图案均为中华人民共和国国徽，并刊国名、年号。背面图案共3幅，均刊“世界遗产·良渚古城遗址”字样及面额。

【2020中国世界文化遗产年会暨遗产城市市长论坛在良渚古城遗址举行】 2020年11月4日，2020中国世界文化遗产年会暨遗产城市市长论坛在良渚古城遗址举行。会上，良渚古城遗址“遗产大脑”发布，良渚古城遗址2019年度监测年度报告被评为中国世界文化遗产2019年度优秀监测年度报告。杭州良渚遗址管理区管理委员会与中国文化研究院、浙江省文物局、浙江大学签订潮湿环境土遗址监测保护研究基地合作协议。会上发布《良渚宣言》。

【外宾和领导调研良渚遗址】 2020年7月17日，来自尼日利亚、埃及等部分国家驻沪领事官员和部分在杭外籍人士参观考察良渚博物院、良渚古城遗址公园。7月31日至8月1日，故宫博物院原院长、故宫学院院长单霁翔考察良渚古城遗址。单霁翔被余杭区政府聘任为良渚文化保护研究高级顾问，被杭州良渚遗址管理区管理委员会聘为良渚文化保护研究基金会名誉理事长。8月28日，湖北省人大常委会党组书记、常务副主任王玲一行考察良渚博物院和良渚古城遗址公园。8月31日，文化和旅游部党组成员、副部长李群一行考察良渚博物院和良渚古城遗址公园。9月16日，文化和旅游部党组成员王晓峰一行考察良渚博物院，并参与中国国际网络文化博览会协调会。11月4日，文化和旅游部党组成员、国家文物局党组书记、局长刘玉珠考察良渚古城遗址公园、遗产监测管理中心以及良渚遗址考古与保护中心。11月8日，联合国教科文组织驻华代表欧敏行考察良渚博物院和良渚古城遗址公园南城墙遗址、莫角山宫殿区遗址。

【良渚遗址机构所获主要荣誉】 2020年12月25日，杭州良渚遗址管理区管理委员会（良渚古城遗址申遗工作指挥部）被浙江省委办公厅、省政府办公厅发文评为良渚古城遗址申报世界文化遗产工作先进集体，陈如根、张俊杰、陈寿田、金国平、蒋卫东、王辉、史岳峰、陈维欢等被评为申遗卓越贡献个人，陈燕妮、吴振国、章一帆、陈如裕、俞国富、莫建杭、江聪、陈献强、康烈华、陶波、冯倩、费洁羚、吴华锋、傅成根、许国栋、刘雅丽、夏勇、王祺程、朱静静等被评为申遗先进个人，张忠培、陈同滨被评为申遗特别贡献专家。2020年，良渚古城遗址公园“党建小院”入选浙江省直机关主题党日教育基地。“良渚与古代中国——玉器显示的五千年文明展”被评为2019年度浙江省社科普及创新示范项目，浙江省第四届博物馆免费开放最佳做法“最佳展示推广”第一名，第十四届（2019年度）全省博物馆陈列展览精品项目“精品奖”。良渚古城遗址公园在2019浙江文化和旅游总评榜仪式暨“后疫情时代文旅行业的危与机”分享会上被评为2019浙江十佳研学旅游目的地，良渚古城遗址申遗被评为2019浙江文化和旅游十大新闻事件。良渚古城遗址公园在2019中国文化和旅游总评榜颁奖典礼上被评为2019中国特色研学旅游目的地。在浙江省文化和旅游厅主办的“相聚浙里”国际人文交流周活动上，良渚古城遗址等7家单位被命名为第一批浙江省国际人文交流基地。

（摇慧敏）

·良渚古城遗址遗产保护·

【概况】 2020年，良渚古城遗址“遗产大脑”发布。杭州良渚遗址管理区管理委员会开展“人防+技防”的遗产日常监测与巡查机制。全年完成89户农户的审核批复，完成23个建设项目的前置审核，转批考古意见16个，完成77户农户资料的审核转报，动态做好农户建房、项目建设的前期踏看和批后监管。结合全省文物安全隐患排查专项整治行动，探索构建良渚遗址文物安全协同机制。推进《良渚遗址保护总体规划》修编，完成《良渚遗址综合保护概念规划》《良渚文化艺术走廊（西段）概念性规划》《良渚遗址公园旅游基础设施配套项目规划》以及良渚·博物馆群前期研究——基于“泛博物馆”理念下的文旅综合体设计、良渚博物院二期综合体项目规划选址等工作。

【良渚古城遗址“遗产大脑”发布】 2020年11月，良渚古城遗址“遗产大脑”在2020中国世界文化遗产年会上发布。2018年8月，历时5年研发的良渚古城遗址监测预警平台建成上线。以该平台为基础，2019年启动的良渚古城遗址“遗产大脑”整合良渚古城遗址现有数据资源、系统资源。2020年，良渚古城遗址“遗产大脑”综合管理平台完成升级。面向管理层的数字管理系统及面向用户层的应用小程序投入使用。

【遗产日常监测与巡查】 2020年，落实良渚遗址保护区分片巡查制度，做好反山、莫角山、汇观山、瑶山、荀山、塘山等重要遗址点的月度监测，全年巡查1000余人次，查处违章行为5起。依托良渚古城遗址日常监测预警平台，围绕日常巡查、形态格局、本体病害、自然环境、考古发掘、建设控制、保护工程七大类指标，全年采集录入本体保护数据7500余条，影响因素数据36.7万余条，照片、影像等监测数据3千兆字节（GB）左右。编制完成监测周报52份、监测月报12份，发布台风预警3次，高温预警25次，暴雨预警54次。

（揺慧敏）

·良渚遗址保护与研究·

【概况】 2020年，钟家村北坡和雉山下两处台地各发掘200平方米，完成外围水利系统毛元岭、双坝两地发掘，确认双坝堵头年代和堆筑方法。

与敦煌研究院、浙江大学、河海大学等开展保护方案咨询。依托浙江大学、浙江外国语学院、浙江省考古所等高校和专业机构人才资源优势，启动良渚时期的陶器、石器、建筑复原等课题，开展公众考古和实验考古项目。

“良渚古城遗址本体劣化效应的无损监测关键技术研究”通过专家评审，“良渚古城遗址本体变形破坏机理分析及预测方法研究”申报为省级文物保护课题。启动“良渚古城遗址文化影响评估及周边村镇可持续发展策略研究”，评估良渚古城遗址的文化影响。“良渚文化海外玉器数据库”在良渚博物院官网上线。良渚研究院征集报送的8篇文章在第九届杭州世界文化遗产国际会议暨2020历史城市景观保护联盟年会、“城市文化遗产问题”主题论坛上获得优秀研究成果奖。

【良渚古城遗址生态环境研究成果在《微生物物前沿》发表】 2020年4月，杭州良渚古城遗址世界遗产监测管理中心与南开大学生命科学院合作开展的“良渚古城遗址生态环境的调查研究”课题第一期研究成果——《良渚土遗址的微生物群落分析和保护材料研究》，在国际期刊《微生物学前沿》（*Frontiers in Microbiology*）发表。

【良渚研究著作发行】 2020年7月12日，良渚古城遗址申遗成功一周年之际，良渚博物院、良渚研究院编著的融媒体专著《良渚》以及“大家论良渚”系列丛书出版发行，《自然与文化遗产研究》杂志“良渚古城遗址世界文化遗产周年特辑”发行。“大家论良渚”系列丛书集成了过去80年重要学者研究成果，2020年出版三册，分别是《张忠培论良渚》《苏秉琦、张光直和俞伟超论良渚》《严文明论良渚》。

（揺慧敏）

·遗址公园建设与运营·

【概况】 2020年，良渚古城遗址公园继续采用实名制预约入园和限流制度，根据新冠肺炎疫情管控要求和遗址公园承载力，对限流人数实行动态调整。建成并对外开放运营良渚古城数智体验馆。2020年，“家门口的健康游——欢乐游杭州”余杭分会场活动“欢乐游余杭”启动仪式，“良渚·禹上田园”品牌农产品云推介暨首届“古城GO乐淘淘”余杭优质农产品畅享节，“欢乐游杭州为亚运赋能——2020杭州创业马拉松”百家旅行社走进良渚，2020云栖大会“数智重构良渚古代文明”等活动在良渚古城遗址公园举行。

【良渚古城遗址公园建设】 2020年，良渚国家文化公园建设指挥部揭牌成立，为“后申遗时代”良渚古城遗址的保护、研究、传承、利用提供组织保障。完成良渚遗址公园西入口综合提升改造工程，建成并投入运营良渚古城遗址公园智慧景区二期，基本建成良渚遗址综合保护工程二期（良渚文化艺术走廊）。实施良渚古城遗址基础设施提升工程、良渚古城外围水利工程遗址及瑶山遗址基础设施提升工程，良渚古城外郭城遗址周边基础设施配套工程，南城墙遗址、老虎岭遗址剖面本体工程，良渚遗址公园现场陈列与展示二期项目。

瑶山遗址基础设施提升工程 （盛淑彦 摄）

【2019浙江文化和旅游总评榜仪式暨“后疫情时代文旅行业的危与机”分享会在良渚古城遗址公园举行】 2020年5月16日，2019浙江文化和旅游总评榜仪式暨“后疫情时代文旅行业的危与机”分享会在良渚古城遗址公园举行，来自浙江11个地市的文化旅游从业者参加活动。2019浙江文化和旅游总评榜是浙江省首个深度梳理文化和旅游融合成果的公益评选活动，活动设置了包括2019浙江文化和旅游产业融合发展十佳县区、2019诗画浙江·百县千碗工程示范县区、2019浙江文化和旅游推广创新优秀案例、2019浙江十佳研学旅游目的地、2019浙江十佳韵味江南小镇、2019浙江特色主题酒店、2019浙江非遗特色民宿、2019浙江文化和旅游十大新闻事件等在内的九大榜单。其中，良渚古城遗址“申遗”入选“2019浙江文化和旅游十大新闻”，良渚古城遗址公园入选“2019浙江十佳研学旅游目的地”。

【2020云栖大会“数智重构良渚古代文明”活动】 2020年9月17日，2020阿里巴巴云栖大会百城汇杭州站新零售专场·数智重构良渚古代文明活动在良渚古城遗址公园良渚国际研学中心举行。活动现场，阿里巴巴集团副总裁、阿里云智能新零售事业部总经理肖利华，以“全速重构数智驱动新增长”为主题开展交流分享，阐述“数智化”背景下文旅产业的转型发展趋势。还举行云栖大会新零售分论坛线上直播和主题圆桌论坛等活动。良渚古城遗址公园从游客、管理、基础设施等方面入手，完善依托阿里云建设的智慧景区系统。开通线上预约购票、扫脸入园、智慧导览等功能，推广数字化遗产监测、5G数字体验项目以及人工智能增强现实等技术在园区的大规模应用。

【为亚运赋能——2020杭州创业马拉松在良渚古城遗址公园举行】 2020年11月7日，为亚运赋能——2020杭州创业马拉松在良渚古城遗址公园举行。本次活动由2020年第19届亚运会组委会宣传部特别支持，杭州市人力资源和社会保障局、余杭区人民政府和杭州良渚遗址管理区管理委员会主办。本届赛事沿用以往赛制，参赛者主要是在杭的创业者，同一个创业团队4人组队，共有300余人参加全程马拉松或半程马拉松赛程，展现创业者之间协商、合作、坚持的精神。2020年亚运会吉祥物“宸宸”“琮琮”和“莲莲”参与赛事陪跑。

（摇慧敏）

·良渚文化宣传与推广·

【概况】 2020年国庆节、中秋节期间，良渚古城遗址公园、良渚博物院推出“线上+线下”“专业+跨界”“传统+现代”等节庆主题活动70余场。良渚古城遗址入选首批“浙江文化印记”。

【见证——良渚申遗之路展】 2020 年 1 月 17,“见证——良渚申遗之路展”在良渚博物院举行。展览分为璀璨蝶变、必由之路、渚事玉成和时代新章四个章节，通过 80 件实物、99 幅图片，以互动新媒体的形式，首次公开展出多件申遗实物展品，展现良渚古城遗址申遗历程。

【代表良渚古城的亚运会吉祥物发布】 2020 年 4 月 3 日，2022 年第 19 届亚运会吉祥物发布，三个吉祥物“琮琮”“莲莲”“宸宸”分别代表世界遗产良渚古城遗址、西湖、京杭大运河。“琮琮”以机器人的造型代表世界遗产良渚古城遗址，名字源于良渚古城遗址出土的代表性文物玉琮，全身以源自大地、象征丰收的黄色为主色调，头部装饰的纹样取自良渚文化的标志性符号“神人兽面纹”，意寓“不畏艰险、超越自我”。

【“5·18”国际博物馆日系列活动】 2020 年 5 月国际博物馆日期间，“浙里光影，云看文博”直播、良渚博物院奇妙夜、“在良渚·看世界”云展览等活动举行。“在良渚·看世界”云展览展示了 63 幅面向全球征集的有关世界遗产、考古遗址和博物馆的影像。与任天堂游戏“集合啦！动物森友会”合作，良渚元素成为游戏元素并在当日首发；与阿里巴巴集团控股有限公司合作，入驻“饿了么”蜂鸟代购“快闪店”，开启“国潮 IP《国宝的味道》：历史有味、国宝到家”。

【《亚洲文明（一）》良渚玉琮特种邮票首发仪式在良渚古城遗址举行】 2020 年 6 月 10 日,《亚洲文明（一）》良渚玉琮特种邮票首发仪式在良渚古城遗址举行。这是良渚玉琮继 2011 年发行“玉邮票”《良渚玉器》后，第二次作为特种邮票主题内容。5 月 15 日，首组《亚洲文明（一）》特种邮票发行，邮票全套 6 枚，图案采取“景观＋文物”方式设计，依次展现黄河—长江流域文明、幼发拉底河—底格里斯河流域文明、印度河—恒河流域文明的文物与遗址。其中，良渚玉琮和陕西石峁遗址作为中国黄河—长江流域文明的文物、遗址代表入选。

2020 年 5 月 15 日，首组《亚洲文明（一）》特种邮票发行

（杭州良渚遗址管理区管理委员会　供稿）

【杭州市“文化和自然遗产日”良渚主场活动】 2020 年 6 月 13 日，由杭州市园林文物局、杭州良渚遗址管理区管理委员会和杭州西湖风景名胜区管委会联合主办的 2020 年杭州市“文化和自然遗产日”主场活动在良渚古城遗址公园举行。开幕式上，杭州成立世界遗产联盟，杭州西湖风景名胜区管委会、杭州市京杭运河（杭州段）综合保护委员会、杭州良渚遗址管理区管理委员会、拱墅区人民政府、余杭区人民政府、上城区人民政府、江干区人民政府、临安区人民政府成为杭州世界遗产联盟的首批成员单位。良渚古城遗址公园推出“文物潮我看”直播、考古体验、创意集市、主题研学等活动，上线“i 良渚古城”遗产公众监测小程序。

【彩笔绘良渚，盛世颂华章——百名著名画家走进良渚古城油画作品展】 2020 年 7 月 4 日，“彩笔绘良渚，盛世颂华章——百名著名画家走进良渚古城油画作品展”开幕。自 4 月下旬起，250 余名中外画家以良渚古城遗址为内容，走访良渚博物院和良渚古城遗址公园，开展采风创作 20 余次，完成 200 余幅油画作品。本次画展选取 45 幅作品参加首展。

【“良良漫游记”社教活动】 2020 年 7 月 12 日，良渚博物院举行“《良良的古城世界》新书发布暨

‘良良漫游记’启动仪式”活动。围绕“良良的世界”系列绘本，良渚博物院启动“良良漫游记”系列社教活动，分为“良良博物馆漫游记”“良良校园漫游记”“良良中华漫游记”三部分，采用亲子读书分享会、互动社教课程等方式到博物馆、校园、社区、企业机构、公益组织、贫困地区等地向儿童观众传播良渚知识、普及良渚文化。全年前往浙江和湖北等地，为2000余名儿童开展系列课堂活动近30次。

2020年9月30日，良渚古城数智体验馆开馆　　（盛淑彦　摄）

【环良渚遗址党建联盟党建小院启用暨“良渚—南湖”红色线路发布】 2020年9月30日，环良渚遗址党建联盟党建小院启用暨“良渚—南湖”红色线路发布活动在良渚古城遗址公园举行。杭州良渚遗址管理区管理委员会（环良渚遗址党建联盟）与南湖革命纪念馆开展合作共建。党建小院位于良渚古城遗址公园大观山休憩区，拥有党员志愿服务窗口、组织生活红色阵地、游客接待服务中心、文旅产品展销四大功能，能为游客提供咨询讲解、线路引导、图书借阅、农文旅产品购买等服务，还能为各级党组织提供开展“三会一课”、入党宣誓、观看红色电影等服务。

【良渚古城数智体验馆开馆】 2020年9月30日，“良渚新体验　感悟五千年——良渚古城数智体验馆开馆仪式”在良渚古城遗址公园良渚国际研学中心举行。10月1日，良渚古城数智体验馆正式对外开放。体验馆位于良渚古城遗址公园大观山站，主要有《神王之国》3D宣传片，《人水家园》50米数字长卷，基于5G技术的实时8K高清直播的《郊野渔猎》和《瑶山祭祀》等人机交互应用。

【《万里走单骑——遗产里的中国》首集《良渚》开拍】 2020年11月18—19日，由中国文物学会与浙江卫视共同发起的互动纪实节目《万里走单骑——遗产里的中国》首集《良渚》开拍，推介良渚遗址保护研究传承利用工作的历程和成果。故宫博物院第六任院长、中国文物学会会长单霁翔等人到良渚古城遗址开展拍摄工作。该片以“宣传中国世界遗产、探寻文化之根”为核心，探访中国世界遗产地，展示遗产价值和自然之美，传播中华优秀传统文化。

2020年12月5日，良渚文化志愿者总队年会举行（盛淑彦　摄）

【良渚文化志愿者总队年会】 2020年12月5日，“十年志愿路　致敬五千年”良渚文化志愿者总队年会在良渚古城遗址公园良渚国际研学中心举行。活动现场颁发了2020年度“最美银龄志愿者”“最美风华志愿者”“最美青春志愿者”奖项，举行新志愿者入队授牌以及入队宣誓仪式。良渚文化志愿者总队的前身为成立于2010年的良渚博物院志愿者服务社，2020年7月8日，良渚文化志愿者总队成立。10年来，志愿者队伍累计为50余万人次提供社会服务，服务时数超过10万小时。

【与敦煌研究院开展合作对话】 2020年12月6日，良渚、敦煌两大世界遗产开展合作对话。杭州良渚遗址管理区管理委员会和敦煌研究院将在遗产保护、学术研究、人才培养、文化传播等方面加强交流合作，加强良渚文化保护研究基金会与敦煌保护研究基金会的交流合作，推进优势互补和协同发展，共同讲好中国故事、传播中国声音，共同弘扬中华传统优秀文化，展现中华民族的文化自信。敦煌研究院党委书记马世林、副院长苏伯民，杭州良渚遗址管理区管理委员会领导张俊杰、蒋卫东参加。

（摇慧敏）

·良渚文化文创产业·

【概况】 2020年，杭州良渚遗址管理区管理委员会开发良渚文创产品80余款。截至2020年末，良渚文创共460余款，其中，工艺品、玉器仿制品150余款，服饰家居日用品类近80款，茶具30余款，书籍、箱包、邮品、文具、首饰、贵金属、丝巾等系列200余款。开展良渚文化品牌授权工作，通过与中国工商银行股份有限公司杭州分行、中国邮政储蓄银行股份有限公司杭州市分行、网易（杭州）网络有限公司、杭州埃迷丽珠宝有限公司、杭州西泠文化创意有限公司等企业合作，扩大文化品牌知名度。引入杭州石砺商业管理有限公司入驻良渚古城遗址公园北侧金家头区块，打造良渚文化创意社区。完成遗址区码头建筑餐饮招商入驻，打造良渚博物院—良渚古城遗址公园游线商业网红打卡点；完成石坞秋坞遗址点生态农业公司整体运行项目招商入驻。

良渚文化文创商店 （盛淑彦 摄）

【良渚文化文创商店运营管理优化】 2020年，反山文创店和良渚博物院空间商店完善管理，新增南入口走廊咖啡、大观山党建小院、鹿苑服务点3个体验店。6月，良渚文创淘宝店与京东旗舰店上线运营，上线工艺品、书籍、文具、茶具、首饰箱包等百余款产品。

【杭州良渚文化创意有限公司揭牌】 2020年5月28日，杭州良渚文化创意有限公司揭牌仪式暨良渚古城遗址公园“浙江省中小学研学教育基地”授牌仪式在良渚古城遗址举行。杭州良渚文化创意有限公司由浙江省文化产业投资集团有限公司与杭州良渚遗址管理区管理委员会下属国有企业杭州美丽洲实业有限公司合资设立。公司将从文创、研学和文化产业三方面着力打造良渚IP产业链，联合国内大型文创平台，孵化良渚文化特色IP，开发文创产品，投资优质文创项目，与良渚古城遗址公园、良渚博物院衔接，提升良渚文化品牌影响力。

【良渚文化全国研学联盟成立】 2020年8月12日，由全国出版发行业文旅联盟、浙江省文化产业投资集团有限公司、杭州良渚遗址管理区管理委员会共同主办的全国出版发行业文旅联盟2020（良渚）峰会暨良渚文化全国研学联盟成立大会在良渚古城遗址举行。全国近20个省的文旅研学领域企业交流研学旅行发展与运营经验，并走访浙江省研学基地代表项目良渚博物院、良渚古城遗址公园、中国海影城。当天，良渚文化创意有限公司发布“中华五千年文明实证——良渚遗址 STEM 科学探索”系列产品，产品包括“良渚研学旅行宝盒”“我在良渚修陶器 3D 陶器拼图”“以玉相随行李牌”“玉见良渚橡皮典藏套装”等。泛研学旅行网络服务平台——“云游良渚”微信小程序上线，各年龄段学生可通过小程序中的研学、课程、导览模块，体验良渚文化主题游、研学实践、文化消费等服务。

【良渚文创参加第 14 届杭州文化创意产业博览会】
2020 年 10 月 29 日，良渚文创参加第 14 届杭州文化创意产业博览会。良渚文化展厅以良渚神徽、玉琮、玉鸟、刻画符号等良渚文化经典元素为设计灵感，融合现代设计与中国传统文化，展现五千多年良渚文化风采。本次展出“良渚王”系列文创产品、良渚系列邮品、贵金属产品等 100 余款产品。

【与工商银行杭州分行开展战略合作】 2020 年 11 月 6 日，杭州良渚遗址管理区管理委员会与中国工商银行股份有限公司杭州分行开展战略合作，构建文化金融创新服务体系。工商银行杭州分行先后推出“金钰良源”及“良渚银护照”“有余钱”贵金属文创产品，良渚特色文化借记卡等金融文创产品，融 e 购良渚博物院旗舰店、爱购良渚工行信用卡良渚文化购物游园优惠活动、云游博物馆——良渚博物院线上游览等系列品牌服务。

【良渚文化 & 张小泉合作签约仪式暨新品发布会】
2020 年 12 月 6 日，杭州良渚古城文旅集团有限公司和张小泉股份有限公司联合主办的“良渚文化 & 张小泉合作签约仪式暨新品发布会”在良渚古城遗址公园良渚国际研学中心举行。此次合作，以“中华瑰宝　良钢良魂”为主题，在张小泉厨刀、餐具等产品的设计上植入神徽、玉琮等良渚文化经典元素。发布会现场，双方签署战略合作协议，进行文化与产业融合发展合作。

(摇慧敏)

编辑：吕晓英

延伸阅读▶▶

“中华第一城”走过申遗成功一周年

良渚古城，曾被多位中国考古学泰斗誉为“中华第一城”，为中华五千多年文明史提供了实证。去年7月6日，在世界最大湖泊里海之滨的阿塞拜疆巴库，良渚古城遗址成功申报世界文化遗产。走过申遗成功一周年，距今已经有5300~4300年的良渚古城遗址，正在续写新的篇章。

这一年，他们深入探索良渚

“良渚是四代考古人一点点挖出来、研究出来的文明，目前我们对它还知之甚少，良渚考古仍需深入。”浙江省文物考古研究所所长刘斌说，申遗成功之后，良渚考古正在向更深更广的范围拓展。

在结束了良渚古城城址区的勘探后，浙江省文物考古研究所的勘探工作重点转入了古城以东的郊区聚落，在之前被认为没有遗址或者遗址分布较稀疏的地方，他们发现了更多遗址，且密度成倍增加。目前，他们已经在古城东北面完成了360万平方米的勘探工作，共发现良渚时期的台地近100处，而原先调查仅发现约20处，预计总数将逾600处。

在浙江德清县雷甸镇，长江下游地区、良渚文化时期规模最大的制玉作坊遗址群中初鸣遗址群近年来现出真容。初夏一个闷热的上午，浙江省文物考古研究所良渚工作站站长陈明辉的“90后”同事朱叶菲正在遗址群中的王家里遗址工地工作，其发掘面积已经超过1000平方米。这里的遗址群位于良渚古城的东北方向，直线距离约18公里，被专家认为属于古城腹地的北端。

从良渚古城遗址公园一路向南不远，是这两年新发现的北村遗址。“80后”的陈明辉，正在组织人力开展配合基本建设发掘。

目前，良渚考古正承担着两项重大考古课题的重要任务，在持续开展田野考古工作的基础上，将向着科学化、国际化、理论化和公众化等4个方向开展。

这一年，他们精心保护良渚

良渚古城遗址已有五千多年的历史，申遗成功之后，让它“延年益寿”是各方面共同的责任。

“首要任务是保护，其次才是对保护成果的共享。”杭州良渚遗址管理所所长黄莉和她的同事负责联系保护区内的24处村落，这一年，为了处理好遗址保护和生活生产的关系，他们的脚步更勤了。

在杭州良渚遗址遗产监测管理中心的监测大厅，工作人员杨鑫轻点鼠标，就能实时监测良渚古城遗址不同点位上的即时图像。中心主任郭青岭说：“与去年相比，现在的监测指标实现了可视化显示，这里要成为遗址保护的‘数字驾驶舱’。”

显微镜下才能看到的真菌会对古城保护有何影响？南开大学、中科院沈阳应用生态研究所、浙江省文物考古研究所和良渚遗址遗产监测管理中心今年4月在《微生物学前沿》(*Frontiers in Microbiology*)上联合发表了相关论文。郭青岭说，中心和国内多所高校院所合作开展了多项课题，通过持续研究和数据积累，运用大数据分析和算法，要建立一个遗产保护的“数字大脑”。

从去年到今年，在地方政府和电力部门的合作下，一条35千伏线路和一条220千伏线路完成“上改下”，极大改善了公园周边环境风貌。而在去年10月，良渚古城外围水利工程遗址成为全国重点文物保护单位。杭州市良管委规划建设局副局长于蕾介绍，《良渚遗址保护总体规划》正在进行修编工作，将更为完善科学。

这一年，他们努力传播良渚

良渚实证中华五千多年文明史，让良渚讲好中华文明的故事，需要从旅游、文博、文创、出版等多个维度综合发力。

在良渚成功申遗次日，良渚古城遗址公园有限开放，外企高管应杭军成为了首批志愿者。“以前在英国，我经常在大英博物馆中国馆为游客作讲解。现在，站在五千多年前的古遗址上讲述良渚，我由衷感到自豪。”

与我国5G实现商用同日，这座公园实现了5G全覆盖。杭州市良管委旅游开发部副部长、杭州美丽洲实业有限公司总经理王刚说：“游客一半以上是年轻人，知识面广、求知欲强，我们要通过'智慧景区'建设，把良渚介绍好。"

在良渚博物院，宽敞、明快、开放、现代的风格基调，传统和数字化并举的展示方式，为观众提供了沉浸式体验。在今年的"5·18国际博物馆日"，良博首次推出的云展览"在良渚看世界"，线上点击量近90万人次。

参照我国的水墨动画，以及敦煌壁画、汉画像砖的艺术风格，浙江科技学院动画系主任曾奇琦为首部良渚主题童书《五千年良渚王国》绘图，而刘斌则在书中讲起了良渚故事。浙江少儿出版社社长邵若愚说，它的英文版计划今年年底或明年年初出版，日文版也在翻译中。

在去年8月底举行的北京图博会上，浙江大学出版社出版、浙江多位考古专家执笔的"良渚文明丛书"对外输出了英语和俄语等多语种版权。英文版的合作者是全球知名的科技出版商斯普林格?自然集团。

"申遗最终目的是守住五千多年中华文明的根和魂。"杭州良渚遗址管理区党工委书记、管委会主任张俊杰表示，"我们有信心把这一厚重的世界文化遗产保护好、管理好、传承好，把良渚好好交予下一代。"

(《光明日报》2020年7月7日　冯源　段菁菁)

体　育

Sports

·综　　述·

【概况】　2020年，余杭区亚运场馆改建项目除体育工艺外基本完工，完成省、市级足球场，多功能运动场，百姓健身房等基层体育设施建设40处，新建健身点、篮球场等区级全民健身工程100余个。截至年末，全区各有健身点1621个，公共篮球场278个，公共乒乓球场地约180个、社会足球场42块，健身步道40条，总长277.8千米，全区村（社区）体育健身点覆盖率达到100%，全区体育场地总面积361.7万平方米。区文化和广电旅游体育局被评为浙江省“十三五”社会足球建设先进单位。

举办浙江省青少年跆拳道冠军赛、浙江省青少年围棋锦标赛、浙江省青少年体育俱乐部比赛等省级青少年竞技体育赛事以及余杭区农村文化礼堂运动会、2020梦想小镇半程马拉松、2021迎新越野跑暨余杭区半马接力赛、2020余杭区全民健身日系列活动、2020杭州市毅行大会（余杭站）、全国百城千村健身气功交流展示活动（杭州分站）等群众体育活动，各镇（街道）结合地方特色举办体育赛事活动130余场。全区参加体育锻炼的人数（不含学生）比例为30.1%。全年培训、认定三级社会体育指导员1132人，举办体育科学大讲堂、工间操培训班等科学体育讲座10余场，开展杭州市国民体质监测工作，完成监测样本4500例，合格率超过94%。

（师晨）

2020年11月29日，2020梦想小镇半程马拉松在未来科技城开跑
（区文化和广电旅游体育局　供稿）

·群众体育·

【概况】　余杭亚运场馆改建工程基本完工。以“体育让生活更美好”为主题，推进百姓健身房、社区多功能运动场等便捷、综合的新型体育场地。全年建设省级足球场1个、多功能运动场5个、体育小康村升级工程9个、百姓健身房20个；市级健身广场1个、健身体育公园1个、社区多功能运动场3个；区级各类健身苑点89个，篮球场18个。余杭街道溪塔村象棋队取得浙江省农村文化礼堂运动会象棋比赛团体

第一。

【亚运场馆改建基本完工】 2020年2月18日，亚运场馆改建项目复工，3月6日复工率达100%，6月完成结构中间验收，12月底除体育工艺外基本完工通电，完成总工程量约93%。完成总投资额7.1亿元。项目获得2020年亚组委立功竞赛一等奖、西湖杯（结构优质奖）工程。

【余杭区农村文化礼堂运动会】 2020年，区文化和广电旅游体育局举办余杭区农村文化礼堂运动会，设置拔河、体能、中国象棋、围棋、乒乓球等8个比赛项目，通在余杭街道仙宅村文化礼堂、塘栖镇三星村文化礼堂、乔司街道永西村文化礼堂等5个文化礼堂举办区级总决赛，共有近8000人次参加。

【杭州市体育进农村文化礼堂三年行动计划在余杭区发布】 2020年9月16日，《杭州市体育进农村文化礼堂三年行动计划（2020—2022年）》发布仪式暨“亚运四进”活动（文化礼堂运动会选拔赛）在余杭区塘栖镇丁河村农村文化礼堂举行。活动现场市委宣传部、市体育局共同发布《杭州市体育进农村文化礼堂三年行动计划（2020—2022）》，将推动体育资源要素持续向乡村流动，全面服务乡村振兴战略和健康杭州建设。

【全国百城千村健身气功交流展示活动（杭州分站）】 2020年10月30日，由国家体育总局健身气功运动管理中心、浙江省体育局、杭州市体育局主办，余杭区体育总会和杭州市健身气功协会承办的2020年全国百城千村健身气功交流展示杭州分会场活动暨现场教学培训在余杭区五常街道博雅城中心广场举行。本次活动展示易筋经、五禽戏、六字诀、八段锦、导引养生功十二法、马王堆导引术、太极养生杖、大舞、气舞等健身气功新老功法。来自全市各县（市、区）和相关协会近1000名健身气功爱好者参加。

【2020杭州市毅行大会（余杭站）】 2020年10月31日，“全民健身·共享亚运”杭州毅行大会暨绿道毅行系列活动（余杭站）在临平山绿道举行，活动以“徜徉在美丽大花园中 行走在最美绿道上”为主题，全区共500余名毅行者参加，共走“浙江省最美绿道”。

【2020梦想小镇半程马拉松】 2020年11月29日，2020杭州梦想小镇半程马拉松在未来科技城学术交流中心开跑，比赛设有半程马拉松、5千米“梦想跑”两个项目，约7000名选手报名参加。本届“指挥大脑”再度升级，在新冠肺炎疫情防控的大背景下，通过数字化手段强化防疫和医疗保障能力。从领物日到比赛当天，通过防疫人脸识别卡口，对每一个进入赛道和场馆的选手、工作人员进行人脸扫描确认健康码状态以及人脸测温，再将数据实时回传指挥中心，全方位保障赛事安全。

【2021迎新越野跑暨余杭区半马接力赛】 2020年12月30日，2021迎新越野跑暨余杭区半马接力赛在余杭区跑步中心举行。本次比赛设区镇街组、机关企事业组及星桥街道组3个组别，共68组参赛队、500余名教练员和运动员参加。仓前街道、乔司街道、五常街道获得镇街组前三，市公安局余杭区公安分局、未来科技奔月二队、纪检一队获得企事业组前三。

（师晨）

·竞技体育·

【概况】 2020年，浙江省青少年围棋锦标赛、浙江省青少年跆拳道冠军赛、浙江青少年体育俱乐部比赛在余杭区举行。余杭运动员获杭州市阳光体育中小学生运动会金牌4枚、银牌30枚、铜牌50枚。

【浙江省青少年围棋锦标赛在余杭区举行】 2020年8月6日，由浙江省体育局主办，浙江省社会体育指导中心、余杭区文化和广电旅游体育局、浙江省围棋协会、余杭区围棋协会协办的浙江省青少年围棋锦标赛在余杭区举行，比赛是全省少儿围棋的重要赛事之一，来自全省的11支代表队200多名小棋手参赛，按照年龄分为男子甲组、女子甲组、乙组和丙组，取团体前八名和个人前十二名进行奖励。余杭有3位棋手进入杭州一队，代表杭州市参赛。

【余杭运动员参加全国场地自行车锦标赛】 2020年10月4日，余杭运动员胡佳芳在山西太原参加全国场地自行车总决赛场地自行车项目，获竞速赛第三名。吕杰获男子团体竞速赛第一名。

【浙江省青少年跆拳道冠军赛在余杭区举行】 2020年11月18—19日，由浙江省体育局主办，浙江省体育竞赛中心、余杭区文化和广电旅游体育局、闲林街道办事处承办的2020年浙江省青少年跆拳道冠军赛在闲林街道体艺馆举行，来自省内11个地区的300多名运动员参赛。

【浙江青少年体育俱乐部比赛】 2020年11月22日，2020年浙江省青少年体育俱乐部比赛在浙江能源绿城足球训练基地结束，来自全省16支青少年体育俱乐部队伍151名小球员参加足球竞技和体验足球AI科技的体验活动。

（师晨）

·体育产业·

【5家企业入选2020浙江省体育产业发展资金项目库】 2020年，经单位申报、市级审核推荐、省级专家评审，杭州郑武智体产业运营管理有限公司、杭州蓝盾健身管理有限公司、杭州动享互联网技术有限公司、杭州锐动体育发展有限公司等4家体育企业获得省体育专项资金（疫情纾困类）；巨岩体育场馆智慧化综合管理云系统和浙江省塘栖盲人门球训练基地入选2020浙江省体育产业发展资金项目库。

【毛新雨被评为“全国体育事业突出贡献奖（个人）”】 2020年12月25日，国家体育总局发布《关于表彰2020年全国体育事业突出贡献集体和个人的决定》，授予92个集体、187名个人“2020年全国体育事业突出贡献奖”。余杭区杭州臻元休闲用品有限公司董事长毛新雨获得2020年“全国体育事业突出贡献奖（个人）”称号。2006年，毛新雨创办杭州臻元休闲用品有限公司（Just Real）。2016年，杭州臻元休闲用品有限公司成为里约奥运会中国代表团供应商。2020年，成为2021年东京奥运会、2022年杭州亚运会、2022年北京冬奥会和2024年巴黎奥运会中国代表团官方产品供应商。

（师晨）

编辑：陶贤德

卫生健康

Health and Wellness

·综　　述·

【概况】　2020年，全区有各类医疗卫生机构860家，比上年增长7.88%，其中，区属医院7家，卫生单位5家，社区卫生服务中心20家，社区卫生服务站172家，民营医院31家（包括护理院4家，互联网医院1家），门诊部120家，检验所实验室11家，病理中心1家，诊所322家，厂矿学校医务室171家。医疗机构拥有床位7135张，每千人拥有床位5.85张。卫生工作人员14597人，其中卫生技术人员11776人，每千人拥有卫生技术人员9.66人。卫生健康系统所属医疗卫生单位拥有床位4087张，工作人员9047人，其中卫生技术人员7767人，占85.85%。

全年辖区内孕产妇死亡率为零，5岁以下儿童死亡率2.77‰，人均期望寿命84.95岁。年末全区户籍人口121.9万人，人口出生率9.18‰，死亡率4.73‰，人口自然增长率4.45‰。

【卫生健康事业单位改革】　2020年5月，根据事业单位改革统一部署要求，区卫生健康局对14家涉改事业单位制订改革方案，撤销1家，整合减少4家，更名4家，维持现状1家，改革后设置事业单位9家，并完成机构变更、党组织撤销和新建及人员转隶等工作。

（高利娜）

·健康余杭·

【概况】　2020年，余杭区调整“健康余杭”健康环境、健康文化、健康社会、健康服务、健康人群、健康产业六大任务和保障支撑体系“6＋1”平台大健康共建体系。健康建设考核继续纳入全区综合考评，发布2019年“健康余杭”建设进展状况报告。评估《“健康余杭”建设三年行动计划实施方案（2017—2019年）》行动效果，发布健康镇（街道）“五色图”，被评为健康杭州建设优秀案例。出台《推进健康余杭三年行动（2020—2022年）的实施意见》，启动新一轮“健康余杭”三年行动建设，心理健康促进行动被列为“健康浙江”行动试点。

【健康细胞工程①】　2020年，余杭区参与浙江省健康乡镇标准及评分细则制定，瓶窑、余杭、中泰、径山、乔司等地开展省、市健康村镇创建。20个镇（街道）和3个平台完成新一轮“一镇一品”建设。全区创建市级健康单位118家、无烟单位8家、全面禁烟示范单位2家、浙江省健康促进学校（银牌）11家；区级健康单位126家、区级无烟单位160家、全面禁烟示范单位25家、健康家庭3320户，“三提升一循环”②打造健康细胞余杭模式初步建立并在市爱国卫生工作会议上作经验交流。

①健康细胞工程：各级健康乡镇、健康家庭、健康社区（村）、健康促进机关、健康促进企业、健康景点、健康宾馆、健康餐馆、健康市场、健康

商场、健康促进医院、健康促进学校创建。

②三提升一循环：创建平台提升、管理能力提升、服务能力提升和健康细胞成长内循环的可持续发展模式。

【大健康发展理念宣传】 2020年，区卫生健康局改版《健康余杭》电视节目，播出《健康余杭》22期，《余杭晨报》刊出“健康余杭”专刊10余期。“健康余杭”微信公众号，排名全省县（市、区）级行政部门政务微信前列。录制防疫宣传视频10期，在全区投放。全区各镇（街道）、村（社区）、健康单位健康教育宣传栏更新宣传画报6期。154家农村文化礼堂开展健康讲座、健康活动、健康服务、中医药进文化礼堂等“健康素养进文化礼堂”活动1817场次，参与10万余人次。组织6.8万余人参加第八届杭州市市民健康知识大赛，健康素养水平37.95%，较上年度提高2.85个百分点。

【全民健身活动】 2020年，余杭区举办迎新越野跑暨余杭区半马接力赛、余杭区全民健身日系列活动，响应浙江省第二届绿道健走大赛和杭州毅行大会暨绿道毅行系列活动号召，组织开展20余场绿道毅行活动，吸引4万余人次参与。全区新建省级足球场1个、多功能运动场5个、体育小康村升级工程9个、百姓健身房20个、健身体育公园1个、社区多功能运动场3个；区级各类健身苑点80余个，篮球场10余个。完成绿道建设63.9千米，总里程360.5千米。

（高利娜）

·医疗卫生体制改革·

【概况】 2020年，余杭区部署落实国家组织药品集中采购和使用改革。完成三批次89个药品集中带量采购中选药品在全区公立医院的使用任务。通过实施药品带量采购，降低药品费用占比，减轻群众就医负担。全区各项医改指标均达到省定考核要求，医改考核排名较上年上升16名。

【医共体改革】 2020年5月，浙江省政府办公厅印发通知，对2019年落实有关重大政策措施真抓实干成效明显的地方予以督查激励，余杭区被授予“推进县域医共体建设工作成效明显的县（市、区）”称号。8月14—16日，中国医院协会医共体分会成立大会在杭州举行，余杭区作为医共体先进代表作典型发言，并被授予“全国县域医共体建设高级事务研修班余杭培训基地”称号。11月11日，全省医共体建设现场推进会上，余杭区医共体建设在“一家人”“一本账”等工作被通报表扬。

（高利娜）

·卫生健康监督执法·

【概况】 2020年，余杭区受理投诉举报案件184件，立案处罚894件，罚没款313.68万元，移送公安部门追究刑事责任1件。

【卫生健康监督“双随机一公开”③】 2020年，余杭区接收国家双随机任务424家，执行率100%，掌上录入率100%。建立省级双随机任务50个440家次，完成率100%，掌上录入率100%，信用规则应用100%。双随机处罚率37.15%。做好浙江省行政执法平台、浙江省卫生监督综合管理系统动态更新维护工作。

③“双随机一公开”：在监管过程中随机抽取检查对象，随机选派执法检查人员，抽查情况及查处结果及时向社会公开。

【传染病防治监督执法】 2020年，余杭区以医疗废物集中处置、预防接种、消毒隔离、病原微生物实验室生物安全为重点，开展传染病防治监督执法和消毒隔离监测。通过医疗废弃物监控平台，随时监控医疗机构内医疗废弃物处置情况，规范操作，防止医疗废弃物外流外泄。立案查处单位72家，罚没款13.03万元。

【无证行医打击】 2020年，余杭区继续依托区大联动和网格治理模式，强化多部门联动和联合监督执法机制，落实行政执法与刑事司法的衔接机制，与相关部门之间的移送机制，遏制无证行医、非法医疗美容和“两非”（非法胎儿性别鉴别、非法终止妊娠）违法行为。全年受理非法行医相关投诉举报76件，开展打击非法行医联合专项整治12次，查处非法行医（含非法医疗美容）52起，罚没款

102.81 万元。

【环境卫生监督】 2020 年，余杭区开展集中空调通风系统专项监督检查和检测，开展民宿提升专项工作，对新开办民宿的业主进行卫生知识培训。开展游泳场所夏季保健康专项行动，检查、检测游泳场所 75 家，对开放的游泳场所监督覆盖率达 100%。制定全区校园卫生安全健康行动方案，加强新冠肺炎疫情期间学校传染病执法力度，对两所严重违反传染病防治法的民办学校进行行政处罚。径山镇、塘栖镇、余杭街道、仓前街道等开展创国家卫生城镇工作。监督检查和采样水厂、二次供水单位和涉水产品。

【消毒产品与餐饮具集中消毒企业监管】 2020 年，余杭区监督检查消毒产品与餐饮具集中消毒企业 33 家次，立案查处 4 家，罚没款 11.8 万元。加强餐饮具消毒企业的监督抽检和现场指导，开展食品安全承诺，督促企业落实主体责任。全年采样 21 批次 210 件，合格 207 件，合格率 98.6%，立案查处餐饮具集中消毒单位 4 家，罚款 1 万元。

【职业卫生监管】 2020 年，余杭区开展重点行业专项治理，对全区 20 家混凝土企业和 50 余家家具、铸造行业开展职业病危害企业专项监督检查，指导企业落实场所职业危害检测 32 次，组织劳动者进行职业健康体检 35 场次。全年监督检查职业病危害企业 106 家次，立案处罚 35 家次，罚款 54 万元。开展职业健康体检机构检查任务、区域职业病防治情况分析报告，对职业健康体检机构出具的职业健康检查报告书进行书面质量监测，重点监督检查其合法性、规范性。培训全区 100 余家存在职业病危害因素的企业负责人。开展职业企业第三方采样检测，对 40 家重点行业开展职业病危害因素现场检测。

【卫生健康领域行政审批制度改革】 2020 年，余杭区推进落实卫生健康领域“放管服”改革措施，继续推进公共场所卫生许可告知承诺制改革，实施诊所备案制度，加强窗口服务建设，巩固和扩大“一网通办、只跑一次”改革成效，挑选有条件的许可项目深化改革试点，适当拓展“当场办结”事项和“全程网办”事项，共办件 5953 件。公共场所卫生许可、放射源诊疗技术和医用辐射机构许可、麻醉药品和第一类精神药品购用许可由审批制改为承诺制。2 月 1 日起，全区范围内取消诊所设置许可，实行备案制。全区 7 家区属医院和 20 家社区卫生服务中心完成互联网诊疗服务许可。

（高利娜）

·疾病预防控制·

【概况】 2020 年，余杭区报告传染病 18 种 28711 例，发病率 1518.30/10 万，较上年同期下降 34.62%。无甲类传染病报告；乙类传染病 13 种 3127 例，占总病例数 10.89%，发病率 165.36/10 万，较同期下降 23.59%；丙类传染病 5 种 25584 例，占总病例数的 89.11%，发病率 1352.93/10 万，较同期下降 35.75%。报告法定传染病死亡 5 例，死亡率 0.26/10 万，较同期下降 47.02%。乙类传染病发病数居前十位的病种为肺结核 909 例、梅毒 780 例、淋病 779 例、痢疾 376 例、肝炎 134 例、新型冠状病毒肺炎 51 例、艾滋病 51 例、猩红热 27 例、布鲁氏菌病 7 例、百日咳 5 例。丙类传染病居前三位的病种为流行性感冒 21114 例、手足口病 2357 例及其他感染性腹泻病 2048 例。报告突发公共卫生事件 25 起，分别为诺如病毒感染胃肠炎疫情 17 起，新型冠状病毒肺炎 7 起，水痘疫情 1 起。

【重点传染病管理】 2020 年，余杭区继续落实艾滋病“铁三角”（疾控、非政府组织、医院）、结核病“三位一体”（疾控中心负责规划协调，定点医院负责病人诊治，社区卫生服务中心负责病人管理）和血吸虫病联防联控工作机制。新发现报告艾滋病 68 例，累计接受免费抗病毒治疗 787 人。新登记结核病人 985 例，其中，肺结核 812 例、单纯性结核性胸膜炎 80 例、肺外结核 93 例。筛查密切接触者 1596 人。2019 年同期患者完成疗程率 92.5%。对 52 所高中及寄宿制初中新生开展结核菌素试验筛查，筛查 20860 人，筛查发现结核病患者 4 人。全区共查血吸虫病历史流行村 68 个，查螺面积 103 万平方米，没有发现螺点，继续保持血防“三无”（无阳性钉螺、无内源性急血病人、无新感染病人）成果。

【免疫规划管理和预防接种服务】 2020年，余杭区组织实施老年人流感疫苗免费接种民生项目，超额完成全区2万人的接种任务。举办全区预防接种人员岗位技能比武活动暨预防接种知识竞赛，提高基层免疫规划和预防接种业务人员日常知识技能。采用信息智慧系统，落实疫苗全冷链管理，定期维护保养疫苗冷库。在预防接种门诊继续实施6S管理并开展评比，9家单位创建为6S预防接种门诊，20个接种门诊完成创建。实行疫苗代表定期接待制度，规范疫苗代表销售行为。开展水痘疫苗免费应急接种，控制疫情扩散。组织开展九价人乳头瘤病毒疫苗接种，完成免疫规划疫苗接种600949人次。“9苗”[④]单苗接种率均超过99%。

④“9苗”指乙肝疫苗、卡介苗、脊灰疫苗、百白破疫苗（含白破疫苗）、麻风疫苗、麻腮风疫苗、乙脑疫苗、流脑疫苗（含A群和A+C群）、甲肝疫苗9种。

【学校症状监测】 2020年，区疾病预防控制中心自主研发的学校症状监测系统，取得软件著作权专利和实用新型外观设计专利。监测模式在杭州市其他区（县、市）推广应用。截至年末，全区所有街道均有学校成为监测点，201所学校参与监测，参与监测学生超过10万人。全年该系统报告34783条症状和缺课数据，自动识别并预警513次，避免疫情扩散和蔓延。

【艾滋病防治】 2020年，余杭区本地报告艾滋病病例100例，其中，男性84例，女性16例。截至年末，除港澳台和外籍，按病例类型为确诊病例，全区累计管理病患者1010例，死亡65例，存活945例（在余杭区进行治疗的患者830例）。开展干预和HIV抗体检测，结合医疗检测诊疗工作，对术前、产前、性病门诊就诊者等开展监测，在医疗卫生单位组织对重点人群干预的基础上，与社会组织合作，扩大干预检测的覆盖面，检测221650人次。对老年人、流动人口、暗娼、男男性行为人群和吸毒人群等特殊人群开展监测，每年监测约2万人次。

【麻风病防治】 2020年，余杭区加强麻风病可疑症状监测，特别是高发流行区外来人员监测，做好“世界麻风病防治日”宣传和慰问工作；强化麻风村驻村病人管理，开展免费供餐服务；完成社会治愈存活麻风病人随访。初步完成《余杭区消除麻风病危害规划（2011—2020年）》终期评估报告及终期评估数据上报。

【美沙酮维持治疗】 2020年，余杭区通过免费供药、免费体检、免费护肝药提供等激励机制，结合吸毒成瘾者心理帮扶项目，专项培训禁毒社工等措施，提高成瘾者服药依从性。由于新型毒品的出现，国家对吸毒打力度的不断增强，美沙酮维持治疗患者脱失严重，在治人数大量减少，累计入组患者109人。

【万名初中生青春期健康教育工程】 2020年，工程覆盖27所初中，包括22所公办、5所民办（育蕾、蒲公英、林苑、良山、未来东方学校）初中的265个班级，11838名初二学生。授课后，学生的性健康知识知晓率为74.95%，较授课前提高28.73个百分点；性健康正确态度持有率为62.78%，较授课前提高15.65个百分点；性相关行为规范率67.8%，较授课前提高8.97个百分点。学生的艾滋病知识知晓率为74.44%，较授课前提高43.88个百分点。学生对授课内容的满意率为97.86%，其中很满意率为69.80%；对健康讲师的满意率为98.22%，其中很满意率为73.37%。2016—2020年，受益学生52744人。

【健康教育及控烟】 2020年，全区健康讲师团开展健康宣传1561场，参与78817人。区疾病预防控制中心开展结核病宣传日、世界无烟日等卫生宣传332场，参与80512人；制作、发放健康素养等健康教育资料折页14种14万份，海报8种4000份。举办余杭区第四届居民健康素养网络大赛暨世界无烟日宣传活动，竞赛总参与6722人，其中余杭区内参与6180人。利用“余杭疾控微健康”微信公众号，进行健康科普，全年编辑发送科普微信161篇，阅读量846947次，较上年增长120.26%。

【居民健康素养监测】 2020年，余杭区开展健康素养调查，进行科学评估，完成20个镇（街道）15～69周岁的2000名常住居民的健康素养调查。余杭区居民健康素养水平为37.95%，较上年提高2.85个百分点。其中男性健康素养水平33.8%，女性健康素养水平35.1%。居民基本知识和理念49.4%，健康生活方式与行为33.1%，基本技能健康素养水平 30.5%。6 类健康问题健康素养水平：安全与急救素养 68.1%，科学健康观素养 54.2%，传染病防治素养 30.1%，健康信息素养 42.2%，基本医疗素养 25%，慢性非传染性疾病防治素养 36.2%。机关事业单位人员、学生、其他企业人员为健康素养水平最高的 3 个人群，分别为 40.8%、48.4%、58.6%，农民健康素养水平为 10%。15 岁以上居民的吸烟率19.9%。

【血吸虫病防治】 2020 年，全区共查历史流行村 68 个，查螺面积 103 万平方米，查螺投入人力 2362 工，查螺面积完成浙江省“十三五”规划任务指标，未检出钉螺。20 个镇（街道）开展流动人口查病，完成血样检测 1444 份，结果均为阴性。3 名晚期血吸虫病病人在余杭区第一人民医院接受免费检查和治疗。

【重点地方病防治】 2020 年，余杭区开展地方病三年攻坚任务，在黄湖、良渚等 5 个监测点开展重点人群碘营养监测，完成学生甲状腺 B 超检测，甲状腺肿大率为 0.95%；学生尿碘水平中位数为 191.1 微克 / 升、孕妇尿碘水平中位数为 150.2 微克 / 升、孕妇补碘率为 96.19%。对 18 个监测点 300 余名 8 ~ 12 周岁本地籍儿童进行氟斑牙检查，未发现氟斑牙病例。区疾病预防控制中心汇总分析并形成余杭区地方病三年攻坚终期评估报告。收集全区寄生虫病防治资料，分析并形成余杭区《2016—2020 全国重点寄生虫病防治规划》执行情况中期评估报告。

【疟疾防治】 2020 年，余杭区受新冠肺炎疫情影响，非洲等疟疾流行区入境人口减少，疟疾感染情况相对减少，没有新发患者。主要以全年“三热”（临床诊断疟疾、疑似疟疾、不明发热病人）病人监测为主，采血镜检 720 人，监测结果全部阴性。对 2019 年的间日疟、三日疟患者进行抗复发治疗。

【布鲁氏菌病防治】 2020 年，余杭区发生布鲁氏菌病病例 7 例，散发在仓前、良渚、运河、崇贤等街道，病例按规范进行个案调查和现场处置，随访表明经规范治疗所有病例基本恢复。10 月 24 日，区疾病预防控制中心专业人员会同区畜牧兽医局对牲畜养殖经营从业人员进行培训。

【省网慢性病监测】 2020 年，余杭区组织各级医疗单位开展重点慢性病监测，收到各级医疗单位恶性肿瘤报告卡 5238 张，糖尿病报告卡 3654 张，心脑血管病报卡 3601 张，均及时整理汇总。区疾病预防控制中心按要求定期对网络上报的病人进行审核、监测和重复卡剔除，督促社区卫生服务中心及时将病例下发到辖区卫生服务站进行分级随访管理。年初与公安、民政、妇幼部门进行人口数据核实，3 月底完成死因年报。年报显示，死因顺位、期望寿命，居民死亡主要原因仍为慢性非传染性疾病，占死亡总数的 85.95%。全年浙江慢性病管理系统死亡报卡 5568 例，更正其中编码错误，完成全区初访、查重工作。

【社区高血压、糖尿病随访管理】 2020 年，针对上级审计部门发现的一季度社区高血压、糖尿病随访中的问题，区疾病预防控制中心配合区卫生健康局基层卫生办公室，组织全区 20 家社区卫生服务中心进行质量复核、逐项答复，最终通过审计核查。发布《余杭区社区高血压、糖尿病随访管理质控方案》，明确质控考核方法和评分标准。5—6 月及 12 月按区卫生健康局基层卫生办公室要求，开展社区慢性病综合工作半度年质量复核，抽查高血压、糖尿病人 800 余例，对慢性病社区随访工作中存在的问题进行分析和反馈。举办社区高血压、糖尿病随访管理质量评估专题培训两期，医共体牵头单位及各分院专业人员 200 余人参加培训。

【职业卫生】 2020 年，区疾病预防控制中心前往余杭区 3 家医院进行职业健康检查指导 35 次。初步确定职业病危害现状调查企业 9868 家、组织职业卫生协管员 20 余人开展职业病危害现状调查培训。调查企业 3678 家，核实 5000 家次以上，任务率完成 102.17%。抽查 1 家调查公司和 18 家企业，进行调查质量控制和复核。

确定暂依托仁和街道社区卫生服务中心下属的永泰服务站现有场地建设尘肺病康复站，仁和街道卫生服务中心奉口服务站建设尘肺病康复点。协同仁和街道社区卫生服务中心 3 名医护人员参加浙江省疾病预防控制中心举办的尘肺病康复技术培训班。开展全区尘肺失访病例继续追踪调查 600 余例，完成率 93.3%。完成 27 家重点行业企业的职业病危害因素监测、基本情况调查和质控工作。

全年审核用人单位信息卡 45 张，职业健康档案1279张，农药中毒卡47张。疑似职业病10例，其中，噪声聋5例，矽肺2例，接触性皮炎1例，苯中毒1例，化学性皮肤灼伤1例。审核职业病报卡15例，矽肺8例，铝尘肺1例，苯中毒1例，接触性皮炎1例，布鲁氏菌病1例。审核职业病鉴定1例。

指导区中医院和余杭邦尔医院指导职业健康体检数据自动信息采集系统改造。完成余杭区300人尘肺病核心指标主动监测任务。完成2015—2019年辖区内的间皮瘤、肝血管肉瘤病例信息的收集，随访间皮瘤病例11例、肝血管肉瘤病例1例。在辖区内选取6家企业进行风险评估。

调查200余家公立和民营医疗机构放射卫生工作。其中，完成6家省、市监测点单位的放射卫生情况调查，53家非医疗机构的放射卫生基本情况调查，首次对余杭区第一人民医院的10名介入人员开展双剂量和眼部剂量调查。

【学校卫生监测】 2020年，区疾病预防控制中心监测2019学年学生饮用水13份，监测指标为菌落总数、总大肠菌群、耐热大肠菌群、游离余氯、浑浊度、色度、pH值、肉眼可见物、嗅和味、氨氮、耗氧量、铁、锰、锌等。自来水3份，合格率100%；直饮水10份，合格率100%，总体合格率为100%。因新冠肺炎疫情原因，学生餐具监测取消。

完成3所市级综合监测点学校因病缺课监测，因病缺课1224人/次，天数1539438人/天。其中：高中缺课349人/次，天数167760人/天；初中缺课668人/次，天数394664人/天；小学缺课207人/次，天数19860人/天。根据病因追查记录，病因为感冒、其他传染病或肠道传染病等。

2019—2020学年辖区内未发生学生意外死亡情况，学生因病休退学2人，精神疾病2人。余杭区有168所学校，165952名学生参与学生健康体检。健康检测结果显示：全区中小学生营养不良率7.2%，肥胖率26.9%，身高上等率28.1%，身高下等率9.8%，体重上等率60.3%，体重下等率2.0%，视力不良率60.3%，沙眼率1.3%，恒牙龋齿率33.5%。

【环境及水质卫生监测】 2020年，临平城区设有6个城市饮水监测点，枯水期和丰水期分别监测样品6份，总样品12份，总检测项次396项，水样合格率和总项次合格率均为100%。农村饮水监测枯水期和丰水期分别监测农村饮水水样51份，包括出厂水6份、末梢水35份和分散式供水10份。农村饮水总水样102份，其中分散式供水20份不作卫生学评价。出厂水与末梢水共82份，合格样品76份，总水样合格率为92.68%。其中，枯水期的水样合格率为90.24%，丰水期的水样合格率为95.12%。总检测项次2706项，合格2691项，总项次合格率为99.44%，检测不合格的指标主要有游离余氯、总大肠菌群、肉眼可见物和大肠埃希氏菌。农村合格饮用水人口覆盖率为100%。

完成5家大型公共场所监测，调查38名从业人员的健康情况，其中，男性12人，女性26人，为亚运会前期公共场所监测提供数据支持。

【食品安全风险监测与处置】 2020年，余杭区召开食品安全风险监测会商会议1次。制定食品污染及食品中有害因素监测计划，全年采集食品样品1213份，其中，微生物指标检测736份，理化指标检测477份，完成率100%，736件样品中24件为问题样品。4件生肉制品中检出3株沙门氏菌和2株金黄色葡萄球菌；3件熟肉制品中检出3株金黄色葡萄球菌；1件动物性水产品中检出1株副溶血性弧菌；1件中式凉拌菜中检出1株金黄色葡萄球菌；1件本地特色产品（塘栖糕点）中检出1株金黄色葡萄球菌；食品中化学污染物和有害因素监测任务数473件，完成数477件，任务完成率100%。

理化常规监测204件，不合格30件，其中，4件肉及肉制品镉超出限量值，14件海蟹蟹黄中镉超出限量标准，9件虾姑中镉超出限量标准，1件干豆中镉、铅超出限量标准，2件蔬菜中铅超出限量标准。理化专项监测273件，未发现不合格产品。开展食源性疾病监测，余杭区第一人民医院、余杭区第二人民医院、余杭区第三人民医院、余杭区第五人民医院、余杭区中医院和余杭区妇幼保健院通过浙江省食源性疾病监测报告系统上报腹泻病例1198例。余杭区第一人民医院上报病例406例，采集粪便样本406份，进行沙门氏菌等4种食源性致病菌检测和诺如病毒检测，总体阳性率为13.8%。通过系统发现食源性聚集性疫情2起。

【食品营养工作】 2020年，区疾病预防控制中心组织开展全民营养周、食品安全宣传周活动，首次联合区教育局开展“5·20”学生营养日主题宣传活动。其间开展全区营养配餐竞赛，收到营养配餐竞赛作品近200件，全区开展营养相关的义诊、讲座和宣传活动23场，受益2995人。其中，义诊9场，讲座11场，现场活动3场。撰写营养科普文章1篇，在微信公众号“余杭疾控微健康”发布营养相关科普信息9篇。制定《余杭区学龄儿童超重和肥胖干预方案》初稿。10月中旬，举办2020年余杭区首届营养指导员培训班。社区卫生服务中心营养相关工作人员、学校校医及营养爱好者、养老机构工作人员130余人参加。

在绿城颐养中心和良渚随园嘉树中心2家养老机构开展供餐营养监测及其服务人群的营养状况调查，对106名老人开展营养状况调查。

与区教育局合作，选择临平第一小学、临平第三小学、余杭区实验小学、星桥第二小学作为试点学校，开展学生餐“营养+”计划。

全年区疾病预防控制中心调查处置食源性疾病疫情19起，涉及病例158人，无重症和死亡病例。其中，男性107人，女性51人。在12～67岁之间均有分布，无明显年龄分布特点。19起事件由细菌性引起8起，误食有毒蘑菇中毒3起，原因无法确定的8起。

【消毒质量监测及院感监测】 2020年，全区公立区级医院监测样品151份，合格146份，合格率为96.69%；公立社区卫生服务中心监测103份，合格100份，合格率为97.09%。针对重点公共场所，区疾病预防控制中心随机抽取辖区内1家养老院及1家足浴店进行消毒质量监测，监测采样25份，合格20份，合格率80%；以上合计采样279份。重点场所消毒质量指导21人次。全区830家医疗机构由大地维康公司处置医疗废弃物2631.28吨，增长28.7%。污水采样948份，合格900份，合格率为94.9%。随机抽取辖区内10家幼儿园进行消毒质量监测，监测采样136份，合格121份，合格率88.9%。

【卫生应急】 2020年，区疾病预防控制中心调查处理聚集性疫情（包括报告突发公共卫生事件25起）94起，其中，手足口病、疱疹性咽峡炎聚集性疫情49起，急性胃肠炎疫情36起，发热呼吸道感染疫情9起。报告38例新冠肺炎病例（1例境外输入），13例无症状感染者（11例境外输入），其中聚集性疫情7起。管理密切接触者1153人，次密切接触者60人，对95个疫点进行终末消毒处理。无因防控不力造成的疫情扩散和蔓延。

【医防融合】 2020年，区疾病预防控制中心推进疾控融入医共体建设。探索“三位一体”的“1236”公共卫生服务模式。“1”是以人民健康为中心，加强一级预防，实施医防一体计划；“2”是实施“两下沉两集中”“分类评估精准管理”工程；“3”是公共卫生融入责任网、应急防控网和健康服务网；“6”是建立网格化管理、防治管协同、平战结合联动、下沉集分指导、培训演练提升和责利共担考评的六大机制。

【病原检验检测】 2020年，区疾病预防控制中心检验科完成检测样品11154份，检测项目31403项。1月29日起，区疾病预防控制中心获准开展新冠肺炎自主检测工作，全年检测样本14869份，其中，血清标本1567份、外环境标本2314份，更新设备投入资金417.2万余元。

（高利娜）

·妇幼保健·

【概况】 2020年，全区户籍产妇9978人，活产10123人，系统管理率97.51%，住院分娩率100%。孕产妇死亡率为零。各监测医院出生12914人，围产儿死亡33例，死亡率2.56‰；出生缺陷257人，出生缺陷发生率19.90‰。全区3岁以下儿童45370人，系统管理44547人，系统管理率98.19%。7岁以下儿童100313人，其中接受保健儿童99787人，保健覆盖率99.48%。5岁以下儿童死亡28人，死亡率2.77‰，其中婴儿死亡17人，死亡率1.68‰。全年全区受理“出生一件事”申办5570件，开展出生医学证明邮寄服务531件。

【3岁以下婴幼儿照护】 2020年，余杭区出台《关于促进和加强3岁以下婴幼儿照护服务发展的实施意见》，通过镇（街道）摸底、上门宣传、分类指导、联合检查等服务管理措施，引导托育机构主动备案、规范运营。全年全区备案托育机构24家，可提供托位999个。开展婴幼儿照护服务进社区培训23场，超额完成省、市下达的民生实事项目任务。12月24日，余杭区3岁以下婴幼儿照护

服务指导中心暨实训基地在区妇幼保健院成立启用。

【母婴安全保障】 2020年，余杭区落实母婴安全“五大行动”（妊娠风险防范行动、危急重救治行动、质量安全提升行动、专科能力建设行动、便民惠民服务行动）重点工作任务，高危孕产妇实行首诊负责，妊娠风险评估为“橙色”“红色”和“紫色”的孕产妇作为重点人群纳入高危孕产妇专案管理，保证专人专案、全程管理、动态监管，规范危急重症转诊救治流程。7月2日，余杭区正式上线全国首个孕产妇“五色智控码”，为孕产妇舒心就医、母婴安全提供保障。12月8日，余杭区“孕产妇五色智控码”典型经验做法被国家卫生健康委员会通报推广。全年组织开展全区孕产妇、新生儿死亡和危重孕产妇评析会议2次。全区管理高危孕产妇15222例。其中：重度高危（橙色）管理1636例，包括户籍589例，流动1047例，流动占比64%；危重孕产妇（红色）管理78例，包括户籍20例，流动58例，流动占比74.36%。发生1例非户籍流动人口孕产妇死亡，评审结果为非产科原因不可避免。

【消除艾滋病、梅毒、乙肝母婴传播试点项目】 2020年，余杭区参加国家、省、市级业务培训7次，组织区内培训4次，举办消除母婴传播疾病新进展学习班1次。利用艾滋病宣传日等走进社区，通过微信公众号等开展宣教活动，普及艾滋病防治知识。2020年，全区艾滋病母婴传播率、先天梅毒发病率均为零，乙肝母婴传播率0.38%，艾滋病感染孕产妇所生儿童早期诊断检测率100%，梅毒感染孕产妇所生儿童出生采血率及预防性治疗率均为100%，乙肝感染孕产妇所生儿童检测率74.3%，区妇幼保健院儿童母婴阻断门诊接诊儿童138人。余杭区被评为2019年度浙江省预防艾滋病、梅毒、乙肝母婴传播项目工作先进集体和杭州市消除艾滋病、梅毒、乙肝母婴传播项目工作先进集体。

【优生检查】 2020年，全区免费婚前医学检查和免费孕前优生健康检查目标人数9500对，全年完成检查10952对，其中，婚检4857对，二孩孕检6095对。查出巨细胞IgG阴性148例，巨细胞IgM阳性71例，风疹IgG阴性1512例，弓形虫IgG阳性444例，弓形虫IgM阳性13例。发现指定传染病414人，其中性病32人。精神疾病7人，生殖道疾病255人，内科疾病554人，影响婚育疾病421人。

【产前筛查和无创DNA】 2020年，全区产前筛查23216例，筛出高风险2444例（其中年龄高风险1057例），高风险检出率5.97%。参加产前诊断319例，其中，确诊21-三体综合征9例、18-三体综合征1例，高风险确诊中治疗性引产7例，2例为孕妇拒绝治疗性引产分娩活产。中风险确诊1例，为21-三体综合征予以治疗性引产。无创DNA检测3152人，检测出21-三体综合征高风险孕妇11人，18-三体高风险3人，13-三体高风险1人，其他染色体异常20人，通过产前诊断确诊21-三体综合征8人，其他染色体异常6人。全区享受免费产前筛查孕妇18525例，免费筛查率90.52%。10月19日起，余杭区新增“血清游离雌三醇含量检测”项目。高风险孕妇通过社区卫生服务系统直接进行转诊，到定点产前诊断中心进行羊水穿刺检查，予以直接减免产前诊断费用1000元/人。2020年，余杭区产前筛查工作通过第四次产前筛查中心的省级校验评估，获得杭州市产前筛查工作先进集体一等奖，并在杭州市产前诊断与产前筛查技术专项质控检查与考核中获“优秀产前筛查中心”称号。

【新生儿疾病筛查】 2020年，全区助产医院分娩活产12889人，新生儿疾病筛查12881例，筛查率99.85%。筛查出可疑儿童492例，确诊新筛异常儿童39例，其中，原发性肉碱缺乏症（PCD）1例，四氢生物蝶呤（BH4）缺乏症1例，希特林蛋白缺陷病（NICCD）1例，红细胞葡萄糖六磷酸脱氢酶缺乏症（G6PD）22例，先天性甲状腺功能低下症（CH）患儿14例。39例儿童均在省疾病筛查中心遗传代谢科治疗随访。全年听力筛查儿童12833例，筛查率99.57%，免费新生儿听力筛查服务10508人次，筛查出可疑儿童1275例，其中确诊听力异常儿童20例，均跟踪随访。免费开展新生儿先天性心脏病筛查接受双指标法新生儿12861人，筛查率99.78%，筛查阳性349人，阳性率2.71%，阳性新生儿开展心超诊断348人，诊断率99.71%，发现异常309人。

【儿童发育监测筛查】 2020年，全区监测0~3岁儿童发育筛查45048人，发育筛查37973人，筛查率84.29%。筛查出可疑、异常516例，转诊上级医院做进一步评估133例，确诊69例，均随访，其中15例进行干预康复。

【疑似残疾儿童监测】 2020年，余杭区结合浙江省发育筛查工作以及杭州市0~6岁新发疑似残疾儿童工作，在家长自愿基础上进行转介、诊断和康复服务。社区卫生服务中心承担辖区内0~6岁儿童残疾初筛工作，根据儿童发育预警征检查表，标准化筛查，完成转诊工作，初筛未通过转介至复筛机构。区妇幼保健院负责辖区内初筛未通过儿童的复筛，复筛未通过转介至诊断机构进行诊断。全年全区监测儿童61315人，上报疑似残疾儿童92例，要求鉴定49例。

【妇幼创建工作】 2020年，区卫生健康局做好全区孕产妇和儿童保健星级创建工作的指导。1月16日，鸬鸟镇社区卫生服务中心通过五星级孕产妇和儿童保健门诊市级评估验收。自此，全区三星级孕产妇和儿童保健门诊实现全覆盖，五星级孕产妇和儿童保健门诊率90%。余杭区妇幼保健院被授予“第三批省级儿童早期发展优质服务基地”称号，被评为第一批浙江省规范化围产营养门诊，在全省妇女营养专委会年会上受到表彰。

【托幼机构保健管理】 2020年，余杭区有已持卫生保健合格证的单位259家，比上年增加6家，其中，托幼机构卫生保健工作达到省一级标准的有27家，达到省二级标准的有194家，达到省三级标准的有15家，达到基本合格标准的有23家。全年发放评价为合格的托育机构卫生评价报告37份。指导推进全区托幼机构卫生保健系统的使用。在园儿童贫血患病率、营养不良患病率、视力不良率均控制在较低水平。

(高利娜)

·基层卫生·

【概况】 2020年，全区签约家庭医生服务495823人。发布《余杭区社区高血压、糖尿病随访管理质控方案》，明确考核方法评分标准。60周岁以上老年人体检17.81万人。下发2020年“优质服务基层行”方案，召开全区“优质服务基层行”现场推进会，余杭区第一人民医院乔司分院接受推荐标准省级复核，其他医共体分院均达到基本标准。

【家庭医生签约服务】 2020年，全区签约家庭医生服务495823人，其中重点人群436442人，重点人群签约覆盖率85.42%。落实签约居民就医便捷措施，为慢性病患者提供慢病长处方313532张，建立家庭病床853张，经由双向转诊平台在区内医院转诊75610人次，大型仪器设备预约检查1341人次，预约住院284人次。

【老年人健康体检】 2020年，区卫生健康局下发《关于做好2020年余杭区60周岁及以上老年人健康体检工作的通知》，为60周岁及以上户籍老年人提供免费体检服务。做好体检机构“体检前中后”全流程管理，结合家庭医生签约服务开展体检报告解读，完善居民健康档案，开展个体化健康教育服务和针对性干预，提供优先就诊、优先检查、优先住院等服务。2020年，全区应体检老年人23.26万人，实际体检17.81万人，体检率76.57%。

【基层补偿机制信息化】 2020年，余杭区落实“健康浙江”基层补偿机制改革信息化建设，建立基层绩效考核系统数据接收库，采集基本医疗、基本公共卫生明细数据，所有数据查询颗粒度可至机构层级、科室、个人。将数据下发到20家社区卫生服务中心进行审核确认，确认无误后形成最终考核数据，可在系统内进行数据追溯。通过信息系统数据完成资金拨付，实现改革数据按要求上传省级综合管理平台。

(高利娜)

·医疗服务·

【医疗卫生领域“最多跑一次”改革】 2020年，余杭区印发《余杭区深化“最多跑一次”改革推进医疗机构服务能力大提升行动方案》，建立跑改数据省网络直报系统工作专班，指导审核每月跑改填报工作。推进医疗机构服务能力大提升行动，6家区属医院实现智慧停车，全部采用“先离场后付费”智能缴费方式；全生命周期电子健康档案开放率 70%；杭州城市大脑“舒心就医·最多付一次”每周使用率约 98%；全区门诊智慧结算率 91.94%，病房智慧结算率 93.79%。6 家试点分院完成与杭州市“互联网+”诊疗平台对接，实现医保支持的线上慢性病复诊和药品配送服务。全区 27 家公立医疗机构实现检验检查共享、应用和开放率 100%，号源全部接入杭州“健康通”和浙江导航平台。推进城市大脑“舒心就医”服务，27 家公立医疗机构全面推行“先看病后付费”服务，居民在医院就诊时直接进行检查、化验、取药等，个人支付费用待就诊结束一次性支付；开展“一码就医”等杭州健康码常态化应用。

“舒心就医”驾驶舱界面　　（区卫生健康局　供稿）

【AED 网络布点】　2020 年 8 月 25 日，余杭区完成 AED 设备布点 200 台，加上前期 144 台，全区 AED 布点 344 台。创设移动式 AED 布点，将 15 台 AED 设备分别安装在交警铁骑和警察机动部队（PTU）巡逻车上。在浙江省内首次探索急救联动模式——将 AED 布点信息及定位信息通过技术手段嵌入“120”急救调度系统，联动院前急救和社会急救，提高院前急救的抢救效率。10 月 13 日，仁和中学投放的 AED，为一名心脏骤停的中学生及时抢救提供支持。

【区域急救网络体系建设】　2020 年，余杭区在“1 个分中心—3 个急救站—12 个急救点”的三级急救网络建设基础上，继续扩大院前急救“8 千米 15 分钟范围圈”。全年新建闲林、未来科技城站点，改造具备洗消功能的站点 1 个，配备救护车 54 辆，其中负压监护型救护车 21 辆，为新冠肺炎疫情期间患者转运工作提供保障，对疑似和确诊病例由负压救护车尽快转运至定点医院隔离治疗，确保危重病人及时转运救治。疫情期间，转运发热及有流病史人员近 7000 人次。

【中医药事业发展】　2020 年，余杭区发挥中医药在新冠肺炎疫情防控中的作用，组建疫情防控中医专家组，定点救治医院的中医师入驻隔离病房，直接为疑似和确诊患者开展中医辨证施治，确诊患者 100%应用中西医结合治疗。开展中医药预防工作，为集中隔离点、一线医务人员及市民发放中成药及中药汤剂茶饮 4000 余份。开展中医适宜技术推广，区中医院作为基层常见病多发病中医药适宜技术推广基地建设单位，经浙江省中医药管理局验收结果良好。组织开展“十四五”中医药事业发展规划编制，完成初稿。推选 4 名中医师参加杭州市中医药高层次人才培训项目，完成 8 名中医医术确有专长人员医师资格考核及 8 名中医师承学习人员的医师资格考试报名工作。组织参加杭州市中医药适宜技术推广应用竞赛、杭州市中医护理综合技能竞赛等活动。

【优质医疗资源下沉】　2020 年，区卫生健康局推进疑难病转诊中心建设。区级疑难病会诊中心以专家门诊为主的方式转变为“门诊+手术”服务，提升服务能力。继续推进高水平医联体服务融合，其中余杭区第一人民医院与浙江大学附属第二医院、余杭区第三人民医院与杭州市第一人民医院集团开展紧密型合作，剔除疫情影响后出院人次、手术例次均有增长，省、市医院在新冠肺炎疫情防控中向余杭区提供支持。探索与上海等长三角城市开展多层次多模式健康医疗合作，吸纳省外优质医疗资源，依托院士工作站、诊疗中心等方式开展跨省医疗合作。余杭区中医院挂牌成为中国科学院大学附属肿瘤医院（浙江省肿瘤医院）余杭协作医院，在甲状腺乳腺外科、肿瘤内科等领域开展合作。通过多渠道资源下沉，余杭区公立医疗机构三四级手术 9646 例，占比 20.62%。

【智慧健康应用】　2020 年，余杭区推进“健康余杭智慧云共享平台”建设，全民健康信息平台汇聚数据 33.2 亿条，数据利用率为 94%。“健康余杭”门户上线疫苗预约、孕产妇“五色码”、健康管理等功能，用户量 63 万人，累计使用 2000 余万次，日均使用2.7万次。推进医共体“信息一体化”建设，20家分院上线体检系统，实现各医共体影像、心电系统一体化。

（高利娜）

·人才队伍与医学科研·

【概况】 2020年，全区卫生健康系统完成人才招引642人，比上年增长27%，其中，择优签约166人，公开招聘346人，引进中高级人才99人，聘用定向培养农村社区医生31人。截至年末，卫生健康系统有高级职称997人，其中，卫生技术专业正高职称248人，副高级职称721人。分类人才315人，其中，市级领军人才（D类）58人，高级人才（E类）257人，分类认定223人。选派13名专业技术人才到贵州、湖北参与扶贫协作医疗援助。

【医疗人才培养】 2020年，区卫生健康局继续实施“三名”（名科、名医、名护）培育工程，建立余杭区名医名护培育库，首批入库223人。其中：区属医院西医128人，中医30人，护理35人；医共体分院医生20人，护理10人。选派30余名培养对象到省内外三甲医院进行为期4~6个月带项目带任务进修。组织开展名医名护评选活动，评选名医20人和首届名护士20人。强化区级名科精准扶持，复核原有的区级名科、市级及以上重点学科等21个，其中，通过19个，暂缓一年复核2个，新评选区级名科建设对象31个。继续实施基层医疗业务骨干培养，举办卫生健康系统基层医疗骨干培养第三期研修班。开展学习型医院建设，在全区公立医疗单位实施“日、周、月、季”学习制度，组织专业技术人员分层分类开展业务培训，全年培训6000余人次。组织开展“名（中）医大讲堂”等全区层面学术活动6次，培训700余人次。在医共体分院开展“以考促学”集中理论和技能抽查考试3次，抽考全科医生120余人。全年邀请国家和省内医学专家、管理专家开展学术活动80余场，培训2万余人次。选送130余名业务骨干到上海、杭州等三甲医院进修学习。举办卫生健康系统医疗卫生管理人才高级研修班，组织全区医疗卫生单位部分班子成员、医共体分院院长和局机关50人到温州医科大学参观培训学习。全年区内单位新报名参加住院医师规范化培训120人，其中，西医94人、中医26人。余杭区第一人民医院基地招录17人（其中全日制研究生2人），余杭区中医院基地招录15人（其中区外单位1人）。举办余杭区住院医师规范化培训学员上岗前培训班，培训120余人。

【医疗科研立项】 2020年，区卫生健康系统入选省、市级科研项目立项57项，其中，省自然科学基金联合基金项目1项，省医药卫生科研项目3项，省中医药科研项目4项，市科技局科研项目1项，市科学技术局引导项目26项，市卫生健康委科研项目22项。获市卫生科技创新奖1项，计算机软件著作权1项，国家实用新型专利40项。其中，区中医院朱健铭主持的“单味中药对多耐药尿道致病性大肠埃希菌转录组学影响的研究”项目获杭州市卫生科技创新奖三等奖，区第五人民医院郑良开发的“方舟医疗设备管理系统V2.0”获国家版权局计算机软件著作权登记。区第一人民医院获实用新型专利14项，区第五人民医院12项，区中医院9项，区第三人民医院2项（其中瓶窑分院1项），区良渚医院2项，区第二人民医院1项。全年发表论文320余篇，其中收录在美国科学信息研究所出版的引文数据库（SCI）16篇，Ⅰ级杂志论文21篇。

【区域诊疗中心建设】 2020年，疑难病诊疗中心邀请40余家医院的80余名专家（其中8名为“国之名医”）组成余杭区疑难病诊疗中心专家库。危重孕产妇诊疗中心凭借综合性医院特色，成立由心内科、产科、内分泌科等多学科专家组成的产科抢救小组，连续10多年实现孕产妇零死亡。口腔诊疗中心部分专科诊疗达杭州市领先水平。泌尿外科诊疗中心手术量全院占比40%。

（高利娜）

·爱国卫生运动·

【卫生镇（街道）创建】 2020年，径山镇、塘栖镇、仓前街道、运河街道和崇贤街道启动新一轮（2020—2022年）国家卫生乡镇申报创建，区爱国卫生运动委员会办公室对创建镇（街道）开展调研指导，协助做好现场达标自评、指标审核和申报资料上报等工作。余杭街道国家卫生镇（街道）复审通过省级评审。2017—2019年申报创建国家卫生镇（街道）的百丈镇、中泰街道、黄湖镇、仁和街道被全国爱国卫生运动委员会办公室确认命名。全区国家卫生镇占比78%，84个省级卫生村通过区级复审。

【病媒生物防制】 2020年，区爱国卫生运动委员会动员社会力量开展病媒生物防制行动，清除“四害”孳生地，落实病媒生物控制水平国家标准，要求各镇（街道）对所辖区域开展“四害”孳生地调查和清除，采取环境治理和药物消杀并重的病媒生物防制措施，降低“四害”密度。推进技防设施建设。组织对全区镇（街道）督查50余次，发出抄告单17张，发现问题256个。全年将鼠、蚊、蝇、蟑螂等病媒生物密度控制在国家C级及以上标准，完成2020年杭州市病媒生物控制水平评估。

【生活垃圾分类】 2020年，区爱国卫生运动委员会建立卫生健康系统生活垃圾分类工作检查机制，采用互查和抽查相结合的方式，针对分类设施、分类质量、分类标识、分类辅导、分类清运、分类宣传等内容，要求各医共体牵头单位、医共体分院、区卫生健康相关单位每半月完成一轮互查，社区卫生服务站每半年完成30%抽查，局本级不定期组织人员进行暗访抽查，将医疗卫生单位落实生活垃圾分类情况进行“红黑榜”通报，并纳入综合目标责任制考核，推进生活垃圾分类长效管理。

【“清露拆棚”行动】 2020年，区爱国卫生运动委员会继续推进“清露拆棚”工作，消除部分镇（街道）出现的露天粪缸和棚厕、旱厕“回潮”现象。在2017年开展的“清露拆棚”专项整治行动的基础上，继续推进“清露拆棚”整治行动，完成435处露天粪缸和棚厕旱厕的拆除，完成率100%。

（高利娜）

编辑：陈素琴

社会生活

Social Life

·人口监测与家庭发展·

【概况】 2020年1—12月，全区上报户籍出生人口10924人，比2019年减少2198人，其中一孩5610人，二（多）孩5314人，二孩及以上占48.65%。全区人口出生率9.18‰，比上年下降2.43个千分点；人口自然增长率4.45‰，下降3.21个千分点。2020年全区总出生人口17850人（含流动人口7719人），其中，男孩9117人，女孩8733人，总出生人口性别比104.40。

【人口统计与监测】 2020年，余杭区开展人口统计与监测，全员人口数据库常住人口覆盖率、主要信息字段完整率与准确率逾95%，全年共发送流动人口现孕协查信息5937条，核实并反馈流动人口出生子女信息7654人，审核流动人口积分入户入学15783人。配合做好第七次人口普查宣传工作。

【生育领域“最多跑一次”改革】 2020年，余杭区实现群众生育登记和生育补助领取“零跑路”。全年网上办理生育登记12244件，完成再生育审批283件，完成计划生育“涉法审查”551人。完成浙江政务服务网2.0平台8个计划生育办事项目办事指南、在线办理等事项的修订，协助区民政局做好“婚育联办”，方便群众办事。

【计划生育奖励扶助政策】 2020年，余杭区完成14232例生育补助对象的审核，发放金额1707.84万元；完成15914名奖扶对象的审核，发放奖扶金1526.88万元；完成1444名特扶对象的审核，发放特扶金1276.22万元；完成1795名2018年、2019年退休的计划生育家庭成员养老保险补贴对象的审核，发放补贴303.20万元；完成52002名计划生育家庭医保奖励对象的审核，发放奖励844.04万元；完成27479名独生子女父母奖励对象的审核，发放奖励41.73万元；完成36户63名市级公益金对象的审核并发放金额16.75万元，完成18户27名区级公益金对象的审核并发放金额13.50万元。完成70名计划生育手术并发症对象的每月审核，发放补助金92.57万元，对计划生育手术并发症对象发放春节慰问金8.41万元，完成计划生育四项手术一次性经费报销81例共计9.21万元。落实计划生育特殊家庭双岗联系人、家庭医生签约服务和失独家庭就医绿色通道工作，三项制度落实率达100%。

【公共场所母婴设施建设】 2020年，余杭区根据《余杭区卫生和计划生育局等部门关于加强母婴设施建设的实施方案》，做好母婴设施的日常督查，实地督导医疗机构、景区、商场等公共场所已建母婴室，确保运行正常。截至2020年末，全区累计建成并投入使用母婴室71个。

【生育关怀行动】 2020年，余杭区为84986户独生子女家庭，1439位计划生育特殊家庭父母投保，总保费为1748475元。全年理赔157人次，金额1573456.54元，理赔率89%。春节和“5·29”期间慰问困难计划生育家庭50户，慰问金额5万元。全年出生缺陷儿童救助7例，金额7万元。开展余杭区第七届“生育关怀——圆梦微心愿”兑现圆梦行动，征集兑现102个总价值约3万元的微心愿。

【青春健康教育】　2020年，区计划生育协会与区卫生健康局、区教育局、区疾病预防控制中心继续合作，通过学校自主申报，对43所小学的5年级学生开展统一课件、师资、课时的青春健康讲堂送课活动。

【计划生育特殊家庭“暖心行动”】　截至2020年末，余杭区共有在册失独家庭548户886人，其中49周岁以上528户846人。2020年暖心行动慰问对象核准509户813人，下拨资金162.6万元。2020年开展个案评估和心理咨询服务86人，团辅、培训10场，通过项目征集对6个镇（街道）补助10万元用于个性化关爱活动。完成1户失独家庭辅助再生育补助，金额3.4万元。

【计划生育志愿帮扶】　2020年，余杭区继续打造镇（街道）级暖心家园，组建志愿者团队，开展各类帮扶工作。塘栖镇成立镇、村（社区）两级共430余人的志愿者队伍，由心理咨询师、律师、教师、医护人员、企事业单位爱心人士、公益组织和慈善基金会人员等不同特长的志愿者，组建心理服务、法律服务、金融服务、爱心企业、慈善公益、健康服务和生活服务7支志愿队，采用从上至下的主动服务和由下而上的点单服务，打通服务群众的渠道，做好计划生育家庭的帮扶工作。运河街道依托第三方组织星运公益等成立街道人口家庭志愿服务团队，实行点单式个性化服务

（高利娜）

·民　　政·

【民政领域新冠肺炎疫情防控】　2020年，区民政局发动各镇（街道）、村（社区）专职社区工作者参与疫情排查防控，余杭区1800余名专职社区工作者，走访摸排、电话联系、驻守卡口、政策宣传、保障居家医学观察居民日常生活。乔司街道永西村、东湖街道工农社区疫情防控工作被评为民政部“全国城乡社区疫情防控优秀案例”。瓶窑镇彭公村专职工作者何炎祥被评为全国抗击新冠肺炎疫情优秀城乡社区工作者。社会组织发挥专业力量和积聚作用，协同村社开展防疫工作。1000多家社会组织参与疫情防控服务2万余次，捐款400万余元、捐赠口罩9万余只。做好疫情下民生保障工作，简化审批程序，按时足额发放各类困难救助金。疫情期间开展无家可归人员临时救助180人次，其中湖北籍10人。全面落实福利机构、婚姻登记场所、殡仪服务场所等的各项防疫措施，全区民政机构“零感染”。

【养老服务设施】　2020年，养老服务设施建设连续第五年被列入余杭区民生实事项目。2020年末，全区建有居家养老服务设施217家，其中镇（街道）级居家养老服务中心23家，村（社区）级居家养老服务照料中心194家，社会化运营率90%。镇（街道）级居家养老服务中心主要提供通过生活服务、康复护理、托养、家庭支持、社会工作和心理疏导、康复辅助器具租赁等六大服务功能。村（社区）级居家养老服务照料中心主要提供为老助餐服务、便民小事服务、文体娱乐服务、康复保健等服务功能。全区现有养老机构18家，床位3238张，其中，公办6家，民办7家，公建民营5家，共入住老人984人，入住率为30.4%。

【家庭适老化改造】　2020年，余杭区家庭适老化改造258户。出台《2020年生活困难老年人家庭适老化改造实施方案》，改造对象为在册低保、低边老年人家庭，其中优先实现享受定期抚恤补助优抚对象和失能老年人家庭全覆盖。改造内容主要针对厨房、卫生间、日常起居等场所。改造标准每户1.2万元。

【居家养老服务】　2020年，余杭区享受政府购买居家养老服务时间标准为每人每月4小时～56小时，22265名老人享受该服务，占老年人口的9.1%，购买资金3990万元，其中，区级2634万元、镇（街道）1356万元。出台《关于进一步加强特殊老年群体养老服务保障的意见》，扩大购买居家养老服务受益面。将全区80周岁以上高龄老年人、计划生育特殊家庭老年人纳入政府购买居家养老服务享受对象，新增重度失能失智老年人入住机构补助，提高居家养老享受服务时长。根据综合评估情况定期定额为符合条件老年人发放“重阳分”，用于电子结算居家养老服务并进行评价。

【助餐服务】 2020年，余杭区以“配（送）餐中心集中配送、老年食堂合理布局、助餐服务点就近用餐”为主，“邻里互助、失能老年人送餐入户”为辅的助餐模式，城乡统筹实现助餐服务有效覆盖。重点保障独居、孤寡、空巢、失能失智等特殊困难老人助餐配餐服务需求。至2020年末，余杭区有为老助餐场所312家，其中，集中配（送）餐中心21家、老年食堂86家、助餐服务点205家，90%以上社会力量运营，除新建、拆迁过渡社区外，场所覆盖率84%，登记就餐23477人，占老年人口的9.84%。出台《关于进一步完善全区老年人助餐服务体系的实施意见》，进一步明确建设标准和要求，完善补助标准。新增助餐服务机构建设经费，对新建集中配（送）餐中心、老年食堂、助餐服务点，分别按照每家最高50万元、20万元、10万元标准补助。对通过验收、运行良好的集中配（送）餐中心、老年食堂，按照就餐人员规模每年给予5万元～15万元运行经费，各助餐服务点每年给予3万元补助，免除生活困难中行动不便老年人送餐费用。辖区内助餐机构优惠就餐、一卡结算，有条件的助餐机构“刷脸支付”。建立助餐机构准入制度，评估运营情况，严格落实食品安全管理，按“阳光厨房”要求建设老年食堂。崇贤、星桥、径山、瓶窑镇等明确90岁以上老年人免费就餐。《居家老年人配送餐服务规范》立项成功，余杭区被省民政厅确定为全省养老助餐服务工作改革试点地区。

【智慧化居家养老】 2020年，区民政局将养老数据纵向与市级平台、街道和社区服务网点贯通，横向与区残疾人联合会、区人力资源和社会保障局等相关部门互通。实现养老业务云端办理，高龄津贴发放“跑零次”，养老服务需求评估移动办，养老服务补贴全流程闭环管理，养老服务机构安全巡查移动办、协同办等。试点开通养老服务线上点单，养老服务“码上办”、养老顾问政策咨询、服务热线一键呼叫、服务预约等功能，为老人提供助餐、助洁、助行、助浴、助医等服务。百丈镇开通全市首部镇级助老服务热线电话（“88568856”帮帮我），并在支付宝上线“百龄码”小程序，2892名老人可享受急救呼叫、健康管家、家政等服务。南苑街道引入集远程照顾、无线感应、紧急情况一键呼叫于一体的居家安全管控系统，累计服务1万余人次。

【养老队伍】 2020年，余杭区64家养老服务社会组织拥有从业人员1260人。18家养老机构配备养老护理员224人，全年组织养老护理员培训2批次130人。

【困境儿童扶助】 2020年，区民政局落实区社会福利中心在院孤残儿童“养、治、教、康、置”五方面保障和全区困境（留守）儿童关心关爱。为新冠肺炎疫情期间无法上网课的困境儿童送去学习设备，为780名在册0～14周岁困境儿童送上六一爱心礼包。开展“理想小屋”慈善项目，为117名低保、低边家庭中6～16周岁学生优化学习生活环境。截至2020年末，全区有困境儿童1171人，其中，在院孤儿46人，社会散居孤儿13人，事实无人抚养困境儿童85人，重度残疾儿童350人，贫困家庭重病、重残、罕见病和精神智力三四级儿童29人，低保家庭儿童363人，低边家庭儿童285人；农村留守儿童17人。发放当年基本生活补贴860.84万元。实施余杭区“助翼计划”，20名困难家庭儿童受益。

【困境儿童关爱队伍建设】 截至2020年末，全区有儿童督导员20人、儿童主任392人。在新一届

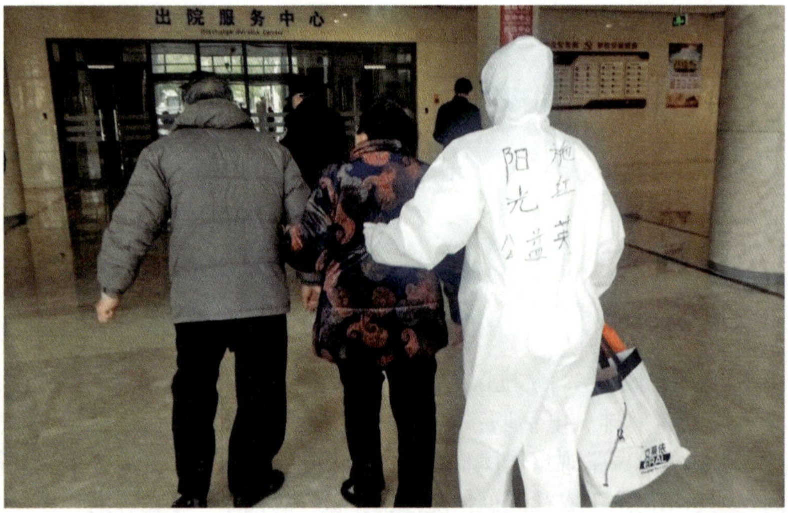

杭州市余杭区阳光公益服务社组成送医服务队提供送医服务

（区民政局　供稿）

的村（社区）换届选举中，优先安排村（社区）妇联主席或村（居）民委员会女性委员任“儿童主任”，提高女性儿童工作者比例。通过“老带新”“技能培训”等方式提升儿童护理服务质量。全年分四片区开展政策宣讲，培训418人次。动员社会力量在儿童医疗、康复、心理关怀等领域开展困境儿童系列关爱活动，区民政局联合区教育局、区人民检察院、共青团杭州市余杭区委、区妇女联合会、区残疾人联合会、区关心下一代工作委员会、塘栖镇、区第一人民医院、杭州老板实业集团有限公司、区益民社会工作服务中心共11家单位党组织结成彩虹行动党建联盟，发布服务清单，认领困境儿童微心愿700个。

【儿童之家建设】 2020年，区民政局下发《关于进一步推进儿童之家建设的通知》，依托村（社区）服务中心、文化礼堂、学校等设施统筹推进建设。2020年，布点基础型儿童之家137个，建成区级示范型儿童之家20个、市级示范型儿童之家4个、省级示范型儿童之家1个。

【帮扶救助】 2020年，余杭区新增低保894户1346人、低边119户413人、特困29户29人，注销低保714户1037人、低边203户697人、特困35户36人。截至2020年末，全区低保对象6811户9005人，其中，低保边缘户578户1997人、特困供养对象160户160人，累计发放各类救助金1.71亿元，其中低保资金1.008亿元。2020年1月起，低保标准从1041元提高到1102元。及时启动物价补贴发放工作，并在3—6月阶段性提高至2倍标准发放。为困难家庭增发100元/人消费补贴。做好困难群众春节送温暖、夏季送清凉、临时救助等帮扶工作。实现低收入农户认定标准线与低保边缘户认定标准线“两线合一”，开展社会救助领域补短板强弱项专项治理，试点将低保低边家庭渐退和困难家庭重病患者单独立户纳入低保。打造“线上＋线下”社会救助共同体，成立“家庭救助顾问”团队，建立困难家庭探访关爱制度。

【慈善救助】 2020年，余杭区慈善募集8591.27万元，发放6594.61万元，开展慈善项目12个，救助弱势群体17901人次。其中，新冠肺炎疫情期间，余杭区慈善总会紧急动员社会各界捐款捐物，接收捐赠2080.66万元、物资19批次，支出2080.66万元，全部用于购置测温系统、负压救护车、防护服等物资，全部用于疫情防控一线。建立慈善项目认领机制。探索公益活动筹资模式，成立社区公益基金会11家，扩大公益活动延伸。全省首创将互联网技术与慈善项目相融合，启动“助你一臂之力”慈善项目。崇贤街道被评为首批省级慈善乡镇（街道），余杭街道竹园村被评为首批省级慈善村（社区）。

【城乡社区建设】 2020年，余杭区优化社区规模布局，出台《关于新建社区和社区规模调整的指导意见》，调整社区86个，新建社区33个，撤销村3个，撤销社区2个。截至2020年末，全区有城市社区224个（撤村建居社区71个）、农村社区173个。制定《关于进一步规范社区配套用房建设和管理的通知》，规范新建住宅项目社区用房配套形式、流程和要求。打造市民客厅2家、服务社区或居民小区的居民驿站7家。

2020年9月，运河街道完成村（居）民委员会的换届选举工作。图为新一届村（居）民委员会班子成员就职仪式
（区民政局　供稿）

推行社会工作站（室）建设，至2020年末，全区示范型镇（街道）级社会工作站5家，社区级社会工作室10家。在全市率先完成村（社区）组织换届试点单位运河街道村（居）民委员会换届选举工作。全区382个村（居）民委员会依法完成换届选举，全面推进村（社区）党组织书记、主任“一肩挑”，一次性选举成功率100%，选民平均参选率99.3%。

【基层治理和服务创新】 2020年，余杭区深入推进党建引领下的基层民主协商制度，“两约”修订率和知晓率达100%。在27个试点村（社区）实施“微自治”项目，通过挖掘、培育城乡社区居民骨干，建立微自治阵地，推进政府治理和社会调节、居民自治良性互动。指导南苑街道以“完善党组织领导下的‘四微’治理，探索‘青年优家社区’营造新机制”为实验主题，入选浙江省第三批“省级社区治理和服务创新实验区”。“余杭打造‘1+3’协商体系下的同心共同体”的经验做法被评为“基层社会治理的浙江十大创新典型”。

【社会工作人才队伍建设】 截至2020年末，全区各领域社工从业人员4000余人，其中，持有全国社会工作者职业水平证书人员3270人（初级2685人，中级585人），新增持证人员1044人，均位列杭州市第一。省级社会工作领军人才4人，市级7人，区级72人。持证社区工作者1246人，占社区工作者总数的60.5%。2020年新增专职社区工作者290人，其中首次面向基层优秀专职网格员招聘30人。落实专职社区工作者三岗十八级动态薪酬体系，出台社会工作专业人才相关制度。全年组织开展村（社区）主任培训、新进专职社区工作者上岗培训、持证社会工作人才继续教育培训、社会工作领域业务负责人社会工作能力提升培训等培训150余次，对口见学活动80余次，参与5000余人次。举办第11届社区工作者节，评选区级领军人才20人。社会工作人才纳入区高层次人才分类认定目录，全区E类高层次人才11人，F类人才72人。杭州市余杭区滴水公益服务中心金丹文、余杭家纺产业协会王敏红被评为省社会组织领军人物。

【社会组织培育发展】 2020年，余杭区登记社会组织1338家，其中，社会团体242家、民办非企业1076家、基金会20家；备案社区社会组织5148家。2020年，新登记社会组织184家，变更122家，注销18家，年检832家。推进镇（街道）社会组织服务中心规范化建设，实现每万人拥有登记社会组织7家，农村社区支持型、枢纽型社会组织全覆盖。编制社会组织承接政府转移职能和购买服务推荐性目录，安排1500万元财政预算用于区、镇（街道）社会组织发展、品牌建设、平台建设等。开展“益余杭”公益创投活动，举办2020年杭州市暨余杭区社会组织“公益嘉年华”活动。

【殡葬管理服务】 2020年，余杭区加快推进两家殡仪馆提升改造项目，一馆完成总体进度的95%，二馆投入使用。推进6个大中型城乡公益性骨灰存放室建设，乔司、仓前、临平投入使用；星桥、余杭、闲林主体结顶。全年享受殡葬惠民新政5168户，节省丧葬费用404万元。开展殡葬服务收费专项整治行动和安葬（放）设施违规建设经营专项排摸暨违建墓地专项整治成果巩固提升行动。做好集中祭扫期间新冠肺炎防疫保障和服务工作，首次推出预约实地祭扫，清明、冬至预约祭扫66万余人。

【移民安置】 2020年，余杭区核定大中型水库移民4975人，发放直接补助资金297.9万元。完成

2020年10月17日，杭州市暨余杭区社会组织“公益嘉年华”活动在艺尚小镇举行
（区民政局 供稿）

移民后期扶持项目 14 个，补助资金 719.5 万元。

【地名管理】 2020 年，区地名办公室共命名各类地名 89 处，设置路牌、门牌等各类地名标志 5066 块，其中在临平街道设置二维码门牌 1759 块；办理门牌证 14524 本。开展不规范地名清理整治，清理整治不规范居住区 8 个，整改幢牌、小区内导示牌 358 块，居住区大门名称 8 处，居住区信报箱 5 处、不规范地名广告牌 25 块。联合相关部门完成"临平街道"地名文化遗产的申报工作，整理编写《诗说临平》。深化平安边界建设，2 名界线界桩管理员获得市民政局"最美护界者"称号。

【婚姻和收养登记】 2020 年，区民政局深化婚姻登记处信息建设，加强婚姻文化建设，构建和谐婚姻家庭，全面推行婚前辅导和离婚劝导。2020 年办理结婚登记 6251 对，离婚登记 2147 对，补领结婚登记证 2315 对，补领离婚登记证 326 件，复婚 570 对，收养登记 24 人次，查询档案 2.25 万余人次，做到准确率、合格率 100%。区婚姻登记处维权岗被评为浙江省巾帼文明岗。

【流浪乞讨人员救助】 2020 年，区民政局开展主动引导、劝导和流动救助，开展特殊灾害性天气街面巡查工作。2020 年，区救助站救助各类困难人员 478 人。

【杭州市余杭区社会福利有奖募捐办公室（杭州市余杭区福利彩票发行中心）撤销】 根据财政部《关于停止销售连环夺宝等 7 款视频型彩票游戏的审批意见》文件精神，区民政局自 2020 年 7 月 31 日 17 时起，停止销售中福在线"连环夺宝"等 7 款视频型彩票游戏，关停中福在线销售大厅。根据《关于印发部分科级事业单位清理整合方案的通知》文件精神，于 2020 年 7 月 31 日正式撤销杭州市余杭区社会福利有奖募捐办公室（杭州市余杭区福利彩票发行中心）。

（俞犁鲲）

·人才人事·

【人才培养】 2020 年，余杭区通过人才薪酬、股权估值、专家举荐等方式确定人才层级，共认定人才总数 7400 人，其中，市级 E 类以上 4704 人，区级 F 类以上 2696 人。开展职称评审工作，截至 12 月末，完成初定初级职称 5520 人，中级职称评审及初定 1931 人，高级职称评审 393 人。

【人力资源服务产业园】 2020 年，未来科技城园区（国际人才园）开园，8 家人力资源服务企业入驻，园区内设人才服务专窗，提供"一站式"人才服务。余杭区研究制定《关于加快发展余杭区人力资源服务业的实施意见（试行）》，从园区建设、人才引进、租金补贴、企业集聚、评优奖励、服务质量、人才培养等方面提供政策支持。组建余杭区人力资源服务联盟，首批联盟成员 34 家，开展"推进全区人力资源服务业发展"系列活动。

【技能人才培养】 2020 年，区人力资源和社会保障局以企业自主评价体系建设、技能大师工作室建设、高技能人才直接认定"三位一体"的技能人才培养模式开展工作，2020 年开展职业技能培训 3.48 万人次，"百行百匠百赛"技能竞赛 124 场。开展高技能人才以及技能大师工作室认定，2020 年共完成高技能人才培养 5889 人次，完成 70 家区级技能大师工作室，7 家市级技能大师工作室，1 家省级技能大师工作室，510 人企业新型学徒培训任务。

【大学生创新创业】 2020 年，余杭区新建大学生实训基地 142 个，向余杭籍学子寄送"一信一册一表"(《致余杭籍在外学子的一封信》、《余杭大学生创新创业政策》、余杭区人才简历登记表)，推送就业信息和人才新政，促余杭籍大学生回乡就业。先后组织 26 家企业到四川成都高校开展校园招聘，落实新一轮本科及以上学历毕业生生活安家补贴政策，发放高校毕业生生活安家补贴 3.63 万人次，发放金额 5 亿元。通过"亲清在线"兑现高技能人才奖励 8021 人，兑付金额 17 万余元。受理成功企业引才奖励 14727 人，2079.2 万元；就业交通补贴 1.1 万人，548.87 万元。新增大学生创业企业 118 家，新增大学生见习训练基地 28 家，全区共有见习训练基地 166 家。落实余杭户籍高校毕业生就业帮扶 1200 余人。

【事业人员管理招聘】 2020 年，区人力资源和社

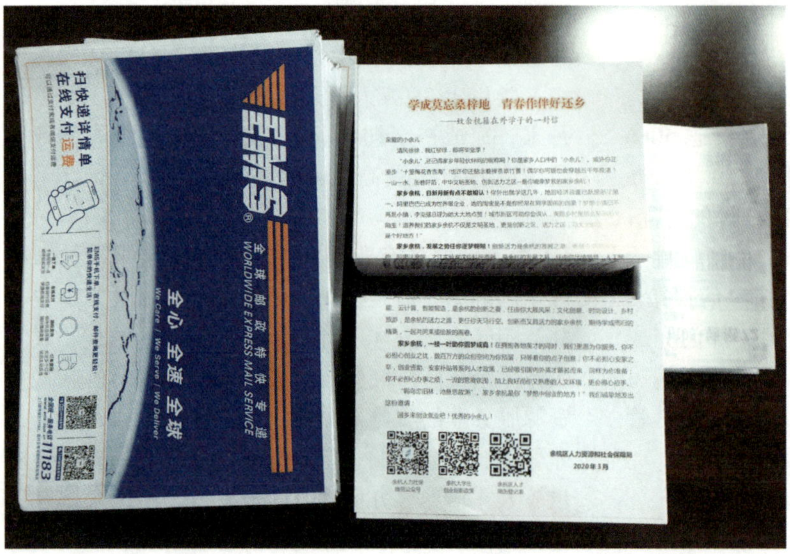

2020年3月4日，余杭区向当年毕业的余杭籍应届高校毕业生寄送“一信一册一表”　　(区人力资源和社会保障局　供稿)

会保障局推进机关“最多跑一次”改革。将余杭区2万余名事业单位在编人员纳入省系统管理，实现数字化平台管理100%网上办件。启用杭州市事业单位工作人员职业生涯全周期管理“一件事”平台，经办部门同步实时完成审核（审批）流程，一次性办结业务。

根据新冠肺炎疫情的特殊情形，制定公开招聘活动防疫指南，专项招聘高校毕业生的岗位达到总岗位的44%。2020年，全区66家事业单位共招聘109名工作人员，网上报名人数16942人。区卫生健康局、区教育局、区文化和广电旅游体育局、市公安局余杭区分局共招聘事业人员1026人。

(汪运达)

·社会保障·

【社保提质增效】　2020年，余杭区社会保险全民参保登记率达100%，实现困难人员城乡居民基本养老保险应保尽保。做好养老金增资调整，余杭区企业退休人员增资人数21.96万人，增资补发金额2.06亿元。推进养老待遇入社会保障卡，完成15.78万名退休人员养老待遇发放账户变更，占总发放人数的53.55%。

【养老保险省级统筹】　2020年12月9日，根据省级企业职工养老保险统筹统一部署，余杭区建立区委、区政府主要领导为组长，各分管领导为副组长，区委办、区府办、区人力资源和社会保障局、区财政局等17个区相关部门和20个镇（街道）负责人为组员的工作专班，2天内全面完成全区2989名参保人员从职工养老保险转为城乡居民养老保险的签字确认工作（占全市总量的45.7%），6天内完成68446人的参保数据迁移至省级社保系统工作（占全市总量的65.1%）。

【社会保险“最多跑一次”改革】　2020年，余杭区全过程监控29个政务服务事项全域无差别受理、同标准办理，134个办理事项全部实现网上办，通过数据共享、个人承诺、容缺受理等方式，开启“无证明人社”服务，取消证明材料52项，证明材料压缩比率达67.53%。

【社保业务“全口径”下延】　2020年，余杭区实现77项社保业务下延至基层站所及分中心受理办理，46家农村商业银行网点办理参保缴费、养老待遇、工伤待遇支付、人才服务等49项业务。推进“减窗”“增效”，通过咨询导服、后台审核、辅助经办等方式，窗口数量从78个缩减至33个，减窗率达57.7%，超额完成50%的任务目标。

(汪运达)

·劳动保障·

【复工返岗】　2020年新冠肺炎疫情防控期间，余杭区组织专车专列专机318辆（架）次，接回返岗人员14276人。组建7个跨省劳务工作组到安徽、贵州等地签订19份劳务合作协议，举办“送岗入乡进村”招聘会8场次，推出6000余个岗位，达成初步意向1300余人，完成对口扶贫支援地159名建档立卡贫困户的就业转移。探索建立劳动力调剂服务系统，启动“共享用工”模式，制定劳动合同变更协议等规范性文件，组织10家企业开展用工余缺调剂，涉及员工600多人。

【社保费返还】 2020年，余杭区鼓励和支持用人单位吸纳困难和重点群体就业，为11386家用人单位发放用工补助和社保补贴16504万元，为2011家小微企业发放新招用高校毕业生社保补贴2711.09万元，为24439家符合条件的企业返还社会保险费3.28亿元，676家企业发放失业保险费共计4333万元。贯彻落实社保费减免政策，截至12月底，累计减免61.9万家次企业和个体工商户的社保费用47.52亿元。

2020年3月2日，"送岗入乡进村"招聘会举行

（区人力资源和社会保障局　供稿）

【劳务扶贫】 2020年，余杭区在职的中西部22省贫困人口117947人，新增就业2535人。先后赴贵州台江县、天柱县，湖北咸丰县举办各类线下招聘活动10场，为1000多家用人单位推介岗位信息1.66万个，促成1800人次达成用工意向，帮扶159名对口扶贫地区建档立卡贫困人员就业。

【民生实事项目建设】 2020年，余杭区提升改造临平、余杭、塘栖就业服务中心，建成瓶窑、良渚、仁和就业服务中心，形成全区"一体五翼"的就业服务中心格局。探索就业监察联动工作机制，组织开展就业培训、企业员工招聘等工作，做好失业人员再就业工作。2020年，余杭区举办各类招聘会66场，为3400多家企业发布招聘信息，推出用工岗位7.2万余个，约促成1.4万人次达成用工意向。

【就业村（社区）建设】 2020年，余杭区开展高质量就业村（社区）建设，2020年度余杭区城镇新增就业人数89094人，比上年增长106.26%，城镇登记失业率为2.42%，新增区级高质量就业村（社区）101个，完成任务目标105%。制定和出台《关于做好余杭区困难家庭人员就业帮扶工作的通知》，开展余杭区内6545名困难家庭成员的调查，筛查出有劳动能力、有就业意愿困难家庭待就业人员265人。截至年末，共开发公益性岗位636个，基本实现困难家庭有一人就业和零就业家庭基数归零、动态归零。

【劳动争议调处】 2020年，区人力资源和社会保障局统筹律师团队、基层调解组织和仲裁员队伍力量，成立法律服务专班，指导和化解纠纷矛盾。接听咨询电话5700余个，走访企业630家，提供法律服务1.4万余人次。推进全域治理，截至年末，余杭区劳动监察大队累计受理欠薪类投诉、举报1939件，涉及人数5300余人，金额9600余万元；余杭区劳动争议仲裁院共审结案件1986件，余杭区劳动人事争议案件结案率为99.7%，调解率为84.7%。

【构建和谐劳动关系三年行动计划】 2018—2020年，余杭区共培养持证企业人力资源管理师108人，持证劳动关系协调员906人。工资集体协商代表培训人数（含企业和职工方）410人。完成区内1100家企业用工诊断评估。

【欠薪预警平台】 2020年，余杭区完善杭州城市大脑·余杭平台欠薪一体化预警系统，开展在建工程项目线上检查，启用并推进浙江省企业工资支付监管平台，开展劳动关系风险隐患排查。截至年末，平台已累计发出预警信息3995条，处置反馈3602件。

（汪运达）

·医疗保障·

【概况】 2020年，余杭区基本医疗保险总参保人数153.85万人，其中，职工医疗保险参保人数106.25万人，城乡居民基本医疗保险参保人数47.59万人。全年职工医保基金收入35.56亿元，基金支出20.43亿元，城居医保基金收入1.69亿元，基金支出8.65亿元。

【社区医疗服务新模式】 2020年，市医疗保障局余杭分局联合东湖街道星光社区创建"'医'心服务，'药'事相商"基层医保服务党建互联品牌，为社区群众提供医疗服务。

【医保"两定"机构管理】 2020年，余杭区继续扩大医保定点范围。截至年末，已签约开通协议定点医药机构1088家，其中，医疗机构477家，零售药店611家，满足参保人员就医购药的需求。市医疗保障局余杭分局排查全区定点医药机构，全年开展定点医药机构检查2210家次，解除医保协议13家，暂停医保协议20家，处理医保医师13人，追回医保基金并收取违约金共66万余元。

【医保基金管理】 2020年，市医疗保障局余杭分局建立计算机审核人员轮岗机制、分级审核及月度例会制度，防范岗位风险。发挥医保智能审核系统的基础性作用，深化医保费用全过程、全数据监管，全年审核2109余万条医保数据，其中审核发现问题数据132万余条，全年扣款金额2524万余元。

【医保专项检查】 2020年，市医疗保障局余杭分局联合市场监督部门开展"双随机、一公开"检查，共检查34家，发现问题12家，现场问题发现率达35.3%，责令5家单位及时整改，暂停4家单位医保服务协议，解除3家单位医保服务协议。参与杭州市异地飞行检查，对桐庐两家定点医疗机构开展跨统筹区飞行检查工作。

【数字化医保监管体系建设】 2020年，市医疗保障局余杭分局完成592家定点机构的实时监控安装，终端接入杭州城市大脑医保驾驶舱，实现监管人员实时监控。完成580家定点机构的人脸识别系统安装，实现医保结算实名监管，为医保大数据分析提供数据支持。

【医保业务"掌上办、网上办"】 2020年，市医疗保障局余杭分局深化"互联网+政务服务"改革，推进医疗保障业务"网上办""掌上办"等非接触办理方式的广泛使用。至年末，线上办件占比为95.8%，完成省政府提出的"80%以上政务服务办件实现网上受理"的任务。

【新冠肺炎疫情防控、复工复产】 2020年，市医疗保障局余杭分局严格落实国家、省、市、区各级防控政策要求，做好发热及咳嗽人员的登记上报，参与制定区内发热患者的费用支付办法。做好新型冠状病毒肺炎确诊和疑似患者医疗费用结算工作。做好防疫物资储备及价格的监测，为余杭区第一人民医院垫付治疗新冠肺炎费用申请预付资金300万元；为企业减征单位应缴医保费8.71亿元。

【医疗保险参保"双"提升】 2020年，市医疗保障局余杭分局通过开展前期数据核对处理、摸底排查、政策宣传、业务培训，推进参保扩面工作，提升医疗保险参保率，实现应保尽保。至年末，余杭区基本医疗保险总参保人数为153.85万人，参保人数居全市各区（县、市）首位；基本医疗保险户籍人口参保人数为121.74万人（浙江省全民参保登记系统数据），户籍人口参保率为99.69%，创余杭区历史新高。

【社保集中、医保社保经办分离】 2020年，根据浙江省人力资源和社会保障厅统一部署，杭州市人力社保信息系统的就业、社保（养老、失业、工伤保险）业务从8月13日起全省集中办理，涉及医疗、生育保险的征缴业务将全面由医保经办机构办理。基本医疗保险单位参保登记、基本医疗保险单位参保信息变更登记、参保单位和个人应缴基本医疗保险费核定、个体劳动者（灵活就业人员）参保登记、个体劳动者（灵活就业人员）参保信息变更登记、基本医疗保险参保人员延缴登记等17项业务纳入医保经办机构办理后，全年全区医保窗口办理医保相关业务60余万件。

【医保药品支付标准】 2020年，市医疗保障局余杭分局根据《浙江省提升药品集中采购平台功能推进医保药品支付标准全覆盖改革方案》，自9月1日开始，区内所有定点医药机构销售的医保药品，按照省招标采购平台覆盖的药品品种和对应支付标准进行支付。通过组织机构培训、解读改革政策措施，电话、微信工作群实时解答，走访调研等举措，对推进过程中的情况和问题，确保工作平稳实施。

【医保药品、耗材带量采购】 2020年，市医疗保障局余杭分局通过对定点医疗机构、参保人员做好政策解读宣传、采购量核定及落地指导等工作，动态关注区医疗机构药品、耗材约定采购量、药款结算执行情况，定期将相关信息汇总反馈给医疗机构及卫生健康部门。其中国家组织的三批次（共113个）集中带量采购药品中，余杭区共涉及89个品种，均按计划完成约定采购量，第一批集采的21个药品首年实际采购量完成计划任务的135%。

【医保信息业务编码维护】 2020年，市医疗保障局余杭分局根据国家医疗保障局印发《医疗保障标准化工作指导意见的通知》精神，按照省、市医保部门对信息业务编码标准工作要求，完成定点医疗机构407家、零售药店516家、医保药师983人、医师3310人、护士2830人的编码信息维护，推进余杭区医疗保障标准化建设。

（谢燕）

·退役军人事务·

【概况】 2020年，余杭区“枫桥式”“示范型”服务站建设全面推进，19个被评为市级、6个被评为省级“新时代枫桥式退役军人服务站”，14个被评为“全国示范型退役军人服务中心（站）”。区退役军人事务局被评为浙江省退役军人工作模范单位，国家级和省级宣传工作成绩突出单位。全市“枫桥式”服务站建设推进会、培训会先后在余杭区举行。“用好红色资源、推动正向引领”思想政治工作品牌在全省宣传推广。

【退役军人典型宣传】 2020年，区退役军人事务局常态化开展退役军人“三服务”活动，以“5521X”模式建立联系点，走访全区20个镇（街道）、367个村（社区）退役军人服务站、79家企业，帮助解决问题困难400余个。挖掘60多名获中华人民共和国成立70周年纪念章老战士和部分抗美援朝出国作战老战士故事，完成《留住英雄故事（一）》编印。组建25名老兵宣讲团，开展红色宣讲进军营、进服务站等“五进”活动。挖掘“兵支书”“兵站长”“兵老总”先进事迹，推荐5名退役军人参加省、市评选，1人被评为市级“最美退役军人”。创新开展党建“八红”系列活动并举行启动仪式。

【退役军人事务体系建设】 2020年，区退役军人事务局推进组建区委退役军人工作领导小组，明确27个成员单位和年度重点工作。组建由13个部门参与，30名队员组成的余杭区拥军支前队伍。制定下发建设意见和年度目标任务，将基础条件较好的155个服务站列入年度“枫桥式”“示范型”服务站重点创建单位。深化社会化优抚项目培优工程，从2019年度开展的52个项目中评出15个进行奖励推广，对2020年度申报的56个项目进行指导监督。执行“五联系”“六必访”和“五个一”制度，开展退役军人工作。退役军人工作纳入对全区大党建考核。

【退役军人权益保障】 2020年，余杭区根据上级文件精神及时调整相关标准，发放优抚对象、退役士兵各项补助补贴。推进部分退役士兵社保接续工作。推行退役军人专属“老兵码”项目，梳理“三优”服务260余项。为4名退役军人办理伤残等级评定及调整，为5名退役军人办理带病回乡退伍军人认定。

【拥军优抚】 2020年，余杭区上门悬挂光荣牌519块，上门送达立功喜报73人次。为87名老战士颁发“抗美援朝出国作战70周年”纪念章。发放专属年画3.5万份。走访慰问重点优抚对象，发放慰问金。为困难退役军人代表、边海防现役官兵家属和立功受奖人员发放慰问金、奖励金合计119万余元。组织300多名农村现役义务兵父母、100名重点优抚对象开展健康体检和疗休养活动。落实国家和省、市有关军人子女教育优待的政策规定。

【烈士褒扬】 2020年，余杭区完成2020年清明节、“9·30”烈士纪念日向烈士纪念碑（塔等）敬献花篮仪式，社会各界和退役军人共3000余人参加纪念活动。区退役军人事务局对余杭革命烈士纪念碑提升改造项目实施概念性设计并与相关单位对接。完成全区23处烈士纪念设施排摸、200余名烈士英雄名录编撰工作；帮助2名烈士家属开展烈士墓的寻找和迁移。

【移交安置】 2020年，区退役军人事务局完成当年度军队转业干部、符合政府安排工作退役士兵、随军随调家属的安置任务，接收退役士兵的返乡报到。探索“直通车”式安置，军官、军士提前选择公安部门岗位。开展“护航续航”活动，护送全体转业安置退役军人到岗报到。

【退役军人就业创业】 2020年，区退役军人事务局根据退役士兵的年龄结构、文化层次和就业意愿，结合企业用工需要，组织退役士兵开展职业技能教育培训。举行1场退役士兵返乡欢迎仪式和2场专场招聘会，组织120余家企业提供岗位。并在“余杭人力社保”“余杭退役军人”微信公众号不定期发布招聘信息、推荐工作岗位。对历年自谋职业转业士官进行就业帮扶，推出社工岗位开展定向招聘。组织退役军人创办的企业参加创新创业大赛。

【军休服务】 2020年，余杭区新军休家园建设完成并投入使用。接收安置军休干部，实现“即交即接即保障”要求。落实军休干部“两个待遇”，全年组织政治理论学习10余次，外出活动7次，上门走访慰问百余人次。组织军休干部开展疗休养活动，做好“两报一刊”订阅工作。做好无军籍职工工资调标和符合享受军休干部遗属待遇补差工作。

【退役军人志愿服务】 2020年，区退役军人事务局组织全区退役军人参加疫情防控和经济社会发展“双线作战”，捐款捐物228.7万元，被退役军人事务部宣传。持续开展“老兵公益日”等志愿服务品牌活动，指导镇（街道）、村（社区）两级组建退役军人志愿服务队并参加抢险救灾和社会治理等工作。

（周昭）

·老龄工作·

【概况】 2020年，余杭区完善老龄工作评优制度，设立年度镇（街道）老龄工作目标，建立年度老龄工作评优机制，举行镇（街道）老龄工作会议，部署年度工作。完善统筹协调制度，印发《余杭区老龄工作委员会成员单位职责》，明确区老龄工作委员会26家成员单位职责。完善工作联络机制，印发《关于调整余杭区老龄工作委员会组成人员的通知》，调整区老龄委组成人员，并建立联络员队伍。完成区老龄事业发展“十四五”规划初稿。完善信息统计制度，推进内容涵盖老年人状况、健康服务、社会保障、权益保障等的全区老龄事业年报统计工作。

【为老服务】 2020年，余杭区出资739.76万元，为24.66万名余杭户籍的60周岁及以上老年人购买2020年度老年人意外伤害统筹保险（保险起讫时间为2020年7月1日0时至2021年6月30日24时）。截至年末，理赔1408人次，实际赔付223.48万元。“敬老月”期间，区委四套班子领导走访慰问全区百岁（含虚岁）老人，发放慰问金17.2万元；各镇（街道）、村（社区）同步走访慰问高龄、困难、空巢老人，发放慰问金1400余万元。全区各镇（街道）开展文体惠老活动240余场、银龄互助行动23场、老年健康知识讲座90余场，为失能半失能、困难、失智、高龄老人提供生活照料、医疗保健、文化教育、精神慰藉、心理疏导等方面服务5000余人次。

【文化养老】 2020年，余杭区举行以“尊老爱老孝老传统、共建共享经济社会发展成果”为主题的“健康中国行动”及2020年第八个“老年节”庆祝大会。全区各镇（街道）开展老年人持杖健步走、旗袍秀、“我为爸妈办婚礼”等40余场文体惠老活动，村（社区）一级共开展200余场文体惠老活动。整合社区教育、老年教育资源，2020年老年电视大学全年招生17333人，老年学校开设书法、电钢琴、瑜伽等13门课程，成立讲师团开展送课下基层。

【“敬老文明号”创建和“最美”系列选树】　2020年，余杭区为47家余杭区级敬老文明号授牌，完成18家杭州市级敬老文明号申报单位指导验收工作，创建17家市级敬老文明号、1家省级敬老文明号、1家国家级敬老文明号。开展区、市两级敬老爱老助老“最美”系列先进选树活动，60家单位、家庭和个人获得区级“最美”荣誉，其中7名（户）个人（家庭）获市级荣誉。

【老年健康服务】　2020年6月18—24日全国第二届老年健康宣传周期间，围绕“懂健康知识，做健康老人”主题，全区举办大型老年健康宣传活动200余场次，张贴海报2000张，发放折页2万份，指导8000余人次。6月，区老龄工作委员会办公室开设启动余杭区首个“老年健康大讲堂”，全年专题讲座4场，发挥健康老龄“老年健康我在行”的示范作用，引领老年人增长知识、促进健康。2020年5月，完成国家老年人心理关爱试点项目，对试点单位常住260名65岁以上老年人开展心理评估，完成团辅讲座4次，做好社区前测中临界和高危人群的后测工作；崇贤街道社区卫生服务中心为安宁疗护试点单位，开设安宁疗护病床5床，服务病人数9人。12月，启动建立全区老年健康指导中心，指导余杭区老年健康指导医院（余杭区第五人民医院），组织开展全区老年健康服务的人才培训、质量控制、督导考核和科学研究等相关工作，提高老年人健康水平，推动实现健康老龄化。

2020年10月29日，“温暖回家路　靓城我行动”既有住宅加装电梯宣传活动在临平街道西大街社区举行　（区公积金中心　供稿）

【医养结合】　2020年，区老龄工作委员会办公室做好疫情常态化防控工作，对全区8家医养结合机构进行疫情防控督导。截至年末，余杭区医养结合机构（兼具医疗卫生资质与养老服务能力的医疗卫生机构或养老机构）总数8个，其中，设立医疗卫生机构的养老机构4个、开展养老服务的医疗卫生机构4个。共有床位2918张，其中，医疗床位799张，养老床位2119张。工作人员892人，其中，医疗卫生服务人员数630人，养老服务人员数262人。

（高利娜）

·保障性住房建设·

【住房保障审批】　2020年，区住房和城乡建设局完成各类城镇住房保障业务41010件。其中，公租房公示115份，公租房年审249份，公租房续合同（变更）1836份；廉租房公示115份，廉租房年审153份；高层次人才房公示601份，人才房年审565份，人才房上市证明55份；房改审批及补购公用面积84份；住房补贴申请及调整1733份；集资房审批29份；出具房改证明22915份；异议处理11232份；信访处理1328份。

【保障房和人才房建设】　2020年，余杭区住房和城乡建设局统筹推进公租房、人才专项租赁住房开工建设及蓝领公寓筹集工作。2020年，在建集中建设公租房项目共6个，在建逐宗配建公租房项目共32个，在建人才专项租赁住房项目共12个。在营蓝领公寓835套。

【安置房建设】　2020年，余杭区开工安置房项目190万平方米，单体竣工144万平方米，完成回迁安置878户；在建公租房集中建设项目6个、房源3398套，其中2020年新开工项目1个、房源850套；在建公租房逐宗配建项目32个、房源2328套，其中2020年新开工项目17个、房源1331套。

（周云）

·公积金管理·

【概况】 2020年，全区净增建制职工4.37万人，完成年度建制任务的257%；归集公积金53.76亿元，比上年增长20%；提取公积金34.86亿元，增长33%；为6870户家庭发放贷款37.23亿元，金额增长20%；贷款逾期率0.0019‰；实现住房公积金增值收益1.42亿元，增长26%。截至年末，全区有4.62万家单位27.8万名职工正常缴存公积金。2020年4月，杭州住房公积金管理中心余杭分中心（下称“公积金余杭分中心”）新增兴业银行股份有限公司杭州余杭支行为住房公积金委托贷款银行。2020年12月，新增上海银行股份有限公司杭州余杭支行为公积金还贷提取按月转账业务受理经办银行。

【公积金助企复工复产】 2020年2月，公积金余杭分中心实施降低企业住房公积金缴存比例的政策，即受新冠肺炎疫情影响确有困难的企业，可以申请降低公积金缴存比例最低至3%，或申请缓缴公积金，期限均不超过12个月。为保障受疫情影响职工的贷款权益，对降低缴存比例期间或缓缴到期后完成补缴的企业，其所属职工住房公积金视同正常缴存，不影响职工申请住房公积金贷款。

【无房租赁提取政策调整】 2020年3月，公积金余杭分中心落实新冠肺炎疫情期间无房租赁提取新政策，明确无房职工在2020年3—6月期间可按月提取本人住房公积金账户余额，提取限额按现有标准上浮50%。该项政策自7月1日起恢复为调整前的每月提取额度不超过1000元且每年提取一次。12月1日起，调整无房租赁提取政策，职工租赁非公共租赁住房的，最高提取额度由每人1000元/月调整为每人1200元/月，每年提取一次，提取限额不超过12个月。

【公积金贷款网上服务】 2020年5月，余杭区开通异地公积金贷款职工个人网上服务大厅，便于职工查询贷款信息、办理提前还款业务。9月，公积金贷款实现不动产抵押登记线上办理，公积金贷款审批流程缩短至10个工作日，最快实现7日放款。

【公积金业务办事材料精简】 2020年6月，余杭区职工办理住房补贴提取业务及住房补贴还贷提取按月转账业务免填申请表。7月20日起，减免异地贷款职工户籍地家庭查房证明，由职工在贷款面谈记录中具体说明。

【既有住宅加装电梯】 2020年10月29日，公积金余杭分中心与区加装电梯指导办公室联合开展以“温暖回家路 靓城我行动”为主题的既有住宅加装电梯宣传活动，向小区居民普及加装电梯提取住房公积金政策，专场活动同步开展线上直播，点击量超3万人次。

（施慧萍）

·民族与宗教事务·

【民族帮扶】 2020年，余杭区与温州市文成县、丽水市景宁畲族自治县开展少数民族镇、村的结对帮扶工作，落实帮扶资金120万元。支持仁和街道少数民族群众水产、种植等项目，落实帮扶资金2万元。

【宗教活动场所防疫】 2020年，余杭区宗教活动场所严格落实各项新冠肺炎疫情防控举措，突如其来的疫情期间主动实行“双暂停”。6月2日起，各宗教场所恢复开放后，按照“亮码、测温、登记、一米线”等风险防控的要求，持续做好防疫工作。

【宗教场所平安创建】 2020年，区委统战部（民族宗教事务局）对40家宗教活动场所进行第三方安全风险评估。继续开展“每月19日固定消防日”活动，完成10处宗教场所“智慧消防”建设，启动更新老旧电气线路工程，完成20余处宗教场所的第三方财务审计工作。

【民间信仰场所整合】 2020年，余杭区通过摸排宗教场所、民间信仰场所（含登记编号和未登记编号）的数量、土地情况、房屋质量、信众数量等情况，以“三定”原则（定点位、定方案、定目标）实施民间信仰场所“控量提质”工程。东湖街道戴夏庙、五常街道的五常社区作为示范点基本完成。

整合12处民间信仰场所，整合后占地5533.33平方米。

【径山寺复建】 2020年，径山寺复建工程进入收官阶段。其中，龙神殿、药师殿主体工程接近竣工，斋堂主体结顶并完成中间结构验收，客堂、上客房完成装修，祖堂装修、佛像陈设完毕并举办落成开光仪式，上客房区域完成园林景观工程。10月18日，举办第四届径山禅宗祖庭文化论坛及径山祖师墨迹书画展，扩大径山禅宗祖庭文化论坛的影响力。

（邹晓筱）

·关心下一代工作·

【概况】 2020年，超山风景名胜区研学旅行基地被评为杭州市第二批关心下一代教育基地。区教育局关心下一代工作委员会、塘栖镇关心下一代工作委员会、百丈镇关心下一代工作委员会、东湖街道关心下一代工作委员会、仁和街道关心下一代工作委员会、仓前街道关心下一代工作委员会等6家单位被评为杭州市关心下一代工作先进集体。杨全英等16人被评为杭州市关心下一代工作先进个人。区关心下一代工作委员会科技团团长罗耀来被评为全国关心下一代工作先进个人。全年区关心下一代工作委员会发放助学金22.1万余元，发放人数123人。

【主题教育】 2020年，围绕“决胜小康，奋斗有我”、“传承红色基因，弘扬抗疫精神，做这样的人”等主题对青少年开展宣讲。全区各级关心下一代工作委员会讲师团成员进学校、进社区、进假日学校、进党群服务中心、进文化礼堂、进基地，开展宣讲共400余场，受教育青少年1.5万余人次。

【未成年人帮教】 2020年，全区五老志愿者从3个层面对43名不良行为未成年人开展关爱帮教，其中，网格帮教21人、监所帮教4人、镇（街道）帮教17人。到杭州市看守所开展帮教1次，省未成年犯罪管教所帮教1次，省子女监狱帮教1次，送上生活用品和书籍，与学员进行面对面谈心活动。在五四青年节、中秋节前夕，两次给监所在押未成年人送去慰问信。

【假日学校】 2020年，全区各级关心下一代工作委员会开办假日学校90余所，2600余名学生参加。全区共有108名五老志愿者、178名大学生志愿者参与假日学校工作。依托党群服务中心开展活动297场，依托文化礼堂和文化家园开展活动155场。

【青少年法治宣传】 2020年，余杭区关心下一代工作委员会关爱团、法治宣讲团联合法院、公安、检察等部门有关负责人和部分法律事务所负责人，联合编撰《民法典与未成年人保护》青少年法治宣传手册，发放至全区1024个初中班级和133个高中班级。

【劳动实践教育基地】 区关心下一代工作委员会联合区教育局、共青团杭州市余杭区委，建立余杭区首批中小学生劳动实践教育基地7家，分别为长乐青少年素质教育基地、迷你匠客教育科技基地、超山风景名胜区实践教育基地、瓶窑老街实践教育基地、稻香小镇实践教育基地、双桥股份经济合作社实践教育基地、云洗山（杭州）文化发展实践教育基地。中小学生劳动实践教育基地将为全区中小学生开展劳动实践活动搭建平台、提供场所。

【青少年科普宣传】 2020年，10家区青少年科技教育基地接待青少年学生1.6万人次。区关心下一代工作委员会联合有关单位在蒲公英学校开展“同在蓝天下、携手共成长”系列活动，进行科普讲座，赠送价值2万元的图书，举办科普讲座10余场，参与听课青少年2500余人次。

（王舒）

·居民生活·

【概况】 2020年，面对突如其来的新冠肺炎疫情，余杭全体居民收入实现逆势增长，首次超过6万元。据余杭调查队住户抽样调查资料显示，全体居民人均可支配收入61676元，比上年增长5.1%。其中：城镇常住居民人均可支配收入70681元，增长3.7%；农村常住居民人均可支配收入44117元，增长6.7%。农民收入绝对值位居全省县（市、区）第一，城乡居民收入比为 1.60：1。

全体居民人均生活消费支出 38673 元，下降 4.9%。其中：城镇常住居民人均生活消费支出 42222 元，下降 6.2%；农村常住居民人均生活消费支出 31753 元，下降 2.9%。城乡居民生活消费支出比为 1.33：1。

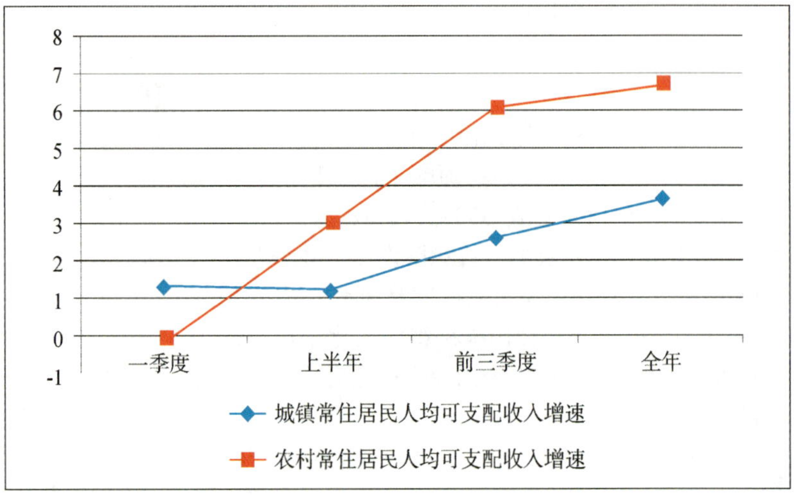

图 1　2020 年余杭区城乡居民收入增速变化趋势图

【城乡居民收入增速逐季回升】
2020 年一季度、上半年、前三季度、全年余杭区城乡居民收入增速分别为 1.3%、1.2%，2.6%、3.7%，-0.2%、3.0%，6.1%、6.7%，城乡居民收入增速逐季回升。

城乡居民收入比继续缩小。2020 年余杭区城乡居民收入比为 1.60：1，较上年 1.65：1 有所缩小，在省、市及周边四区三县市中城乡收入结构继续领先。

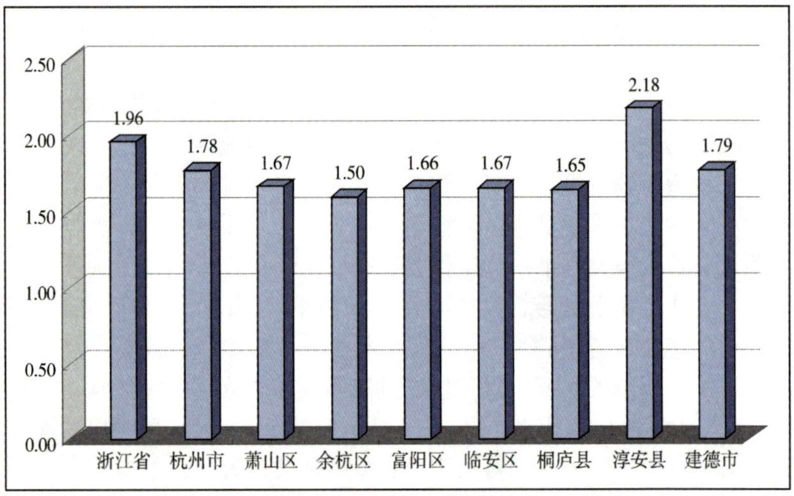

图 2　2020 年省、市及周边四区三县（市）城乡居民收入情况图

从收入绝对值看：余杭区城镇常住居民人均可支配收入绝对值处于全市四区三县（市）第二，仅次于萧山区，农村常住居民人均可支配收入绝对值连续第二年位居全省第一。

从增速看：余杭区城镇常住居民人均可支配收入增速分别低于全省、全市 0.5 个和 0.2 个百分点，位列全市四区三县（市）第六；农村常住居民人均可支配收入增速低于全省 0.2 个百分点，与全市持平，位列全市第五。

从收入构成来看，余杭区城乡居民四大块收入全面增长，结构有所优化。

全年全体居民在各类经济单位劳动得到的人均工资性收入 41147 元，增长 5.3%，绝对额占可支配收入的 66.7%。其中：城镇常住居民人均工资性收入 47384 元，增长 3.8%，绝对额占可支配收入的 67.0%；农村常住居民人均工资性收入 28985 元，增长 7.1%，绝对额占可支配收入的 65.6%。

全年全体居民人均经营净收入 8475 元，增长 2.5%，增速较前三季度回升 3.9 个百分点。其中：城镇常住居民人均家庭经营净收入 8863 元，增长 1.2%；农村常住居民人均家庭经营净收入 7718 元，

2020 年城乡居民收入与省、市及周边四区三县（市）横向比较情况表

表 9

地区	2020 年城镇常住居民人均可支配收入		2020 年农村常住居民人均可支配收入	
	绝对值（元）	增速（%）	绝对值（元）	增速（%）
浙江省	62699	4.2	31930	6.9
杭州市	68866	3.9	38700	6.7
萧山区	73116	3.4	43847	6.6
余杭区	70681	3.7	44117	6.7
富阳区	63302	4.5	38089	7.2
临安区	59760	4.3	35816	6.8
桐庐县	56450	4.0	34176	7.0
淳安县	48985	4.1	22465	6.6
建德市	54962	3.9	30762	7.3

2020 年余杭区城乡居民四大类收入及增长情况表

表 10

	全体居民		城镇居民		农村居民	
	人均收入(元)	增速(%)	人均收入(元)	增速(%)	人均收入(元)	增速(%)
居民可支配收入	61676	5.1	70681	3.7	44177	6.7
工资性收入	41147	5.3	47384	3.8	28985	7.1
经营净收入	8475	2.5	8863	1.2	7718	4.9
财产净收入	5571	5.4	6723	4.0	3325	6.3
转移净收入	6483	7.0	7711	5.6	4089	7.9

增长 4.9%，农村增速高出城镇 3.7 个百分点。

全年全体居民人均财产净收入 5571 元，增长 5.4%。其中：城镇常住居民人均财产净收入 6723 元，增长 4.0%；农村常住居民人均财产净收入 3325 元，增长 6.3%。

全年全体居民人均转移净收入 6483 元，增长 7.0%，增速较上年同期回升 1.4 个百分点。其中：城镇常住居民人均转移净收入 7711 元，增长 5.6%，增速较上年同期回升 1.2 个百分点；农村常住居民人均转移净收入 4089 元，增长 7.9%，增速较上年同期回升 2.3 个百分点。

【居民消费支出呈小幅下降态势】 2020 年，受新冠肺炎疫情影响，居民生活消费支出降幅逐步收窄，但增速仍较上年下降 9.1 个百分点，八大类消费支出仅有居住类保持正增长，其他七大类消费支出出现不同程度下降。由于全年疫情存在反复风险，外防输入内防反弹的压力依然较大，一定程度抑制了居民整体消费需求，人均支出有所减少。

2020 年全体居民人均居住类支出 9513 元，增长 6.3%。其中：城镇常住居民人均居住类支出 9561 元，增长 7.2%；农村常住居民人均居住类支出 9420 元，增长 4.7%。由于疫情防控或距离控制等原因，居民减少外出，居家时间大幅增加，相应日常居住类消费支出如用水、用电和用气等增加明显。

全年全体居民人均食品烟酒类支出 10430 元，下降 0.8%。其中：城镇常住居民人均食品烟酒类支出 11632 元，下降 2.7%；农村常住居民人均食品烟酒类支出 8086 元，增长 2.5%。城乡居民恩格尔系数分别为 27.5%、25.5%，比上年同期上升 0.9 和 1.4 个百分点。

2020 年余杭居民消费支出增长情况表

表 11

指标	全体居民		城镇居民		农村居民	
	绝对值(元)	增幅(%)	绝对值(元)	增幅(%)	绝对值(元)	增幅(%)
人均消费支出	38673	-4.9	42222	-6.2	31753	-2.9
1.食品烟酒	10430	-0.8	11632	-2.7	8086	2.5
2.衣着	2198	-9.4	2382	-10.1	1838	-8.9
3.居住	9513	6.3	9561	7.2	9420	4.7
4.生活用品及服务	2189	-7.1	2301	-7.1	1971	-7.8
5.交通通信	7902	-5.0	8726	-10.1	6295	8.8
6.教育文化娱乐	3643	-14.7	4416	-12.0	2136	-26.4
7.医疗保健	2061	-17.2	2408	-10.6	1385	-34.6
8.其他用品和服务	736	-44.3	794	-49.9	622	-25.9

全年全体居民人均教育文化娱乐类支出 3643 元，下降 14.7%。其中：城镇常住居民人均教育文化娱乐类支出 4416 元，下降 12.0%；农村常住居民人均教育文化娱乐类支出 2136 元，下降 26.4%。全体居民人均医疗保健类支出 2061 元，下降 17.2%。其中：城镇常住居民人均医疗保健类支出 2408 元，下降 10.6%；农村常住居民人均医疗保健类支出 1385 元，下降 34.6%。

2020 年，受疫情影响，余杭区教育培训、休闲旅游、文化娱乐等方面消费支出下降较为明显。全区教育培训机构、景点景区、电影院、娱乐场所等服务性行业停业时间较长，经营恢复较慢，居民相关消费支出大幅下降。相比食品、居住等其他刚性消费需求，居民文化娱乐旅游消费弹性更大，短期内完全释放需求难度较大。

（李俊钦）

编辑：吕晓英

镇·街道

Towns and Community

·运河街道·

【概况】 2020年，运河街道下辖14个建制村、5个社区。年末总户数14114户，年末总人口54508人。区域面积40.42平方千米。

2020年，完成经常性财政收入1.02亿元；农业增加值3.27亿元，比上年增长1.9%；规模工业增加值26.27亿元，增长0.6%；第三产业增加值增长1.9%；社会消费品零售总额5.54亿元，下降7.6%；自营出口6.73亿元，下降7.3%。

浙江绿鹰农业科技有限公司通过打造“智慧+”未来农场，申报成为全国基层农技推广体系改革建设补助项目，被评为浙江省高品质绿色科技示范基地。完成低收入农户高水平小康工作任务和4个村级经济发展项目。依托“千亩荷塘”打造“全国果莲之乡”。“杭畔”精品果莲入驻杭州地区盒马鲜生超市。策划推出“绿鹰草莓采摘——双桥千亩油菜”精品游线、“共享农田·云认领”项目、“禹上田园·新时代 新长征”第三届稻作文化节等。

培育小升规企业5家，上报机器换人项目3个、机器人推广应用项目5个，新增数字智慧推广应用项目3个、工业互联网应用试点项目11个，完成工业物联网试点项目1个，企业上云30家，规上企业智能化诊断31家，推进旧厂区改造项目3个，累计完成改造3.3万平方米。完成“低散乱”企业（作坊）排摸整治118户，拆除违法建筑1633平方米，盘活土地2499平方米，完成率128.26%。

上报“小而美”招商引资项目8个。重点推进“大运河1986文创园”项目建设，与浙江理工大学等4所高等院校达成长期战略合作协议，招引16家文创企业和1家餐饮入驻园区。园区直接投入4000万元，完成税收近1200万元。

举办第十一届运河鱼羊美食节暨第五季“舌尖上的杭州”之金牌羊肉美味厨神争霸赛，发布《运河红烧羊肉》团体标准，被评为“浙江饮食文化培育基地”。创建为省AAAA级景区镇。

区内首个开展“小微水体整治全覆盖”工程，并通过验收。作为全区农业节水项目试点单位，完成辖区内16个村有效灌溉土地的排水节水任务，通过农业水价综合改革工作杭州市级验收。出台全区首个村级生态补偿办法。建成全区首个“三治融合馆”。建成综治、便民服务、城管“三中心”，打造三集镇社会治理综合服务分中心。探索全域管理模式，设置“全域管理员”，建立运河平安建设“五色图”。

构建“1+4+N”为老助餐服务体系，建成街道老年集中配送餐中心1家，提升和新建老年食堂4家、助餐点12个，形成15分钟助餐圈，实现老年助餐体系全覆盖。全年新增市级居家养老示范型服务照料中心2家。唐公村农民住房解困项目启动区块完成签约腾空、房屋拆除。博陆村危旧房改造项目完成土地农转用。投资1.5亿元的运河小学完成竣工验收，提升改造10个卫生服务站。实现文化礼堂(家园) 村（社区)“全覆盖”，成立“古运丝连”“运河岸边”“绿满乡村”3个文化礼堂村村联盟。街道党校在全区首个推进“一校一中心”办学模式，党校费庄村教学点为全市第一家村级党校教学点。选树“最美运河人”10人、“好家风”家庭17户，开展褒奖礼，树立基层先进典型。

【运河街道疫情防控、复工复产工作】 2020年，运河街道新冠肺炎实现病例零确诊，成为全区第一批疫情五色图“复绿”镇（街道），全区第一个实现老人、少儿、成年人健康码赋码率100%的镇（街道）。依托“亲清在线”平台，帮助企业和个人兑现资金376万元。疫情防控期间创立钉钉文化讲堂。开展“助万企、帮万户”活动，解决难题61个。

运河街道大运河古纤道（张丽娟　摄）

【运河街道创建为全国“扫黄打非”进基层示范点】 2020年，运河街道依托水乡运河数字驾驶舱，推进“扫黄打非”进基层，中宣部、全国“扫黄打非”办公室到街道专题调研。街道被评为全国“扫黄打非”先进集体，入选第四批全国“扫黄打非”进基层示范点并被评为第四批全国“扫黄打非”进基层示范标兵，成为全省唯一获得“双示范”荣誉的单位。

【运河街道创建为全省美丽乡村示范乡镇】 2020年，运河街道被评为全省美丽乡村示范乡镇。2020年，运河街道开展“五比五创”（比人居环境，创国家级卫生街道；比基层治理，创全国“扫黄打非”进基层示范点；比城镇靓丽，创省级美丽城镇、省级AAAA级景区镇；比乡村富美，创省级美丽乡村示范街道；比绿色生态，创省级森林城镇。）行动，推进全域美丽建设。在完成1个美丽乡村精品区块和8个精品村建设的基础上，推进双桥村“1510”示范村和农文旅融合示范村项目、东新村美丽乡村建设等项目。全覆盖开展美丽庭院创建，创建区美丽庭院示范带6条。推进全域土地综合整治，完成32个土地整治项目面积300公顷。完成防违控违处置任务37万平方米，完成率为100%。

【运河街道被评为全省首批“美丽城镇”】 2020年，运河街道被评为全省首批“美丽城镇”。全年，运河街道推进“靓城行动”，连片提升五杭、博陆、亭趾集镇，实施建设项目20个，总投资2.28亿元，被评为新时代美丽城镇建设市级样板。以大运河为发展轴线，大运河以南以美丽城镇整治成果为基础进行再提升，大运河以北以美丽乡村为重点，打造乡村田园综合体。加快沿线布局与发展，配合运河二通道工程，建设姚虞琴纪念馆等12个展馆，构建大运河文化带（运河段）博物馆群。

【运河街道被评为全省垃圾分类示范片区】 2020年，运河街道被评为全省垃圾分类示范片区，成为全区唯一获此荣誉的镇（街道）。开展“城市环境大整治、城市面貌大提升”百日集中攻坚行动。建立生活垃圾分类责任体系，实施生活垃圾市场化运营维护。嘉丰万悦城小区被列入全省生活垃圾分类高标准示范小区，运旺佳苑小区通过杭州市垃圾分类示范小区验收，大都尚澜小区通过余杭区垃圾分类示范小区验收，新宇村、博陆村、螺蛳桥村、杭信村等4个村通过市级垃圾分类示范村验收。

【运河街道退役军人服务站建设】 2020年，运河街道退役军人服务站投入使用，投资260余万元，使用面积约700平方米，被评为浙江省首批“新时代枫桥式退役军人服务站”，杭州市基层武装部规范化建设五星级达标单位。兴旺村退役军人服务站成为全市首批“新时代枫桥式退役军人服务站”。

【运河街道被评为浙江省森林城镇】 2020年5月，经过杭州市关注森林执行委员会（市关森委）考核，运河街道通过浙江省森林城镇创建考核。运河街道按照“以水为脉，以绿为魂，以城镇为主体”的规划理念，开展省级森林城镇创建工作。截至2020年末，面积360.97公顷，全镇林木覆盖率25.08%，人均公园绿地面积7.09平方米。辖区内主要道路、河道宜林地段绿化率为95.3%。建成市级园林绿化村8个、森林科普馆1处及以莲藕为主体的生态湿地1处。

【运河街道党群服务中心投入使用】 2020年7月，运河街道党群服务中心区投入使用。中心位于五杭集镇大运河畔，由大运河文化公园和街道党群服务中心组成，总投资3000余万元，其中党群服务中心建筑面积约3000平方米，大运河文化公园占地2.33公顷。中心以“古运十新”为特色，内部设有党建展厅、街道人大代表联络站、街道居民议事厅、同心荟、先锋大礼堂、体操室、舞蹈室、科普角、妇女儿童之家等功能空间。

【运河街道完成村（社区）换届选举】 2020年9月，作为杭州市村（社区）组织换届选举试点单位，运河街道完成18个村（社区）的组织换届选举工作，产生109名新一届村（社区）党组织班子成员，18名“一肩挑”（村党组织书记、村民委员会主任、村股份经济合作社董事长由同一人担任）干部，实现一次性选举成功率、高票当选率、“一肩挑”完成率等“十个100%”。

（丁茜　来明超）

·乔司街道·

【概况】 2020年，乔司街道下辖11个建制村、6个社区。年末总户数16562户，年末总人口62288人。区域面积30.12平方千米，

2020年，乔司街道实现经常性财政收入3.20亿元；农业增加值2.32亿元，比上年增长4.7%；规模工业增加值2.27亿元，下降44.4%；第三产业增加值增长2.1%；社会消费品零售总额47.35亿元，增长8.5%；自营出口2.86亿元，下降31.7%。

深化“新制造业计划”，全年完成104家企业上云上平台，推进21家规上企业智能化诊断，申报20个工业互联网应用解决方案。九乔智造园、永东创艺园创建为省级小微企业园区。建成5G站点100个，启动九乔智造园5G数字园区建设。全年专利申请212件、授权27件。推进“双招双引”，推荐优质项目12个，协助办理落户手续16家，申报“小而美”项目企业15家，申报认定高层次人才59人。推进浙商数字设备生产设计研发中心、杭州亿佰服饰有限公司口罩生产线等项目，完成工业投资9.6亿元。全年实现村级经营性收入17769万元，9个村超过1000万元。

全年创建市级示范村3个、市级示范小区3个、区级示范村（社区）12个，生活垃圾进场处置量比上年下降7.3%，垃圾可回收利用率51%。深化“污水零直排”建设，“三色预警”河道数量减少逾90%。完成杭州圣龙纺织有限公司签约拆除，完成吴家供能站、石塘东路征地和三角村寺庙、吴家陵园搬迁，推进杭州江潮电机有限公司、浙江劳武工具有限公司等34家历史遗留企事业单位腾空拆除扫尾。全年拆除整治违法建筑497宗52.8万平方米，完成区定任务的117.3%。深化“四好农村路”建设，完成外翁线遗留工程。

推进访源、诉源、警源“三源治理”，建成1个街道级、16个村（社区）级“微法庭”，“网事警情”20分钟内到达现场处理，7917起纠纷警情闭环率达100%。通过村（社区）微型消防站建设、高空瞭望实时预警等举措，提升源头预防能力，火警数比上年下降43%。成立交警城东中队，乔司片配备警力80余人，开展“一大一小”专项治理，完成1个交通治理中心和7个交通治理站建设，交通事故报警数下降23%，亡人事故数下降91%。刑事案件受理数下降15.3%。开展“无欠薪”建设，4471家租赁企业（作坊）缴存工资保证金2.28亿元，1010家单位完成工资代发手续办理，妥善处理群体性欠薪案件56起。试点开展社区治理数字驾驶舱建设，完成22个智安小区建设，智慧街区管理平台投入使用。

全年民生事业支出2.75亿元，占街道全部支出的44%。丰收湖公园建成开园，良熟生活广场农贸市场开业，街道骨灰存放中心建成并投入使用。吴家、三角区块安置房单体竣工40.46万平方米。永和、胜稼、良熟自助式物业公司组建并启动。养老保险本地户籍参保率99.32%，城乡居民医保参保率99.5%，发放低保救助金、慰问金、残疾人津补贴460余万元。街道级居家养老服务中心启用，村（社区）照料中心增至8家。“2个街道集中配送餐中心+3个村社老年食堂+11个助餐服务点”的

全覆盖体系形成，日均助餐267人。乔司第二幼儿园艺尚园区开园，余杭区第一人民医院乔司分院新门诊大楼启用。新建良熟文化礼堂，三角村、和睦桥通过省级文明村复评。建立乡贤联谊会和归国华侨联合会。深化“最多跑一次”改革，社会保险、商事登记、农居分户等136项高频业务实现一窗通办，办结率和满意率均为100%。

【乔司街道疫情防控、复工复产工作】 2020年，新冠肺炎疫情发生后，乔司街道党员干部下沉一线，引领带动“全民抗疫”。统筹复工复产工作，成立复工备案、防疫指导、驻企服务工作专班，完善服务企业快速反应机制，在全区最早发出租金减免倡议，通过街道商会、村集体带头免租一个月，示范带动辖区内177家房东业主为经营户减免租金超1.5亿元。

【阳光征迁“一口价”启用】 2020年4月18日，乔司街道用时一天完成“靓城行动”永西区块159户农户征迁签约任务，标志阳光公开“一口价”签约模式启用。通过走访，做好阳光征迁模式宣传、政策疑问解释答疑、家庭信息调查核实，减小征迁阻力。全过程公开，评估农户的房屋、土地、装修、设备、附着物等实物后锁定，农户核对无误后上墙公示，打包成整体价格，并允许农户随时对比相同户型之间的价格。通过党员干部、村民组长以及财政供养人员主动带头完成签约，签约当天完成全部签约任务。

【“乔司好声音”宣讲团】 2020年，乔司街道围绕“决胜小康”“我最喜爱的习近平总书记的一句话”等主题，全年开展理论宣讲100余场，覆盖受众3万余人次。与中共杭州市委党校开展启动基层宣讲员三年培养校地合作。“乔司好声音”在全省新时代青年理论宣讲工作现场会上作交流发言。

【“时尚乔司”品牌打造】 2020年，乔司街道发布“乔司时尚地图”，涵盖九大园区164家品牌门店信息。全年先后举办“轻纺风尚周”“端午云上直播畅购”“时尚乔司畅购”等三场大型活动，线上线下总销售额超过1亿元。成立时尚产业联盟（长三角），开展时尚云村街区改造，依托“1949设计公社”打造飞鹊直播基地。

【杭州市非法卫星电视接收设施专项整治工作现场推进会在乔司街道举行】 2020年9月27—28日，杭州市非法卫星电视接收设施整治工作现场推进会在乔司街道举行。现场推进会设全市非法地面卫星电视接收设施销毁仪式、乔司街道市非法地面卫星电视接收设施整治工作观摩、业务培训和工作交流四个环节。全市1000多套非法卫星电视接收设施在乔司街道五星村集中销毁。会上，乔司街道就非法卫星电视接收设施整治工作作经验交流发言。

【乔司街道红十字馆】 2020年，占地面积300平方米的乔司街道红十字馆（志愿服务基地）完成提升改造，成为浙江省红十字系统志愿服务工作推进会的实地考察点之一，获省红十字会领导肯定。先后接待包括中国红十字会党组书记、常务副会长梁惠玲一行在内的考察团33批次上千人次。全年开展应急救护等培训60余场，培训2400人次。

（吴佳梅）

·塘栖镇·

【概况】 2020年，塘栖镇下辖18个建制村、10个社区。年末总户数29333户，年末总人口106723人。区域面积79平方千米（包含东湖街道托管的9个村）。

2020年，塘栖镇实现经常性财政收入3.74亿元；农业增加值3.94亿元，比上年增长2.9%；规模工业增加值17.13亿元，下降2.7%；第三产业增加值增长4.4%；社会消费品零售总额33.96亿元，下降7.7%；自营出口15.22亿元，下降12.8%。

“云上”举办2020中国杭州塘栖枇杷节，实现营收2.06亿元，增长2.49%。完成超丁、宏磻等土地整理区块招租，增加粮食经营面积133.33公顷，落实西苑、莫家桥、河西埭等村级留用地指标置换房产1.33公顷。完成超山、柴家坞等村土地整治项目，新增耕地52.6公顷、“旱改水”69.34公顷；完成永久基本农田补划改造项目，实现耕地质量提升84公顷。

中通快递浙北快运车间投入试运营。科尔卡诺集团有限公司、杭州塘栖李法根食品有限公司等5家企业启动数字化、物联网改造，杭州宝晶生物股

2020年5月11日，2020中国杭州塘栖枇杷节开幕仪式举行
（塘栖镇　供稿）

份有限公司被工业和信息化部评定为专精特新“小巨人”企业，宝鼎科技股份有限公司入选浙江省2020年隐形冠军企业，杭州华源前线能源设备有限公司、浙江泰昌实业有限公司、浙江荣力重工有限公司创建省级企业研究院，杭州宇龙化工有限公司等20家企业被认定为国家高新技术企业。建成塘栖已来科创园，全镇6家小微企业完成“小升规”，浙江泰昌实业有限公司纳入上市企业培育计划。杭州塘栖金属制品有限公司3个“零土地”厂房技改项目完成主体结顶。招引绿地控股集团有限公司、杭州金朗生物医疗科技有限公司、杭州均成包装科技有限公司、浙江开心猫食品有限公司等品牌开发商及优质企业入驻；启用塘栖电商大楼，吸引50余家电商企业入驻运营。

启动省级小城市第四轮培育试点工作，创建为美丽城镇建设省级样板，建设行动方案被评为省级优秀方案。综合提升改造4个区块老旧小区，改造建筑立面15.1万平方米、拆除违建保笼2.3万平方米，新增公共空间1万平方米，完成既有住宅电梯加装17台。拆迁农居户356户、非住宅（企业）38家，征地16.2公顷。完成塘栖路以东区块征迁，拆除塘栖镇最后一个“城中村”。处置存量违法建筑296宗23.2万平方米。京杭大运河（塘栖段）创建为省级美丽河湖，塘栖镇被评为“杭州市乐水小镇”，塘栖、丁河等5个村被评为杭州市水美乡村。完成全镇19个生活小区、10家公建单位、76家工业企业、93个“六小行业”的“污水零直排”建设，提升改造43个农村生活污水处理终端，通过市级验收。完成城镇范围内22个物业小区和5个开放式小区居民扩面工作2.4万户，创建市、区两级垃圾分类示范村（社区）12个、示范小区21个。启动总投资27.79亿元的美丽城镇建设项目28个，塘栖镇美丽城镇建设行动方案被评为省级优秀方案。塘栖镇被评为浙江省美丽乡村示范乡镇。水乡风韵线一期项目完工并被评为省美丽乡村风景线。

实施“平安建设”六大专项行动，统筹推进交通安全综合治理、防范电信网络诈骗、安全生产、消防安全、平安宣传等专项工作，开展平安创建百日攻坚行动。完成数字塘栖驾驶舱方案设计和框架搭建，研发重点领域应用场景。东小河社区“支部建在物业上”、莫家桥村“新居民党支部”先后承担区级现场会参观任务。完成第二批省级社区治理和服务创新实验区创建工作第二阶段任务。打造“一带一路”法治文化特色品牌。举办全镇第二届“百位十佳”评选颁奖活动，选树先进个人（集体）100名（个）。推进“三源治理”，信访量、民商事诉讼判决案量、纠纷类警情量比上年下降。探索政府购买人民调解服务模式，塘栖镇“微法庭”、塘栖村“微法庭”入选杭州市首批示范“微法庭”。

出台《塘栖镇“栖才十条”人才发展三年行动计划（2020—2022）》，全年新认定市级领军人才（D类）、高级人才（E类）8人，区级各类人才45人。全年举办“线上”“线下”镇村两级活动2300余场，文化礼堂联盟互动活动18场。完成新时代文明实践所、站、点三级挂牌任务，建成实践站32个；“文明码”平台注册志愿者1.5万余人，开展志愿活动1400余场。河西埭村被评为全国文明村，华城社区徐梦薇家庭被评为全国文明家庭。杭州“城市书房”落户塘栖古镇“24小时图书馆”。推出运河雅宴、“越夜越塘嬉”夜跑、“湖光山色”音乐会、后备厢集市等活动，促进塘栖夜经济发展。塘栖古镇被评为浙江十佳韵味江南小镇、首批浙江省职工疗休养基地。启动国家卫生镇创建，通过市、区两级调研审核，总分位列全市考核第一。完成塘栖镇第二幼儿园小进士园区、宏磻幼儿园卫家埭园区改建及塘栖镇第三小学校园环境提升，完成柴家坞、三星、宏磻村级卫生服务站装修改造。制定出台全区首个镇级层面养老服务体系建设实施方案，完成“还童驿站”“夕阳红驿站”2家镇级居家养老服务中心和1家老年人集中配送餐中心建设并投入使用。全年发放救助金1541.85万元，补助款917.18万元。完成塘栖村、西小河社区等8个村（社区）的省级新时代枫桥式退役军人服务站创建。

丁山湖湿地“湖光山色”音乐会　　（塘栖镇　供稿）

【塘栖镇统筹开展新冠肺炎疫情防控和复工复产】 2020年，塘栖镇成立新冠肺炎疫情防控领导小组、指挥部及“一办十组”，发动全镇党员干部下沉一线，带动全镇志愿力量参与新冠肺炎防疫工作，实现全镇范围内新冠肺炎疑似和确诊病例零发生、零增长。发动机关干部、驻企联络员深入企业，开展“深化三服务、助企开复工”专项活动，通过包车等方式接回外地员工200余人，协调解决防疫、复工等问题256个。复工专班与“亲企办”帮助企业及其职工享受“防疫惠企28条”政策红利，590人通过“亲清在线”申报取得租房补贴，407家商贸企业增值税补贴申领140余万元，帮助对接浙江杭州余杭农村商业银行股份有限公司等金融机构，为60余家小微企业提供贷款近5亿元。工业企业复工率和人员返岗率在3月初接近100%。

【“三源治理”】 2020年，塘栖镇围绕访源、诉源、警源，开展“三源治理”，完善“固定信访日”、信访代办、领导包案等机制，解决答复“固定接访日”事项122件，代办信访事项222件，领导接访约访51批次，包案化解7件，受理信访件1813件，比上年下降20.16%；以镇调解中心、“三源治理”工作室和村（社区）为基础，打造“1+3+28+X”调解体系，受理诉讼件423件，下降19.73%，开展矛盾纠纷集中排查100余次，化解各类矛盾纠纷1000余起，未发生“民转刑”案件。探索完善“网事警情”机制，依托“一中心四平台一网格”基层治理体系，实现矛盾纠纷闭环处置，受理纠纷类警情1496起，下降9.98%。

【塘栖镇老旧小区综合改造】 2020年，塘栖镇在实施美丽城镇建设过程中，同步开展老旧小区综合提升改造。坚持“先拆违、做样板、听民意、强功能”，完成塘栖一小区等4个区块15.1万平方米建筑立面改造，2.3万平方米违建保笼拆除及1万平方米公共空间新增，完成既有住宅加装电梯17台，先行打造“样板庭院”和“样板楼”。通过“党建引领、群众共商”开展民主协商议事，组织群众党员、楼道长、居民代表参与改造的全过程各环节，讨论邻里中心、停车空间、小区马路市场等改造方案。

【塘超小径周边产业发展】 2020年，塘栖镇依托“名山名湖名镇”资源和美丽乡村建设契机，打造塘超小径为“网红绿道”。该绿道起于塘栖古镇景区八字桥，经丁山湖至超山海云洞，全长20千米。以塘超小径为载体，开展绿道毅行、摄影采风、夜跑、音乐会等活动，促进沿线民宿、农家乐、农业采摘等产业发展。

【城乡一体化养老服务网络构建】 2020年，塘栖镇根据老年人分布情况，构建“城镇—城郊—农村”城乡一体养老服务网络，辐射全镇2.2万余名老年人。在城镇片居家养老服务中心建成老年人集中配送餐中心1家，在各村（社区）建成老年食堂和助餐点19个，形成“一中心+N个助餐点”的老年人就餐助餐服务体系，60周岁以上户籍老年人花5块钱就能获得一份一荤两素的午餐。建成村（社区）级居家养老服务照料中心15家，与3家镇级居家养老服务中心形成互联互补，建立具备生活服务、康复护理服务、托养服务、家庭支持服务等六大养老服务功能，兼具日间照料与全托服务功能的多元化、综合性城乡统筹的养老服务功能场所体系。

【“支部建在物业上”试点】 2020年，塘栖镇结合美丽城镇建设，率先在东小河社区荷塘新苑小区试点实施“支部建在物业上”工作。通过社区、业主委员会、物业三方交叉任职，畅通业主与物业沟通渠道。引入物业组织，实现小区封闭式管理。利用外来车辆停车收费、物业经营用房出租等方式，增强物业管理公司的营收能力。试点以来，小区加装电梯5台，落实“共享枇杷林”等业主居民建议100余条，成为全区党建引领小区治理现场参观点。

【“栖才十条”发布】 2020年5月，塘栖镇发布《塘栖镇“栖才十条”人才发展三年行动计划（2020—2022）》。2020年新增认定市级D类人才1人、E类人才7人，区级B类人才5人、D类人才1人、E类人才14人、F类人才25人，并实现区级B类人才认定零的突破。以人才之家塘栖驿站为物理核心，融合余杭院士之家塘栖服务站、浙江大学硕博实践基地、塘栖基金驿站等服务职能，与浙江省农业科学院、浙江农林大学、浙江大学开展校地合作，建立杭州宝晶生物股份有限公司“余杭区院士指导站”，促进高端人才资源与产业要素、科技金融的融合。

【新居民党支部建设】 2020年7月，塘栖镇在外来人口重点村莫家桥村试点建设“新居民党支部”，探索“以外管外”模式，通过拓展阵地、培育骨干等，实施“新居民党员+新居民骨干+新居民户”走访联系，把“新居民”变成“自家人”，破解外来人口基数大、流动广、警情多等问题。试点以来，莫家桥村全年信访量比上年同期下降5.4%，诉讼量下降20%，涉新居民纠纷类警情下降34.38%。

【省级美丽乡村精品游线】 2020年末，塘栖水乡风韵线一期项目完工，并被评为浙江省美丽乡村风景线。新华社、中国网、浙江新闻频道等10余家中央和省级媒体集中到省级美丽河湖——丁山湖采风，塘栖村美丽乡村核心区块被列为全市深化“千万工程”建设新时代美丽乡村现场会参观点位。

（曹晋）

·崇贤街道·

【概况】 2020年，崇贤街道下辖11个建制村，4个社区。年末总户数16307户，年末总人口60270人。区域面积38.62平方千米。

2020年，街道完成经常性财政收入4.38亿元；农业增加值2.05亿元，比上年下降2.4%；规模工业增加值16.92亿元，下降0.6%；第三产业增加值增长4.0%；社会消费品零售总额14.24亿元，增长8.6%；自营出口18.54亿元，下降19.8%。

新增国家高新技术企业18家、省科技型中小企业10家、省级研究院1家、市级研发机构5家、产学研合作项目3个，专利授权889件。众望布艺股份有限公司在上海证券交易所主板上市。浙江益海嘉里食品工业有限公司入选全省数字化示范车间，“日产600吨大米”项目投产。浙江益海嘉里食品工业有限公司、浙江元通线缆制造有限公司、杭州申华混凝土有限公司、杭州西联物流有限公司、杭州三中新型建材科技有限公司、众望布艺股份有限公司6家企业进入余杭区百强工业企业排行榜。对辖区13.33公顷以上的7个工业园区统一委托第三方制作提升改造规划。崇贤街道被认定为2020年浙江省商标品牌战略示范街道。

全年拆除违法建筑476宗，面积23万平方米，通过杭州市“无违建”街道验收考核。完成“污水零直排区”街道创建，开展雨污分流改造提升，形成长效管理机制。以“绿币”积分督促河长主动担当作为。推广“虎哥回收”和生活垃圾定时定点收集模式，创建垃圾分类区级示范村（社区）6个、示范小区4个。全年实现易腐垃圾减量9667吨。

大安村等5个村的第三批美丽乡村建设项目完

工，完成三家村市级精品村建设，启动沾桥村“1510”示范村建设。全年11个村实现经营性收入2728万元，增长32.2%。全年完成征地35.8公顷，拆迁农户204户、企业8家。建成沿山安置区块农户自建房，完成室外配套工程。崇贤村“靓城行动”涉及拆迁农户提前分配房源183套，全年共分配房源208套。

北庄与龙旋两个卫生服务站投入使用。建设调解、监察、仲裁“三位一体”劳动纠纷化解平台。完成村（社区）组织换届，新一届村（社区）班子成员共108人。布局24小时办事服务综合自助机16台。形成57项窗口服务便民服务清单。陆家桥示范型居家养老照料中心投入运营。龙旋村、三家村分别创建为第二批省级引领型农村社区、第三批省级引领型农村社区，崇贤街道被命名为全省第一批“示范慈善分会”。

【崇贤街道疫情防控、复工复产工作】 2020年，崇贤街道推进新冠肺炎疫情防控工作，实现零确诊目标。落实辖区各类公共场所相应防控措施，抓好“外防输入、内防反弹”各项措施，开展常态化疫情群防群控。开展“走亲连心三服务”活动，宣传“全域创新66条”“防疫惠企28条”等惠企政策，走访服务企业3300余家，解决问题1121个。

【三家村被评为第三批省级引领型农村社区】 2020年10月，三家村被省民政厅评为浙江省第三批省级引领型农村社区。三家村位于崇贤街道西北部，京杭大运河穿村而过，以出产莲藕出名。村容村貌治理注重展现水乡特色风貌、历史文化底蕴。推进美丽公路、“五水共治”、全域环境整治等项目，创建为市级精品村，获得“杭州市卫生村”“浙江省AA级景区村庄”“杭州市田园社区示范点”等称号。

【崇贤街道慈善分会被评为省级“示范慈善分会”】 2020年11月，崇贤街道被浙江省慈善联合总会命名为浙江省第一批“示范慈善分会”。崇贤街道慈善分会成立于2006年。自成立以来，引导社会各界参与慈善募捐、慈善帮扶等工作；创新救助形式，打造慈善品牌；深化慈善宣传，传播慈善文化，增强社会慈善意识，践行“扶贫帮困、安老助孤”的宗旨。通过强基础、重民生、抓建设、创品牌，推动街道慈善事业发展。2006—2020年，筹集慈善资金730余万元，发放救助金650余万元，救助人数1.2万余人次。

（王传湖）

·临平街道·

【概况】 2020年，临平街道下辖16个社区。年末总户数26900户，年末总人口84229人。区域面积6.40平方千米。

2020年，街道实现经常性财政收入1.94亿元；农业增加值0.03亿元，比上年下降11.4%；规模工业增加值0.89亿元，增长43.4%；第三产业增加值增长4.0%；社会消费品零售总额39.22亿元，增长1.8%；自营出口4.81亿元，增长27.2%。

引进优质企业4家，新增国家高新技术企业5家、省科技企业2家，培育科技型企业8家。完成专利申请120件，授权105件。以“城市里的一亩田”为主题在丁塘社区打造农村休闲示范区，举办“丰收节”，推进社区农业观光旅游产业发展。

配合完成北大街提升改造工程，增加城市小品及夜间灯光点缀。完成马家弄征迁、朝阳幼儿园改建项目内余杭区激光仪器厂房屋征迁及该企业职工宿舍12户居民腾退。收回洋园春晓口袋公园项目1333.33平方米国有土地。收回临平山周边环境提升项目约8667平方米国有土地，保障口袋公园及临平山运动休闲公园项目建设。完成武林厂公房拆除，保障迎宾路北延隧道通车。年底生活垃圾回收利用率为51.73%。全年拆除违法建筑178宗，存量违法建筑降至2万平方米内，无大宗违法建设。

建成“1个街道中心+15个社区中心”两级社会治理综合服务中心。开展平安“六大”专项行动。通过“开门大接访”“主任热线”等举措，提升就地化解矛盾纠纷的能力和水平。全面推行基层站所下沉网格。打造临平智治综合驾驶舱，形成由一个数据驾驶舱，智慧党建、智慧治理、智慧人居三大智慧化模块以及多个智能场景应用的“1+3+N”数字治理体系。依托数字门牌创新沿街店铺“一铺一码”街区治理，自动赋予每家店铺“三色码”，形成街区治理“精密智控”模式。完善智慧综治、智慧网格、智慧安防信息系统建设，建成16家属地“微法庭”并成立全区首个商会“微法庭”。

引进第三方专业服务机构搭建街道居家养老社会化运营体系，街道级示范型居家养老服务中心开始运营。居家养老服务实现全域覆盖。1家街道级老年人配送餐中心和6个社区助餐点运营，老年人用餐日均400人。救助困难群众400余人次，发放救助金约17万元。城乡居民基本医疗参保率99.6%，创建区级高质量就业社区4个，市级高质量就业社区1个。完成临平公墓骨灰存放室项目建设。全区首家正规注册托育机构开班。实施60~74周岁老年人结直肠癌筛查，70周岁以上老年人免费接种流感疫苗，60周岁以上老年人体检等民生实事。"孝心车位"建设全面铺开。编制临平文旅地图和文化艺术长廊宣传册，"百花临平山——绣球花季系列活动"及"文明公筷——光盘行动月计划"活动等被中央广播电视总台报道。组织开展临平街道"双最"评选活动，推选十佳"最美临平人"和十佳"最美家庭"。

【临平街道老旧小区改造】 2020年，临平街道梅堰老旧小区22万平方米改造项目通过"保笼革命"，完成拆除7.3万余平方米保笼、946个太阳能热水器及4000米固定花架等的签约工作，房屋外立面改造基本完成。1台加装电梯投入运行。完成水车河弄区块、航运楼、红丰楼、老镇政府宿舍、丁山孙家山小区等2.5万平方米老旧小区改造续建项目。完成协办宿舍高层住宅二次供水设施改造。

【临平街道党工委被评为杭州市第一批战"疫"先进党组织】 2020年突如其来的新冠肺炎疫情期间，街道、社区全体工作人员、区级机关支部2151名党员志愿者主动认领防疫一线岗位，相关工作被《人民日报》《光明日报》等中央媒体报道。复工复产期间，推出"党员包铺18条"，通过协调金融机构发放贷款、组织参与"线上招聘"等，解决企业在复工复产过程中存在的资金难、用工难等问题。推动民生类重点项目复工，保障中小学及幼儿园复学复课。2020年3月27日，临平街道党工委被市委组织部评为"杭州市第一批战'疫'先进党组织"。

【临平图书馆开放】 2020年5月28日，由区文化和广电旅游体育局、临平街道共同打造的临平图书馆（余杭区图书馆智慧城市分馆）面向社会免费开放。图书馆位于余杭区临平邱山大街281号，建设面积2800余平方米，馆藏图书8万册，拥有阅读坐席200多个。馆内提供沉浸式阅读、专业电影院、听书等"互联网+"的文化创意服务和瀑布流电子书、电子签名墙等AI特色服务。

【《临平志》发行】 《临平志》由余杭县委原书记刘永根提议，临平、东湖、南苑、星桥街道共同出资，组织6名地方历史文化专家历时四年编写完成。全书分上下两册，记述临平的政治经济、人文历史、乡土风情、名胜古迹等。2020年8月，《临平志》出版发行。

【临平山绿道被评为"浙江最美绿道"】 2020年11月，浙江省住房和城乡建设厅组织省发展改革委、省交通运输厅、省水利厅、省农业农村厅、省文化和旅游厅、省林业局、省体育局等联合评选出10条"浙江最美绿道"，临平山绿道入选。临平山绿道起于临平公园东大门，止于临平山运动休闲公园，全长6千米，沿途建有设施中心、休息平台、雨水花园、健身广场等节点驿站。

【临平街道创建为市级"污水零直排区"街道】 2020年，临平街道实施城区"污水零直排"雨污废水改造项目，亭趾港区块、荷花塘区块、河里河区块58个小区完工。背街小巷重点整治区块雨污废水改造项目涉及的55个小区，除5个小区结合老旧住宅综合改造提升实施外，均完成改造。"六小"涉水行业（小餐饮、小洗浴、小作坊、宾馆洗浴、美容美发、洗涤行业）"污水零直排"整治排查相关行业单位375家，督促80余家美发店铺加装毛发分离器，130余家餐饮单位隔油设施改造。街道全流域水质全年均达到V类以上，12月，创建为市级"污水零直排区"街道。

（蒋秀娟）

·南苑街道·

【概况】 2020年，南苑街道下辖27个社区。年末总户数28798户，年末总人口94184人。区域面积28.03平方千米。

2020年，街道完成经常性财政收入5.32亿元；农业增加值1.51亿元，下降0.9%；规模工业增加值22.67亿元，下降6.5%；第三产业增加值增长3.7%；社会消费品零售总额49.52亿元，下降4.4%；自营出口42.08亿元，增长3.4%。

申报区级大企业大集团6家，完成工厂物联网项目6个、工业互联网应用项目9个、机器换人项目7个、工业机器人推广10个、规模工业智化诊断21家、数字智慧项目4个、企业上云124家，淘汰“低散乱”企业162家。联合临平新城管委会新建楼宇综合服务驿站。22家企业通过国家高新技术企业省级评审，新成立院士指导站1个、专家指导站2个，完成专利授权382件。

会同临平新城开展文创大厦、余之城、IFC等重点楼宇的培育和服务工作，争取一批优质文创企业落地南苑。招引国家级领军人才（B类）4人、省级领军人才（C类）5人、区级中高级人才（F类）163人，协助办理人才落户340人，协助办理人才住房补贴6人。

完成村级留用地的第三批置换签约，涉及7个社区，置换土地8.26公顷，为社区增加村级集体经济收入2700万元。完成西安联盟城中村782户农户的签约腾空，为“未来社区”建设腾出空间。专项整治赭山港等河道，完成第二轮中央环保督查任务。推行定时定点垃圾分类投放模式。截至11月，街道实际产生垃圾量75448.63吨，较区级控量指标减少4.65%。完成4条“四好农村路”建设。开展“城市环境大整治、城市面貌大提升”集中攻坚行动。

打造数字驾驶舱“云上板凳”“智安楼宇”两大场景模块，截至年底，通过“云上板凳”平台参与互动人数3000余人。建成街道新指挥中心，实现城建、消防、城管、治安等业务部门可视化指挥应用。成立社会治安重点地区整治工作领导小组。构建“警源治理”联动治理体系，成立网格专职应急中队，实行24小时值班机制。

完成7个民生实事项目。绘制并发布全区首张加装电梯服务地图，完成河畔新村全部32个单元楼电梯加装。完成野风珑园、苑中园2个小区二次供水改造。建立“邻里汇”工作机制，指导业委会参与小区治理。实施教育项目6个，新投入使用校园4个。推广“智慧养老”应用，创建示范型居家养老服务照料中心2家，标准型居家养老服务照料中心3家，老年食堂1个，社会化运营示范型居家养老服务照料中心10个。完成社区文化家园建设24个。开展“最美南苑”系列选树工作，表彰最美抗疫人、道德模范、最美家庭等先进个人和团队38个。

【南苑街道疫情防控、复工复产工作】 2020年，南苑街道建立新冠肺炎疫情防控工作领导小组。按照“大数据＋网格化”精准管控总体要求，依托社区和基层网格力量，实施24小时防控。建立复工备案、防疫指导、驻企服务专班。做好企业员工健康返程服务工作，24小时内审核通过1290家市场主体复工申请，开通省际企业包车和湖北专列，帮助企业载回员工约200人。依托街道、社区两级复工专班，加强复工防疫指导，走访联系企业600余次，协调解决口罩、额温枪等物资4.2万余件，推进复工复产。

【南苑街道食安办被评为浙江省三星级乡镇（街道）食安办】 2020年，南苑街道围绕食品安全工作，由街道食品安全委员会办公室牵头，依托科办行业管理、社区网格化治理，通过完善制度、强化培训、食安创建、氛围营造、日常检查、重点整治等举措，开展食品安全管理。2020年11月25日，被评为2020年浙江省三星级乡镇（街道）食安办。

（俞路旦）

·东湖街道·

【概况】 2020年，东湖街道下辖3个建制村、40个社区。区域面积74.92平方千米。

2020年，街道村（社区）经营性收入1.1亿元，比上年增长13%。完成征地42.06公顷。涉及已回迁安置村（社区）20个，安置小区13个。完成30个社区的村级留用地额度置换房产工作。

完成2019年农村生活污水续建项目、2020年农村生活污水终端提升改造项目、屯里美丽乡村项目、姚家埭环湖生态治理及配套提升工程。超峰小区、华宇家园综合楼老旧小区改造项目完成年度考核目标。整治“八口八线”等违法建筑，按期完成领导包案、信访交办、媒体曝光等专项整治，完成全年37万平方米违法建筑处置工作。实施小额工匠项目11个。

2020年初新冠肺炎疫情发生后，设立小区卡口123个，检查550818车，1226001人，排查登记在册流动人口193243人，核查实际在杭居住数138193人；排查登记在册出租房屋24216户。

配合村（社区）完成党组织、居委会、股份制三套班子选举工作，涉及34个经济合作社，1604名社员代表。

【东湖街道垃圾分类项目被评为“城市社区智慧治理十佳案例”】 2020年10月10日，在由中国人工智能产业发展联盟、杭州国际城市学研究中心、中国电建集团华东勘测设计研究院、之江实验室共同举办的2020（第五届）中国（杭州）智慧城市暨人工智能产业峰会上，东湖街道“联运环境余杭区智慧垃圾分类一体化项目案例”被评为“城市社区智慧治理十佳案例”。

在垃圾分类处理中，东湖街道构建党建引领多方跨界合作的垃圾分类处理的制度架构，建立政社、政企、社企联动的垃圾分类处理共同体。引入、发挥辖区垃圾分类企业浙江联运环境工程股份有限公司在智能制造、资源化处理和智慧监管方面的专业技术优势，推动街道垃圾全类型、在地化和资源化处理。

【工农社区疫情防控工作被评为“全国城乡社区疫情防控优秀案例”】 2020年12月6日，“‘群’心聚力 ‘疫’线闪光——工农社区‘1+2+8’模式筑牢疫情防线”在中国社会治理研究会主办的全国城乡社区疫情防控优秀案例征集评选活动中被评为“全国城乡社区疫情防控优秀案例”。2020年，自新冠肺炎疫情发生以来，东湖街道工农社区推广“1+2+8”治理模式（一名党员、一个大嫂和一个房东，管理8户新居民），集合社区多方力量防控疫情。做好宣传引导、检测排查、日常防护、间隔消杀等工作。对于小区租户，要求房东签订承诺书，配合社区做好租户管理。

【东湖街道“数字治水”平台建设被评为省级典型案例】 2020年12月20日，东湖街道“数字治水”平台建设被省美丽浙江建设领导小组“五水共治”（河长制）办公室列入典型案例清单。东湖街道“数字治水”平台自建成以来，排查38平方千米内的地下管网337.06千米，其中，完成示范区块7.3平方千米内的82千米雨污管道的检测、疏通、修复，完成48个市政雨水排出口、180个污水接入口的排查上图。辖区内重点泵站、无人值守泵站纳入“数字治水”平台，对101个市政雨水排出口进行水质监控。

（杨艳琼）

·星桥街道·

【概况】 2020年，星桥街道下辖17个社区。年末总户数14346户，年末总人口42848人。区域面积18.26平方千米。

2020年，星桥街道实现经常性财政收入2.61亿元；农业增加值0.41亿元，比上年下降0.9%；规模工业增加值12.19亿元，下降18.15%；第三产业增加值增长6.0%；社会消费品零售总额43.71亿元，增长8.3%；自营出口27.34亿元，下降5.3%。

银都餐饮设备股份有限公司、杭州天都照明电器有限公司等9家企业提升改造项目开工，实现工业投资2.05亿元。实施“机器换人”项目3个，新增工厂物联网试点项目1个、数字智慧推广应用项目3个。建立房东协会，关停淘汰落后产能企业5家，腾退低效企业14家。完成西大门区块阿里巴巴浙江云计算数据中心、菜鸟物流智能制造中心28.13公顷产业用地交地、征迁等工作。新增高新企业13家，申报市级研发中心5家、省级研发中心3家、省科技型中小企业6家。促成浙江大学、东华大学等高校与企业研发合作。推进“大孵化器”战略，引入优质园区运营商，在汤家社区工业园探索建立达宸星创科技产业园。被评为区级重点楼宇4个，新引进企业301家。

制定村级留用地开发三年行动计划，完成6.33公顷村级留用地指标置换任务，村集体经济年收入6236万元，比上年增长11.35%。全年拆除违法建筑103处2.3万平方米，目标考核连续第四年居全区第一。

2020年，星桥街道成为全区最早实现“生活垃圾回收利用率50%以上”目标的街道。启用星华实验学校、星运幼儿园星悦分园、汤家园区二期等

3所新建学校。完成星桥安置房小区休闲设施增设、铁铺埭家苑加装电梯、余杭医院星桥分院提升改造、新增公厕、民乐社区邵家村消防通道延伸等5件民生实事项目。铁铺埭家苑加装电梯11台，为全区首个所有单元楼100%加装电梯的农民多层安置小区。完成社区组织换届选举，成为全区唯一社区党组织书记和委员得票率均超98%的街道。

加装电梯后的铁铺埭家苑　（星桥街道　供稿）

【智慧物业试点】　2020年，星桥街道以桐鹤名苑、杠山嘉园等安置房小区为试点，在搭建智慧物业管理大平台的基础上，添加人脸识别、访客预约、智慧消防、智慧用电等智能终端配置，实现“一脸通、一码通”。试点以来，问题处理时间比上年缩短30%、物业类投诉信访下降80%。

【“岗长制”探索】　2020年初，新冠肺炎疫情防控期间，星桥街道对辖区全部61个小区实行封闭式管理，抽调机关党员干部力量下沉社区担任岗长，探索构建以“小区为作战单元”的基层治理扁平化体系。3个月内核查人员12.9万人，重点预警人员2354人，医学观察1050户3072人，跟踪检测发热病人6900余人。在出现两例确诊病例的情况下，确保未再有新增病例。

【首届“汽车生活节”】　2020年6月20日，由星桥街道办事处、临平新城管委会和星桥商会主办的“星桥闪耀”2020星桥街道汽车生活节举行，14家汽车销售商参加。活动为期15天，举行“星运有你”品牌汽车优惠月、“汽车开回家，试驾一整天”百车24小时深度试驾等七大主题项目，推动群众申领补贴资金1060万余元，促进汽车消费2.05亿元。

【星桥街道退役军人服务站被评为市级“新时代枫桥式退役军人服务中心”】　2020年，星桥街道投入资金近300万元，建成面积450平方米的标准化退役军人服务站，与15个挂牌社区退役军人服务站联动，形成一体化退役军人服务阵地体系。11月4日，星桥街道退役军人服务站被评为杭州市首批新时代枫桥式退役军人服务中心，并被推荐为“全国示范型退役军人服务中心”。

（鲍忆涵）

星桥街道退役军人服务站　（星桥街道　供稿）

·余杭街道·

【概况】 2020年，余杭街道下辖13个建制村、10个社区。年末总户数31673户，年末总人口90170人。区域总面积93平方千米。

2020年，街道完成经常性财政收入5.73亿元；农业增加值5.09亿元，比上年增长3.0%；规模工业增加值23.21亿元，增长12.9%；第三产业增加值增长7.9%；社会消费品零售总额44.01亿元，增长2.3%；自营出口18.19亿元，增长20.6%。

腾出存量空间13.24万平方米，注册企业39家，引进优质企业50余家。杭州沪宁电梯部件股份有限公司和浙江绿晶生物科技股份有限公司项目完工。探索建立“人才官微联盟”，新增认定区高层次人才255人（D类及以上18人）、高技能人才511人；申领补助补贴216万元。

启动“历史文化名镇、创新活力新城、美丽城镇样板”基础年建设。之江实验室一期结顶。完成上湖村张家埠区块、G235国道和新陡门闸站改造项目104户农户征地拆迁签约。凤凰山公园建成开放。直街先行地块完成征迁清零。2条“四好农村路”建成通车。完成余杭公馆29户安置户分房。

完成23个村（社区）组织换届，选举产生班子成员162人，其中新进班子46人。新建宝塔和凤凰山社区。提升改造金星、义桥2个卫生服务站。推广运用老年食堂智慧餐台，推行智能化人脸识别系统和中央厨房个性化点餐服务，实现村（社区）助餐点全覆盖。天元公学开学。壮大“AI同心荟”，创建为省级网络人士统战工作实践创新基地。建立健全“1+X+3”（一支队伍管执法，X项执法事项，街道城北、城南、城区三大片区）创新联动机制。“浙江省社会组织品牌建设培育基地”在街道市民客厅挂牌成立。2020年，余杭街道创建为省级垃圾分类示范街道，通过国家卫生街道复审；被评为第四批全省“扫黄打非”进基层示范点、省农村文化礼堂建设示范街道。街道食品安全委员会办公室被评为省级四星级食安办，稻香小镇风景线被评为2020年度浙江省美丽乡村风景线，永安村被评为2020年度浙江省美丽乡村特色精品村，仙宅村文化礼堂被评为浙江省五星级农村文化礼堂。

【余杭街道疫情防控、复工复产工作】 2020年初，余杭街道成立新冠肺炎疫情防控工作领导小组，下设综合协调办公室和10个专项工作组，建立67个临时党支部，发动700余名机关村（社区）干部、4000余名志愿者，统筹开展疫情防控工作，掌握核实村小组、居民小区、企业单位等卡点的防疫情况。20余名海外华人华侨人士捐赠款物，《一封征集函　牵动十六国》在《人民日报》（海外版）头版刊登。复工复产期间，76名干部担任“亲清服务员”，入驻118家规上企业，为企业人才定制“专属礼包”，走访企业1400家次，协调解决问题950余个。辖区整体防控情况较好。

2020年10月16日，稻香小镇IoT阿里云数字农业基地落成暨第二届稻香小镇开镰节举行，全省首个体验式数字农业基地盒马村项目启动　（余杭街道　供稿）

【第二届余杭稻香小镇开镰节】 2020年10月16日，以“数说稻香　智惠于粮”为主题的稻香小镇IoT阿里云数字农业基地落成暨第二届稻香小镇开镰节在余杭街道永安村举行。开幕式上确立每年的10月16日“世界粮食日”为永安稻香小镇开镰节，启动全省首个体验式数字农业基地盒马村项目。活动其间还举办“丰收月”系列活动，包括稻米电商节、稻田艺术节、稻田体验节、稻田美食节等活动。

【陶杏娟家庭被授予第12届全国五好家庭称号】 2020年12月，余杭街道陶杏娟家庭被全国妇联授予第12届全国五好家庭称号。30年来，陶杏娟照顾瘫痪在床的公公。公公过世后，她与丈夫到社区、敬老院、医院做义工照顾独居老人，女儿、女婿、外孙也经常跟着做公益。2012年，陶杏娟牵头组建由50多名“爱心姐姐”组成的志愿者团队，每年自掏腰包3万多元，资助20多户困难家庭。

（章宏昱）

闲林街道微问政活动 （闲林街道 供稿）

·闲林街道·

【概况】 2020年，闲林街道下辖8个建制村、8个社区。年末总户数23494户，年末总人口66393人。区域面积53.61平方千米。

2020年，街道完成经常性财政收入3.16亿元；农业增加值2.35亿元，比上年下降1.7%；规模工业增加值12.67亿元，增长0.8%；第三产业增加值增长4.9%；社会消费品零售总额10.60亿元，下降4.3%；自营出口17.51亿元，下降3.6%。

新增国家高新技术企业12家、省科技型中小企业8家，完成产学研合作项目6个（任务1个）、机器换人项目3个、机器人推广应用15台、物联网项目5个、浙江省级小微园区3个，飞扬科创园试运行。整治关停“低散乱”企业（作坊）36家，整治率163.64%。完成旧厂区改建0.6万平方米，排摸出企业存量空间2万余平方米，为承接未来科技城的产业溢出腾挪空间。

开展“全域美丽清洁日”行动。举办余杭区首场镇（街道）级“微问政”，跟踪监督推动整改民生问题19个，打造全域美丽大花园“闲林样本”，被市委、市政府评为“美丽杭州建设突出贡献集体”。完成余杭区垃圾分类示范创建小区7个、村（社区）2个、民生实事小区1个。推进“污水零直排”建设，完成项目二期雨污水管网改造。《闲林街道美丽城镇建设行动方案》被评为浙江省第二批样板创建城镇行动优秀方案，完成杭州市级美丽乡村精品村云栖村（长岭）项目。完成良睦路南延项目123户、浙消宿舍38户及闲林东路提升工程55户等三大项目的征迁签约。闲林埠老街项目全面竣工。

优化两级指挥中心，实现街道级“20分钟服务圈”缩短为村（社区）级“5分钟服务圈”。建设“一网统管”的村（社区）治理微脑，形成“街道综合指挥室大脑+社区微脑+乡村微脑”联动机制。建实一线处置的源解工作机制，成立5个村（社区）级源解工作室和16个“源解驿站”。

海文幼儿园万景分园投入使用。2020年中考余杭高级中学及省一级重点高中上线72人，连续5年公办省二级特色高中及以上上线超过百人。打造“午潮山青”“和睦水秀”“古埠城美”三大学习圈，获“2020年杭州市示范街道（乡镇）30分钟市民学习圈”称号。完成源峰嘉苑示范型、闲林村和何母桥村标准型照料中心建设。实现16个村（社区）老年人助餐服务全覆盖、771位老人享受政府购买的专业服务。建成区企业文化俱乐部1家、社区文化家园3家（良睦社区、竹韵社区、山水社区）。申报“荷花锣鼓”“旗枪茶”两个非遗项目传承人。推出“理论宣讲直通车”、“开讲啦”网上公开课。上和路、华丰路竣工通车，浙消宿舍最后3幢完成改造，联荣公寓6台电梯加装完工。

【闲林街道疫情防控、复工复产工作】 2020年初，闲林街道搭建“一办九组”防疫组织架构，建立社区、物业、业委会“三方协同”，街道、村(社区)、网格、村民组长（楼道长)“四级联动”的防疫体系。发动楼道长、志愿者等共3万余人参与疫情防控。落实“五色预警”精密智控精细化管理和公共卫生应急管理的长效举措。“驻企服务员”常态化走访企业1000余家次，宣传“全域创新66条”“防疫惠企28条”等政策，兑现政策补贴4000余万元。

【闲林街道村（居）民委员会换届选举完成】 2020年，闲林街道建立“3+1”联动机制（领导小组、换届办、各组团三级同步联动+村级各卡点内部自转联动)、2小时报告机制和3个时段打卡机制，完成16个村（社区）村（居）民委员会换届选举。

【首届闲林“人才日”】 2020年6月28日，闲林街道举行首届“人才日”系列活动暨人才关爱10条发布会，确立每年6月28日为闲林“人才日”。活动以“广纳贤才聚林下，助力城西绘新篇”为主题，发布“贤聚林下”人才“关爱10条”，揭晓首届“闲林工匠”，举行校地合作签约，成立SMT“芯制造”行业联盟，举办人才沙龙，开展技能比武等。

【闲林街道退役军人服务站启用】 2020年7月29日，闲林街道退役军人服务站启用。服务站位于闲林街道源峰嘉苑党群服务中心，面积约4500平方米，内设法律咨询区、心理咨询室、VR体验区等20个功能区域，获省首批全国“示范型”退役军人服务站、浙江省新时代枫桥式退役军人服务站等称号。

【“伯乐计划”统战品牌发布】 2020年10月30日，闲林街道“伯乐计划”统战品牌发布。首批“伯乐计划”导师是余杭区新的社会阶层人士联谊会理事、杭州亚越电子商务有限公司首席执行官华继林和知联会闲林分会副会长、浙江瑞邦检测有限公司董事长吴为民。通过中国传统的“师徒”传帮带的形式，从专业技能、业务渠道、生活经验、社会资源等方面帮助青年创客。

（李玲）

·仓前街道·

【概况】 2020年，仓前街道下辖6个建制村、7个社区。年末总户数15254户，年末总人口56254人。行政区域面积46.29平方千米。

2020年，街道实现经常性财政收入12.55亿元；农业增加值1.54亿元，比上年下降5.3%；规模工业增加值22.60亿元，增长5.1%；第三产业增加值增长4.5%；社会消费品零售总额92.57亿元，增长8.0%；自营出口39.33亿元，增长74.2%。

2020年，新增企业上云50家，完成工厂物联网、互联网试点项目65个，完成机器换人、机器人推广应用项目35个。新增区级领军人才以上人才518人。申报孵化项目12个，排摸申报“小而美”项目37个。新增国家高新技术企业152家，科技型中小企业136家，“雏鹰计划”企业80家，市级研发机构18家，省级研发中心总数40家。专利授权量完成2355件，其中发明授权量完成268件，总量居全区第一。

抓好省市重点工程等重大项目推进工作，完成7项征迁任务，拆迁农户236户，拆迁企业4家。完成仓前水泥厂房屋拆除及清运。完成G235国道杭州老余杭至五常段改建工程征地。解决葛巷、吴山前水产组水面回收历史遗留难题；完成杭州西站枢纽科创新城（高铁新城）征迁项目遗留企业签约，2019年征迁结转任务清零。完成湖杭铁路区块、地铁机场快线等项目涉及的2100余名农户征地参保。完成6号农居点226户分房签约。累计交付安置房130万平方米，整体回迁1760户。

开展“扬尘治理·你我同行”专项行动，启动“2小时响应，24小时整治完毕”的响应机制，整治面积2.4万平方米。推进“污水零直排区”创建，7个区级、5个市级创建小区基本完工。拆除违法建筑1010宗，面积14万平方米。开展“交通安全”大整治。打造智慧停车管理系统，提升改造车位2059个，接入杭州城市大脑，实现收费管理。完成仓兴街道路单行渠化。扩建村组通村道路17千米。仓前街道被评为2020年度都市节点型美丽城镇省级样板。

高桥村、朱庙社区老年食堂助餐人群从70周岁扩面至65周岁。提升改造高桥、朱庙、葛巷老年食堂，实现老年人就近助餐，跨村（社区）结算。新建苕溪村、向往社区居家养老服务照料中心，新建村（社区）居家养老服务场所10家。帮助73户低收入农户脱贫。创建省级无障碍社区1个、区级3个，创建四星级残疾人之家。

2020年6月1日，仓前街道向往社区党支部、社区居委会揭牌

（仓前街道　供稿）

【"未来社区"打造】 2020年，仓前街道以葛巷社区为试点，打造"未来社区"省级先行样板。安装智能空气开关433套，增设监控设备308套，升级门锁智能蓝牙模组1104套，完成"云、管、边、端"一体化建设，开发支付宝小程序，服务1495人、40余万次。完善访客邀约、重点人群AI分析、独居老人关怀、轨迹查询等功能应用。在线处置报事报修138件，办结率99.28%，小区信访量比上年下降11%。

【仓前街道"数智楼宇"】 2020年，仓前街道整合3个楼宇工作站资源，完善"楼宇系统"，推动以"企业码"为着力点的"一门多窗"（楼宇工作站一门受理，数字科技之窗、财务法务之窗、品牌产权之窗、人才人力之窗、金融服务之窗）分层服务，走访企业7585家，解决问题6065件。开展精准集成问诊服务，建立企业服务档案62件，完成规上工业企业智能化诊断46家，提出改善建议127个，新增税源1050万元。

【仓前街道垃圾分类】 2020年，仓前街道建立智能化生活垃圾溯源机制，6个村4850户农户完成"芯片"垃圾桶置换。实现城市小区生活垃圾分类投放、农村生活垃圾投放智能评分、主要道路沿街商铺"垃圾不落地音乐线"、再生资源回收站点全覆盖。6个建制村、23个城市小区全部创建为区级垃圾分类示范小区，街道创建为省级垃圾分类示范街道。

【龙潭社区、向往社区成立】 2020年6月1日，龙潭社区、向往社区党支部、社区居委会揭牌。龙潭社区东至闲林港、五常街道永福社区；南至护国港、文二西路（规划名）、闲林街道万景村；西接余杭街道金星村；北至文一西路，辖区面积2.46平方千米。向往社区地处仓前街道核心区块，东与五常街道接壤，南至文一西路，西临汪桥港，北至余杭塘路，辖区面积约1.8平方千米。

【杭州云城建设管理指挥部挂牌】 2020年8月4日，杭州云城建设管理指挥部挂牌。杭州云城规划建设是市委、市政府"西优"发展决策部署中的一个重要载体，规划建设范围为东至绕城高速，西至南苕溪，南至余杭塘河，北至杭长高速，围合区域约58平方千米，其中36.81平方千米位于仓前街道辖区内。

【仓前街道村（社区）组织换届选举】 2020年10月19日，仓前街道召开村（社区）组织换届动员大会，历时2个多月，完成组织换届选举。13个村（社区）选举产生新一届班子成员92人，新进人员32人，村（社区）班子整体文化程度、青年干部比例、人员素质得到提升。

【浙江大学医学院附属第一医院总部一期启用】 2020年11月1日，浙江大学医学院附属第一医院总部一期启用。浙江大学医学院附属第一医院总部一期位于文一西路和绿汀路交叉口（文一西路1367号），建设用地13.47公顷，开放床位1500张，设计门诊量8000人次/日。

（孙淑萍）

·中泰街道·

【概况】 2020年，中泰街道下辖10个建制村、4个社区，年末总户数11773户，年末总人口35937人。区域面积71.05平方千米。辖区内森林覆盖率达66.3%，有苦竹林2000公顷，有“中国竹笛之乡”之称。

全年实现经常性财政收入2.29亿元；农业增加值2.12亿元，比上年下降4.6%；规模工业增加值14.82亿元，增长27.5%；第三产业增加值增长11.3%；社会消费品零售总额5.40亿元，增长8.6%；自营出口12.88亿元，增长93.5%。

推进国家现代农业产业园区项目，新建14条茶山便道，扩种茶园20公顷，全年茶叶产值1.82亿元。开发竹笛小镇，推进竹笛展示馆、游客接待中心建设，启动竹笛产业园设计，紫荆村入选2020年全国乡村特色产业亿元村。改造天井湾、西坞里古村落，打造特色民宿群落，成立民宿合作社，整合28家民宿，推出“慢谷生活”民宿联合品牌。新培育文创园区1个，新招引文创企业13家，其中1家规上企业。认定文创人才3人。

保障之江实验室（一期）工程及文一西路、之达路、运粮河“两路一河”等配套项目全部完工并交付使用。保障阿里巴巴达摩院项目完成考古勘探，桩基全面进场施工。管理工程116个，总投资40.38亿元。全年完成征迁清零任务7个，征地12.81公顷。南湖村征迁历史遗留问题实现清零，完成小城镇拆迁。3月，浙江省扩大有效投资重大项目集中开工仪式杭州分会场活动在中泰举办；4月，杭临轻轨正式通车；5月，省发展和改革委员会在中泰街道召开湖杭铁路电力迁改现场会；12月，之江实验室一期及相关配套项目完工交付。

开展小微企业园区建设，已宸创新谷、甲楠智创中心、丝腾中泰科创园开园，引进企业200余家，新招引企业87家，新增企业纳税5000多万元。启动中泰工业园区、新泰工业园提升改造，开展落后产能淘汰改造，累计腾出空间6.8万平方米，土地3.5万平方米。杭州兆华电子有限公司纳为上市培育企业，培育上市企业库企业5家。完成规上企业智能化技术咨询诊断工作26家，实施机器换人项目2家，完成工业互联网应用试点项目10个。完成国家高新技术企业认定9家，省级研究院认定1家，企业上云92家。

拆除处置违法建筑134宗、4.82万余平方米。对重点建设区块、主要道路沿线和重要节点周边实施通透式围墙改造，扩展美丽空间。完成垃圾分类区级示范小区创建任务，超额完成市级示范小区创建任务。

基层治理“四个平台”全年报送事件7828件，处结率100%。做好公共事务受理汇总流转工作，处置事件44件，处结率100%，满意率100%。探索推行预防民事案件转刑事案件“三色预警”工作机制，排查出案件132件，保障辖区治安持续稳定。成立中泰街道“泰和”调解工作室，调解处置矛盾纠纷134起，实现诉讼案件总量减少，万人成诉率下降。出台《中泰街道群防群治工作奖励办法》，宣传先进典型。

罗兰幼儿园投入使用；中泰中学迁建项目主体结构完成。2020年街道省一级重点高中上线50人，二级特色普通高中上线117人，年度综合考评列全区第七。中泰幼儿园车口畈分园创建为杭州市甲级幼儿园。完成跳头便民服务中心建设，建成并投入使用街道“中央厨房”配餐中心，实现街道助餐全覆盖，惠及老人7200人。以“泰·精彩”宣传文化品牌为载体，开展相约周末、家庭教育宣传周等系列活动，街道、村（社区）组织活动800余场次，多个文艺作品被学习强国收录。评选“最美中泰人”9人，“最美家庭”2户，其中，入选“最美余杭人”3人，入选余杭区“最美家庭”1户。

【“乡贤说”品牌打造】 2020年，中泰街道打造“泰·精彩”“乡贤说”品牌，分为宣讲“说”，文旅“说”，治理“说”、公益“说”。各类乡贤发挥自身优势，开展乡贤话家风、教礼仪、学习俗、唱文明、献爱心等系列活动。全年“乡贤说”开展“迎端午，话小康”“唱歌山歌给党听”“雄山梯田的那些故事”“粒粒皆辛苦，节约粮食好家风”及“谁不说我家乡好”合唱展演等各类主题“乡贤说”活动8场。

【之江实验室一期工程竣工】 之江实验室项目位于中泰街道，占地面积约100公顷。其中一期工程用地40.87公顷，建筑面积61.4万平方米，项目于2018年12月奠基，2019年5月开工建设，2020年4月全面结顶，2020年10月底项目竣工，2020年末交付使用。

【“2020 慢生活节暨江南慢村名人名家书画展——慢村 48 小时”】 2020 年 12 月 19—20 日，“2020 慢生活节暨江南慢村名人名家书画展——慢村 48 小时”活动举行。活动由中泰街道办事处、杭州余杭旅游集团有限公司主办，杭州余杭中泰旅游开发有限公司承办。全国知名书画名家、竹笛名家以及村民、游客等近千人参加此次活动。其间，举办名人名家书画展、研学体验、趣味骑行、书画教学、烧烤派对、农产品集市等活动，体验慢村生活，感受慢村文化。

（王影恬）

·五常街道·

【概况】 2020 年，五常街道下辖 13 个社区。年末总户数 14509 户，年末总人口 52680 人。区域面积 24.88 平方千米。

2020 年，街道经常性财政收入 9.00 亿元；农业增加值 0.04 亿元，比上年下降 25.8%；规模工业增加值 5.35 亿元，增长 2.9%；第三产业增加值增长 5.0%；社会消费品零售总额 219.47 亿元，增长 34.8%；自营出口 41.30 亿元，增长 16.6%。

2020 年，浙江核新同花顺网络信息股份有限公司项目、杭州余杭五常股份经济合作社体育用品生产项目完工。淘汰整治“低散乱”企业（作坊），腾退横板桥工业园，改造提升浙江飞碟汽车制造有限公司、杭州鸿雁电器有限公司 2 个老厂区，推进友谊电表元件厂结构转型。返租西溪八方城 2.6 万余平方米，打造五常创意空间 1 万余平方米。全年新增重点楼宇 82 幢，1 幢楼宇被认定为五星级楼宇。五常街道创建为浙江省商标品牌示范乡镇，建立品牌指导服务站。全年新增市级及以上研发机构 11 家，申请专利 3047 件。完成科技型中小微企业申报 100 余家、工厂物联网试点项目 3 家、机器换人项目 3 个、数字领域研发项目 7 个。打造智慧园区管理系统，形成“园区共治”模式。举办五常街道全域创新建设推进会暨楼宇经济工作会议、工业和数字经济推进会等活动，表彰 2019 年全域创新先进企业和复工复产优秀园区楼宇。出台《五常街道重要招商项目评审办法》，推进杭州鲁尔物联科技有限公司等重点项目落地五常。招引蜜芽（杭州）网络科技有限公司、申能环境科技有限公司等 6 家企业项目落户五常智创产业园。招引杭州懿德文化创意有限公司等文创企业入驻五常创意空间，实现税收 2783 万元。引进余杭区高层次人才 737 人，新增人才集聚型企业 5 家。

推进“污水零直排”创建，完成上级下达的 118 个建设任务。创建区级垃圾分类示范社区 4 个、市级示范小区 30 个、区级示范小区 38 个，建成并试运行易腐垃圾处置点。

全区首建小区共同治理办公室。开发小区共治智慧平台。编制《五常街道空间发展概念规划》，完成南部荆山区块搬迁。新建 5 个社区，调整 12 个社区范围。编制五常街道教育布点规划，保障浙江省中医院西溪园区启用。全年发放救助金、补助金 285.81 万元，1106 人申领就业补贴。构建 5 分钟/15 分钟生活圈，完成 2 个老旧小区改造和五常街道市民客厅建设。举办“我与五常共同走过”书画展、“最美”故事巡回展等活动近 300 场。启动编纂《五常街道志》。成立新时代文明实践所和新时代文明实践站 18 个，培育街道文明劝导志愿者队伍 19 支。完成社区换届工作。完成“五九长廊”建设，摄制清廉宣传片《家》。

【五常街道双线抗击疫情】 2020 年，突如其来的新冠肺炎疫情发生后，五常街道组建工作专班，建立 25 个临时党支部，91 名街道机关干部下沉一线带领 3000 余名党员参与执勤站岗。建立横向社区、物业、业委会“三方协同”，纵向街道、社区、网格、楼道“四级联动”的抗疫体系，发动楼道长 2461 人、志愿者 3 万余人。组建复工复产专班，梳理企业问题清单、需求清单、解决清单“三张清单”，通过班子领导分片包干制，解决员工返岗、上下游配套、企业融资等 7 个大类 400 多个问题。实行楼宇园区“服务上云”，推出防控通行码，实现 59 个楼宇园区通行“零接触、无等待”。开展政策兑现、园区激励、减免租金三项行动，投入奖励资金 300 万元，减免楼宇租金 6300 余万元，助力中小企业渡过危机。

【五常街道智慧治理】 2020 年，五常街道基于杭州城市大脑·余杭平台“一心一脑”资源，依托统一地址库，打通数据资源壁垒，实时接入各类事件数据，实现“一屏观五常”。初步完成智慧园区、平安租房五色图、智慧安防小区、平安校园、矛调欠薪等六大类应用场景建设，实现“一屏知五常”。依托社会治理ODR系统，建设“综治中心小助手”，完成街道、社区两级综合治理中心业务数字化改造，实现“一屏治五常”。

【五常街道新建5个社区】 2020年6月17日，余杭区人民政府同意五常街道建立海汇、海曙、邱桥、海创和宏湾5个社区，调整文一、永福等12个社区范围，提升改造10个社区用房。

五常街道新建社区一览表

表12

社区名	面积(平方千米)	管辖小区	在册户籍人数(人)
海汇社区	1.16	万科星空	548
海曙社区	1.0	浙大网新、富力新线、华夏四季	1064
邱桥社区	1.14	北大资源未名府	576
海创社区	1.65	景映月台、富力朗悦居、富力西溪盛悦居、海创人才公寓	2542
宏湾社区	0.86	佳兆业西溪璞园、人和家园、宏丰公寓	1590

【荆山社区“阳光搬迁”】 2020年，五常街道将荆山社区唐家斗、黄泥坞、天井坞3个区块搬迁打造成五常“阳光搬迁”样板。4月，成立搬迁工作指挥部，抽调99人，以个人包干、小组协同相结合的方式逐户上门，通过全覆盖走访，采取“全透明”信息公示机制，下发专门编制的《五常街道搬迁安置政策汇编》，做好搬迁宣传、政策解释答疑、家庭信息核实等工作。9月，荆山区块居民完成搬迁签约，五常街道实现全域城市化。

【五常街道基层换届选举完成】 2020年，五常街道完成18个社区换届，选出社区党组织班子84人，居委会班子90人，一次选举率和组织意图当选率均为100%。

【浙江省中医院西溪院区启用】 2020年12月30日，浙江省康养联合体建设试点启动暨浙江康复医院（浙江省中医院西溪院区）新院区启用。该院由浙江省民政厅、浙江中医药大学、浙江省中医院与浙江康复医院四方合作运营，主院位于五常街道高教路1号，是康复医学规范化培训基地。总建筑面积91952.17平方米，规划床位1100张，全院首期开放7个病区333张床位，设置24个临床门诊科室、15个康复门诊科室、12个护理单元。

（鲁漫漫）

·良渚街道·

【概况】 2020年，良渚街道下辖20个建制村、22个社区。年末总户数43664户，年末总人口150800人。区域面积110.20平方千米。

2020年，街道完成经常性财政收入9.25亿元；农业增加值3.10亿元，比上年下降7.2%；规模工业增加值22.65亿元，增长0.9%；第三产业增加值增长1.8%；社会消费品零售总额81.56亿元，下降7.6%；自营出口23.09亿元，下降19.7%。

发展现代农业，立新畈、春溢现代农业园区完成提升建设；“数字乡村”建设起步探索，“农安码”赋码实现规模主体全覆盖，建成数字化粮食监管系统。制定实施涉及11个村、32.87公顷村级留用地开发建设方案，经营性收入70万元以下的相对薄弱村、家庭人均收入1万元以下的农户清零。

截至2020年末，辖区内有规模以上企业95家，产值超亿元的22家，全年规模工业经济实现利润9.3亿元，比上年增长25.86%；辖区有三产服务业规模（限额）以上企业249家，其中批发零售企业139家，住宿餐饮企业7家，服务业务企业72家，房地产业31家。

在安溪古镇打造“我们的家乡”直播间，打造“中国家乡·寻根良渚”地区品牌。加快商贸特色化发展，被评为省首批现代商贸特色镇（街道）。

完成良渚遗址核心区保护工程征地和嘉兴市域外配水工程、湖杭高铁及杭州地铁4号线、10号线，莫干山路提升改造工程征迁工作。完成郁宅老街6500平方米拆迁整治及14家企业签约。累计完成征地31.71公顷，评估企业50家、签约24家，拆迁农户15户。“都市节点型”美丽城镇创建通过省级验收。推进老旧小区提升改造，花苑新村北区项目完成立面整治，同步推进既有住宅电梯加装、高层住宅二次供水、口袋公园建设。完成20条、25千米“四好农村路”建设。开展“美丽杭州”

创建暨“城市环境大整治、城市面貌大提升”攻坚行动。拆除、处置违法建筑54.45万平方米。推进32个生活小区类单元、59个工业企业单元和67个其他类单元“污水零直排”整改。前山港、郁宅港水质由Ⅳ类提升为Ⅲ类，潘塘港水质由Ⅴ类提升为Ⅳ类，良渚港创建为区级美丽河湖。做好第二轮中央生态环保督查迎检和反馈问题整改，治理施工扬尘、渣土运输、餐饮油烟问题。

易腐垃圾就地处置能力从77吨/天提升至157吨/天，垃圾中转能力从18吨/天提升至288吨/天，全年生活垃圾进场量155510吨，实现垃圾减量7.29%，资源化处置率28.0%。分四大区块一体化整合保洁、市政、牛皮癣、公厕、桥梁巡查养护等保洁养护。开展“低散乱”联合整治行动84次。

对接良渚遗址保护总体规划，编制“多规合一”的《良渚北片八个村村庄空间统筹规划》。编制上报《良渚街道良渚村等七村全域土地综合整治与生态修复工程规划方案》。整治农村建房建新不拆旧问题，拆除自2014年以来未拆的辅房277宗。

推进小微园区、危险化学品重点单位、居住小区、电动自行车等专项整治隐患清零。推进道路交通安全“百日攻坚”。建成占地3000平方米的街道社会治理综合服务新中心。推行街道主任公开电话、领导干部常态化接访下访和信访代办制度，建立完善信访每周通报和疑难访重复访每周会商机制。推动“警政联合”“警律联调”“警保联勤”“警网联动”，刑事、治安警情比上年下降11.1%。以“微法庭”建设为抓手，把非诉讼纠纷解决机制挺在前。创设4个网格中队，调整优化278个网格。结合本轮村（社区）组织换届，开展“争当优秀网格长”活动。

新建沈括小学、杭行幼儿园，完成安溪幼儿园新星园区、杭运幼儿园金恒德园区、七贤幼儿园东风园区改扩建。学前教育公办省一级、省二级优质率覆盖面为100%，义务教育小学段教育质量抽测排名全区第一。设立社区公共卫生服务勾庄区块分中心，提升改造东莲村、大陆村、七贤桥村卫生服务站，新增家庭医生签3万余人。新设玉泽社区，调整优化8个社区规模，将24个单身公寓全覆盖纳入村（社区）统一管理。完成街道居家养老服务中心、博园社区、万年桥社区居家养老服务照料中心建设，老年助餐服务实现全覆盖。“残疾人之家”提升至三星级，博园社区完成无障碍改造。勾庄佳苑527户交房，运河锦庭二、三期完成504户分房。良渚街道市民客厅建成开放，42个村（社区）配备24小时办事服务综合自助机。开展“走亲连心三服务”，解决群众反映问题1300余个、基层反映问题130余个，满意率为100%。

【良渚街道疫情防控、复工复产工作】 2020年，良渚街道在新冠肺炎疫情防控期间将疫情控制在4个疫点。24小时建成可供1200人食宿的物流员工之家，协调疏通货运堵点1.3万余车次。坚持“人物并防”，抓好杭州农副产品物流中心冷链物流疫情防控，上线数字市场数字驾驶舱，打通“浙冷链”和“浙江健康码”，实现人货关联、精密智控。

街道班子领衔103名“亲企服务员”点对点服务企业3000余家，走访服务企业6400余次，解决问题310余个。完成4323家省级财政补助企业政策兑现，完成2363家中小商贸企业政策兑现申报，涉及金额约730万元，6700余家企业及个体工商户有序复工。

良渚社区卫生服务中心被中国社区卫生协会通报表扬并被评为杭州市抗击新冠肺炎疫情先进集体，杭州良渚麟海蔬果专业合作社何林海被评为全国抗击新冠肺炎疫情突出贡献农民，良渚文化村社区徐一峰被评为杭州市抗击新冠肺炎疫情先进个人。

【“中国家乡·寻根良渚”启动仪式】 2020年10月1日，“我们的家乡”直播平台暨“中国家乡·寻根良渚”启动仪式在良渚街道安溪古镇举行，发出来良渚寻根溯源、投资兴业和探乡走亲的邀请。由良渚街道和浙江加星数字传媒科技有限公司合作打造的电影《我和我的家乡》主创宁浩、徐峥、张一白等人到场为“中国家乡·寻根良渚”品牌代言。

【梦溪论坛专家研讨会暨签约仪式】 2020年10月24日，梦溪论坛专家研讨会暨签约仪式在良渚街道举行。会上，余杭区人民政府与梦溪论坛基金会签约，在余杭共建梦溪论坛。论坛为全球科技工作者和年轻团队提供探索未知世界、思考未知领域、解决未知问题的跨学科研讨平台。中国工程院院士王坚、中国科学院院士王怀民、中国空间技术研究院“天宫一号”总设计师杨宏等专家围绕梦溪论坛发展、科技创新发展等在研讨会上建言献策，提出意见建议。

【“以文化村·未来之光”党建联盟成立】 2020年10月26日，“以文化村·未来之光”党建联盟成立。联盟由良渚文化村社区党委牵头，良渚遗址管委会机关党支部、万科物业党支部、良渚文化村社区公益基金会党支部等八家为联盟单位，余杭区住建局瓶窑房管所等七家单位为“联盟小伙伴”，以“联盟10条”为准则，通过开展组织共建、资源共享、活动共联，发挥党建引领作用，推动基层社区自治。

【话剧《施昕更》首演】 2020年12月24日，由良渚街道出品的四幕平行空间话剧《施昕更：一铲一槌 一梦》在良渚大屋顶剧场首演，表现良渚文化发现人施昕更的故事。该剧以四幕平行空间的结构展开叙事，音诗画配合台词对白，结合舞台实景与投幕虚景，以虚实结合的戏剧表现手法，展现出时空交错的舞台效果，多维度地向观众讲述施昕更与良渚文明不期而遇的人生经历，从而引发观众思考。

（李冰）

·仁和街道·

【概况】 2020年，仁和街道下辖18个建制村、2个社区。年末总户数18131户；总人口76212人。区域面积75平方千米。

2020年，街道完成经常性财政收入4.41亿元；农业增加值5.19亿元，比上年增长2.6%；规模工业增加值24.73亿元，增长5.1%；第三产业增加值增长6.3%；社会消费品零售总额11.31亿元，增长8.7%；自营出口40.90亿元，增长17.9%。

启动未来渔业科创小镇核心区建设，渔业科创小镇招引浙江乡立方商业运营管理有限公司等6家科创型农业企业入驻。浙江恒泽生态农业科技有限公司与宁波大学合作的“蟹公寓”养殖项目落地。

全年整治清退“低散乱”企业84家，引育“小而美”项目5个，引进孵化项目6个。仁和五金小微产业园建成并招引10家企业入驻，仁和时尚家纺产业园基本完工。成立以云会村控股的云润乡村旅游公司，打造“云会红”红色风情小镇。街道涉及钱江经济开发区征迁项目9个，完成征地29.86公顷，征迁农户127户，企业3家。

设立人才服务专窗，举办线上线下招聘会6次，开通“招聘匠”公众号。举办“仁和师傅”培训班，新增认定高层次人才41人，培育“余杭工匠”1人，“樱桃匠人”周海东被评为全国劳动模范。

整治新增辅房违法建筑点位21起，处置违法建筑76宗，上报面积约14万平方米。辖内平均每天垃圾处置量99.86吨，是区日均控量指标的95.8%；仁和垃圾中转站易腐垃圾处置能力提升至20吨，高新农业园区新增日处置能力20吨的易腐垃圾处置点位并投入使用。启动永泰永胜渔公桥、云会村2个“1510”项目，东塘集镇美丽城镇项目。23家工业企业、10个生活小区“污水零直排”项目，花园村农村污水治理项目林家斗片区基本完成。

推行仁和“e家人”管理平台，初步完成云会村试点推行。双陈幼儿园投入使用。实施困难家庭住房改造29户，拨付补助资金53万元，受理困难学生生活费及奖学金资助申请125户，涉及资金20.52万元。仁良花苑居家养老服务中心（含老年食堂），三白潭村、洛阳村示范型照料中心建成并投入使用。举办第16届云上普宁牡丹花卉节。

【仁和街道疫情防控、复工复产工作】 2020年，新冠肺炎疫情发生后，仁和街道先后设置村级卡口，成立临时党支部16个，发动志愿者5200余人，下派57名党员干部包干辖区61家重点企业，传达惠企政策，协调解决企业融资难、员工返程难等问题，3月底前实现规上、规下企业复产率100%，以登记备案形式推进辖内600余家商家店铺恢复生产经营。健全应急管理体系，构建常态化防控机制。

【湖杭铁路项目保障】 2020年，仁和街道完成湖杭高铁500千伏高压铁塔线路迁改前期工作，用时30天完成5个村400余户农户借地面积测量、地面附属物评估赔偿工作，实现交地；用时25天建造10条共4.5千米便道（含1.2千米河道清淤）；用时15天建成2座钢便桥与3个转运码头，用时7天完成调试并移交铁路施工单位。湖杭高铁电力迁改项目按期完成前期政策处理，仁和街道被省发展和改革委员会评为湖杭铁路电力迁改先进单位。

【仁和街道“最多跑一次”改革】 2020年，仁和街道整合原有综合治理中心、公共服务中心、党群服务中心，实现“一站式”解决“一揽子”事项。全年办理服务件12739件，公开电话件2701起，上级转办信件407起，满意率100%。便民大厅开设市民卡业务，成为全区首个可办理市民卡业务的街道。开设“人力资源交流”窗口，入驻第三方人力资源公司，实时展示招工岗位信息、开展招聘活动等。提供“全流程”智慧化服务，开发线上小额交易进场电子审批系统，缩短审批时间；实施办事服务综合自助机24小时可办改造工程，辖区20个村（社）实现率达90%。

2020年4月，第16届普宁牡丹花卉节举行 （吴怡倩 摄）

【“藏粮于技”暨水稻轻简高效种植技术现场观摩会在仁和街道举行】 2020年5月20日，由中国农业科学院主办、中国水稻研究所和余杭区人民政府承办的全国“藏粮于技”暨水稻轻简高效种植技术现场观摩会在仁和街道渔公桥村举行。现场演示11种水稻轻简高效种植技术，包括撒直播、机械穴直播、背负式机械喷播、无人机直播、机械精量穴直播机械测深施肥等，展示“春优927”等水稻优质高产新品种。

【仁和街道被评为杭州市“四好农村路”示范乡镇】 2020年5月22日，仁和街道在杭州市扩大交通有效投资暨创建“四好农村路”国家级示范市（县）比学赶超现场会上被评为杭州市“四好农村路”示范乡镇。2018年，“四好农村路”建设项目涉及辖区内18个村131条道路，共142.58千米，道路长度占全区总量的1/3。2019年，街道再修筑40条道路，共31.75千米。截至2020年末，基本完成建设。

【首期“仁和师傅”培训班】 2020年6月4日，由仁和街道、仁和成校主办的首期“仁和师傅”培训班开班。培训主要针对种植大户，为期15天，分理论课、专业课、基础课三大类，包含市场营销、枇杷新技术管理与嫁接、桃子的栽培技术、葡萄的栽培管理、土壤肥力学等课程。9月28日，培训班结业，金炜东等8名学员被评为“仁和师傅”（特色水果）培训班优秀学员。

【仁和街道基层换届选举完成】 2020年11月14日至12月19日，仁和街道分别完成村（社区）党组织、村（居）民委员会、村股份经济合作社换届选举，街道20个村（社区）全部实现“一肩挑”。选举产生村（社区）班子成员138人，其中女性37人；平均年龄36.8岁；大专及以上学历129人；新进班子成员38人。

（杨欢）

·瓶窑镇·

【概况】 2020年，瓶窑镇下辖13个建制村、6个社区。年末总户数18752户，年末总人口62779人。区域面积129平方千米。全镇山林面积6118.13公顷，耕地面积2785.27公顷，其中水田1666.93公顷。

2020年，瓶窑镇完成经常性财政收入3.88亿元；农业增加值5.54亿元，比上年下降4.2%；规模工业增加值34.57亿元，增长7.1%；第三产业增加值增长13.3%；社会消费品零售总额33.10亿元，增长8.8%；自营出口32.13亿元，增长1.5%。

2020年，全镇种植农作物5415.2公顷，比上年增长2.3%。其中：粮食作物播种面积2979.2公顷，增长11.5%，全年每公顷产8250千克，总产24578.4吨，增长8.80%；蔬菜复种面积1377.53公顷，增长1.8%。油菜全年产量224吨，增长49%，水果全年产量8025吨，增长2.8%，茶叶全年产量987吨，增加0.8%，中草药材全年产量575吨，下降29.9%。全镇生猪出栏量21895头，减少46.3%（生猪年末存栏30119头，增长119.8%）；羊全年出栏量6918头，增长0.3%（羊全年饲养量8849头，减少17.5%）；家禽全年出栏287370只，增长0.1%（家禽饲养量406549羽，增长1%）；兔全年出栏43988只，减少25.4%。编制村级集体经济发展三年行动计划，消除集体经济薄弱村，实现集体经济经营性收入“破千万”村（社区）零突破。

新增“小升规”企业9家、国家高新技术企业24家、省科技型中小企业28家。规上工业企业总数首次突破100家，总数位居全区各镇（街道）第一。规上工业企业缴纳税收3.96亿元，下降27.03%。招引项目42个，总投资额16亿元。举办瓶窑老街招商推介会等大型活动2场，完成瓶窑老街4个板块1.95万平方米空间招商任务，招引培育“小而美”项目32个。竣工投产常升建设集团有限公司、杭州山科电子科技有限公司一期等项目，编制航空航天科技小镇创建规划，中法航空大学如期开工。建立工业企业分级服务管理制度，镇主要领导全覆盖走访辖区内规上工业企业。

2020年，全镇规上三产单位44家，其中，服务业企业8家，商贸企业29家，规上个体户7家。编制《瓶窑镇文旅融合发展总体策划方案》和《瓶窑老街全域旅游落地执行方案》，成立村级农文旅公司6家，制定特色旅游线路3条。建成开放良渚玉雕馆等5个非遗馆和杭州亭市古陶瓷艺术馆，打造杭州首个“非遗街区”。创建浙江省AAA级景区村2个，瓶窑老街入选杭州市中小学生研学旅行基地。成立瓶窑镇同心产业联盟。完成南山公园环境整治项目。培育发展小茅堰等民宿（农家乐）8家，创建区级示范民宿1家，开业运营开元曼居臻选酒店、菩提谷（良渚遗址店）等酒店。瓶窑老街被评为杭州市级高品质步行街。举办余杭区首届大观山蜜桃文化节、2020瓶窑小镇纪念日暨第三届浙艺金鸽电影节等活动，策划举办瓶窑老街“全民练摊”、山乡年货节等10余场大型系列主题活动，被新华社、中央广播电视总台、浙江日报等20余家中央及省、市、区主流媒体报道180余次，吸引200余万人次。

完成征地434.07公顷（其中良渚遗址公园核心区块299.13公顷），农户拆迁259户。长命港入选浙江省2020年“美丽河湖”名单。出台村级留用地开发建设方案，明确7个村合计14.67公顷的村级留用地安置具体事项。生活垃圾实际产生量较控量指标减少逾6%，年底生活垃圾资源化利用率超过50%，完成28个市、区垃圾分类示范村（社区、小区）的创建任务以及10个小区、81家企业、3个公建单位、87家沿街商铺“污水零直排”项目。开展企业安全生产专项整治行动。推进轧石厂整治，关停取缔27家，强制停止生产4家。开展全域预防道路交通事故专项行动。开展“低散乱”企业（作坊）整治、渣土偷倒联合整治行动，查处案件71起。完成中央环保督查迎检工作。创建智慧安防小区22个，全覆盖推进“乡村钉钉”应用，统筹推进镇数字驾驶舱建设。

全年投入15亿元用于民生项目建设。启用瓶窑第二幼儿园前程分园等教育项目3个，竣工瓶窑就业服务中心等公共服务项目2个、“美丽河湖”综合整治等水利建设项目2个，完成既有住宅加装电梯6部。发放慰问金、救助金676万元。启用余杭区第三人民医院新院区。新增羊山社区、学府社区。优化升级“一站式”便民服务中心，102项民生事项实现“就近办”。

2020年，瓶窑镇获得省级小城市培育试点考核全省第一，被评为浙江省内部审计先进集体、浙江省电商镇、美丽城镇建设省级样板、浙江省AAAAA级景区镇、良渚古城申遗工作省级先进集体、农业绿色发展省级示范区、浙江省文明镇、省级侨务示范基地、县域副中心型美丽城镇省级样板。

【首届长三角大学生良渚文化创意专项赛】 2020年5月29日，以“弘扬良渚文化　创享瓶窑之美”为主题的首届长三角大学生良渚文化创意专项赛开幕式在瓶窑镇举行。专项赛设四大竞赛主题，分别为“跨越千年之旅”创意旅游线路设计、良渚文化创意产品和瓶窑文旅特色产品设计、瓶窑老街商业空间和民居创意设计、“我家瓶窑”视频创作与传播，参赛对象面向长三角地区普通高校在校学生及毕业五年内的校友和企业人员。

【瓶窑招商引资项目集中签约】 2020年6月6日，“良渚文明·瓶窑风情”余杭区瓶窑老街招商推介会举行，15个意向项目分4个批次与瓶窑镇签订协议，包括自然造物民艺基地、浙江荔蕾丝秀文化研学基地、杭州亭市古陶瓷艺术馆等3个文化创意类项目，南山开心农场、“野古·虫出没”昆虫科普基地、良渚文明农耕文化园、杭州隽禾文化旅游有限公司等4个农文旅融合类项目，雷迪森窑山精品酒店、王元兴酒楼、M+花园酒店、阳光100长租公寓、玉琮瑢文化餐饮等5个酒店住宿类项目，首届长三角大学生良渚文化创意专项赛、“昆虫工场”、“彭公非遗第一村”研学等3个校地合作类项目。

【瓶窑镇非遗馆群开馆】 2020年6月6日，瓶窑老街举行非遗馆群开馆暨非遗体验基地授牌仪式。良渚玉雕馆、余杭纸伞馆、瓶窑陶艺馆、风筝灯彩馆、蚕桑文化馆等5个非遗馆群揭牌开馆，并由瓶窑镇文旅形象代言人推荐非遗产品。截至2020年末，瓶窑镇有省、市、区级非遗项目13个。

【余杭区首届大观山蜜桃文化节开幕式】 2020年7月11日，“良渚文明·瓶窑风情”余杭区首届大观山蜜桃文化节暨第三届桃王赛在瓶窑老街开幕。开幕式上，区蜜桃行业协会成立揭牌；杭州余杭农林资产经营集团有限公司授权“大观山蜜桃”品牌；瓶窑镇发布觅桃采桃线路及桃产业扶持政策，与区供销合作社联合社就农文旅产品线上销售进行合作签约。

【国庆“晒秋”活动】 2020年国庆假期期间，瓶窑镇以“晒秋”为主题，开展节庆活动。活动以“晒丰收”“庆丰收”“品丰收”和“享丰收”4个主题，展示本地特色农产品，21个村（社区）的“晒秋”物品在瓶窑老街展示。活动期间，还有民俗踩街、全民练摊、手工艺体验、美食品尝等特色节事活动，展示贵州省台江县少数民族手工制品 和民俗活动。10月1日一天，全镇接待游客5.3万人次。

【2020小镇纪念日暨第三届浙艺金鹄电影节启动仪式】 2020年11月21日，瓶窑镇举行“小康路上 我们一起话幸福”2020小镇纪念日暨第三届浙艺金鹄电影节启动仪式活动，杭州亭市古陶瓷艺术馆开馆，祖庆书屋、同心产业联盟揭牌，多个文旅重点项目、校地合作项目签约，第三届浙艺金鹄电影节启幕。瓶窑镇现场公布文旅融合发展规划，发布“风味瓶窑、寻味美食”计划及全球10名文旅体验官招募令，并向全社会免费发放价值20万元的文旅消费券。

（杨孟）

·径山镇·

【概况】 2020年，径山镇下辖13个建制村、2个社区，年末总户数12785人，年末总人口39073人。区域总面积157.08平方千米。

2020年，径山镇实现经常性财政收入1.07亿元；农业增加值8.85亿元，比上年增长4.2%；规模工业增加值6.48亿元，增长4.7%；第三产业增加值增长2.7%；社会消费品零售总额7.53亿元，下降5.3%；自营出口7.10亿元，增长8.6%。

分级分类管理24个规模以上农业园区，培育现代农业园区2家、农业示范园4家，创建1家市级、3家区级三产融合发展示范园。“径山茶”品牌价值达25.17亿元。

全年完成工业投资1.49亿元，增长71.6%，完成专利授权216件。杭州三晶工艺塑料有限公司、杭州三星工艺玻璃有限公司等技改项目竣工。31家规上企业全部完成安全生产三级标准化创建。杭州星华反光材料股份有限公司募投项目投产，入选工业和信息化部专精特新“小巨人”企业名单。杭州泽邦新材料科技有限公司等7家单位创建为国家级高新技术企业；杭州华信电子科技有限公司等3家单位创建为省级科技型中小企业，杭州雅妍化妆品有限公司创建为市级研发中心。整治关停“低散乱”企业（作坊）17家，盘活闲置厂房4万余平方米，改造小微企业园2个，推动企业入园19家，新增“小升规”企业5家，引进大型劳务公司1家。

径山镇创建为国家AAAA级旅游景区、省AAAA级景区镇、省乡村旅游产业集聚区，潘板桥村、绿景村被评为AAA级景区村庄。陆羽泉公园开园。“长乐创龄健康小镇”重启，径山万寿禅寺重修，禅茶文化交流中心（禅意酒店）落地。五一、国庆黄金周期间禅茶一村、古城慢谷旅游环线、径山书院、田野牧歌、六谷民食民宿集聚区、梅秋里产业等6个共同体接待游客近40万人次，旅游收入2342万元。云直播“书记带你游径山”，镇党委书记客串“旅游推荐官”，在线观看70万人次。“径灵子”IP形象发布并登上《新闻联播》，“陆羽和茶小僧”IP入选首批浙江省文旅IP库。举办径山花海第二届拾花节、森禾园艺第三届“玫瑰有约”主题花展、前溪村第三届“丰收节”等系列活动。径山村被评为中国美丽休闲乡村、全国乡村特色产业亿元村，径山书院被评为国家级高新技术企业。出台乡创休闲产业（人才）扶持政策13条，打造双溪老街青年创客社区实体阵地。

开展美丽乡村提升“1510”示范创建行动，全年新增健康绿道10.5千米，全镇累计建成绿道36.5千米，人均千米数居全区第一。完成双溪村、四岭村等7个村重点区块提升，承办杭州市深化“千万工程”建设新时代美丽乡村现场会。启动小镇客厅、镜潭湖公园、吴山公园三期等美丽城镇项目。拆除违法和不雅建筑12万余平方米。开展水环境和大气环境污染防治，全域水质基本稳定在Ⅰ～Ⅱ类及以上，中苕溪径山段创建为省级美丽河湖，径山镇被评为省“五水共治”考核优秀镇。推进生态治理专项行动，修订完善“禁养、禁捕、禁挖”长效管理办法。新增“虎哥回收”服务站点1个，垃圾清运量比上年减少12.7%，资源化处置率50.58%，翠谷苑等6个小区创建为市级示范小区。

推进“警源、诉源、访源”融合治理，依托“微法庭”，延伸司法调解范围。建设旅游资源集聚区共同体6个以及工业联盟、农文旅联盟行业共同体。搭建智慧小镇、智慧城管等信息平台，打造“云上径山”数字驾驶舱，推进杭州城市大脑“社区微脑”应用，提炼“掌上枫桥经验”，开发“径山客”小程序，推出“安小径”公众号。径山村、小古城村入选全区数字乡村建设试点。完成镇村综治中心、社会矛盾纠纷调处化解中心建设，建立信访代办、家事调解等工作机制。径山村、小古城村分别入选浙江第二批、第三批省级引领型农村社区。

打造社区卫生服务中心“一镇一品”中医药特色品牌科室，创建浙江省五星级规范化预防接种门诊，小古城卫生服务站完成建设并投入使用。西山村创建为杭州市健康单位，前溪村、长乐村等9家单位创建为区级健康单位。新建示范型照料中心2个，实现老年助餐点镇域全覆盖。完成29户困难残疾人无障碍设施、10户困境儿童“理想小屋”和37户困难家庭危房、适老化改造工作，径乐社区、桥头社区创建为省级、区级无障碍社区，平山村被评为区民政工作先进村。前溪村创建为市级“枫桥式”退役军人服务站。镇垃圾中转站、桥头·花海党群服务驿站投入使用。西山村、平山村等7条“四好农村路”、龙皇塘工业园区4号路通车。

新建潘板桥村文化礼堂，改造提升求是村、漕桥村文化礼堂，新增小古城村A级健身点、径乐社区“百姓健身房”以及求是村、绿景村A级灯光篮球场。举办大径山跑山接力赛、“全民健身　共享亚运”绿道毅行以及“送戏下乡”“相约周末”等文体活动900余场次。径山茶炒制技艺项目入选第一批杭州市传统工艺振兴目录，四岭村被评为第三批杭州市非物质文化遗产旅游景区，4人入选第五批余杭区非物质文化遗产名录项目代表性传承人。完成漕桥村永安桥、善庆桥修缮工程。完成径山中学、潘板中心小学等6所学校暑期环境综合整治，长乐幼儿园创建为浙江省二级幼儿园。

【径山镇疫情防控、复工复产工作】 2020年，新冠肺炎疫情发生期间，径山镇成立镇新冠疫情防控工作领导小组和指挥部，搭建“一办十二组”组织架构，健全疫情防控体系。建立临时党支部29个，党员先锋岗22个，发动参与疫情防控党群志愿者2600余人。辖区内新冠肺炎病例实现零确诊、零疑似。小古城村党委书记林国荣被评为市“疫”线最美“领头雁”，小古城村村委委员沈琴被评为市抗击新冠肺炎疫情先进个人，老干部曾庆钊被评为市“五老志愿者”先进个人、最美抗疫老干部志愿者。成立复工复产服务专班，破解企业“防疫物资筹措难、返岗员工住房难、资金短缺周转难”等难题，助力企业复工复产。

【第19届中国茶圣节】 2020年4月18日，第19届中国茶圣节在余杭大径山乡村国家公园举行。开幕式采用“云直播”方式，通过无人机航拍、5G视频直播、高清图片直播等形式，线上展示径山村、“径山花海”、小古城村等景点。开幕式上发布宣传片《陆羽带你游大径山》。在日本设立分会场，通过5G全媒体直播技术，中国和日本两地的尺八演奏家“云合奏”节目。

【第三届前溪丰收节】 2020年11月21日，“‘稻’不尽的径山奇妙之旅”暨径山镇第三届前溪丰收节在前溪村开幕。开幕当天，径山镇发布两条旅游路线，通过串联古城慢谷旅游环线共同体、禅茶一村共同体、六谷民食民宿集聚区共同体、田野牧歌共同体、梅秋里产业共同体，民食民宿及各景点，打造丰收季精品旅游路线。活动持续约2个月。

（陈皖宁）

·黄湖镇·

【概况】 2020年，黄湖镇下辖5个建制村、1个社区。年末总户数4805户，年末总人口13520人。区域面积58.55平方千米。

2020年，黄湖镇完成经常性财政收入0.42亿元；农业增加值2.59亿元，比上年增长1.3%；规模工业增加值4.63亿元，增长24.2%；第三产业增加值增长4.7%；社会消费品零售总额3.73亿元，增长8.8%；自营出口8.99亿元，增长44.1%。

完成高标准农田建设任务76.53公顷，通过区级初步验收。完成赐壁村茶家堰土地整治项目，通过验收并被评为优良工程。

完成工业园区1.65公顷土地出让。完成杭州荣韵冲压件有限公司年产50万（套）件家具用金属配件生产厂房新建项目；启动杭州实兴服饰有限公司新建厂房项目。完成专利申请、授权近500件，新增国家高新、省级科创企业10家，比上年增长20%；淘汰落后产能、技改提升企业16家。实施“零土地技改”15项，企业上云22家，实现规上工业企业智能化诊断全覆盖。

全年申报注册民宿（农家乐）40余家，创建合格民宿28家，增长17%。旅游配套项目印力田园综合体42号地块主体结顶。

完成黄湖镇美丽城镇规划方案，被评为省级优秀行动方案。通过省级园林城镇验收。制定美丽乡村一期工程后续长效管养计划，重点实施清波和虎山市级精品村建设。全年处置违法建筑4.6万平方米。青山村建成全镇首个规范垃圾集置点。增加横湖路泔水线和老街垃圾不落地音乐线。将垃圾分类检查内容纳入“自然好邻居”积分管理和评议细则。全年生活垃圾进场总量3803吨，较控量指标减量661吨，连续两年实现生活垃圾总量负增长。

开展“访源、警源、诉源”三源治理。以开展雷霆行动、扫黑除恶、防电信诈骗等专项行动为抓手，打击违法犯罪。完成清波村社会治安重点地区挂牌整治，清波村创建为省级民主法治村。受理电网信类信访342件，下降32.2%。运用“未来乡村数字平台”建设和“一码多址”应用，实现数字门牌多维应用，数字驾驶舱一屏联动。

完成赐壁、王位山、清波3个村15条26.77千米的“四好农村路”建设。完成4个村52.3千米组级道路沥青浇筑修复。投资4000余万元，完成王位山顶、江塘庵、东坞等7个自然村组生活污水治理工程，覆盖农户473户。完成王位山顶和龙坞水库一体化设备集中供水建设。黄湖中心小学与杭州文澜未来科技城学校签订合作帮扶协议。做好全镇人口管理，免费婚前医学检查和免费孕前优生健康检查工作，全年奖励扶助、特别扶助257人。开展红十字应急救护普及培训进机关、企业、学校、文化礼堂等18场809人次，完成AED配置4处，慰问困难户30户。开展文明公筷、文明用餐等宣传活动，打造文明实践站（点）10个，建立文明志愿队伍8支，新加入志愿者1770人。开展情暖黄湖人物选树，2人（集体）被评为区美丽余杭人。全年开展文化礼堂、文化走亲、“云非遗”等“线上＋线下”活动200余场。举办首届未来乡村杯足球邀请赛，完成中国作家走进未来乡村采风创作活动、诗意栖居——中国未来乡村发展文化论坛活动。新建文体团队29个。黄湖镇创建为省级园林城镇，王位山村创建为省级AAA景区村庄和市级书法村。未来乡村文旅融合工作入选省文化和旅游厅优秀案例选编。

【黄湖镇疫情防控、复工复产工作】 2020年，黄湖镇面对突如其来的新冠肺炎疫情，坚持群防群控，建立工会、团委、妇联3个帮帮团，发动党员、退役军人、志愿者近600人参与巡逻值守和隐患排查。落实疫区旅居史、密切接触者的隔离观察、公共场所消毒等防疫举措，为集中隔离点提供医疗服务。进入疫情防控常态化阶段后，按照防控要求，科学规范防控，实现辖内新冠肺炎病例零输入、零感染。

建立外地职工分级分类管理数据库，排查企业、商超、沿街店铺448家，服务保障返岗复工员工1277人。落实企业及个体户防疫复工举措，确保防控方案、复工白名单、防疫物资三到位，实施企业复工“一图一表一分析”，推进复产进程。推出全体机关干部与企业“一对一”服务模式，落实常态走访与定期座谈机制，全年走访企业349次，受理办结企业问题145个。帮助100余家企业落实电费、员工租房等补助40余万元。联合浙江杭州余杭农村商业银行股份有限公司帮助101家企业获批贷款 5.72 亿元，减免企业利息 740 万元。

2020 年 8 月 20 日，余杭区打造未来乡村实验区启动大会举行
（黄湖镇　供稿）

【黄湖镇“未来乡村”建设】
2020 年，黄湖镇制定镇未来乡村实验区打造初步方案，方案主要分为“1510”示范村项目及农文旅项目。“1510”示范村项目投资约 8700 万元，项目包括登山步道项目、东坞核心区块大草地公园、树桥头艺术村落打造、零东线两侧基础环境提升、王位山高村（滑翔伞项目降落点）线路“上改下”项目及相关配套设施、智慧乡村平台建设等。农文旅项目投资约 740 万元，主要为旅游配套设施建设、农业配套景观提升、文化产业培育提升、公共服务配套设施等。8 月 20 日，余杭区打造未来乡村实验区启动大会在黄湖召开。9 月 9 日，黄湖镇“未来乡村”党建联盟成立。10 月 10 日，黄湖镇“未来乡村数字平台”上线发布暨余杭绿水公司成立仪式在青山自然学校举行。从政府管理、游客服务、群众办事等维度，延伸和扩展应用场景。

【黄湖镇非遗陈列馆“溪上印象馆”开馆】 2020 年 1 月 9 日，“山外青山　溪上黄湖”非遗陈列馆开馆仪式暨春意闹黄湖“逛非遗”民俗活动在黄湖镇老街举行。“溪上印象馆”是区“文化西进”首个镇级项目，2018 年启动，经过一年多的改建、打造，于 2020 年 1 月 9 日揭牌开放。馆内汇集传统的山乡非遗文化、老街赶集文化、革命根据地红色文化等历史人文遗存。

【黄湖镇数字驾驶舱上线】 2020 年 6 月底，黄湖镇数字驾驶舱建成，成为全区第一家上线运行的镇级驾驶舱。作为杭州城市大脑·余杭平台在镇（街道）层面的延伸，黄湖镇围绕“未来乡村”建设核心，按照“资源整合、互联互通、数据共享、特色应用”的建设理念，依托市、区级城市大脑数据库和数据智能分析能力，聚焦社会治安防控、智慧便民服务、旅游咨询服务、数字化精细管理等功能应用，开发建设全域在线、智能可控、数字管理于一体的综合性驾驶舱系统。

【黄湖镇综合文化站全面启用】 2020 年 12 月 6 日，黄湖镇综合文化站全面启用，占地面积约 0.67 公顷，建筑面积 2350 平方米，总投资 800 万元。配有图书馆、健身房、舞蹈室、演出大厅、书画室、乒乓球室、篮球场和五人制足球场。

（徐婷）

·鸬鸟镇·

【概况】 2020 年，鸬鸟镇下辖 6 个建制村，1 个社区。年末总户数 4317 户，年末总人口 11906 人。区域面积 72 平方千米。森林总面积 7533.33 公顷，耕地面积 800 公顷，森林覆盖率 88%。

2020 年，鸬鸟镇完成经常性财政收入 0.09 亿元；农业增加值 2.89 亿元，比上年下降 3.0%；规模工业增加值 0.23 亿元，增长 11.8%；第三产业增加值增长 1.8%；社会消费品零售总额 1.21 亿元，下降 7.5%；自营出口 0.07 亿元，增长 40.8%。

新增 33.33 公顷以上现代农业园区 2 个、家庭农场 3 个、A 类园区 1 个。创建省级青年创业农场 1 家，区级现代农业示范园、规范园 3 家。推动全省首个蜜梨科技小院落地，“鸬鸟蜜梨”获得中华人民共和国农产品地理标志登记证书。完成六村优质房产购置等集体经济发展项目，消除年经营性收入70万元以下薄弱村1个，村均集体经济经营性收入115万元。

老政府文创园、野天堂众创空间项目落地，和骏出行（杭州）科技有限公司、杭州君熹汽车销售有限公司、易云网络科技有限公司等一批“小而美”项目落户。推动转型升级，培育国家高新技术企业3家，指导“小升规”企业1家，淘汰整治“低散乱”企业71家。新增民宿（农家乐）35家，创建精品、特色民宿37家，其中被评为市级优秀、特色民宿3家，被评为区级示范民宿3家。

全年接待游客120余万人次，直接带动旅游消费1.6亿元，创建为省级旅游风情小镇，被评为“杭州·浙西文旅消费示范点”。依托杭州余杭旅游集团有限公司，合资成立鸬鸟产业运营有限公司。开发上线“遇见鸬鸟”小程序。蜜梨乐园开放。举办镇年货节、梨花节暨古风趣享游园会、第17届鸬鸟蜜梨生活节，余杭区杜鹃花节等节展活动。发放20万元旅游消费券，开展直播带货，打造7点半夜游线路，到上海等地旅游推介活动。

推进“城市环境大整治、城市面貌大提升”百日攻坚行动，开展“占耕”整治，全年处置违法建筑3.35万平方米，完成率为167%。实现垃圾控量持续“负增长”，创建省级垃圾分类示范村1个、市级垃圾分类示范村2个，实现垃圾分类示范全覆盖。创建省级星级和示范性农村公厕5个。完成美丽乡村访茶寻幽线一期项目，陡岭古道、鸬鸟山古道、老虎山骨干林道建设。投入3000万元综合提升6条共15.8千米“四好农村路”。鸬鸟镇创建为省AAAA级景区镇、浙江省森林城镇、浙江省康养小镇，山沟沟村被评为浙江省“乡村氧吧”。

搭建“数智鸬鸟·全域治理”平台，汇集辖区数据信息5.6万余条，开发景区管家、森林巡防、溪流监测等应用场景。建立“党建＋治理”微中心，逐步实现老百姓反映诉求、化解矛盾“最多跑一地”。探索景区警务站、山理调解室、阳光微法庭访源、诉源、警源融合治理模式。修订完善美丽公约、村规民约，定期召开基层民主议事协商会议，前庄村被评为省级民主法治村。

完成新四军被服厂提升改造和杭州青年运动史馆余杭分馆修缮。举办“我有好家风”宣讲比赛暨“最美鸬鸟人”“最美家风户”等先进个人颁奖典礼。提炼“凌统”“汤氏”“盛氏”家风家训，出版《凌统故事》。前庄村被评为省级文明村，仙佰坑村被评为市级民俗文化村。建成鸬鸟中心小学，举办鸬鸟小学“百年校庆”庆典暨新校落成仪式。启用老年人集中配送餐中心，形成中央厨房、老年食堂、农家乐助餐点、配送到家就餐网络，日均配送餐150余人。太平山村卫生服务站过渡点试运行。超额完成全年征兵任务，创建省级枫桥式退役军人服务站1个、市级枫桥式退役军人服务站1个，镇退役军人服务站启用，成立退役军人志愿服务队3支。举办慢城公益园第三届微公益梦想大赛。完成“9·6”洪灾36条林道、12个水利水毁修复工程。

完成全镇六村一社区党组织换届选举。开展民宿管理、乡土文艺、农业技能等领域就业创业、实用技能培训600余人次。加快乡村振兴人才引育，打造野天堂众创空间人才驿站，柔性引进中国工程院院士1名，新增高层次人才13名，创建区级大学生暑期见习实训基地3个，余杭区留青会青年分会工作站落户鸬鸟。开通镇长公开电话“88512345”，杭州24小时办事服务综合自助机村（社区）实现全覆盖，实现农村民宿申请、营业执照合法场所证明、

2020年7月12日，“遇见鸬鸟　梨享生活”第17届鸬鸟蜜梨生活节开幕　（鸬鸟镇　供稿）

企业用工补助等12类事项“零公里代办”和社保、公积金等百余个事项自助办理。

【鸬鸟镇疫情防控、复工复产工作】 2020年1月28日，鸬鸟镇召开新冠肺炎疫情防控工作布置会。按照“外防输入、内防扩散”的总体防控策略，成立镇疫情防控“一办十一组”，发动150余名镇村干部、1100余名志愿者坚守防疫第一线，落实防疫物资保障、公共区域消杀等防控措施。排查全镇范围内各村（社区）、企业、景区、民宿（农家乐）等场所，设置镇级卡点5个，安排24小时值班人员。劝返酒店、民宿（农家乐）入住游客891人，劝退预定游客7803人。镇村干部、普通群众参与“红管家”服务队，为居家管控人员、行动不便的老人买菜送水配药。企业家、党员、青年学生等以捐资捐物的方式支持疫情防控。

分类指导企业复工，明确企业复工基本条件、申请材料和流程，制定“一企一策”，指导一、二、三产企业分批有序复工。截至2月18日，全镇152家企业中130家企业复工，其中规上工业企业，限上服务业企业复工率均达100%。深化“亲清直通车”服务，实施重点企业包干领导加驻企服务员联系制度、小微企业组团式联系制度，进行政策宣传和答疑解惑。宣传“防疫惠企28条”，引导企业通过线上平台推出“云招聘”岗位277个，为200余家企业及工商户进行税费减免。

【鸬鸟镇年货节】 2020年1月1日，“鸬鸟味·道不完，山沟沟里过大年”鸬鸟镇年货节开幕。活动现场鸬鸟镇与余杭旅游集团有限公司签署战略合作协议，开启全域旅游发展模式。年货节期间举办辰时开市、巳时迎新、午时午食、未时看戏、申时社火、酉时夕食、戌时花灯等特色活动。活动持续至1月18日。

【浙江省首家科技小院落户鸬鸟】 2020年8月30—31日，乡村振兴暨科技小院联盟（浙江）会议在鸬鸟镇召开，省内首家科技小院“浙江余杭蜜梨科技小院”落户鸬鸟。中国农村专业技术协会、省科学技术协会、省农村致富技术函授大学、浙江大学、浙江农林大学、余杭区人民政府、鸬鸟镇人民政府相关领导，省科学技术协会及下属县（市、区）科学技术协会相关负责人等90余人参加会议。科技小院以乡村振兴为目标，推动余杭蜜梨产学研合作，助力农业绿色发展、农民持续增收。

2020年1月1日，“鸬鸟味·道不完，山沟沟里过大年”鸬鸟镇年货节开幕
（鸬鸟镇　供稿）

【“鸬鸟女当家联盟”成立】 2020年11月10日，鸬鸟镇举行“鸬鸟女当家联盟”成立仪式暨首场沙龙活动。区妇女联合会、鸬鸟镇党委领导，鸬鸟镇妇女联合会、各村（社区）和企事业单位妇联负责人、民宿女业主等50余人参加活动。该联盟为全镇民宿女业主提供相互学习交流平台，助力富美经济发展。

【山沟沟风景区被评为浙江省“乡村氧吧”】 2020年12月9日，浙江省气象台首次发布浙江省“乡村氧吧”名单，鸬鸟山沟沟景区成为上榜的30个风景区（民宿区）之一。“乡村氧吧”需年平均负氧离子浓度达到1000个/立方厘米以上，气候舒适度达“适宜”的月份为3个月以上，生态环境良好，交通便利，休闲旅游生活设施较为完备，有较为完善的基层气象防灾减灾体系等。

（潘磊）

·百丈镇·

【概况】 2020年，百丈镇下辖6个建制村、1个社区。年末总户数3339户，年末总人口10632人。区域面积60.40平方千米。山林面积5305公顷；耕地面积385.2公顷，其中水田166.6公顷。

2020年，百丈镇完成经常性财政收入0.36亿元；农业增加值1.39亿元，比上年增长0.6%；规模工业增加值2.80亿元，增长31.7%；第三产业增加值增长4.8%；社会消费品零售总额3.25亿元，增长8.2%；自营出口3.16亿元，增长37.4%。

建立企业培育数据库，完成“个转企”4家，新增规模企业2家，“净升规”1家。完成工业投资项目4个，累计投资3300万元，比上年增长11%。投资750万元，实施“机器换人”项目2个；双枪科技股份有限公司、浙江南晶玻璃科技股份有限公司、杭州余宏卫生用品有限公司等企业实施工业物联网项目并试运行，提升生产效率。

提升百丈旅游设施、标识标牌、服务管理，推动半山村、溪口村、泗溪村农文旅融合建设，新建溪口文创街区游客咨询点、农文旅直播中心、百丈百味购物点，委托杭州余杭旅游集团有限开展景区运营，举办“竹意百丈”全域景区发布暨文创园区年货节活动，承办余杭区首届杜鹃花节，全年吸引游客30万人次，实现旅游收入1437万元，创建为省AAAA级景区镇。百丈旅游形象“当关夫”和“小笋宝”参加白马湖国际动漫节，8家民宿（农家乐）签约大径山国家乡村公园线上销售平台。举办招商推介专项活动5场，签约产业项目11个，落地9个。完成百丈山居雷迪森度假酒店和半山古驿风情度假酒店两个项目土地挂牌出让。

垃圾资源化利用率超过51.6%。举办2020年“美丽中国，我是行动者”浙江省暨杭州市纪念“6·5”世界环境日主题宣传活动。验收工业园区外“污水零直排”企业7家，完成农村生活污水处理终端提升改造7处，全年水质保持在Ⅱ类及以上。开展木桥头区块大气自动检测整治，发现并整改企业3家。创建余杭区美丽庭院示范带6条、余杭区美丽庭院示范户3户。百丈镇创建为省级森林城镇。完成“四好农村路”工程，台头坞山塘工程，独松至石竹园游步道工程，中心幼儿园装修改造工程，溪口村、泗溪村耕地质量提升，泗溪村市级特色精品村等项目建设。全年项目总投资概算超3亿元，年度投入超2亿元。

完善社会矛盾排查化解工作机制，化解行政诉讼案件11起。探索建立治安巡逻志愿者、安全生产兼职网格员队伍。落实“一图一码一指数”工作，录入企业83家，录入率与信息完整率均为100%。完成村（社区）组织换届工作。

新建文化礼堂1处、运动健身场1处、健康步道10.7千米。开展“文化礼堂运动会”“全民健身走”等文体活动20余场。新增就业岗位220个，实现失业人员再就业和转移就业45人，完成创业担保贷款40万元。实行养老助餐市场化运营，为全镇300余名老年人送餐4.9万余份，为独居、空巢和困难家庭老人每年提供百元生日餐津贴。全年发放困难低边家庭、残疾人等慰问、补助600余万元，实现6个村集体经济收入超70万元的消薄目标。全年实际解危C、D级危旧房89处。是年，百丈镇被全国爱国卫生运动委员会命名为“国家卫生乡镇”。

【百丈镇统筹推进疫情防控和经济社会发展】 2020年，新冠肺炎疫情发生后，百丈镇发动党员、代表、群众参与疫情防控2万余人次，实现面上疫情零发生。在做好全镇疫情防控工作的前提下，建立复工达产工作专班，下设10个复工专项工作小组，采用“1+2+N”模式，由1名镇班子成员带2名中层干部包干企业，帮助辖区内65家工业企业制定复工达产“一企一策”、为返岗员工建立“一人一档”，企业复工达产率多次排名全区第一。通过“亲清直通车”等形式，帮助企业解决问题200余个。

【百丈镇公益活动】 2020年，百丈镇人民政府与阿里巴巴公益基金会合作，探索“人人3小时”公益小镇建设，建立公益加油站，设计公益项目场景35个，引入“绿色浙江”、浙江绿色创新发展联盟、余杭绿浙城乡联动体等社会组织承接活动项目。通过支付宝“人人3小时”公益小程序，辖内参与公益打卡人数1000余人次，接待阿里云、浙江大学、市科学技术协会等区外志愿者200余人，实现公益打卡3000余小时。镇商会发动10余家企业参与慈善公益事业，共同助力公益小镇建设。

2020年6月5日，浙江省暨杭州市纪念“6·5“环境日活动举行

（百丈镇　供稿）

【余杭区杜鹃花节】　2020年4月19日至5月底，余杭区杜鹃花节开幕式在百丈镇溪口花海举行，百丈镇人民政府就绿米未来之家精品民宿酒店、“红色溪口”特色文旅、山地运动公园、仙岩毛竹产业园区等项目进行签约。活动串联鸬鸟镇和百丈镇的特色活动、景点美食民宿等，活动持续至5月底。

【“校地合作党建联盟　共助百丈乡村振兴”签约仪式】　2020年5月29日，“校地合作党建联盟　共助百丈乡村振兴”签约仪式在百丈镇举行。会上，百丈镇党委与浙江理工大学生命科学与医药学院党委签约，百丈镇溪口村党委与浙江理工大学植物学与生态学学科党支部签约，浙江理工大学生命科学与医药学院向百丈镇授予学院教师党支部书记“双带头人”培育工程基地、学院党支部实践教育基地，浙江理工大学生命科学与医药学院授予杭州三叶青农业科技有限公司、杭州小巷三寻手织布开发有限公司大学生实践基地。

【阿里巴巴“魔豆妈妈”项目落成】　2020年5月31日，阿里巴巴“魔豆妈妈”项目——全国首个手工艺创业孵化基地落成仪式在百丈镇溪口村举行。该基地由浙江省妇女联合会、阿里巴巴集团社会公益部、“魔豆妈妈”公益项目、浙江小巷三寻文化创意发展有限公司共同发起，在全国范围发掘非遗传统手工艺，为女性提供电商创业培训和手工艺专业指导，帮助女性实现居家就业和增收。

【浙江省暨杭州市纪念“6·5”环境日活动举行】　2020年6月5日，浙江省暨杭州市纪念“6·5”环境日活动在百丈镇举行。企业代表、公众代表、学生代表、社会组织代表、志愿者代表共同宣读“践行‘两山’理念　建立绿色生产生活方式”倡议书，举行“美丽中国　我是行动者　致敬千年环保世纪行20周年”骑行活动授旗仪式。骑行共设置“绿水青山线”“双创活力线”“文化传承线”“靓城焕颜线”4条线路。活动现场，“共治家园”App发布。

【居家老年人配送餐服务规范省级地方标准立项评审会暨浙江省农村居家老年人配送餐研讨会举行】　2020年9月25日，居家老年人配送餐服务规范省级地方标准立项评审会暨浙江省农村居家老年人配送餐研讨会在百丈镇举行。6月，在区民政局指导下，百丈镇人民政府和浙江省标准化研究院合作制订《浙江省居家老年人配送餐服务规范》，旨在通过百丈实践，形成省级地方标准。百丈镇以助餐为切入点，立足区位条件，引入浙江恩慈养老服务有限公司，共同推行“中央厨房＋点面结合”的送餐模式，实现送餐服务全域化、标准化、精准化、个性化、智能化。截至年末，日送餐量250余份，90周岁以上老人覆盖率100%，80~89周岁老人的覆盖率52.61%。

（洪兰）

编辑：范雅君、姚敏

延伸阅读▶▶

水变清了，人气旺了，产业多了

在青山，遇见“未来乡村”

编者按：小康不小康，关键看老乡。推动乡村全面振兴，乡村生态建设是重要一环。习近平总书记指出：“希望乡亲们坚定走可持续发展之路，在保护好生态前提下，积极发展多种经营，把生态效益更好转化为经济效益、社会效益。”处理好生态保护和经济发展的关系、实现可持续发展的乡村，是充满希望、令人期待的乡村。

本版今日起刊登系列报道“在希望的田野上”，关注走可持续发展之路的乡村实践。近年来，有的乡村以生态环境保护为契机，探索出环境友好型发展模式；有的将当地生态资源与特色产业开发相结合，成了远近闻名的网红村；有的在荒山绿化中找到增收致富路径，将土特产卖出深山。这些探索，向我们展现出乡村充满希望的未来。

从浙江杭州中心城区出发，一路向西北方向行进，一小时车程就可抵达余杭区黄湖镇青山村。

绿意渐浓，来青山村的车子多了起来。龙坞水库大堤上不时有看风景的人走过，水库周边的竹林里远远就能听到游人的笑声，村里的农家乐也因为有客人光顾变得热闹起来……

青山村古风依然，“绿树村边合，青山郭外斜”的意境随处可寻；村中这几年才出现的融设计图书馆、青山自然学校等“修旧如旧”的时尚建筑，让人对青山村的未来也充满期待。

龙坞水库的水

来到青山村，龙坞水库是必去的打卡点。这里山青水蓝，远远望去就像一弯蓝色月牙镶嵌在连绵起伏的山谷与竹林间，让人流连忘返。

龙坞水库位于青山村，建成于1981年，常年为附近的青山村、赐壁村的3000多名村民提供饮用水。

但前些年，水库上游2600亩的汇水区内有1600亩毛竹林，为追求产量，村民在竹林中大量使用化肥和除草剂，造成了水库污染，影响了饮用水安全。2014年起，黄湖镇政府与大自然保护协会、万向信托等企业和机构展开合作，通过政府主导、社会参与的形式保护龙坞水源地。

能否真正做到将水源地周边整治与保障村民利益统筹考虑，是切实推进水源地保护的一大考验。2015年11月，大自然保护协会联合合作伙伴创建了善水基金信托。具体做法是，从43户农户手里完成500多亩低丘缓坡毛竹林地的林权流转，这也是水源地汇水区内化肥、农药施用最为集中的林地，农户将林地承包经营权以财产权信托方式委托给善水基金信托集中管理并获取补偿金。这一举措，取得水源地保护与村民增收双赢的成效，农户的毛竹林收益由每百斤约24元提高到每百斤31元，直接收入提高20%。

能否真正将集中管理水源地与着力改善水环境统筹起来考虑，是切实推进水源地保护的又一考验。当地通过设计水源地保护模式、制定林地科学管理方案、评估保护效果及协调各方公益资源，针对性、系统性开展治理。其中，每年组织对毛竹林进行人工除草和灌木清理，能做到不破坏根部、保持水分。同时，开展公众环境教育活动，也收效颇丰。

高质量推进水源地保护举措，使得龙坞水库农业面源污染问题得到根本解决：仅用3年时间，村内的水体质量逐步达到Ⅰ类水标准，大多数村民了解并认同水源保护的重要性。2017年底，龙坞水库约2600亩的汇水区正式被余杭区林业水利局划定为饮用水水源保护区，从村级小水源正式升级为法定保护区。

龙坞水源地保护还改变了青山村原有的生产生活方式，全新的可持续发展态势初露端倪。

70岁的老党员王康云给记者算了笔账：水源地保护项目没实施时，他在家务农，毛竹砍伐的收入在3000元左右；推进水源地保护过程中，自家的8亩毛竹林通过流转，每年收入在4000元左右；

他还加入了水源保护项目，每月能有800元收入；现在村里生态环境越来越好、游客越来越多，老王家里开起了农家乐，每年还可增收2万元左右。

村里来了年轻人

青山村是个有着2600多人的传统村落，村民主要收入来自于毛竹、水稻和苗木种植。前些年，年轻人纷纷外出打工，导致村里空心化现象比较严重。

产业单一、年轻人外出，青山村冷清了不少。令人欣喜的是，伴随龙坞水源地的水质逐年变好，一群有梦想、有追求的年轻人也同步来到了青山村。

2岁的张海江先后毕业于中山大学和美国印第安纳大学，2015年来到青山村。由于从小生活在甘肃一个缺水的环境里，他来到村里的初衷，只是想让当地村民喝上干净的水。不知不觉间，他已在村里待了五年。五年来，他不但身体力行推动龙坞水源地保护工作，也在积极推动一个个公益项目、文旅企业、体育活动在青山村落地。

正是在张海江等一批年轻人的推动下，2016年，龙坞水源地正式成为阿里巴巴公益基金会公众自然教育基地；2018年，致力于中国传统文化传承和保护的融设计图书馆惊艳亮相；2019年，致力于自然教育活动的青山自然学校正式开学……成绩单的背后，是张海江等年轻人和青山村村民的辛勤付出：要知道，融设计图书馆原本位于杭州城西五常大道，是几经争取才搬到青山村的，而现在的融设计图书馆则是在原本残破不堪的东坞礼堂基础上改建而成；至于青山自然学校，则是在村里一所废弃20多年的小学的基础上建起来的。

陆续落户青山村的文创企业、公益组织，随即又成为吸引人才集聚的“梧桐树”——以设计师、公益服务团队、商业经营管理团队为主体的国内外高层次创新创业人才及本地创业青年和手工艺人先后在此集聚。村里现在常驻人才37人，本科及以上31人，其中包括1名博士、10名硕士。此外，融设计图书馆签约设计师和公益组织志愿者则分期到村内驻点。由此，青山村从年轻人逃离的留守村落，逐渐变成了匠人汇集的潮流之村。

驻村日子久了，张海江和村民的感情也在不断加深：在村民眼中，张海江等人是“我们村里的年轻人”；在张海江等人心里，自己则是村里的一分子。去年，这些“我们村里的年轻人”还组建了“青山同心荟”，充分发挥专业特长，定期与村民对话、与村委会协商，合力为青山村的发展出谋划策。黄湖镇党委书记陈国强对这一现象有独到理解：“人因水而聚，业因人而兴，‘我们村里的年轻人’的到来，将撬动青山村走上全新发展道路”。

产业发展有了起色，村民环保意识提升

水清了、人气旺了，青山村越来越美……这些，都是龙坞水源地保护带来的切实变化。

青山村的改变，首先体现在产业发展有了起色。以融设计图书馆和青山自然学校为例，这两个项目年吸引人流量近4万人。在这两个项目带动下，一些文旅企业、体育健身项目正在着手规划建设，预示着青山村发展不可限量。产业的发展，带动了集体经济的壮大，2019年青山村集体收入达到668426元，较上年增长50.25%。

青山村的改变，也体现在村民环保意识有了提升。如今，在青山村，村民自觉遵守水资源保护、不使用一次性制品、垃圾分类等规则，参与村庄治理工作。根据村民参与情况，形成绿色积分档案，按积分评定星级，星级高的家庭优先获得访客住宿推荐，村民收益的10%返还至善水基金，从而形成受益者付费的可持续治理机制。首批参与的52户村民户均增收2.5万元，有效激发了村民参加村庄环境保护的主体意识。

2019年10月，青山村被余杭区政府正式确定为“未来乡村实验区”，青山村的发展由此步入全新阶段。

未来乡村到底意味着什么？依照黄湖镇打造“未来乡村实验区”实施意见，目前可以确定的是——新、老村民的主体作用会得到充分发挥，可持续的生态环境保护机制会得到进一步强化，创新集体经济的运营方式会加快落实，人才帮扶政策及人才公寓建设会更加务实，公益文化教育与志愿者服务活动会更加普及……而在这些实施意见之外，有关未来乡村的更多美好愿景还需不断梳理并通过实践转化为现实。

推行水源地保护举措、采取环境友好型发展模式，使得青山村在发展中“遇见未来”。至于接下来的路怎么走，青山村的新、老村民有着共同认知：不奢望短期内让“未来乡村”变为现实，关键是迈出的每一步都要十分坚实。

(《人民日报》2020年5月12日　李中文)

产业平台

Industrial Platform

·浙江杭州未来科技城·

【概况】 2020年，未来科技城实现企业营收7274亿元，完成税收419亿元，比上年增长16.5%和37.7%，实际利用外资3亿美元，完成固定资产投资291亿元，增长7.9%。累计引进培育海外高层次人才4080人，其中，“两院”院士25人、海外院士9人，国家级海外高层次人才160人，浙江省领军型创新创业团队15支。累计引进金融机构1455家，管理资本3158亿元。

阿里巴巴达摩院全球总部项目开工，梦想小镇法国村开工。之江实验室、良渚实验室、湖畔实验室等省级实验室落户未来科技城。中国（杭州）数字·健康小镇开园，首批落户项目24个。之江实验室园区一期工程完工并交付使用，配套“两路一河”工程包括之达路、文一西路（南湖以西段）、运粮河改造工程同步完工。完成蜜芽集团总部、高通联合创新中心等8个项目线上签约，总投资超40亿元。引进贝达梦工场控股有限公司、浙江厚达股权投资基金管理有限公司等基金管理公司，基金规模超百亿元。未来科技城入选国务院办公厅发布的2019年落实有关重大政策措施真抓实干成效明显地方名单并给予督查激励，成为杭州民用无人驾驶航空试验基地（试验区）核心区。

【全国首家人才小额贷款公司落户未来科技城】 2020年1月9日，全国首家人才小额贷款公司浙江人才小额贷款有限公司落户未来科技城。公司由浙江理想小额贷款有限公司作为主发起人，联合浙江股权服务集团有限公司、浙江梦想小镇投资发展有限公司共同出资设立，注册资本1亿元。服务对象主要是符合全省各市高层次人才分类目录的人员及其创业企业、掌握核心技术并在省内创业的专业技术人员及其创业企业、普通高校毕业生及其创业企业以及其他一般贷款。

2020年4月28日，中国（杭州）直播电商产业基地发布会现场

（未来科技城 供稿）

【中电海康集团有限公司新总部开园】 2020年3月9日，中电海康集团有限公司举行新总部海创园区开园仪式。新总部位于爱橙街198号，由总部办公大楼、52所科研楼、综合办公楼等8座建筑单体组成，是一座采用物联网、大数据、人工智能等技术，集数字化和智能化于一体的智慧园区。

2020年12月25日，数字经济党建高峰论坛现场

（未来科技城　供稿）

【浙江（杭州）知识产权创新产业园启用】 2020年4月21日，浙江（杭州）知识产权创新产业园启用。产业园设有知识产权一站式综合服务大厅，提供知识产权快速预审、版权保护等知识产权公共服务。省内唯一的国际标准化组织电子商务交易保障技术委员会（ISO/TC321）秘书处等运营服务机构入驻园区。

【中国（杭州）直播电商产业基地启用】 2020年4月28日，未来科技城举行中国（杭州）直播电商产业基地发布会暨遥望直播电商产业园启动仪式。发布会现场公布产业基地未来三年发展计划。未来科技城和杭州互联网法院、浙江省电子商务研究院分别签约合作，为产业基地提供服务支持。

【2020年全球人工智能技术大会】 2020年7月25—26日，以“交叉、融合、相生、共赢”为主题的2020年全球人工智能技术大会在未来科技城举行。包括戴琼海、李德毅、潘云鹤等15名中国工程院院士在内的国内外学者和创新创业者参加大会，活动包括6场主旨报告、20场专题论坛，3场同期活动，内容覆盖脑科学、自然语言处理、模式识别、大数据等前沿技术及智能制造、自动驾驶、智慧医疗、智能安防等行业应用。

【浙江大学医学院附属第一医院总部一期启用】 2020年11月1日，位于文一西路1367号浙江大学医学院附属第一医院总部一期启用。2011年，浙江大学医学院附属第一医院与余杭区签约共建浙江大学附属第一医院余杭院区（即“总部一期项目”）。2014年立项，项目建设历时6年。一期项目与浙江大学医学中心一体化规划、一体化设计、一体化建设，建设用地13.47公顷，建筑面积30.65万平方米，开放床位1500张，设计门诊量8000人次/日。

【数字经济党建高峰论坛在未来科技城举行】 2020年12月25日，杭州市委组织部、市委两新工委联合相关单位共同举办的“数字驱动未来·党建引领发展——数字经济党建高峰论坛”在未来科技城举行。全国部分地市组织部门、龙头企业分享在数字经济领域党建方面的实践与思考成果，探索数字经济党建引领，实现“党建+数字”赋能数字经济模式。会上，由国内数字经济领域龙头企业党组织、行业部门党组织等10家单位作为创始成员的“数字经济党建联盟”成立，联盟将重点围绕党建工作的实践、理论课题的研究、创新品牌的孵化、公益项目的实施等方面开展活动。

（方婷婷）

·余杭经济技术开发区·

【概况】 2020年，余杭经济技术开发区实现规模工业总产值810.40亿元，比上年增长17.3%；实现规模工业增加值234.82亿元，增长18.3%；完成固定资产投资106.11亿元，完成率100.1%，增长31.4%；完成工业投资47.7亿元，增长4.6%；完成现代服务业投资16.67亿元，增长123.8%；完成政府投资26.42亿元，增长32.4%；新增百亿企业1家、10亿元企业3家，亿元企业总数113家，产值占规上工业比重超过90%；实现财政总收入54.64亿元，实现地方财政收入30.18亿元；完成实到制造业外资15056万美元，完成全年任务的100%，完成固定资产总投资亿元以上产业项目落地数56个，完成全年任务的245%。

实施“新制造业计划”，高端装备制造业实现工业总产值595.09亿元，增长23.7%，生物经济产业实现工业总产值88.76亿元，增长26.9%。亿邦国际控股公司在美国纳斯达克上市，众望布艺股份有限公司、杭州豪悦护理用品股份有限公司在上海证券交易所主板上市，开发区上市企业共14家。浙江春风动力股份有限公司获工业和信息化部单项冠军示范企业称号，杭州老板电器股份有限公司、杭州西奥电梯有限公司被评为省级工业互联网平台，杭州西奥电梯有限公司、贝达药业股份有限公司分别获得“省政府质量奖”和“省政府质量管理创新奖”。贝达药业股份有限公司被评为国家企业技术中心，一类新药“盐酸恩沙替尼”获批上市。杭州东华链条集团有限公司获得浙江省工业大奖金奖，杭州海的动力机械股份有限公司、杭州本松新材料技术股份有限公司成为省级“隐形冠军”，杭州仁德医药有限公司成为省级“隐形冠军”培育企业。阿里巴巴迅犀（杭州）数字科技有限公司（“犀牛工厂”）新制造项目揭幕，并被“达沃斯”评为服装行业全球唯一一家“灯塔工厂”。杭州老板电器股份有限公司、浙江春风动力股份有限公司、阿里巴巴迅犀（杭州）数字科技有限公司3家企业被列入全省首批重点培育的“未来工厂”，余杭区企业总数占全省四分之一。全年签约落地中国自动化、信达生物、贝达梦工场、启元生物等高端装备制造和生物医药项目；引进北京华毅瀛飞科技有限公司、奥趋光电技术（杭州）有限公司等半导体产业项目；招引全球设计师柔性制造平台ICY、自动驾驶企业深圳元戎启行科技有限公司的华东总部项目；围绕“扎根计划”，签约杭州本松新材料技术股份有限公司、盖格新能源（杭州）有限公司、杭州微策生物技术股份有限公司等优质本土企业新建项目；与深圳福田区贝赛思双语学校、复星集团投资的高端综合体和凯悦酒店等优质配套项目达成协议。

实施“靓城行动”，打造9平方千米中心城区。实施老城区有机更新，启动禾丰港改造提升工程，完成小林、横塘、星火苑等重点区块征迁工作。完成18条道路施工。浙江理工大学余杭校区（时尚学院）开工。全年新增精装人才公寓240套。实施“大孵化器战略”，完善创业创新生态体系。全年新增创新空间61.5万平方米，新认定省级以上园区3家，其中，国家级2家，省级1家。引进培育海内外高层次人才创新创业项目51个，市级以上领军型人才82人，新增海外高层次人才57人，引进特色人才250人，新增技能人才1300人。全年新增国家高新技术企业106家，累计323家。

杭州老板电器股份有限公司　　（余杭经济技术开发区　供稿）

【“首席创新官”机制建立】 2020年6月，余杭经济技术开发区建立“首席创新官”机制，依托企业创新联络员队伍，由园区或企业高管以上科技创新负责人负责园区内企业科技创新规划、布局及战略，为区域科技创新政策及服务建言献策。引导企业突破“卡脖子”技术，提升创新能力和水平，承担省、市重点项目研发，助推企业科技创新主体申报，推动杭州安道药业有限公司、浙江迪谱诊断技术有限公司等企业上报2021年省级重点研发计划项目立项。利用“余小创”及云培训平台，融合线下论坛、沙龙等，推动区域资源共享，建立“首席创新官”交流制度。

【杭州未来智造工程师协同创新中心被列入省级试点】 2020年8月，杭州未来智造工程师协同创新中心揭牌并被列入全省试点。中心建立“一班双核十平台”运作架构，以未来制造模式、研发生产未来智能产品，打造全周期链条，推动“四链融合”，引进中国工程院院士杨华勇、浙江大学教授傅建中，浙江大学管理和技术团队参与中心建设。成立工作领导小组及工作专班，动态排摸企业需求，制作余杭经济技术开发区工程师分布地图以及全职引进、柔性合作、共享共用三张工程师名单。依托“余小创”云创新服务平台，搭建线上工程师服务创新中心，建设高端医疗装备中心、智能工业机器人数字化设计平台等。

【犀牛智造工厂投产】 2020年9月16日，阿里巴巴新制造发布会暨犀牛智造工厂揭幕仪式在余杭经济技术开发区举行，阿里新制造“一号工程”——犀牛智造工厂［阿里巴巴迅犀（杭州）数字科技有限公司］也在余杭经济技术开发区投产。犀牛智造工厂以成衣制造为切入点，融合互联网与制造业，逐步建立柔性换产、一键插单、智能排产等数字化能力。已建设智能工厂、数字化研发中心、智能仓配中心等，获得60多个服装制造领域专利。犀牛智造工厂“智慧大脑”通过柔性制造系实现定制服装批量化生产，可实现100件起订、7天交货等柔性化、快速生产。以S2B（Supply Chain Platform to Business服务于中小企业的供应链平台）模式助力中小企业服务消费者，通过大数据分析用户需求，实现规模化按需生产，需求端打通淘宝网、天猫网数据平台，为品牌商提供精准销售预测。

【全国首个服务型制造研究院启用】 2020年11月3日，在2020年中国服务型制造大会上，由工业和信息化部和浙江省人民政府共同推动建立的全国首个服务型制造研究院在余杭经济技术开发区揭牌并启用。余杭经济技术开发区联合工业和信息化部电子第五研究所，以“公司＋联盟”思路，整合海内外资源，开展政策研究、技术研发、人才培训等，解决企业服务型制造转型中的产业化生产和工程应用问题。已助推杭州西奥电梯有限公司、浙江春风动力股份有限公司、杭州老板电器股份有限公司等企业向服务型制造渗透，拓展价值链和产业链。汇聚“政产学研用金”资源，全链条推动创新成果转化，启动建设产品服务系统（全生命周期）、绿色制造（节能环保服务）、医工交叉（工业设计和定制化）三个方向实验室。建设以服务型制造为核心的展示交流中心、人才实训中心，打造发展示范窗口，开展绿色工厂创建、绿色园区经验分享等交流活动。

【浙江大学高端装备研究院开园】 2020年11月28日，余杭区政府与浙江大学共建的浙江大学高端装备研究院在余杭经济技术开发区开园。中国工程院院士、浙江大学机械工程学院院长杨华勇担任研究院院长。研究院立足科研教学人才等优势，对接余杭区与浙江大学创新资源与产业，推进重点项目落地，推动高新技术成果转化落地。年底，余杭经济技术开发区联合企业、研究院申报浙江省重点研发计划项目、2020年度科技部重点研发计划项目。

【浙江省首届“未来工厂”发布会】 2020年12月23日，由浙江省经济和信息化厅、余杭区人民政府主办，浙江省技术创新服务中心、余杭区经济

2020年9月16日，阿里巴巴迅犀（杭州）数字科技有限公司投产。图为公司外景 （余杭经济技术开发区　供稿）

和信息化局、余杭经济技术开发区联合承办的浙江省首届“未来工厂”发布会在余杭经济技术开发区举行。会上，开发区内浙江春风动力股份有限公司的春风动力高端动力装备未来工厂、杭州老板电器股份有限公司的老板厨房电器未来工厂、阿里巴巴迅犀（杭州）数字科技有限公司的迅犀服装未来工厂被列入浙江省首批“未来工厂”示范项目，数量占全省（12家）的1/4。

（沈晓燕）

·临平新城（乔司国际商贸城）·

【概况】 2020年，临平新城完成有效投资116亿元、工业投资14亿元，实际利用外资1.5亿美元。财政总收入28亿元，经常性财政收入12.8亿元。重点建设区新增企业1520家、累计18747家，实现营收906亿元、税收26.9亿元。

2020年，临平新城主攻数字经济、总部经济，集中签约重大项目48个，引进产业个性化项目13个。开工汇尊、小米、麦腾、金融科技大厦等总部楼宇，建成艺尚小镇文化街区二期、艺术街区二期产业板块，全年新增产业空间54万平方米，引进孵化载体8个。新增国家高新技术企业40家、省科技型中小企业57家、市级及以上研发机构12家。新增专利申请2022件、授权1276件，其中国际专利申请10件，实现零的突破。余杭区人民政府与中国纺织工业联合会、中国服装协会、中国服装设计师协会签订共同推进杭州艺尚小镇构建世界级时尚小镇战略合作协议。艺尚小镇发布打造中国数字时尚创新基地行动计划，引进天下秀数字科技（集团）股份有限公司、深圳市纳斯新零售科技有限公司等20家时尚企业，举办2020中国国际时尚儿童周等活动。筹建中国工业互联网研究院浙江分院，引进国家工业App创新中心，累计集聚工业互联网服务商50家，举办第二届中国工业互联网大赛，签约全国百强项目12个。

全域开展“靓城行动”建设，提升迎宾路、星发街、南苑街等3条主干道，拉通宝幢路延伸、星韵路、星源路、汀城路等12条配套道路，建成开放丰收湖、燕子湖等2个公园。完工太平、苏家等2个农居安置项目30万平方米，完成临平第一小学将军殿校区改扩建、乔司第二幼儿园艺尚分园、华东师范大学第二附属中学杭州信达学校，开工乔司第二中学、三角小学等10所学校。

【中国（杭州）数字时尚创新基地发布会】 2020年6月20日，中国（杭州）数字时尚创新基地发布会在艺尚小镇举行。发布会上，围绕推动“数字＋时尚”深度融合，余杭区“直播电商12条”专项政策发布，临平新城启动打造中国杭州数字时尚创新基地，签约天下秀数字科技（集团）股份有限公司“网红城市”、迪尚集团有限公司等20个项目，引进阿里巴巴集团“1688＋商直播余杭直播基地”、杭州巨量引擎网络技术有限公司“短视频直播培训中心”，同期举办云尚供应链展以及直播带货、时尚街拍、城市T台秀、潮流运动、街头音乐等活动。

2020年5月20日，共同推进杭州艺尚小镇构建世界级时尚小镇战略合作签约仪式举行 （临平新城 供稿）

【中国服装协会七届三次会长会议】 2020年7月3—4日，中国服装协会七届三次会长会议在余杭区举行。中国纺织工业联合会会长孙瑞哲、中国服装协会会长陈大鹏及40余位时尚企业家参加。其间，举行余杭专场推介会、服装行业数字化转型暨数字时尚创新交流会，参会代表被授予

"杭州艺尚小镇时尚大使"称号。

【丰收湖公园建成】 2020年8月，丰收湖公园全面建成开放。公园位于九乔国际数字商贸城核心区，东至杭海路，西至九华路，北至胜稼北路以北，南至科城街，总面积13.73公顷，总投资4.5亿元，其中余杭区用地面积5.07公顷，总投资2.3亿元。公园水体面积约6万平方米，绿地面积约5.7万平方米。

【2020年中国国际儿童时尚周】 2020年8月21—24日，由中国服装协会、余杭区人民政府、上海时尚之都促进中心主办的中国国际儿童时尚周在艺尚小镇举行。围绕"童与不同"主题，32场国内外童装品牌趋势发布，由2000余名全国优秀童模演绎，到场观众超1万人，同步举办"协同共进 创享未来——2020中国童装供应链大会暨童装产业时尚创新展""产业资源对接会""即秀即卖童装直播节"等系列活动。

【2021春夏杭州国际时尚周】 2020年11月14—22日，2021春夏杭州国际时尚周在艺尚小镇举行。本届时尚周以"@"为主题，40个品牌发布作品。22日，举行2020年度时尚大奖颁奖盛典，颁发浙第六届江省十佳服装设计师，2020年度时尚品牌、十佳模特、十佳童模、人气红人、时尚红人等奖项。

【第二届中国工业互联网大赛决赛在临平新城举行】 2020年12月1—2日，由工业和信息化部、浙江省人民政府联合主办的第二届中国工业互联网大赛决赛在临平新城举行。大赛以"新基建、新动能、新经济"为主题，聚焦制造业数字化转型的需求和关键，旨在推动工业互联网产业快速发展。7月28日，大赛启动，参赛团队1457个，经项目征集、线上初选、复赛、决赛等环节，最终20个工业互联网解决方案获奖。

【中国（浙江）建筑数字化产业园开园】 2020年12月17日，以"数字筑新·创建未来"为主题的2020数字建筑行业峰会暨中国（浙江）建筑数字化产业园开园仪式在临平新城举行，首批30余家国内建筑行业头部企业入驻产业园。中国（浙江）建筑数字化产业园由临平新城管委会联合亨石科创园区管理（杭州）有限公司共同建设，致力于打造数字建筑产业生态集群。园区总规划面积30万平方米，首期启动2万平方米，围绕"互联网+建筑"方向，聚焦数字化技术在建筑建造、未来社区、智慧城市的应用。

【华东师范大学附属第二附中信达学校竣工】 2020年12月，华东师范大学附属第二附中信达学校竣工。学校南至星都大道，西接汀城路，北临文正街，是一所九年一贯制民办学校。学校占地6.67公顷，建筑面积9万平方米，总规模78个班。2017年10月8日，华东师范大学第二附属中学和余杭区信达外国语学校举行合作办学签约仪式，2019年6月，项目开工建设。

（厉晓媛）

·良渚新城·

【概况】 2020年，良渚新城完成税收59.69亿元，财政总收入43.43亿元，地方财政收入20.78亿元，经常性财政收入9.25亿元。

全年签约重大项目57个。引入海内外高层次人才96人。新增创新物理空间51.96万平方米。引进星运加速器、树兰赛拓等8个创新孵化载体，新增市级众创空间3个，市级及以上研发机构11家，新认定国高新企业30家、省科技型中小企业17家，引培科技型中小微企业164家。梦栖小镇被命名为第四批省级特色小镇，良渚国际生命科技小镇被列入全省第六批省级特色小镇创建对象。中国国际网络文化博览会落户良渚新城。举办"良渚新国货品牌直播节""抖音浙江创作者之夜暨良渚新城数字文创产业对接峰会"等活动。

良渚新城规划展示馆建成开放。勾庄佳苑、运河锦庭二区和三区分房。良渚沈括小学、良渚杭行幼儿园投入使用。建成良渚国际生命科技小镇党群服务中心，完成富义仓、汇梦众创空间2个党建示范点建设。新城职工潘玉峰捐献造血干细胞，被评为"美丽余杭人"。

【良渚新城复工复产工作】 2020年新冠肺炎疫情防控期间，良渚新城做好在建项目、重点企业的排查管控工作。用时5天将1.6万余平方米的建筑改造成为"亲企公寓"，为22家企业解决外地员工临时住宿困难。组建“亲清服务员”队伍，为企业提供物资保障、租金减免、包车接送、政策兑现等服务举措。全年减免70余家国有资产承租企业和个体工商租金1000余万元。

【中国（良渚）数字文化社区云开园】 2020年3月31日，以游戏、动漫、影视等数字文化产业核心发展方向的中国（良渚）数字文化社区线上线下同步开园。中国（良渚）数字文化社区先导区位于杭州良渚古城遗址公园方向。开园仪式上，“中国创新设计大数据杭州中心”“浙江省设计智能与数字创意研究重点实验室”揭牌。淘宝直播综合体、创梦天地等11个首批重点入驻项目实现“云签约”。

【良渚国际生命科技金融联盟成立】 2020年6月28日，在良渚国际生命科技小镇先导区，“余您携手 杭向未来”2020良渚国际生命科技金融联盟成立仪式举行。仪式现场，良渚新城与杭州泽达鑫药盟信息科技有限公司等6家企业电子签约。联盟通过搭建统一的投资融资服务平台，开展研讨交流、资源嫁接、投资融资服务、金融服务、专项服务、机构互动六方面工作，满足企业对投资融资和知识产权等领域的服务需求，为生命科技企业提供全方位金融、数据整合以及资源配置等系列服务。

【中国（良渚）交叉创新产业孵化基地开园】 2020年10月11日，中国（良渚）交叉创新产业孵化基地开园。基地为全国首个交叉创新产业孵化基地，由中国工程院院士陈纯领衔并担当首席专家和顾问，以大数据、人工智能、区块链等技术为着手点，以3个“I”即跨学科（Interdisciplinary）、跨界融合（Integration）、国际化（International）为发展理念，打造“政产学研”融合，人才合力创新创业基地。

【首届中国（良渚）绿色设计论坛】 2020年11月18日，首届中国（良渚）绿色设计论坛暨2020“光华龙腾奖·浙江省设计业十大杰出青年”颁奖典礼活动在良渚梦栖小镇举行。会上，世界绿色设计组织、北京光华设计发展基金会、北京绿色设计促进会联合包括浙江省工业设计协会的全国设计行业协会发出“绿色设计助力实现碳中和目标”倡议，并授牌梦栖小镇“绿碳工程示范基地”，授牌浙江省工业设计协会“绿碳工程合作伙伴”。

【良渚新城被评为浙江省知识产权服务业集聚发展示范区】 2020年11月，经浙江省市场监督管理局认定，良渚新城被评为第二批浙江省知识产权服务业集聚发展示范区。2019年12月1日，全国首个工业设计知识产权公共服务平台（CIDIPP）落户良渚新城梦栖小镇，汇聚国内知识产权全链条数据资源，吸引近30家国内、省内知识产权专业服务与代理机构线上线下入驻提供全门类的知识产权服务。浙江省知识产权研究与服务中心、浙江省版权中心平台工作站落地良渚新城，为用户提供专业的知识产权基础创新服务。

2020年3月31日，中国（良渚）数字文化社区开园

（良渚新城 供稿）

【第三届中国匠人大会在良渚梦栖小镇举行】 2020年12月26—27日，由故宫博物院、中国工业设计协会、浙江省文化和旅游厅指导，中国民间文艺家协会主办的第三届中国匠人大会在良渚梦栖小镇举行。大会以“匠心初地 玉汝于成”为主题。大会上，中国匠人大学成立，大会向40名匠人颁发了“传承榜样”“中国名片”“创新匠人”“人气匠人”等荣誉。除主会场外，现场举行六大平行论坛，围绕手艺传承与发展、文博再造、艺术设计等选题交流探讨。

（王琴）

·钱江经济开发区·

【概况】 2020年，钱江经济开发区实现规上工业增加值32.77亿元，增长4.0%，完成有效投资23.22亿元，增长76.58%。其中：工业投资7.94亿元，生态环境与公共设施投资2.47亿元，高新技术投资6.22亿元，民间投资4.28亿元。实际到账外资5535万美元，增长115.5%。

按照“最美开发区”发展规划核心理念，完成概念性总体规划编制工作，实施编制面积18.37平方千米，拓展研究范围20.25平方千米，整体形成“一轴两带双心，北智中居南创”的空间结构，重点编制《杭州市钱江经济开发区南片区（LZ15单元）控制性详细规划》。

组织开展“北上”“东进”“南下”专项招商，推动项目洽谈和落地。全年招引集中签约项目39个，总投资121亿元。招引慧博云通科技股份有限公司、上海卡涞复合材料科技有限公司等。杭州和顺科技股份有限公司聚酯薄膜生产线等3个项目通过云上签约形式落户钱江经济开发区，总投资13.1亿元。

6个项目入选2020年杭州市数字化改造攻关项目试点库，11个项目申报2020年杭州市工厂物联网和工业互联网项目试点库，其中8个项目入选杭州市工厂物联网和工业互联网项目试点库；建设8.6万平方米的智能制造加速器、1.9万平方米的智能制造创业创新园、5.6万平方米的紫创未来智造谷，累计引进科技型中小微企业106家。新招引市级A~E类高层次人才12人，海外高层次人才36人，高技能人才200人，高校毕业人才1879人。杭州华光焊接新材料股份有限公司在上海证券交易所科创板上市。

【钱江经济开发区复工复产工作】 2020年初新冠肺炎疫情发生后，钱江经济开发区开展“深化企业服务，助力复工复产”专项行动。实现“一企一方案”，规上企业复工率100%；对482家企业全覆盖走访，梳理汇总问题629个，现场解决率为97.77%；为181家企业兑现商贸企业补贴400余万元，64家企业840人兑现房租补贴42万元。开设复工专车专线31条，共39辆车，惠及753人；租用紫创工业园1300平方米空间并改建为可提供248张床铺的“亲企公寓”供企业员工临时过渡居住隔离。

【华光新材被评为制造业单项冠军企业】 2020年3月16日，浙江省制造业高质量发展大会在杭州举行，杭州华光焊接新材料股份有限公司获得“制造业单项冠军企业”称号。2020年11月20日，公司参与的“异质材料钎焊、扩散焊关键技术及应用”项目获得中国机械工业科学技术特等奖。该企业成立于1995年，致力于智能、高效、绿色的焊接新材料的研发，牵头修订《银钎料》国家标准，参与起草《铜基钎料》等4项国家标准和7项行业标准，拥有24件发明专利和39件实用新型专利授权。2017年，公司与国家重点实验室等单位联合开发的“钎料无害化与高效钎焊技术及应用”项目获得国家科技进步二等奖。

【西湖比亚迪向西安高新区交付首批新能源环卫车】 2020年4月29日，西安高新区城管局纯电动环卫车交车仪式在西安比亚迪高新厂区举行。辖内企业杭州西湖比亚迪新能源汽车有限公司共交付82台新能源（纯电动）环卫车，涵盖道路清扫、道路清洗、垃圾压缩收运、垃圾自装运输车等4种环卫作业车辆，主要用于城市主城区支路、背街小巷的深度保洁作业和精细化管理。相比传统环卫车，新能源环卫车排放量为零，综合运营及维护成本仅为同类型燃油车的1/3。

【全球院士空中讲堂】 2020年5月15日，杭州钱江经济开发区值浙江大学电气工程学院百年院庆之际，结合“余您携手　杭向未来”2020年余杭区科技人才月活动，在智能制造创新创业产业园举办全球院士空中讲堂暨浙江大学博士生创新论坛分场活动，邀请电机及电力系统领域专家、麻省理工学院电气工程教授、IEEE终身会士、美国工程院院士詹姆斯·科特利（James L. Kirtley Jr.）授课。

【獐山港绿道被评为第一届“杭州市最美绿道”】 2020年5月，獐山港两侧绿道（奉口港—骆驼桥港）被评为第一届“杭州市最美绿道”。獐山港绿道位于钱江经济开发区核心范围内，连通钱江经济开发区内市政道路。绿道采用透水铺砖建设人行道，设置下沉式绿地及水塘等海绵措施，用材经济、环保，工程利用河道环境，展现獐山地区的历史文化。

【阿里巴巴浙江云计算仁和数据中心投入运营】 2020年9月16日，全浸没式液冷数据中心、阿里巴巴集团在杭州的首座云计算数据中心——阿里巴巴浙江云计算仁和数据中心投入运营，是中国首座绿色等级达AAAAA级的液冷数据中心。中心位于杭州钱江经济开发区核心区块，采用服务器全浸没液冷、高压直流、供配电分布式冗余、人工智能优化算法等技术，并进行规划设计与建造，PUE（评价数据中心能源效率的指标）低至1.09。

2020年9月16日，阿里巴巴浙江云计算仁和数据中心投入运营。图为正式开服仪式 （区融媒体中心 供稿）

【智能制造创新创业产业园被认定为省级科技企业孵化器】 2020年11月，智能制造创新创业产业园被认定为省级科技企业孵化器。该产业园坐落于钱江经济开发区核心区内，规划面积近2万平方米，重点引进从事高新技术领域产品研究、开发、生产型企业，通过“孵化＋加速”助力企业发展，实现“空间载体＋企业孵化＋创新创业社群”。

【紫创未来智造谷开园】 2020年12月3日，钱江经济开发区举行紫创未来智造谷开园仪式。智造谷项目位于杭州地铁10号线仁和南站附近，占地面积约2.2公顷，总建筑面积56653平方米，建有4幢大楼，智造谷重点引进微传感器、芯片制造、通信设备制造等战略新兴产业，招引海内外创新创业团队和人才入驻。

（高洁迪）

编辑：蒋旭东

全区组织机构及负责人名录

Organizations and Principals

·中国共产党余杭区第十四届委员会·

书　　记　张振丰
副 书 记　陈如根　李忠誉(至 12 月)
常　　委　祝振伟　王　姝(女)　朱红丹(女)
　　　　　邵伟斌　王建平　袁水良　皇甫伟华
　　　　　陈夏林　顾国煜　董富全(9 月始)

区纪律检查委员会

书　　记　邵伟斌
副 书 记　范国权　胡乃女(女)
常　　委　丁银华　张晓军　樊志彪
　　　　　潘　颖(女)

区委巡察工作领导小组(办公室、巡察组)

办公室
主　　任　丁银华
副 主 任　何建福　钱　俊
第一巡察组
组　　长　蔡国洪
副 组 长　卫国金(至 9 月)　雷堂化(9 月始)
第二巡察组
组　　长　章伟胜
副 组 长　莫伟忠
第三巡察组
组　　长　沈伟功
副 组 长　祝泽忠
第四巡察组
组　　长　朱法水
副 组 长　韩学标

区委办公室

主　　任　杨文闯
副 主 任　孙　路　陶　奇(至 5 月)　王晓平
　　　　　徐　春(7 月始)　杨士宏(兼)
　　　　　徐义峰(兼)　王正昌(兼,7 月始)

政策研究室

主　　任　朱丁伟

保密局

局　　长　杨文闯

台办

主　　任　卢松岳
副 主 任　胡建斌

全面深化改革委员会办公室

主　　任　朱丁伟
副 主 任　马　驰(8 月始)

组织部

部　　长　朱红丹(女)
常务副部长　计子法
副 部 长　徐　坚(至 1 月)　叶　敏(女)
　　　　　何　彦(1 月始)　李万民(兼)
　　　　　陈　勇(兼)

直属机关工作委员会

书　　记　朱红丹(女)
常务副书记　徐　坚(至 1 月)
　　　　　叶　敏(女,1 月始)
专职副书记　卢勤荣

宣传部

部　　长　王　姝(女)
常务副部长　厉息安
副 部 长　姜　伟　陈　坚

区文化创意产业发展中心（文化创意产业办公室5月更名）

主　　任　陈　坚
副 主 任　吴云峰

新闻办公室

主　　任　厉息安
副 主 任　唐文薇(女,2月始)

精神文明建设委员会办公室

主　　任　姜　伟
副 主 任　陈道亮

统战部

部　　长　袁水良
常务副部长　劳晓萍(女)
副 部 长　朱学猛　常秀兰(女,兼)　沈华强

侨办

侨办主任　沈华强

归国华侨联合会

主　　席　沈华强

政法委员会

书　　记　李忠誉(至12月)
副 书 记　王建平　王艳勤(女)　杨士宏
　　　　　陈富强　朱晓燕(女,至11月)
　　　　　吴伯进　王正昌(挂职,7月始)

区社会治理综合服务中心(5月始)

主　　任　朱晓燕(女,5月至11月)
副 主 任　俞旭霞(女,8月始)

机构编制委员会办公室

主　　任　徐礼强
副 主 任　林中鹂(女)　吴　俊

信访局

党组书记、局长　徐义峰
副书记、副局长　方春明
副 局 长　姚志华(9月始)　陈　霞(女)

老干部局

局　　长　李万民
副 局 长　莫少骅(女,9月始)　唐鹏飞
　　　　　姚冬琴(女)

党史研究室、地方志办公室(党史研究室、地方志编委办公室5月更名)

党组书记、主任　张剑峰
副 主 任　张　嫣(女)　蒋旭东(7月始)

市委党校余杭区分校

校　　长　朱红丹(女)
常务副校长　占张明
副 校 长　姚克萍(女)　赵丽萍(女,至7月)
　　　　　石翼飞　王　峰
　　　　　章秀华(女,7月始)

行政学校

校　　长　陈夏林
常务副校长　占张明
副 校 长　吴文星(兼)

社会主义学院

校　　长　袁水良(兼)
常务副校长　占张明
副 校 长　劳晓萍(女,兼)
　　　　　吴敏华(女,兼,7月始)

中华文化学院(7月始)

院　　长　袁水良(7月始)
常务副院长　占张明(7月始)

·余杭区第十五届人民代表大会常务委员会·

党 组 书 记　阮文静(女)
党组副书记　李敏华
主　　任　阮文静(女)
副 主 任　李敏华　杜坚强　白美玉(女)
　　　　　施建华

人大常委会办公室

主　　任　林加忠
副 主 任　任文远(8月始)　沈明羿

监察和法制司法工作委员会

副 主 任　陈建勇

财政经济工作委员会

主　　任　沈有松
副 主 任　龚玉根

教育科技文化卫生(民族宗教侨务)工作委员会

主　　任　沈文洪
副 主 任　徐　兵(女)

代表工作委员会

主　　任　倪满芬(女)
副 主 任　王序华(女)

城建环保工作委员会

主　　任　郑建芬(女)

副 主 任　马依群(女)

农业和农村工作委员会

主　　任　葛云莲(女)

副 主 任　俞来宝

·余杭区人民政府·

党组书记、区长　陈如根

党组副书记、副区长　陈夏林

副 区 长　顾国煜　许玲娣(女)　楼秀华
　　王艳勤(女)　周建华(至7月)
　　葛建伟　杨金水　胡　彪(8月始)

区政府办公室

党组书记、主任　沈国峰

副 主 任　庞蔚燕(女,5月始)　董　静(女)
　　叶　诚　胡卫建
　　冯月娟(女,至5月)　许正良
　　刘俊峰(至5月)　周敏娟(女)
　　王　超(7月始)　钱祖华(兼)

外事办公室

主　　任　沈国峰

副 主 任　冯月娟(女,至5月)
　　庞蔚燕(女,5月始)

发展和改革局

党委书记、局长　杨金水(至5月)
　　朱红耀(5月始)

党委副书记、副局长　鲍永华(9月始)

副 局 长　田梅咏　黄　欣　王永刚　杨春龙

对口支援和区域合作局

局　　长　杨金水(至5月)　朱红耀(5月始)

区政府金融工作办公室

主　　任　杨金水(至5月)　朱红耀(5月始)

专职副主任　陈旭平

经济和信息化局

党委书记、局长　郭云伟

副 局 长　杨建芳(女)　邬晓鸣
　　鲍永华(至9月)　陈　康(9月始)

总经济师　吴熠东

教育局

党委书记、局长　沈洪相(至5月)
　　徐伟龙(5月始)

党委副书记、副局长　邵素萍(女)

副 局 长　鲍志法　周建忠　周宝阳　罗永明

科技局

党组书记、局长　周　坚

副 局 长　郑　红(女,至9月)
　　沈高祥(至5月)　莫虓威　高志永
　　李　威(8月始)

民族宗教事务局

局　　长　朱学猛

副 局 长　吴敏华(女)

市公安局余杭区分局

党委书记、局长　王建平

党委副书记、政治委员　赖炳权

党委副书记、常务副局长　叶利杰

副 局 长　高建宏　赵林康　刘立翔　郎国锋

民政局

党委书记、局长　尤金福

党委副书记、副局长　汤宝荣(至9月)
　　朱　礼(女,9月始)

副 局 长　钱慈祥　费文桥　马晓萍(女)

司法局

党委书记、局长　俞丽月(女)

党委副书记、副局长　贾国平

副 局 长　陈国良　程江峰

财政局

党委书记、局长　沈世杰

党委副书记、副局长　施成华

副 局 长　姜根军　楼志燕(女)　朱　方
　　于　俊

总会计师　朱海波

国家税务总局杭州市余杭区税务局

党委书记、局长　罗振勇

党委副书记、副局长　姜卫平(至6月)

副 局 长　陈　伟(至6月)　吕　伟　周林强
　　史新国

总会计师　吴　凡(至3月)　丁宏华(3月始)

人力资源和社会保障局

党委书记、局长　陈　勇

党组副书记、副局长　梁松英(女,7月始)

副 局 长　曾　慧(至5月)
　　张　蓓(女,至9月)　刘卫芳(女)
　　励　波(9月始)

市规划和自然资源局余杭分局

党委书记、局长　宋建勇

党委副书记、副局长 陈 勇
副 局 长 张长永 郑春良
总规划师 朱 彩

住房和城乡建设局

党委书记、局长 冯德伟
党委副书记、副局长 赵 兵
副 局 长 陈晓强 郑 云 杨跃燕 何建刚
总工程师 汪 洋

交通运输局

党委书记、局长 朱红耀(至5月)
叶维军(5月始)
党委副书记、副局长 叶 茂
副 局 长 朱松根 俞根田 沈 川

农业农村局

党委书记、局长 叶维军(至5月)
吴建中(5月始)
党委副书记、副局长 孙立英(女)
副 局 长 章雪梅(女) 孙金星 郑 浩
寿志军
总农艺师 郑 浩

林业水利局

党委书记、局长 蒋伟琦
副 局 长 胡志刚(至5月) 沈勤忠 舒贤龙
戴岳军 张云超(7月始)
总工程师 张云超(8月始)

商务局

党委书记、局长 赵杏文(女)
党委副书记、副局长 毛坚勇
副 局 长 周林伟 沈秋霞(女)
总经济师 潘峰锋

招商局

局 长 赵杏文(女)

文化和广电旅游体育局

党委书记、局长 何军芳(女)
党委副书记、副局长 张立广
副 局 长 朱 礼(女,至9月) 钟 山
戴园丽(女) 李育刚 方羽公

卫生健康局

党委书记、局长 陆永林
党委副书记、副局长 杭建飞
副 局 长 庞蔚燕(女,至5月) 沈勇敏
张 蓓(女,9月始) 黄韶毅
章路平

审计局

党组书记、局长 陈建荣
副 局 长 范海坚 何洪明
总审计师 朱建华

统计局

党组书记 蔡志祥
局 长 张 瑾(女)
副 局 长 张余成 沈 炜 吴忠良
总统计师 陈 超

国家统计局余杭调查队

党组书记、队长 储小华
党组成员、副队长 赵萧清

市生态环境局余杭分局

党委书记、局长 钱 军
副 局 长 张丽莉(女) 徐东升 徐永伟
总工程师 阮建军

市场监督管理局

党委书记、局长 胡 昕
党委副书记、副局长 陈亦良
副 局 长 徐全伟 冯啸涛 钟祖良 李杭川
总工程师 汤惠英(女)

城市管理局

党委书记、局长 高宜生
副 局 长 李广华 童笑田(至7月)
吕云丽(女) 盛忠明(7月始)
王洪强

应急管理局

党委书记、局长 谢德庆
党委副书记、副局长 裘 望
副 局 长 杨海云 王群珍(女)
总工程师 叶庆平

退役军人事务局

党组书记、局长 朱宏强
副 局 长 穆建忠(至9月) 金云平(9月始)
戴群超(女)

市医疗保障局余杭分局

党组书记、副局长 俞建新
局 长 江 筠(女)
副 局 长 陆娜萍(女)

数据资源管理局

党组书记、局长 李 瑛(女,至5月)
陶 奇(5月始)
副 局 长 蔡军兵 姜凤华

·中国人民政治协商会议第十一届杭州市余杭区委员会·

党组书记　沈　昱
党组副书记　黄　莉(女,至1月)
主　　席　沈　昱
副 主 席　黄　莉(女,至1月)　吴立炜
　　　　　陈云水(女)　赵喜凯(至3月)
　　　　　黄德伟　沈洪相(1月始)
秘 书 长　吴忠云

区政协办公室
主　　任　吴忠云
副 主 任　葛连福　罗伟强

区政协文史和教文卫体委员会
主　　任　王伟明
副 主 任　曹炳和

区政协提案委员会
主　　任　丁迎九
副 主 任　朱延风

区政协社会法制和港澳台侨委员会
主　　任　朱根祥
副 主 任　卢培良

区政协经济科技委员会
主　　任　夏雪芬(女)
副 主 任　吴春仙(女,至5月)
　　　　　郑　红(女,9月始)

区政协城建和人口资源环境委员会
主　　任　金国强
副 主 任　俞红杰

区政协委员工作委员会
主　　任　胡晓秋(女)

·监察委员会·

主　　任　邵伟斌
副 主 任　范国权　胡乃女(女)
委　　员　张晓军　张　雷　傅丹妮(女)

·杭州良渚遗址管理区·

党工委书记　张俊杰
党工委副书记　陈寿田
党工委委员　金国平　蒋卫东　李　华
　　　　　　陈小平(11月始)
　　　　　　费跃建(兼,11月始)
管委会主任　张俊杰
管委会副主任　陈寿田　金国平　蒋卫东

办公室
主　　任　陈小平
副 主 任　谢国旗　富程鹏

国土与规划建设局
局　　长　王　辉
副 局 长　陈　强　于　蕾(女)

文化产业局
局　　长　马东峰
副 局 长　楼凯华

遗产管理局
局　　长　陶　豫
副 局 长　沈红华　孙海波

财政局
局　　长　姜根军

杭州良渚遗址遗产监测管理中心
主　　任　郭青岭(女)
副 主 任　王智刚(11月始)
　　　　　黄　莉(女,9月始)

浙江省杭州良渚遗址管理局
局　　长　张俊杰
副 局 长　陈寿田　金国平　蒋卫东

良渚博物院
院　　长　周黎明
副 院 长　梁慧娟(女)

·余杭经济技术开发区·

党工委书记　祝振伟
党工委委员　陈叶根　姚文华　蒋叶华(女)
　　　　　　施科琦　卞吉坤

管委会主任　祝振伟
管委会副主任　陈叶根　姚文华　蒋叶华(女)
　　吴来恩　施科琦　卞吉坤
党政办公室
主　　任　赵琪峰
副 主 任　王　超(至7月)
党群工作部
部　　长　吴明强
副 部 长　张　苑(女)
产业发展局
局　　长　王永忠
副 局 长　尤建浩　黄　亮
产业招商局
局　　长　卢君飞(女)
副 局 长　郑　晖(女)
规划建设局
局　　长　赵建锋
副 局 长　沈文水
创业创新局
局　　长　罗建强
副 局 长　王君耀(8月始)
产业监督管理局
局　　长　郑妙元(至5月)　姚杭平(5月始)
副 局 长　潘贤军
财 政 局
局　　长　叶立新
副 局 长　王新龙
执 法 大 队
大 队 长　姚跃明
副大队长　叶　啸　杨俊威
综合服务中心(建设管理中心)
副 主 任　王君耀(至8月)　黄强炜
　　刘　红(女)　徐晓莹(女)
　　陈　嬿(女,7月始)
　　陈海红(女,7月始)
　　俞洋阳(女,8月始)

·钱江经济开发区·

党工委书记　姚文华
党工委副书记　孟志刚　钟秀龙(兼)
管委会主任　孟志刚
管委会副主任　徐建林　肖　军　杨　峰

·浙江杭州未来科技城(海创园)·

党工委书记　梅建胜
党工委副书记　沈友忠
党工委委员　李文泉　朱曙峰　李树平(女)
　　徐　进　陆建友　徐　钦　李冰石
管委会主任　赵喜凯(至3月)
管委会副主任　沈友忠　李文泉　朱曙峰
　　徐　进　徐　钦(5月始)
办公室
主　　任　汪仁娣(女)
副 主 任　宓鹏远
财政局
局　　长　李冰石
副 局 长　支小红(女)
招商局
局　　长　傅　蓉(女)
副 局 长　屈永辉　唐　桥(女,兼)
创新经济促进局
局　　长　陆建友
副 局 长　冯敏敏(女)　沈顺豪
规划建设局
局　　长　徐　钦
副 局 长　王利挺　胡灵锋(5月始)
城市发展局
局　　长　李文泉(兼)
副 局 长　王晓晟
人才和金融服务中心
主　　任　徐来莹(女)
副 主 任　唐　桥(女)　沈　慧(女)
创新发展服务中心
主　　任　沈芳明

·法院、检察院·

区人民法院

党组书记、院长　罗　鑫
党组副书记、常务副院长　孔　政

副 院 长　庄根财　肖　清　李如兴

区人民检察院

党组书记、检察长　陈　娟(女)
党组副书记、常务副检察长　王　东
副检察长　王学东　胡　军　陈利明

临平地区检察院

检 察 长　陈　娟(女)
副检察长　陈玉莲(女)　郁　勇

·群众团体·

总工会

主　　席　杜坚强
党组书记、常务副主席　陈　弘(至5月)
　李　瑛(女,5月始)
党组副书记、副主席　梁松英(女,至7月)
　王　翔(7月始)
副 主 席　戴银春(女)　朱国良(挂职)
　张金宝(兼)　宋锡强(兼)

共青团余杭区委

书　　记　张哲明
副 书 记　朱佳凌　杨　晨　董佳莉(女,挂职)
　庞晓涛(兼,至7月)　邹　华(兼)
　苗晓明(兼,7月始)

妇女联合会

党组书记、主席　仲　昕(女)
副 主 席　莫少骅(女,至9月)　方　琼(女)
　朱晨希(女,9月始)
　喻　婷(女,挂职)　吴菊萍(女,兼)
　沈慧霞(女,兼)

科学技术协会

党组书记、主席　王　铮(女)
副 主 席　沈生泉　杨　帆(女)　李旭东
　高祥荣(挂职)

工商业联合会(总商会)

党组书记、主席(会长)　常秀兰(女)
副主席(副会长)　徐林娟(女)　丁庆伟

文学艺术界联合会

党组书记、主席　陈文琴(女)
副 主 席　陈　弋　梁红俊

残疾人联合会

党组书记、理事长　余海根
副理事长　韩世忠　唐　琳(女)
　陆　霞(女,挂职,至7月)
　沈　策(挂职)
　罗素云(女,挂职,9月始)
　陈国兴(兼)

红十字会

会　　长　许玲娣(女)
党组书记、常务副会长　张　瑗(女)
副 会 长　林少芳(女,挂职)
　汤宝荣(兼,至9月)　陆永林(兼)
　周建忠(兼)　邵素萍(女,兼)

·其他区直属单位·

区融媒体中心(余杭广电台)

党委书记、主任(台长)　戚金海
党委副书记、副主任、总编辑　冯旭东
党委副书记、副主任　朱海东
副 主 任　周康明(至9月)　周金火　吴巍峰
　钱　宇(女)　贾国勇
　郑淑萍(女,9月始)

机关事务服务中心

主　　任　徐　静(女)
副 主 任　符　欢(女)

杭州临平新城开发建设

党工委副书记　王耀平
党工委委员　马劲询(女)　沈旭东　汪全平
　张志伟　钟　奇　杨如芬(女)
管委会主任　王耀平
管委会副主任　沈旭东　汪全平　张志伟
　钟　奇　杨如芬(女)

乔司国际商贸城建设指挥部

总 指 挥　王耀平

良渚新城

党工委书记　曾　宏
党工委副书记　费跃建　吴宏伟　盛　洁(女)
管委会主任　吴宏伟
管委会副主任　江　旻(女,至11月)　叶　欣
　邵建富(至7月)
　蒋旭东(至7月)
　王贤铭(7月始)
　王　哲(7月始)

杭州西溪湿地公园(余杭)管理委员会办公室(至11月)

党组书记、主任　郭迎辉(女,至11月)
副 主 任　徐伟林(至11月)
陆文亚(女,至11月)

超山风景名胜区管委会

党工委副书记　杭建卫　李　宾(女)
管委会主任　杭建卫
管委会副主任　金本申

行政审批服务中心(行政服务中心5月更名)

党组书记　陈夏林
党组副书记、主任　钱祖华
副 主 任　叶李华　陶　晨

供销合作社联合社

党委书记、主任　高卫中
党委副书记、副主任　楼建琴(女)
副 主 任　蒋瑞雪　金云平(至9月)
蒋小为(9月始)

余杭供销控股集团有限公司

党委书记、董事长　高卫中
董事、总经理　楼建琴(女)
董事、副总经理　蒋瑞雪

档案局

局　　长　吴文星

档案馆

党组书记、馆长　吴文星
副 局 长　詹应顺　李益强

住房公积金管理分中心

主　　任　张红雨(女)

余杭农林资产经营集团有限公司

党委书记、董事长　曹如法
党委副书记、总经理　谈震鸿
董事、副总经理　张理华　杨嘉宾
监事会主席　叶晓福

余杭交通集团有限公司

党委书记、董事长　黄洪奎
副董事长、总经理　胡水元
董事、副总经理　徐文国　韩建荣　李飞翔
徐明华
监事会主席　冯鸿法

余杭金融控股集团有限公司

书记、董事长　陈炳鑫
副董事长、总经理　陈国建
董事、副总经理　高　磊　王　艳(女)
监事会主席　陈建忠

余杭旅游集团有限公司

书记、董事长　蒋　敏
党委副书记、副董事长、总经理　陈伟锋
董事、副总经理　陈　潜　庞卫华
监事会主席　许小明

余杭环境控股集团有限公司(余杭水务控股集团有限公司)

党委书记、董事长　高伟兴
党委副书记、副董事长、总经理　江伟峰
董事、副总经理　陈　国　胡华龙　楼继锋
监事会主席　沈国春

运河综保公司

副董事长、总经理　甘敏彪

·镇、街道·

运河街道

党工委书记　柴燕萍(女)
党工委副书记　陈　杭　王康权
办事处主任　陈　杭
办事处副主任　杨加栋(9月始)　董大兴
周文泉(至9月)　谢　炜
王哲鸣
人大工委主任　戚明强
人大工委副主任　吴兴华(至9月)
王建强(至9月)
沈国兴(9月始)

乔司街道

党工委书记　吕复春
党工委副书记　曹永佳　郎　毅
办事处主任　曹永佳
办事处副主任　李　旺　谢巨波　俞建伟
孙　璐(女)
人大工委主任　梅云水
人大工委副主任　张毛根(至9月)

塘栖镇

党 委 书 记　郎一舟
党委副书记　郭欣玮　周汝琴(女)　张建东
人 大 主 席　黄国连
人大副主席　周黎翔　郭铁芳
镇　　　长　郭欣玮

副　镇　长　莫小英(女)　陈黎强(8月始)
　　徐建明

崇贤街道

党工委书记　吴建中(至5月)
　　卜利斌(5月至9月)
党工委副书记　宋　刚　王海琛
办事处主任　宋　刚
办事处副主任　冯月娟(女,5月始)　王晓良
　　陆文亚(女,11月始)
人大工委主任　方忠伟
人大工委副主任　王洪顺　戴金芳

临平街道

党工委书记　胡国伟(至7月)
党工委副书记　郑志锋　金晓勇
办事处主任　郑志锋
办事处副主任　张红江(女)
　　陈菊美(女,至9月)　董　峰
　　王林峰
人大工委主任　金根火
人大工委副主任　包尚利

东湖街道

党工委书记　华　东
党工委副书记　姚建华　高国华
办事处主任　姚建华
办事处副主任　陈治平　毕惠忠
　　徐　春(至7月)
人大工委主任　毛新利
人大工委副主任　王金莲(女)　喻爱彬(女)

南苑街道

党工委书记　应世明
党工委副书记　张　静(女)　杨文杰
办事处主任　张　静(女)
办事处副主任　沈丽月(女)　张晓文
　　於　娜(女)　张利春
人大工委主任　姚云良
人大工委副主任　张　伟　周文杰(至9月)
　　姚九鹏(9月始)

星桥街道

党工委书记　王　栋
党工委副书记　胡一来　韩云燕(女)
办事处主任　胡一来
办事处副主任　盛富根　余成通
　　田　峰(至8月)　沈露霞(女)
　　林丹琴(女)　张振东(8月始)
人大工委主任　冯玉宝
人大工委副主任　吴佩翔(至8月)
　　李龙宝(至9月)
　　田　峰(8月始)

余杭街道

党工委书记　洪建良
党工委副书记　李晓琦　冯鹏飞
办事处主任　李晓琦
办事处副主任　严建武　孙　卫(至9月)
　　陈　杰　吴君俊(女,2月始)
　　姜祖锋(9月始)
人大工委主任　段南京
人大工委副主任　裘凤英(女)　魏元法

闲林街道

党工委书记　於　忠
党工委副书记　姚国华　盛胜峰(至11月)
　　姜万博(11月始)
办事处主任　姚国华
办事处副主任　董国琴(女)　洪雪峰(至7月)
　　戴飞飞　沈胜华　夏群升
　　陆　霞(女,7月始)
人大工委主任　陈锦秋(女)
人大工委副主任　黄福顺　张晓东

仓前街道

党工委书记　李　洁(女)
党工委副书记　王洪银　徐　锋
办事处主任　王洪银
办事处副主任　董淑娟(女)　陈　波(至9月)
　　张云超(至7月)
　　孙　卫(9月始)　张宇晓
　　周贤华(7月始)
人大工委主任　鲍顺国
人大工委副主任　方溢科
　　吴春仙(女,5月始)

中泰街道

党工委书记　华建林
党工委副书记　赵晓军　姚志华(至9月)
　　陈　波(9月始)
办事处主任　赵晓军
办事处副主任　马峻峰　任文远(至8月)
　　胡　边　钟　燕(女,8月始)
人大工委主任　刘玉明
人大工委副主任　李元宵(至9月)　陈建农
　　穆建忠(9月始)

良渚街道

党工委书记　费跃建
党工委副书记　邱惠良　俞天寅　盛　洁(女)
办事处主任　邱惠良
办事处副主任　沈国兴(至9月)
张　娟(女,至7月)
王贤铭(至7月)
王　哲(至7月)
汪晓慧(7月始)
褚国敏(女,7月始)
楼　寅(8月始)
郑　悦(11月始)
人大工委主任　马伟忠
人大工委副主任　邵建富(7月始)　张　玮

五常街道

党工委书记　斯建刚
党工委副书记　沈　清　周旻翔
办事处主任　沈　清
办事处副主任　郭连娣(女,至9月)
郎情樱(女)　周　骐　邢　斌
徐连华　陆佳婧(女,9月始)
人大工委主任　马　峰
人大工委副主任　殷国忠

仁和街道

党工委书记　钟秀龙
党工委副书记　褚　潇　宋国平(女)
办事处主任　褚　潇
办事处副主任　王　翔(至7月)
蒋小为(至9月)　石笑峰
张　娟(7月始)
人大工委主任　张正明
人大工委副主任　钟水泉　赵云江

瓶窑镇

党委书记　李　华
党委副书记　江新渊　沈汉平　沈海涌
人大主席　沈标华
人大副主席　马旭亮　顾剑方
镇　长　江新渊
副镇长　楼红兵(至7月)　洪雪峰(7月始)
章吕君(女)　徐　盛

径山镇

党委书记　徐伟龙(至5月)
沈　萍(女,5月始)
党委副书记　沈　萍(女,至5月)
刘俊峰(5月始)　李国强　石　磊
人大主席　何建民
人大副主席　徐　凯　吴建永
镇　长　沈　萍(女,至5月)
刘俊峰(5月始)
副镇长　吴文虎　徐建华　陈晓芳(女)
章志宏

黄湖镇

党委书记　陈国强
党委副书记　陈时忠　李　琴(女)
人大主席　范海荣
人大副主席　吴焕君
镇　长　陈时忠
副镇长　俞婷婷(女)　盛忠明(至7月)
白洪森　郑晨义(11月始)

鸬鸟镇

党委书记　廖洪星
党委副书记　郭　健　曹海英(女)
人大主席　张中文
人大副主席　毛传坤
镇　长　郭　健
副镇长　姚渊淇　邹昃宁(至9月)　董学海

百丈镇

党委书记　卜利斌(至5月)
党委副书记　宋　亮　陈源杰
人大主席　姜有松
人大副主席　王天翔(至9月)
镇　长　宋　亮
副镇长　金　弋　王再良　金　杰

(区委组织部干部科)

编辑：范雅君

人物·先进集体

Figures and Advanced Units

·先进人物·

【周海东】 杭州红通樱桃专业合作社理事长。2020年全国劳动模范。曾被评为2014年浙江省劳动模范、2007年杭州市劳动模范。

1974年11月出生，农民高级技师职称。1997年开始，他为改变樱桃主要从北方出产的现状，筛选出适合南方地区种植的中国樱桃品种5个。近3年来，他致力于中国樱桃的标准化栽培技术示范推广和高规格樱桃苗木的工厂化育苗工作。在选育适合江南平地栽培的甜樱桃（商品名：车厘子）品种（系）及配套栽培技术方面也做了大量工作，主持完成“南方甜樱桃（车厘子）引进试种、栽培技术研发与应用”等市农业科研攻关项目2个，选育出适合杭州平原地区栽培的甜樱桃新品种（系）7个并优化集成相关关键技术，使甜樱桃在杭州实现商品化生产。参与制订《设施樱桃生产技术规程》等2项地方农业标准，已在江浙沪赣地区推广中国樱桃苗木及配套栽培技术1666.67公顷，已产生直接经济效益2亿多元。

（区总工会）

【浙江省抗击新冠肺炎疫情先进个人】

徐梦薇　区中医院ICU副护士长（援鄂）
袁　红　区第一人民医院党委书记、院长
周华娟　区第五人民医院呼吸内科主任兼感染科主任
干伟群　区疾病预防控制中心党总支专职副书记
斯建刚　五常街道党工委书记
程　芳　余杭街道凤联社区党委书记
孙利军　阿里巴巴集团副总裁、阿里巴巴公益理事会理事长
计良庆　上海万科物业服务有限公司余杭分公司网格管家

【浙江省优秀共产党员】

程　芳　余杭街道凤联社区党委书记
胡　昕　余杭区市场监管局党委书记、局长

（省委、省政府）

【杭州市抗击新冠肺炎疫情先进个人】

黄达荣　余杭区中医院治未病科主任、医疗质量管理中心副主任、科教科副科长，主任中医师（援鄂）
钟永红（女）　余杭区第一人民医院呼吸内科主治医师（援鄂）
余丹青　余杭区第二人民医院急诊科兼感染性疾病科副主任，副主任医师（援鄂）
姚彩娣（女）　余杭区第二人民医院五常分院党支部委员、副院长
胡荣康　市急救中心余杭分中心急救科科员
任　芳（女）　余杭区妇幼保健院乳腺科（甲状腺）副主任，副主任医师

洪丽芳(女)　余杭区良渚医院护理部主任
张忠南　余杭区第五人民医院心血管内科副主任,副主任医师
徐一峰　余杭区良渚街道良渚文化村社区党委书记
陈小燕(女)　余杭区运河街道亭趾社区党支部书记、居民委员会主任
吴　萍(女)　余杭区崇贤街道崇文社区党支部书记
郭小英(女)　余杭区南苑街道新梅社区党总支书记、居委会主任
李素文(女)　余杭区闲林街道良睦社区党总支书记
陈思超　余杭区中泰街道幸福河社区党总支委员
何炎祥　余杭区瓶窑镇彭公村残疾人专职委员
陈　斌　余杭区仁和街道洛阳村党委委员
沈　琴(女)　余杭区径山镇小古城村村委委员
欧阳东　杭州市公安局余杭区分局良渚派出所副所长
钟　毅　余杭区道路运输管理处副处长
孙　路　余杭区委办公室副主任
吕复春　余杭区乔司街道党工委书记
廖小兰(女)　余杭区塘栖第二中学科学教师
孙云霞(女)　余杭区融媒体中心(杭州市余杭区广播电视台)评论部记者
高德贤　余杭区乔司街道方桥村四组组长
金苏娥(女)　余杭区临平街道工农新村社区退休老党员
杨　蓉(女)　杭州微策生物技术有限公司董事长
王文山　南都物业服务集团股份有限公司余杭分公司银领时代项目物业经理
华　杰　杭州拎包客资产管理有限公司总经理
闻　佳(女)　阿里巴巴集团公共事务总裁
朱盛珍(女)　余杭区第三人民医院瓶窑分院副院长
杨小芬(女)　余杭区星桥街道安乐社区党总支书记
吕　敏(女)　余杭区仓前街道公共服务办主任
俞佳良　杭州老板电器股份有限公司行政总监

【杭州市优秀共产党员】

黄达荣　余杭区中医院治未病科主任、医疗质量管理中心副主任、科教科副科长，主任中医师（援鄂）
姚彩娣(女)　余杭区第二人民医院五常分院党支部委员、副院长
徐一峰　余杭区良渚街道良渚文化村社区党委书记

（市委、市政府）

【杭州市五一劳动奖章获得者】

朱秀强　杭州市公安局余杭区分局闲林派出所
马　龙　浙江春风动力股份有限公司
周　颖　杭州余杭区径山绿神茶苑
孙志良　区交通重点工程建设管理处
金中国　杭州兴龙泵业有限公司
周　斌　乔司街道平安巡防大队
何　平　杭州微光电子股份有限公司
张建锋　阿里巴巴达摩院
贺　平　余杭城市建设集团有限公司
宋士利　杭州市余杭区疾病预防控制中心
欧阳东　杭州市公安局余杭区分局

（区总工会）

【余杭区二等功及以上功臣模范人员一览表】

表 13

姓名	所属镇（街道）	所属村（社区）	立功情况
童楚根	仁和街道	双陈村	二等功
杨永弟	仁和街道	东风村	二等功
王华顺	仁和街道	普宁村	二等功
劳法水	仁和街道	永泰村	二等功
钟习文	运河街道	东新村	二等功
许金法	星桥街道	万乐社区	二等功
徐卫国	良渚街道	杜甫村	二等功
骆红军	良渚街道	杜甫村	二等功
闫定龙	良渚街道	运河村	二等功
黄华飞	良渚街道	小洋坝村	二等功
李景才	良渚街道	铭雅社区	一等功
陈锦良	良渚街道	大陆村	二等功

续表 13

姓名	所属镇（街道）	所属村（社区）	立功情况
陈永斌	临平街道	梅堰社区	二等功
孙耀清	临平街道	新颜社区	二等功
臧军民	临平街道	新颜社区	二等功
葛昌松	临平街道	丁山社区	二等功
来宝荣	临平街道	西大街社区	二等功
余寿通	临平街道	星火社区	二等功
王培法	临平街道	工农新村	一等功
马伯金	临平街道	庙东社区	二等功
寿定月	南苑街道	南苑街道	一等功
沙剑峰	南苑街道	临城社区	二等功
傅向勇	南苑街道	红联社区	二等功
周阿根	南苑街道	联盟社区	二等功
姜济东	南苑街道	新城社区	二等功
张季源	南苑街道	新城社区	二等功
沈国松	南苑街道	时代社区	二等功
李新桥	南苑街道	南苑街道	二等功
岳　维	南苑街道	文仪社区	二等功
胡　创	南苑街道	文仪社区	二等功
余鹏飞	南苑街道	保障桥社区	二等功
樊建华	南苑街道	龙兴社区	二等功
杨桂福	乔司街道	方桥村	二等功
张春生	乔司街道	永西村	二等功
钟　帅	乔司街道	和睦桥村	二等功
邓继云	乔司街道	三角村	二等功
魏融斌	乔司街道	五星村	二等功
王火良	乔司街道	良熟村	二等功
徐继川	乔司街道	良熟村	二等功
蒋长松	五常街道	文一社区	二等功
仲荣桂	五常街道	五常社区	二等功
杨建波	五常街道	五常社区	二等功
王昭敏	五常街道	永福社区	二等功
崔文娟	五常街道	景盛社区	二等功
刘文贵	五常街道	云创社区	一等功

续表 13

姓名	所属镇（街道）	所属村（社区）	立功情况
李益强	五常街道	横板桥社区	二等功
胡宏春	东湖街道	屯里社区	二等功
李伦华	东湖街道	上环桥社区	二等功
庞中浩	东湖街道	顺达社区	二等功
姜炳浓	东湖街道	星光社区	二等功
熊繁荣	东湖街道	北沙社区	二等功
俞　晶	瓶窑镇	大观山村	二等功
郑林水	瓶窑镇	溪东社区	一等功
王瑞林	瓶窑镇	溪东社区	一等功
文正浩	瓶窑镇	学府社区	一等功
陈建民	瓶窑镇	新窑社区	二等功
池文炜	余杭街道	文昌社区	二等功
蔡光星	余杭街道	义桥村	二等功
陈成苗	余杭街道	义桥村	二等功
李金华	余杭街道	竹园村	二等功
周志南	余杭街道	金星村	二等功
盛金龙	余杭街道	南安社区	二等功
卢永正	余杭街道	南安社区	二等功
吴永辉	塘栖镇	华城社区	二等功
陈细辉	塘栖镇	塘栖村	二等功
莫国忠	崇贤街道	沿山村	二等功
张国贤	百丈镇	溪口村	二等功
李自炘	百丈镇	石竹园村	二等功
杨　军	黄湖镇	青山村	二等功
杨掌松	黄湖镇	赐璧村	二等功
李祥林	闲林街道	北山社区	二等功
赵杭生	闲林街道	北山社区	二等功
周成华	闲林街道	方家山社区	二等功
章春健	闲林街道	云栖村	二等功
孔利静	闲林街道	翡翠社区	二等功
倪成明	闲林街道	北山社区	二等功
徐昌敏	闲林街道	良睦社区	二等功

（区退役军人事务局）

【2020年“余杭工匠”】

卢国强　杭州东华链条集团有限公司
余小庆　杭州华惠阀门有限公司
俞建华　顿力集团有限公司
吴永忠　杭州持正科技股份有限公司
周晓君　杭州古舒服装设计有限公司
孙钦贺　杭州骏马轴承有限公司
张运书　浙江春风动力股份有限公司
王新星　浙江美嘉标服饰有限公司
关世彤　杭州五星铝业有限公司
朱　庆　杭州威衡科技有限公司
吴为民　浙江瑞邦建设工程检测有限公司
贺晓帆　杭州老板电器股份有限公司
胡　洋　杭州华能工程安全科技股份有限公司
赵　钢　杭州手表有限公司
杨国潮　杭州利富豪科技股份有限公司
方中华　杭州市余杭区文化和广电旅游体育局
俞荣华　杭州余杭区径山镇心无尘茶馆
刘　俊　杭州余杭名卉花卉科技有限公司
张国强　杭州张尧生管理有限公司邱山大街口腔门诊部
许一权　杭州市公安局余杭区分局刑事侦查大队
翁祝红　杭州余杭区良渚街道翁祝红工艺品设计工作室
杨锦陈　浙江强脑科技有限公司
付　强　阿里巴巴集团达摩院
杨可苹　阿里巴巴集团
支晓华　杭州鲁尔新材料科技有限公司

（区人民政府办公室）

【第四届余杭区道德模范】

向达勇　中国邮政良渚分公司投递员
蒋永潮　余杭区五常街道文一社区居民
叶晓勤　中国建设银行股份有限公司杭州余杭支行营业部副主任
金小芳　余杭区乔司街道葛家车村村民
施烂峰　杭州市公安局余杭区分局中泰派出所民警
袁　红　余杭区第一人民医院党委书记、院长
周银娣　余杭区运河街道唐公村村民
汪建平　余杭区仁和街道九龙村村民
廖小兰　余杭区塘栖第二中学教师
计良庆　上海万科物业服务有限公司余杭分公司网格管家

（区委宣传部）

·先进集体·

2020年余杭区获得的先进荣誉（表彰）一览表

表14

荣誉名称	颁奖单位	确认依据
第五批国家慢性病综合防控示范区	国家卫生健康委	国家卫生健康委办公厅《关于公布第五批国家慢性病综合防控示范区建设评估结果的通知》
全国第五批率先基本实现主要农作物生产全程机械化示范县（市、区）	农业农村部办公厅	《农业农村部办公厅关于公布全国第五批率先基本实现主要农作物生产全程机械化示范县(市、区)名单的通知》(农办机〔2020〕5号)
2020年全国县域数字农业农村发展先进县	农业农村部信息中心	《农业农村部信息中心关于2020年全国县域数字农业农村发展水平评价工作结果的通报》(农信息〔2020〕30号)
2019年度“五水共治”（河长制）工作“大禹鼎”优秀县	中共浙江省委、浙江省人民政府	《中共浙江省委、浙江省人民政府关于2019年度美丽浙江建设（生态文明示范创建行动计划）工作考核优秀单位和授予杭州市等市县“五水共治”（河长制）工作优秀市县“大禹鼎”的通报》
2019年全省实施乡村振兴战略优秀单位	中共浙江省委、浙江省人民政府	《省委省政府关于表彰2019年全省实施乡村振兴战略优秀单位的通报》
浙江省第二批全域旅游示范县（市、区）	浙江省文化和旅游厅	《浙江省文化和旅游厅关于发布通过浙江省第二批全域旅游示范县（市、区）验收单位名单的公示》
浙江省第三届“河姆渡杯”粮食生产先进县（市、区）	浙江省人民政府办公厅	《浙江省人民政府办公厅关于表彰浙江省第三届“河姆渡杯”粮食生产先进市、县（市、区）和先进个人的通报》
小微企业三年成长计划优秀工作县（市、区）	浙江省“小微企业三年成长计划”工作领导小组	《浙江省“小微企业三年成长计划”工作领导小组关于2019年各市工作考核情况的通报》（浙微组发〔2020〕1号）
2019年度浙江省新时代美丽乡村建设工作优秀单位	浙江省千村示范、万村整治工作协调小组办公室	《浙江省千村示范、万村整治工作协调小组办公室关于2019年度全省新时代美丽乡村建设和农村生活垃圾分类处理工作情况的通报》（浙村整建办〔2020〕5号）
2019年度浙江省非物质文化遗产保护发展指数评估指标数全省县（市、区）第一	浙江省文化和旅游厅	《浙江省非物质文化遗产保护发展指数评估指标数据》
2019年度浙江省基层公共文化服务评估指标数据全省县（市、区）第一	浙江省文化和旅游厅	《浙江省基层公共文化服务评估指标数据》（2019年度）
危险货物道路运输第一批“无挂靠经营县（市、区）”	浙江交通运输厅	《浙江省交通运输厅关于公布危险货物道路运输第一批“无挂靠经营县（市、区）”名单的通知》（浙交发函〔2020〕204号）
2019年度创新指数全省第四	浙江省科技厅、浙江省统计局	《2019年度浙江省县（市、区）科技进步统计监测报告》
2019年度浙江省文博事业发展水平评估指标数据全省县（市、区）第一	浙江省文物局	《浙江省文博事业发展水平评估指标数据》(2019年度)（浙文物发〔2020〕143号）
第一批深化小型水库管理体制改革样板县	浙江省水利厅	《浙江省水利厅关于公布第一批深化小型水库管理体制改革样板县名单的公告》（浙水运管〔2020〕15号）
浙江省渔业健康养殖示范县（第一批）	浙江省农业农村厅	《浙江省农业农村局厅关于公布2020年浙江省渔业健康养殖示范创建结果的通知》（浙农渔发〔2020〕21号）
2020年度浙江省防震减灾工作考核优秀单位	浙江省地震局	《关于2020年度浙江省市县防震减灾工作考核结果的通报》（浙震发〔2020〕120号）

表 15

2020 年度区直单位所获荣誉（表彰）一览表

受表彰单位	荣誉名称	表彰或推广主体
区委办	良渚古城申遗工作先进集体	省委办公厅
	2019 年度全省党政系统机要密码工作先进单位	省委办公厅
	2019 年度浙江省改革创新工作成绩突出集体	省委、省政府
区府办	省政府政务信息工作一等奖	省政府
区政协	2020 年度全省政协联谊报宣传工作先进单位	政协浙江省委员会办公厅
区纪委区监委	中纪委新闻传播中心 2020 年度报网宣传工作先进集体	中央纪委国家监委
区委组织部	浙江青年数字经济“鸿鹄奖”特殊贡献奖	团省委
区委宣传部	区委网信办被评为 2019 年度浙江省网信工作成绩突出集体	省委网信办
	全省“扫黄打非”工作成绩突出集体	浙江省扫黄打非工作领导小组
	余杭区梦想驿站互联网文化服务中心获评第六届全国未成年人思想道德建设工作先进单位	中央精神文明建设指导委员会
区委政法委	全省扫黑除恶专项斗争成绩突出集体	中共浙江省委、浙江省人民政府
区融媒体中心	全省广播电视新闻融合传播协作先进集体特等奖（电视）	浙江广播电视集团
	全省广播电视新闻融合传播协作先进集体特等奖（广播）	浙江广播电视集团
	全省广播电视新闻融合传播协作先进集体特等奖（新媒体）	浙江广播电视集团
杭州市公安局余杭区分局	2019 年度全省公安机关执法质量考评优秀单位	省公安厅
	全国第二届“四个一百”优秀政法新媒体评选先进单位	中央政法委
	全国无偿献血促进奖	国家卫健委
区民政局	2019 年度先进县（市、区）民政局	省民政厅
	民政部和财政部 2019 年年度困难群体绩效评价优秀，排名前十	民政部、财政部
区财政局	2017—2019 年度市、县（市、区）放心农贸市场建设工作成绩突出单位	省市场监督管理局
	2019 年度城镇保障性安居工程财政资金用于公租房保障和棚户区改造绩效评价复评结果优秀	省住房与城乡建设厅 省财政厅
区人力资源和社会保障局	余杭区获全省人社系统绩效考评优秀单位	省人力资源和社会保障厅
	2019 年度全省劳动争议案件处理成绩突出单位	省人力资源和社会保障厅
区住房和城乡建设局	湖杭铁路电力迁改先进单位	省发改委
区农业农村局	非洲猪瘟防控工作表现突出的集体	省委省政府
区林业水利局	2020 年度全省林业产业先进集体。	浙江省林业局
	2019 年中国北京世界园艺博览会浙江参展工作突出贡献集体	省政府办公厅
	浙江省森林生态保护突出贡献集体	省林业局
	“森林浙江”建设工作突出贡献集体	省委办公厅
区商务局	2017—2019 年度市、县（市、区）放心农贸市场建设工作成绩突出单位	省市场监督管理局

续表 15

受表彰单位	荣誉名称	表彰或推广主体
区退役军人事务局	浙江省退役军人工作模范单位	省委退役军人事务工作领导小组、省委组织部、省人力资源和社会保障厅、省退役军人事务厅、省军区政治工作局
	2020 年度《中国退役军人》杂志宣传工作成绩突出单位	国家退役军人事务部办公厅
区市场监督管理局	2017–2019 年度全省放心农贸市场建设工作成绩突出集体	省市场监管工作联席会议
	2017—2019 年度市、县（市、区）放心农贸市场建设工作成绩突出单位	省市场监督管理局
国家统计局余杭调查队	全省调查队系统 2019 年度工作综合考核优秀县级调查队	国家统计局浙江调查总队办公室
区城管局	2019 年度省级垃圾分类先进集体	省垃圾分类办公室
区行政审批服务中心	区行政审批服务中心获评浙江省改革创新工作成绩突出集体	省委、省政府
国家税务总局杭州市余杭区税务局	公共机构能效领跑者	国家机关事务管理局、国家发改委、财政部
区检察院	全省扫黑除恶专项斗争成绩突出集体	省委、省政府
	特赦检察工作中表现突出集体	最高人民检察院
	2019 年度检察工作成绩突出基层检察院	省人民检察院
区工商联	全国“万企帮万村”精准扶贫行动组织工作先进集体	全国工商联、国务院扶贫办等四部门
	抗击新冠肺炎疫情以来调查点工作先进基层工商联	全国工商联
余杭区“扫黄打非”工作领导小组办公室	全省扫黄打非先进集体	省扫黄打非领导小组
超山风景名胜区管委会	2019 年度文旅融合发展优秀景区	省政府
区生态环境局	第二次全国污染源普查表现突出集体	国务院第二次全国污染源普查领导小组办公室

表 16

2020 年镇（街道）所获荣誉（表彰）一览表

单位	荣誉名称	表彰或被推广对象
运河街道	第四批全国“扫黄打非”进基层示范标兵单位	全国“扫黄打非”工作小组办公室
	2020 年度浙江省森林城镇	省关注森林组织委员会
	2020 年度浙江省美丽乡村示范乡镇	省“千村示范、万村整治”工作协调小组办公室
	运河街道退役军人服务站被评为浙江省新时代枫桥式退役军人服务站	省委退役军人事务工作领导小组办公室
乔司街道	2020 年浙江省突出贡献红十字基层组织	省红十字会

续表 16

单位	荣誉名称	表彰或被推广对象
塘栖镇	2020 年度美丽城镇省级样板	省城乡环境整治工作领导小组
	2020 年度浙江省美丽乡村示范乡镇	省“千村示范、万村整治”工作协调小组办公室
	民政部和财政部 2019 年年度困难群体绩效评价优秀	民政部、财政部
崇贤街道	2020 年度浙江省第一批示范慈善分会	省慈善联合总会
临平街道	民政部和财政部 2019 年年度困难群体绩效评价优秀	民政部、财政部
	浙江公共场所服务大提升亮点单位	省委改革办
东湖街道	民政部和财政部 2019 年年度困难群体绩效评价优秀	民政部、财政部
星桥街道	民政部和财政部 2019 年年度困难群体绩效评价优秀	民政部、财政部
余杭街道	第四批浙江省“扫黄打非”进基层示范点	省“扫黄打非”工作小组办公室
	湖杭铁路电力迁改	省发改委
	浙江省农村文化礼堂建设示范乡镇（街道）	省委宣传部
	2020 年“浙江省四星级乡镇（街道）食安办”	省食品药品安全委员会办公室
闲林街道	闲林水库工程被评为国家水土保持生态文明工程	水利部
	闲林派出所被评为全国一级公安派出所	公安部
	闲林街道退役军人服务站被评为浙江省新时代枫桥式退役军人服务站	省委退役军人事务工作领导小组办公室
仓前街道	仓前街道红十字会被评为 2020 年浙江省突出贡献红十字基层组织	省红十字会
	2020 年度美丽城镇省级样板	省城乡环境整治工作领导小组
	2020 年度浙江省森林城镇	省关注森林组织委员会
	2020 年度浙江省生活垃圾分类示范片区	省生活垃圾分类工作领导小组办公室
	湖杭铁路电力迁改	省发改委
中泰街道	省级林业特色产业小镇	省林业局
	湖杭铁路电力迁改	省发改委
良渚街道	浙江省首批现代商贸特色镇	省商务厅
	良渚古城遗址申报世界文化遗产先进集体	省委、省政府办公厅
	湖杭铁路电力迁改	省发改委
仁和街道	2020 年度浙江省湖杭铁路电力迁改先进单位	省发改委
	湖杭铁路电力迁改	省发改委
瓶窑镇	省级小城市培育试点 2019 年度考核优秀单位	省中心镇发展改革和小城市培育试点领导小组办公室
	瓶窑镇财统审计办公室被评为 2017—2019 年度全省内部审计先进集体	省审计厅

续表 16

单位	荣誉名称	表彰或被推广对象
瓶窑镇	2020 年度美丽城镇省级样板	省城乡环境整治工作领导小组
	良渚古城遗址申报世界文化遗产先进集体	省委、省政府
	浙江省 AAAAA 级景区镇	省文化和旅游厅
径山镇	国家 AAAA 景区	省旅游区（点）质量等级评定委员会
黄湖镇	黄湖镇退役军人服务站被评为浙江省新时代枫桥式退役军人服务站	省委退役军人事务工作领导小组办公室
鸬鸟镇	2019 年度浙江省康养小镇	省林业局
	2020 年度浙江省森林城镇	省关注森林组织委员会
	鸬鸟镇退役军人服务站被评为浙江省新时代枫桥式退役军人服务站	省委退役军人事务工作领导小组办公室
百丈镇	2020 年度浙江省森林城镇	省关注森林组织委员会

【浙江省抗击新冠肺炎疫情先进集体】

杭州市余杭区第一人民医院

（省委、省政府）

【杭州市抗击新冠肺炎疫情先进集体】

余杭区疾病预防控制中心党总支
余杭区第二人民医院党委
余杭区良渚街道社区卫生服务中心
余杭区仁和街道云会村党委
余杭区临平街道庙东社区党委
余杭区塘栖镇丁河村党委
余杭区东湖街道工农社区党总支
余杭区青年商会党支部
钉钉（中国）信息技术有限公司
浙江吉时物联网科技有限公司
余杭区阳光公益服务社
余杭区就业管理服务中心
杭州申昊科技股份有限公司
余杭区中医院
余杭区南苑街道文仪社区党委
余杭区良渚街道党工委
兴源环境科技股份有限公司

【杭州市先进基层党组织】

余杭区第二人民医院党委
余杭区疾病预防控制中心党总支
余杭区仁和街道云会村党委
余杭区青年商会党支部

（省委、省政府）

【杭州市五一劳动奖状获得者】

余杭区农业农村局
浙江虎哥环境有限公司
余杭区临平街道星火社区居委会
杭州市余杭区第一人民医院
余杭区乔司街道良熟新苑社区居民委员会

（区总工会）

编辑：范雅君

附　录

Appendix

·文件辑录·

杭州市余杭区人民政府办公室关于印发《余杭区“无废城市”建设工作方案》的通知

余政办〔2020〕55号

各镇人民政府、街道办事处，区直各单位：

《余杭区“无废城市”建设工作方案》已经区政府同意，现予印发，请认真贯彻执行。

杭州市余杭区人民政府办公室

2020年8月12日

余杭区“无废城市”建设工作方案

为深入贯彻《国务院办公厅关于印发“无废城市”建设试点工作方案的通知》(国办发〔2018〕128号）和《浙江省人民政府办公厅关于印发浙江省全域“无废城市”建设工作方案的通知》(浙政办发〔2020〕2号）精神，推动余杭区“无废城市”建设，特制定本方案。

一、总体要求

以习近平生态文明思想为指引，牢固树立创新、协调、绿色、开放、共享的新发展理念，围绕“五大余杭”总目标与“三个全域”总要求，以闭环式管理为核心，摸清底数、统筹谋划、合理布局、补齐短板，稳步推进余杭“无废城市”建设工作，全面推动形成绿色发展方式和生活方式，深入推进高品质都市新区建设，共建共享更加美好的新余杭。

二、工作目标

到2021年9月底，完成余杭区“无废城市”建设；到2021年底，通过首批省级评估，基本实现产废无增长、资源无浪费、设施无缺口、监管无盲区、保障无缺位、固废无倾倒、废水无直排、废气无臭味，打造生态循环、绿色低碳、多方共治的“无废余杭”；到2023年底，对标国内外先进城市，余杭区“无废城市”建设水平得到巩固提升，达到国内“无废城市”试点城市要求。

三、工作任务

（一）聚焦绿色生产，打造生态循环的工业体系

抓好产废源头减量化。严格按照建设项目环评及批复、危险废物管理计划要求落实固体废物减量化措施。提高废水回用比例，强化废水分质分流处理，源头减少污泥产生。鼓励工业固体废物产生量大的企业在场内开展综合利用处置。工业固体废物年度产生强度实现负增长。（市生态环境局余杭分局牵头，区经信局、区发改局参与）注重绿色制造体系建设，推广绿色设计和绿色采购，开发生产绿色产品，建立长效绿色供应链管理模式。（区经信局牵头）全面推进企业清洁生产审核和环境管理体系ISO14000认证，从源头减少工业固废产生量。2020年，力争开展54家以上企业清洁生产审核，27家企业实施强制性清洁生产，实施清洁生产的工业企业总数年度增长率保持在5%以上。严格执行“总量、空间、项目”准入制度，改造提升机械、化纤、化工、橡胶、纺织、服装等传统制造业。（区经信局、市生态环境局余杭分局分别牵头）

落实分类贮存收集规范专业化。督促企业做好固体废物信息核查。推进集中收运体系建设，鼓励有条件的镇街引进第三方机构合作布局，建立一般工业固体废物集中收集网。严格落实危险废物规范化管理考核要求，重点抓好工业危险废物分类贮存规范化管理，全面提升危险废物规范化管理达标率。充分发挥我区现有危废经营单位全类收运的优势，建立健全小微产废企业集中收运体系。（市生态环境局余杭分局牵头，区发改局、区经信局参与）夯实实验室废物产生者主体责任，到2020年，实验室废弃物集中统一收运覆盖率达到100%。（区教育局、区科技局、区卫健局、区市场监管局按职责分别牵头）根据省市要求，创新危险废物运输管理模式。（区交通运输局牵头，市公安局余杭区分局参与）收集、转运等活动严格执行转移联单制度，危险废物运输转移联单和电子运单互联率达到100%。（市生态环境局余杭分局牵头，区交通运输局参与）

实现资源利用最大化。积极探索一般工业固废综合利用处置途径，努力培育一批一般工业固废资源化回收利用企业。（区发改局牵头，区经信局、市生态环境局余杭分局参与）到2020年，一般工业固体废物综合利用率达到97%。（市生态环境局余杭分局牵头，区发改局、区经信局参与）

提升处置能力建设。基本实现区内大宗一般固体废物产生量与利用处置能力相匹配，探索与生活垃圾性状相近的一般工业固废纳入生活垃圾处理设施协同处置。（市生态环境局余杭分局牵头，区城管局、区发改局、区经信局等配合）推广九峰生态补偿模式的应用，提高余杭区污泥处置能力。（市生态环境局余杭分局牵头，区城管局、区环境（水务）控股集团等配合）到2020年，城镇污水处理厂和重点工业企业污泥无害化处置率均达到100%。（区住建局、市生态环境局余杭分局分别牵头，区环境（水务）控股集团配合）

推动“无废工业园区”建设。大力发展循环经济，加快推动工业园区生态与循环化改造。两个省级以上工业园区全面开展生态工业园区建设、循环化改造任务。（区发改局牵头，区经信局、市生态环境局余杭分局参与）

（二）聚焦绿色农业，打造农业废弃物全量化体系

巩固提升化肥农药减量增效行动成果。深入实施“百万吨有机肥替代行动”，深化测土配方施肥技术，大力实施“农药减量控害增效工程”，到2020年底，化肥农药使用量年度增长率持续保持负增长。落实农药废弃包装回收补助政策，到2020年底，农药废弃包装物回收率达90%以上。（区农业农村局牵头，区供销社参与）

构建农业废弃物源头收集和安全处置体系。推动农业废弃物收储运体系全覆盖。推行废旧农膜分类回收处理，无利用价值的废旧农膜纳入农村生活垃圾处理体系，到2021年，实现废旧农膜回收处理率达90%以上。（区农业农村局牵头，区供销联社、市生态环境局余杭分局、区市场监管局、区城管局参与）建成“统一收集、集中跨区域处理”的运营模式和“镇街有体系、有队伍”的无害化处理模式，到2020年底，病死猪无害化集中处理率达到100%。（区农业农村局牵头，市生态环境局余杭分局、区财政局参与）

着力提升农业废弃物资源化利用水平。推动畜牧业转型升级和绿色发展，到2021年底，全面完成畜禽养殖场户生态化治理。深入实施畜禽粪污资

源化利用行动，新建7600立方米畜禽粪污沼液全封闭储存池，提升资源化利用水平。到2020年底，成功创建省级畜牧业绿色发展示范区，畜禽粪污综合利用率保持在99%以上。不断提升农作物秸秆综合利用能力，新建2个秸秆综合利用点项目，秸秆综合利用率保持在95%以上。（区农业农村局牵头）

（三）聚焦绿色生活，打造生活垃圾分类收运处置体系

强化生活垃圾源头减量。开展一次性消费用品整治行动、限塑令整治行动和食品、礼品过度包装专项治理行动。（区发改局牵头，区城管局、区商务局、区市场监管局参与）推进快递包装物减量行动，到2020年，区内企业使用瘦身胶带封装比例达90%；70%以上电商快件不再二次包装；推广应用循环中转袋、循环快递箱，使用率达到90%以上；力争快递绿色包装使用比例提高到70%以上。建立快递包装回收机制，企业和末端网点周边绿色回收箱设置全覆盖。（区邮政管理局牵头，区城管局参与）城乡生活垃圾保持负增长，到2020年底，全年生活垃圾进场总量同比2019年减量3%以上、人均减量5%以上。（区城管局牵头）

全面实施生活垃圾分类精细化。推行标准化的设施设置，精准化的投放指导，规范化的收集运输。各镇街持续推进环卫收运体系优化升级，规范清运作业，强化清运监管。推进中转站新建改建，2020年底前，各镇街至少具备1处具有分类存储、分类转运、压缩排水等功能的生活垃圾中转站，城乡生活垃圾分类100%全覆盖。（区城管局牵头）

健全生活垃圾回收利用体系。在城市居住区，持续推进“虎哥回收”模式覆盖范围。在农村居住区，推进以建制村为单位的大件垃圾、可回收物、有害垃圾暂存点建设。在机关事业单位、商业综合体等沿街各类场所，引入回收企业，推进再生资源回收的全覆盖。到2020年底，建成1个以上再生资源分拣中心建设，全区生活垃圾回收利用率达到45%；到2021年底，生活垃圾回收利用率达到60%以上。（区城管局牵头，区发改局、区商务局参与）完善有害垃圾转运点建设，到2020年建成至少1个有害垃圾转运点。（市生态环境局余杭分局牵头）

进一步强化处置能力。建设一批末端处置设施，提升区内生活垃圾资源化减量化处置能力，到2020年，全区生活垃圾焚烧处置能力全覆盖。（区城管局牵头，区发改局参与）加快易腐垃圾集中处理设施建设。到2020年底，全区易腐垃圾处置能力提升至600吨/日，生活垃圾无害化处理率达到100%。（区城管局牵头，区发改局、市规划和自然资源局余杭分局、市生态环境局余杭分局参与）

（四）聚焦绿色建筑，打造建筑垃圾减排与处置体系

推行绿色建筑设计。鼓励推广绿色建筑建设，推广装配式建筑应用。到2020年底，民用绿色建筑占新建建筑的比例达到90%以上。（区住建局牵头，区城管局参与）

推动建筑垃圾规范管理。建筑垃圾实现源头减量、规范清运、安全处置和有效利用的全过程管理。落实余杭区关于装修垃圾规范管理的相关要求，实现装修垃圾规范化管理。（区城管局牵头，区住建局参与）

推动建筑垃圾综合利用设施建设。推进集中式装修垃圾资源化处置项目、工程渣土消纳项目、建筑垃圾处置项目、装修垃圾处置项目。到2020年底，建筑垃圾综合利用率达到60%。（区城管局牵头，区发改局、区住建局参与）

（五）聚焦应急能力，打造医疗废物精细化风险防控体系

规范医疗废物前端分类收集。医疗卫生机构加强对使用后未被病人血液、体液、排泄物污染的一次性塑料输液用品及医用可回收玻璃瓶的合规分类、统一包装，委托第三方合规资质单位进行收运、消毒、回收利用。到2020年，医疗卫生机构可回收物资源回收率达到80%以上。（区卫健局牵头，区商务局、区经信局、区市场监管局参与）

严格医疗废物安全处置。严格落实“小箱进大箱”的要求。全区医疗废物收集体系全覆盖，医疗废物安全处置率达到100%。（区卫健局牵头）

（六）聚焦碧水蓝天，打造水气治理污染防治体系

完善废水无直排。深入开展“污水零直排区”建设，镇（街道）、工业园区（工业集聚区）、生活小区“污水零直排区”年度工作完成率达到100%。（区治水办牵头，市生态环境局余杭分局、区城管局、区住建局、区环境（水务）控股集团、区教育局、区卫生健康局参与）强化城镇生活污水治理。到2020年底，城市生活污水集中收集率达到80%以上。（区住建局、区城管局牵头，市生态环境局

余杭分局、区环境（水务）控股集团参与）

实现废气无臭味。进一步加强大气污染防治工作，扎实推进“五气共治”工作，2020年度涉气重复信访投诉量实现负增长。（市生态环境局余杭分局牵头，区住建局、区城管局、区农业农村局、区交通运输局、区经信局、区发改局参与）

（七）聚焦顶层设计，健全依规治理的制度体系

到2022年底，力争实现危废持证单位环境污染责任险全覆盖。总结“九峰模式”，推广固体废物处置生态补偿机制。（市生态环境局余杭分局牵头，区财政局参与）推动建立固体废物协同处置会商机制，促进城市设施资源共享。（区城管局牵头，市生态环境局余杭分局参与）

（八）聚焦创新引导，健全可靠适用的技术体系

推动治理技术本地化。积极引进适应“无废城市”建设需要的技术与管理人才，加强对清洁焚烧、炉渣利用等关键技术和标准的研究、推广和应用，鼓励技术创新。（区科技局牵头，区发改局、区经信局、区城管局、市生态环境局余杭分局、区住建局、区农业农村局、区卫健局参与）

（九）聚焦产业生态，健全竞争有序的市场体系

引导各类社会资本积极参与全域“无废城市”建设，积极推广环保管家服务。（市生态环境局余杭分局牵头）培育固体废物回收利用处置骨干企业数量2家以上，危险废物利用处置领跑企业1家以上。（区商务局、市生态环境局余杭分局分别牵头，区经信局、区城管局、区农业农村局参与）

（十）聚焦数字智慧，健全全程覆盖的监管体系

依托省固体废物管理平台和杭州市无废城市信息化监管平台，打造固废监管“一张网”。（市生态环境局余杭分局牵头，区数据资源管理局、区住建局、区农业农村局、区卫健局、区交通运输局、区经信局参与）严查无危险废物道路运输资质单位从事相关运输活动行为。（区交通运输局牵头）进一步落实固体废物违法有奖举报制度，强化行政执法与刑事司法、检察公益诉讼的协调联动。完善环境保护税征管协作机制，对直接向环境排放固体废物的违法行为，依法征收环境保护税。主动曝光固体废物环境违法犯罪典型案件，实施环境违法黑名单和产业禁入制度。（市生态环境局余杭分局牵头，区住建局、区卫健局、区司法局、市公安局余杭区分局、区税务局、区检察院、区法院参与）

（十一）聚焦多方共治，健全形式多样的宣教体系

鼓励区内固体废物利用处置企业向社会开放，积极开展公众教育活动，化解邻避效应。（市生态环境局余杭分局牵头，区城管局、区经信局参与）以径山、运河、良渚等区内重要景区为重点，建设“无废景区”。（区文化和广电旅游体育局牵头，区城管局、市生态环境局余杭分局配合）鼓励中小学开办“无废城市”教育课程，开展“无废学校”创建活动。（区教育局牵头）在区内重点展示平台推出“无废城市”宣传，扩大环境信息的覆盖面。（区委宣传部牵头，区文化和广电旅游体育局参与）提高公众对“无废城市”建设成效的满意程度，到2020年底，满意度达到80%以上。（区统计局开展调查）

四、保障措施

（一）加强组织领导

成立余杭区“无废城市”建设领导小组，由区政府主要领导任组长，区政府分管领导任副组长。领导小组下设办公室，负责全区“无废城市”建设重点任务落实的统筹协调。

（二）健全工作机制

定期通报工作进展情况，对任务完成情况、项目进度、典型做法进行工作交流。适时召开协调会议，调度工作进度，加强经验交流，强化部门协同、市区联动的共商共建共享工作格局。

（三）强化督查考核

将全域“无废城市”建设情况纳入区生态环境体质工作考核范围，动态督导，确保各项工作落实。

本方案自2020年9月12日起实施。

附件：目标清单 余杭区“无废城市”建设指标体系 一览表

目标清单 余杭区“无废城市”建设指标体系一览表

表 17

序号	目标	指标内容		2019 年现状值	目标值	责任单位
1	产废无增长	工业固体废物产生强度年度增长率		—	负增长	生态环境、统计
2		实施清洁生产的工业企业总数年度增长率		10%	5%	经信、生态环境
3		开展生态工业园区建设、循环化改造的工业园区占比		50%	100%	生态环境、发改
4		城乡生活垃圾增长率	城镇	-7.71%	零增长	城管
			农村		零增长	
5		化肥农药使用量年度增长率		化肥 -12.24% 农药 -1.58%	负增长	农业农村
6		绿色建筑占新建建筑的比例◇		100%	90%	建设
7	资源无浪费	一般工业固体废物综合利用率		96%	97%	生态环境
8		生活垃圾回收利用率	城镇	33%	60%	城管
			农村		60%	
9		建筑垃圾综合利用率		8.3%	60%	城管
10		医疗卫生机构可回收物资源回收率		—	80%以上	卫生健康
11		秸秆综合利用率		95.6%	95%	农业农村
12		畜禽粪污综合利用率		99.36%	90%以上	农业农村
13	设施无缺口	工业固体废物安全处理率		100%	99%	生态环境、经信
14		生活垃圾无害化处理率	城镇	100%	100%	城管
			农村	100%	100%	
15		医疗废物安全处置率		100%	100%	卫生健康、生态环境
16		污泥无害化处置率◇	城镇污水处理厂	—	100%	生态环境
			重点工业企业	100%	100%	生态环境
17		农业废弃物安全处置率	病死猪集中专业无害化处理率	100%	90%以上	农业农村
			废旧农膜回收处理率	90%	90%以上	
18		固体废物回收利用处置骨干企业数量		2 个	2 个以上	商务
19	监管无盲区	固体废物管理信息系统企事业单位上网率		19.4%	80%以上	生态环境
20		村（镇）网格化巡查队伍覆盖率		100%	90%以上	负责“无废城市”建设的协调机构
21		危险废物运输转移联单和电子运单互联率		100%	100%	生态环境、交通运输
22		固体废物环境污染刑事案件查处率		100%	100%	公安、生态环境

续表 17

序号	目标	指标内容		2019 年现状值	目标值	责任单位
23	固废无倾倒	城乡生活垃圾分类覆盖面	城市	100%	100%	城管
			农村	100%	100%	
24		医疗废物收集处置体系覆盖率		100%	100%	卫生健康、生态环境
25		实验室废弃物集中统一收运覆盖率		学校 50% 其他 100%	100%	教育、科技、市场监管、卫生健康
26		农业废弃物收储运体系覆盖率		100%	100%	农业农村
27		农药废弃包装物回收率◇		98.64%	90%	农业农村
28	保障无缺位	“无废城市”建设地方性法规或政策性文件制定		—	2 个以上	余杭区“无废城市”建设领导小组成员单位
29		“无废城市”建设成效纳入政绩考核情况		—	建立考核办法	组织部门
30		危险废物利用处置领跑企业		1 个	1 个以上	生态环境
31	废水无直排	“污水零直排区”年度工作完成率☆	镇（街道）	100%	100%	治水办（河长办）、生态环境、建设
			工业园区（工业集聚区）	100%	100%	
			生活小区	100%	100%	
32		城市生活污水集中收集率☆		91.25%	80%以上	建设
33	废气无臭味	空气质量优良天数比率☆		71.5%	完成上级下达的年度目标	生态环境
34		年度涉气重复信访投诉量☆		40.8%	负增长	生态环境
35	公众满意度	公众对“无废城市”建设成效的满意程度☆		—	80%以上	统计

说明：余杭区“无废城市”建设指标体系依据《浙江省全域“无废城市”建设工作指标体系（试行）》和《“无废城市”建设指标体系（试行）》制定，共涉及 35 个指标，其中必选指标 27 个（无符号标记），参考指标 5 个（用☆标记），自选指标 3 个（用◇标记）

中共杭州市余杭区委 杭州市余杭区人民政府
关于印发《新时代余杭产业工人队伍建设改革实施方案》的通知

区委〔2020〕30 号

各镇党委、政府，街道党工委、办事处，区直各单位：

现将《新时代余杭产业工人队伍建设改革实施方案》印发给你们，请结合实际认真抓好贯彻落实。

中共杭州市余杭区委

杭州市余杭区人民政府

2020 年 8 月 21 日

新时代余杭产业工人队伍建设改革实施方案

为深入贯彻习近平新时代中国特色社会主义思想，特别是习近平总书记关于工人阶级和工会工作的重要论述，根据中共中央、国务院《新时期产业工人队伍建设改革方案》，以及省、市关于产业工人队伍建设改革实施方案精神，结合本区实际，提出如下实施方案。

一、总体要求

以习近平新时代中国特色社会主义思想为指导，坚持全心全意依靠工人阶级方针，按照“政治上保证、制度上落实、素质上提高、权益上维护”的总体思路，改革不适应产业工人队伍建设要求的体制机制，充分调动产业工人的积极性主动性创造性，促进产业工人全面发展，为全面深化“三个全域”建设、高水平推进区域治理现代化、加快实现高质量可持续快发展提供力量支撑和人才保障，为余杭争当全省建设“重要窗口”排头兵贡献力量。

二、目标任务

到2025年末，余杭产业工人队伍不断壮大，主人翁地位更加彰显，综合素质明显提高，合法权益进一步实现，社会保障更加到位，造就一支知识型、技能型、创新型产业工人队伍。

三、主要举措

（一）加强产业工人思想政治建设

1. 注重在优秀产业工人中培养发展党员，持续做好对产业工人党员的教育管理培养，不断激发工人党员的先进性、模范性。建立完善全区工会“推优入党”工作机制，充分发挥工会组织党联系职工群众的桥梁和纽带作用，做实做好从优秀产业工人中培育和推荐入党积极分子工作。（牵头单位：区委组织部、区总工会；参与单位：区委两新工委成员单位）

2. 统筹基层党群资源，在产业园区、大型建设工地、劳动密集型企业等建立联系服务产业工人的党群工作阵地或工会服务中心、活动点。推动各镇街、平台至少建设1个两新集聚区党群服务中心（驿站），夯实服务阵地。（牵头单位：区委组织部、区总工会；参与单位：区委两新工委成员单位）

3. 引领团结产业工人，树立“四个意识”、坚定“四个自信”、做到“两个维护”，自觉践行社会主义核心价值观，坚定不移听党话、跟党走。持续深化“中国梦·劳动美”主题教育活动，通过举办“新思想新担当”云宣讲、“最美职工”系列选树等活动，引领职工为实现中国梦而奋斗。组建工会网络文化传播骨干队伍，开展业务培训，参与重大舆情应急引导。（牵头单位：区委宣传部；参与单位：区总工会）

4. 开展走访调研，摸清并逐步提高产业工人在各级党代会代表、人大代表、政协委员、群团组织代表中的比例，加大产业工人在各级群团组织的挂职和兼职力度。区总工会领导班子中产业工人兼职的比例不低于30%。（牵头单位：区委组织部、区人大常委会办公室、区政协办公室、区总工会；参与单位：团区委、区妇联、区工商联）

5. 落实以职工代表大会为基本形式的企业民主管理制度，推动国有独资及国有控股公司依法设立职工董事、职工监事，鼓励产业工人代表有序参与公司治理。（牵头单位：区总工会；参与单位：区人力社保局、区工商联）

6. 坚持党建带群建。指导国有企业把工会组织建设成为产业工人依赖的“职工之家”，加强非公企业共青团组织建设。（牵头单位：区总工会、团区委；参与单位：区委组织部）

7. 加大全区100人职工以上未建会企业的工会组建工作，全面推进25人以上未建会企业应建尽建，重点在互联网企业、特色小镇、货运企业、物流快递、房产中介、民宿行业等领域完善工会组建新机制，将工作触角延伸到经济社会发展的各个方面，增强产业工人的归属感、认同感。（牵头单位：区总工会；参与单位：区委组织部）

（二）完善产业工人技能培育体系

8. 扎实开展“农民工求学圆梦行动”，开展“互联网+”宣传管理和“文化学历+职业技能”教学服务，帮助或资助农民工实现学历与技能“双提升”。搭建线上“余工学堂”云课平台，拓宽技能提升通道。（牵头单位：区总工会；参与单位：区教育局）

9. 擦亮余杭区“百行百匠百赛”劳动竞赛品牌，办好精英赛和群英赛，积极向符合余杭产业发展需求的新工种、新项目延伸，为“两战全赢”注入力量。支持群团组织、行业协会在职业技术比武中发挥积极作用。（牵头单位：区总工会；参与单位：区人力社保局、区财政局、区经信局、团区委）

10. 积极落实《关于提高余杭区技术工人待遇的实施办法（试行）》，畅通产业工人成长成才通道，参与人才分类认定工作，提高产业工人职业吸引力与竞争力，营造“重视技能人才、支持技能人才、争当技能人才”的良好氛围。（牵头单位：区人力社保局、区总工会；参与单位：区妇联、团区委）

11. 加大工匠型人才培育力度，每年认定一定数量“余杭工匠”。深化劳模（工匠）示范创新工作室的创建活动，健全完善职业技能带头人制度，每年给予区级技能带头人补助。（牵头单位：区人力社保局、区总工会；参与单位：区委人才办）

（三）加快产业工人技能素质提升

12. 聚焦余杭产业人才需求，支持企业深度参与中职学校人才培育过程，研究出台《余杭区中职学校现代学徒制试点工作实施方案》，提升专业与产业的匹配度，全面推进现代学徒制。（牵头单位：区教育局；参与单位：区人力社保局、区经信局）

13. 鼓励群团组织、行业协会、社会机构对接政府购买服务，开展行业技能培训。支持职业学校通过场地、设备租赁等方式与企业共建生产性实训基地、共建体验中心、共建培训基地，以三个共建促成三位一体产教深度融合，每年为规模企业输送专业人才不少于1000人。（牵头单位：区教育局、区人力社保局；参与单位：区经信局、区总工会、区妇联、区工商联）

14. 改进产业工人技能评价认定方式。完善产业工人职业资格评价、职业技能等级认定、专项职业能力考核等多元化评价方式，建立注重职业道德和职业能力水平的技能评价体系。引导和支持具备条件的企业开展技能人才自主评价。（牵头单位：区人力社保局；参与单位：区工商联）

（四）运用互联网促进产业工人队伍建设

15. 深化“互联网+”行动计划，加强大数据的建设、管理和运用，统计产业工人就业情况和人才状况，动态把握产业工人队伍建设发展情况。（牵头单位：区数据资源管理局；参与单位：区统计局）

16. 推进数字工会建设，赋能助力社会治理的智治实践。依托城市大脑，搭建数字工会工人队伍、企业工会组织等主题库，构建工人、工会数字画像；建立区工会—镇街工会—企业—工人的组织架构，延伸杭州健康码、亲清在线的应用范围，搭建工会福利推送、工人诉求上传的双向触达通道。（牵头单位：区总工会；参与单位：区数据资源管理局）

17. 深化“余杭网上职工之家”建设，将公共普惠服务与实名制管理相结合，提高工会网络服务能力。推进工会组织“最多跑一次”改革，着力打通服务职工“最后一公里”，实现工会机关内部事项网上办理。（牵头单位：区总工会；参与单位：区融媒体中心）

（五）强化产业工人队伍建设支撑保障

18. 推进职工普法工程，结合企业职工实际需求，开展法治宣传进机关、进企业、进车间、进班组等活动。采取“法律知识进企业”活动、线上专题讲座、法律咨询等多种形式，向广大职工宣传《民法典》及相关法律制度，形成广大产业工人遵法、学法、守法、用法的良好氛围。（牵头单位：区司法局；参与单位：区教育局、区总工会）

19. 建立企业信用体系，健全防范企业欠薪、确保工资支付的长效机制，确保解决拖欠农民工工资问题。充分利用城市大脑欠薪预警一体化系统对在建项目工资专户的监管，对产生的预警件及时处置到位，排除风险。（牵头单位：区人力社保局、区应急管理局；参与单位：区住建局、区总工会）

20. 进一步完善处置群体聚集事件预案，做好应急准备。创造平等就业环境，保障就业机会公平，实现更高质量就业。（牵头单位：市公安局余杭区分局；参与单位：区人力社保局、区应急管理局）

21. 开展工资集体协商工作，完成单建工会企业、区域（行业）开展工资集体协商100%目标任务，注重对工资集体协商合同履行的监督检查，全面掌握企业对合同的履行情况，以委托第三方质效评估为抓手，促进工资集体协商工作提质增效。（牵头单位：区总工会；参与单位：区人力社保局、区住建局）

22. 进一步规范我区企业安全生产标准化评审管理工作，加强标准化评审机构监管，有效推进安全生产标准化提质增效。开展“安全常识宣讲”

"职业健康培训"进企业活动，应用好"查找安全隐患，为安全献一计"暨安全生产合理化建议征集活动成果，提升工人安全生产意识，提高企业安全生产能力。（牵头单位：区应急管理局、区卫生健康局；参与单位：区总工会、区人力社保局、区住建局）

23. 开展"双爱双评"、和谐劳动关系创建活动，落实职工维权基本职责，强化企业欠薪和工会劳动纠纷调处信息"月报告"制度。加强对职工的人文关怀和心理疏导，保持职工队伍的稳定。（牵头单位：区总工会、区人力社保局；参与单位：区工商联、区住建局）

24. 开展"美丽余杭人""余杭工匠"、劳动模范、五一劳动奖章、青年五四奖章、三八红旗手等先进典型的选树、推荐。围绕"五一"、"9·26"工匠日等重要节点，加大对余杭工匠、技能带头人等优秀产业工人的宣传力度，推动形成劳动光荣的社会风尚和精益求精的敬业风气，营造全社会关心、支持产业工人队伍建设改革的良好氛围。（牵头单位：区委宣传部、区总工会；参与单位：区人力社保局、区文化和广电旅游体育局、区融媒体中心、区科技局、团区委、区妇联）

中共杭州市余杭区委 杭州市余杭区人民政府关于深入贯彻《交通强国建设纲要》高水平推进交通强区建设的实施意见

（2020 年 9 月 17 日）

区委〔2020〕31 号

为深入贯彻中共中央、国务院印发的《交通强国建设纲要》和省、市有关文件精神，结合余杭实际，现就我区高水平推进交通强区建设提出如下实施意见。

一、总体要求

1. 指导思想

以习近平新时代中国特色社会主义思想为指导，深入贯彻党的十九大精神，全面落实交通强国战略，围绕"高质量、可持续、快发展"总体要求，全面推进"三个全域"建设，坚持国际标准、余杭特色、高点定位，立足余杭，面向未来，打赢重大交通基础设施建设硬仗，推进交通运输行业治理体系和治理能力现代化，构建安全、便捷、高效、绿色、经济的现代交通运输体系，全面支撑余杭城市综合能级和核心竞争力的提升。

2. 战略定位

围绕建设交通强国示范区的总体目标，坚持国际水准、余杭特色、高点定位，全面提升交通设施网络通达能力和交通枢纽能级，提升余杭交通智慧化、生态化水平，加快交通产业发展，高水准建成交通枢纽门户、交通产业高地、智慧交通中心、美丽交通走廊，为余杭区高质量、可持续、快发展提供交通保障，为杭州高水平建设交通强国示范城市提供有力支撑。

3. 发展目标

到 2022 年，以迎亚运为契机，集中力量开展交通强区基础设施建设三年大会战，全面推进"百大千亿"项目建设，重点实施五大百亿工程（杭州西站枢纽工程、地铁轨道交通工程、东西向快速通道工程、城市快速路工程、运河二通道工程），初步构建安全、便捷、高效、绿色、经济的现代化综合交通运输体系，基本奠定现代化交通格局。

到 2025 年，加快建设枢纽网、轨道网、道路网、航道网、管道网等五张网，完善运输服务、美丽交通、数字交通、交通产业、交通治理等五大体系，创建立体交通先行区、美丽交通样板区、数字交通引领区三大特色示范区，完成交通有效投资三千亿元。基本建成网络化、品质化、智慧化、现代化的综合交通运输体系。

到 2035 年，形成较为完善的综合交通网络和综合枢纽格局，基本实现交通治理能力和治理体系现代化，实现长三角城市群2小时到达、杭州都市区内部1小时通达、“三城一区”间和“三城”至杭州主城区30分钟通勤，基本建成人民满意、支撑有力、走在前列的交通强国示范区。

到2050年，全面形成一流设施、一流技术、一流管理、一流服务的交通运输体系，综合立体网络水平、综合运输服务能力、现代化治理体系全面领先，高水平建成人民满意、支撑有力、走在前列的交通强国示范区。

二、构建层次分明的客货枢纽网

4. 打造新杭州未来交通枢纽。加快谋划余杭区高能级综合客、货运枢纽布局，打造面向未来交通的“杭州新门户”，服务“东部崛起”战略，显著提升余杭区综合交通枢纽地位。

5. 构建多层级客运枢纽体系。打造“门户型枢纽+集散型枢纽+换乘型枢纽”的三级客运枢纽体系，优化全区内外交通网衔接。推进杭州西站综合枢纽和配套设施建设，谋划杭州北站综合交通枢纽，加快公路客运站与铁路客运站整合，优化换乘型枢纽与共享单车、慢行网的衔接。

6. 优化货运枢纽布局。构建“一枢纽九中心多节点”的三级货运枢纽体系。谋划杭州北（临平）物流园，打造杭州公铁水联运主枢纽。加快九大配送中心建设，完善社区服务点网络，加快区内货运通道规划研究。

三、构建多网融合的轨道交通网

7. 构建多向联通的高速铁路网。加快“四向八线”的高铁通道布局，形成东西南北贯通，与长三角主要城市直连的高速铁路网，增强高铁网集聚辐射能力。推进商合杭铁路、杭温铁路、沪乍杭铁路、杭临绩铁路建设。谋划杭宁高铁二通道，积极审慎研究沪杭磁浮城际，研究谋划临平片区高能级枢纽。

8. 谋划货运铁路及乔司编组站外迁。结合余杭区城市空间发展需要，谋划区内普速铁路布局调整，同步开展乔司编组站搬迁相关研究。

9. 构建杭州都市圈北片城际铁路网。加强城际铁路网规划。做好余杭境内城际铁路与轨道交通、常规公交的换乘衔接，优化城际铁路运行组织方式。开展余杭区沪杭铁路、杭宣铁路等普铁线路货运功能外迁后开行市域（郊）铁路方案研究，同步谋划市域（郊）铁路站点选址和一体化开发研究。

10. 完善区内城市轨道交通网。加快杭州轨道三期余杭段建设，2022年地铁运营线路达7条。统筹优化布局全区城市轨道交通网络，积极谋划杭州轨道交通四期余杭段规划布局，谋划串联余杭“三城三镇”的轨道交通线路，远期全区轨道线网里程超过200公里。

四、构建外联内畅的综合道路网

11. 完善高速公路网布局。加快“二绕七射”的高速公路骨架建设，进一步完善区内高速公路网络。参与统筹谋划杭徽高速复线、杭州绕城高速公路余杭段改造研究，实现公铁复合廊道开发。加强高速公路网与城市快速路网衔接，进一步优化转换节点。

12. 加快国省道路网改造。完善全区国省道布局，加快推进穿镇路段改造和重点项目建设。远期结合城市空间和产业布局调整，谋划推动G104、G320、G235等国道外移，实现过境交通与城市交通分离。

13. 推动城区骨架路网提升。加快市级快速路建设，无缝衔接杭州快速路网。推进区内快速路建设，加强临平创业城、良渚文化城、未来科技城联系。推进“三城”内部快速路网和框架性主干道网络布局，优化全区道路出行条件。

14. 打造慢行友好交通网络。完善区内次干路、支路功能，发挥城市支路网毛细血管微循环功能。完善轨道站点慢行接驳，围绕大型公交枢纽建设慢行网络。优化自行车骑行空间，打造自行车快速专用网络。深化城市绿道网建设，形成“建团成环”的绿道布局形式。

五、构建干支结合的高效航道网

15. 推进干线航道网等级提升。进一步完善“三干、四支”航道网络，依托京杭运河实现余杭区“通江达海”。加快运河二通道“新开挖段”工程建设。依托现有航道构建余杭区水上旅游交通体系，加快运河沿线旅游码头、游艇基地等水上设施规划落地。

16. 提升余杭港区客货功能。开展临平、明智、崇贤、丁塘、天万等公共作业区规划、建设研究，鼓励发展集装箱运输，结合作业区布局打造多式联运货运枢纽。促进交旅融合，建设塘栖、良渚等水上旅游集散中心，为大运河国家文化公园提供交通支撑。

六、构建综合集约的综合管道网

17. 强化能源网保障体系建设。完善成品油管道布局，保障区域供油安全。加强区域天然气管网与国家主干管网衔接，全面实施天然气互联互通工程。

18. 实现管道集约高效利用。统筹协调石油、天然气、供水、电力等市政管道与交通基础设施和绿地系统布局，新建铁路、公路等交通骨架设施同步预留足够的廊道空间，以交通走廊支撑全区市政管道建设。

七、打造高品质的运输服务体系

19. 建设多层次大融合公交网。全面推进以多级轨道交通为骨干、常规公交为主体、其他特色公交为补充的“多层次、大融合”公交体系，持续优化公交设施与运营管理，发展“定制公交”服务。开展中运量公交系统研究，围绕轨道站点实现“轨道网、公交网、慢行网”三网融合。

20. 发展高水准停车服务。实施与空间相协调的机动车停车位供给策略，完善机动车停车泊位配建标准，逐步减少路内停车位。发挥停车价格杠杆调控作用，构建区域统一的收费体系，完善差异化的收费标准，提高智慧停车水平。

21. 发展高效客货运联程联运体系。推进旅客联运联网售票系统建设，提升出行网联水平，构筑“线上线下”无缝衔接服务平台。发展铁水、公铁、河海货运多式联运，促成铁水运输企业联运合作。

22. 优化普惠城乡的邮政快递服务。加快快递邮政仓储分拨中心、末端配送网点建设，创新高铁快运、电商班列、地铁快递等运营模式，开展“快递兴农”行动。完善城市末端服务网络，推广仓储无人化管理。

八、打造高水平的美丽交通体系

23. 推进绿色交通发展。推进节能减排技术应用，完善能耗监测统计体系。加强国土空间资源节约集约利用，推进邮件快件包装绿色化、减量化，提高资源再利用水平。

24. 建设美丽经济廊道。打造“三带十路”的全域美丽公路示范区，创建四好农村路“余杭样板”，建立长效机制。推进美丽公路、美丽驿站建设，创新“美丽交通 +”乡村旅游、历史人文、休闲养生模式，提升公路服务区综合开发水平。

25. 挖掘余杭文化底蕴。依托大运河、良渚古城遗址两大世界遗产，开发大运河国家文化公园、良渚古城遗址公园等文旅交通产业。建设一批以西站、大运河国家文化公园良渚示范点为代表的城市文化新地标。

26. 营造文明交通出行氛围。巩固擦亮“礼让斑马线”“排队候车”“不鸣喇叭”等交通文明品牌。鼓励礼让交通文明向全领域、全方面扩展，创建“车让人、人让车、车让车”的交通礼仪。

九、打造高水准的数字交通体系

27. 打造智慧交通样板区。发挥未来科技城技术高地优势，深化交通大数据开放共享机制，建设区级智能交通系统的信息枢纽。推进基础设施智能设计管理，提升道路建管养智能化水平。

28. 鼓励互联网 + 新形态交通发展。依托既有数字资源，探索 5G、云计算、大数据、物联网等新型技术与交通行业融合路径，打造先行试点。深化交通供给侧结构性改革，打造“互联网＋交通运输”升级版，推广多样化智能公交服务，着力发展动态化“定制公交”，构建 MAAS 出行即服务系统。

29. 推进信息服务网建设。开展基础设施数字化试点，完成枢纽设施 5G 网络全覆盖；聚合全领域、多层次的交通数据资源，实现全方位数字化管理，余杭小脑“一屏统览”，政务服务“一网通办”，行业运行“一网统管”；聚焦轨道公交网络衔接，提升换乘服务数字化水平；开展“电子客票＋”消费试点，在城市景区试点景点门票与公交电子客票一码通等。

十、打造高层次的交通产业体系

30. 打造高水平交通科研中心。依托浙江大学、中法航空大学等研教平台，促进交通“科教产创”融合发展。推动交通关键技术研发应用，建立交通科研资助机制，加大关键技术研发资金投入。

31. 打造国际级综合交通产业高地。依托航空小镇建设，推动航空产业发展，打造完整生产供应链。大力发展无人驾驶汽车产业，打造国内领先的智能网联汽车试验区。支持比亚迪新能源大巴生产基地等交通装备制造业发展。

32. 推动交通创新载体产业链集聚。进一步整合航空航天、智慧物流、车联网等高端交通产业，形成集“制造、研发、平台、服务”于一体的交通产业创新要素集聚示范区，打造瓶窑航空小镇等一批交通产业特色小镇。

十一、打造高效能的交通治理体系

33. 提升综合治理能力。全面提升交通运输行政执法能力和法治化水平，提高行业人员整体素质，深化治堵、治限、治乱、治危管理，推动交通运输执法信息化管理和非现场执法系统建设。建成统一的交通运输信用综合管理系统，形成以信用为基础的新型监管机制。

34. 完善平安交通体系。推进风险分级管控、隐患排查治理双重预防工作机制，提升综合交通运行监测预警能力。实施公路安全生命防护工程、危桥改造、隐患隧道整治等安全生产专项整治行动，加强对“两客一危”及重点设施的安全监管。构建余杭区综合交通应急指挥平台，强化区域联动，完善应急通道网络。

35. 优化政务服务体系。加快政府职能转变，继续深化“最多跑一次”改革，推进清廉交通建设，建立共建、共治、共享的公众参与机制，搭建监督评价平台，形成政府主导、企业经营、民众参与的协同体系。

十二、保障措施

36. 强化组织保障。建立余杭区高水平推进交通强国示范区建设工作机制，成立余杭区高水平推进交通强国示范区建设领导小组，做好重大规划、重大项目、重大政策、重大改革的统筹协调和督促落实。明确部门的主体责任，建立统计监测和绩效管理机制，并纳入年度目标考核，保障整体工作有序推进。

37. 强化要素保障。强化重大基础设施建设和重点项目的资金、用地指标等保障，健全交通综合开发创新机制，鼓励社会资本参与交通基础设施建设，做到风险共担利益共享。

38. 创新体制机制。加强综合立体交通网规划与国土空间规划衔接，推动交通各专项领域规划有机融合，实现“多规合一”。强化各部门间政策协同和配合，加强交通部门对综合交通整体统筹，实现“规划一张图、建设一盘棋、管理一体化”。

·统计资料与分析·

杭州市余杭区2020年国民经济和社会发展统计公报

杭州市余杭区统计局

2020年,面对国际国内形势的深刻变化和突如其来的新冠肺炎疫情，全区上下坚持以习近平新时代中国特色社会主义思想为指引，围绕“干好一三五、争当排头兵”目标，攻坚“三个全域”建设，打好“五场硬仗”，做好“六稳”工作，落实“六保”任务，经济社会发展呈现持续回升向好态势，全年实现高质量增长。

一、综　　合

经济总量。初步核算，2020年全区实现生产总值（GDP）3051.61亿元，按可比价格计算，同比增长5.3%,增幅高于全国2.3%、全省3.6%、全市3.9%平均水平。

从GDP构成看，第一产业增加值52.62亿元，下降0.2%；第二产业增加值676.93亿元，增长6.5%；第三产业增加值2322.06亿元，增长5.0%。全区三次产业结构由上年的1.9：23.1：75.0调整为1.7：22.2：76.1，第三产业占比较上年提高1.1个百分点。

全区数字经济核心产业实现增加值1708.0亿元，增长5.6%，占生产总值比重为56.0%。全区281家数字经济核心产业单位共实现营业收入4877.98亿元，增长11.3%，其中，信息软件、数字内容产业营业收入增幅分别达11.0%、10.7%。

财政收支。全年完成财政总收入825.91亿元、地方一般公共预算收入441.06亿元，分别增长13.7%、12.7%。从收入结构看，税收收入占地方财政收入比重为98.2%，保持较高占比；从主要税种看，改征增值税、企业所得税分别增长47.5%、37.9%，国内增值税、个人所得税分别下降25.7%、15.8%。

全年完成财政预算支出413.64亿元，增长9.8%，预算内用于民生支出294.98亿元，占全区财政预算支出的71.3%，增长0.44%。在支出结构中，一般公共服务、社会保障和就业、教育、卫生健康、公共安全、节能环保分别增长32.4%、25.5%、9.2%、7.4%、7.0%、2.4%。

市场价格。居民消费价格累计上涨2.1%。八大类商品和服务价格呈现“六涨二降”的态势。其中食品烟酒类价格上涨6.9%、衣着类价格上涨0.1%、教育文化和娱乐类价格上涨1.7%、医疗保健类价格上涨3.1%、其他用品和服务类价格上涨3.8%、生活用品及服务类价格上涨3.1%、居住类价格下降0.3%、交通和通信类价格下降3.4%。

人口就业。截至年末，全区户籍人口121.90万人，比上年末增加5.72万人。年末总户数36.33万户，比上年末增加2.62万户。2020年全年出生人口10924人，人口出生率9.18‰，人口自然增长率4.45‰，户籍出生婴儿性别比为102.54。全年城镇新增就业人员89094人，引导和帮助8651名城镇失业人员再就业。登记失业率为2.42%。累计引进海外高层次人才5800余名，其中国家级海外高层次人才176名，人才资源总量突破45万人。新增本科及以上高校毕业生4.6万人。

二、农业和农村

全区实现农业增加值55.00亿元，增长0.2%；农业总产值84.28亿元，增长0.2%。其中：种植业产值45.13亿元，增长0.6%；林业产值9.01亿元，增长4.3%；畜牧业产值3.90亿元，下降31.4%；渔业产值19.76亿元，增长3.0%；农业服务业产值6.48亿元，增长8.8%。被评为全国县域数字农业农村发展先进县、省产粮大县、首批绿色农业发展先行县。成功创建国家级美丽休闲乡村1个、省级农家乐集聚村1个，全年实现农产品网络销售额12.2亿元，增长16.2%。美丽乡村“一核五线”和首批8个“1510”示范村项目加快建设，新建“四好农村路”119.2千米。

三、工业和建筑业

工业。全区实现规模工业增加值506.76亿元，增长8.3%。全年工业用电量52.88亿千瓦时，增长5.8%。规模工业实现高新技术产业增加值379.01亿元，增长15.1%，占规模工业比重为74.8%，占比较上年提升6.6个百分点；规模工业新产品产值率50.2%，较上年提升0.9个百分点。装备制造业实现增加值297.53亿元，增长17.5%；战略性新兴产业增加值183.20亿元，增长16.0%；生物医药产业增加值44.20亿元，增长32.3%。全年规模工业实现营业收入2170.50亿元，增长10.2%；利润总额181.26亿元，增长35.9%。企业成本费用利润率为9.06%，较上年提升1.80个百分点。

建筑业。全区实现建筑业增加值50.99亿元，占GDP总量的1.7%。截至年末，全区共有建筑业企业679家。全年共核发施工许可证432项，办理建设工程安全监督注册手续432项、质量监督注册手续432项、竣工验收备案308项。

四、交通和旅游

交通运输。全年营运客车客运量71.15万人次，港区完成货物吞吐量3976万吨，同比上涨41.8%。扎实推进运河二通道、湖杭铁路、高铁西站枢纽等省市重大工程，绕城西复线建成通车。配合做好轨道交通建设，地铁5号线后通段、16号线开通运营。望梅高架二期、东湖高架二期、崇贤至东湖路连接线二期开工建设，沪杭高速抬升、东西向快速路、莫干山快速路、文一西路提升改造等项目有序推进，迎宾大道北延隧道、望梅路互通、南大街下穿铁路工程建成通车。

旅游经济。全区共接待国内外游客2323.44万人次，下降8.4%；实现旅游总收入284.19亿元，增长0.3%。截至年末，全区共有A级景区14家，其中AAAA级以上景区7家；A级景区村庄119个，其中AAA级景区村庄25个；星级饭店5家，其中四星级以上饭店4家，特色文化主题酒店2家；星级旅行社6家。径山景区成功创建国家

AAAA级旅游景区，黄湖镇青山村“未来乡村实验区”建设成效初显。

五、金融

全区金融业实现增加值135.77亿元，增长8.3%。截至年末，全区本外币存款余额4249.47亿元，增长11.8%；本外币贷款余额3165.55亿元，增长20.4%。截至年末，全区不良贷款余额12.32亿元，不良贷款率0.39%，远低于全省平均水平。“凤凰行动”持续推进，新增上市企业7家，其中4家为国家高新技术企业。截至年末，全区共有上市企业（含境外上市）32家，其中26家企业（或其子公司）为国家高新技术企业。

六、固定资产投资和房地产业

固定资产投资。全区固定资产投资增长7.6%。其中，项目投资增长21.7%，房地产开发投资下降4.4%。高新技术产业投资增长18.0%；交通投资增长41.3%；生态环境城市更新和水利设施投资增长2.6%；工业投资增长16.1%；民间投资下降1.0%。国有投资（含房地产开发投资）533.99亿元，增长22.7%；新开工项目（含房地产开发项目）552个，

固定资产投资表

表18

指　标	2020年增长（%）
固定资产投资	7.6
其中：项目投资	21.7
房地产开发投资	-4.4
其中：交通投资	41.3
生态环境、城市更新和水利设施投资	2.6
高新技术产业投资	18.0
民间投资	-1.0
工业投资	16.1

累计完成投资470.75亿元，增长25.8%。

房地产业。全年新建商品房成交418.3万平方米，同比增长6.5%，成交金额1091.1亿元，增长18.3%，成交均价26084元/平方米，上涨11.1%。其中住宅成交31575套，增长6.6%，成交面积368.9万平方米，增长7.1%，成交均价26859元/平方米，上涨11.1%；非住宅成交49.4万平方米，增长2.3%。

七、国内贸易

据初步统计，全区实现社会消费品零售总额822.54亿元，增长8.5%。新零售引领增长，限上单位通过互联网实现零售额为295.99亿元，增长58.2%，增速快于社会消费品零售总额49.7个百分点。消费升级步伐加快，烟酒类、化妆品类零售额分别增长168.8%、30.0%；先后共发放汽车购车补贴5000万元，汽车类实现零售额153.50亿元，增长13.9%。石油及制品类零售额下降15.6%，限上住宿业、餐饮业零售额分别下降28.6%、16.4%。

全区社会消费品零售总额表

表19

指　标	2020年实绩（亿元）	2020年增长（%）
社会消费品零售总额	822.54	8.5
限额以上社会消费品零售总额	513.49	22.5
其中：通过公共网络实现的商品零售额	295.99	58.2
其中：汽车类	153.50	13.9
服装、鞋帽、针纺织品类	62.55	-18.0

八、对外经济

外贸出口。全年实现进出口总额530.66亿元，增长10.7%。其中：进口额37.48亿元，增长0.7%；出口额493.18亿元，增长11.6%。从出口产品看，机电产品和高新产品出口分别增长10.3%、

7.3%；纺织品出口下降1.4%。从出口地区看，对美国、欧洲、中东地区、“一带一路”国家出口分别增长14.5%、12.8%、13.4%、6.9%。

招商引资。全区实际利用外资15.78亿美元。聚焦引擎性项目招引，有效承接先进地区产业溢出，助力高通AI创新实验室、阿里新制造无人化工厂、杭州阿诺生物医药科技有限公司等项目落地。阿里巴巴浙江云数据中心、天下秀“网红城市”等247个重大产业项目集中签约，总投资超1000亿元，签约项目量质创历史新高。

境外投资。全区共办理境外投资备案（新设、变更）78个，新增中方境外投资额1.51亿美元，规模位列全市前列。完成“一带一路”投资项目9个，涉及境外投资额679万美元；完成并购项目11个，涉及境外投资额4065万美元。

九、教育和科技

教育。全区幼儿园158所，比上年新增14所，共有2618个班；招生27278人，较上年增加6123人，在园幼儿72841人，较上年增加8011人，3～5周岁幼儿入园率99.8%；幼儿园专任教师5899人，较上年增加634人。全区小学59所。招生24288人，较上年增加1145人；在校学生123676人，较上年增加9200人；小学适龄儿童入学率达到100%，女童入学率达到100%；小学巩固率达到100%，女童巩固率达100%；小学专任教师6753人，较上年增加447人；专任教师学历高标率为99.87%，较上年提高0.16%。全区初中（含九年一贯制学校）40所，比上年新增3所；招生14921人，较上年增加947人；在校学生42254人，较上年增加1629人；初中阶段入学率100%，初中巩固率100%，初中毕业生升学率99.97%；初中专任教师3507人，较上年增加245人。普通高中（含完全中学及十二年一贯制学校）17所，比上年新增2所。2020年招生5732人，较上年增加558人；在校学生15803人，较上年增加1124人；普通高中专任教师1554人，较上年增加199人。全区职业高中5所。今年招生3842人，较上年增加81人；在校学生10805人，较上年增加272人；毕业生3488人，较上年增加2人；职业高中专任教师766人，较上年增加11人。全年引进名优教师114人，省特级教师、奥赛金牌教练12人，高考一段率达46.6%，优质学前教育覆盖率达97.2%。顺利实施“公民同招”。

科技。全区新认定国家高新技术企业595家，数量蝉联全省第一；累计达1773家，数量首次位居全省第一；新增省级科技型中小企业807家、“雏鹰计划”企业199家，新增数分别位居全省第一、全市第二；新增孵化载体51个、物理空间251.05万平方米，引进培育科技型中小微企业1624家；新增国家级科技企业孵化器3家、省级众创空间8家、省级优秀众创空间6家，新增数均位列全省第一；新增省级企业研究院24家、省级企业研发中心61家、市级研发中心91家、区级研发中心243家。互动乐谷星创天地入围省级星创天地备案名单，省级星创天地实现“零突破”。之江实验室、湖畔实验室、良渚实验室三家机构入选首批浙江省实验室建设名单，占全省新建总数75%。

十、文化、卫生和体育

文化。余杭区被评为“2019浙江文化和旅游产业融合发展十佳县区”，良渚古城遗址申遗成功获评“2019浙江文化和旅游十大新闻事件”，良渚古城遗址公园获评“2019浙江十佳研学旅游目的地”。良渚文化玉架山考古遗址公园（博物馆）项目正式开工，非遗体验基地授牌暨瓶窑老街非遗馆群、图书馆智慧城市分馆临平图书馆正式开馆，完成杭州书房建设3家，杭摊曲艺作品《淑英救弟》荣获第十一届中国曲艺牡丹奖全国曲艺大赛最高奖——节目奖，全年获得国家级奖项2项、省级奖项32项、市级奖项40项。

卫生。截至年末，全区共有各类医疗卫生机构832家，其中区属医院7家，社区卫生服务中心20家。全区各医疗机构实际开放床位7135张，其中区属医院3148张。区属医院、社区卫生服务中心共有卫生技术人员7652人，其中，执业医师2683人，注册护士3163人，分别增长4.95%、7.66%和4.77%。全年家庭医生累计签约服务49.58万人。

体育。亚运场馆已完成主体建设。全年建设省级足球场1个、多功能运动场5个、体育小康村升级工程9个、百姓健身房20个、健身体育公园1个、社区多功能运动场3个；区级健身苑点65个以上，篮球场15个以上。举办全民健身日、杭州梦想小镇半程马拉松赛等活动。余杭籍运动员吕杰获全国场地自行车锦标赛第一名、胡佳芳获全国场地自行车锦标赛第四名。

十一、人民生活和社会保障

人民生活。城乡常住居民人均可支配收入为70681元和44117元，分别增长3.7%、6.7%，城乡居民收入差距继续缩小，由2019年的1.65：1缩小为1.60：1。全年城镇常住居民人均生活消费性支出为42222元，下降6.2%；农村常住居民人均生活消费支出为31753元，下降2.9%。

社会保障。截至年末，全区基本医疗保险参保人数106.26万人，工伤保险参保人数93.18万人，生育保险参保人数79.87万人，分别比上年末净增23.97万人、6.30万人、11.57万人。

社会福利。全年一般公共预算民生支出达294.98亿元，占比达71.3%。十方面民生实事顺利完成。新增示范型居家养老服务中心6家、照料中心26家、老年人集中配（送）餐中心21家。实现低保、扶贫标准“两线合一”，发放各类救助资金1.7亿元。第二殡仪馆及乔司、仓前、临平大中型骨灰存放室竣工投用。

十二、公共事业、环境保护和安全生产

供电供水。全年完成销售水量2.07亿吨，出厂水水质合格率100%，完成污水处理量1.36亿吨。全年全社会用电量121.81亿千瓦时，增长8.6%。其中：工业用电量52.88亿千瓦时，增长5.8%；城乡居民生活用电29.48亿千瓦时，增长8.5%。

生态环境。攻坚“‘迎亚运’城市环境大整治、城市面貌大提升”行动，整改问题17.8万个，处置违法建筑358.6万平方米。加快大运河文化带（余杭段）建设，完成码头征迁7家，启动景观工程建设6个。深化“五水共治”，开工建设治水项目206个、完工106个，成功创建“污水零直排”镇（街道）9个、工业园区6个，建成省级“美丽河湖”3条，重点控制断面水质达到Ⅴ类及以上。建成省级高标准生活垃圾分类示范小区38个，生活垃圾进场量减少6.88%、回收利用量达1399吨/日，获评全省垃圾分类工作优秀单位。全年环境空气质量优良天数313天，优良率85.5%，上升14.8个百分点；PM2.5平均浓度为37微克/立方米，下降17.8%。

安全生产。全区各类事故起数、死亡人数分别下降28.8%、40.0%，未发生滑坡、泥石流、地震等自然灾害。全区安全生产形势总体平稳，实现了较大事故的“零发生”。

说明：

1. 本公报数据为初步统计数；

2. 人口数为公安部门统计的户籍人口数；

3. 本文使用的增长速度，除“生产总值”和一、二、三产业“增加值”以及涉及增加值相关指标按可比价计算外，其余均按现价计算。

（综合统计科）

编辑：范雅君

2020年统计资料

省、市、区主要指标完成情况表（一）

表20

指标名称		2020年目标（%）		全年	
		人代会目标	市下达目标	实绩（亿元）	增幅（%）
地区生产总值	全省	—	—	64613	3.6
	杭州	—	—	16106	3.9
	余杭	7.5	—	3051.61	5.3
第三产业增加值	全省	—	—	36031	4.1
	杭州	—	—	10959	5.0
	余杭	8.5	—	2322.06	5.0
规模工业增加值	全省	—	—	16715	5.4
	杭州	—	—	3634	3.8
	余杭	5	—	506.76	8.3
财政总收入	全省	—	—	12421	1.2
	杭州	—	—	3854.2	5.6
	余杭	12以上	—	825.91	13.7
地方公共财政预算收入	全省	—	—	7248	2.8
	杭州	—	—	2093.4	6.5
	余杭	12以上	—	441.06	12.7
固定资产投资	全省	—	—	—	5.4
	杭州	—	—	—	6.8
	余杭	8	—	—	7.6

说明：GDP相关指标按季度发布

省、市、区主要指标完成情况表（二）

表 21

指标名称		2020 年目标（%）		全年	
		人代会目标	市下达目标	实绩	增幅（%）
工业投资（亿元）	全省	—	—	—	6.7
	杭州	—	—	—	6.9
	余杭	—	—	—	16.1
社会消费品零售总额（亿元）	全省	—	—	26630	-2.6
	杭州	—	—	5973	-3.5
	余杭	8	—	822.54	8.5
自营出口（亿元）	全省	—	—	25180	9.1
	杭州	—	—	3693.2	2.1
	余杭	占全市份额保持稳定	—	493.18	11.6
到账外资（亿美元）	全省	—	—	—	—
	杭州	—	—	72.0	17.5
	余杭	—	—	15.78	—
城镇常住居民人均可支配收入（元）	全省	—	—	62699	2.1
	杭州	—	—	68666	3.9
	余杭	8	—	70681	3.7
农村常住居民人均可支配收入（元）	全省	—	—	31930	4.0
	杭州	—	—	38700	6.7
	余杭	8.5	—	44117	6.7

说明：GDP 相关指标按季度发布

规模工业分行业增加值统计表

表 22

单位：亿元

行业名称	累计	增长（%）
农副食品加工业	5.26	-1.5
食品制造业	12.09	-13.6
酒、饮料和精制茶制造业	3.62	1.8
纺织业	28.94	1.6
纺织服装、服饰业	19.14	-25.3
皮革、毛皮、羽毛及其制品和制鞋业	1.73	-51.5
木材加工和木、竹、藤、棕、草制品业	3.56	1.1
家具制造业	3.87	-3.2
造纸和纸制品业	10.07	8.5
印刷和记录媒介复制业	5.10	2.4
文教、工美、体育和娱乐用品制造业	3.51	-1.0
石油加工、炼焦和核燃料加工业	0.52	-14.8
化学原料和化学制品制造业	6.42	-26.2
医药制造业	27.80	26.2
化学纤维制造业	1.10	-12.2
橡胶和塑料制品业	10.74	7.0
非金属矿物制品业	33.08	7.5
黑色金属冶炼和压延加工业	1.72	6.1
有色金属冶炼和压延加工业	3.92	-27.0
金属制品业	23.72	1.0
通用设备制造业	74.64	5.2
专用设备制造业	31.71	28.0
汽车制造业	8.66	-4.5
铁路、船舶、航空航天和其他运输设备制造业	10.42	32.5
电气机械和器材制造业	106.76	31.5
计算机、通信和其他电子设备制造业	18.83	22.8
仪器仪表制造业	22.64	3.0
其他制造业	3.33	-16.0
废弃资源综合利用业	1.08	8.8
金属制品、机械和设备维修业	0.15	—
电力、热力生产和供应业	15.67	0.6
燃气生产和供应业	2.75	-1.0
水的生产和供应业	4.19	-21.8

规模以上工业企业效益情况表

表23

主要指标	计量单位	累计	增长%
企业家数	家	1180	—
营业收入	亿元	2170.5	10.2
利税总额	亿元	247.4	22.0
利润总额	亿元	181.3	35.9
亏损企业家数	家	282	40.1
亏损企业亏损额	亿元	17.2	16.2
应收票据及应收账款	亿元	531.8	16.9
产成品	亿元	127.3	2.7
			±百分点
总资产贡献率	%	18.13	2.25
资本保值增值率	%	116.77	—
资产负债率	%	53	0.28
工业成本费用利润率	%	9.06	1.8
流动资产周转次数	次	1.38	-0.08
企业亏损面	%	23.9	6.95

规模以上服务业企业效益情况表（一）

表 24

主要指标	累计	增长%
一、企业单位数（个）		
批发和零售业	752	—
住宿和餐饮业	68	—
交通运输业	84	—
信息传输、计算机服务和软件业	124	—
租赁和商务服务业	58	—
科学研究和技术服务业	58	—
其他	1144	—
二、营业收入（亿元）		
批发和零售业	2480.96	10.80
住宿和餐饮业	9.78	-22.80
交通运输业	44.04	4.2
信息传输、计算机服务和软件业	4723.25	11.0
租赁和商务服务业	561.36	20.7
科学研究和技术服务业	118.75	24.3
其他	64.72	9.0

说明：1. 以上数据为各单位 1—12 月财务结算数据，（　）内数据为上年同期数
　　2. 以上数据不含房地产开发经营类单位数据
　　3. 以上数据不含省标规上服务业单位数据

规模以上服务业企业效益情况表（二）

表 25

主要指标	累计	增长%
三、营业利润（亿元）		
批发和零售业	35.00	-12.20
住宿和餐饮业	-0.90	(-0.58)
交通运输业	-0.70	(0.50)
信息传输、计算机服务和软件业	1093.56	-6.2
租赁和商务服务业	14.72	(-0.06)
科学研究和技术服务业	5.71	35.6
其他	11.64	5.1
四、经营税金（亿元）		
批发和零售业	21.30	83.60
住宿和餐饮业	0.05	-73.90
交通运输业	0.75	-16.0
信息传输、计算机服务和软件业	81.93	-17.8
租赁和商务服务业	10.07	23.9
科学研究和技术服务业	2.62	32.7
其他	3.63	-7.8

说明：1. 以上数据为各单位1—12月财务结算数据，(　)内数据为上年同期数
2. 以上数据不含房地产开发经营类单位数据
3. 以上数据不含省标规上服务业单位数据
4. 经营税金为税金及附加＋应交增值税

固定资产投资情况表

表 26

主要指标	单位	累计	增长（%）
一、固定资产投资	亿元	1374.56	7.6
其中：项目投资	亿元	714.31	21.7
房地产开发投资	亿元	660.25	-4.4
二、结构投资			
生态环境和公共设施投资	亿元	96.56	2.6
高新技术产业投资	亿元	231.23	18.0
民间投资	亿元	101.88	-1.0
工业投资	亿元	122.57	16.1
三、省市县长 152 项目			
项目个数	个	7	—
项目开工率	%	100	—

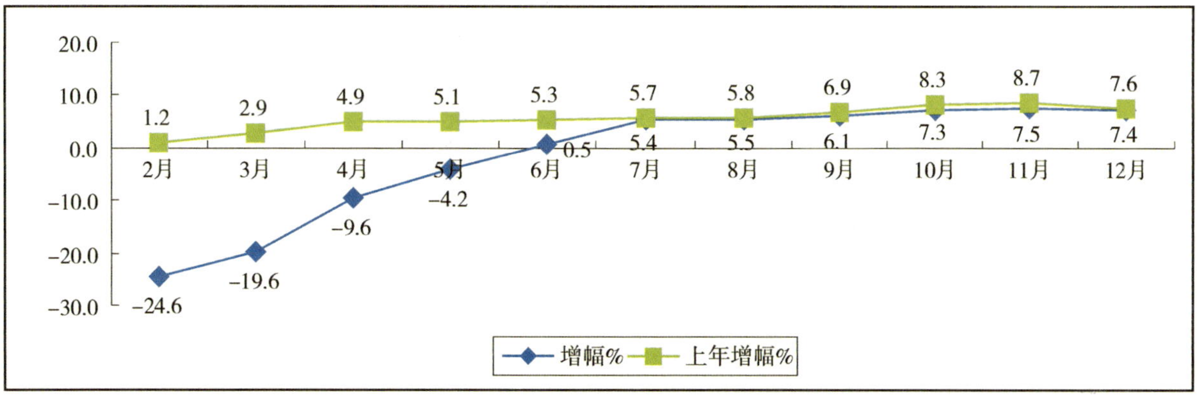

图 3　固定资产投资月度累计完成趋势图

国内贸易情况表

表 27

主要指标	累计（亿元）	增长（%）
社会消费品零售总额	822.54	8.5
限额以上社会消费品零售总额	513.49	22.5
其中：通过公共网络实现的商品零售额	295.99	58.2
其中：汽车类	153.5	13.9
服装、鞋帽、针纺织品类	62.55	-18.0

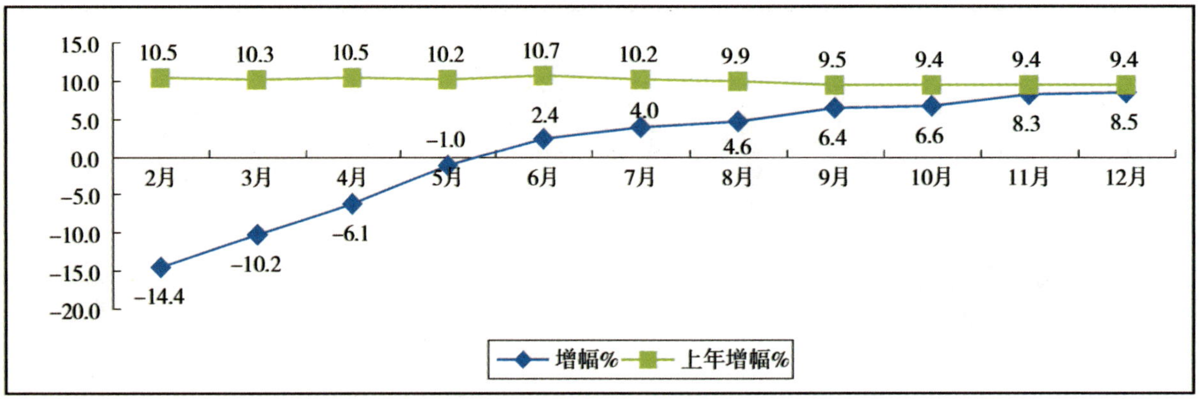

图 4 社会消费品零售总额月度累计完成趋势图

财政、金融情况表

表 28

主要指标	累计（亿元）	增长%
一、财政总收入	825.91	13.7
其中：国内增值税	70.34	-25.7
改征增值税	170.70	47.5
企业所得税	303.69	37.9
个人所得税	135.10	-15.8
二、地方一般公共预算收入	441.06	12.7
三、地方一般公共预算支出	413.64	9.8
其中：一般公共服务	40.90	32.4
公共安全	14.22	7.0
教育	76.01	9.1
科学技术	24.73	-12.7
社会保障和就业	39.33	25.5
卫生健康	24.53	7.4
节能环保	10.91	2.4
城乡社区	75.71	-19.7
四、本外币存款余额	4249.47	11.8
五、本外币贷款余额	3165.55	20.4

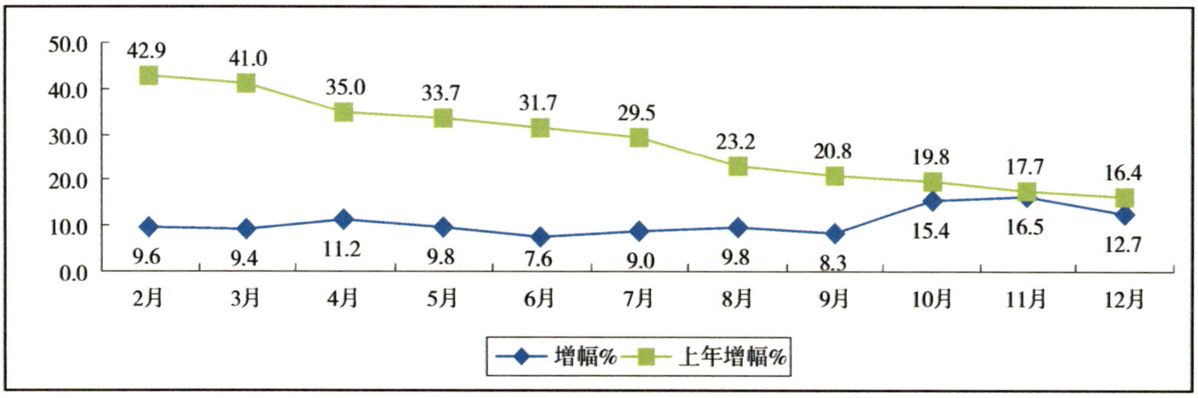

图 5　地方一般公共预算收入月度累计完成趋势图

人民生活情况表

表 29

主要指标	累计	增长%
一、居民收入（元）	61676	5.1
城镇常住居民人均可支配收入	70681	3.7
城镇常住居民人均消费支出	42222	-6.2
农村常住居民人均可支配收入	44117	6.7
农村常住居民人均消费支出	31753	-2.9
二、居民消费价格指数（CPI）	102.1	—
三、劳保就业（万人）	累计	人数增减
城镇登记失业人员数	1.71	0.73
城镇新增就业人数	8.91	4.59
帮助失业人员再就业人数	0.87	-0.01
基本养老保险参保人数	—	—
基本医疗保险参保人数	106.26	23.97
失业保险参保人数	—	—
参加工伤保险人数	93.18	6.30
参加生育保险人数	79.87	11.57

说明：居民收入按季度发布

房地产、旅游情况表

表 30

主要指标	累计	增长（%）
一、商品房供应情况	—	—
商品房可售面积（万平方米）	42114	10.5
商品房可售套数（套）	441.7	6.0
二、商品房成交情况	—	—
商品房成交量（套）	38120	9.1
成交面积（万平方米）	418.3	6.5
成交金额（亿元）	1091.1	18.3
商品房成交均价（元 / 平方米）	26084	11.1
三、旅游总收入（亿元）	284.19	0.3
其中：国内收入（亿元）	283.96	1.2
外汇收入（万美元）	328.51	-92.2
总游客（万人次）	2323.44	-8.4
其中：国内游客（万人次）	2322.24	-7.9
入境游客（万人次）	11960	-92.3

创新创业、招商引资情况表

表 31

主要指标	累计	增长%
一、专利		
1.专利申请量（项）	27601	29.5
其中：发明专利（项）	6792	19.8
2.专利授权量（项）	19122	52.9
其中：发明专利（项）	1434	46.0
二、创业		
新设内资市场主体（户）	56056	33.4
新设内资企业（户）	26163	17.1
新设个体工商户（户）	29870	51.9
三、招商引资		
新设外资项目数（个）	104	-4.6
到账外资（亿美元）	15.78	—

各镇、街道、产业平台主要经济指标情况表（一）

表 32

单位名称	规模工业增加值			高新技术产业增加值增速（%）	新产品产值率（%）
	累计（亿元）	增长（%）	增速位次		
临平街道	0.89	43.4	1	42.5	42.9
南苑街道	22.67	-6.5	16	5.6	57.1
星桥街道	12.19	-18.5	17	-15.7	54.3
五常街道	5.35	2.9	11	-13.4	31.7
乔司街道	2.27	-44.4	18	-17.4	46.2
运河街道	26.27	0.6	13	3.6	44.4
崇贤街道	16.92	-0.6	14	2.8	51.1
仁和街道	24.73	5.1	9	10.6	41.0
闲林街道	12.67	0.8	12	5.9	34.8
仓前街道	22.60	5.1	8	3.5	45.7
余杭街道	23.21	12.9	5	14.1	47.2
中泰街道	14.82	27.5	3	33.0	44.8
塘栖镇	17.13	-2.7	15	-0.8	39.4
径山镇	6.48	4.7	10	4.2	50.5
瓶窑镇	34.57	7.1	7	8.7	44.5
鸬鸟镇	0.23	11.8	6	13.6	72.6
百丈镇	2.80	31.7	2	81.1	50.9
黄湖镇	4.63	24.2	4	38.8	42.1
余杭经济技术开发区	234.82	18.3	1	25.2	62.1
钱江经济开发区	32.77	4.0	3	4.9	48.3
临平新城	20.61	-26.2	5	-14.8	54.1
良渚新城	22.65	0.9	4	5.4	44.7
未来科技城	83.73	8.4	2	4.4	59.0

各镇、街道、产业平台主要经济指标情况表（二）

表 33

单位名称	三产增加值		社会消费品零售额	
	累计（亿元）	增长（%）	累计（亿元）	增长（%）
临平街道	—	4.0	39.22	1.8
南苑街道	—	3.7	49.52	-4.4
星桥街道	—	6.0	43.71	8.3
五常街道	—	5.0	219.47	34.8
乔司街道	—	2.1	47.35	8.5
运河街道	—	1.9	5.54	-7.6
崇贤街道	—	4.0	14.24	8.6
仁和街道	—	6.3	11.31	8.7
闲林街道	—	4.9	10.60	-4.3
仓前街道	—	4.5	92.57	8.0
余杭街道	—	7.9	44.01	2.3
中泰街道	—	11.3	5.40	8.6
塘栖镇	—	4.4	33.96	-7.7
径山镇	—	2.7	7.53	-4.5
瓶窑镇	—	13.3	33.10	8.8
鸬鸟镇	—	1.8	1.21	-7.5
百丈镇	—	4.8	3.25	8.2
黄湖镇	—	4.7	3.73	8.8
余杭经济技术开发区	—	4.2	75.23	0.0
良渚新城	—	1.8	81.56	-7.6

说明：增加值项增长按可比价计算

杭州地区交流资料表（一）

表 34

县（市、区）	地区生产总值		第三产业增加值		数字经济核心产业增加值	
	实绩（亿元）	增长（%）	实绩（亿元）	增长（%）	实绩（亿元）	增长（%）
全市	16105.83	3.9	10959.07	5.0	4290.0	13.3
上城区	1192.06	1.8	780.52	0.8	26.71	4.2
下城区	1134.38	8.0	1087.53	8.0	25.13	0.2
江干区	1026.53	5.0	886.39	5.3	40.80	1.4
拱墅区	668.60	0.1	543.20	1.6	37.33	17.2
西湖区	1587.58	7.2	1467.74	7.9	590.27	37.5
滨江区	1745.74	7.2	936.11	5.0	1343.05	16.6
萧山区	1828.47	1.0	1077.22	4.8	106.95	20.5
余杭区	3051.61	5.3	2322.06	5.0	1708.00	5.6
富阳区	812.07	1.1	417.53	5.3	80.22	2.5
临安区	600.41	3.5	274.35	1.8	63.74	17.5
桐庐县	376.27	2.1	190.14	2.0	50.47	14.7
淳安县	240.62	-4.8	139.77	-0.7	—	—
建德市	391.87	5.3	172.76	6.4	8.60	9.0
钱塘新区	1095.74	2.7	349.08	0.8	108.17	2.1
西湖名胜风景区	45.90	-3.5	44.91	-3.5	—	—

杭州地区交流资料表（二）

表 35

县（市、区）	社会消费品零售总额		财政总收入		地方一般公共预算收入		实际利用外资增长（%）
	实绩（亿元）	增长（%）	实绩（亿元）	增长（%）	实绩（亿元）	增长（%）	
全市	5972.83	-3.5	3854.19	5.6	2093.39	6.5	17.5
上城区	333.43	0.4	160.57	-3.2	79.46	-6.7	109.8
下城区	538.05	0.6	145.68	-16.8	81.23	-15.9	20.6
江干区	543.53	-5.5	196.69	3.0	107.66	3.8	29.9
拱墅区	609.20	-1.9	154.39	-4.7	86.73	-4.9	78.1
西湖区	689.68	-3.1	317.77	7.9	161.98	7.5	43.3
滨江区	417.05	0.6	358.43	4.8	182.75	4.1	23.7
萧山区	719.97	-6.7	461.03	7.1	300.03	12.1	8.1
余杭区	822.54	8.5	825.91	13.7	441.06	12.7	—
富阳区	361.21	-2.0	138.72	5.7	90.14	12.7	-1.8
临安区	190.92	-7.0	109.60	7.5	68.56	12.1	17.9
桐庐县	137.44	-5.7	58.30	0.4	34.22	1.4	4.2
淳安县	83.74	-0.3	40.13	7.8	22.77	8.0	-49.4
建德市	114.07	-0.7	55.64	2.8	34.23	10.1	26.0
钱塘新区	301.71	-3.2	190.25	-5.4	100.30	-5.2	223.2
西湖名胜风景区	—	—	13.66	-16.0	6.95	-17.5	—

杭州地区交流资料表（三）

表 36

县（市、区）	规上工业增加值		战略性新兴产业增加值增长（%）	装备制造业增加值增长（%）	高新技术产业增加值增长（%）
	累计（亿元）	增长（%）			
全市	3633.74	3.8	8.1	11.8	8.6
上城区	381.90	3.4	41.2	-3.4	33.6
下城区	13.25	12.5	20.7	18.2	18.3
江干区	46.99	10.8	31.5	11.5	11.0
拱墅区	86.31	-7.0	-8.1	5.4	-7.6
西湖区	72.36	0.4	5.0	5.1	2.4
滨江区	704.17	10.8	11.2	11.7	11.1
萧山区	499.53	-3.5	-2.2	7.5	0.8
余杭区	506.76	8.3	16.0	17.5	15.1
富阳区	235.75	-4.1	0.9	1.9	2.4
临安区	183.37	9.5	12.6	15.4	14.9
桐庐县	91.79	3.1	7.0	10.0	9.1
淳安县	26.59	-17.1	-25.7	-12.6	-12.1
建德市	135.06	8.5	12.0	7.3	14.4
钱塘新区	656.85	4.2	5.9	16.1	8.2
西湖名胜风景区	—	—	—	—	—

省内十七强县（市、区）交流资料一览表（一）

表 37

县（市、区）	地区生产总值累计（亿元）	位次	增长（%）	位次
柯桥区	1516.73	5	1.9	12
萧山区	1828.47	4	1.0	15
余杭区	3051.61	1	5.3	1
慈溪市	2008.30	3	4.8	3
余姚市	1220.72	9	5.1	2
海宁市	1030.78	12	2.0	11
桐乡市	1002.98	13	1.0	15
上虞区	—	—	—	—
温岭市	1136.87	10	3.8	6
鄞州区	2266.14	2	2.4	10
诸暨市	1362.36	7	3.6	7
瑞安市	1037.09	11	3.3	8
义乌市	1485.60	6	4.0	5
乐清市	1263.01	8	4.5	4
平湖市	779.00	15	3.0	9
富阳区	812.10	14	1.1	14
永康市	639.78	16	1.6	13

省内十七强县（市、区）交流资料一览表（二）

表 38

县（市、区）	第三产业增加值累计（亿元）	位次	增长（%）	位次
柯桥区	744.10	5	2.6	13
萧山区	1077.22	2	4.8	8
余杭区	2322.06	1	5.0	6
慈溪市	781.54	4	7.4	1
余姚市	469.07	11	5.2	5
海宁市	437.36	12	2.3	15
桐乡市	497.40	10	2.5	14
上虞区	—	—	—	—
温岭市	553.03	8	4.1	10
鄞州区	—	—	—	—
诸暨市	693.83	6	5.3	3
瑞安市	546.69	9	3.6	12
义乌市	1039.81	3	4.6	9
乐清市	649.93	7	4.9	7
平湖市	311.86	14	6.8	2
富阳区	417.50	13	5.3	3
永康市	295.49	15	3.9	11

省内十七强县（市、区）交流资料一览表（三）

表 39

县（市、区）	财政总收入累计（亿元）	位次	增长（%）	位次
柯桥区	202.04	5	2.3	11
萧山区	461.03	2	7.1	4
余杭区	825.91	1	13.7	1
慈溪市	355.51	4	0.8	13
余姚市	185.23	6	4.0	9
海宁市	168.91	7	7.3	3
桐乡市	153.37	11	13.4	2
上虞区	156.72	10	6.2	6
温岭市	118.98	16	-6.1	16
鄞州区	456.56	3	0.7	14
诸暨市	145.47	13	2.4	10
瑞安市	127.56	15	1.9	12
义乌市	162.30	8	6.4	5
乐清市	156.82	9	-6.1	16
平湖市	150.81	12	4.6	8
富阳区	138.70	14	5.7	7
永康市	94.70	17	-0.5	15

省内十七强县（市、区）交流资料一览表（四）

表 40

县（市、区）	地方一般公共预算收入累计（亿元）	位次	增长（%）	位次
柯桥区	137.23	5	4.5	8
萧山区	300.03	2	12.1	4
余杭区	441.06	1	12.7	2
慈溪市	200.53	4	–0.6	15
余姚市	114.20	6	6.5	5
海宁市	100.93	8	4.0	9
桐乡市	93.98	10	18.0	1
上虞区	93.69	11	4.7	6
温岭市	72.12	16	–7.9	17
鄞州区	273.47	3	1.5	12
诸暨市	90.32	12	0.6	14
瑞安市	81.91	15	2.8	10
义乌市	106.00	7	4.7	6
乐清市	94.38	9	–5.3	16
平湖市	90.01	14	1.8	11
富阳区	90.10	13	12.7	2
永康市	60.70	17	1.2	13

省内十七强县（市、区）交流资料一览表（五）

表 41

县（市、区）	规模工业增加值累计（亿元）	位次	增长（%）	位次
柯桥区	—	—	—	—
萧山区	499.53	2	-3.5	15
余杭区	506.76	1	8.3	3
慈溪市	—	—	6.0	6
余姚市	471.51	3	9.0	2
海宁市	383.82	4	2.6	11
桐乡市	300.70	8	2.0	13
上虞区	369.39	6	6.2	5
温岭市	189.99	11	4.7	8
鄞州区	—	—	3.4	9
诸暨市	282.99	9	6.4	4
瑞安市	173.19	12	2.8	10
义乌市	164.70	13	11.4	1
乐清市	310.06	7	4.9	7
平湖市	376.77	5	2.3	12
富阳区	235.80	10	-4.1	16
永康市	159.60	14	-1.0	14

沿海强县（市、区）交流资料一览表（一）

表 42

县（市、区）	财政总收入		地方一般公共预算收入		规模工业增加值	
	累计（亿元）	增长（%）	累计（亿元）	增长（%）	累计（亿元）	增长（%）
江阴市	—	—	259.66	1.2	1104.66	6.8
昆山市	—	—	428	5.1	1853.03	7.8
常熟市	—	—	213.66	5.2	783.3	6.8
张家港市	—	—	250.3	1.3	—	6.8
吴江区	—	—	236.48	6	764.9	1.5
锡山区	256.54	19.26	94.61	5.43	361.36	7.8
余杭区	825.91	13.7	441.06	12.7	506.76	8.3
萧山区	461.03	7.1	300.03	12.1	499.53	-3.5
慈溪市	355.51	0.8	200.53	-0.6	—	6
鄞州区	456.56	0.7	273.47	1.5	—	3.4
滨江区	358.43	4.8	182.75	4.1	704.17	10.8
嘉定区	—	—	220.4	-18.6	—	—
青浦区	583.09	0.4	210.1	1.4	—	—
南山区	—	—	—	—	—	—
南海区	566.87	-6.1	247.9	1	1331.44	0.7
顺德区	—	—	254.61	3.15	1807.65	8.1
禅城区	—	—	—	—	—	—
福田区	—	—	—	—	—	—

沿海强县（市、区）交流资料一览表（二）

表43

县（市、区）	固定资产投资		社会消费品零售额		实际利用外资	
	累计（亿元）	增长（%）	累计（亿元）	增长（%）%	累计（亿美元）	增长%（%）
江阴市	881.37	9.8	675.07	-3	9.20	-1.2
昆山市	743.05	3.3	1398.08	0.5	10.48	40.3
常熟市	630.95	20.8	1031.62	0.1	6.31	—
张家港市	526.25	20	688.52	-4.1	6.03	19.8
吴江区	586.79	0.5	617.86	-3.4	4.56	13.1
锡山区	527.97	8.2	221.61	1	—	—
余杭区	—	7.6	822.54	8.5	15.78	—
萧山区	1213.74	12.8	719.97	-6.7	9.52	0
慈溪市	—	—	642.75	-2.4	2.56	24.2
鄞州区	—	—	—	-3.1	5.17	6.1
滨江区	—	-9.6	417.05	0.6	6.96	23.7
嘉定区	429.7	18.3	1513	2.2	—	—
青浦区	598.55	1.1	519.08	-4.3	9.00	12.5
南山区	—	—	—	—	—	—
南海区	—	9.8	1096.69	-10.2	—	—
顺德区	—	13.5	1097.72	-10.6	—	—
禅城区	—	—	—	—	—	—
福田区	—	—	—	—	—	—

全区营业收入前百强工业企业一览表（一）

表 44

序号	企业名称
1	浙江运达风电股份有限公司
2	杭州老板电器股份有限公司
3	杭州西奥电梯有限公司
4	浙江春风动力股份有限公司
5	杭州诺贝尔陶瓷有限公司
6	浙江元通线缆制造有限公司
7	杭州五星铝业有限公司
8	杭州比亚迪汽车有限公司
9	浙江益海嘉里食品工业有限公司
10	华立科技股份有限公司
11	杭州鼎福铝业有限公司
12	南方泵业股份有限公司
13	杭州豪悦护理用品股份有限公司
14	杭州尚金缘珠宝首饰有限公司
15	杭州钱江制冷压缩机集团有限公司
16	贝达药业股份有限公司
17	浙江华正新材料股份有限公司
18	杭州南都动力科技有限公司
19	欧文斯科宁复合材料（中国）有限公司
20	浙江中大元通特种电缆有限公司
21	杭州民生药业有限公司
22	浙江健拓医疗仪器科技有限公司
23	杭州益利素勒精线有限公司
24	杭州港华燃气有限公司
25	杭州东华链条集团有限公司

全区营业收入前百强工业企业一览表（二）

表 45

序号	企业名称
26	杭州福斯达深冷装备股份有限公司
27	杭州余杭恒力混凝土有限公司
28	银都餐饮设备股份有限公司
29	杭州申华混凝土有限公司
30	杭州天元宠物用品股份有限公司
31	杭州仓前钱潮商品混凝土有限公司
32	杭州炬华科技股份有限公司
33	杭州大东南高科新材料有限公司
34	杭州长江乘用车有限公司
35	杭州西联物流有限公司
36	杭州钱潮商品混凝土有限公司
37	杭州博拓生物科技股份有限公司
38	杭州西子智能停车股份有限公司
39	杭州华光焊接新材料股份有限公司
40	杭州诺邦无纺股份有限公司
41	杭州自强链传动有限公司
42	浙江铁流离合器股份有限公司
43	杭州微光电子股份有限公司
44	杭州恒立制造科技有限公司
45	杭州永耀科技有限公司
46	杭州杭锅工业锅炉有限公司
47	杭州盈江机械制造有限公司
48	杭州明云混凝土有限公司
49	杭州西子混凝土有限公司
50	杭州建工建材有限公司

全区营业收入前百强工业企业一览表（三）

表 46

序号	企业名称
51	杭州本松新材料技术股份有限公司
52	申江集团有限公司
53	杭州瑞鼎建材有限公司
54	杭州纳美科技有限公司
55	杭州鸿星电子有限公司
56	杭州微策生物技术有限公司
57	杭州国能汽轮工程有限公司
58	杭州星华反光材料股份有限公司
59	杭州国光旅游用品有限公司
60	杭州申江新型材料科技有限公司
61	杭州钱神商品混凝土有限公司
62	杭州华味亨食品有限公司
63	杭州汉特建材有限公司
64	浙江八方电信有限公司
65	杭州三中新型建材科技有限公司
66	浙江正裕科技股份有限公司
67	华润雪花啤酒（杭州）有限公司
68	杭州安费诺嘉力讯连接技术有限公司
69	杭州胡庆余堂药业有限公司
70	杭州杭丝时装集团有限公司
71	杭州国瑞混凝土有限公司
72	杭州新恒裕不锈钢制品有限公司
73	浙江欧伦电气有限公司
74	杭州贝因美母婴营养品有限公司
75	杭州建筑构件集团有限公司

全区营业收入前百强工业企业一览表（四）

表 47

序号	企业名称
76	杭州申昊科技股份有限公司
77	杭州帷盛科技有限公司
78	浙江日风电气股份有限公司
79	杭州斯沃德电梯有限公司
80	杭州台霓混凝土有限公司
81	杭州五友建材有限公司
82	杭州华江建材有限公司
83	杭州舟桥建材有限公司
84	杭州知味观食品有限公司
85	众望布艺股份有限公司
86	杭州海得龙塑胶新材料有限公司
87	浙江威尔达化工有限公司
88	杭州瀚真电器制造有限公司
89	浙江永创机械有限公司
90	浙江双金机械集团股份有限公司
91	浙江瑞银电子有限公司
92	杭州汽轮铸锻有限公司
93	杭州衡美食品科技有限公司
94	浙江达峰科技有限公司
95	杭州新希望双峰乳业有限公司
96	杭州余宏卫生用品有限公司
97	杭州兴源环保设备有限公司
98	杭州诚品实业有限公司
99	杭州联生绝缘材料有限公司
100	杭州民生健康药业有限公司

说明：该排名只针对单个法人企业的营业收入前100位企业进行的排序，不包括中央直属企业

统计分析

2020 年余杭区经济社会调查情况分析

2020 年，面对新冠肺炎疫情的巨大冲击及复杂严峻的国内外形势，据国家统计局余杭调查队监测的相关统计调查数据显示，2020 年余杭区农牧生产总体稳定、制造业经济企稳复苏；城乡居民收入稳步增长，就业总体较为稳定；居民消费价格逐步渐回落，工业生产者价格降幅收窄，住宅销售总体平稳；乡村振兴战略扎实推进，民生实事项目实施满意度高。

一、生产经营稳步复苏

（一）粮食生产总体平稳，畜禽养殖量跌价涨

1. 粮食种植面积小幅提高，粮食产量基本平稳。补助力度大，加上土地整治等政策为粮食种植提供了土地基础。2020 年余杭区粮食总面积 1.73 万公顷，同比增长 1.5%。余杭区积极应对年内汛期强降雨等恶劣天气影响，积极引进优良水稻品种、推进水稻轻简化栽培、杂交稻精准播种机插等高、精、尖技术，部分种粮大户亩产提升明显。全年粮食总产量 11.3 万吨，同比持平。

2. 主要畜禽饲养量“一升二降”，养殖效益良好。2020 年末，全区生猪饲养量 10.36 万头，增长 1.3%；家禽饲养量 500.71 万羽，下降 21.9%；羊饲养量 5.58 万头，下降 39.8%。主要畜禽养殖效益较好，生猪每头大约能盈利 2500 元 ~ 3000 元；养殖期在 150 天以上的优质肉鸡和肉蛋兼用型鸡，每只利润 20 元左右；毛羊价格较上年保持小幅增长。

（二）制造业回升态势明显，部分行业快速复苏

1. 制造业 PMI 走势先抑后扬，总体较为平稳。从 PMI 月度走势看，2019 年以来总体呈稳步发展态势，2020 年 2 月指数波动有所加剧。其中，1 月 PMI 指数为 49.0%；2 月因疫情影响大幅下探到 38.8%；3 月回升至 49.2%；4 月下降至 46.8%，5 月维持在 46.8%；随着国内疫情防控成效不断显现，复工复产复市势头良好，6—10 月逐步回升到 50.0%，11 月略有下滑，12 月继续回升至 50.2%。

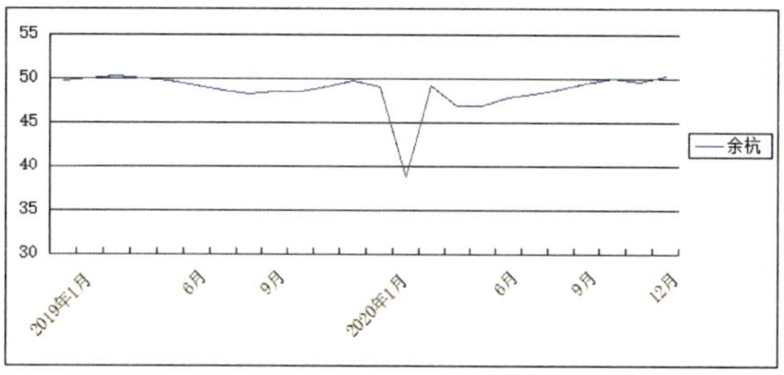

图 6　2019 以来余杭区制造业 PMI 情况图（%）
50%= 与上月比较无变化

2. 运行趋势与全国同步，受国际经济影响更明显。前四季度，余杭区制造业 PMI 均值略低于全国水平，分月指数运行趋势与全国基本同步。从运行态势和指数值看，2020 年 2 月余杭区制造业 PMI 指数从 1 月的 49.0%大幅下探至 38.8%，而后又逐步反弹至 12 月的 50.2%，发展趋势与全国基本一致，总体呈现回升态势。

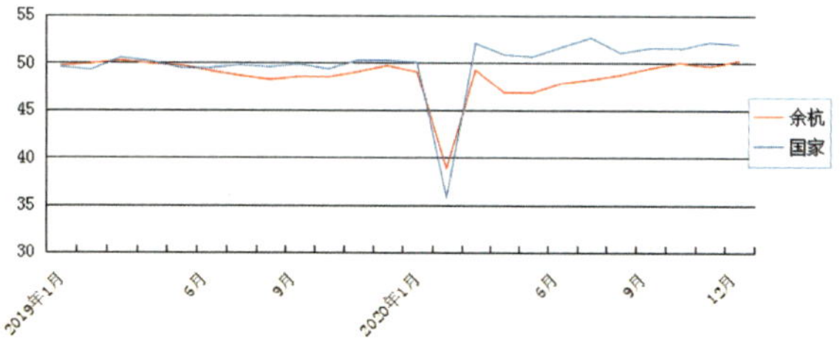

图 7　余杭区制造业 PMI 分月指数与
全国走势比对情况图（%）

3. 部分行业扩张态势明显，市场需求有所增加。从具体行业来看：医药制造业前四季度 PMI 均值为 52.5%，处于中低速扩张区间，发展势头较为强劲。因多地出台了购车补贴、鼓励置换和放宽限牌等汽车刺激措施等，汽车制造行业生产和订单均出现较大幅度上升，行业短期内呈现较快复苏迹象。

二、居民收入稳步增长，就业总体稳定

（一）城乡居民收入增速逐季回升。2020年一季度、上半年、前三季度、全年城乡居民收入增速分别为1.3%、1.2%，2.6%、3.7%，-0.2%、3.0%，6.1%、6.7%。

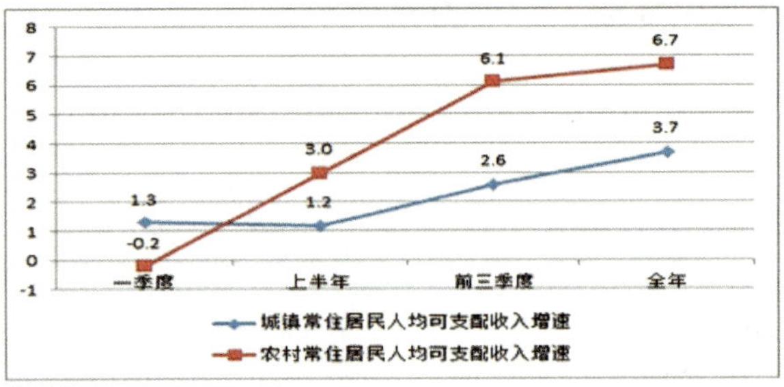

图8　2020年城乡居民收入增速变化趋势图

（二）农村居民收入保持全省第一。2020年全区农村常住居民人均可支配收入为44117元，增长6.7%，继续保持全省第一。在遭受疫情冲击情况下，圆满完成“十三五”制定的目标任务。城乡居民收入比继续缩小。调查显示，2020年余杭区城乡居民收入比为1.60∶1，较上年1.65∶1继续有所缩小，在省、市及周边四区三县市中城乡收入结构继续领先。

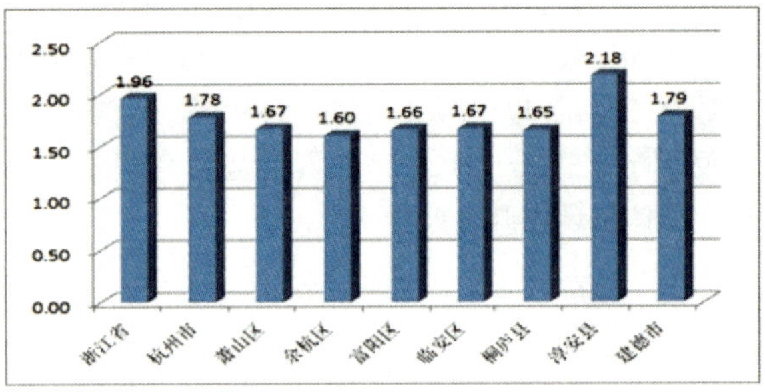

图9　2020年省、市及周边四区三县（市）城乡居民收入比图

（三）居民消费支出呈现“七降一升”。2020年，全区全体居民人均生活消费支出38673元，同比下降4.9%。其中：城镇常住居民人均生活消费支出42222元，同比下降6.2%；农村常住居民人均生活消费支出31753元，同比下降2.9%。城乡居民生活消费支出比为1.33∶1，差距进一步缩小。

（四）就业总体较为稳定，在岗工作时间增加。据区人力社保部门统计资料显示，2020年全区新增就业8.91万人，比上年同期增加4.59万人；城镇登记失业人员数1.71万人，比上年同期减少0.73万人。根据余杭区劳动力调查数据显示，四季度在岗人员平均周工作时间为50.6小时，比三季度增加1.7小时。其中占就业人口五成以上的私营企业员工平均周工作时间达到52.0小时，比三季度增加2.5小时，随着企业生产经营正常化，在岗人员工作时间持续增加。

（五）制造业就业逐渐好转。受海外疫情影响，三季度以来余杭区外贸出口加速恢复，外向型制造业经济逐步企稳回升，用工需求增加。劳动力调查数据显示，四季度余杭区从事制造业的就业人口占全部就业人口比重为34.3%，比三季度上升3.3个百分点。

三、市场物价①波动情况

（一）杭州市居民消费价格逐步回落

2020年，杭州市居民消费价格同比上涨2.1%，涨幅较前三季度回落0.8个百分点。分月看，1—2月，在春节错位、新冠肺炎疫情发生等因素影响下，居民消费价格同比处于较高水平；3—5月，杭州市食品价格逐步回落，带动居民消费价格同比涨幅连续回落；6—7月，居民消费价格同比涨幅出现回升；8—10月，猪肉价格同比涨幅迅速回落，带动居民消费价格同比涨幅快速回落；11—12月，居民消费价格同比有所下降，其中，11月下降0.7%，12月下降0.1%。

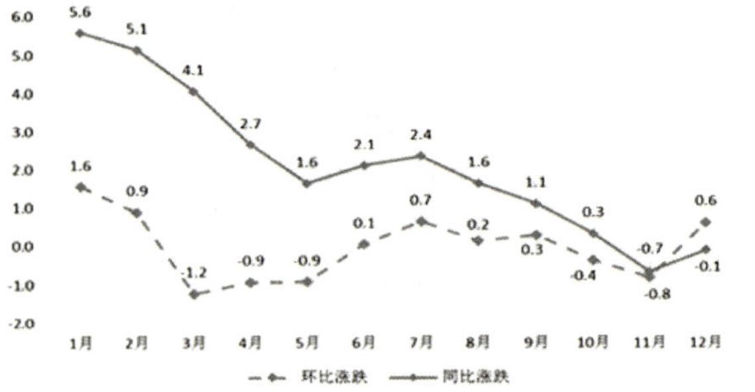

图10　2020年杭州市CPI月度同比和环比涨跌走势图（%）

2. 八大类商品和服务项目价格同比“六涨二降”。2020年，八大类商品和服务项目价格同比呈“六涨二降”格局。其中，食品烟酒类价格上涨6.9%，涨幅居八大类首位，拉动CPI上涨1.94个百分点，对CPI上涨的贡献率为92.4%，其余上涨的大类有：其他用品和服务类价格上涨3.8%、生活用品及服务类价格上涨3.1%、医疗保健类价格上涨3.1%、教育文化和娱乐类价格上涨1.7%、衣着类价格上涨0.1%；居住类价格下降0.3%、交通

和通信类价格下降3.4%。

（二）工业生产者价格降幅收窄

2020年，杭州市工业生产者出厂价格同比下降2.5%，降幅较上年同期扩大1.5个百分点。分月看，1—4月，出厂价格同比分别下降1.1%、1.1%、2.0%、4.2%，其中4月降幅创2016年1月份以来新低；5月起降幅开始震荡收窄，其中12月下降1.3%。购进价格同比下降3.9%，降幅较上年同期扩大0.7个百分点。分月看，1—5月，购进价格同比分别下降3.2%、3.3%、4.8%、6.7%、6.8%，其中5月降幅创2016年1月份以来新低；6月起降幅开始收窄，其中12月下降0.1%。

（三）新建商品住宅基本稳定，二手住宅热度较高

1. 新建商品住宅价格基本稳定。据杭州调查队公布数据，2020年1—12月，杭州市［包括主城区、萧山区、余杭区、富阳区，不含临安区及三县（市），下同］新建商品住宅价格同比基本保持稳定，除2月和12月外，其余月份均在4.9%～5.3%之间，其中12月价格同比上涨4.5%。从环比看，3—6月价格涨幅较高，在0.7%～1.3%之间波动；7月开始涨幅有所回落，9月由涨转为持平，11—12月环比下降，其中12月价格环比下降0.3%。

2. 新建商品住宅成交量小幅增长，库存增加但仍偏紧。2020年，余杭区新建商品住宅成交31575套，同比增长6.6%；成交面积368.9万平方米，增长7.1%。分月看，2020年初受到新冠肺炎疫情影响，2月份成交量为近10年月度水平低位。疫情降级后，客户购房热情大幅提高，市场升温较快，3—7月连续5个月新房住宅成交套数环比出现增长，但从8月起新建商品住宅成交量明显回落。截至2020年末，余杭区领证可售面积152.8万方，增长34.8%，按近一年的月均成交面积计算，领证可售面积去化周期约为5.0个月，仍低于6.0个月的合理区间。

3. 二手住宅价格稳中有涨。据杭州调查队公布数据，2020年1—6月杭州市二手住宅价格同比涨幅基本保持稳定，在2.7%～3.3%之间波动；7月开始涨幅逐月扩大，12月涨幅最高，为6.9%。从环比看，1—8月杭州市二手住宅价格环比稳中有涨，其中7月上涨1.3%，为年内最大涨幅；9月开始涨幅逐渐回落，11月涨幅回落至1月水平，微涨0.1%，12月涨幅提升到0.5%。

4. 二手住宅成交大增。2020年，余杭区二手住宅成交26049套，增长46.8%。分月来看，受到新冠肺炎疫情影响，2月二手住宅网签成交量较少，随着疫情防控成效显现及企业复工复产，3月起二手住宅成交量明显回升，4月以来余杭区二手住宅成交量连续9个月在2000套以上，成交量高位企稳。

四、乡村振兴扎实推进，民生实事满意度高

（一）乡村振兴战略实施效果显著，村民满意度高

1. 产业发展质量不断提升。调查显示，村民对本村村级经济发展情况、村内产业布局情况、带动村民就业增收情况的满意度分别高达99.4%、99.2%和97.6%。

2. 美丽乡村建设不断推进。调查显示，100.0%的村已经进行农村厕所改造；99.4%的村实现合格饮用水全覆盖；95.4%的村已推行农村生活垃圾分类处理；80.0%的村建成规范化村卫生计划生育室。村民对本村环境卫生情况、交通出行的便捷性、道路的整洁完好度及定期维护情况、污水排放治理工作的满意度分别高达99.2%、98.0%、98.8%和99.8%

3. 文明乡风进一步树立。调查显示，所有村都制定了村规民约，82.1%被调查的村民知道并熟悉本村村规民约；88.0%的村已被评为区级以上（含区级）文明村；32.0%的村被认定为党性教育基地或爱国主义教育基地；89.0%被调查的村民不认为本村干部在婚丧嫁娶时有搞特殊化；87.4%的村已建成农村文化礼堂；85.1%的村拥有乡贤。

4. 基层治理能力进一步加强。调查显示，98.2%的村已建立村级党组织权力清单和责任清单；97.7%的村已开展“建最强支部、做最美党员”创建活动；乡村有党员约2.42万人，占乡村户籍人口的4.2%，村均138.3人。86.3%的村民认为本村党员干部充分发挥了示范带动作用；13.7%的村民认为本村党员干部发挥了部分示范带动作用。村民对本村办事服务效能、村务公开情况、社会治安情况的满意度分别高达99.8%、99.6%和100.0%。

5. 居民生活水平进一步提高。调查显示，87.4%的村户籍法定人员基本养老保险参保率超过90.0%；近六成已实现户籍法定人员基本医疗保险全覆盖；40.6%的村村民能够获得村集体收益。村民对本村养老服务、医疗服务、扶贫帮困社会救助、乡村教育状况的满意度分别高达99.8%、99.4%、100.0%和98.8%。

（二）十大民生实事项目落实情况良好，居民满意度高

1. 总体满意率为99.8%。调查中，被访者对余杭区十大民生实事项目总体落实情况进行评价时，“满意”的占80.0%，“基本满意”的占19.8%，两项合计为99.8%。

2. 90.2%的被访者认为政府为人民服务的意识更强了。当问到“您认为政府为人民服务的意识是不是更强了”时，被访者表示“更强了”的占90.2%，“差不多”的占9.6%，“变弱了”的占0.2%。

3. 92.5%的被访者认为政府在民生事业上的投入力度更大了。当问到“您认为政府在民生事业上的投入力度是不是更大了”时，被访者表示“更大了”的占92.5%，“差不多”的占7.5%。从十大民生实事项目享受率有所提升的角度看，同样可以印证该观点。

4. 97.2%的被访者认为落实十大民生实事项目对所在家庭的幸福感提升有帮助。在问及“落实十大民生实事项目对您家庭幸福感的提升有帮助吗”时，被访者表示“帮助很大”的占73.7%，“有一点帮助”的占23.5%，两项合计为97.2%；“没有帮助”的仅占2.8%。

5. 项目总体享受率明显提升。享受率指的是被访者所在家庭至少享受过一次十大民生实事项目政策的比例为84.3%，较2019年提高10.7个百分点。

五、需关注的几方面问题

（一）生产经营中面临生产要素瓶颈

1. 农牧业设施用地存在困难。余杭土地资源较为缺乏。相关调研显示，多位种植大户希望深化粮食加工以提升效益，但农业设施用地审批较难，涉农用地需要镇（街道）、国土、城建、拆违、农业、城管等多部门联合审批，条件严格，手续烦琐，申请难度大。畜禽养殖也面临同样的问题，部分养殖场由于土地审批困难，粪污处理、清洗消毒等设施无处建设，制约了养殖规模扩大。

2. 原材料、劳动力等生产要素成本高制约制造业企业发展。制造业企业普遍反映存在“原材料成本高”“劳动力成本高”“市场需求不足”等困难，其中“原材料成本高”是企业发展最大困难。调查显示，2020年末制造业企业对“原材料成本高”困难的认同率为52.4%，同比升高7.2个百分点。制造业企业对“劳动力成本高”的认同率分别为47.6%，同比上升11.9个百分点。

（二）居民增收存在人口结构、基数大等制约因素

1. 余杭区人口结构问题。全区在册流动人口约170万人，为杭州市外来人口最多的区（县、市），占比接近5成，明显超过全省、全市平均水平。此次疫情对外来务工者的冲击较大，他们主要从事生产制造、服装加工、餐饮服务、装饰装修、家政服务等高密度劳动工作，受疫情影响2020年他们较正常年份返杭返岗延迟2～3个月，就业收入较上年同期相比减少明显，制约了居民可支配收入持续较快增长。

2. 疫情对家庭经营收入造成较大冲击。2020年余杭全体居民人均经营净收入8475元，同比增长2.5%，增速较2019和2018年分别下降7.0个和5.6个百分点，位列四大类收入最后一位。受疫情影响，城乡居民家庭经营压力加大，尤其是从事住宿餐饮、休闲旅游、文化娱乐等服务性行业的家庭，由于居民减少外出或者距离控制等原因，这些行业停业时间较长，恢复较慢，生产经营较为困难，相关人员家庭经营收入明显减少，对于可支配收入增长缺乏稳定的贡献。

3. 城乡居民可支配收入基数较大。2020年，余杭区城镇常住居民人均可支配为70681元，比全市平均水平（68666元）高2015元。农村常住居民人均可支配为44117元，比全市平均水平（38700元）高5417元，绝对值位列全省第一，在高基数上实现高增长难度增大。

（三）影响价格的不确定因素较多

1. 非洲猪瘟和新冠肺炎疫情对猪肉价格的双重影响。在非洲猪瘟影响下，国内生猪产能快速下降，猪肉价格进入上涨通道，叠加新冠肺炎疫情影响，年初猪肉价格居高不下，之后在政府疫情防控、保供稳价等措施下，市场供需关系有效改善，但是非洲猪瘟在世界范围内仍没有特效疫苗和有效防治手段，国外新冠肺炎疫情大爆发影响进口冻肉供给，猪肉价格总体仍处于高位。

2. 金银、原油等国际大宗商品价格波动影响。2020年，国际金银价格、原油价格、有色金属价格等均大幅波动，导致相关工业品如首饰、合金等工业品价格及化学原料和化学制品制造业、化学纤维制造业、有色金属矿采选业、有色金属冶炼和压延加工业等大类行业价格出现大幅波动。

①市场物价：居民消费价格CPI、工业生产者出厂价格、工业生产者购进价格、新建商品住宅销售价格、二手住宅价格均以杭州市为单位出指数。

（区统计局）

索　　引

Index

说明：

一、本索引采用分析索引法，按索引条目第一字汉语拼音（同音字按声调）顺序排列，第一字相同，按第二字音序排列，依次类推。

二、类目、分目用黑体字标明。标引词后的阿拉伯数字表示内容所在的页码。

三、本年鉴的“特载”“特辑”“大事纪要”“全区组织机构及负责人名录”“人物·先进集体”“文件辑录”“统计资料与分析”“附录”以及“综述”“概况”“延伸阅读” 均未作索引。

A

B

C

D

E

F

G

H

J

K

L

M

N

P

Q

R

S

T

W

X

Z

0–9